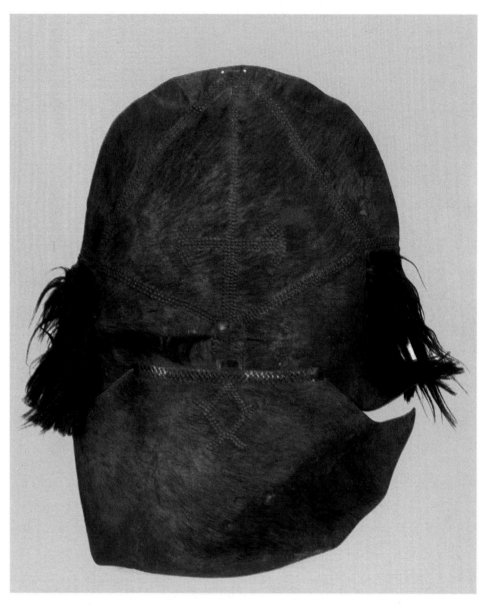

Vute-Schild, *ebemm*, aus Fellen des Rotbüffels hergestellt; die Vorderseite ist mit Ziernägeln und an den Seiten mit Pferdeschweifen geschmückt.
MAf 31934, Museum für Völkerkunde zu Leipzig.

VERÖFFENTLICHUNGEN
DES MUSEUMS FÜR VÖLKERKUNDE ZU LEIPZIG
HEFT 36

CHRISTINE SEIGE

DIE VUTE IN KAMERUN

VERÄNDERUNGEN IN DER GESELLSCHAFT
DER VUTE (ZENTRALKAMERUN)
UNTER DEM EINFLUSS DER FULBE-HERRSCHAFT
IN SÜDADAMAUA IN DER ZWEITEN HÄLFTE
DES 19. JAHRHUNDERTS

Mit 46 Abbildungen auf 32 Tafeln und 7 Karten

LIT VERLAG · MÜNSTER - HAMBURG - BERLIN
2003

HERAUSGEGEBEN VON DER DIREKTION
Die Autoren sind für den Inhalt
ihrer Abhandlungen selbst verantwortlich.

Redaktion: ROLF KRUSCHE und INGO NENTWIG

Redaktionsschluß: 29.4.2002

Umschlagentwurf: LEANDER SEIGE

Bibliografische Information Der Deutschen Bibliothek
Die Deutsche Bibliothek verzeichnet diese Publikation in der Deutschen
Nationalbibliografie; detaillierte bibliografische Daten sind im Internet
über http://dnb.ddb.de abrufbar.

ISBN 3-8258-4815-9
ISSN 0075-8671

Für meinen Vater Konrad Seige
und meinen Sohn Leander Seige

Inhaltsverzeichnis

Karte 1: Kamerun 1884 – 1961
Aus: Meyers Neues Lexikon, Bd. 7, S. 275,
Leipzig 1973

1. Vorwort

Der Anfang frühstaatlicher Prozesse bei wenig untersuchten ethnischen Gruppen im vorkolonialen Afrika stellt eine quellenmäßig kompliziert zu erschließende und hinsichtlich der Verifikation vorliegender Ergebnisse schwierig zu bewältigende Untersuchungsthematik dar. Die vorliegende Arbeit über die Vute (Vuté, Vouté, Babouté, Bute, Bouté, Mfute, Wute) im südlichen Hochland von Zentralkamerun wurde zu einer Zeit erarbeitet, als eine ergänzende Feldforschung der Verfasserin nicht möglich war. Die Inhalte des vor allem aus der Kolonialzeit vorliegenden Schrifttums und der in den letzten Jahrzehnten publizierten Feldforschungsergebnisse französischer Ethnologen bedingten eine Einengung der ursprünglich monographisch gedachten Arbeit auf eine Quellenanalyse von Veränderungen der gesellschaftlichen Organisation der Vute bzw. des Anfangs früher Staatenbildung bei einigen südlichen Vute-Gruppen in der späten Vorkolonialzeit im 19. Jahrhundert.

Die Integration von Vute- und anderen ethnischen Gruppen Zentralkameruns (Tschamba, Kutin, Tikar, Mbum u.a.) seit den 30er Jahren des 19. Jhs. in die von Fulbe-Gruppen der Wollarbe und Kiri-en gegründeten südlichen Adamaua-Lamidate Banyo und Tibati führte zur Zerstörung ihrer politischen Einheiten und zu gravierenden Veränderungen ihrer gesellschaftlichen Organisation. Lamidate wurden im 19. Jh. die Provinzen des Emirats Yola (Fombina, Adamaua) genannt, das wiederum Teil des Großreichs Sokoto war. Im Südwesten Adamauas scheiterten die Eroberungsversuche der Fulbe am Widerstand der Bamum, die über eine militärisch widerstandsfähige frühstaatliche Gesellschaftsstruktur verfügten.

Die im ersten Drittel des 19. Jhs. zwischen den späteren Lamidatssitzen Banyo und Tibati in zum Teil großen Klanverbänden lebenden Vute-Gruppen stellten ein bedeutendes Bevölkerungselement dieser Region dar. Linguistisch werden sie in den gegenwärtigen Klassifikationen zu den bantoiden Sprachen der Benue-Kongo- bzw. Benue-Kwa-Gruppe innerhalb der Niger-Kongo-Sprachfamilie gerechnet und dabei immer wieder mit den Mambila in Verbindung gebracht, deren östliche Nachbarn sie in dieser Zeit waren.[1] Ihre Wirtschaftsgrundlage bildete der Hackbau, vor allem der Anbau von Hirse. Sie gehörten nicht zu jenen gesellschaftlich wenig differenzierten Gruppen Nord- und Zentralkameruns, die man als Rückzugs- oder Kirdi-Gruppen bezeichnet, sondern sie wiesen Merkmale gesellschaftlicher Differenzierung auf. Unter ihnen führte die Eroberung durch die Fulbe zur Abwanderung eines bedeutenden Bevölkerungsteils, überwiegend aus dem Gebiet von Tibati (des ursprünglichen Vute-Ortes Tibare) nach Süden in die Sanaga-Ebene. Dieser Abwanderung in den 30er Jahre des 19. Jhs. waren seit etwa Ende des 18. Jhs. allmähliche Wanderbewegungen kleiner Vute-Gruppen in gleicher Richtung und nach Südosten bis über den Djerem hinaus

---

[1] Vgl. DE WOLF, 1981, S. 62, 68, 70f. und Abschnitt 3.3. der vorliegenden Arbeit. Zur Forschungsgeschichte der Vute-Sprache s. S. 31ff.

vorangegangen. Die im 19. Jh. in der Sanaga-Ebene von den Vute gebildeten Oberhäuptlingstümer verblieben bis zur ihrer kolonialen Eroberung im peripheren Einflußbereich des
Fulbe-Lamidats Tibati und waren diesem tributpflichtig. Sie konnten aber die gewaltsamen
Integrationsversuche des Fulbe-Herrschers (Lamido, pl. Lamibe) abwehren und ihre politische Selbständigkeit bewahren. Zu den spezifischen Existenzbedingungen in dessen Nachbarschaft kam die Auseinandersetzung mit der Vorbevölkerung der Sanaga-Ebene. Deren
Unterwerfung unter die Vute-Herrschaft führte zur polyethnischen Zusammensetzung der
nach etwa 1860 entstehenden Oberhäuptlingstümer. Die in den Lamidaten verbliebenen
und die abgewanderten Vute-Gruppen wuchsen somit in den Jahrzehnten nach der Fulbe-
Eroberung in ganz unterschiedliche gesellschaftliche Veränderungsprozesse hinein, die von
ebenfalls unterschiedlichen ökonomischen und ethnischen Veränderungen begleitet wurden.
Es wird daher als gerechtfertigt angesehen, auch nach ihrer regionalen Verteilung, ab der
Mitte des 19. Jhs. die nördlichen von den südlichen Vute zu unterscheiden.

In den Klassifikationen afrikanischer Ethnien ist die Zuordnung der Vute bisher nicht
eindeutig geklärt. Die vorliegende Arbeit will einen Beitrag zur genaueren Bestimmung ihrer Stellung unter den Ethnien des südöstlichen Zentralsudan leisten. Die Zuordnung der
Vute-Gruppen, unter denen eine Reihe von Autoren infolge der fortgeschrittenen Assimilierungsprozesse bei den Nord-Vute überwiegend nur noch die Süd-Vute in der Sanaga-Ebene
versteht, wird durch die Lage ihres Siedlungsterritoriums in einem relativ breiten Übergangsgebiet zwischen zentralsudanischen Savannen- und zentralafrikanischen Waldlandkulturen
kompliziert. Vor allem die südlichen Vute-Gruppen nehmen durch ihren Wechsel in die
Feuchtsavannenzone der Sanaga-Ebene (Guineasavanne), deren südlicher Rand bereits an
das tropische Waldland grenzt, mit der Bewahrung ethnokultureller Merkmale des Zentralsudan und der Übernahme ökonomischer Merkmale der Bevölkerung des tropischen Waldlandes eine Übergangsposition ein. Gefördert wurde diese Entwicklung durch ihren Kontakt
zu Gruppen des Semibantu- bzw. nördlichen Bantusprachraumes. Diese hatten teilweise ihrerseits, zeitlich vor dem Eindringen der Vute, die Sanaga-Ebene vom südlichen tropischen
Waldland her (Bati, Mwelle), aber auch aus westlichen Richtungen (Bafia, Balom) besiedelt.
Von ihnen übernahmen die Süd-Vute zunehmend den Anbau von Knollenfrüchten, vor allem von Maniok. Bis in die Kolonialzeit hinein spielte die in mehreren Varietäten angebaute
Durra-Hirse jedoch die wichtigste Rolle in ihrer Ernährung, hinzu kamen verschiedene Mais-
sorten und zahlreiche weitere Vegetabilien. Zusammen mit den zu dieser Zeit noch reichen
Wildbeständen in der Sanaga-Ebene besaßen die Süd-Vute somit am Ende der Vorkolonialzeit, also am Ende des 19. Jhs., eine reichliche und ausgewogene Nahrungsmittelgrundlage.

Mit ihrer Südwanderung und Niederlassung im Übergangsgebiet zwischen Sudan und
tropischem Waldland, wo bis ins 19. Jh. erhebliche Bevölkerungsbewegungen stattfanden,
also sich ethnische Gruppen unterschiedlicher Herkunft, Sprache und Kultur begegneten
und beeinflußten sowie ökonomische und gesellschaftliche Prozesse stimuliert wurden, ist
der Fall der Süd-Vute typisch und mit ähnlichen Situationen im west- und zentralafrikanischen Raum vergleichbar. Die Untersuchungsergebnisse weisen viele Gemeinsamkeiten oder

Ähnlichkeiten mit bereits bekannteren Beispielen, wie u.a. den gesellschaftlichen Verhältnissen der Akan im heutigen Ghana, der Fon und benachbarter Gruppen im heutigen Benin oder der zentralafrikanischen Azande, auf. Der französische Ethnologe SIRAN, der mehrere Feldforschungen unter den Vute durchführte, vergleicht einige Faktoren ihrer Entwicklung mit gesellschaftlichen Prozessen im Ankole-„Reich" Westugandas. [2]

Im Mittelpunkt der Arbeit steht die Herausbildung zweier Oberhäuptlingstümer der Süd-Vute (Ngila und Linte) auf der Grundlage einer Erfassung der verfügbaren Daten zu ihrer Ethnographie und Geschichte. Besonderes Augenmerk wurde dabei auf die politischen Prozesse gelegt sowie auf sozialökonomische Veränderungen, die mit ihnen einhergingen. Diese Eingrenzung ergab sich aus der Offensichtlichkeit der unterschiedlichen gesellschaftlichen Prozesse bei den Nord- und Süd-Vute trotz ihres gemeinsamen historischen Schicksals der Fulbe-Eroberung. Ferner wurde deutlich, daß die Süd-Vute ein signifikantes Beispiel für Anfänge der Staatsbildung vertriebener Gruppen darstellen, die im Bereich des expansiven Fulbe-Herrschaftssystems verbleibend, in ihrem neuen Einwanderungsgebiet ihrerseits zu Eroberern werden. Nach einer Untersuchung der gesellschaftlichen, insbesondere sozialökonomischen Stellung der in die frühstaatlich organisierten Lamidate integrierten Vute-Gruppen sowie der sie zunehmend erfassenden Detribalisierungs- und ethnisch-kulturellen Assimilierungsprozesse wurde die Erforschung der gesellschaftlichen Prozesse in den politischen Einheiten der Süd-Vute somit zum Schwerpunkt vorliegender Arbeit. Dabei wird der Versuch unternommen, innere Zusammenhänge gesellschaftlicher Veränderungen bei den Süd-Vute zu ermitteln. [3] Vielleicht der bedeutendste innere Zusammenhang ist in der häufigen bis regelmäßigen Kriegführung der Süd-Vute in der zweiten Hälfte des 19. Jhs. zu sehen. Sie resultierte aus der Notwendigkeit der Verteidigung gegen die Fulbe, die erst mit der sogenannten Unabhängigkeitsschlacht bei Nduba um 1886 ihr Ende fand, aus der Unterwerfung der Vorbevölkerung in der Sanaga-Ebene und aus dem Raub von Menschen. Territorialpolitische Struktur, gesellschaftlicher Differenzierungsprozeß und gesellschaftliche Struktur und Organisation in den Oberhäuptlingstümern der Süd-Vute sind in ihren Besonderheiten davon stark geprägt gewesen. Im Sinne einer Überprüfung der in den Quellen immer wieder erwähnten „kriegerischen Vute" – SIRAN spricht von „terribles machines de guerre" [4] – ist ein gesonderter Abschnitt dem Versuch einer Ermittlung und Chronologie der Kampfhandlungen der Süd-Vute zwischen 1880 und 1899, dem Jahr der kolonialen Eroberung, gewidmet. Er ergab mindestens jährlich stattfindende Kampfhandlungen unterschiedlicher Art und Größenordnungen. Ein weiteres Kapitel untersucht in diesem Zusammenhang organisatorische und soziale Aspekte der Kriegführung.

Das ökonomische Ziel der Kriegführung war der Raub von Menschen sowohl für die Tributlieferung an den Lamido von Tibati als auch für den Haussa-Handel. Mit der Festigung der territorial-politischen Einheiten und der neuen sozialen Struktur in den entstehenden

---

[2] SIRAN, 1980, S. 54.
[3] Ausnahmen stellen die Untersuchungen von BÜTTNER, 1967 und SIRAN, 1980, dar.
[4] SIRAN, 1980, S. 8, 47.

Vute-Oberhäuptlingstümern kam dazu das Ziel des Raubes von Menschen als unfreie Arbeitskräfte für den eigenen Bedarf. Ein beträchtlicher Teil der Feldbauarbeiten wurde von fremdethnischen Unfreien oder freien Arbeits- bzw. Abgabepflichtigen geleistet (überwiegend Bati, Bafia, Balom, Mwelle, Njanti, Tikar). Außerdem wird in den Quellen die hohe Bewertung des Kriegertums beschrieben, die mit einem Rückgang der eigenen Tätigkeit im Feldbau einherging.

Diese Orientierung auf die Aneignung „ökonomischer Werte von außen" wurde verstärkt durch die Nutzung der Wirtschaftskraft von Haussa, die langfristig an den Oberhäuptlingssitzen der Vute lebten. Von sozialökonomischer Bedeutung war vor allem der Handel und die Herstellung von Prestigegütern durch die Haussa, über die der Vute-Oberhäuptling das Handelsmonopol hatte, und die für seinen Fundus der Verteilung an Verdiente unentbehrlich wurden. Die sozialen und ökonomischen Auswirkungen der Kriegführung stellten somit neben einer Quelle der Wertakkumulation einen das eigentliche Wirtschaftsleben der Vute schwächenden und von den genannten von außen stammenden Leistungen (*inputs*) abhängig machenden Faktor dar. Dieses Phänomen fügt sich in eine Reihe gesellschaftlicher Merkmale ein, die für den beginnenden Formierungsprozeß der frühstaatlichen Struktur in den Vute-Oberhäuptlingstümern charakteristisch sind und die in vorliegender Arbeit aufgezeigt werden: zum Beispiel die relativ hohe soziale Mobilität der integrierten Unfreien oder die fließenden Grenzen der territorialen Herrschaftsbereiche der Vute-Oberhäuptlinge infolge ständiger Grenzkriege und der weiteren Versuche territorialer Expansion.

Die Prägung der gesellschaftlichen Struktur und Organisation der Süd-Vute durch die bedeutende Rolle der Kriegführung blieb nicht ohne Auswirkungen auf ihre Lebensverhältnisse nach der Destrukturierung ihrer im Grunde noch instabilen Oberhäuptlingstümer im Jahre 1899. Die erst wenige Jahrzehnte integrierten Angehörigen der anderen Ethnien wanderten ab, besannen sich auf ihre eigene Geschichte und Kultur und distanzierten sich im allgemeinen von den Vute, die sie nicht nur einst gewaltsam unterworfen, sondern auch zu kultureller Assimilation gezwungen hatten. Die Auflösung der Oberhäuptlingstümer durch die deutsche Kolonialverwaltung ging mit einem Zerfall der sozialen und politischen Machtstruktur einher. Es fehlte danach vor allem die Schicht der arbeitenden Unfreien, bzw. wurde sie allmählich sehr ausgedünnt. Es erscheint symptomatisch, daß sich in den wissenschaftlichen Quellen der Mandatszeit und der letzten Jahrzehnte Hinweise auf beträchtliche Schwierigkeiten der Integration der Vute-Bevölkerung in soziale und landwirtschaftliche Entwicklungsprojekte finden. Allerdings stellte sie, sowohl in der Kolonialzeit als auch während des zweiten Weltkriegs, im Verhältnis zu anderen ethnischen Gruppen Kameruns überdurchschnittlich viele Soldaten.

Die in ein frühes Vorfeld der Staatsbildung einzuordnenden vorkolonialen Prozesse gesellschaftlicher Veränderungen unter den Süd-Vute fanden zeitlich relativ spät, in der zweiten Hälfte des 19. Jhs., statt. Die von kolonialzeitlichen und späteren Autoren aufgenommenen Überlieferungen und historischen Daten erfassen diesen Zeitraum. Hierdurch wurden, unter Beachtung eines streng quellenkritischen Herangehens, die Veränderungsprozesse bis zu einem bestimmten Grad – überwiegend am Beispiel der Oberhäuptlingstümer Linte und Ngila – darstellbar.

Die Schreibweise der einheimischen Bezeichnungen wurde von den Autoren der Primärquellen übernommen. Vor allem HOFMEISTER (1919) und SIRAN (1971, 1980, 1981a) verwendeten das *International Phonetic Alphabet* (IPA). Eine Reihe gesellschaftlich bedeutender Bezeichnungen konnte in ihm wiedergegeben werden. Wo dies nicht möglich war, wurden die Schreibweisen der jeweiligen Autoren beibehalten. Da von den Autoren nur sehr wenige Ortsnamen im IPA angegeben wurden, sind diese in vorliegender Arbeit einheitlich in den vollständig vorhandenen deutschen Umschriften wiedergegeben.

Die Anregung zu einer Arbeit über die Vute im Zusammenhang mit der Erforschung von Fragen der Staatsbildung erhielt die Verfasserin von Thea BÜTTNER. Im Verlauf ihrer Forschungarbeiten über das Emirat Yola und die gesellschaftliche Struktur und Organisation der Fulbe-Lamidate erkannte Thea BÜTTNER die Vute als bisher wenig erforschten Fall, wo ethnische Splittergruppen der Vute aus der von den Fulbe eroberten Bevölkerung Adamauas abwanderten, im Einwanderungsgebiet selbst zu Eroberern wurden und dabei gesellschaftlich differenziertere politische Einheiten bildeten. Es sei Thea BÜTTNER an dieser Stelle für diese Anregung gedankt, denn dadurch wurde eine der bisher wenig untersuchten ethnischen Gruppen des subsaharischen Afrika zumindest im deutschsprachigen Raum deutlicher ins Licht der gegenwärtigen Afrika-Forschung gerückt und gleichzeitig ein Beitrag zur Erforschung der möglichen Ursachen und Verlaufsformen des Wechsels von nichtstaatlichen zu staatlichen Gesellschaften geleistet.

Die ursprüngliche Fassung dieser Arbeit als Dissertationsschrift wurde von Wolfgang Liedtke betreut, dem an dieser Stelle für seine vielfältige beratende Unterstützung herzlicher Dank ausgesprochen sei.

Für zahlreiche Anregungen und eine akribische, die Qualität der vorliegenden Arbeit unterstützende, redaktionelle Bearbeitung dankt die Verfasserin Rolf Krusche und Ingo Nentwig. Dank ihrer kritischen Durchsicht des Manuskripts und zahlreicher Hinweise konnten vor allem komplizierte gesellschaftliche Zusammenhänge eine verständliche und klare Darstellung erhalten.

2. Quellen

2.1. Einleitung

Die vorliegende Arbeit über die Vute und im weiteren Sinne auch über Zentralkamerun beruht auf unterschiedlichen Quellengruppen, die nachfolgend kritisch bewertet vorgestellt werden. Die inhaltliche Bewertung einzelner Veröffentlichungen und Archivmaterialien, einschließlich einer Einschätzung von Informationstiefe und -dichte der Angaben zu den Schwerpunkten der Thematik, werden in den entsprechenden Kapiteln vorgenommen. Es wurden über 250 Veröffentlichungen der Primär- und Sekundärliteratur aus der Zeit von 1855 bis in die Gegenwart und Akten des Reichskolonialamtes (Staatsarchiv der DDR, jetzt: Bundesarchiv Berlin) ausgewertet. Zusätzlich konnten wertvolle mündliche Informationen 1987 durch Befragung von A.P. SONGSARÉ aus Linté, einem der in der Vorkolonialzeit bedeutendsten und in vorliegender Arbeit untersuchten Vute-Oberhäuptlingstümer, gewonnen werden.

Der Hauptteil der Angaben ist in den verschiedenen Gruppen der Primärliteratur zu finden. Sie läßt sich in die Literatur der Kolonial- und frühen Mandatszeit, Archivmaterialien der Kolonialzeit und Literatur aus der Zeit nach der Gründung der unabhängigen Republik Kamerun unterteilen. Alle drei Quellengruppen besitzen durch unterschiedliche inhaltliche Schwerpunkte und unterschiedlichen Charakter spezifische Bedeutung für das Untersuchungsthema.

Die Verwendung von bereits veröffentlichten Primärdaten durch andere Autoren ist für die Kolonial- und frühe Mandatszeit nur in geringem Umfang festzustellen. [1] Auch in den darauffolgenden Jahrzehnten wurden die Vute und Zentralkamerun überhaupt in ethnographische, historische und andere wissenschaftliche Veröffentlichungen – auch in denen Kameruner Historiker (MVENG, 1963 und NGOH, 1988) – relativ wenig einbezogen. Autoren, die sie in Einzelabschnitten mit behandeln, [2] stützen sich wiederholt nur auf ganz bestimmte Stellen der Primärliteratur der deutschen Kolonialzeit. Die teilweise vorgenommenen klassifikatorischen Einordnungen der Vute weichen partiell voneinander ab. [3]

Die in den Quellen relativ zersplittert liegenden Angaben zu Geschichte, Ökonomie und Gesellschaft der Vute ermöglichen vorläufig keine monographische Darstellung. Insbeson-

---

[1] ANKERMANN, 1905, S. 64; HASSENSTEIN, 1863, Taf. 6; V. LUSCHAN, 1891, S. 675ff.; PETERMANN, 1855, Taf. 18; SCHEVE, 1917, S. 24; SPANNAUS, 1929, S. 148ff.

[2] BAUMANN, 1940, S. 167ff., 262ff., 273ff; BORN, 1979, S. 229ff., 246; BRAUKÄMPER, 1970, S. 6, 30ff., 50ff., 76, 128, 145ff., BÜTTNER, 1967, S. 143ff.; FORKL, 1983, S. 508f.; 1985, S. 191; HAUSEN, 1970, S.149f., 167; KLEIN, 1979, S. 307ff.; LEMBEZAT, 1961, S. 227ff.; MURDOCK, 1959, S. 232ff.; RÜGER, 1960, S. 157; WIRZ, 1972, S. 154f.

[3] Vgl. Abschnitt 2.3. Sekundärliteratur.

dere die kolonialzeitliche Literatur weist den typischen Mangel an Angaben zu bestimmten Aspekten, wie sozialökonomischer und anderer gesellschaftlicher Bereiche, auf.[4] Vielfach werden Institutionen und Verhältnisse nur äußerlich und singulär erwähnt oder charakterisiert. Die in diesem Zeitraum meistens nicht methodisch wissenschaftlich aufgenommenen Daten erschweren komplexe Beschreibungen und die Erkenntnis innerer Zusammenhänge. Dies wurde in begrenztem Umfang erst durch die Publikation von themenorientierten Feldforschungen möglich, vor allem von J.-L. SIRAN, die in den letzten Jahrzehnten bei verschiedenen Vute-Gruppen durchgeführt wurden.

Die Einwanderung von Vute-Gruppen in der Sanaga-Ebene im 19. Jh., die Abläufe von Eroberung, Verdrängung oder Integration anderer ethnischer Gruppen und die sich daran anschließenden gesellschaftlichen und territorial-politischen Entwicklungsvorgänge, besonders aber auch der Ablauf der Kolonialeroberung, belegen eine bewegte Geschichte, was infolgedessen auch in der Literatur zu einer erheblichen Datensummation führt. Sie wird zur Grundlage der in der vorliegenden Arbeit angeschnittenen theoretischen Fragestellungen zu Zusammenhängen von historischen Ereignissen, ökonomischen und sozialökonomischen Veränderungen im Rahmen der Herausbildung der Oberhäuptlingstümer der Süd-Vute, insbesondere ihrer gesellschaftlichen Struktur und Organisation. Entsprechend dem häufigen Mangel an speziellen Angaben sind einer umfassenden Erschließbarkeit der vorkolonialen gesellschaftlichen Verhältnisse der Vute Grenzen gesetzt.

Bei der Auswertung der kolonialzeitlichen Literatur und Archivmaterialien ist zu berücksichtigen, daß die Angaben fast ausschließlich auf dem Weg des Fremdzeugnisses deutschsprachiger Autoren, als Vertreter eines anderen Ethnos und europäischer Kultur, vermittelt werden. Das führte vielfach zu Fehleinschätzungen sowie subjektiv gefärbten Informationsvermittlungen. Negative Werturteile entstanden auch durch den Einfluß kolonialideologischer Aspekte in die Charakterisierung der einheimischen Bevölkerung. So werden die der kolonialen Eroberung teilweise erheblichen Widerstand leistenden Vute von vielen Autoren generalisiert als aggressives kriegerisches Volk dargestellt.[5]

Der Autorenkreis war in sich differenziert nach Bildungsgrad, subjektiven Einstellungen und Interessen, was sich in der Auswahl der aufzuzeichnenden Beobachtungen widerspiegelt. Die Autoren arbeiteten objektiv, überwiegend auch subjektiv im Interesse der Kolonialmacht und konzentrierten sich häufig mehr auf die Schilderung kolonialhistorischer Ereignisse als auf die einheimischer Verhältnisse.

So ergeben sich Datenhäufungen zu Kontaktsituationen zwischen Autoren und Einheimischen, besonders Häuptlingen, sowie zu sichtbaren Erscheinungen in ökonomischen und gesellschaftlichen Bereichen, andererseits Datenmängel bei der Erfassung von deren inneren Strukturen. Neben der inhaltlichen sind auch lokal wesentliche Unterschiede der Datenkonzentrationen zu verzeichnen, die ursächlich auf die geographische Vorstoßrichtung der

---

[4] Vgl. AHMED, 1980, S. 63, 80, 82.
[5] Zum Beispiel bei MORGEN, 1893a, S. 199. Übernommen wurden negative Werturteile auch von späteren Autoren wie LEMBEZAT, 1961, S. 228, 241.

Europäer im Rahmen der kolonialzeitlichen Erschließung und Eroberung von Süden her zu-rückzuführen sind. So liegt über die westliche Sanaga-Ebene, über die verschiedenartigsten Verhältnisse, Ereignisse und Persönlichkeiten in und um die Vute-Oberhäuptlingszentren, vor allem über das südliche Nduba, eine relativ hohe Informationsdichte vor, da dieses Ge-biet chronologisch zuerst und auch im weiteren Zeitraum am häufigsten von Expeditionen und Einzelreisenden durchzogen wurde. Über die Vute-Gruppen der östlichen Sanaga-Ebene sowie in den Lamidaten Tibati und Banyo sind jedoch vergleichsweise weniger Informatio-nen vorhanden.

In einigen kolonialzeitlichen Quellen kommen Afrikaner in direkter Form selbst zu Wort. Authentisch erscheinen die Angaben dort, wo z.B. von Oberhäuptlingen oder Häupt-lingen Überlieferungen wiedergegeben werden.[6] Kritisch einzuschätzen sind in den kolo-nialzeitlichen Quellen jedoch die Passagen, wo Handlungen oder Äußerungen von Einheimi-schen durch den Autor geschildert werden und damit im Licht seiner subjektiven Auffassung erscheinen.

Mit wenigen Ausnahmen wurde von den kolonialzeitlichen Autoren keine oder nicht zutreffende wissenschaftliche Terminologie angewandt. Die Mehrzahl von ihnen war von Ausbildung, Funktion und Bildungsgrad her nicht mit dem damaligen Wissenschaftszweig Ethnographie vertraut und verwendete keine wissenschaftlich definierten Termini bei der Beschreibung von Tatbeständen, Erscheinungen und Verhältnissen. Begriffliche Ungenauig-keiten verschleiern daher häufig den Wahrheitsgehalt der Informationen und es erwies sich als Notwendigkeit, auch die geringfügigsten Begleitumstände zu seiner Klärung als Angaben aufzunehmen. Unter dem Aspekt der angestrebten Verifikation der Angaben besitzen dieje-nigen hohen Wert, bei denen eine Mehrfachbelegung von verschiedenen Autoren vorhanden ist, oder die auf der Grundlage einheimischer Sprachkenntnisse ermittelt wurden.

2.2. Primärliteratur und Archivmaterialien

2.2.1. Primärliteratur der Vorkolonial- und Kolonialzeit

Die anhand der Literatur dieser Zeitabschnitte dargestellten historischen Ereignisse in Zen-tralkamerun und die ökonomischen und gesellschaftlichen Verhältnisse der Vute reichen bis ins erste Drittel des 19. Jhs. zurück. Es werden aber auch zeitgenössische relativ ungestör-te Verhältnisse der einheimischen Bevölkerungsgruppen erfaßt. Das Untersuchungsgebiet war bis Januar 1899 nicht in die Kolonie Kamerun integriert. Jedoch bestanden durch im Kolonialdienst stehende Armeeangehörige und Beamte seit 1888 Kontakte,[7] die mit wesent-lichen Informationen in der Literatur wiedergegeben wurden. Diese Situation unterscheidet sich von der im Kameruner Küstengebiet, wo Kontakte, koloniale Eroberung und Integra-tion enger aufeinander folgten. In einer auffälligen Datenhäufung spiegeln sich ferner die

---

[6] THORBECKE, 1914a, S. 63f.; THORBECKE, M.-P., 1914, S. 150f.
[7] Vgl. Forschungsergebnisse der Batanga-Expedition, ... , 1888, S. 27f.

gravierenden Veränderungen ab dem Zeitpunkt der kolonialen Eroberung im Januar 1899 wider.

Die Primärliteratur der Vorkolonialzeit und Kolonialzeit bildet einen Hauptbestandteil des Materials. [8] Neben wenigen Büchern handelt es sich hauptsächlich um Artikel aus Zeitschriften, überwiegend geographischen, ethnographischen und anthropologischen Inhalts, aus Zeitschriften der Kolonialverwaltung oder von Kolonialvereinen und aus Missionszeitschriften.

Einige wenige Veröffentlichungen tragen wissenschaftlichen oder populärwissenschaftlichen Charakter und konzentrieren sich in der überwiegend geographischen Zeitschriftengruppe. Die Entdeckungs-, Reise- und Forschungsberichte der dort vertretenen Autoren enthalten eine Reihe z.T. wesentlicher ethnographischer, seltener auch anthropologischer Angaben. [9] Von besonderer Bedeutung sind die Arbeiten des Anthropogeographen F. THORBECKE, der u.a. eine Fülle exakter Angaben auf agrarwirtschaftlichem Gebiet ermittelte. [10] Aufgrund seiner umfassenden Kenntnisse der afrikanischen Geschichte trat er bereits 1928 der These von Afrika als geschichtslosem Kontinent entgegen. [11] Zu dieser Veröffentlichungsgruppe gehören auch die Reiseberichte von H. BARTH, in denen einige topographische Hinweise auf Vute-Gruppen enthalten sind. [12] Seine Angaben wurden von PETERMANN und HASSENSTEIN kartographisch verarbeitet. [13] Den forschungsgeschichtlich frühesten Nachweis verdanken wir S.W. KOELLE, der das Schicksal eines versklavten und mehrfach verkauften Vute aufzeichnete sowie ein Vute-Vokabular zusammenstellte. [14]

Die Zweckgebundenheit von Expeditionen und anderen Reisen im Rahmen umfassender kolonialpolitischer Zielstellungen und deren Interessenvertretung durch die Autoren zeigt sich am deutlichsten in den von Kolonialverwaltung und Kolonialvereinen herausgegebenen Zeitschriften. Dort wurden Berichte über Erkundungs-, Unterwerfungs- und Strafexpeditionen der Kolonialbeamten und Armeeangehörigen herausgegeben. Besonders im Bereich der gehäuften Konfrontations- und Kontaktschilderungen während der kolonialen Integration ist der Grad der kolonialideologisch beeinflußten Verschleierung der wahren Begebenheiten hoch. Sie enthalten aber auch eine Vielzahl ethnographischer Einzelangaben, meist nicht im Rahmen komplexer Beschreibungen, [15] da der in der Regel nur temporä-

---

[8]   Zu ihnen werden auch einige Veröffentlichungen gerechnet, die in der frühen Mandatszeit erschienen sind, deren Angaben aber während der Kolonialzeit erhoben wurden.

[9]   v. BRIESEN, 1914; GUILLEMAIN, 1909; Hagen, 1914; HEINITZ, 1919; HOESEMANN, 1903; HOFMEISTER, 1918, 1918/1919; LEDERMANN, 1912; MANN, 1913; MOISEL, 1903; MOLLISON, 1919; MORGEN, 1892; PASSARGE, 1895, 1909; SEYFFERT, 1911; v. STAUDINGER, 1891a, b; STRÜMPELL, 1912; THORBECKE, 1914a, 1914b, 1916, 1919, 1921, 1924.

[10] THORBECKE, 1916, S. 52ff.

[11] THORBECKE, 1928, S. 24.

[12] BARTH, 1857, S. 615, 617, 753f.

[13] HASSENSTEIN, 1863, Taf. 6; PETERMANN, 1855, Taf. 18.

[14] KOELLE, 1854, S. 19 (Unveränderter Nachdruck, Graz 1963).

[15] Ein Ausnahme bildet der Artikel von DOMINIK, 1897, S. 415ff., wo eine Datenzusammenfassung unter wirtschaftlichen und sozialen Aspekten versucht wird.

re Aufenthalt der Autoren dies kaum ermöglichte. [16] In diesen Zeitschriften ist ferner mit der Veröffentlichung von Verordnungen, Bestimmungen und Erlassen eine hohe Informationsdichte über entscheidende Auswirkungen kolonialadministrativer Maßnahmen auf die einheimische Bevölkerung vorhanden. Zur gleichen Quellen-/Literaturgruppe gehören auch einige längere Zeit oder mehrere Male im Dienst der Kolonialregierung arbeitende Autoren, die ihre Erlebnisse in Büchern zusammenfaßten. Zahlreiche Daten von z.T. hohem Informationswert vermitteln z.B. die Veröffentlichungen von MORGEN und DOMINIK. [17]

Der Erscheinungszeitraum der kolonialzeitlichen Missionsliteratur über das Untersuchungsgebiet ist vergleichsweise kurz, da die Missionierung dort wesentlich später als im Küstengebiet Kameruns einsetzte. 1912 wurde von der Missionsgesellschaft der Deutschen Baptisten eine Station in Nduba, dem Herrschaftszentrum des Oberhäuptlingstums Ngila, errichtet mit einer nachfolgenden Außenstation in Yoko. [18] Von den dort arbeitenden Missionaren stammt der Hauptteil der Missionsliteratur. Einige Quellen sind auch von Missionaren der Kongregation der Pallotiner vorhanden, die ab 1901 in Jaunde (Yaoundé) eine Station unterhielten und die linksseitig vom Sanaga lebenden Gruppen in ihren Wirkungsbereich einbezogen. [19] 1916 wurde die Tätigkeit der deutschen Missionsgesellschaften im Untersuchungsgebiet im Verlauf der Ereignisse des ersten Weltkrieges abgebrochen. Die afrikanischen Gemeinden bestanden jedoch weiter und wurden in der Folgezeit von der Pariser Mission betreut. [20]

Die Missionsliteratur verdeutlicht sehr exakt, auch statistisch, den Fortgang von Missionierung und Schulwesen. Sie beinhaltet naturgemäß viele Daten zu einheimischer Ideologie und Religion. Die Missionare geben sie häufig im Zusammenhang mit abwertenden Bemerkungen wieder, eurozentrisch befangen und in Ermangelung von Einschätzungsvermögen und Kenntnis afrikanischer Kulturen sowie aus der Sicht ihrer missionarischen Aufgabe. Dennoch ist ihr Bemühen nicht zu verkennen, neben der mehr oder weniger gezielten Aufnahme allgemeiner Daten zur Geschichte, Ökonomie und Gesellschaft der Vute, in umfassender Weise die Glaubensvorstellungen und das geistig-kulturelle Gedankengut der Vute zu ermitteln. [21] Der Hauptteil der Informationen stammt von den im Vute-Gebiet bis 1916 arbeitenden Missionaren J. HOFMEISTER und J. SIEBER. SIEBER konzentrierte sich besonders auf die im unmittelbaren Einzugsbereich der Missionsstation Nduba lebenden Gruppen im Südwesten der Sanaga-Ebene. Er veröffentlichte später eine kleine, alle Lebensbereiche berührende, monographische Studie über die Vute. [22] Missionar HOFMEISTER unternahm mehrere große Predigtreisen in die nördlichen und östlichen Siedlungsgebiete der Vute, die

---

[16] Forschungsergebnisse der Batanga-Expedition 1888; DOMINIK, 1895, 1897, 1898, 1901, 1902, 1908, 1909; v. KAMPTZ, 1896, 1899a-e, 1900; KUND, 1889; MORGEN, 1890, 1891, 1892; v. PUTTKAMER, 1897; v. SCHIMMELPFENNIG, 1901a; v. STETTEN, 1893a, 1893b, 1895; TAPPENBECK, 1889, 190.

[17] DOMINIK, 1901, 1908; MORGEN, 1893a.

[18] HOFMEISTER, 1926, S. 216; SIEBER, 1925, S. 1.

[19] SKOLASTER, 1924, S. 122, 229, 234f.

[20] Das Neueste aus der Arbeit, 1920, S. 15.

[21] HOFMEISTER, 1918/1919, S. 1ff.; 1920, S. 18; 1923b, S. 97ff.; SIEBER, 1913, S. 73f.; 1925, S. 70ff.

[22] SIEBER, 1925.

er gezielt zur Materialsammlung über Geschichte, Kultur und vor allem Sprache der Vute nutzte. [23] So stellen seine Angaben keine Wiederholungen des Sieber'schen Materials dar, sondern liefern wesentliche Ergänzungen aus anderen Gebieten.

Die für den gesamten Zeitraum der deutschen Kolonialherrschaft späte und relativ kurzfristige Tätigkeit der Baptisten-Missionare, deren Erfassungsgebiet außerdem zu ihrer Zeit kolonialwirtschaftlich und kolonialpolitisch keine Bedeutung hatte, erklärt möglicherweise das geringe Vorkommen von Äußerungen über die Beziehungen zwischen den Missionaren und der Kolonialregierung. An mehreren Stellen werden jedoch von den Missionaren negative Auswirkungen der Kolonialisierung betont. [24]

Aus den Veröffentlichungen ist ersichtlich, daß die Missionare im Verlauf der kolonialen Integration im Interesse der indigenen Bevölkerungen wirkten. Sie setzten sich für die Erhaltung von deren Subsistenzbedingungen ein, für den Aufbau eines Marktwesens, die Verbesserung der gesundheitlichen Fürsorge, humane Lebensbedingungen und vermittelten in ständig steigendem Umfang Schulbildung. Sie führten ferner europäische Handwerkstechniken ein, z.B. Ziegelbrennen, Sägen und Hobeln. [25] Andererseits arbeiteten sie einheimischen Sozialerscheinungen wie Polygamie und „Sklaverei" intensiv entgegen, was zu den allgemeinen durch die Kolonialisierung bedingten sozialen und sozialökonomischen Veränderungstendenzen beitrug.

2.2.2. Archivmaterialien der Kolonialzeit

Die ausgewerteten Titel der Akten des Reichskolonialamtes beinhalten einschließlich der Anlagen und Skizzen Angaben verschiedenster Art zum Untersuchungsthema. Im Sinne einer Zuordnung zu den oben genannten Quellengruppen [26] gehören diese Archivmaterialien überwiegend in die Gruppe der schriftlichen Niederlegungen von Angestellten und Angehörigen der Kolonialverwaltung und Schutztruppe. Die wesentlichen Aussagen konzentrieren sich in den Berichten der Expeditionsleiter bzw. -teilnehmer und der Stationsleiter. Die Expeditionsberichte kamen in redigierter, d.h. meist unvollständiger, Form häufig in den Organen der Kolonialverwaltung und -vereine zur Publikation. Die gleichen Autoren veröffentlichten teilweise ihre Erlebnisse auch in Büchern. Diese Erlebnisberichte verloren durch kolonialideologische Propaganda, starke Orientierung auf die eigenen „Leistungen", Verschleierung vieler Details und eine selektierte Darstellung der einheimischen Bevölkerung nicht selten sehr an Genauigkeit und Wahrheitsgehalt.

In ihrer Eigenschaft als amtliche Schriftwechsel unterscheiden sich Archivschriften von den Veröffentlichungen durch die vollständigere und detailliertere Wiedergabe von Expeditions- und anderen Ereignissen, [27] sowie vor allem durch eine Darstellungsart ohne

---

[23] HOFMEISTER, 1918, S.1ff.; 1918/1919, S.1ff.
[24] HOFMEISTER, 1913, S. 51; SIEBER, 1917, S. 6f; 1915, S. 1
[25] SIEBER, 1925, S. 100.
[26] Siehe vorliegende Arbeit, Kapitel 2, Abschnitt 2.1.
[27] Vgl. z.B. Bundesarchiv, R 1001/4357, Bl. 13f., DOMINIK mit DOMINIK, 1901, S. 77.

Ausschmückungen und die annähernd unfrisierte Wiedergabe der wirklichen Geschehnisse, häufig mit Zahlenangaben. Die teilweise konkrete Wiedergabe von Gesprächsinhalten und Begegnungsabläufen mit Einheimischen verdeutlichen die im Laufe der Kolonialisierung wechselnden und differenzierten Meinungen, Reaktionen und Haltungen einheimischer Kontaktpersonen wie Oberhäuptlinge, Häuptlinge etc.,[28] deren Auftreten in den mehr beschreibenden und kolonialapologetisch motivierten Veröffentlichungen häufig simplifiziert wird.

Der Inhalt der Archivschriften ermöglicht eine klare und genaue Nachzeichnung der auf friedlicher oder militärischer Basis vor allem von der Forschungs- und späteren Regierungsstation Jaunde erfolgten Kontaktentwicklung zwischen den Kolonialisten und den noch nicht integrierten Einheimischen des Untersuchungsgebietes, bzw. der Unterwerfung der Vute-Häuptlingstümer südlich des Sanaga, im Zeitraum von 1888 bis 1899;[29] ferner der kolonialwirtschaftlichen Hintergründe der Expeditionen einschließlich der seit 1898 geplanten endgültigen Unterwerfung des Vute- und Südadamaua-Gebietes[30] sowie deren Durchführung im Jahre 1899 mit exakten Feldzugs- bzw. Gefechtsberichten.[31] Zahlreiche Protokolle geben über die ersten sich daran anschließenden „friedlichen" Kolonialisierungsmaßnahmen Auskunft.[32] Die quantitative Informationsspitze der Archivmaterialien liegt um die Jahrhundertwende, wonach sich ein Abflauen ab etwa 1907 deutlich zeigt. Die Informationen des nachfolgenden Zeitraumes beinhalten zunehmend Auswirkungen der kolonialen Eroberung und Integration.[33]

Zu ethnographischen Einzelaspekten enthalten die Materialien eine Reihe von in der Literatur bisher nicht festgestellten Einzelangaben.[34] Außerdem sind ihnen eine Vielzahl

---

[28] Bundesarchiv, R 1001/3345, Bl. 18, V. STETTEN; ebd. 4287, Bl. 51, 53, 54; ebd., 3346, Bl. 33, DOMINIK.

[29] Wesentliche Expeditions- bzw. Stationsleiterberichte befinden sich in: Bundesarchiv, R 1001/3267, Expedition KUND, TAPPENBECK, Weißenborn 1887 – 1888; ebd., 3268, Expedition KUND, MORGEN, 1889 -1890; ebd., 3269, Expedition KUND, MORGEN 1890 – 1891; ebd., 3292, Expedition V. STETTEN, 1893; ebd., 3299, Expedition V. CARNAP-QUERNHEIMB 1897 – 1898; ebd., 3345, Expeditionen der Kaiserlichen Schutztruppe 1895 – 1898; ebd., 3346, Expeditionen der Kaiserlichen Schutztruppe 1898 – 1899; ebd., 4287, Die inneren Verhältnisse Kameruns 1895 – 1901; ebd., 4357, Station Jaunde 1894 – 1896; ebd., 4358, Station Jaunde 1896 – 1898.

[30] Vgl. z.B. Bundesarchiv, R 1001/3267, Bl. 6, KUND; ebd., 3268, Bl. 94ff., MORGEN; ebd., 3299, Bl. 65, STAADT; ebd., 3345, Bl. 73, 75, 82, V. PUTTKAMER; ebd, 3346, Bl. 17aff., DOMINIK; ebd., 4284, Bl. 15, Denkschrift der Deutschen Kolonialgesellschaft; ebd., 4287, Bl. 28, 49, V. PUTTKAMER; ebd., 4287, Bl. 54, DOMINIK; ebd., 4358, Bl. 134, V. PUTTKAMER; ebd., 4358, Bl. 184, 186, DOMINIK.

[31] Bundesarchiv, R 1001/3346, Bl. 120, 133f., 157f., 174ff., V. KAMPTZ; ebd., 3347, Bl. 25, 27, 50ff., 135ff., V. KAMPTZ.

[32] Bundesarchiv, R 1001/3346, Bl. 182ff. (Anlagen 4 – 7), V. KAMPTZ; ebd., 3347, Bl. 111, 113, Bl. 154 (Anlage 6), Bl. 156 (Anlage 8), Bl. 160 – 165 (Anlagen 10 – 15), Bl. 167 (Anlage 17), Bl. 169 (Anlage 19).

[33] Zum Beispiel Bundesarchiv, R 1001/3344, Bl. 62f., 71, THORBECKE; ebd., 3353, Bl. 181, DOMINIK; ebd., 3354, Bl. 72, 85ff., V. STEIN; ebd., 4328, Bl. 7, 10, V. KROSIGK; ebd., 4328, Bl. 25ff., DOMINIK; ebd., 4359, Bl. 143, Brief der Firmen King, Powell, Lübecke, Krause, Randad-Stein, Hamburger Afrika-Gesellschaft, Woermann & Co.; ebd., 4359, Bl. 159, V. KROSIGK; ebd., 4382, Bl. 191, 193, DOMINIK; ebd., 4382, Bl. 205, SCHÜRMANN; ebd., 4388, Bl. 4ff., PETER.

[34] Unter anderem zur Geschichte und gesellschaftlichen Differenzierung der Vute in Bundesarchiv, R

von Informationen zu entnehmen, die in den Veröffentlichungen vorhandene Angaben ausführlicher oder wiederholend belegen. Die zahlreichen amtlichen Berichterstattungen, vor
allem über Expeditionen, beinhalten durch exakte Routenangaben und -beschreibungen to-
pographisch relevante Datenhäufungen, die in Verbindung mit den Aussagen zur territorial-
politischen Organisation deren spezifische Merkmale erkennen helfen. [35] Die Routenskizzen
beinhalten teilweise neben der Benennung der durchzogenen Orte territorial-politische Angaben mit Häuptlingsnamen, Differenzierung von Oberhäuptlings- oder Häuptlingssitzen
und Farmdörfern, Abgrenzung von Herrschaftsgebieten mit Einzeichnung der integrierten
Ethnien oder mit ihren Ortschaften, Einzeichnung früherer Sitze verlegter Orte, vorgescho-
bener Posten der Vute in besetzten Gebieten, Siedlungsenklaven der Vute in nicht in die
Vute-Oberhäuptlingstümer integrierten Gebieten. [36]

Von Bedeutung sind ferner die Hinweise auf Assimilierungsvorgänge zwischen den Ethnien [37] und auf den traditionellen einheimischen Handel, einschließlich Handelspreise für
geraubte Menschen in Tauschwerten und Geld. [38]

Unter den nicht zur Veröffentlichung gekommenen Materialien befinden sich einige
Berichte, Skizzen und andere Materialien, die eine Reihe derzeitiger konkreter lokaler Verhältnisse wie Häuptlingsbeschreibungen, ethnische Zusammensetzung größerer Orte, Merkmale aus dem Wirtschafts- und Sozialbereich, Siedlungsgröße, -anlage, -grundrisse und -
strukturen erfassen und einmalige zeitgenössische Dokumente geblieben sind. [39]

1001/3345, Bl. 24ff., v. STETTEN; zum Verfügungsrecht des Oberhäuptlings über Sklaven und die Ausbildung fremdethnischer „Kriegersklaven" in ebd., 4357, Bl. 20, 25, DOMINIK; zum Sklavenhandelsmonopol
des Oberhäuptlings und seine Umgehung durch Krieger, in ebd., 4357, Bl. 26, DOMINIK; über für Frauen
des Oberhäuptlings gültige „Hofetikette" in ebd., 4357, Bl. 24, DOMINIK.

[35] Zum Beispiel Bundesarchiv, R 1001/4357, Bl. 84, DOMINIK; ebd., 4358, Bl. 116, v. CARNAP-
QUERNHEIMB; ebd., 4382, Bl. 153, v. OERTZEN.

[36] Bundesarchiv, R 1001/3345, Bl. 12, 30, v. STETTEN; ebd., 3345, Bl. 88, v. CARNAP-QUERNHEIMB; ebd.,
3346, Bl. 10, DOMINIK; ebd., 3347, Bl. 69, BUDDEBERG; ebd., 3349, Bl. 26, v. SCHIMMELPFENNIG;
ebd., 3353, Bl. 190, v. OERTZEN; ebd., 4287, Bl. 68, DOMINIK; ebd., 4382, Bl. 152, v. OERTZEN.

[37] Zum Beispiel Bundesarchiv, R 1001/3269, Bl. 28, MORGEN; ebd., 3292, Bl. 149ff., v. STETTEN; ebd.,
3345, Bl. 19, v. STETTEN; ebd., 3353, Bl. 70, DOMINIK; ebd., 4287, Bl. 51, 59, DOMINIK; ebd., 4357,
Bl. 16f., DOMINIK; ebd., 4382, Bl. 190, DOMINIK.

[38] Zum Beispiel Bundesarchiv, R 1001/3268, Bl. 33, 37, 129, TAPPENBECK; ebd., 3269, Bl. 12f., v. Zimmerer; ebd., 3269, Bl. 25, 29f., MORGEN; ebd., 3292, Bl. 153ff., v. STETTEN; ebd., 3299, Bl. 22f., 26,
v. CARNAP-QUERNHEIMB; ebd., 3345, Bl. 19, 25, v. STETTEN; ebd., 4357, Bl. 18ff., 25ff., DOMINIK;
ebd., 4358, Bl. 110f., v. CARNAP-QUERNHEIMB; ebd., 4382, Bl. 17f., NOLTE.

[39] Unter anderem: „Skizze des Siedlungsgrundrisses von Ngilla-Stadt" (1899, C.S.), Bundesarchiv, R
1001/3347, Bl. 70, BUDDEBERG; „Grundriß der Wallanlagen der Tikar-Stadt Ngambe mit Schnitten"
(Aufrißzeichnungen von Schnitten, C.S.), ebd., 3347, Bl. 71, 72, BUDDEBERG (vgl. SEIGE, 1985, S. 54);
„Skizze von Tibati" , ebd., 3347, Bl. 73, BUDDEBERG; „Skizze des Kraals des Sultan", ebd., 3347, Bl. 75,
BUDDEBERG; Bericht des L. Sandrock über Ngaundere (ausführliche Beschreibung der Siedlung und ihrer
Bevölkerung, Anmerkung C.S.), ebd., 3350, Bl. 75ff.; Bericht V. CARNAP-QUERNHEIMB über eine Rei-
se zu den Vute und Mwelle (enthält eine bisher nur einmal vorhandene zeitgenössische Beschreibung des
Vute-Oberhäuptlingstums Nyô mit Gebäudeskizzen und Siedlungsgrundriß des Hauptortes, Anmerkung
C.S.), ebd., 4358, Bl. 116ff., siehe Abb. 27 – 30 auf Tafeln XVII – XIX; Eigenbeobachtungen von ritueller
Anthropophagie, ebd., 4358, Bl. 119, v. CARNAP-QUERNHEIMB und ebd., 4287, Bl. 65 – 67, DOMINIK.

Obwohl auch in den Archivmaterialien die Mehrheit der Informationen nicht im Rahmen themengebundener Beschreibungen gegeben wird, tragen sie teilweise doch zur Erkenntnis von Prozessen oder zu Begriffsklärungen bei. [40]

2.2.3. Neuere wissenschaftliche Primärliteratur

Aus der Zeit der französischen Mandatsherrschaft konnten bisher keine speziellen Veröffentlichungen über die Vute ermittelt werden. Nach der Erringung der Unabhängigkeit sind im Rahmen der Bemühungen zum Erhalt der Kenntnisse über die einheimische Geschichte und Kultur sowie zur Erforschung von ökonomischen und sozialen Gegenwartsproblemen des Landes einige wesentliche wissenschaftliche Publikationen erschienen. Sie basieren auf Feldforschungen und Archivmaterialien und stellen so Primärquellen zu Geschichte und Ethnographie der Vute dar.

In den letzten Jahrzehnten erschienen mehrere Arbeiten des Kameruner Wissenschaftlers Célestin NGOURA, selbst ein Angehöriger der Vute. Mitte der 70er Jahre veröffentlichte er einen umfangreichen Artikel zur traditionellen Erziehung der Vute-Kinder und -Jugendlichen bis zu ihrer Integration in die Gesellschaft der Erwachsenen. [41] Seine spätere Dissertation zur Einführung in das Studium der mündlichen Überlieferungen der Vute stellt eine überwiegend ethnolinguistische Untersuchung dar. Sie stützt sich zu den in vorliegender Arbeit behandelten Aspekten in kurzen Zusammenfassungen ganz wesentlich auch auf hier zitierte Autoren wie E. MOHAMADOU und J.-L. SIRAN. [42]

Von qualitativ und quantitativ hohem Aussagewert sind die Veröffentlichungen des Kameruner Historikers E. MOHAMADOU. [43] Vor allem der Artikel über die geschichtlichen Überlieferungen der Vute, [44] der eine Vielzahl mündlicher Überlieferungen beinhaltet, liefert für die Klärung einiger wissenschaftlicher Fragestellungen die Materialbasis. Bei seinem Versuch, die Geschichte der Vute zu erforschen, bezieht der Autor alle darin möglicherweise oder erwiesenermaßen eine Rolle spielenden anderen Ethnien, mit z.T. ähnlichem historischen Schicksal, ein. Er leistet damit und mit der Auswertung der dazu vorhandenen wissenschaftlichen Quellen einen Beitrag zur Lösung regionalgeschichtlicher Probleme Zentralkameruns bzw. Adamauas. Seine Darlegungen konzentrieren sich vor allem auf die historische Rekonstruktion. Sie bleiben ohne theoretische Bezüge und klassifikatorische Einordnungs-

---

[40] Unter anderem zur territorial-politischen Organisation und zur Rolle des Haussa-Handels in Bundesarchiv R 1001 /3292, Bl. 153, V. STETTEN; zur Entvölkerung von Südadamaua und der Sanaga-Ebene und zu kulturellen Assimilierungsprozessen, ebd., 3292, Bl. 163, V. STETTEN; zu Ursachen der zunehmenden Kriegführung der Vute in der zweiten Hälfte des 19. Jh., ebd., 3292, Bl. 167, V. STETTEN; zum historischen Schicksal der Bati durch die Vute-Einwanderung in ebd., 3345, Bl. 25, V. STETTEN; zu gesellschaftlichen Aufstiegsmöglichkeiten Unterworfener im Lamidat Tibati in ebd., 3346, Bl. 157, V. STETTEN und ebd., 3347, Bl. 62, V. KAMPTZ; zur Herkunft des Kriegerbegriffes *kaburra* in ebd., 4382, Bl. 190, DOMINIK.

[41] NGOURA, 1974/1975.

[42] NGOURA, 1982.

[43] MOHAMADOU, 1964, 1967.

[44] MOHAMADOU, 1967; vgl. auch NGOURA, 1982.

versuche. Die gesellschaftlichen Veränderungsprozesse, die durch die historischen Ereignisse eingeleitet wurden, werden nicht näher untersucht.

Während MOHAMADOU somit überwiegend eine Erfassung historischen Materials anstrebte, stellte sich der wenige Jahre später ebenfalls unter den Vute Feldforschungen durchführende Wissenschaftler J.-L. SIRAN das Ziel, anhand von Überlieferungsaufnahmen und Befragungen die vorkoloniale gesellschaftliche Organisation der Vute zu erforschen.[45]

In mehreren Veröffentlichungen[46] macht der Autor vielfältige Aussagen zu einer ganzen Reihe von Themenkomplexen und Einzelaspekten, von denen hier nur einige für die Ethnohistorie und Gesellschaft der Vute wichtige genannt werden können.

Dazu gehört seine Hypothese über eine mögliche ursprüngliche Zugehörigkeit der Vute zu einem Komplex ethnischer Gruppen in Gebieten Westadamauas und Nigerias (u.a. Kutin, Tschamba, Bachama, Mbula, Longuda, Jukun), die sich vor allem auf die Gemeinsamkeit des Auftretens matrilinearer Abstammungsregeln stützt. Der Autor betont jedoch die Notwendigkeit weiterer Untersuchungen zu dieser unter den Vute-Forschern noch sehr strittigen Frage.[47] In der Erforschung der Beziehungen des Jukun-Reiches im 17. und 18. Jh. zu seinen östlichen Nachbarn sieht er ferner eine Möglichkeit, der Beantwortung dieser Frage näher zu kommen.[48]

Bei der Befragung von Informanten zur sozialen Zusammensetzung der im 19. Jh. nach Süden wandernden Gruppen der Vute ermittelte SIRAN mit der Aufdeckung der sogenannten *kuŋ*-Gruppenbildung[49] des weiteren einen wichtigen Ansatzpunkt zur Untersuchung gesellschaftlicher Differenzierungsprozesse innerhalb dieser Gemeinschaften unter den Bedingungen fluchtartiger Abwanderungen. Ein *kuŋ* bestand aus einer Verwandtengruppe unter der Führung ihres Ältesten oder Erstgeborenen, der sich nicht verwandte Personen während der Wanderung freiwillig anschlossen und unterstellten.

Zur Herausbildung der Oberhäuptlingstümer der Süd-Vute sowie zu deren gesellschaftlicher, einschließlich territorial-politischer Struktur und Organisation sind den vom Autor wiedergegebenen Überlieferungen und Befragungen zahlreiche wichtige Daten, Informationen und Hinweise zu entnehmen. Der Autor thematisiert dabei auch Ursachen der Durchsetzung territorial-politischer bzw. frühstaatlicher Organisationsprinzipien.[50]

Mit der Untersuchung einiger bedeutender Bereiche und Teilbereiche der gesellschaftlichen Organisation in den Vute-Oberhäuptlingstümern am Ende der Vorkolonialzeit, so der sozialökonomischen Verhältnisse, der Stellung des Oberhäuptlings oder der bedeutenden Auswirkung der Kriegführung auf die gesellschaftlichen Verhältnisse, trug SIRAN entscheidend zur Schaffung eines Gesamtbildes über die Vute-Gesellschaft bei.[51] Besonders hervor-

---

[45] Vgl. SIRAN, 1971, S. 8. Der Autor führte 1969/70 unter den Vute Feldforschungen durch.
[46] SIRAN, 1971, 1980, 1981a.
[47] SIRAN selbst äußert sich in einem späteren Beitrag weiterhin dazu. SIRAN, 1981a, S. 39–70.
[48] SIRAN, 1981a, S. 265, 267.
[49] SIRAN, 1980, S. 47f.; siehe unten S. 82.
[50] SIRAN, 1980, S. 53f.
[51] Vgl. vorliegende Arbeit, Kapitel 9.

zuheben sind die wörtlich veröffentlichten Befragungen von Toung-Niri (Ältester von Ngui-la, der noch vor der Kolonialeroberung aufgewachsen war) und Tapani von Mangai im Jahre 1970 zur gesellschaftlichen, insbesondere sozialökonomischen Stellung der fremdethnischen Abhängigen in erster und zweiter Generation. [52] Anhand eines Hauptergebnisses dieser Befragungen, der Feststellung verschiedener Möglichkeiten sozialer Mobilität der integrierten Abhängigen, die mit dem ständigen „Verlust" von Unfreien (mbọ) in erster Generation verbunden war, gelingt es dem Autor, eine wesentliche Ursache der kontinuierlichen Menschenraubzüge zur Erhaltung des Bestandes abhängiger Arbeitskräfte herauszuarbeiten. [53]

Wesentliche Angaben über die ökonomische, soziale und ethnische Entwicklung der bäuerlichen Bevölkerung im Lamidat Banyo seit ihrer Integration in die frühstaatliche Fulbe-Organisation ermittelte J. HURAULT durch eine Analyse ökonomischer, sozialer und demographischer Prozesse in den 50er Jahren. [54] Zunehmende ethnische Indifferenz der bäuerlichen Bevölkerung, bzw. der hohe Anteil detribalisierter, aus der ursprünglichen Linienorganisation herausgelöster Bevölkerung, aufgrund der wachsenden ethnisch zersplitterten Zusammensetzung der lokalen Gemeinschaften, und verschlechterte ökonomische Bedingungen werden vom Autor als Folge der sich unter dem Schutz der Fulbe-Herrschaft ausdehnenden extensiven Weidewirtschaft der Fulbe-Rinderzüchter erkannt. [55] Besonders hervorgehoben wird die ethnische Zerstreuung und Assimilierung der Vute, der komplette Verlust ihrer früheren sozialen Organisation, die nur noch schwach in der Erinnerung lebt, [56] jedoch auch das Überleben kultureller Elemente und insbesondere ihrer Sprache. [57]

Diese gravierenden Veränderungen somit ursächlich auf die Fulbe-Eroberung zurückführend, [58] erwähnt der Autor eine Reihe historischer Tatsachen, die bezüglich der Vute-Häuptlingstümer die sonst nur von MOHAMADOU gemachten Angaben überwiegend bestätigen und ergänzen. [59] Darüber hinaus trägt HURAULT mit der Feststellung von Häuptlingsfamilien, deren Vorfahren bereits vor der Fulbe-Eroberung in der Banyo-Region lebten, zur Verifizierung der Existenz von Vute-Gruppen Anfang des 19. Jhs. in diesem Gebiet bei. [60]

Mit der Darlegung der gegenwärtig noch existierenden, [61] in unterschiedlichem Grade funktionierenden und in die überkommene frühstaatliche Organisation eingebundenen

---

[52] SIRAN, 1980, S. 40ff.

[53] SIRAN, 1980, S. 47.

[54] HURAULT, 1964. Die Untersuchung wurde vom Autor auf das Gebiet nördlich von Banyo begrenzt, das hauptsächlich von Wawa, detribalisierten Vute (Bute) und Kondja bewohnt wird. HURAULT, 1964, S. 25f., Karte S. 32.

[55] HURAULT, 1964, S. 27, 38f., 49f., 56f.

[56] HURAULT, 1964, S. 34, 43, 46, 48.

[57] HURAULT, 1964, S. 33, 34.

[58] HURAULT, 1964, S. 38, 41.

[59] HURAULT, 1964, S. 29, 34, 35, Karte „Essai de représentation du peuplement d'une partie du Lamidat de Banyo (Cameroun) en 1955" neben S. 32; MOHAMADOU, 1967, S. 88–92; vgl. Karte 3, S. 52.

[60] HURAULT, 1964, S. 29, 30.

[61] Die Untersuchungsergebnisse beruhen überwiegend auf den vom Autor 1950–1951 und 1955 durchgeführten Feldforschungen, die die Verhältnisse vor dem Abschluß der staatlichen territorialen Neugliederung des Lamidats 1955 erfassen. HURAULT, 1964, S. 45, 50f.

autochthonen territorial-politischen, politischen und sozialen Organisationsformen der bäuerlichen und Viehzüchterbevölkerung werden mit der gebotenen Vorsicht analoge Schlüsse
auf die vorkolonialzeitlichen Verhältnisse im Lamidat Banyo möglich. Das betrifft sowohl
ökonomische als auch gesellschaftliche Bereiche. [62] Von Bedeutung ist in diesem Zusammenhang die Untersuchung der Wawa-Gruppen unter den genannten Aspekten, die den
Vute sprachlich und kulturell eng verwandt sind. [63] Sie blieben zwar von den im ganzen Lamidat fortschreitenden Detribalisierungsprozessen nicht unberührt, haben aber in einigen
Häuptlingstümern ihre typische „paläonigritische" Hirsebauernkultur in ökonomischer und
sozialer Hinsicht vielfältig bewahrt. [64] An mehreren Stellen wird vom Autor der Hinweis auf
gleichgestaltete Merkmale in Kultur und Gesellschaft der Vute gegeben, [65] so daß die Angaben eine wertvolle Ergänzung des sonst spärlichen Materials über die Vute-Gruppen zu
Beginn des 19. Jhs. darstellen.

Weitere Feldforschungen des Autors in den Jahren ab 1975 waren dem Ziel gewidmet,
anhand von Untersuchungen der Überreste verlassener Dörfer der Wawa und Vute die Größe, Zusammensetzung und Organisationsform ihrer politischen Einheiten zu erforschen. Die
Ergebnisse zeigten deutliche Unterschiede zwischen den Wawa und Vute auf. Sie werden allgemein auch von den Angaben MOHAMADOUs über die Vute zur Zeit der Fulbe-Eroberung
bestätigt. [66]

2.2.4. Mündliche Informationen

Anläßlich eines Aufenthaltes von Amtsé Pierre SONGSARÉ, seinerzeit Präsident der Église Évangélique Luthérienne du Cameroun (E.E.L.C.) und Mitglied des Exekutivkomitees
des Evangelisch-Lutherischen Weltbundes, im Juli 1987 in Leipzig, konnte das Quellenmaterial über die Vute um wesentliche mündliche Informationen bereichert werden. Amtsé
Pierre SONGSARÉ ist nach ethnischer Zugehörigkeit Vute und wurde 1937 in Linté als Angehöriger des Oberhäuptlingsklans geboren. Nach Abschluß der Grund- und Oberschule
an Einrichtungen der Norwegischen Mission in Linté und Yoko war SONGSARÉ später als
Lehrer an kirchlichen Schulen in Yoko und Tibati tätig. Im Verlauf der weiteren Jahre nahm
SONGSARÉ verschiedene Funktionen innerhalb der E.E.L.C. wahr, bis er ab 1983 das Amt
ihres Präsidenten übertragen bekam.

An aktuellen Informationen über die Situation der Vute-Gruppen vermittelte SONGS-
ARÉ vielfältige Angaben zu wirtschaftlichen, sozialen und kulturellen Aspekten und Problemen ihrer gegenwärtigen Lebensverhältnisse. Sie belegen allgemein die in den wissenschaftlichen Quellen getroffenen Einschätzungen. So wies SONGSARÉ auf noch existierende Reste

---

[62] Vgl. Kapitel 6, Abschnitt 1 vorliegender Arbeit.
[63] HURAULT, 1964, S. 34, 36; MOHAMADOU, 1967, S. 87, 88; TESSMANN, 1932, Taf. 4.
[64] HURAULT, 1964, S. 26, 34, 36f., 43, 55.
[65] HURAULT, 1964, S. 36, 43, 55.
[66] Vgl. HURAULT, 1993, S. 53–60, 171–176; MOHAMADOU, 1967, S. 87f.; vorliegende Arbeit, Kapitel
      4.2.

des historisch begründeten Tribalismus zwischen den Vute und ehemaligen unterworfenen oder attackierten Gruppen des Sanaga-Mbam-Dreiecks hin, mit denen sie jetzt gemeinsamen Verwaltungsbezirken unterstellt sind, selbst nur noch einen kleinen Teil der Bevölkerung darstellend.

Hinsichtlich der Bewahrung ethnokultureller Besonderheiten ist die Aussage von SONGSARÉ von Bedeutung, daß parallel zu Entwicklungstendenzen, wie ökonomischer Stagnation, Abwanderung in urbane Zentren und insbesondere unter der Jugend die Abkehr von traditionellen sozial-kulturellen Wertmaßstäben, ein erschreckender Abbau der Kenntnisse über die eigene frühere Kultur zu verzeichnen ist. Viele Gegenstände der materiellen Kultur, die in deutschen und anderen Museen der Welt vorhanden sind, gibt es durch Rückgang an Bedarf und Herstellung nicht mehr und sind den jüngeren Generationen nicht mehr oder nur dem Erzählen nach bekannt. [67] Während der Informant selbst die im Museum für Völkerkunde zu Leipzig vorgelegten Objekte kannte und zu den meisten Detailangaben machen konnte, die in der Literatur nicht vorhanden sind, betonte er, seinen Kindern typische Vute-Objekte ihrer Vorfahren nicht mehr zeigen zu können. Aus dieser Situation ergibt sich für uns die Verpflichtung, die in den Museen der Welt befindlichen Objektbestände der Vute aufzuarbeiten, die Kenntnisse darüber ihnen zugänglich zu machen und damit zur Bewahrung ihres ethnokulturellen Identitätsbewußtseins beizutragen.

Als einer der wenigen Angehörigen seines Ethnos mit höherer Schulbildung und abgeschlossenem Universitätsstudium bemüht sich SONGSARÉ seit längerem, Kenntnisse jeder Art über sein Volk zusammenzustellen. Als schriftliche Niederlegung ist der Verfasserin bisher nur das Dokument 12d/79 der Generalsynode der E.E.L.C. bekannt. Es enthält einen kurzen Abriß der Einwanderungsgeschichte der Vute in ihr heutiges Siedlungsgebiet sowie kurze Angaben zur Verwandtschaftsorganisation und Religion. [68]

Zum Untersuchungsgegenstand der vorliegenden Arbeit bestätigte und ergänzte SONGSARÉ viele der bereits gefundenen Angaben, worauf im einzelnen in den entsprechenden Abschnitten hingewiesen wird. Vor allem konnten zur Herausbildung der territorial-politischen Struktur und Organisation einige genauere Angaben gewonnen werden. Der Informant legte an Beispielen die mit ihr verbundenen unterschiedlichen Formen der Siedlungsweise, in der die eindringenden Vute in den Gebieten der Unterworfenen lebten, dar. Ferner bestätigte er die bisher nur ungenügend geklärte Frage nach der Existenz von fremdethnischen Unterhäuptlingen in den entstehenden polyethnischen Oberhäuptlingstümern für das Linte-Gebiet. [69] Zu einer Reihe von Einzelaspekten aus den Bereichen der Verwandtschaftsorganisation und Religion erweiterte er ebenfalls den bisherigen Informationsstand.

---

[67] Zum Beispiel die meisten Arten der von Spezialisten hergestellten Angriffs- und Verteidigungswaffen einschließlich Zubehör, gleichzeitig zum Teil als Jagdwaffen benutzt. Zum Verlust von Gegenständen, die als Insignien dienten, vgl. auch KUBIK, 1988, Taf. 41.

[68] SONGSARÉ, 1979.

[69] Vgl. Kapitel 8, Abschnitt 2.2.5. vorliegender Arbeit.

2.3. Sekundärliteratur

Trotz der Vielfalt der aufgezeigten Gruppen von Archivmaterialien und Primärliteratur geht
aus Zitaten, inhaltlichen Wiedergaben und Literaturverzeichnissen der überwiegend wesentlich später erschienenen wissenschaftlichen Sekundärliteratur hervor, daß nur Daten weniger
Autoren der oben genannten Quellengruppen verwendet wurden. [70] Zeitschriftenmaterialien
unterlagen mit geringen Ausnahmen keiner Auswertung. Dies förderte die Entstehung eines
auf die Aussagen dieser Autoren begrenzten Einblicks und eine relativ häufige Wiederholung
gleicher Daten.

Die wissenschaftliche Bearbeitung von Primärdaten erfolgte – im Vergleich zur Erforschung vieler anderer afrikanischer Völker – bis heute in insgesamt geringem Umfang. Parallel zur historischen Datenkonzentration im Primärmaterial steht in diesen Veröffentlichungen die inhaltliche Orientierung auf historische Aspekte im Vordergrund. [71] Teilweise in Verbindung mit kulturgeschichtlichen Einordnungsversuchen liegen auch knappe allgemeine
Einschätzungen ökonomischer und sozialer Verhältnisse vor. [72] Von Bedeutung für die vorliegende Arbeit waren einige Sekundärveröffentlichungen vor allem unter dem Aspekt der
Vergleichbarkeit der dort gemachten Aussagen mit den hier vorgestellten Untersuchungser-
gebnissen. [73]

Auf die ersten Übernahmen von Hinweisen auf das Vute-Volk bereits in der zweiten
Hälfte des 19. Jhs. [74] folgten während der Kolonialzeit nur vereinzelt Bearbeitungen von Daten aus Wirtschaft und materieller Kultur durch Ethnographen. [75] Ab Ende der zwanziger
Jahre werden sie geringfügig in allgemeine regionalhistorische und ethnographische Veröffentlichungen über Kamerun einbezogen. [76] In etwa gleichzeitig erschienenen wirtschafts-
geographischen Arbeiten wurde vor allem das Gebiet der Sanaga-Ebene aufgrund seines
geringen wirtschaftlichen Interesses kaum behandelt. [77] Im Rahmen der Bemühungen der
französischen Regierung, einen genauen Überblick über die ethnische Zusammensetzung

---

[70] In der Regel wurden zitiert: SIEBER, 1925; DOMINIK, 1901; 1908; MORGEN, 1893a. Wenig beachtet
      wurden die zahlreiche Daten enthaltenden Veröffentlichungen von HOFMEISTER, 1914, 1919, 1923a, b,
      1926.

[71] Besonders bei BRAUKÄMPER, 1970; FROELICH, 1959; LABURTHE-TOLRA, 1977; LACROIX, 1952–
      1953; SPANNAUS, 1919.

[72] BORN, 1979, S. 246, 264; BÜTTNER, 1967, S. 143ff.; LEMBEZAT, 1961, S. 227ff.: LIPS, 1930, S. 137;
      MURDOCK, 1959, S. 232ff.; 1967, S. 46ff.

[73] BORN, 1979; BÜTTNER, 1967; FORKL, 1983; KLEIN, 1979; MURDOCK, 1959; 1967.

[74] HASSENSTEIN, 1863, Taf. 6; PETERMANN, 1855, Taf. 18.

[75] v. LUSCHAN, 1891, S. 675ff.; SEYFFERT, 1911, S.588ff.

[76] BAUMANN, 1940, S. 262f., 270f., 273; LIPS, 1930, S. 137ff; SPANNAUS, 1929, S. 148ff. – Anlaß dafür war
      wohl das Erscheinen der Werke von THORBECKE (1914a; 1916) und SIEBER, 1925. Die von LIPS im „Ab-
      riß der Völkerkunde Kameruns" gemachten Angaben über die Vute (Eingeborenenrecht, 1930, Abschnitt
      Kamerun) beruhen auf Literaturstudien und nicht auf den Fragebögen, die 1906 von der Internationalen
      Vereinigung für vergleichende Rechtswissenschaft und Volkswirtschaftslehre in Berlin herausgegeben und
      zur Beantwortung in den Kolonien verteilt wurden (STEINMETZ, 1906).

[77] Vgl. OCH, 1931; SCHMITZ, 1938.

des Mandatsgebiets Kamerun zu erhalten, [78] werden die Vute erstmalig ausführlich von I. DUGAST beschrieben. [79] Ihre detaillierte Untersuchung über die Bevölkerungsgruppen Südkameruns vermittelt hinsichtlich der hier untersuchten Aspekte zahlreiche konkrete Hinweise auf die Verdrängung autochthoner Gruppen der Sanaga-Ebene durch die Vute, die durch umfangreiches Kartenmaterial ergänzt werden. Die von ihr gemachten historischen Angaben bestätigen sich allgemein im vorliegenden Material. Daneben beinhaltet die Arbeit wesentliche Angaben über jüngere Veränderungen der Bevölkerungszusammensetzung von Ortschaften und Teilgebieten der Sanaga-Ebene sowie über den allgemeinen derzeitigen Stand der sozialen, ökonomischen und ethnischen Situation der Vute.

So sehr die Vute in jüngeren ethnographischen Veröffentlichungen in der Regel am Rande behandelt werden, ist doch festzustellen, daß sie immer wieder als Beispiel typisch afrikanischer Prozesse oder in historischen Zusammenhängen erwähnt werden. [80] Der insgesamt mangelnde Forschungsstand zeigt sich jedoch u.a. an den ungesicherten Angaben einiger Autoren über ethnische Verteilung und früheste Wanderbewegungen der Vute. [81] Ähnlich charakteristisch ist die klassifikatorische Einordnung in ethnographische Standardwerke einzuschätzen.

Bestätigung und für eine Klassifizierung wesentliche Anknüpfungspunkte finden die vorliegenden Untersuchungsergebnisse in den Schilderungen kulturgeschichtlicher Abläufe und Klassifikationen Murdocks. [82] Seine Darlegungen verdeutlichen besonders die im übrigen Material bestätigte und vielseitig ausgeprägte Übergangsposition der Vute, mit Veränderungen im ökonomischen Bereich, die sie mehr in die Nähe der Völker der Provinz „Eastern Nigritic Peoples" stellen und herkunftsbedingter ethnokultureller Bindung an die „Plateau Nigerian Peoples". [83] Die im „Ethnographic Atlas" vorgenommene schematische Darstellung bestätigt wesentliche Merkmale von Ökonomie und Gesellschaft der Vute. [84] Jedoch können verschiedene Zuordnungen zu Fehlurteilen führen, bzw. sind sie nur ganz allgemein vertretbar und zutreffend. [85] Da im Falle der Vute z.B. nicht ausgesagt wird, daß die in „slavery" lebenden Menschen in den politischen Einheiten der Süd-Vute fast ausschließlich fremdethnischer Zugehörigkeit waren, muß diskrepant erscheinen, daß MURDOCK als Merkmal der „class stratification" der Vute einerseits einen Dualismus von „a hereditary aristocracy and a lower class of ordinary commoners or freemen" feststellt und andererseits auch die Existenz von „slavery" bestätigt. [86] So ist es MURDOCK nicht immer möglich, über das von ihm ge-

---

[78] POUTRIN, 1914; Esquisse ethnologique..., 1943; PEDRALS, 1946.
[79] DUGAST, 1949, S. 147–150.
[80] ALEXANDRE, 1965; FORKL, 1983; LABURTHE-TOLRA, 1977; WENTE-LUKAS, 1977. Ausführlich einbezogen werden sie von BRAUKÄMPER, besonders unter historischen Aspekten, bezüglich ihrer Verbindungen zum Haussa-Handel und ihrer Bevölkerungsentwicklung. BRAUKÄMPER, 1970, S. 30ff., 50ff., 145, 159ff.
[81] ALEXANDRE, 1965, S. 556; vgl. mit FORKL, 1983, S. 509 und KRÖTZSCH, 1982, S. 226.
[82] MURDOCK, 1959.
[83] MURDOCK, 1959, S. 91ff., 232ff.
[84] MURDOCK, 1967, S. 57f., 77.
[85] MURDOCK, 1967, S. 70–74; vgl. Kapitel 9 vorliegender Arbeit.
[86] MURDOCK, 1967, S. 57f., 77.

bildete Begriffsschema dem Nutzer die bestehenden Verhältnisse ausreichend differenziert zu vermitteln.

Aufschlußreich ist es auch, die Einbeziehung der Vute im Afrika-Standardwerk von BAU-MANN, Thurnwald, WESTERMANN mit der in dem von BAUMANN 1979 herausgegebe-nen überarbeiteten Werk zu vergleichen.[87] Während von BAUMANN 1940 wohlweislich noch keine ausdrückliche Einordnung vollzogen wurde,[88] nimmt BORN im „Nachfolge-werk" auf schmaler Quellenbasis eine Charakterisierung und Zuordnung vor.[89] Der Autor verallgemeinert dort festgestellte Merkmale, die häufig nur lokal begrenzt waren und deren Wahrheitsgehalt nicht immer ausreichend abgesichert wurde. Dies führte in einigen Fällen zu nicht ganz zutreffenden Einschätzungen.[90] Der Zuordnung der Vute durch den Autor zur „Zentralafrikanischen Provinz" kann sich die Verfasserin aufgrund der vorliegenden Unter-suchungsergebnisse und der anderer Autoren nicht anschließen.[91] Mehr Anknüpfungspunk-te zur Einordnung der Vute bieten die Darlegungen von H. KLEIN im gleichen Werk über den Zentralsudan.[92] Sie schildert die wesentlichen historischen Ereignisse als Triebkräfte von Bevölkerungsbewegung und sozialen Veränderungen. Wie in vorliegender Arbeit aufgezeigt wird, sind für die gesellschaftlichen Veränderungen bei den Vute ebenfalls diese ursächlichen Zusammenhänge zu erkennen. Indem KLEIN selbst die Vute immer wieder mit als Beispiel bei Prozessen und für den Besitz typischer Merkmale zentralsudanischer Bevölkerungen auf-führt, scheint die sich aus der Untersuchung der Verfasserin ebenfalls ergebende Zuordnung zu den nördlichen bzw. nordwestlichen Anliegerkulturen bei ihr zu bestätigen. Erhärtet wird dies dadurch, daß im Rahmen der ethnographischen Übersicht, bei der Darlegung der typi-schen Merkmale, viele von diesen als für die Vute gültig von der Autorin erkannt wurden,[93] bzw. von ihr als allgemeines Merkmal bezeichnet und durch das vorliegende Material ergän-zend als für die Vute zutreffend festgestellt wurden. Von Bedeutung erscheint auch die These von KLEIN, daß eine Beeinflussung der gesellschaftlichen Prozesse weniger differenzierter Gruppen durch „Kontaktsituationen zu zentralsudanischen Staatenbildnern" erfolgte, sowie der Hinweis auf die Entstehung „entwickelterer Häuptlingstümer", die ähnlich strukturiert waren, deren „Häuptling" indessen nicht über die ausgedehnten Machtmittel wie die Kö-nige der Staaten verfügte.[94] Die Herausbildung der Oberhäuptlingstümer der Süd-Vute an

---

[87] BAUMANN, THURNWALD, WESTERMANN, 1940; BAUMANN (Hg.), 1979.

[88] BAUMANN, 1940, Abschnitt Zentralsudan. Nach seiner Klassifikation kann man sie mit Einschränkungen zu den Vertretern der „tiefsudanischen Bodenbauer" rechnen.

[89] BORN, 1979, S. 264ff., 244ff.

[90] Zum Beispiel bezüglich folgender Aspekte: Bedeutung und Zeitpunkt der Ausdehnung des Haussa-Handels zur Kamerun-Küste, BORN, 1979, S. 244; Zeit- und Ausgangspunkt der Südwanderung der Vute, ebd., S. 296; die politische Bedeutung von Ngraŋ, das politische Verhältnis der Süd-Vute zum Lamidat Tibati, Ortsbezeichnungen, ebd.; die Differenziertheit der territorial-politischen Organisation und die Ausdehnung des Herrschaftsgebietes von Ngraŋ, ebd., S. 264.

[91] Vgl. z.B. BILLARD, 1968, S. 13f. und Kapitel 10 vorliegender Arbeit.

[92] KLEIN, 1979, S. 307ff.

[93] KLEIN, 1979, S. 325f., 329, 334f.

[94] KLEIN, 1979, S. 335f.

der Peripherie der frühstaatlichen Fulbe-Organisation Adamauas kann als Beispiel dafür angesehen werden, wenn in ihrem Fall auch einige davon unabhängige Wirkungsfaktoren zu
berücksichtigen sind. [95]

Aussagen über die vorkolonialen Handelsbeziehungen im Untersuchungsgebiet enthalten die bekannten kolonialwirtschaftlichen Studien von WIRZ und MANDENG. [96] Die Werke dieser Autoren sind jedoch mehr der Erforschung kolonialwirtschaftlicher Prozesse gewidmet und vermitteln u.a. auch Aussagen zu Veränderungen in Ökonomie und Gesellschaft der
Vute während der Kolonialzeit.

In einigen marxistischen historischen Veröffentlichungen über Kamerun werden die Vute mit allgemeinen Bemerkungen über ihre kolonialhistorische Bedeutung oder über ihre
ökonomischen und sozialen Merkmale erwähnt. [97] Wesentliche Aussagen auf der Grundlage des historischen Materialismus werden über die gesellschaftlichen Verhältnisse der Vute
und die Rolle regionalhistorischer Ereignisse von Th. BÜTTNER gemacht. [98] Die dort genannten Ursachen und Ergebnisse gesellschaftlicher Differenzierungsprozesse sind anhand
zahlreicher Angaben des von der Verfasserin gesammelten Materials belegbar. So beinhalten zahlreiche Überlieferungen Daten über den von BÜTTNER erwähnten Widerstand der
Vute gegen die südliche Ausdehnung der Fulbe-Herrschaft, über Veränderungen der gesellschaftlichen Struktur der Vute sowie die territorial-politische Struktur und Organisation
vor der kolonialen Eroberung 1899. [99] Gleichermaßen werden die Hinweise der Autorin
auf die Wanderzüge der Vute, die Verdrängung autochthoner Gruppen durch sie und auf
die Entstehung „militanter Oberhäuptlingsorganisationen" am Material nachweisbar. [100] Eine Reihe von Daten und Informationen bestätigen ferner die von ihr aufgezeigte Existenz
früher Formen der Ausbeutung von Abhängigen, [101] „patriarchalischer Sklaverei". [102] Konkrete Angaben sind auch vorhanden über die von BÜTTNER festgestellten Einnahmen der
Vute-Oberhäuptlingstümer aus Raub, Kriegsbeute und Handel. [103] Schließlich belegen einige
Informationen die Rolle einheimischer Privilegierter als Würdenträger in den Lamidatsver-
waltungen, die BÜTTNER ebenfalls hervorhebt. [104] Die Veröffentlichungen von BÜTTNER
zeichnen sich gegenüber anderen Sekundärquellen bezüglich der Vute durch eine breitere
Quellenbasis und die Einbeziehung umfangreicherer Archivquellen aus.

Einige wesentliche Angaben zu Geschichte, Ökonomie und Gesellschaft der Vute gehen
ferner aus jüngeren Beiträgen hervor, die 1992 auf einem internationalen Kolloquium in
Ngaoundéré über Völker und Kulturen des in Kamerun befindlichen Teils Adamauas ge-

---

[95] Vgl. Kapitel 7, Abschnitt 4, Kapitel 9, 10, 11 vorliegender Arbeit.
[96] MANDENG, 1973; WIRZ, 1972. Vgl. auch S. 281ff.
[97] FRIEDLÄNDER, 1955/1956, S. 323; RÜGER, 1960, S. 157; STOECKER, MEHLS, MEHLS, 1968, S. 67.
[98] BÜTTNER, 1967.
[99] BÜTTNER, 1967, S. 143.
[100] BÜTTNER, 1967, S. 146.
[101] BÜTTNER, 1967, S. 146ff.
[102] BÜTTNER, 1967, S. 152.
[103] BÜTTNER, 1967, S. 147.
[104] BÜTTNER, 1967, S. 148.

halten wurden. [105] Dieses Kolloquium war vor allem Fragestellungen gewidmet, die sich mit den von den Fulbe unterworfenen Gruppen befaßten, besonders mit Auswirkungen ihrer Unterwerfung und Integration, wie dem Verlust ihrer sozialen Organisation, ihrer ethnischen Identität, ihrer ethnokulturellen Besonderheiten, ihre Überführung in unfreie soziale Stellungen usw. [106]

Im Beitrag des Kameruner Historikers Thierno Mouctar BAH: „Le facteur peul et les relations interethniques dans l'Adamaoua au XIXe siècle" [107] erscheinen im Zusammenhang mit der vorliegenden Arbeit einige politogenetische Bemerkungen von Bedeutung. Die Auswirkungen der Fulbe-Eroberung auf die unterworfenen und integrierten ethnischen Gruppen Mbum, Gbaya und Vute skizzierend, stuft er die gesellschaftliche Organisation der Vute vor der Fulbe-Eroberung als segmentär ein und bezeichnet „... l'organisation socio-politique des Vouté ... donc fort rudimentaire." [108] Nach seiner Ansicht „... l'historiographie établit une relation plus ou moins directe entre l'émergence des chefferies et l'implantation des Peul dans la région ... " [109] An beiden Stellen betont er das Leben der Vute vor der Fulbe-Eroberung in „... dispersés campements de chasse ... ", [110] ohne diese Angaben zu belegen. Obwohl einerseits diese Feststellungen die Erkenntnis der Verfasserin von der Beschleunigung der sozialen Prozesse unter den Süd-Vute durch die Fulbe-Eroberung, mit der Folge der Entstehung von Oberhäuptlingstümern bestätigen, so widersprechen andererseits die bisher ermittelten Angaben einer Einschätzung der Vute in dieser Zeit als reine Jäger. [111] Dies geht auch aus Angaben der Beiträge von J. HURAULT und MOHAMADOU über Siedlungsgeschichte, Ökonomie und soziopolitische Strukturmerkmale der Vute in der Zeit vor der Fulbe-Eroberung hervor. [112]

---

[105] BOUTRAIS, 1993.
[106] BOUTRAIS, 1993, S. 7ff.
[107] BAH, 1993, S. 61 – 86
[108] BAH, 1993, S. 69.
[109] BAH, 1993, S. 79.
[110] Ebd.
[111] Vgl. vorliegende Arbeit, Kapitel 4.
[112] HURAULT, 1993, S.53 – 60, 171 – 176; MOHAMADOU, 1967, S. 87ff.

3. Einführung

3.1. Geographischer Überblick

Die verstreuten Siedlungsgebiete der Vute befinden sich auf den Hochebenen der südlichen Abdachung des Mittelkameruner Hochlandes (Adamaua-Gebirge), etwa zwischen 12° und 14° östlicher Länge sowie 4° und 7° nördlicher Breite. Ursprünglich auf den Raum zwischen den Siedlungen Banyo, Tibati und der Djerembucht konzentriert, lebte der überwiegende Teil der Vute-Gruppen zu Beginn der deutschen Kolonialzeit in der vom Mbam und Sanaga (Djerem) begrenzten Ebene. Diese ist als südlichster Teil des Mittelkameruner Hochlandes dem tropischen Waldland unmittelbar vorgelagert und stellt ein Zwischenglied zwischen ihm und den nördlich anschließenden Savannenzonen dar. Das abgegrenzte Gebiet wird in der Höhe von Yoko auf einer Länge von 80 km von einer mächtigen Steilmauer unterbrochen, die die Sanaga-Ebene (600–900 m) scharf von dem über 1.500 m aufsteigenden Hochplateau Adamauas trennt. Sanft aus der Mbam- und Kimniederung aufsteigend, verläuft sie in west-östlicher Richtung und fällt mit durchschnittlich 300–400 m Höhenunterschieden steil nach Süden ab. Geeignete Bereiche dieser Felsenzone und in der Ebene aufsteigende einzelne oder vergesellschaftete Inselberge dienten den einheimischen Gruppen vielfach als Rückzugsgebiet vor feindlichen Eroberern.

Geologisch bildet das Mittelkameruner Hochland gemeinsam mit den übrigen Kameruner Hochlandzonen den nördlichen Abschluß der Niederguineaschwelle. [1] Dieser Teil stellt eine in zahlreiche Schollen zerbrochene alte Rumpfplatte dar, die durch Gneise, Granite und kristalline Schiefer charakterisiert wird. [2] Südadamaua und die Sanaga-Ebene bilden davon einen Abschnitt, der nicht durch junge Eruptionen durchstoßen wurde und als Sockel das höher aufgewölbte Randgebiet des Kameruner Hochlandes im Süden und Osten umgreift. [3] Der Mbam stellt morphologisch eine bedeutende Grenze dar, da nur im Westen und Norden seines gewinkelten Laufes jungvulkanische, zumeist wohl tertiäre Erscheinungen, wie Vulkanstöcke aus Basalt und Trachyt und weit ausgedehnte Basaltdecken auftreten. Sie dehnen sich bis Bana, Bamum und Banyo aus. [4] Die Mbam-Niederung und Vute-Ebene führen, trotz einzelner Erhebungen wie des Nduba-Berges oder dem Auftreten der Inselberge, in ihrer weiten Flachheit bereits zu der relieflosen Ausdruckslosigkeit der Landschaftsgestalt des südöstlichen Kamerun hinüber. [5] Gneise, Granite oder Syenite bilden überwiegend die

---

[1] OBERBECK, 1975, S. 13.
[2] Ebd.
[3] THORBECKE, 1951, S. 23.
[4] THORBECKE, 1951, S. 19.
[5] Ebd.

19

Karte 2: Zentralkamerun. Carte internationale du monde. Édition spéciale, Douala (Ausschnitt). Paris 1967.

Oberfläche, ohne daß ältere oder jüngere Sedimente darüber lagern. Die gewaltigen Late-
ritdecken sind durch Verwitterung kristallinen Materials entstanden. [6] In Flußtälern, wie im
Bereich des Sanaga, sind vielfach Alluvialbildungen zu finden. [7] Sie sind meist aus Tonen mit
Sandeinlagerungen aufgebaut. Diese Tone sind oberflächlich zu tiefbraunem, oft schwarzem
Lehmboden verwittert, der überall von den Einheimischen zum Feldbau genutzt wird. [8]

Im Mittelkameruner Hochland befinden sich die wichtigste Wasserscheide und die
Quellen der Hauptflüsse Kameruns. Das Untersuchungsgebiet wird von zahlreichen Ne-
benflüssen des Mbam und Sanaga durchzogen und besonders die Sanaga-Ebene durch eine
Vielfalt von Quellköpfen charakterisiert, deren kleine und mittlere Wasserläufe in der Regenzeit weit über ihre Ufer hinaustreten und zur Bildung von Sumpfflächen beitragen. [9] Wegen
der zahlreichen Schnellen, Fälle, Inseln und periodisch niedrigen Wasserstände wurden die
Flüsse als Transportwege kaum genutzt.

Die Klimaverhältnisse werden durch den Übergang vom immerfeuchten Äquatorialkli-
ma Südkameruns zum periodisch feuchten Binnenraum des Sudan gekennzeichnet. [10] Bis zu
1.500 mm Niederschlag fallen jährlich in der im März beginnenden Regenzeit. [11] Ein Nie-
derschlagsminimum zeichnet sich parallel zum periodischen Rückgang im äquatorialen Kli-
mabereich im Juni und Juli ab, das Maximum fällt im Oktober und November. Erhebliche
jährliche Schwankungen und ein relativ hoher Verdunstungsgrad gehören zu den typischen
Merkmalen dieses Gebietes. [12] Bereits niederschlagsärmer sind die höher liegenden Regionen
nördlich der Steilmauer, wo tropisches Gebirgsklima mit sechs bis sieben Monaten Regenzeit
vorherrscht. [13] Beim Übergang von der Trocken- zur Regenzeit treten häufig starke Gewitter
auf, weshalb diese Zeit auch Tornadozeit genannt wird. Im Gegensatz zu den gleichmäßi-
gen Lufttemperaturen des tropischen Waldlandes sind für die Hochländer Mittelkameruns
in der Trockenzeit extreme Schwankungen zwischen Tag- und Nachttemperaturen typisch,
die sich durchschnittlich zwischen 35° und 15° C bewegen. Die hohe Regenzeit im August
und September zeigt Maximaltemperaturen von nur 25° gegen Minimalwerte von 17° C. [14]

Die Sanaga-Ebene, in geographischen Arbeiten dem niederschlagreichsten Savannentyp
der Guineasavanne zugerechnet, wird weithin von Hochgrasfluren bedeckt, die aus über-
mannshohen Gräsern mit dicken, steifen Halmen und häufig schneidenden Blättern bestehen. [15] Sie sind mit einzelnen Zwergbäumen (Anona senegalensis), [16] knorrigen Sheabutter-

---

[6] THORBECKE, 1951, S. 32.
[7] OBERBECK, 1975, S. 13.
[8] MANN, 1913, S. 41.
[9] DOMINIK, 1897, S. 415; ZIMMERMANN, 1909, S. 142.
[10] THORBECKE, 1951, S. 1.
[11] GENIEUX, 1960, Pl. III.
[12] THORBECKE, 1951, S. 2; 1916, S. 52.
[13] GENIEUX, 1960, Pl. III; OBERBECK, 1975, S. 20.
[14] THORBECKE, 1916, S. 4f., 45; 1951, S. 3.
[15] Vgl. MESSERLI u. BAUMGARTNER, 1978, S. 67; NGWA, 1979, S. 46; NEBA, 1987, S. 32f.; OBERBECK,
    1975, S. 21.
[16] Bundesarchiv, R 1001/3270, Bl. 105, WEISSENBORN.

Bäumen[17] und kleinen Gruppen schlanker Fächerpalmen durchsetzt. In Siedlungsnähe sind oft Ölpalmen zu finden. Das wellige Parkland wird immer wieder von sumpfigen Mulden,[18] Raphia- oder Urwaldstreifen unterbrochen. Die Sümpfe sind in der Regenzeit völlig unpassierbar.[19] In der Trockenzeit und in der ersten Hälfte der Regenzeit war daher vor dem Ausbau befestigter Pisten der Verkehr zwischen den Einheimischen am lebhaftesten; in der hohen Regenzeit kam er fast ganz zum Erliegen. An den Flüssen erstrecken sich vielfach laubabwerfende Feuchtwälder. Besonders am mittleren und unteren Mbam, aber auch am Sanaga ab Nanga Eboko flußaufwärts treten diese Galeriewälder in breiten Streifen auf.[20] Wo das Land nicht vom Grundwasser der Flüsse erreicht wird, verhindert die dreimonatige Regenpause auch in sonst feuchten Gebieten das Aufkommen von geschlossenem Wald.[21] In den dem tropischen Waldland nahen Teilen ist die Savanne üppiger, nördlich der Steilstufe machen sich schon der geringere Niederschlag bzw. die um einen Monat längere Trockenpause im Pflanzenwuchs geltend. So sind die welligen Hochebenen des Adamaua-Plateaus überwiegend von Buschsavannen bedeckt; nördlich und nordwestlich von Banyo wird die Landschaft in Höhen von über 1.500 m durch Montanvegetation gekennzeichnet.

Am Ende der deutschen Kolonialzeit wurde die sehr dünne Besiedlung des Untersuchungsgebietes auf eine Bevölkerungsdichte von $1/km^2$ geschätzt.[22] Bereits seit Anfang des 19. Jhs. erfolgte ein kontinuierlicher Bevölkerungsrückgang durch die Sklavenjagden der aus dem Norden vordringenden Fulbe-Reiter, ihre Unterwerfungskriege in den Lamidaten Banyo und Tibati und die darauf verstärkte Abwanderung von Einheimischen. Der Herrscher von Tibati setzte seine Raubzüge auch in die nicht territorial-politisch integrierte Sanaga-Ebene fort, die der autochthonen Bevölkerung wenig natürlichen Schutz bot. Entscheidend beschleunigt wurde die Entvölkerung dieser Region jedoch durch die Menschen- und Beuteraubzüge der nach Süden gewanderten Vute-Gruppen ab Mitte des 19. Jhs. So hatte sich die absolute Bevölkerungszahl derart verringert, daß zu Beginn der kolonialen Eroberung bestimmte Regionen geradezu entvölkert waren.[23] Dennoch waren zu dieser Zeit die bewohnten Gebiete noch erheblich dichter bevölkert als am Ende der deutschen Kolonialherrschaft.[24] Militärische Eroberungen, besonders der Vute-Adamaua-Feldzug 1899, Typhus- und Pockenepidemien hatten eine weitere starke Dezimierung bewirkt.[25] Negativ auf die Bevölkerungsentwicklung wirkte sich aber auch vor allem unter den Vute das häufige Auftreten sozial und gesundheitlich begründeter Kinderlosigkeit aus.[26] Trotzdem schätzte

---

[17] DOMINIK, 1897, S. 415.
[18] Ebd.
[19] THORBECKE, 1916, S. 81.
[20] OBERBECK, 1975, S. 23.
[21] KLUTE, 1935, S. 63.
[22] THORBECKE, 1916, S. 39. PASSARGE ermittelte $2-3/km^2$ für das „östliche Grasland". PASSARGE, 1909, S. 509.
[23] MORGEN, 1893a, S. 184f., V. STETTEN, 1895, S. 112.
[24] THORBECKE, 1916, S. 40.
[25] THORBECKE, 1916, S. 37, 40.
[26] HOFMEISTER, 1926, S. 56; MORGEN, 1893a, S. 333; SIEBER, 1925, S. 45; THORBECKE, 1914a, S. 65.

THORBECKE während seines Aufenthaltes ein, daß der Bevölkerungsrückgang seit einiger Zeit stagnierte oder sogar wieder ein sehr langsames Wachstum zu verzeichnen sei. [27] Spätere statistische Erhebungen bestätigen dies. [28]

3.2. Ethnographischer Überblick

Die ethnische Zusammensetzung des Untersuchungsgebietes entspricht dem charakteristischen Bild des Zentralsudan. Bereits in der Vorkolonialzeit war es gekennzeichnet durch ethnische Vielfalt aufgrund sozialhistorisch oder ökonomisch begründeter Bevölkerungsbewegungen, die zu Überlagerungen, fließenden Übergängen und Aufsplitterungen von Gruppen mit ursprünglich geschlossenem Siedlungsgebiet führten. Fremdethnische Infiltrationen waren überall in den dörflichen Gemeinschaften und politischen Einheiten zu verzeichnen. [29] Diese Gegebenheiten führten zu Prozessen ethnischer Assimilierung, die sich vor allem im nördlichen Teil des Untersuchungsgebietes seit der Mitte des 19. Jhs. vollzogen. Da diese sich zunächst überwiegend im kulturellen und anthropologischen Bereich intensivierten und verzögerter auf sprachlichem Gebiet, bildet das sprachliche Kriterium das geeignetste Unterscheidungsmerkmal der nachfolgend dargestellten ethnischen Gliederung zur Zeit der kolonialen Erschließung. [30] Einige quellenkritische Bemerkungen über die dieser zugrunde gelegten Werke seien vorangestellt.

Das östliche Zentralkamerun gehört zu den afrikanischen Regionen, über die bisher kaum neuere spezielle Publikationen zur ethnischen Gliederung bzw. Ethnohistorie vorliegen. [31]

In den kolonialzeitlichen überwiegend nichtwissenschaftlichen Quellen wurden die nicht einheitliche ethnische Besiedlung und Unterschiede anthropologischer, wirtschaftlicher und kultureller Art als auffällige Erscheinungen häufig beobachtet und wiedergegeben; besonders der deutliche Wechsel der meist von Süden kommenden Reisenden aus dem Kulturraum der Pangwe im Waldland in das von den Vute geprägte sudanische Kulturbild in

---

[27] THORBECKE, 1914a, S. 64; 1916, S. 40.

[28] DUGAST, 1949, S. 148; SIEBER, 1925, S. 4; Tableau de la population du Cameroun, Yaoundé, 1965, S. 24, 25, 32, zitiert nach MOHAMADOU, 1967, S. 64; Inventaire ethnique et linguistique du Cameroun sous Mandat Français, 1934, S. 203–208, zitiert nach BRAUKÄMPER, 1970, S. 52. Die Sanaga-Ebene gehört auch heute zu den sehr dünn besiedelten Gebieten Kameruns (nach dem Länderbericht Kamerun 1992: 10 – <25/km^2). Länderbericht Kamerun 1992, 1993, S. 11. Vgl. MESSERLI u. BAUMGARTNER, 1978, S. 123; NEBA, 1987, S. 68.

[29] BORN, 1979, S. 229, 234, 242f., 246; KLEIN, 1979, S. 317, 322f.

[30] Zur jüngeren ethnischen Gliederung Zentralkameruns siehe ANDRIANOV, 1959, S. 60ff.; BRETON, 1980, S. 31ff.

[31] Vgl. BORN, 1979, S. 246. Relevante Beiträge sind in BOUTRAIS, 1993, erschienen. Vgl. auch ROULON-DOKO, 1998.

den Savannen nördlich des Sanaga. [32] Bezüglich der ethnischen Zuordnung von „Stämmen"
sowie Benennung von Häuptlingen und Ortschaften kam es in diesen Quellengruppen nicht
selten zu Irrtümern. [33] Wesentliche Einzelangaben zur lokalen Verteilung der Ethnien sind
ferner publizierten und unveröffentlichten Karten zu entnehmen. [34]

Unter den wissenschaftlichen kolonialzeitlichen Quellen sind die von F. THORBECKE
unter den damaligen anthropogeographischen Aspekten veröffentlichten Ermittlungen zur
ethnischen Zusammensetzung hervorzuheben. [35] Er erforschte vor allem die polyethnische
Struktur im südwestlichen Raum des Untersuchungsgebietes. [36] Neben den eigenen Ermittlungen bezieht er sich bei seinen Darlegungen vergleichend auf wesentliche nichtwissen-
schaftliche Primärquellen. [37] Dabei wird nicht allein die bestehende ethnische Zusammensetzung geschildert, sondern ihr Entstehen unter relevanten Aspekten untersucht. So äußerte
sich THORBECKE zu sprachlichen Unterschieden, [38] anthropologischer Spezifik und Mischung der verschiedenen ethnischen Gruppen, [39] zur ethnischen Zusammensetzung des Untersuchungsgebietes vor der Haupteinwanderungszeit der Vute [40] und zur Erkenntnis von historischen Ereignissen und Bevölkerungsbewegungen als Ursachen von ethnischen Zersplit-
terungen; [41] weiterhin über ethnische Grenzen im Untersuchungsgebiet, [42] zu den Haupt-
verteilungszentren der Vute, [43] zur verstreuten, aber in sich relativ geschlossenen Siedlungsweise [44] einzelner Vute-Gruppen zwischen fremdethnischen Gruppen, [45] sowie zur Bevölkerungsverteilung, -dichte und -statistik. [46] THORBECKE gibt hauptsächlich eigene Feldforschungsergebnisse wieder. Die vergleichsweise Einbeziehung ethnographischer Forschungs-

---

[32] DOMINIK, 1897, S. 415; 1907, S. 620; HOFMEISTER, 1913, S. 50; 1914, S. 20; 1926, S. 149; LEYEN,
      1911, S. 664; MORGEN, 1893a, S. 74, 77, 186, 282f.; NOLTE, 1900, S. 285f.; SIEBER, 1913, S. 85; STEIN,
      1908, S. 522, 525; THORBECKE, M.-P., 1914, S. 108, 114, 211, 214f.; ZIMMERMANN, 1909, S. 40.

[33] Menzel, 1907, S. 456; V. STETTEN, 1893, S. 497.

[34] HASSENSTEIN, 1863, Tafel 6; MOISEL, 1903, Karte 5; MORGEN, 1891, Tafel VIII; 1893, Karte; STEIN,
      1908, S. 522; 1910, Karte gegenüber S. 498; V. KAMPTZ, 1899, S. 840; Bundesarchiv, R 1001/3345, Bl.
      12, 30, V. STETTEN; ebd., 3345, Bl. 88, V. CARNAP-QUERNHEIMB; ebd., 3346, Bl. 10, DOMINIK; ebd.,
      3347, Bl. 69, V. BUDDEBERG; ebd., 4287, Bl. 68, DOMINIK; ebd., 4382, Bl. 152, V. OERTZEN; ebd.,
      3353, Bl. 190, V. OERTZEN; TESSMANN, 1932, Tafel 4; 1934b, Karte am Schluß; THORBECKE, 1916,
      Karte 1; ZINTGRAFF, 1895.

[35] THORBECKE, 1914a; 1914b; 1916.

[36] THORBECKE, 1914a, S. 88; 1916, Karte I. II.

[37] V. CARNAP-QUERNHEIMB, 1898; MOISEL, 1903; MORGEN, 1893a; DOMINIK, 1897; 1901; 1905;
      1908; RADTKE, 1901; V. STETTEN, 1895.

[38] THORBECKE, 1914b, S. 34; 1916, S. 8.

[39] THORBECKE, 1916, S. 11f., 89; MOLLISON, 1919, S. 1–12.

[40] THORBECKE, 1916, S. 7ff., 12, 20f.

[41] THORBECKE, 1914a, S. 95; 1914b, S. 35; 1916, S. 14.

[42] THORBECKE, 1914a, S. 65; 1916, S. 9, 18f., 21f.

[43] THORBECKE, 1916, S. 19.

[44] In Vute-Siedlungen lebten auch fremdethnische Abhängige. SIEBER, 1925, S. 104; MORGEN, 1893a, S. 87,
      224; DOMINIK, 1901, S. 75, 79f.; 1897, S. 417f.

[45] THORBECKE, 1914a, S. 88; 1916, S. 23.

[46] THORBECKE, 1916, S. 38ff.

ergebnisse über das Vute-Gebiet war ihm bis auf wenige und lokalspezifisch unbedeutende Ausnahmen [47] mangels zeitgenössischer wissenschaftlicher Veröffentlichungen nicht möglich. [48] Von Bedeutung für die Klärung der ethnischen Verhältnisse wurden vor allem seine Sprachaufnahmen. Sie dienten u.a. G. TESSMANN zur sprachlichen Bestimmung einiger ethnischer Gruppen des von ihm als Ost-Mbamland bezeichneten Gebietes Zentralkameruns. [49]

Einen wesentlichen Beitrag zur Erforschung der ethnischen Gliederung Kameruns auf sprachlicher Basis leistete G. TESSMANN. [50] Die im Untersuchungsgebiet lebenden und bei vorliegendem Thema zu berücksichtigenden ethnischen Einheiten sind vollständig in seiner Klassifikation enthalten. Die kartographische Darstellung veranschaulicht ferner deren regionale Verbreitung, allerdings eingegrenzt auf bewohnte und wirtschaftlich genutzte Flächen. [51]

Die wenig später veröffentlichten Untersuchungen von DUGAST erfassen die ethnischen Gruppen Südkameruns bis etwa zum 7. Grad nördlicher Breite. [52] Somit fällt die Bevölkerung der Lamidate Banyo und Tibati als Untersuchungsbestandteil vorliegender Arbeit aus dem von der Autorin erfaßten Bereich heraus, jedoch wird im Zusammenhang mit der Darlegung von ethnischen Migrationsabläufen, insbesondere auch bei den Vute, auf nördliche Regionen eingegangen. Ihre u.a. auf die einzelnen Gruppen im Mbam-, Sanaga- und Djeremgebiet gerichteten und ethnohistorisch orientierten Ermittlungen bilden eine wesentliche Grundlage der vorliegenden Darstellung der ethnischen Verhältnisse im Untersuchungszeitraum. Im Vordergrund steht nicht die Klassifikationsproblematik, [53] sondern eine systematische Zusammenstellung der wesentlichen geographischen, demographischen, geschichtlichen, allgemein kulturellen und sprachlichen Angaben, einschließlich Ausblicken auf derzeitige Veränderungstendenzen. Der Informationswert der Forschungsergebnisse von DUGAST

---

[47] PASSARGE, 1909; STRÜMPELL, 1912.

[48] TESSMANNS Forschungsergebnisse erschienen erst wesentlich später. TESSMANN, 1932. Anthropologische Zuarbeit wurde von B. Struck geleistet. THORBECKE, 1916, S. 8. THORBECKE standen über das Vute-Gebiet nicht solche Arbeiten wie die von ANKERMANN über das Kameruner Grasland zur Verfügung, vgl. ANKERMANN, 1910; er machte auch keinen Versuch, sein Material mit derzeitigen ethnographischen Klassifikationstheorien wie der Kulturkreislehre in Verbindung zu bringen.

[49] TESSMANN, 1932, S. 113. Die von TESSMANN erfaßten Sprachverhältnisse beziehen sich auf die Zeit 1913/1914.

[50] TESSMANN, 1932. Sein Versuch einer ethnischen Gliederung bezog die Völker der gesamten ehemaligen Kolonie Kamerun ein und stützte sich auf Sprachproben, veröffentlichte Wörterverzeichnisse (STRÜMPELL, 1910; HOFMEISTER 1918/1919 u.a.), relevante sprachwissenschaftliche Quellen und eine umfassende Durchsicht der damaligen Kamerun-Literatur. Ebd., S. 115, 118. Ferner standen ihm vermutlich Wörterlisten eines beantworteten Fragebogens zur Verfügung, der von B. Struck erarbeitet und über das Königliche Museum für Völkerkunde verteilt worden war: Fragebogen zur ersten Aufnahme der Sprachen der Adamauastämme, STRÜMPELL, 1910, S. 444.

[51] TESSMANN, 1932, Taf. 4; vgl. vorliegende Arbeit, Karte 3, S. 27.

[52] DUGAST, 1949. Zur allgemeinen Einschätzung der Klassifikationen von Chaleur und DUGAST siehe AHMED, 1980, S. 26f.

[53] DUGAST, 1949, S. VII.

für das vorliegende Thema ist vor allem durch die Angaben über die autochthonen Gruppen und die Veränderung ihrer Lage durch die Vute-Einwanderung gegeben. [54] Die Beschreibung der Vute konzentriert sich überwiegend auf eine wissenschaftliche Interpretation der Migrationsüberlieferungen und den zunehmenden Verlust ihrer ethnischen Existenz seit der Fulbe-Eroberung. [55]

Die ethnisch gemischte Bevölkerungszusammensetzung und ihre Veränderungen im Untersuchungsgebiet und -zeitraum werden in den Quellen vielfach charakterisiert. [56] Auch für das zu Beginn des 19. Jhs. „wohl recht geschlossene Stammesgebiet der Vute" [57] ist anzunehmen, daß neben einigen größeren Häuptlingstümern, die eine ethnische und lokale Konzentration darstellten, kleinere Vute-Gruppen mit anderen ethnischen Gruppen wechselweise territorial angesiedelt gewesen sind, wie es Angaben von MOHAMADOU zur ethnischen Zusammensetzung und Verteilung der Ethnien im Lamidat Banyo sowie weitere Quellenhinweise zeigen. [58] Dafür sprechen auch die zahlreichen Hinweise in Überlieferungen auf seit langer Zeit erfolgte Wanderbewegungen, die bei einer zunächst permanent gewordenen lokalen Konzentration eines großen Teils von Vute-Gruppen in Südadamaua (Banyo-Tibati-Region) allmählich in südlicher Richtung fortgesetzt wurden und ab Anfang des 19. Jhs. historisch nachweisbar werden. [59] Infolge der Eroberung durch die Fulbe und die dadurch ausgelösten Migrationen war am Ende des 19. Jhs. die territoriale Streuung der Vute-Gruppen in Zentralkamerun erheblich ausgedehnter als an seinem Anfang und der lokale Schwerpunkt der ethnisch relativ „rein" gebliebenen Vute in die Sanaga-Ebene verlagert. [60]

Außer den Vute lebten zu dieser Zeit im Norden des Untersuchungsgebietes, in Südadamaua, neben den seßhaften Stadtfulbe, pastoralen Bororo-Gruppen und meist temporär siedelnden Haussa noch Gruppen der Mbum, die sich überwiegend um Tibati konzentrierten und seit der Mitte des 19. Jhs. einen bedeutenden Teil der Bevölkerung Tibatis darstellten. [61]

---

[54] DUGAST, 1949, S. 51 (Bafia und Bape), 53ff. (Balom und Djanti), 58 (Beti oder Bati), 62f. (Ngoro), 65 (Bafök-Yangafuk), 65 (Betsinga), 82 (Mvele), 86 (Yekaba), 88 (Bamvele und Bobili); 1954, S. 156 (Bafia), S. 165 (Balom).

[55] DUGAST, 1949, S. 147 – 150.

[56] BRAUKÄMPER, 1970, S. 33, 45, 50ff.; DOMINIK, 1901, S. 135; 1908, S. 45f.; DUGAST, 1949; HOFMEISTER, 1923a, S. 185f; 1923b, S. 96, 100; 1926, S. 180ff., 196, 203; LABURTHE-TOLRA, 1977, Teil II; LIPS, 1930, S. 140f.; MOHAMADOU, 1967, S. 68, 73ff., 87f., 106, 118, 123f.; MORGEN, 1892, S. 49, 82, 104, 185; NOLTE, 1900, S. 285f.; PASSARGE, 1909, S. 454, 458, 571, 575; SIEBER, 1925, S. 3, 5; THORBECKE, 1914a, S. 88; 1916, S. 7 – 9, 12, 14, 19ff., 34f.; THORBECKE, M.-P., 1914, S. 170ff., 208, 211; WAIBEL, 1914, S. 43; WIRZ, 1972, S. 93.

[57] BRAUKÄMPER, 1970, S. 51.

[58] DUGAST, 1949, S. 64, 130, 148; HOFMEISTER, 1926, S. 180, 196, 203; MOHAMADOU, 1967, S. 87f., 89f.; PASSARGE, 1909, S. 575; THORBECKE, 1916, S. 21.

[59] MOHAMADOU, 1967, S. 68ff., 71 – 77, 94f.

[60] Vgl. Karte 8 auf S. 94. Zur Migration verbündeter Vute- und Bali-Tschamba-Gruppen ins Kameruner Grasland vgl. CHILVER, 1964, S. 8, 10, 11ff.; FARDON, 1988, S. 84f.

[61] BRAUKÄMPER, 1970, S. 52. Die Region um Tibati war vor der Eroberung durch die Fulbe überwiegend Vute-Gebiet. Die Zuwanderung von Mbum-Gruppen ergab sich durch historische Ereignisse im Rahmen der Entstehung der Lamidate Tibati und Ngaundere. THORBECKE, M.-P., 1914, S. 170f.; MOHAMADOU, 1964, S. 37; SONGSARÉ, 1987, mündliche Aussage.

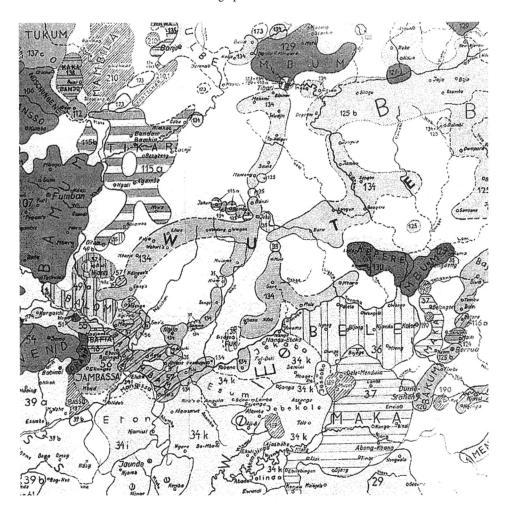

Karte 3: Ethnolinguistische Gliederung Zentral-Kameruns und angrenzender Regionen. TESSMANN, *1932, Taf. IV (Ausschnitt).*

Im Nordwesten waren im Lamidat Banyo außer den Vute, die überwiegend in den Gebieten nördlich von Banyo siedelten, die ihnen eng verwandten Wawa sowie Splittergruppen u.a. der Kutin, Tschamba und Tikar integriert. Die Vute bildeten den Hauptteil der Bevölkerung.[62] In dieser Region hielten sich ebenfalls zahlreiche Haussa-Händler und bereits seit längerer Zeit vor der Fulbe-Eroberung nomadisierende Bororo-Gruppen auf. Langfristige Kontakte unterhielten die Vute offensichtlich auch zu Mambila-Gruppen.

Etwa am Kim-Fluß bestand eine Übergangszone zwischen den Vute und Tikar. Tikar-Gruppen befanden sich auch in der nördlichen Sanaga-Ebene, im Raum zwischen dem Mbam und dem Ndjim-Fluß. Bis zu ihrer Integration in das Oberhäuptlingstum Linte hatten sie dort in relativ friedlicher Nachbarschaft mit Gruppen der Balom, Djanti und allmählich eingewanderten Vute-Gruppen gelebt.[63] Im Njanti-Gebirge siedelten einige Pygmäengruppen.[64]

Ähnlich siedelten im Djerem-Gebiet, am östlichen Rand des Untersuchungsraumes, Vute- und Gbaya-Gruppen nebeneinander.[65] Da sich in dieser Region territorial-politische Prozesse nicht in dem Umfang wie in der westlichen und zentralen Sanaga-Ebene vollzogen, blieben sie bis in die Kolonialzeit hinein weitgehend unabhängig voneinander. Südöstlich schloß sich im Sanaga-Djerem-Bogen das Siedlungsgebiet der Keperre an, die den Mbum zugerechnet werden und durch die Fulbe-Eroberung abgespalten wurden.[66] Die Unterwerfung der Keperre von Woutchaba durch die Vute des Oberhäuptlingstums Nyô und die Angliederung ihres Territoriums an das Herrschaftsgebiet dieser Vute ist bisher nicht ausreichend dokumentiert.[67] Südlich des oberen Sanaga kamen Vute-Gruppen auch vereinzelt mit Gruppen der Maka in engeren Kontakt.

Im Süden und Südwesten der Sanaga-Ebene wurden durch das unaufhaltsame Vordringen der Vute seit etwa der Mitte des 19. Jhs., das diese letztlich bis über den Sanaga und unteren Mbam geführt hatte, Gruppen folgender Ethnien vertrieben oder in die entstehenden Oberhäuptlingstümer integriert.[68] Im östlichen Sanaga-Mbam-Dreieck waren dies vor allem Gruppen der Bati, deren Siedlungsgebiet sich nach Norden bis in die zentrale Sanaga-Ebene und vereinzelt bis nördlich von Yoko erstreckte. An den oberen Sanaga-Ufern siedelten Gruppen der zu den Pangwe gerechneten Mwelle. Beiderseits des unteren Mbam lebten Gruppen der Bafia und Balom, die BAUMANN, ethnographisch klassifiziert, gemeinsam mit den Bati, Betsinga, Banend und Yambassa als einen „altertümlichen Komplex der

---

[62] HOFMEISTER, 1926, S. 202; HURAULT, 1964, S. 34; MOHAMADOU, 1967, S. 87, 88.
[63] SONGSARÉ, 1987, mündliche Aussage; vgl. SIRAN, 1981a, S. 270.
[64] THORBECKE, 1914a, S. 93ff.
[65] SEYFFERT, 1911, S. 91f., wies auf die zunehmende Einwanderung von Gbaya in die Sanaga-Ebene hin. Vgl. ROULON-DOKO, 1998, Karten 1 u. 3; TESSMANN, 1934a, S. 6, 19, Karte am Schluß.
[66] MURDOCK, 1959, S. 231.
[67] Vgl. Ndong, 1943, zitiert nach MOHAMADOU, 1967, S. 75; vgl. DOMINIK, 1898, S. 622.
[68] Vgl. Karte 3, S. 27 vorliegender Arbeit; vgl. DUGAST, 1949, S. 49ff.; MVENG, 1963, S. 243; TESSMANN, 1934a, S. 13, 22.

Nordwestbantu" bezeichnete. [69] Alle Gebiete der Sanaga-Ebene wurden mindestens seit der
Fulbe-Einwanderung in Südadamaua auch von Haussa durchzogen.

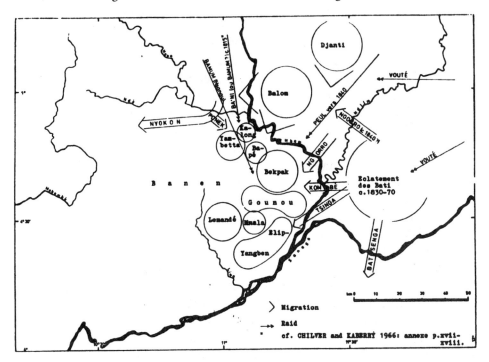

Karte 4: Bevölkerungsbewegungen am unteren Mbam im 19. Jh. WILHELM, *1981, S. 446.*

Aus der dargelegten ethnischen Zusammensetzung des Untersuchungsgebietes geht hervor, daß die territoriale Ausdehnung und Zersplitterung der Vute-Gruppen mit Kontakten zu einer Vielfalt von Ethnien verbunden war, von denen hier nur die in den Quellen
als Kontaktgruppen der Vute belegten erwähnt wurden. Dem Übergangscharakter der Region entsprechend gehören die nördlichen kulturell mehr zu den zentralsudanischen Völkern, während die südlichen überwiegend dem westlichen Kulturraum des Nordwestkongo
zuzuordnen sind. [70] Die polyethnische Struktur ist deutlich an der unterschiedlichen linguistischen Zugehörigkeit dieser ethnischen Gruppen zu erkennen. Aus ihrer Analyse geht
hervor, daß sich im Untersuchungsgebiet Gruppen mit westnigritischen und ostnigritischen
(Bantu-)Sprachen begegnen (nach KÖHLER 1975), die jeweils wieder zahlreichen Untergruppen zugerechnet werden. [71] Das Untersuchungsgebiet gehört somit zu dem seit langer Zeit bestehenden Kontaktgebiet dieser sprachlichen Großbereiche in Nigeria und Ka-

---

[69] BAUMANN, 1940, S. 168; vgl. TESSMANN, 1934a, S. 13, 22.
[70] Vgl. BORN, 1975, S. 698.
[71] Vgl. linguistische Klassifikation von KÖHLER, 1975, Kapitel C: Versuch einer Gliederung der Nigritischen

merun. In einem Teil dieses Gebietes bildete sich als Ergebnis eines „sprachsoziologischen Durchdringungsprozesses" [72] eine Sprachzone heraus, in der unterschiedlich umfangreiche gegenseitige Beeinflussungen zur Entstehung von „Übergangssprachen" führten. Als solche sind besonders die unter genetischen Aspekten und hinsichtlich der Zuordnung von ethnischen Gruppen noch viel diskutierten Semi-Bantu, Sub-Bantu- oder bantoiden Sprachen bekannt. Nach Sprachverzeichnissen und Gliederungen von JOHNSTON 1919, WESTERMANN 1927, GREENBERG 1963/66, WILLIAMSON 1971, vor allem jedoch der Benue-Congo-Working-Group 1968 faßte sie KÖHLER in einem neuen Gliederungsversuch als „Zentralnigritische Sprachen" zusammen. [73] Von den oben aufgeführten Kontaktethnien der Vute werden die Mambila und Tikar sowie sie selbst dazugerechnet. [74]

Bemühungen zur statistischen Erfassung der ethnischen Gruppen Zentralkameruns sind seit Ende der deutschen Kolonialzeit zu verzeichnen. Aus den Quellen geht jedoch die bis in die Gegenwart bestehende Kompliziertheit exakter Erfassungen hervor, die wohl durch die vielfältigen Prozesse anthropologischer Mischung und kultureller Assimilierung bedingt ist. Die in der Kolonialzeit hinzukommenden Zählschwierigkeiten durch den passiven Widerstand der einheimischen Bevölkerung ergeben für den Untersuchungszeitraum stark divergierendes statistisches Material.

So liegen auch für die Vute-Gruppen nur ungenaue Angaben vor. SIEBER schätzt für das Jahr 1915 eine Gesamtzahl von 30.000 bis 40.000. [75] Im Jahresbericht für die deutschen Schutzgebiete 1912/13 beträgt die Zahl der Vute im Verwaltungsbezirk Jaunde 20.000. [76] Erfaßt wurden hier nur die Vute im Unterbezirk Yoko, aber nicht die in Adamaua und den östlichen Gebieten. Sie ist als zu hoch zu betrachten, im Gegensatz zu den Zähllisten der Station Yoko, wo eindeutig zu geringe Teile der Bevölkerung erfaßt wurden. [77] Gleichermaßen unterschiedlich sind die Angaben für die übrigen Ethnien Südadamauas und der

---

Sprachen, besonders S. 198f. (Tschamba, Kutin, Mbum), 201 (Gbaya), 220 (Bafia, Djanti, Bati, Balom, Mvele, Maka), 237 (Tikar, Mambila, Vute), 295 (Ful). Sprachliche Zugehörigkeit der wichtigsten Kontaktethnien der Süd-Vute in der Sanaga-Ebene einschließlich rechtsseitig des unteren Mbam und linksseitig des Sanaga: Tikar: Zentralnigrit. Sprachgruppen des Nigritischen Sprachbereichs, IV. Bamenda-Gruppe. KÖHLER, 1975, S. 237. Gbaya: Westnigrit. Sprachgruppen des Nigritischen Sprachbereichs, d) östliche Marginalregion, VI. Ubangi-Sprachen, Gruppe A.1. Banda-Gbaya-Ngbandi. KÖHLER, 1975, S. 201. Bafia, Djanti, Balom, Mvele, Maka, Bati: I. Westliches Regionalbantu, Gruppe 5. Sanaga, 5. 5. Bafia-Untergruppe (Fak oder Balom, Bafia oder Kpa, Djanti oder Ngayaba), 5. 6. Sanaga-Untergruppe (Ngoro, Yambasa, Mangissa, Betsinga, Bati), 5. 7. Yaunde-Fang-Untergruppe (Eton oder Etung, Ewondo oder Yaunde, Mvele, Yangafök oder Bafök, Bebele oder Bamvele). KÖHLER, 1975, S. 220.

[72] KÖHLER, 1975, S. 230.

[73] KÖHLER, 1975, S. 232, 237f.

[74] Zur linguistischen Klassifikation der Vute siehe Kapitel 3, Abschnitt 3 vorliegender Arbeit.

[75] SIEBER rechnete auch die in den Lamidaten Banyo und Tibati lebenden Vute mit ein, deren Zahl DUGAST bereits für die späte Vorkolonial- und Kolonialzeit für zu hoch angesetzt hielt. SIEBER, 1925, S. 3; DUGAST, 1949, S. 148.

[76] Jahresbericht für die deutschen Schutzgebiete 1912/1913. Statistischer Teil, S. 41. Zitiert nach THORBECKE, 1916, S. 39.

[77] Vgl. THORBECKE, 1916, S. 37ff.

Sanaga-Ebene. Wesentlich erscheint die Ermittlung von DOMINIK und THORBECKE, daß die Vute im Verhältnis zu ihren benachbarten Gruppen, die sie teilweise unterwarfen, nicht zahlreich waren. [78]

Spätere statistische Angaben von DUGAST und LE VINE bezüglich der Gesamtzahl der Vute liegen zwischen 16.000 und 17.000. [79] Zu diesem Ergebnis tendiert auch MOHAMA-DOU, der mit mindestens 14.000, aber einer höheren Dunkelziffer rechnet. [80] Eine Erhebung des I.R.CAM. im Jahre 1963 ergab 12.588 Vute, jedoch wurden die Vute in Adamaua hier nicht mehr ethnisch gesondert ausgewiesen, sondern den „Foulbé" zugerechnet, die östlich des Djerem lebenden dagegen der nicht mehr näher untergliederten Gruppe „divers". [81]

3.3. Zur Forschungsgeschichte der Vute-Sprache

Die wissenschaftliche Erforschung der Vute-Sprache hat nach Jahrzehnten von Zuordnungs-schwierigkeiten aufgrund fehlender Untersuchungen, erst seit den siebziger Jahren entscheidende Fortschritte gemacht, als ihre Zugehörigkeit zu „bantoiden" Sprachen immer deutlicher wurde. In den vorhergehenden Jahrzehnten charakterisierten einige Linguisten sie, wie nachfolgend dargelegt, als möglicherweise isolierte Sprache oder Sprachgruppe und faßten sie in voneinander abweichenden Klassifikationen zusammen.

Die früheste Erfassung der Vute-Sprache erfolgte durch S.W. KOELLE in den Jahren 1847 bis 1853. [82] Im Rahmen der Sammlung von Vokabularien von 100 afrikanischen Sprachen zeichnete KOELLE in Sierra Leone das Schicksal eines versklavten und mehrfach verkauften Vute auf und stellte ein Vute-Vokabular von etwa 300 Wörtern und Phrasen zusammen. [83]

Eine weitere mit einer Klassifizierung verbundene Untersuchung der Vute-Sprache erfolgte durch G. TESSMANN. Sie stützt sich neben der Nutzung der Sprachaufnahmen Thorbeckes auf das Wörterverzeichnis und die Vute-Grammatik von HOFMEISTER, [84] vermutlich Originalmaterialien von C.G. BÜTTNER und THIEL [85] und eigene Sprachaufnahmen bei internierten Soldaten der Kameruner Schutztruppe im Jahre 1916 auf Fernando Póo (Bioko). [86] In der Kameruner Schutztruppe hatten seit Anfang des Jahrhunderts zahlreiche

---

[78] DOMINIK, 1908, S. 48; THORBECKE, 1916, S. 39.
[79] DUGAST, 1949, S. 148; LE VINE, 1964, S. 13, zitiert nach BRAUKÄMPER, 1970, S. 52.
[80] MOHAMADOU, 1967, S. 64.
[81] I.R.CAM., Tableau de la population du Cameroun, 1965, S. 24, 25, 32, zitiert nach MOHAMADOU, 1967, S. 63.
[82] KOELLE, 1854, S. 19 (unveränderter Nachdruck, Graz 1963).
[83] KOELLE, 1854, S. 2ff. (unveränderter Nachdruck, Graz 1963).
[84] HOFMEISTER, 1918; 1918/1919.
[85] Vorbemerkungen von B. Struck. In: STRÜMPELL, 1910, S. 446. Der „Umwittibt"-Dialekt der „Ngila-Wute" wurde von C. MEINHOF bearbeitet. Ebd.
[86] TESSMANN, 1932, S. 115; vgl. SIRAN, 1980, S. 55.

Vute gedient.[87] Im Rahmen seiner Gliederung der Völker und Sprachen Kameruns ordnete TESSMANN die Vute-Sprache als Nichtklassensprache den Sudansprachen zu und bildete eine eigene Sprachgruppe „Wute".[88] Ferner setzte er sich kritisch mit DELAFOSSE auseinander, weil er die Sprachaufnahmen Hofmeisters nicht verwendete und lehnte die Zuordnung zu dessen Gruppe X (Groupe nigero-camerounien) ab, „… da sie unmöglich mit den stark klassenbildenden Semibantu in ein und dieselbe Gruppe gestellt werden können."[89] TESSMANN identifizierte die Vute-Sprache mit Koelles Butesprache (XII E,12)[90] und rechnete zu ihr die Dialekte der Wawa und Galim mit den Untergruppen Galim-Galim und Ssuga (Njem-Njem).[91] Mit der Angliederung der Wawa-Sprache bildet diese Sprachgruppeneinheit von TESSMANN in Verbindung mit späteren kulturanthropologischen Forschungsergebnissen von MURDOCK[92] eine Grundlage zur Annahme früher Beziehungen der Vute zu Anliegerkulturen im Raum westlich von Banyo.[93] MURDOCK stellte die Zusammengehörigkeit der Wawa und Galim mit den Mambila in der unmittelbaren westlichen Nachbarschaft des ursprünglichen Vute-Siedlungsgebietes fest.[94] Er erwähnt nicht die Verwandtschaft der Vute zu den Galim und Wawa, betont aber den Bezug der Vute zu den „Bantoid Peoples" Südostnigerias.[95]

Klassifikationsgeschichtlich zu erwähnen ist auch die Systematisierung der ethnischen Gruppen Kameruns durch PEDRALS, in die die Vute einbezogen worden sind.[96] PEDRALS erarbeitete eine sprachliche Gliederung unter Berücksichtigung der Ergebnisse von BOUCHEAUD und DELAFOSSE.[97] Auch er faßt die Vute mit den Mbum zusammen in der „sous-groupe Oubangien" der „groupe intermédiaire Soudano-Bantou", gemeinsam mit den Gbaya und einer Reihe weiterer Gruppen.[98] Er lehnt aber Chaleurs 1943 im „Esquisse ethnologique … " von der Société d'Études Camerounaises veröffentlichten Angliederung der Mbum an den Sara-Komplex ab.[99]

---

[87]   Am Ende der deutschen Kolonialzeit sollen etwa 30% der männlichen Bevölkerung in der Kameruner Schutztruppe gedient haben. SIEBER, 1925, S. 64; LEMBEZAT, 1961, S. 228.

[88]   TESSMANN, 1932, S. 188. Da besonders die Sprachmerkmale der zentralsudanischen Gruppen seinerzeit noch nicht genügend erforscht waren, beließ es TESSMANN überwiegend bei einer „zwanglosen Nebeneinanderstellung der Gruppen". Ebd., S. 117.

[89]   TESSMANN, 1932, S. 117, Anmerkung 22.

[90]   KOELLE, 1854, S. 19 (unveränderter Nachdruck, Graz 1963).

[91]   TESSMANN, 1932, S. 118, 188. Die Wawa-Sprache wurde auch von HURAULT, 1964, S. 36, als Vute-Dialekt bezeichnet.

[92]   MURDOCK, 1959, S. 91 (9. Galim, Gruppe der Bantoid Peoples), 92 (23. Mambila und Wawa, Gruppen der Bantoid Peoples), 232 (33. Vute, Gruppe der Equatorial clusters der Eastern Nigritic Peoples).

[93]   Kulturelle und wirtschaftliche Beziehungen sind bis zum Jukun-Reich nachgewiesen. Vgl. WENTE-LUKAS, 1977, S. 290.

[94]   MURDOCK, 1959, S. 91 (9. Galim), 92 (23. Mambila).

[95]   MURDOCK, 1959, S. 232.

[96]   PEDRALS, 1946.

[97]   PEDRALS, 1946, S. 7; BOUCHEAUD, 1944; DELAFOSSE, 1898; 1914.

[98]   PEDRALS, 1946, S. 11.

[99]   Esquisse ethnologique … , 1943, S. 27, 32; PEDRALS, 1946, S. 7ff. Vgl. auch die Überlieferung zur gemeinsamen Herkunft von Vute und Mbum bei Bru, 1923, zitiert nach MOHAMADOU, 1967, S. 64ff. Eine

In D. Westermanns „Die westlichen Sudansprachen" [100] wurde die Vute-Sprache entsprechend den Sprachgruppen B-G nach JOHNSTON (North-Cross River Basin, Benue,
Bauci Languages) [101] bzw. Koelles XII (Unclassified) der von ihm gebildeten Benue-Cross-
Gruppe zugeordnet. [102] Auch nach über zehnjähriger Forschungsarbeit [103] blieb für WESTER-
MANN/BRYAN offen, ob sie innerhalb der Nichtklassensprachen eine selbständige Sprache
oder ein „dialect cluster" darstellt. [104] Sie bezeichneten sie als wenig bekannt, deren Dia-
lektunterschiede bis dahin nicht studiert wurden und stuften sie nach dem verwendeten
Klassifikationssystem als „isolated unit" (kind b) ein. [105] Die Vute-Sprache wird danach als
sprachliche Grundeinheit charakterisiert, die möglicherweise keine Verwandtschaft mit einer
anderen Grundeinheit hat, aber infolge fehlender linguistischer Klarheit nicht klassifiziert
werden konnte. [106] Die linguistische Verbindung zwischen den Mambila [107] und den Vute wurde als ein Übergehen von Vute-Lehnwörtern in die Mambila-Sprache bezeichnet. [108]
Über eine Verbindung zwischen Vute und Mbum sagen die Autoren bis auf die beide betref-
fende allgemeine Einordnung in die Nichtklassensprachen nichts aus. [109]

Eine Bestätigung der möglichen Verbindung zwischen Mambila und Vute zeigt sich in
ihrer gemeinsamen Einordnung bei J.H. GREENBERG in die Gruppe D (Bantoid) der *subfamily* Benue-Congo (Niger-Congo-Family), zusammen mit den Tiv, Bitare, Batu, Ndoro
und Bantu. [110] Greenbergs „Adamawa-Eastern Comparative Word List" [111] verdeutlicht, daß
die Sprachen der Gruppe Bantoid, die in besonderem Maße „Proto-Bantu" -Formen aufweisen, [112] eine Grundlage für den Vergleich mit „Proto-West-Sudanic" -Formen bilden können [113] und damit auch für die Erforschung des von GREENBERG angenommenen geneti-

---

ähnliche Klassifikation veröffentlichte später ANDRIANOV. ANDRIANOV, 1959, Karte gegenüber S. 56.
Diese Zuordnung wurde auch zu dieser Zeit von weiteren Autoren wie OLIVIER, 1946, S. 23, übernommen.

[100] WESTERMANN, 1927.

[101] JOHNSTON, 1919, S. 672.

[102] WESTERMANN, 1927, S. 14, 83.

[103] In der 1940 erschienenen Klassifikation von WESTERMANN werden u.a. die Vute, Mbum, Mbere und Duru
für eine genauere Einordnung als noch ungenügend erforscht bezeichnet, aber allgemein den nigritischen
Sprachen der Sudan-Abteilung zugerechnet. WESTERMANN, 1940, S. 385.

[104] Nach den Definitionen von WESTERMANN/BRYAN, 1952, S. 7.

[105] WESTERMANN/BRYAN, 1952, S. 145. Die von TESSMANN aufgeführte Verwandtschaft der Vute mit den
Galim und Suga wird zitiert, aber nicht die mit den Wawa.

[106] WESTERMANN/BRYAN, 1952, S. 8.

[107] Nichtklassenspracheinheit, vermutlich isolierte Sprachgruppe, nicht einer größeren Einheit (*larger unit*) zuzuordnen. WESTERMANN/BRYAN, 1952, S. 8, 143f.

[108] WESTERMANN/BRYAN, 1952, S. 145; vgl. MEYER, 1939, S. 6; 1940/1941, S. 247; MEEK, 1931, S. 564.

[109] Vgl. WESTERMANN/BRYAN, 1952, S. 145.

[110] GREENBERG, 1963, S. 9.

[111] GREENBERG, 1963, S. 13ff.

[112] Auch LIPS erwähnt ältere Bantu-Idiome im Vute, die nicht mit dem gegenwärtigen Bantu identisch seien
und ordnet es sogenannten bantuiden Sprachgruppen zu. LIPS, 1930, S. 137.

[113] Vgl. GREENBERG, 1963, S. 31.

schen Zusammenhangs zwischen Bantu- und Westsudansprachen (Niger-Congo-Family). [114]
Mit der Zuordnung der Vute-Sprache zur Gruppe D (Bantoid) der *subfamily* Benue-Congo
brachte GREENBERG sie, nach seiner Theorie über den vermutlichen Ursprung der Bantu-
sprachen am mittleren Benue bzw. innerhalb dieser *subfamily* [115] mit dem Problemkreis der
Genese der Bantusprachen in Verbindung. Hinsichtlich der häufig diskutierten Frage einer
Verwandtschaft mit den Mbum ist der Klassifikation Greenbergs eine Trennung zu entnehmen, da er sie verschiedenen *subfamilies* zuordnete. [116] Ergänzend ist anzumerken, daß
GREENBERG die Verbreitung der Vute-Sprache auf das jüngere Siedlungsgebiet im Sanaga-
Raum begrenzt [117] und das ältere um Banyo nicht einbezogen hat, das jetzt noch durch die
teilweise Anwendung der Vute-Sprache und die Existenz der Wawa-Untergruppe repräsen-
tiert wird, obwohl eine Berücksichtigung dieser Tatsachen eine Bestätigung seiner Klassifizierung bedeutet. Der Wawa-Zweig wurde von GREENBERG nicht gesondert klassifiziert. [118]

Die Forschungsergebnisse M. Guthries beinhalten eine Ablehnung des von GREEN-
BERG angenommenen genetischen Zusammenhangs zwischen westafrikanischen bzw. sudanischen und Bantusprachen [119] und leitet die Entstehung der Bantusprachen aus dem ältesten „Präbantu" in Gebieten nördlich des Regenwaldes zwischen dem Ubangi und Schari
bzw. aus dem „Proto-Bantu" südöstlich des tropischen Regenwaldes ab. [120] Nach dieser Auffassung wäre auf eine Zugehörigkeit der Vute-Sprache zu den „westafrikanischen" Sprachen
zu schließen, die nach GUTHRIE „Präbantuismen" als Lehngut von eingewanderten bantusprachigen Gruppen aufgenommen haben. [121]

Den Versuch einer Weiterentwicklung der genannten theoretischen Auffassungen zur
Genese der Bantu- und Sudansprachen publizierte O. KÖHLER 1975 im Abschnitt „Geschichte und Probleme der Gliederung der Sprachen Afrikas" des Standardwerkes „Die Völker Afrikas und ihre traditionellen Kulturen." [122] Obwohl er dort speziell die Vute-Sprache
mit denselben Gruppen zusammenfaßt wie GREENBERG, lehnt er die von diesem vertretene
Zusammenfassung mit den Bantusprachen in eine gemeinsame Gruppe ab. Auf der Grundlage seiner theoretischen Ausgangsposition läßt er ihre genetische Bestimmung weitgehend
offen, zumal er sie auch gegenwärtig noch für zu wenig erforscht hält und in sein 46 Sprachen
oder Sprachgruppen umfassendes „Verzeichnis einiger nicht genügend klassifizierter, wenig
bekannter oder ausgestorbener Sprachen" aufgenommen hat. [123] Welche Einschätzungen er

---

[114] GREENBERG, 1963, S. 32.
[115] Vgl. KÖHLER, 1975, S. 165ff.
[116] GREENBERGs Zuordnung der Mbum: „Subfamily Adamawa-Eastern", Gruppe 6 (Niger-Congo-Family).
      GREENBERG, 1963, S. 9. Im Gegensatz dazu stellte später HAGÈGE Sprachverwandtschaft zwischen Gbaya,
      Vute und Mbum fest. HAGÈGE, 1981, S. 14.
[117] Vgl. GREENBERG, 1963, Karte B, Sprache 134.
[118] Vgl. GREENBERG, 1963, S. 163ff.
[119] Vgl. KÖHLER, 1975, S. 231.
[120] Vgl. KÖHLER 1975, S. 167ff.
[121] GUTHRIE, 1962a, S. 18; 1962b, S. 281, zitiert nach KÖHLER, 1975, S. 171.
[122] KÖHLER, 1975, S. 175ff.
[123] Vgl. KÖHLER, 1975, S. 237, 344.

jedoch allgemein auch für die Vute-Sprache für zutreffend erachtet, ist aus ihrer Zurechnung zu dem von ihm „zentralnigritisch" genannten Sprachbereich und der Merkmaldefinition der diesem zugeordneten Sprachen zu erkennen.

Den Begriff „zentralnigritisch" leitet KÖHLER aus seiner Konzeption der als genetisch verwandt angesehenen Bantu- und Sudansprachen ab, die er auf der Grundlage von Gemeinsamkeiten in Wortschatz und Klassenstruktur unter der Bezeichnung „Nigritische Sprachen" zusammenfaßt. Nur andeutungsweise hier angeführt,[124] geht KÖHLER im Sinne Greenbergs von der Basis einer früheren „gemeinnigritischen Grundsprache" aus. Deren Entstehungszentrum verlegt er jedoch im Unterschied zu GREENBERG und GUTHRIE in den „tschado-hyläischen Raum", von wo seiner Ansicht nach die mit Abwanderungswellen verbundene Regionalentwicklung von „west-" und „ostnigritischen" (Bantu-)Sprachen ausging. Hinsichtlich der Bestimmung von Zeitpunkt und Richtung der Abwanderungswellen der „ostnigritischen" Sprachgruppen weicht KÖHLER von GUTHRIE ebenfalls ab, jedoch nicht grundsätzlich. Die Abwanderungswellen der „westnigritischen" Sprachgruppen bis an den Atlantik, östlich bis Kordofan, in den oberguineischen Wald und schließlich auch in das Nordwestkongo-Gebiet, ließen in bestimmten Regionen Nigerias und Kameruns ein dauerhaftes Kontaktgebiet zwischen seiner Meinung nach „west-" und „ostnigritischen" (Bantu-)Sprachen entstehen, wo sich, wie oben erwähnt,[125] die von ihm „zentralnigritisch" genannten Übergangssprachen herausbildeten.[126]

Die Zusammenfassung von Übergangssprachen dieses Raumes mit den Bantusprachen, wie sie GREENBERG in der Gruppe D (Bantoid) der *subfamily* Benue-Congo vorgenommen hat, hält KÖHLER für sehr problematisch.[127] Mit der Bildung des „ostnigritischen" (Bantu-)Sprachbereichs als selbständiger Einheit vollzieht er eine Trennung, ohne die gegenseitigen sprachhistorischen Beziehungen und Beeinflussungen in Frage zu stellen.[128] KÖHLER verwendet den Terminus „bantoid" nicht, da „es bisher keine allgemein anerkannten Kriterien gibt, nach denen sich ... eine Sprache eindeutig einer 'bantoiden' Klassifikationskategorie zuordnen läßt."[129]

Die durch langfristige Kontakte eingetretenen Sprachveränderungen vollzogen sich nach KÖHLER vielfach durch Übernahme von Bantu-Wortgut in Nichtbantu- bzw. „westnigritische" Sprachen bei Erhaltung ihrer Struktur. Dabei kam es vermutlich zu einem „Pidginierungsprozeß", einer Deformation der übernommenen Bantuismen, und später „... zu einer allmählichen Kreolisierung, aus der die hierher gehörigen zentralnigritischen' Sprachen hervorgingen."[130]

---

[124] Nachfolgende Ausführungen nach KÖHLER, 1975, S. 181ff.
[125] Vgl. vorliegende Arbeit, Kapitel 3, Abschnitt 2.
[126] KÖHLER, 1975, S. 184.
[127] Vgl. KÖHLER, 1975, S. 232.
[128] Vgl. KÖHLER 1975, S. 182f.
[129] KÖHLER, 1975, S. 176.
[130] KÖHLER, 1975, S. 184. Vgl. auch ebd., S. 177f.

Diese Aussagen charakterisieren hinsichtlich der Vute-Sprache ganz allgemein, welche Prozesse auch bei ihrer Herausbildung mitgewirkt haben werden. Dabei erscheint der Verfasserin der Hinweis von KÖHLER relevant, daß die ursprünglich „westnigritischen" Gruppen dieser Region sehr früh – vor der Entwicklung der gegenwärtigen Bantusprachen – „ostnigritische" Einflüsse aufgenommen haben, [131] da die Vute-Sprache nach GREENBERG deutlich lexikalische Bezüge zum „Proto-Bantu", in dessen Nähe KÖHLER seine „gemeinnigritische Grundsprache" stellt, aufweist.

Auf die „Benue-Congo Comparative Word List (BCCW)" von 1968 aufbauend, gliedert KÖHLER die „zentralnigritischen" Sprachen in acht Gruppen, die mit einigen wesentlichen Ausnahmen die Sprachen der *subfamily* Benue-Congo Greenbergs (ohne Bantusprachen), somit auch die Semibantusprachen Johnstons, Tessmanns und Westermanns (ohne Ful) und zusätzlich von WILLIAMSON zugeordnete Sprachen erfassen. [132] Die Vute-Sprache ordnete er der Gruppe V (Mambila-Tiv-Gruppe) zu. [133] Diese Gruppe entspricht bis auf die herausgenommenen Bantusprachen der Gruppe D (Bantoid) der „Benue-Congo-Subfamily" Greenbergs bzw. der „Bantoid" -Gruppe der BCCW. KÖHLER hält dennoch die Greenbergsche Einordnung der Vute-Sprache, insbesondere ihre Stellung in die unmittelbare Nähe des Bantu für nicht gerechtfertigt und zitiert RICHARDSON, der 1957 aussagte: „Wute is a language of Cameroon which seems unrelated to any of those investigated." [134] Damit wurde wieder die Tendenz von WESTERMANN/BRYAN zur isolierten Sprache oder Sprachgruppe verstärkt. [135]

Die Reihenfolge der „zentralnigritischen" Sprachgruppen legte KÖHLER in seinem Gliederungsmodell nach dem Grad der Beziehungen zum Bantu fest. [136] Dieser ist für die Vute-Sprache, da zur Gruppe V gerechnet, als etwas unter dem Durchschnitt liegend einzuschätzen.

Neuere Forschungsergebnisse zur Problematik des Niger-Kongo, besonders auch der bantoiden Sprachen, werden von P.P. DE WOLF 1981 zusammengefaßt. [137] Nach DE WOLF werden die Bantoid-Sprachen, zugehörig zum Hauptzweig Benue-Kongo des Niger-Kongo, im allgemeinen in die beiden Hauptgruppen Bantu-Bantoid und Nicht-Bantu-Bantoid unterteilt. [138] WILLIAMSON unterteilt die Hauptgruppe Nicht-Bantu-Bantoid noch einmal in zwei Untergruppen: zur einen rechnet er „ ... das Mambila-Wute mit den Sprachen Mambila, Kankam, Tep, Magu, Kila, Ndoro, Gandua und Wute (Bute) ... ", zur anderen „ ... das

---

[131] KÖHLER, 1975, S. 184.
[132] KÖHLER 1975, S. 237f. Vgl. auch ebd., S. 233ff.
[133] KÖHLER, 1975, S. 237.
[134] RICHARDSON, LSNBB II, 1957, S. 77, zitiert nach KÖHLER, 1957, S. 344. Zur Kommentierung der 1971 erschienenen Arbeit von WILLIAMSON über die Benue-Kongo-Sprachen, denen die Vute-Sprache zugeordnet wird, siehe KÖHLER, 1975, S. 238f.
[135] Siehe oben.
[136] KÖHLER, 1975, S. 237.
[137] DE WOLF, 1981, S. 45 – 76.
[138] DE WOLF, 1981, S. 62.

Tiv-Batu mit dem Tiv-Becheve-Balegete, Bitare-Abo und Batu." [139] Eine auf Feldforschungen beruhende Veröffentlichung von G. GUARISMA bestätigte die Einordnung der Vute-Sprache als „Langue bantoide." [140] Die Forschungsarbeiten der siebziger Jahre zusammenfassend ordnet DE WOLF die Bantoid-Sprachen – und damit auch die Vute- und Mambila-Sprache – einer neu gebildeten Benue-Kwa-Gruppe zu (BK-A), die auf die Ansicht verschiedener Forscher [141] zurückgeht, daß die Kwa-Sprachen und die der Benue-Kongo-Gruppe eine „engere Einheit" bilden. Für die interne Gliederung der Bantoid-Sprachen liegen unterschiedliche Klassifikationen vor. Bemerkenswert erscheint die von BENNETT und STERK, nach der das Mambila und Vute zur Mambiloid-Gruppe als einer der beiden Hauptgruppen der Bantoid-Sprachen (Mambiloid und Bin) zusammengefaßt werden. [142]

Eine umfassende Erforschung der Vute-Sprache würde zur Aufklärung der ursprünglichen Herkunft der Vute und zur Aufhellung der Geschichte früher Kontaktentwicklungen im „zentralnigritischen" Sprachraum beitragen. Die oben genannten linguistischen bzw. ethnolinguistischen Klassifizierungen der Vute-Sprache von TESSMANN, GREENBERG, MURDOCK, KÖHLER, WILLIAMSON, BENNETT und STERK weisen trotz abweichender theoretischer Ausgangspositionen relativ einheitlich auf einen vermutlich langfristigen Aufenthalt der Vute-Gruppen im Gebiet zwischen dem oberen Donga und Mbam in der Banyo-Region hin. Gerade aufgrund der Unsicherheit in der linguistischen Bestimmung muß angemerkt werden, daß die vorhandenen Ergebnisse eine übereinstimmende bedeutsame Ergänzung zu einer Reihe sozialer und ethnokultureller Merkmale darstellen, die die Vute nach den Angaben von KLEIN und deren Vergleich mit dem von der Verfasserin gesammelten Material mit dem überwiegenden Teil der Gruppen, mit denen sie auch linguistisch zusammengefaßt werden, gemeinsam haben, so vor allem mit den Mambila, Ndoro und Tiv, aber z.B. auch mit den Kentu und Tigong. [143]

Hinsichtlich der Erhaltung der Vute-Sprache sei ergänzend erwähnt, daß sie auch in Gebieten starker ethnisch-kultureller Assimilierungsprozesse, so in den Lamidaten Banyo und Tibati, bis in die Gegenwart gesprochen wird. THORBECKE stellte sie 1912 als eine der am häufigsten gesprochenen Sprachen in Tibati fest. [144] HOFMEISTER führte 1914 eine Unterhaltung mit dem Lamido von Banyo in der Vute-Sprache „im Beisein der Fula- und Wutehäuptlinge und wurde von allen gleich gut verstanden." [145] HURAULT betonte 1964 ihre Anwendung und Auferlegung als Pflichtsprache am Hofe des Lamido von Banyo. [146]

---

[139] WILLIAMSON, 1971, S. 276, zitiert nach P.P. DE WOLF, 1981, S. 62.

[140] GUARISMA, 1978.

[141] ELUGBE und WILLIAMSON, 1971, DE WOLF, 1971, WILLIAMSON 1971, Stewart 1976, zitiert nach DE WOLF, 1981, S. 68. Eine Zusammenfassung der Kwa-Sprachen und der des Benue-Kongo zu einem Zweig wurde allerdings auch noch von GREENBERG in Erwägung gezogen. GREENBERG, 1966, S. 39, zitiert nach DE WOLF, 1981, S. 46. Zu weiteren Gliederungsfragen des Niger-Kongo siehe ebd., S. 68ff.

[142] BENNETT und STERK, 1977, zitiert nach DE WOLF, 1981, S. 70f.

[143] Vgl. KLEIN, 1979, S. 308f, 325ff., 334ff., 343f.

[144] THORBECKE, 1914a, S. 70.

[145] HOFMEISTER, 1918, S. 1.

[146] HURAULT, 1964, S. 33.

Während seines Aufenthaltes im Banyo-Gebiet stellte HOFMEISTER Dialektunterschie-
de zwischen dem „Nord-" und dem „Süd" -Vute fest; er bemerkte insbesondere, daß im nördlichen Vute noch Wurzeln vorhanden waren, die dem südlichen abhanden gekommen waren.
Ferner beobachtete er die Aufnahme fremder Idiome in die Vute-Sprache. [147] HOFMEISTER
deutete damit Sprachveränderungsprozesse an, die durch die weite territoriale Streuung der
Vute-Gruppen seit etwa Ende des 18. Jhs. begünstigt wurden und sich bis in die Gegenwart fortgesetzt haben werden. Damit waren sicherlich auch Dialektentwicklungstendenzen
verbunden. Sie wurden teilweise von TESSMANN erfaßt. [148] KÖHLER führt als mögliche
weiteren Dialekte 1975 die Sprachen der Ssuga und der Azom-Gruppe an. [149]

Als publizierte Vokabularien und Grammatik der Vute-Sprache erwähnt KÖHLER die
Veröffentlichungen Koelles und Hofmeisters. Die Nennung Hofmeisters, dessen Ermittlungen über die Vute im allgemeinen von hohem Wert sind, bestätigt einmal mehr die Bedeutung des von ihm aufgestellten Wörterverzeichnisses sowie der Vute-Grammatik [150] als
Sprachforschungsleistung auch für die gegenwärtige Forschung.

---

[147] HOFMEISTER, 1923b, S. 100f.; 1926, S. 202.
[148] Siehe oben.
[149] KÖHLER, 1975, S. 338, 344.
[150] HOFMEISTER,1918; 1918/1919.

4. Angaben zur Geschichte, Wirtschaft und Gesellschaft der Vute vor der Eroberung durch seßhafte Fulbe-Gruppen (Wollarbe, Kiri-en)

Die nur in bescheidenem Umfang vorhandenen ethnographischen und historischen Angaben über die Vute aus der Zeit vor und während der Eroberung ihrer bedeutendsten Siedlungszentren durch die Fulbe stammen überwiegend aus mündlichen Überlieferungen und Fulbe-Chroniken. Sie wurden sowohl von kolonialzeitlichen als auch späteren Autoren durch Befragung einheimischer Informanten und vor allem Auswertung von Regionalarchiven ermittelt. Die in jüngeren Quellen viel zitierte Studie von SIEBER [1] enthält über diesen Zeitabschnitt kaum Angaben. Die Forschungsergebnisse von HURAULT, MOHAMADOU und SIRAN bilden den Hauptteil unseres heutigen Wissens über die Vute jener Zeit. [2]

Der geringe Umfang des Materials läßt eine genauere Rekonstruktion der wirtschaftlichen und sozialen Verhältnisse der Vute in der ersten Hälfte des 19. Jhs. nicht zu. Es vermittelt nur teilweise Einblick in die sie betreffenden historischen Ereignisse, ermöglicht aber die Erfassung einiger wesentlicher Wanderbewegungen.

4.1. Hypothesen über frühere Siedlungsgebiete

Die frühesten historisch relevanten Überlieferungshinweise beziehen sich erst auf die Zeit Anfang des 19. Jhs. und beinhalten Angaben über die westlichen Vute-Gruppen auf den Hochebenen südlich des Gendero-Massivs. Sie bewohnten Gebiete beiderseits des oberen Mayo Banyo und Mbam. [3] Alle vorherige Geschichte wird in den im 20. Jh. aufgenommenen Überlieferungen bereits zur mythischen Vergangenheit und ermöglicht vorerst nicht, eine bestimmte Herkunftsregion bzw. ein früheres Siedlungsgebiet nachzuweisen. Trotzdem gelangt MOHAMADOU durch Vergleich von Überlieferungen der Vute mit denen anderer zentralsudanischer Ethnien (Mbum, Koma, Magoumi), die sich möglicherweise im gleichen historischen Kontext in einem Migrationsprozeß südlich von Bornu befanden, zu der Annahme, daß die Vute im 16. Jh. aus dem Bornu-Gebiet oder zumindest aus einer Region

---

[1] SIEBER, 1925.
[2] HURAULT, 1964; 1993; MOHAMADOU, 1964; 1967; SIRAN, 1981a. MOHAMADOU ermittelte Überlieferungshinweise ferner bei Hurault, J., Le Lamidat de Banyo, MS, 175 p., 1955; I.R. CAM.; Genin, E., Rapport sur le Lamidat de Banyo, 1929, archives, sous-préfecture de Banyo; rapport annuels de la subdivision de Banyo, années 1954 et 1956, sous-préfecture de Banyo.
[3] MOHAMADOU, 1967, S. 87.

südwestlich des Tschadsees nach Süden gewandert sind. [4] Er charakterisiert die Migrations-
richtungen, ohne eine zeitliche Abgrenzung vornehmen zu können. [5]

Die heutigen Untersuchungsergebnisse über die Sprache, soziale Struktur und ethnische
Besonderheiten der Vute sowie deren Vergleich mit Merkmalen benachbarter Gruppen im
ältesten nachweisbaren Siedlungsgebiet im späteren Lamidat Banyo [6] eröffnen jedoch auch
die Hypothese, daß die ursprüngliche Herkunft der Vute mehr in einem Komplex ethnischer Gruppen südlich des mittleren Benue in den Tälern des Mbam und Mayo Deo zu
suchen ist. Er umfaßt Teile der Chamba und die Kutin, reicht aber auch bis zu den „Bantoid Peoples" Südostnigerias. [7] Die Vute, die im 18. Jh. Handelsbeziehungen zu den Jukun
unterhielten, wurden möglicherweise von ihnen, als zentralsudanischen Staatenbildnern, in
verschiedener Hinsicht beeinflußt. [8] Durch den bis heute bestehenden Materialmangel über
Geschichte, Wirtschaft und Gesellschaft der Vute im 18. und zu Beginn des 19. Jhs. ist es
immer noch eine offene Frage, ob ihre Zugehörigkeit zu diesem Komplex autochthon ist,
worauf die linguistischen Ergebnisse deuten, oder durch Assimilierung, der die in Überlieferungen erwähnte Einwanderung aus dem Norden vorausging, zustande kam. [9]

---

[4]   MOHAMADOU, 1967, S. 71; FROELICH, 1959, S. 92. Vgl. auch CHILVER, 1964, S. 11ff.; FARDON, 1988,
S. 84f. Die Annahme einer gemeinsamen Herkunft von Vute und Mbum, wie sie von Bru aufgrund einer
Mbum-Überlieferung vertreten wurde, lehnt MOHAMADOU ab. Bru, Les Mboum. Rapport dactylographié
de 11 p., 1923, Archives du département de l'Adamaua Ngaoundéré, zitiert nach MOHAMADOU, 1967,
S. 64ff. Sie wird auch von späteren wissenschaftlichen Untersuchungen nicht aufgegriffen. Vgl. DUGAST,
1949; SIRAN 1981.

[5]   „Partis du Bornou les Vouté semblent s'être d'abord fixés dans la bordure sud-ouest de l'Adamaoua où ils
fondent une constellation de chefferies parmi lesquelles figure Mbamnyang, nom que les Foulbé devaient
transformer en Banyo. De là, semble-t-il, ils auraient émigré vers le sud-est où ils fondent Tibati, connu
chez eux sous le nom de Tibare. Certains d'entre eux s'arrêtèrent et peuplèrent la vallée du Meng. Peut-être
gênés par les migrations du Tikar qui, trouvant ces contrées occupées, avanceront plus vers le sud, les Vouté
pousseront encore davantage vers le sud-est, toujours, dit la tradition, à la recherche du „fleuve infini" de
leurs ancêtres. Des éléments se détachent et fondent les chefferies situées dans l'actuel arrondissement de
Yoko." MOHAMADOU, 1967, S. 73.

[6]   GREENBERG, 1963, S. 9; MURDOCK, 1959, S. 91, 92; SIRAN, 1981a, S. 266f. Vgl. auch vorliegende
Arbeit, Kapitel 3, Abschnitt 3.

[7]   Diese Hypothese wird auch von SIRAN, 1981a, S. 265, 267 angedeutet. Er lehnt die Überlieferung von
Ndong Benoît ab, auf die MOHAMADOU sich stützt, und weist auf die Bedeutung der linguistischen For-
schung zur Klärung dieser Frage hin. Eine Einwanderung von Norden her wird auch von FORKL bezweifelt.
FORKL, 1983, S. 509, 546f.

[8]   MOHAMADOU, 1978, S. 14, zitiert nach FORKL, 1985, S. 55f.; WENTE-LUKAS, 1977, S. 290. MOHA-
MADOU schreibt ferner: „Die einst zur Jukun-Föderation gehörenden Jibu geben an, ihre Eroberungszüge im
Osten bis Banjo ausgedehnt zu haben." MOHAMADOU, 1978, S. 400, Anmerkung 49, zitiert nach FORKL,
1985, S. 55. Weiterhin werden von FORKL eine Reihe von Hinweisen auf die weitreichenden Einflüsse des
Jukun-Reiches auf die sogenannten altnigritischen Kulturen, insbesondere im Osten ihres Herrschaftsgebie-
tes, gegeben. FORKL, 1983, S. 100; 1985, S. 55.

[9]   Nach MOHAMADOUs Überlieferungsauswertungen sind die Vute in der Banyo-Region die ältesten bekannten Einwohner und haben sich in einer sehr weit zurückliegenden Zeit, noch vor der großen Wanderung der
Tikar in Richtung Mbam-Tal, über dieses Gebiet ausgebreitet. MOHAMADOU, 1967, S. 88f.

4.2. Angaben zur Wirtschaft und Gesellschaft zu Beginn des 19. Jahrhunderts

Entsprechend den bekannten Siedlungsgebieten der Vute in der ersten Hälfte des 19. Jhs. bietet sich eine Reihenfolge der Darstellung an über erstens die Vute-Gruppen im südwestlichen Adamaua, als ältestem erkennbaren Siedlungsraum, zweitens über die „zentralen" Vute im Hochland Südadamauas und schließlich über die Gruppen am Rande Südostadamauas, östlich und nördlich des Djerem. [10]

Zu Beginn des 19. Jhs. stellten die Vute Südwestadamauas, zusammen mit den Wawa, in der Nordhälfte des späteren Lamidats Banyo den Hauptteil der Bevölkerung dar. [11] „Ils étaient groupés dans une série de villages d'agriculteurs, indépendants les uns des autres, pratiquant une religion animiste comportant la notion d'un Dieu Mè, supérieur à tous les éléments, qui réglait la pluie, la fertilité du sol et les rites funéraires. ... Les Vouté ... avaient formé plusieurs agglomérations et chefferies importantes, commandées par six clans répartis eux-mêmes en une infinité de familles." [12] Nach SIRAN „... they had a matrilineal rule of descent and were locally organized under the authority of maternal uncles." [13]

Im Gegensatz zu den Überlieferungsinhalten aus dem Gebiet der Vute im zentralen Südadamaua sind hier keine Häuptlingsnamen überkommen, [14] sondern nur Bezeichnungen von Klanen und deren Wohnregion: [15]

1. Die Vute Mamnyang oder Mbamnyang am mittleren Lauf des Mayo Banyo bis etwa 20 km nördlich des gegenwärtigen Zentrums von Banyo. Mamnyang soll in der Vute-Sprache „kleiner Zwillingsbruder" heißen, auf die legendären Gründer des Häuptlingstums anspielend. Der Mbamnyang-Klan scheint der bedeutendste aller Vute-Klane des Banyo-Gebietes gewesen zu sein, ihr Hauptort wurde zum späteren Lamidatssitz Banyo. [16]
2. Die Vute Mba. Sie bewohnten ursprünglich die Hosséré-Region Ngo in der Nähe der Quelle des Mbam. Diese verließen sie später und ließen sich nördlich von Banyo in Mba nieder.
3. Die Vute Néné. Sie lebten in der Region Mbamti-Ndippelé.
4. Die Vute Ngwani. Sie siedelten in der Höhe der Straße Banyo-Tibati und weiter flußabwärts an der Grenze nach Kondja.

---

[10] SIRAN bezeichnete als Lebensraum der Vute am Anfang des 19. Jhs. den ganzen südlichen Teil Adamauas, von den Mambila-Bergen im Westen bis zum Mayo Maour im Osten, an den das Mbum-Gebiet grenzte. SIRAN, 1981a, S. 265.

[11] MOHAMADOU, 1967, S. 88. Bei der Eroberung des Banyo-Gebietes durch militante Fulbe-Gruppen stießen diese hauptsächlich auf Vute. Ebenda.

[12] MOHAMADOU, 1967, S. 87, 88.

[13] SIRAN, 1980, S. 57.

[14] Jedoch ermittelte HURAULT Nachkommen alter Familien, die vor der Fulbe-Eroberung bereits dort lebten und 1953 nach dem territorial-politischen Gliederungsprinzip der Fulbe Vorsteher dreier *toké*-Bezirke waren (Séodo Buté, Kaigama Mbam, Turaki). HURAULT, 1964, S. 29f.

[15] Aufzählung nach MOHAMADOU, 1967, S. 88f.

[16] BRAUKÄMPER, 1970, S. 50; MOHAMADOU, 1967, S. 88.

5. Die Vute Djoumbal. Sie wohnten unmittelbar im Süden des Banyo-Berges und auf dem dazugehörigen 1.400 m hohen Gebirgszug, der die Banyo-Siedlung überragt.

Die von HURAULT 1955 durch eine Analyse sozialer und ökonomischer Verhältnisse einiger Wawa-Gruppen gewonnenen Erkenntnisse über Gemeinsamkeiten der sprachlich und ethnokulturell verwandten Wawa- und Vute-Gruppen hat dieser Autor seit 1975 durch ergänzende Feldforschungen wesentlich modifiziert, wobei er auch Unterschiede in der gesellschaftlichen, insbesondere territorial-politischen Organisation der Vute und Wawa fand, die seiner Auffassung nach bereits zur Zeit der Fulbe-Eroberung bestanden. [17]

Als Gemeinsamkeiten der Wawa und Vute stellt HURAULT neben der sprachlichen Verwandtschaft ihre wirtschaftliche Grundlage als seßhafte Bodenbauer mit z.B. gleichen Entwässerungsmethoden und gleichen Mahlsteinformen [18] und einer möglicherweise auf guten Erträgen beruhenden hohen Bevölkerungsdichte fest; [19] ferner die Verwendung der gleichen Verwandtschaftsbegriffe und die Gründung von Männerbünden, deren wichtigstes Kultobjekt die so-Maske ist. [20] Beide Gruppen bezeichnen in sehr weiter Auslegung sowohl die ethnische Gemeinschaft, die Linie, den Klan oder die engste Verwandtschaft mit dem Begriff gbaŋ. [21]

Bei den Wawa baut die gesellschaftliche Organisation teilweise heute noch auf der Linienorganisation auf und in den Residenzeinheiten leben Verwandte, die untereinander ein definiertes Verwandtschaftsverhältnis anerkennen. An ihrer Spitze steht ein Ältester (nigan), der als Vertreter des Gründervorfahren gilt, die Ahnenzeremonien leitet, sonst aber keine hervorgehobene Stellung einnimmt. In den politischen Einheiten der Wawa, die häufig nur wenige Quadratkilometer groß sind und mehrere solcher Residenzgruppen umfassen, leben jeweils nur einige hundert Menschen. [22]

Nach den Ermittlungen von HURAULT hatten verwandtschaftliche Prinzipien für die gesellschaftliche Organisation der Vute in diesem Raum bereits zur Zeit der Fulbe-Eroberung um 1830 nicht die Bedeutung wie bei den Wawa-Gruppen. [23] Die damals großen, Tausende von Mitgliedern umfassenden Klane verteilten sich auf Hunderte von Quadratkilometern. [24] Merkmale der Klanzugehörigkeit waren eine Dialektvariante der Vute-Sprache, gemeinsame Kulte und ein gemeinsames Nahrungsverbot. Der Klan bzw. das Klan-Oberhaupt (mbǫn)

---

[17] Vgl. HURAULT, 1964, insbesondere S. 36, 43, mit HURAULT, 1992, S. 53ff., 171ff.

[18] Übereinstimmende Angaben zur Mahlsteinform und zum Mahlen von Hirse in Vertiefungen von Felsplatten werden auch von kolonialzeitlichen Autoren über die Vute in der Sanaga-Ebene gemacht. Vgl. SIEBER, 1925, S. 10f.; THORBECKE, M.-P., 1914, S. 128.

[19] HURAULT, 1992, S. 53, 55. Die Bevölkerungsdichte der Wawa und Vute wird von HURAULT zur Zeit der Eroberung durch die Fulbe auf 110 – 120 pro km^2 geschätzt. Ebd., S. 54f.

[20] HURAULT, 1992, S. 172, 173f.

[21] HURAULT, 1992, S. 172.

[22] HURAULT, 1992, S. 172f.

[23] HURAULT, 1992, S. 173f.

[24] Zu den Klanen Mba, Ndipele und Mati sollen je mehrere tausend Personen gehört haben. HURAULT, 1964, S. 46. Der Autor bemerkt 1992, S. 174, daß zu bestimmten Klanen über 10.000 Personen gehörten. Vgl. vorliegende Arbeit, Karte 5, S. 47/48.

hatten neben den religiösen vor allem politische Funktionen. [25] MOHAMADOU bemerkt über die oben aufgeführten Klane, daß sie zumindest teilweise mit anderen Bevölkerungsgruppen Bündnisse eingingen oder von ihnen „Tribute" erzwangen. [26]

Innerhalb der Klanterritorien variierte die Größe der Siedlungen der Vute von großen Dörfern bis zu kleinsten Weilern, so daß in manchen Gebieten eine sehr zersplitterte Siedlungsweise bestand. Nach HURAULT sollen die Vute dieser Region, bzw. in ganz Südadamaua, keine befestigten Siedlungen angelegt haben. [27] Wie bei den Süd-Vute am Ende des 19. Jhs. in der Sanaga-Ebene lagen die Felder mehr oder weniger entfernt von den Gehöften, nicht direkt daneben. [28]

Die Siedlungen oder Residenzeinheiten setzten sich in unterschiedlichem Ausmaß aus nicht miteinander verwandten Familien variabler Größenordnung zusammen. Nach HURAULT existierten in der Regel nur Liniensegmente bis zu zwei Generationen. [29] In den Familien lebten nach HURAULT, entsprechend patrilinearer Deszendenz, die männlichen Nachkommen väterlicher Abstammung zusammen. Diese Aussage, die Sirans Ergebnissen über die Matrilinearität der Vute widerspricht, wird von HURAULT weder belegt noch näher erläutert. Es ist nach SIRAN virilokale Wohnweise anzunehmen. [30] Die Funktionsausübung der Oberhäupter, die nicht mit allen Familien verwandt waren und entweder von den Mitgliedern der Siedlungsgemeinschaft oder dem Klanoberhaupt eingesetzt wurden, trug mehr politischen Charakter, anders als bei den Linienältesten der Wawa, da die Rechte und Pflichten der einzelnen oder z.B. die existentielle Frage der Bodenverteilung nicht durch Linienzugehörigkeit bzw. eine Linienorganisation geregelt wurden. [31]

Im Gegensatz zu den Gegebenheiten bei den Wawa, wo jede Linie bzw. Lokalgruppe noch heute eine eigene Männergesellschaft gründet und eine *so*-Maske besitzt, sollen die hohe Bevölkerungsfluktuation in den Vute-Siedlungen, Ortsspaltungen und Ortsverlegungen dazu geführt haben, daß in jedem der großen Klane nur eine Männergesellschaft gegründet wurde und nur eine Maske *so* sowie nur ein Verantwortlicher für sie (*nigan so*) vorhanden war. Trotz der Auflösung der Klane als politische Einheiten durch die Fulbe im 19. Jh. und die bis heute weit fortgeschrittene Destrukturierung der Vute dieses Gebietes, wird diesem Männerbund von den Vute bis heute „une valeur symbolique" beigemessen. [32]

Der Hirseanbau stellte wohl für die Vute am Anfang des 19. Jhs. die entscheidende Ernährungsgrundlage dar. Es wurde überwiegend Durra-Hirse (Andropogon sorghum bzw. Sorgum bicolor [L.]) in braun- und weißkörnigen Varietäten angebaut. [33] Wann der Über-

---

[25] HURAULT, 1992, S. 173f.
[26] MOHAMADOU, 1967, S. 88.
[27] HURAULT, 1992, S. 55, 171, 176.
[28] HURAULT, 1992, S. 175; vgl. vorliegende Arbeit, S. 252.
[29] HURAULT, 1992, S. 175.
[30] Ebd.; SIRAN, 1981b, S. 43.
[31] HURAULT, 1992, S. 174.
[32] HURAULT, 1992, S. 173f.
[33] THORBECKE, 1916, S. 54.

gang zum Maisanbau in ihrer Region erfolgte, ist derzeit nicht feststellbar. [34] Grundlage der Ernährung der Wawa am Anfang der 50er Jahre dieses Jahrhunderts war ebenfalls der Getreideanbau, aber der Mais- überwog wesentlich den Hirseanbau, der seit Jahrzehnten im Rückgang begriffen war. [35] Der Hirseanbau trug indessen zu dieser Zeit noch zu einem Drittel zur Ernährung der Wawa bei, wodurch ein bedeutender Teil der Maisernte für den Verkauf freigestellt wurde. [36] HURAULT stellte während seiner Feldforschungen einen Zusammenhang zwischen dem Umfang des Hirseanbaus und dem Grad der noch vorhandenen sozialstrukturellen Zusammengehörigkeit innerhalb der verschiedenen ethnischen Gruppen fest und zur Existenz sowie Bedeutung des Ahnenkultes, dessen Riten eng mit der Hirse verbunden waren. [37] Dies kann als Hinweis auf die früher dominierende Position des Hirseanbaus bei den Wawa und Vute gelten, wie sie allgemein für die „altnigritischen" Hirsebodenbauer typisch ist. [38] Daneben stellte wohl die Jagd eine wichtige Wirtschaftskomponente dar. [39] Bei den nach Süden abgewanderten Vute-Gruppen blieb die Hirse als Hauptanbaufrucht bis in die deutsche Kolonialzeit bestehen. [40]

Die Wirtschaftsführung der bäuerlichen Gruppen Südwestadamauas wurde ergänzt durch Produkttausch mit seit langer Zeit ihren Siedlungsraum tangierenden pastoralen Fulbe-Gruppen. Nach Überlieferungsaussagen zahlten sie an die Bauern „Tribute" für das Recht, auf deren Territorien ihre Herden zu weiden. [41] MORGEN stellte 1892 in der Umgebung von Banyo ebenfalls ökonomische Beziehungen zwischen nomadisierenden Viehzüchtern und Bodenbauern fest, macht aber keine Äußerungen über ein Abgabenverhältnis zwischen pastoralen und bäuerlichen Gruppen. [42]

Sehr wahrscheinlich von den westlichen Vute ausgehend, wanderten Vute-Gruppen in die zentrale Region Südadamauas zwischen Mbam, Mayo Meng und Djerem. [43] Es wird in keiner der Quellen eine Aussage gemacht, die auf eine von den westlichen Vute getrennte Einwanderung von Norden her hindeutet. Diese Einwanderung vollzog sich in der Art langfristiger Mikromigrationen [44] und setzte sich in südlicher Richtung fort. Sie fand weit vor der Fulbe-Eroberung statt, mindestens seit Mitte des 18. Jhs., da zur Zeit der Fulbe-

---

[34] Möglicherweise erfolgte die Übernahme aus dem Maisanbauzentrum in der Bamenda-Provinz. Vgl. MIRACLE, 1966, S. 82, 100, Karte 6.1.; HURAULT, 1992, S. 53, 55, 60.

[35] HURAULT, 1964, S. 57.

[36] Ebd. HURAULT weist hier eine deutliche Differenz zum Lebensniveau detribalisierter Bodenbauer nach, die die Hirsekultur aufgegeben hatten und damit auch die Möglichkeit, Mittel für den angestrebten Rinderkauf zu erwirtschaften.

[37] HURAULT, 1964, S. 57f.

[38] Vgl. SIRAN, 1981a, S. 271.

[39] Siehe oben, S. 21f.; vgl. BAH, 1992, S. 79; SIRAN, 1980, S. 29f. und vorliegende Arbeit, Kapitel 6, Abschnitt 2.4.2.

[40] MORGEN, 1890, S. 120; SIEBER, 1925, S. 18; THORBECKE, 1916, S. 54.

[41] MOHAMADOU, 1967, S. 89; vgl. auch BÜTTNER, 1968, S. 44; LIPS, 1930, S. 143; PASSARGE, 1895, S. 168; EYONGETAH, BRAIN, 1974, S. 29.

[42] MORGEN, 1893a, S. 296.

[43] Vgl. DUGAST, 1949, S. 148; MOHAMADOU, 1967, S. 73.

[44] Nach der Definition von BROMLEJ, 1977, S. 36.

Eroberung Vute-Gruppen bereits bis an den nördlichen Rand der Sanaga-Ebene vorgedrungen waren. Sie müssen bereits jahrzehntelang im eigentlichen Südadamaua gelebt haben, sukzessive Ortswechsel vornehmend.

Ihre historische Existenz wird durch Überlieferungen nachgewiesen, die genealogisch aufgebaut sind und damit hinsichtlich konkreter Angaben über bestimmte Häuptlingstümer zu Anfang des 19. Jhs. eine höhere Informationsqualität besitzen als das Material über die westlichen Vute. Einige Überlieferungen, wie die über die Häuptlingstümer Yoko und Sengbé, die von Geffrier während der französischen Mandatszeit in Vute-Häuptlingstümern des Lamidatsgebietes aufgenommen wurden, reichen in die Vor-Fulbezeit zurück, ermöglichen mit Ortsbezeichnungen und Angaben zu Ortswechseln die Lokalisierung derzeitiger Vute-Siedlungen und enthalten Bemerkungen über den Beginn des Kontaktes mit den seßhaften Fulbe-Eroberern. [45] So können Vute-Orte, einschließlich des wohl größten Siedlungszentrums Tibaré (das spätere Tibati) bis in die Höhe von Yoko und östlich bis zur Einmündung des Mayo Mekie in den Djerem festgestellt werden. [46]

Nach neueren Feldforschungen von SIRAN sind auch Vute-Klane von Tibaré (Tibati) benennbar, die in der Erinnerung von deren ausgewanderten Nachkommen erhalten blieben. [47] Sie müssen dicht beieinander gesiedelt haben [48] und zahlenmäßig stark gewesen sein. SIRAN nennt vier Dörfer, die von Westen nach Osten in einem Halbrund im Süden den See von Tibati umgaben. [49] Es ergibt sich hier die Frage, ob diese Siedlungskonzentration als die große und bei Ankunft der Fulbe befestigte Vute-Siedlung Tibaré anzusehen ist, die MOHAMADOU erwähnt. [50] Nach den neueren Forschungen von SIRAN ist nicht anzunehmen, daß es in der Nähe außer den vier erwähnten Siedlungen einen großen befestigten Ort gegeben hat, da die über ihre Vorfahren berichtenden Vute-Informanten dann auch über diesen Ort gesprochen haben müßten. SIRAN erwähnt kein Herrschaftszentrum Tibare. MOHAMADOU stützt sich hinsichtlich der Angaben über Tibare auf eine Archivuntersuchung von Genin und eine Vute-Überlieferungsaufnahme von Ndong. [51] Nach seinen Auszügen aus Genins Bericht spricht dieser lediglich allgemein von der Eroberung der Vute dieses Gebietes, mit Tibare sollen von den Autochthonen zwei Hügel im Osten des späteren Lamidatssitzes Tibati bezeichnet worden sein. [52] Da der Lamidatssitz Tibati an der Stelle des westlichsten von den Fulbe belagerten Vute-Dorfes errichtet wurde, [53] ergibt sich eine Übereinstimmung der An-

---

[45] Geffrier, Rapport 1945, Archives nationales, No. II, S. 2f., 884f., zitiert nach MOHAMADOU, 1967, S. 94f.

[46] Geffrier, 1945, zitiert nach MOHAMADOU, 1967, S. 94f.; SIRAN, 1981a, S. 269.

[47] SIRAN, 1981a, S. 269. Auch DOMINIK stellte noch Erinnerungen bei den Vute an die Kämpfe in Tibati fest. DOMINIK, 1901, S. 176.

[48] Vgl. vorliegende Arbeit, Karte 7, S. 82.

[49] Sie hießen *ɲɔnìp, yèèp, ndìm* und *gènìp.* SIRAN, 1981a, S. 269.

[50] Vgl. Ndong, 1943, zitiert nach MOHAMADOU, 1967, S. 94. Vgl. auch ABUBAKAR, 1977, S. 68.

[51] Genin, Rapport de tournée 1934, Archives départementales de l'Adamaoua, Ngaoundéré; Ndong, La lutte entre Foulbé et les Vouté de Nyo, zitiert nach MOHAMADOU, 1967, S. 94.

[52] Genin, ebenda.

[53] Das westlichste Dorf *ɲɔnìp,* auf einem Hügel liegend, war einer Fulbebelagerung ausgesetzt, der es nicht standhielt, worauf die Bewohner der übrigen Dörfer flohen. SIRAN, 1981a, S. 270. Aus Fulbe-Chroniken

gaben von SIRAN und Genin, daß östlich von diesem Vute-Dorf, auf den Tibare genannten Hügeln, die übrigen Vute-Dörfer lagen. Die strategische Lage der Vute-Dörfer läßt an die Errichtung von Befestigungsanlagen zwischen ihren Klanterritorien in west-östlicher Richtung denken, um das südwärts gerichtete Durchbrechen der Fulbe-Kavallerie zu verhindern, auch wenn das der oben erwähnten Auffassung von HURAULT widerspricht. Insofern konnte der Eindruck einer großen Vute-„Festung" entstehen. Eine klare Identifizierung und Beschreibung der von den Fulbe angetroffenen Vute-Siedlung an dieser Stelle Südadamauas ist aufgrund der bisher vorliegenden Angaben nicht möglich. Sie bleiben verschwommen und unvollständig und ermöglichen lediglich Interpretationen. In Erinnerung geblieben ist nach wie vor die glorifizierende Überlieferung von einem bedeutenden, befestigten Herrschaftszentrum,[54] und als solches geht Tibare – oder deformiert: Tibati – über die Aussagen der einheimischen Informanten in kolonialzeitliche und spätere Quellen ein.[55] An einer ethnischen Verdichtung der Vute in dieser Region kann jedoch kaum Zweifel bestehen. Die in Tibati verbliebenen Nachkommen der Vute von Tibare sprachen um 1914 noch vom alten Land der „Drum" oder „Tiba", Bezeichnungen, deren Bedeutung noch zu klären ist.[56]

Über die gesellschaftliche Organisation der zentralen Vute Südadamauas im ersten Drittel des 19. Jhs. sind nicht mehr Aussagen möglich, als über die der westlichen Vute. Die wenigen Hinweise beziehen sich erst auf die Zeit nach der Gründung des Fulbe-Herrschaftszentrums Tibati (um 1830), möglicherweise sogar erst auf die Zeit nach seiner territorialen Abgrenzung von den Nachbar-Lamidaten Banyo und Ngaundere.[57] Sie stammen aus Vute-Häuptlingstümern, die peripher im südlichen und südöstlichen Grenzbereich des von den Fulbe von Tibati kontrollierten Gebietes lagen. Man kann annehmen, daß diese Häuptlingstümer noch weitgehend ihre eigene soziale Organisation bewahrt hatten und nur ganz oberflächlich in den Herrschaftsbereich des Lamido integriert waren, da diese Regionen zu dieser Zeit kaum von der entstehenden territorial-politischen Organisation des Lamidats

---

ermittelte MOHAMADOU über die unmittelbare Zeit nach der Eroberung: „... Hamman Sambo beeilte sich, die Befestigungsanlagen dieses neuen Stützpunktes zu sichern, ließ mehrere tiefe Gräben rund um die Hügel ausheben, auf denen die Siedlung lag, ... " (Übers. d. Verf.), MOHAMADOU, 1964, S. 37. Vgl. auch THORBECKE, M.-P., 1914, S. 163; THORBECKE, 1951, S. 78.

[54] MOHAMADOU 1964, S. 37. Ndong, 1943, zitiert nach MOHAMADOU, 1967, S. 94. ABUBAKAR, 1977, S. 68, bezeichnet die Vute-Siedlung als *stronghold*.

[55] DUGAST, 1949, S. 148; LACROIX, 1952, S. 28; MOHAMADOU, 1964, S. 37; THORBECKE, 1916, S. 14; Bundesarchiv, R 1001, 3348, Bl. 125, RADTKE.

[56] THORBECKE, 1916, S. 19; 1914c, S. 170. Nach DUGAST ist „-re" ein Pluralsuffix; so nennen sich die Vute in der Mehrzahl „Vutere", DUGAST, 1949, S. 147. Denkbar ist demnach auch eine Klanbezeichnung „Tibare". Vgl. LACROIX, 1952, S. 28. V. STETTEN erwähnt 1895 einen „Stamm Dum" (sic), der dieselbe Sprache wie die Einheimischen von Tibati sprach, 1895 aber östlich des Djerem in großen Dörfern, unabhängig von Tibati lebte. Bundesarchiv, R 1001, 3345, Bl. 27.

[57] Die territoriale Abgrenzung des Lamidats entstand unmittelbar vor und während der Herrschaft des Ardo Hamadou Arnga von Tibati (1851–1871). Vgl. MOHAMADOU, 1964, S. 47ff.

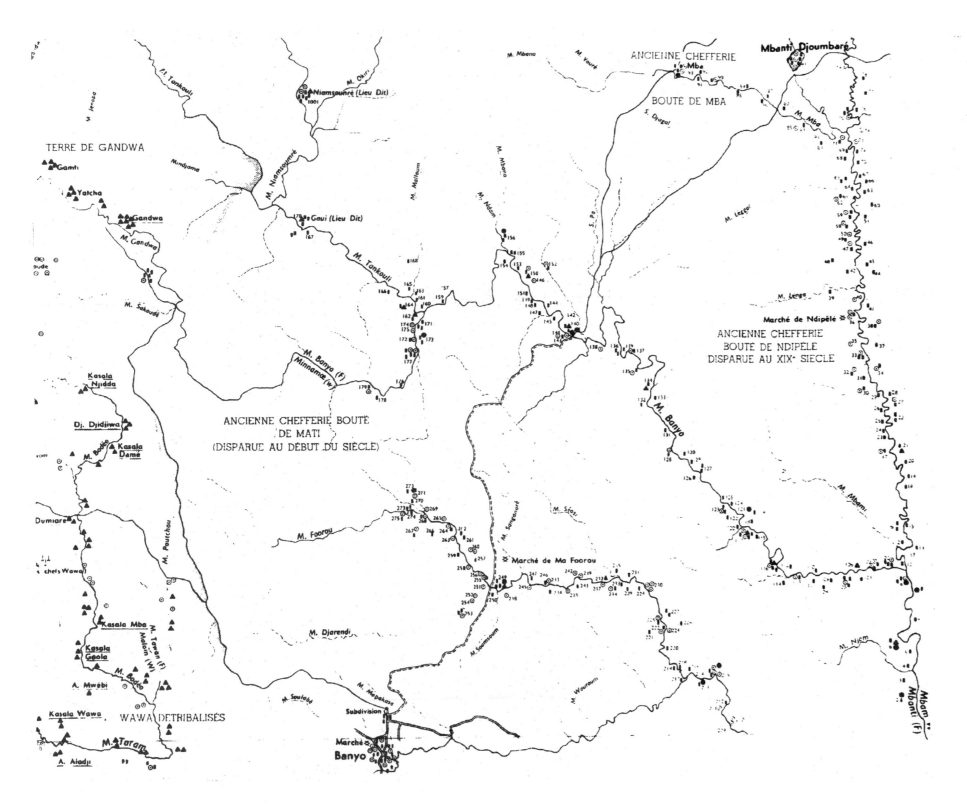

Djawé — Gros villages permanents

A Oumiaré — Petites chefferies incluses dans le lamidat de Banyo

Population dispersée:
- Foulbé et serviteurs de saré
- Wawa
- Bouté
- Détribalisés, inclassables

F = langue fulfudé (Foulbé)   W = langue Wawa

Karte 5:

Bevölkerungsverteilung im Norden des Lamidats Banyo um 1955 mit der Darstellung der Siedlungsgebiete ehemaliger Häuptlingstümer der Vute (Boute). HURAULT, 1964, gegenüber S. 32 (Ausschnitt).

berührt wurden,[58] im Gegenteil sogar vor ihr Zufluchtsmöglichkeiten boten[59]. Hinsichtlich bestimmter Merkmale gesellschaftlicher Differenzierung wird lediglich mehrfach der Begriff „dépendance" aufgeführt, ohne nähere Erläuterungen ihrer konkreten Formen.[60] Das gleiche betrifft auch die Vute-Häuptlingstümer, die sich um die Mitte des 19. Jhs. bereits länger oder kürzer außerhalb des von den Fulbe beherrschten Gebietes im Süden befanden.[61] Für den Übergang von unabhängigen einzelnen Klangruppen zu unter der Herrschaft eines Oberhäuptlings zusammengefaßten größeren politischen Einheiten, mit dem Beginn des Abbaus von Linienfunktionen bzw. des Aufbaus politischer Strukturen und territorial-politischer Organisation, sind in diesem Zeitabschnitt bis auf die wenigen Angaben von HURAULT keine Merkmale nachweisbar.[62] Für die Frage von Veränderungen der gesellschaftlichen Struktur und Organisation der Vute infolge der Fulbe-Eroberung ist die Annahme naheliegend, daß beides bei den ausgewanderten und am Ende des 19. Jhs. in der Sanaga-Ebene lebenden Süd-Vute wesentlich differenzierter geworden war.

Als „Ausläufer" des zentralen ethnischen Blocks der Vute sind einige wenige östliche Gruppen der Vute zu betrachten, die hauptsächlich von kolonialzeitlichen Autoren erwähnt und östlich des Djerem lokalisiert werden. In den bisher verfügbaren Überlieferungen tauchen sie nur vereinzelt auf. Nach MOHAMADOU geht aus mythischen Überlieferungen die Fortsetzung ihrer Wanderungen aus der Region von Tibare in südöstlicher Richtung hervor.[63] Die Art und Weise ihrer Wanderung als Mikromigration bzw. als Ausweichreaktion auf Kontakte mit seßhaften Fulbe-Eroberern ist vorläufig bis auf eine Ausnahme[64] den Angaben nicht zu entnehmen. Informationen, die Zusammenhänge mit den historischen Ereignissen bei den zentralen Vute zu Beginn des 19. Jhs. und mit dem sich nachfolgend beschleunigenden Prozeß der Südwanderung von Vute-Gruppen aufzeigen, z.B. etwaige Abspaltungen, sind nicht vorhanden. Für die östlichen Gruppen gab es offensichtlich den historischen Einschnitt einer Fulbe-Eroberung und politischen Integration nicht in dem Maße wie bei den zentralen und westlichen Gruppen, sondern lediglich die Verteidigung gegen deren Raubzüge und eine äußerst lockere Angliederung an die Lamidate Tibati oder Ngaundere.

In der Literatur sind diese Gruppen nur wenig dokumentiert. Die vorhandenen Angaben bieten kaum Anhaltspunkte für die Rekonstruktion ihrer Geschichte, geschweige denn Aus-

---

[58] SIRAN, 1981a, S. 265.

[59] Vgl. Überlieferung über das Häuptlingstum Makouri. Geffrier, 1945, zitiert nach MOHAMADOU, 1967, S. 97.

[60] Ebenda.

[61] Vgl. Überlieferung: Les trois frères. Ndong, 1945, zitiert nach MOHAMADOU, 1967, S. 73. Siehe vorliegende Arbeit, Kapitel 13.

[62] Vgl. HURAULT, 1992, S. 175. Der Einschätzung von BÜTTNER, 1964, S. 31, in den Vute-Gebieten hätten bereits vor der Fulbe-Eroberung Vorgänge „forcierter Klassenspaltung" und die Festigung staatlicher Organisationsformen stattgefunden, kann daher nicht zugestimmt werden. Die Angaben von SIEBER, 1925, auf die von ihr Bezug genommen wird, beschreiben Verhältnisse bei den politisch unabhängigen Süd-Vute.

[63] MOHAMADOU, 1967, S. 73.

[64] Überlieferung über das Häuptlingstum Sengbé. Geffrier, 1945, zitiert nach MOHAMADOU, 1967, S. 95f. Der Wechsel dieser Gruppe über den Djerem erfolgte vor dem Kontaktbeginn mit den Fulbe.

sagen ökonomischer oder sozialer Art. Auch über frühe Kontakte mit den Gbaya, in deren Lebensraum linksseitig des Djerem sie eindrangen, liegen bisher keine Aussagen vor. [65]

Die in der Kolonialzeit lokalisierten Ortschaften garantieren keine genauere Abgrenzung des Siedlungsgebietes der Vute im Osten, noch weniger ist diese für den Anfang des 19. Jhs. zu fixieren. An der Moiselschen Karte verfolgbar, werden linksseitig des Djerem die Siedlungen Jangandi, [66] Jangwa, Jamka [67] sowie östlich davon Garba [68] und Gaga [69] in den Quellen als Vute-Orte bezeichnet. Ein geographischer Hinweis auf eine ethnische Grenze in dieser Region östlich des Djerembogens ist nicht vorhanden. [70] Für den Raum nordöstlich von Tibati in Richtung Ngaundere sind zwar keine Vute-Orte benennbar, aber DOMINIK bezeichnet den südöstlichen Ausläufer des Gendero-Massivs östlich des Mao Beli (7° nördliche Breite, 12°6′ östliche Länge) als „Grenze zwischen dem Wute- und dem Mbum-Stamm". [71] Weitere Hinweise stellen keine Lokalisierung dar und wurden in späteren Quellen häufig unkritisch übernommen. SIEBER spricht von einem Vute-Zweig im Ngaundere-Distrikt, „mitten unter den Fullah", [72] worauf sich BRAUKÄMPER bei der Besprechung der demographischen Verhältnisse der Vute in der Kolonialzeit bezieht [73]. Dieser Vute-Zweig wird aber weder lokalisiert noch in anderer Weise beschrieben, d.h., er wird eigentlich nicht nachgewiesen. [74] Genauso quellenkritisch muß man die Bemerkung von LEMBEZAT sehen, der sich auf eine von Bru [75] bei den Mbum aufgenommene mythische Überlieferung stützt und indirekt auch für die Vor-Fulbe-Zeit summarisch von den Vute zwischen Yoko und Ngaundere spricht. [76] Ein lokaler oder historischer Nachweis wird dabei nicht erbracht.

Die kolonialzeitlichen Literaturangaben und Überlieferungshinweise lassen die Existenz der östlichen Vute-Gruppen bestenfalls in Einzelfällen bis zur Fulbe-Eroberungszeit zurückverfolgen. P. ALEXANDRE kommt bei der Erforschung der frühen Migrationen der Proto-Fang im Quellgebiet der Flüsse Lom, Sangha und Logone zu der Ansicht, daß von Westen her eindringende Vute und von Osten her vorrückende Gbaya die Proto-Fang so sehr be-

---

[65] Westliche Ausbreitungstendenzen der Gbaya sind für das 19. Jh. belegt, seit Ende des 19. Jhs. auch nach Südadamaua und in die Sanaga-Ebene. DUGAST, 1949, S. 139 (Bezugnahme auf B. Struck), S. 140; SEYFF-ARTH, 1911, S. 91; SIRAN, 1980, S. 31. Vgl. auch ROULON-DOKO, 1998, Karten 1 und 3.

[66] HOFMEISTER, 1926, S. 118; NOLTE, 1900, S. 285; TESSMANN, 1932, Taf. 4. Jangandi erscheint auch als Häuptlingsname in der Überlieferung des Häuptlingstums Sengbé, das annähernd an gleicher Stelle lokalisiert wird. Geffrier, 1945, zitiert nach MOHAMADOU, 1967, S. 95f.

[67] NOLTE, 1900, S. 286; THORBECKE, 1916, S. 19.

[68] DIESING, 1909, S. 134.

[69] HOFMEISTER, 1926, S. 117.

[70] TESSMANN erfaßt jedoch ein bedeutendes Gebiet östlich des Djerem als Vute-Siedlungsgebiet. Vgl. TESS-MANN, 1932, Taf. IV.

[71] DOMINIK, 1901, S. 283; vgl. SIRAN, 1981a, S. 265.

[72] SIEBER, 1925, S. 3.

[73] BRAUKÄMPER, 1970, S. 52.

[74] Bei der westlich von Ngaundere befindlichen Enklave handelt es sich um eine Galim-Gruppe, die nach TESSMANN mit den Vute linguistisch verwandt ist. TESSMANN, 1932, Taf. 4.

[75] Siehe oben, S. 40, Anmerkung 4.

[76] LEMBEZAT, 1961, S. 227f.

drängten, daß diese sich am Ende des 17. und Anfang des 18. Jhs. zur Auswanderung nach Süden gezwungen sahen. [77] Dies würde eine Datierung der Vute-Migrationen in östlicher Richtung zu dieser Zeit stützen bzw. die Hypothese, daß im 17. Jh. bereits Vute-Gruppen linksseitig des Djerem existierten, also vor dem Eindringen der Fulbe in das südliche Kameruner Hochland. Dafür fehlt im verfügbaren Vute-Material jeder Hinweis. [78] Feststellbar ist, daß Vute-Gruppen zur Zeit der Lamidatsgründungen Tibati und Ngaundere östlich von Tibati bzw. dem Djerembogen existiert haben, da die Fulbe von Ngaundere gegen sie kämpften. [79] Für diese stellten sie jedoch als zu eroberndes Bevölkerungselement nur eine unbedeutende Randgruppe im Südwesten dar, während sie im Tibati-Gebiet für die dortigen Fulbe die Hauptgegner waren.

---

[77] ALEXANDRE, 1965, S. 556.

[78] Auch FORKL hält dies für unwahrscheinlich. FORKL, 1983, S. 509.

[79] THORBECKE, 1916, S. 14. V. BRIESEN, 1914, S. 349: „1831 kamen Ful unter Ardo Jobdi von Bundang ins Ngaundere-Gebiet, besiegten die Mbum und setzten sich auf dem Ngaundere-Hochland fest, von wo aus sie in der Folge ihre Herrschaft nach Norden, Osten, Süden und Südwesten über die Durru, Baja, Lakka, Mbum, Jangere, Kaka, Wonne, Wute u. a. ausdehnten." Ebd., S. 358: „Ardo Lawan Haman (1836–1851) unterwarf die Baja; gefestigt wurde die Herrschaft erst durch den Ardo Issah (1851–1875), der im Baja-Gebiet die Tributärstaaten Kunde, Bertua und Meiganga gründete und die Kaka, Wonne, Durru und Wute unterwarf … ". Ebd. S. 359: „Vor der kolonialen Eroberung gehörte das östliche Wute-Gebiet zum Lamidat Ngaundere, in der kolonialen Eroberungszeit nur noch locker oder dem Namen nach … ".

5. Die Fulbe-Eroberung

5.1. Quellen

Die Ursache der sich im 19. Jh. verändernden ökonomischen, gesellschaftlichen und ethnischen Verhältnisse der Vute war die Eroberung ihrer nördlichen Häuptlingstümer durch seßhaft gewordene militante Fulbegruppen. Bereits im 18. Jh. waren nomadisierende Fulbe in das spätere Nord- und Zentraladamaua eingewandert.[1] In der wissenschaftlichen Literatur ausführlich erörtert wurden die Prozesse ihrer Seßhaftwerdung, einschließlich der Entstehung einer militanten Aristokratie, die die bäuerliche Bevölkerung zunehmend unterwarf, und die Verstärkung dieser Vorgänge durch die zu Beginn des 19. Jhs. einsetzende *Jihad*-Bewegung, die zur Entstehung des frühklassenstaatlichen Emirats Adamaua führte.[2]

Über die lokalhistorischen Einzelheiten dieses Prozesses in den Vute-Gebieten gibt es noch keine umfassende Veröffentlichung. Hier sollen die Quellenaussagen zusammengefaßt werden, die über die Eroberung der Vute-Gebiete durch die Fulbe in den 30er Jahren des 19. Jhs. Auskunft geben. Die durch Archivstudien und Feldforschungen erschließbaren schriftlichen und mündlichen Quellen sind bis heute wohl nicht voll ausgeschöpft. Die Angaben von MOHAMADOU stellen in diesem Zusammenhang besonders bezüglich der westlichen Vute eine Hauptquelle dar. Er stützt sich im wesentlichen auf Fulbe-Überlieferungen, die er zum großen Teil vom Lamido Iyawa Adamu in Banyo aufgenommen hat, sowie auf Überlieferungselemente aus Archivmaterialien.[3] Seine Forschungen über die Eroberung der zentralen Vute stützen sich ebenfalls überwiegend auf Fulbe-Chroniken, die jedoch den autochthonen Gruppen nur wenig Platz einräumen. Die von ihm aus Vute-Überlieferungen ermittelten Hinweise wurden in jüngerer Zeit wesentlich durch Ergebnisse von SIRAN ergänzt und erweitert, die auf Feldforschungen beruhen.[4] Kolonialzeitliche Autoren liefern zur Eroberung der Vute-Gebiete kaum Angaben. Unter den Ausnahmen muß besonders STRÜMPELL erwähnt werden.[5] Er ermittelte vor allem durch Befragung von Einheimischen und Auswertung arabischsprachiger Fulbequellen exakte Daten über das Vordringen von Fulbe-Gruppen der Wollarbe und Kiri-en nach Süden mit dem Ziel der Gewinnung neuer Weidegebiete und der Unterwerfung der dort lebenden Bevölkerung.[6]

---

[1] ABUBAKAR, 1977, S. 1f., 29ff. Siehe auch BÜTTNER, 1968, S. 42f.
[2] ABUBAKAR, 1977, S. 2f., 29ff. Siehe Literaturhinweise bei BÜTTNER, 1964, S. 223ff.; 1965, Kapitel IV; 1967, S. 132ff.; 1968, S. 48ff.; BRAUKÄMPER, 1970, S. 192ff.
[3] MOHAMADOU, 1967, S.87–92. Siehe auch ABUBAKAR, 1977, S. 66ff.
[4] SIRAN, 1981a, S. 269. Siehe auch CHILVER, 1964, S. 11ff.
[5] HOFMEISTER, 1923b, S. 100; 1926, S. 202; MORGEN, 1893a, S. 295.; STRÜMPELL, 1912, S. 54ff.; THORBECKE, 1916, S. 14.
[6] STRÜMPELL, 1912, S. 54ff.

5.2. Die Unterwerfung der Vute-Gruppen am oberen Mbam [7]

Im Rahmen der fortschreitenden Unterwerfung der autochthonen Bevölkerungsgruppen in den Regionen südlich des Benue wurden im westlichen Raum etwa am Ende der zwanziger Jahre des 19. Jhs. die Kutin bei Kontcha von Fulbe-Gruppen der Wollarbe unter Haman Gabdo [8] unterworfen. Anschließend annektierten sie das südlich angrenzende Gebiet der Samba. Von diesen emigrierten offensichtlich große Gruppen und ließen sich im Gebiet des Vute-Häuptlingstums Mba und in dem der Wawa von Gandwa nieder.

Zu dieser Zeit bestanden sowohl innerhalb der Vute-Gruppen als auch teilweise zwischen ihnen und den benachbarten Wawa erhebliche Uneinigkeiten. Die Situation wurde kompliziert durch Spannungen mit den neu angekommenen Samba. Unter den Vute war es innerhalb des Häuptlingstums Mati am Hosseré Ngo zu Auseinandersetzungen gekommen, die zur Abwanderung ihrer Untergruppe Mba führten. Sie ließ sich am Mayo Banyo nieder und schloß sich mit den Wawa von Gandwa zusammen, die ebenfalls mit den Vute von Mati in Feindschaft lebten.

Wenig später baten die Wawa von Gandwa und die Vute Mba die Fulbe von Kontcha unter Haman Gabdo um Hilfe gegen die Samba und Vute Mati. So wurde die höchstwahrscheinlich von den Fulbe geplante Invasion in die Gebiete der Vute und anderer ethnischer Gruppen des späteren Lamidats Banyo z.T. von diesen selbst provoziert und beschleunigt. Wenig später brach Haman Gabdo mit seinem Heer nach Süden auf. Da für die berittenen Fulbe die Überwindung des im Grenzgebiet liegenden Gendero-Massivs sehr schwierig war, hatten die Vute von Mba einen vier Marschtage langen Weg nach Norden in das Gebirge hinein gebaut. Auf diesem Wege drang Haman Gabdo mit Kavallerieeinheiten nach Süden vor, umging die zunächst starken Widerstand leistenden Vute vom Hosseré Mati und zog in die Gebiete der Vute Mba und der benachbarten Wawa. Über Djoumbal zog er nun gegen die Vute von Mbamnyang, die 1832 nach hartem Kampf in der Ebene von Banyo unterlagen. Am Ort seines Sieges ließ Haman Gabdo das heutige Banyo errichten. Aufgrund ihrer geringen Anzahl pflegten die Fulbe aus unterworfenen Bevölkerungen ihre Infanterie zu ergänzen. So wird hier auf die Rekrutierung von Vute Djoumbal verwiesen, die nachfolgend mit gegen die Vute von Mati zogen. [9] Auch dort fanden länger anhaltende Kämpfe statt, bis mit der Gefangennahme und Enthauptung des Häuptlings von Mati die Eroberung überwiegend abgeschlossen war. Die Häuptlingstümer Mba und Gandwa sollen gegenüber den mit erheblichem Aufwand eroberten Vute-Häuptlingstümern von Beginn an eine privilegierte Stellung gehabt haben, die sie sich bis in die jüngste Zeit erhalten konnten. [10]

---

[7]   Nachfolgende Darstellung nach MOHAMADOU, 1967, S. 89ff. Vgl. ABUBAKAR, 1977, S. 68.

[8]   STRÜMPELL, 1912, S. 66, 85, benennt ihn Hamman Dandi; Bezeichnung nach MOHAMADOU, 1967, S. 90.

[9]   MOHAMADOU, 1967, S. 90. Vgl. BRAUKÄMPER, 1970, S. 109. Die Beobachtungen von MORGEN im Kriegslager Sanserni des Lamido von Tibati vor der Tikar-Siedlung Ngambe deuten auch dort auf den Einsatz von Vute-Kriegereinheiten. MORGEN, 1893a, S. 278f. In den Kriegereinheiten der Süd-Vute wurde dieses truppenorganisatorische Prinzip ebenfalls angewendet. Siehe vorliegende Arbeit, S. 182.

[10] Vgl. HURAULT, 1964, S. 34.

Nach F. PASSARGE waren möglicherweise pastorale Bororo-Gruppen an den Eroberungszügen zur Gewinnung neuer Weidegebiete um Banyo und Tibati beteiligt. Er belegt das
jedoch nicht. [11] Das Gebiet um Tibati wurde nach MOHAMADOU vor der Fulbe-Eroberung
nicht von pastoralen Gruppen durchzogen. [12]

5.3. Die Unterwerfung der Vute-Gruppen von Tibare und südlich des Mayo Meng

Die Eroberung des Vute-Gebietes um Tibare erfolgte durch Fulbe Kiri-en von Tschamba unter Führung von Haman Sambo. [13] Bereits vor der Entstehung des Emirats Yola war Tschamba von diesen Fulbe-Gruppen als unabhängiger Sitz im Rahmen ihrer Seßhaftwerdung am
Ende des 18. Jhs. gegründet worden. Der Anführer Ardo Modibbo Hé weigerte sich im Jahre
1805, dem Jahr der Investitur Modibbo Adamas, [14] sich unter die Befehlsgewalt des neuen
Emirs zu stellen und opponierte – wie bereits etliche Fulbe-Oberhäupter in dieser frühen Exi-
stenzphase des Emirats – vor allem gegen die mit Tributpflicht und Heeresfolge verbundene
Unterstellung unter eine kontrollierende Zentralgewalt. [15] Mit der Machtübernahme durch
seinen Neffen Haman Sambo, der mit seiner Unterstellung als Vasall Adamas seine Chance
zur Vergrößerung von Macht und Herrschaftsgebiet sah, [16] setzten auch von Tschamba aus in
starkem Maße militärische Expansionszüge der Fulbe ein. So wird zunächst das bisher linksseitig des Faro existierende Lamidat Tschamba auf das rechte Ufer ausgedehnt, wobei Namji-
und Voko-Gruppen vertrieben und unterworfen wurden. Es folgten Züge gegen die Mbum,
Kutin von Laro sowie zur Unterstützung von Ardo Jobdi von Bundang gegen das Mbum-
Herrschaftszentrum Ngaukor, wo nach dessen Eroberung Ngaundere entstand. Etwa um
1825 führte Haman Sambo in einer weiteren Eroberungsetappe die Fulbe von Tschamba
direkt in südlicher Richtung bis in das Grashochland von Tibati. [17] Dabei hielt er sich an die
mit Ardo Jobdi festgelegte Übereinkunft bezüglich der Abgrenzung der Eroberungssphären
und drang nicht in die Mbum-Gebiete ein. Der Marsch der Fulbe verlief den Faro aufwärts
bis Mana, dann möglicherweise am östlichen Saum des Tchabel Gangdaba bzw. den Mayo
Bigoe entlang zum oberen Lauf des Faro und stieß auf das Plateau von Tignére nördlich
vom Hosseré Djinga. Nach Kämpfen mit den Souga von Tignére und den Kotopo von Galim tritt in den Überlieferungen als drittes markantes Eroberungsereignis die Einnahme der

---

[11] PASSARGE, 1895, S. 515.
[12] MOHAMADOU, 1964, S. 31.
[13] ABUBAKAR, 1977, S. 67f.; MOHAMADOU, 1964, S. 25f.; 1967, S. 77, Anmerkung 37.
[14] LACROIX, 1952, S. 21; MOHAMADOU, 1964, S. 23.
[15] STRÜMPELL, 1912, S. 61; LACROIX, 1952, S. 21; MOHAMADOU, 1964, S. 23. Nach MOHAMADOU
(1967, S. 41f.) führten den Titel Ardo die Fulbe-Anführer, die nicht vom Emir von Yola als „Vasallen"
eingesetzt waren. Erst nach ihrer offiziellen Investitur durch den Emir trugen sie den Titel Lamido (Pl.:
Lamibe).
[16] MOHAMADOU, 1964, S. 27. Vgl. ABUBAKAR, 1977, S. 66f.
[17] MOHAMADOU, 1964, S. 33f.

Vute-Siedlung Tibare im südlichen Grashochland um 1830 auf, [18] der eine besonders lange Belagerung vorausgegangen sein soll. SIRAN ermittelte dazu:

„Les Vouté ont gardé la mémoire de quatre villages qui encerclaient au Sud le lac de Tibati: d'ouest en est, le premier (cətəə) [19] était ɲɔnìp, le deuxième yèèp, le troisième ndìm et le quatrième gènìp. Bien que situé sur une hauteur, et à proximité de grottes où il était possible de se réfugier, le premier fut incapable de soutenir le siège des Peul: les trois autres villages décidèrent alors de fuir … " [20]

Nach einer Aussage von SONGSARÉ wurde während der Eroberungszeit in Tibare das Häuptlingsamt von einer Frau ausgeübt, die letztlich durch Friedensverhandlungen eine völlige Vernichtung der Bevölkerung verhinderte. [21]

Die historischen Daten zeigen, daß es sich bei der Eroberung von Tibare zunächst um eine militärische Vorstoßaktion handelte. [22] Es ist sehr wahrscheinlich, daß dieses im Norden des zentralen Vute-Gebietes liegende Häuptlingstum zuerst erobert wurde. Der Eroberungsablauf unterschied sich in Banyo und Tibati somit darin, daß die Vute-Gebiete im späteren Lamidat Banyo unter Umgehung der erwähnten nördlichen Gruppen von Süden her verhältnismäßig schnell eingenommen wurden, [23] während im Tibati-Gebiet – ausgehend von dem in Tibare geschaffenen vorläufigen Außenposten von Tschamba – eine allmählich sich fortsetzende Machtergreifung der überwiegend im Süden gelegenen Vute-Häuptlingstümer über einen längeren Zeitraum hinweg erfolgte. Eingeleitet wurde dieser Prozeß durch die Raubzüge des als Befehlshaber der Fulbe-Besatzungstruppe eingesetzten ältesten Sohnes von Haman Sambo, Hamadou Arnga, sowie die zwischen 1831 und 1842 stattfindenden Expeditionen und Feldzüge Haman Sambos in die Regionen der Vute um das spätere Yoko, in die der südöstlichen Vute, der Tikar und bis an die Grenzen von Bamum. [24] Ein Abschluß der Eroberung der Vute-Gruppen im entstehenden Lamidat Tibati ist dadurch konkret kaum zu datieren. Erst Lamido Haman Bouba (1871 – 1888) soll sie endgültig unterworfen haben. [25]

---

[18] ABUBAKAR, 1977, S. 68; MOHAMADOU, 1964, S. 37. MOHAMADOU datierte die Eroberung in das Jahr 1835, vgl. MOHAMADOU, 1967, S. 77. Vgl. auch WESTERMANN, 1968, S. 380.

[19] „Sur le mont Seuté des Cartes de l'I.G.N., à une quarantaine de kilomètres au sud-ouest de Tibati." SIRAN, 1981a, Anmerkung 21.

[20] SIRAN, 1981a, S. 269f.

[21] Mündliche Aussage von SONGSARÉ, 1987. Eine völlig andere, wenig wahrscheinliche Version über die Niederlassung von Haman Sambo in Tibare berichtet NJEUMA (1978, S. 47f.). Nach ihr wurde Haman Sambo friedlich vom dortigen Oberhaupt der Vute, Tavuti, aufgenommen, erhielt Land, und bald vermischten sich die Einwanderer mit den einheimischen Vute, die teilweise zum Islam übertraten und später die Oberherrschaft der Fulbe akzeptierten.

[22] „… Haman Sambo s'empresse de consolider les fortifications de ce nouveau point d'appui, fait creuser plusieurs fossés profonds autour des collines sur lesquelles se dresse la ville, tout ceci afin de parer à toute éventualité de la part d'un adversaire vaincu mais non encore soumis. … de maintenir cette conquête avancée et isolée comme un îlot en plein territoire ennemi." MOHAMADOU, 1964, S. 37; vgl. Bundesarchiv, R 1001, 3292, Bl. 183, v. STETTEN.

[23] Vgl. LACROIX, 1952, S. 29.

[24] MOHAMADOU, 1964, S. 39.

[25] MOHAMADOU, 1964, S. 71.

6. Die Auswirkungen der Fulbe-Eroberung

6.1. Quellen

Der territorialen Eroberung bzw. Unterwerfung der Vute und anderer Ethnien in Südadamaua folgte die Auflösung ihrer politischen Einheiten. Sie ging einher mit der Überführung
des einzelnen in einen generell unfreien Status – solange er nicht zum Islam übertrat – und
mit seiner Eingliederung in die neue von den Fulbe geschaffene territorial-politische und
soziale Struktur. In den folgenden Jahren entstand ein stark sozialökonomisch determinier-
tes Beziehungsnetz zwischen der alteingesessenen bäuerlichen Bevölkerung und den eingewanderten seßhaften Fulbe-Viehzüchtern als herrschender Schicht, das sich wiederum auf
die ökonomischen und sozialen Verhältnisse innerhalb der bäuerlichen Gruppen auswirkte.
Von Bedeutung sind in diesem Zusammenhang die Forschungsergebnisse von BÜTTNER,
insbesondere zur Herausbildung des ökonomischen und rechtlichen Status der Unfreien.[1]
Die Einschätzungen von BÜTTNER zu den vielfach unausgereiften, sich im Laufe der Zeit
ändernden Formen der frühstaatlichen Organisation in den verschiedenen Lamidaten Adamauas treffen auch auf die Lamidate Banyo und Tibati in Südadamaua zu.[2]

Die von der Verfasserin im Zusammenhang mit der Erforschung der Vute ermittelten
lokalspezifischen Angaben über die Lamidate Banyo und Tibati bestätigen ebenfalls die von
BÜTTNER über die Lamidate Südadamaus getroffenen allgemeinen Einschätzungen.[3] Eine
Reihe von Einzelangaben, vielfach Indizien für Formen und Wege der Integration, werden
vor allem von kolonialzeitlichen Autoren gemacht: zur territorial-politischen Organisation,
einschließlich Grenzen und territorialer Ausdehnung, zur differenzierten sozialen Stellung
der unfreien einheimischen Bevölkerung, insbesondere zum sozialen Aufstieg in Funktionen des zentralen Verwaltungsapparates, in Vertrauensstellungen der Lamibe sowie in deren
militärisches Gefolge. Jedoch sind nur selten sozialökonomische Daten vorhanden. Häufig
sind dagegen Hinweise auf die Vermischung seßhafter Fulbe mit der Altbevölkerung, auf die
Übernahme zahlreicher Elemente der Haussa- und Fulbe-Kultur durch die Unterworfenen
sowie auf ihre mehr oder weniger oberflächliche Islamisierung. In der kolonialzeitlichen Literatur fehlt es indessen sowohl an gründlichen Beschreibungen dieser Aspekte als auch an
zusammenfassenden Überblicksdarstellungen der Verhältnisse in den Lamidaten Banyo und
Tschamba-Tibati.

Quellen dieses Charakters sind erst in der jüngeren wissenschaftlichen Literatur zu finden. So werden die vielfältigen Assimilierungsprozesse der integrierten Gruppen besonders

---

[1] Siehe BÜTTNER, 1965, S. 175, 204f., 215f., 220ff.; 1967, S. 147ff., 151ff.
[2] BÜTTNER, 1965, S. 118, 206, 211f., 261ff., 265; 1967, S. 154ff.
[3] BÜTTNER, 1965, S. 208; 1967, S. 151.

detailliert in der Studie von BRAUKÄMPER dargelegt, aber auch in den Arbeiten von LEM-
BEZAT, MOHAMADOU und SIRAN als eine der wesentlichsten Auswirkungen des Fulbe-
Einflusses betont.[4] Einen genaueren Einblick in die sozialökonomischen Verhältnisse im Lamidat Banyo sowie in dessen Verwaltungsaufbau gibt die detaillierte Studie von HURAULT
über die ökonomischen und gesellschaftlichen Auswirkungen der zahlreichen Niederlassungen und Landnahmen seßhafter Viehzüchter in den bäuerlichen Klanterritorien der Vute,
Wawa, Kondja und Koutin.[5] Über die Auswirkungen der Integration der Banyo-Vute sind
damit unter sozialökonomischem Aspekt wesentlich genauere Aussagen möglich als über die
Vute des Tibati-Gebietes, wo dazu nur wenige allgemeine Angaben vorliegen. Sie bestätigen
die prinzipiell gleichartigen Verhältnisse, die sich jedoch in ihrer Ausprägung erheblich von
diesen unterscheiden.[6]

6.2. Veränderungen in Ökonomie und Gesellschaft der in die Herrschaftsgebiete der Fulbe Südadamauas integrierten Vute und anderer Ethnien am Beispiel des Lamidats Banyo

6.2.1. Einleitung

Die Literaturauswertung zu Fragen der territorial-politischen Organisation und Verwaltung,
zur sozialökonomischen Stellung der Vute und anderer Ethnien, zu Veränderungen im bäuerlichen Produktionsprozeß und demographischen Tendenzen ergab, daß überwiegend nur
zum Lamidat Banyo Angaben vorhanden waren. Unter Berücksichtigung der auf historischen Untersuchungen[7] aufbauenden ökonomischen und soziologischen Feldforschungen
von HURAULT Anfang der 50er Jahre unseres Jahrhunderts,[8] einem Zeitpunkt der noch
existenten traditionellen Fulbe-Organisation des wirtschaftlichen und gesellschaftlichen Lebens, wird die Situation der autochthonen bäuerlichen Bevölkerung zu dieser Zeit als lang-
fristiges Ergebnis betrachtet und in die Beurteilung der letztendlichen Auswirkungen der
Fulbe-Herrschaft einbezogen.

Der Aufbau der frühstaatlichen Organisation in den Lamidaten Banyo und Tibati, als
dem ehemaligen Vute-Hauptsiedlungsgebiet, erfolgte auf der Grundlage eines jeweils unterschiedlich geprägten Kontaktes der bäuerlichen Gruppen zu den eingewanderten seßhaften
Rinderzüchtern und zu deren Weidewirtschaft im ländlichen Bereich. Dies bewirkte auch

---

[4]   BRAUKÄMPER, 1970, Kapitel III; LEMBEZAT, 1961, S. 242; MOHAMADOU, 1967, S. 77, 92; SIRAN,
      1980, S. 26; 1981a, S. 265.
[5]   HURAULT, 1964. HURAULT weist auf die von kolonial- bzw. mandatszeitlichen Verwaltungsmaßnahmen
      unberührte gesellschaftliche und ökonomische Struktur des Lamidats bis 1955 hin. HURAULT, 1964, S. 31,
      Anmerkung 1.
[6]   Vgl. HURAULT, 1964, S. 32.
[7]   Hurault, 1955, zitiert nach MOHAMADOU, 1967, S. 87; vgl. auch HURAULT, 1975.
[8]   1955 – 1957 erfolgte eine Neugliederung der Verwaltungseinheiten nach territorialem Prinzip durch die
      Mandatsverwaltung und unter aktiver Mitwirkung des Lamido Iyawah Adamou. Bis dahin bestand die tra-
      ditionelle Verwaltungsstruktur. HURAULT, 1964, S. 51.

einen jeweils unterschiedlichen Grad der Veränderungen in der bisherigen Ökonomie und Gesellschaft der Vute und anderer Ethnien.

Im Lamidat Banyo wurde ihr Siedlungsgebiet seit der Eroberung relativ dicht mit Fulbe-Niederlassungen überzogen,[9] die Menge abwandernder Vute-Gruppen blieb aber dennoch gering.[10] Die geographischen Voraussetzungen für die politische Kontrolle der eroberten Bevölkerung waren günstig, so daß die einzelnen Gruppen vollständig in die politischen Struktureinheiten integriert und den veränderten sozialökonomischen Bedingungen unterworfen werden konnten.

Ungleichmäßiger gestaltete sich dagegen die territoriale Ausdehnung der politischen und ökonomischen Herrschaft der Fulbe im Lamidat Tibati. Das Vute-Siedlungsgebiet im eroberten Territorium wurde südlich von Tibati bis zum Außenposten Yoko nicht gleichmäßig mit Fulbe-Orten besetzt. Die eigentliche Südgrenze des Lamidats lag am Meke-Bangere,[11] in den Quellen werden dort nur vereinzelt Fulbe-Sitze erwähnt.[12] SIRAN betont, daß „... ils n'ont pas réellement occupé l'espace compris entre Tibati et Yoko ... ".[13] Ursache dieser Begrenzung war nicht zuletzt die Feuchtregion südlich des Meke und die Nähe der Sumpfregionen des Djerem mit der Tsetse-Gefahr.[14] Dies und die Abwanderung von größeren Vute-Gruppen[15] führte eher zur Reduzierung der Bevölkerungsdichte in diesem Raum als zu gegenseitiger Beengung der Wirtschaftsräume von Bodenbauern und Viehzüchtern, wie im Banyo-Gebiet. Gleichzeitig gelang es auch Vute-Häuptlingen, sich zunächst durch Rückzug in schwer erreichbare Feuchtregionen in Grenzbereichen des Lamidatsterritoriums den Forderungen des Lamido zu entziehen.[16] In geringem Umfang gelang dies auch nördlich von Tibati, so zum Beispiel in dem wohl ziemlich polyethnisch zusammengesetzten „freien Heidenstaat Galim“ im Hoséré-Massiv, der bis in die Kolonialzeit seine Unabhängigkeit wahrte.[17] Dem wahrscheinlich nicht sehr dicht bevölkerten südlichen Hinterland des Lami-

---

9 HURAULT, 1964, S. 35. Die Bedeutung der Durchdringungsdichte von eroberten Gebieten mit Fulbe-Niederlassungen für die Intensität von Integration und Abhängigkeit wird auch von BÜTTNER betont. BÜTTNER, 1965, S. 198; 1967, S. 147, 149.

10 Nach Aussage von Mvotchiri Pierre ist nur eine Gruppe bekannt, die aus der Region um Banyo auswanderte. Sie stammte aus dem Dorf Kuni nördlich von Banyo und gründete später im Südosten der Sanaga-Ebene das Häuptlingstum Metep. SIRAN, 1981a, S. 269; vgl. vorliegende Arbeit, Karte 7, S. 82; vgl. HOFMEISTER, 1923b, S. 100; BRAUKÄMPER, 1970, S. 50.

11 DOMINIK, 1901, S. 273; THORBECKE, 1914a, S. 68.

12 MORGEN, 1893a, S. 263, spricht von einer aus Vute und Ful gemischten Bevölkerung im südlichen Tibati-Gebiet. DOMINIK erwähnt südlich des Meke Vute-Dörfer, die von einer Fulbe-Siedlung beherrscht wurden. DOMINIK, 1901, S. 273. Vgl. WOLFF, 1939, S. 49.

13 SIRAN, 1981a, S. 265, vgl. auch S. 270 und THORBECKE, 1916, S. 13.

14 Vgl. BÜTTNER, 1967, S. 143, Anmerkung 69; THORBECKE, 1914a, S. 68f. ZWILLING, 1940, S.151, weist darauf hin, daß Bororo-Nomaden 1928 – 1938 nur nördlich und östlich von Tibati Weidegründe nutzten. Vgl. auch MESSERLI u. BAUMGARTNER, 1978, S. 123.

15 Vgl. vorliegende Arbeit, Karte 7, S. 82.

16 MOHAMADOU, 1967, S. 97. In späterer Zeit wurden zumindest Abgaben aus den südlichen Häuptlingstümern erbracht. ZWILLING, 1940, S. 154.

17 PASSARGE, 1895, S. 496; vgl. DOMINIK, 1901, S. 282; Bundesarchiv, R 1001/3352, Bl. 190ff, ACHENBACH.

dats stand eine Konzentration von unterworfener Bevölkerung und Fulbe-Sitzen mit *rumde*-Weilern um Tibati gegenüber, die nach den allgemein im Emirat verbreiteten Prinzipien der Fulbe-Verwaltung organisiert waren. [18]

6.2.2. Territorial-politische Organisation und Verwaltung

Im Banyo-Gebiet war nach der Eroberung ein großer Teil der Klangemeinschaften – unter der Bezeichnung *tokal* zusammengefaßt und in „Unter-*toke*" unterteilt – Fulbe- und einigen wenigen einheimischen Würdenträgern zugeordnet worden. [19] Die Abgrenzung dieser Einheiten erfolgte nicht aufgrund übergeordneter verwaltungsorganisatorischer Überlegungen, sondern – typisch für frühe Staatsbildungsprozesse – so, wie es sich bei der Eroberung ergeben hatte. Der Lamido war Oberhaupt eines eigenen *tokal*, der im Unterschied zu den übrigen *toke* einen aufwendigeren Verwaltungsapparat besaß. Vertreter eines jeden *tokal* lebten in einem eigenen Viertel von Banyo, das so das Abbild der territorial-politischen Gliederung des Lamidats darstellte. [20] Die Oberhäupter der verschiedenen *toke* bildeten den Rat des Lamido (*faada*). Die *faada* regelte die Wahl seines Nachfolgers, blieb aber sonst ohne maßgeblichen Einfluß auf seine Entscheidungen. [21]

Hauptaufgabe der zentralen Verwaltung war die Absicherung der Steuereinnahmen und die Einhaltung der Dienstleistungsverpflichtungen durch die *tokal*-Angehörigen. Sie erfolgte über Beamte mit speziellen Funktionen, die vom *tokal*-Oberhaupt eingesetzt wurden, und die sich beim Umgang mit den Untergebenen zahlreicher Boten bedienten. [22]

Nach Huraults Erhebungen erwies sich die *tokal*-Zugehörigkeitsregelung für die unfreie Bevölkerung zum Zeitpunkt seiner Untersuchungen insofern als besondere Belastung, als sie eine einheitliche Zuordnung der Unfreien zum *tokal* der Mutter vorschrieb, obwohl sie zu der Zeit nur noch patrilinear organisiert waren. [23] Freie gehörten, da islamisiert, einheitlich zum *tokal* des Vaters.

Der autochthone bäuerliche *tokal*-Angehörige einheimischen „animistischen" Glaubens war trotz seiner generell unfreien Stellung nicht an bestimmten Boden gebunden, so daß diese Form frühfeudaler Verwaltungsstruktur nicht ausschließlich nach dem Territorialprin-

---

[18] Vgl. THORBECKE, 1916, S. 36f., S. 68, Anmerkung 7.

[19] Die Bevölkerung blieb im allgemeinen in ihren Dörfern unter der Leitung der bisherigen Oberhäupter, die nun *arnabé* genannt wurden. HURAULT, 1964, S. 30.

[20] HURAULT, 1964, S. 31. HOFMEISTER bemerkte ein „Stadtviertel" der Vute in Banyo. HOFMEISTER, 1923b, S. 100f.

[21] HURAULT, 1964, S. 29. Anzeichen einer gleichartigen Verwaltungsstruktur ergeben sich aus Angaben der Archives du département de l'Adamaoua-Ngaoundéré über das Tibati-Gebiet zu Unterstellungsverhältnissen von Vute-Dörfern um 1950. Vgl. MOHAMADOU, 1967, S. 93. Vergleichsangaben über das Lamidat Ngaundere siehe BÜTTNER, 1965, S. 264f.

[22] Vgl. allgemein unter staatstheoretischem Gesichtspunkt dazu BÜTTNER, 1965, S.261, über die Kongruenz der Herausbildung von mit Abhängigkeit, Arbeits- und Abgabenleistungen verbundenen sozialökonomischen Beziehungen und der Ausbildung von Verwaltungsorganen.

[23] HURAULT, 1964, S. 30. Einfluß auf die Aufgabe der matrilinearen Deszendenz hatte nach BRAUKÄMPER, 1970, S. 132f., auch der Islam, dessen Familienauffassung streng patriarchalisch ausgerichtet ist.

zip aufgebaut war, sondern primär den Charakter personeller Bindung trug. [24] Dies geht aus dem bereits wenige Jahre nach der Fulbe-Eroberung einsetzenden Dislokationsprozeß hervor, in dessen Verlauf die lokalen Einheiten territorial immer mehr aufsplitterten, Angehörige verschiedener *toke* durcheinander bzw. zusammen wohnten, der einzelne aber weiterhin seinem *tokal* angehörte. [25] Dies war legal, da im Begriffsinhalt des *tokal* ein Element der Nomadenvergangenheit überlebt hatte. Der *tokal* bezeichnete ursprünglich die gemeinsam nomadisierende Verwandtengruppe mit ihren Abhängigen. [26] Die Einführung dieses Organisationsprinzips des Nichtgebundenseins an den Boden in die territorial-politische Struktur einer seßhaften Bevölkerung führte für die bäuerlichen Vute und andere Ethnien, in Verbindung mit anderen Auswirkungen ihres Zusammenlebens mit den seßhaften Fulbe auf ehemals eigenen Klanterritorien, zu einer wesentlichen Verschlechterung ihrer ökonomischen und sozialen Gesamtsituation. [27]

Durch den Dislokationsprozeß ergab sich eine intensive Detribalisierung fast aller autochthonen Häuptlingstümer, vor allem der Vute, die zur Zeit der Untersuchungen von DUGAST und HURAULT fast völlig über das Lamidat verstreut lebten. [28] Kleine ethnische Konzentrationen der Vute bestanden 1953 noch in den Vute-Dörfern Arnado Niati (ein Rest des Häuptlingstums Djoumbal) und Arnado Niakoum (30 km südöstlich von Banyo). Zwanzig Jahre zuvor gab es noch den Arnado Mati, die Angehörigen seiner Gruppe sind jetzt zerstreut. [29] Im ehemaligen Vute-Dorf Mba lebten nur noch zwei Vute-Familien, der überwiegende Teil bestand aus Haussa und ethnisch indifferenten Detribalisierten. Die detribalisierten Angehörigen der Ortschaften wechselten häufig nach einigen Jahren den Wohnsitz. [30]

Die *toke*-Einheiten mit fast ausschließlich autochthoner bäuerlicher Bevölkerung entwickelten sich aufgrund der von der Fulbe-Herrschaft auferlegten sozialen und ökonomischen Existenzbedingungen statistisch erheblich rückläufig, teilweise bis zur Auflösung. [31] *Tokal*-Rudimente wurden vom *tokal* des Lamido integriert, der hauptsächlich deshalb seinen Bestand hielt. [32] 1953 gab es im Lamidat Banyo noch 11 *toke*. [33] Davon waren nur vier Fulbe-*toke*, ihre Angehörigen umfaßten aber einschließlich der autochthonen Bevölkerung über

---

[24] HURAULT, 1964, S. 31, 35, 39, 45.

[25] HURAULT, 1964, S. 31.

[26] HURAULT, 1964, S. 29.

[27] Vgl. HURAULT, 1964, S. 50.

[28] Vgl. DUGAST, 1949, S. 148. HURAULT, 1964, S. 31, spricht für den Zeitraum Anfang der fünfziger Jahre, von „... cultivateurs et éleveurs mènent une vie semi-nomade, ne formant aucune agglomération stable." Desgleichen betont der Autor den ebenso intensiven Zersplitterungs- und Verarmungsprozeß eines großen Teils der Fulbe. HURAULT, 1964, S. 32f., 45, 48. 1953 besaßen 22% der Fulbe im Lamidat Banyo kein Rind. Ebd., S. 52; vgl. BÜTTNER, 1965, S. 238f.

[29] HURAULT, 1964, S. 34. Zur historischen Rolle der Vute-Häuptlingstümer Mba und Mati während der Fulbe-Eroberung siehe vorliegende Arbeit, Kapitel 5, Abschnitt 2.

[30] HURAULT, 1964, S. 48.

[31] Nach HURAULT, 1964, S. 29, gab es 1953 noch drei kleine Vute-*toke*: Seodo Bute (163 Vute und ein Fulbe), Kaigama Mbam (126 Vute und drei Fulbe), Turaki (42 Vute und ein Fulbe).

[32] HURAULT, 1964, S. 30.

[33] HURAULT, 1964, S. 29.

das Dreifache der übrigen auf sieben *toke* verteilten Bevölkerung. In den Fulbe-*toke* überwog
1953 die Fulbe-Bevölkerung, jedoch schwankte der autochthone bäuerliche Anteil zwischen
einem Viertel und der knappen Hälfte der Gesamtbevölkerung. Umgekehrt jedoch lebten
in den übrigen sieben, zahlenmäßig sehr geringen und von *matchoubé*-Würdenträgern (ehemaligen Klanoberhäuptern) geleiteten *toke* fast keine Fulbe. [34] Diese Verhältnisse erklären
sich daraus, daß die *matchoubé-toke* stark reduzierte historische Überbleibsel waren, während
zu den Fulbe-*toke* die große Masse der den Würdenträgern und freien Fulbe zugeordneten
Abhängigen gehörte.

6.2.3. Die sozialökonomische Stellung der Vute und anderer Ethnien

Die Versetzung der nahezu gesamten bäuerlichen Bevölkerung in den Status von arbeits-
und tributpflichtigen Unfreien bedeutete eine gravierende Veränderung ihrer Eigentums-
verhältnisse. Das Obereigentum an Land ging an den Lamido über, der Klanangehörige
konnte seine Produkte nicht mehr in gleichem Umfang wie früher für sich verwenden, und
es erfolgte eine Transferierung von Arbeitskraft und Produkten aus der Klangemeinschaft
heraus. Zusammen mit der Integration in das mehrstufige frühstaatliche Verwaltungssystem
war eine weitgehende Funktionsenthebung der Klanorganisation in den ehemals autonomen
Häuptlingstümern gegeben. Mit zunehmendem Wachstum der ökonomischen und politischen Macht der herrschenden Fulbe löste sie sich bis auf wenige Ausnahmen im Laufe eines
reichlichen Jahrhunderts bei den Vute und anderen ethnischen Gruppen auf. [35] Der starke
Zuwachs an freier seßhafter und nomadisierender Fulbe-Bevölkerung führte zu einer Teilung
in fast gleich große Gruppen von Freien und Unfreien, [36] die in bestimmtem Umfang flexibel
blieb, indem sie einige Möglichkeiten sozialer Mobilität erlaubte. [37]

Die unfreie bäuerliche Bevölkerung unterlag zwei verschiedenen Formen von Ausbeutung. Mit der politischen Integration in den *tokal* war nach HURAULT jeder Bodenbauer dem *béital*, der Staatskasse des Lamido, steuerpflichtig. [38] Er wurde als *matchoubé béital*
oder *serviteur de tokal* bezeichnet, gehörte zur *caste serve* und hatte in festgelegtem Umfang

---

[34] Vgl. HURAULT, 1964, S. 29. Eine Ausnahme bildete der Wawa-*toke* Adija mit einem Fulbe-
      Bevölkerungsanteil von über einem Viertel. Ebd.

[35] HURAULT, 1964, S. 43. Erhalten blieb sie bei einem Teil der privilegierten Wawa, z.B. dem Häuptlingstum
      Gandwa. Ebd., S. 35, 36.

[36] Im 19. Jh. überwog die autochthone Bevölkerung in Südadamaua. HURAULT, 1964, S. 38, 40. PASSARGE,
      1909, S. 511, gibt für „Deutsch-Adamaua" am Anfang des 20. Jhs. ein Verhältnis von etwa 320.000 Fulbe
      und Assimilierten zu 820.000 „heidnischen Sudannegern" an. 1953 überwog die Fulbe-Bevölkerung leicht.
      HURAULT, 1964, S. 29. Anfang der sechziger Jahre machten die Fulbe in Südadamaua zum Teil 90% der
      Gesamtbevölkerung aus. LACROIX, 1962, S. 77, zitiert nach BRAUKÄMPER, 1970, S. 28.

[37] Siehe vorliegende Arbeit, Kapitel 6, Abschnitt 2.6.

[38] HURAULT, 1964, S. 30. Mit *béital* ist *baytal-māl* (arab.) gemeint, der Fiskus des islamischen Staates. Vgl.
      Encyclopaedia of Islam. Vol. I, 1986, S. 1141ff.; STENNING, 1959, S. 62. Da die Fulbe-Begriffe für *serviteur*
      und *caste serve* nicht erwähnt sind, wurden in der vorliegenden Arbeit die in der Mandatszeit entstandenen
      französischen Termini beibehalten.

Arbeits- und Produktenrente für den Lamido bzw. das *tokal*-Oberhaupt, dessen Autorität er unterstand, zu erbringen. Nach Erhebungen von HURAULT leistete er im Jahre 1955
– an Produktenrente: 1. eine Steuer von 12 kg Mais pro Jahr aus seinem Anbauertrag; 2. eine Abgabe von Mais anläßlich der großen islamischen Feste;
– an Arbeitsrente: 1. die Bebauung gesonderter Maisfelder für den Lamido (Blieb die Ernte dieser Felder unter der festgesetzten Abgabenhöhe, mußte sie aus den eigenen Beständen der *serviteurs de tokal* ergänzt werden.); 2. alljährliche einmonatige Reparaturleistungen eines Mannes pro *saré* (zusammenlebende Familieneinheiten, die durch den Detribalisierungsprozeß sehr unterschiedliche Größen haben konnten) an den Bauten des Lamido; 3. bestimmte jährliche Leistungen für das *tokal*-Oberhaupt. [39]

In der Vorkolonialzeit erfolgte entsprechend der Festlegung des Lamido zusätzlich die Erhebung eines jährlichen Tributs an jungen Sklaven beiderlei Geschlechts aus den Klangruppen. [40] Bei den wenigen erhaltenen Gruppen, bei denen sich noch Elemente der Klanorganisation erhalten hatten, [41] wurden die Pflichten der *serviteurs de tokal* in den jährlichen ökonomischen Zyklus der Gruppe unter der Leitung des Häuptlings (Fulbe-Bezeichnung: *arnado*) eingebaut. Bei der detribalisierten Bauernbevölkerung und den Fulbe, die Anfang der 50er Jahre im Lamidat zusammen bei weitem die Mehrheit bildeten, [42] mußte dagegen die Erbringung der Leistungen individuell organisiert werden. Das bereitete den Chefs der *toke* und Unter-*toke* nicht selten große Schwierigkeiten bei der regelmäßigen Erhebung, da die Individuen ihre Wohnsitze verändern konnten und aufgrund ihrer Verarmung oftmals auch nicht in der Lage waren, die geforderten Abgaben zu liefern. [43]

Der Staatsbildungsprozeß aufgrund gewaltsamer Eroberung brachte es mit sich, daß zunächst ein bedeutender Teil der Bevölkerung versklavt und an verdiente Fulbe vergeben wurde. So ist dies besonders von den Vute bekannt, wegen ihres Widerstands und ihrer Teilnahme an mehreren Revolten. [44] Zunächst in Formen patriarchalischer Haussklaverei an ihren Besitzer gebunden, gerieten die Versklavten allmählich in einen hörigenähnlichen Status, neben der Verfügung über eigene Feldanteile als *serviteurs personnels* weiterhin überwiegend für den ehemaligen Herrn produzierend. [45] Zur Zeit der Untersuchungen von HURAULT gab es

---

[39] HURAULT, 1964, S. 37f., 68. Vgl. ABUBAKAR, 1977, S. 103.

[40] HURAULT, 1964, S. 41. In vorliegender Arbeit wird der Ausdruck „Sklave" in Zusammenhang mit Übereignungen von Menschen, der Abgabe von Menschen als Tributleistung und bei Angaben über den Menschenhandel wegen der üblichen Begriffe „Sklaventribute" und „Sklavenhandel" beibehalten. Für sozial integrierte gefangene Menschen in der Vute- oder Fulbe-Gesellschaft wurde die Bezeichnung „Unfreie/r" verwendet.

[41] Nach der Eroberung dominierten noch die Gruppen mit Klanorganisation; nach 120 Jahren Fulbe-Herrschaft war die Klanorganisation nur noch bei wenigen Wawa-Gruppen vorhanden. HURAULT, 1964, S. 38.

[42] HURAULT, 1964, S. 25f., 48.

[43] HURAULT, 1964, S. 31.

[44] Die meisten Vute sollen einige Zeit später wieder frei gelassen worden sein. Sie wurden *serviteurs de tokal*. HURAULT, 1964, S. 34.

[45] Kaum Hinweise gibt es, nur einige kartographische, über die aus anderen Fulbe-Herrschaftsgebieten bekannten *rumde*, die von Abhängigen bewirtschafteten Güter der Lehnsherren. Siehe GUILLEMAIN, 1909, S. 194;

auch hier keine Bindung mehr an ein bestimmtes Landstück; wesentlich war die Einhaltung der Arbeitsleistungen und Zahlungsverpflichtungen. Diese waren erheblich höher bemessen als die der *serviteurs de tokal*. Nach Erhebungen von HURAULT [46] arbeitete der *serviteur personnel* im Jahre 1955 jeden dritten Tag für seinen Herrn. Als Gegenleistung erhielt er einmal im Jahr Kleidung, dazu eine bestimmte Summe Bargeld, zwei- bis dreimal im Monat Fleisch, ebenso Salz. Heiratete er eine *femme serve personnel*, hatte er die knappe Hälfte des Brautpreises an den Herrn der Braut zu zahlen. Es ist jedoch anzunehmen, daß in früheren Zeiten die Stellung des *serviteur personnel* mit härterer Ausbeutung verbunden war [47] und sich ähnliche Prozesse der Ausbeutungslockerung vollzogen haben, wie sie BÜTTNER im Zusammenhang mit der Veränderung der ökonomischen und rechtlichen Lage von Sklavennachkommen beschrieben hat. [48] Der zahlenmäßige Rückgang der *serviteurs personnels* als Folge des Detribalisierungsprozesses bewirkte eine Erhöhung der materiellen Gegenleistungen ihrer Herren. [49] So konnte sich ein *serviteur personnel* durch regelmäßige – wenn auch geringe – Einkünfte von seinem Herrn, eventuell auch durch Nebenverdienste eine ökonomisch sicherere Existenz erwerben als die detribalisierten, verarmten *serviteurs de tokal*, deren Anzahl seit der Eroberung bis in die Gegenwart ständig gestiegen ist. [50]

6.2.4. Ursachen und Folgen von Veränderungen im bäuerlichen Produktionsprozeß

Die Vielfalt der Anbauprodukte, vor allem der schon früher übernommene Maisanbau, der neben dem traditionellen Hirseanbau eine große Rolle spielte, und die von HURAULT ermittelten Anbaumethoden der bäuerlichen Vute und anderer Ethnien Südadamauas boten die Möglichkeit der Erzeugung von Mehrprodukt. Wir wissen nicht, ob es nicht bereits in der Zeit vor der Fulbe-Eroberung Ansätze zur Aneignung dieses Mehrprodukts durch privilegierte Personen gegeben hat. [51] Die herrschende Fulbe-Schicht, mit Kenntnissen über Ausbeutungsformen der bäuerlichen Bevölkerung in den Lamidaten Nordadamauas und den Zentren des Sokoto-Reiches ausgestattet, konnte dieses Mehrprodukt mittels der von ihnen etablierten sozialökonomischen Bedingungen abschöpfen.

Der Zuzug zahlreicher seßhafter und nomadisierender Fulbe im Lamidat Banyo rief eine kontinuierliche, von der Fulbeverwaltung bis in die Gegenwart ungelöste Konfrontationsproblematik zwischen bäuerlicher Bevölkerung und Weideland benötigenden Viehzüchtern hervor, die vor allem der bäuerlichen Bevölkerung zu erheblichen ökonomischen und gesellschaftlichen Nachteilen gereichte. [52] Vielfach entstanden Konflikte wegen der Nutzungs-

---

HASSENSTEIN, 1863, Taf. 6 (vorliegende Arbeit, Karte 6, S. 80); MOISEL, 1903. Vgl. ABUBAKAR, 1977, S. 103f.
[46] HURAULT, 1964, S. 67f.
[47] HURAULT, 1964, S. 70.
[48] BÜTTNER, 1965, S. 227f.; 1967, S. 153f.
[49] HURAULT, 1964, S. 42, 45, 53.
[50] HURAULT, 1964, S. 70.
[51] Vgl. Hinweise bei MOHAMADOU, 1967, S. 88.
[52] Vgl. HURAULT, 1964, S. 27f., 35.

möglichkeiten der Bodenflächen. Das im Klanbesitz der Bauern verbliebene Land unterlag neben der landwirtschaftlichen Nutzung nun auch noch häufiger und ungeregelter Beweidung durch die Rinder der Fulbe. Die Fulbe nutzten so das Land der Vute und anderer ethnischer Gruppen nach ihren Bedürfnissen und ohne Rücksicht auf die Schonung der Felder.

Die willkürliche Nutzung von Anbauflächen als Weide für Rinder,[53] aber auch die Trockenzeitbeweidung der Brachfelder auf der Grundlage von Verträgen zwischen Bauern und Viehzüchtern bewirkte eine Herabsetzung der Bodenqualität und Verringerung der Ernteerträge sowie langfristig die Erschöpfung der Bodenfruchtbarkeit. Früher oder später mußte alter Landbesitz aufgegeben werden, und es kam zur Detribalisierung einzelner Familien. Daraus ergaben sich auch Veränderungen im Feldbau und in seiner Organisation, die nicht nur die soziale Stellung, sondern auch die ökonomische Lage der unterworfenen Bevölkerung beeinträchtigten.

Zur Zeit der Fulbe-Eroberung hatten die Wawa, Vute und andere Ethnien Südadamauas[54] ein Fruchtfolgesystem, das durch Nutzung einer zweijährigen Strauchleguminose auf den Brachfeldern infolge der dadurch erreichten Verbesserung des Bodens dessen langfristige Bebauung ermöglichte, und damit auch eine stabile territoriale Verwurzelung der Dörfer bzw. Klangemeinschaften.[55] Der bäuerliche Produzent nutzte zeitlebens seine Felder, die nach seinem Tode vom Linien- oder Dorfoberhaupt neu vergeben wurden.[56] Der Hauptteil der Feldbau-Produktion konzentrierte sich im jährlichen Anbauzyklus auf die Abfolge von Mais und Hirse. Jeder Produzent besaß zwei Felder, die er abwechselnd jeweils zwei Jahre lang bebaute, und die ihm jährlich mindestens eine Mais- und Hirseernte erbrachten.[57]

Die Bepflanzung der Brachfelder mit der Hülsenfrucht Yom (Tephrosia vogelii) hatte eine Anreicherung des Bodens mit Stickstoff und organischer Materie bewirkt und den Boden durch buschiges Laub vorm Austrocknen geschützt. Die Be- und nicht selten auch Überweidung der Felder durch die Rinder, der Anspruch der Viehzüchter, den Tieren einen völlig freien Durchlauf im ganzen Lamidat zu gewährleisten, führte dagegen zur kontinuierlichen Zerstörung der Yom-Pflanzungen und damit zum Rückgang ihrer biochemischen Effektivität. Es trat allmählich Bodenerschöpfung ein, die durch den anfallenden Rinderdung nur verzögert, aber nicht aufgehalten werden konnte.[58]

In wachsendem Umfang sahen sich die Bodenbauer gezwungen, ihre Felder aufzugeben und abzuwandern. Es begannen Prozesse der Dislokation und Verstreuung von Klangruppenmitgliedern, die dem einzelnen vor allem eine isolierte Existenz ohne Klanbindung ein-

---

[53] Einbrüche in die Felder, auch in der regenzeitlichen Vegetationsphase, Vernichtung von Ernten waren die Folgen; eine Analyse von HURAULT über die Produktionsvoraussetzungen in den einzelnen Wawa-Häuptlingstümern im Jahre 1945 ergab, daß etwa die Hälfte der Anbauflächen einer ständigen Gefährdung ausgesetzt war. HURAULT, 1964, S. 37.

[54] Zum Beispiel die Mambila. HURAULT, 1964, S. 55.

[55] Ebd.

[56] Ebd.

[57] Ebd.

[58] HURAULT, 1964, S. 27.

brachte. Gleichzeitig lösten sich die Siedlungsgemeinschaften auf. Mit Ausnahme der Wawa-Gruppen, bei denen sich die alte Struktur erhalten hatte, sowie einiger Marktplätze bestanden 1953 im Lamidat fast keine Dörfer mehr, sondern die detribalisierte Bevölkerung lebte eng gemischt in winzigen Weilern, in amorphen Gruppierungen.[59] Die Einschätzung von BRAUKÄMPER, daß die Eingriffe der „Ful-Staaten" in die vorgefundene Sozialstruktur durchweg auf die Designation von Vertrauenspersonen bei den unterworfenen Gruppen beschränkt blieb und lediglich das Ziel verfolgte, Tribute einzuziehen und Steuern zu erheben, bleibt insofern bei Systemerscheinungen stehen und erfaßt nicht den Auflösungsprozeß der autochthonen sozialen Organisationsformen durch die veränderten sozialökonomischen Bedingungen.[60]

Als neue Siedlungsgebiete wurden überwiegend die sehr fruchtbaren Alluvialterrassen an den Flußläufen gewählt, die sehr geeignet für den Maisanbau sind.[61] Die Bedingungen des geographischen Milieus wurden somit wesentlicher für die Standortwahl als die Nähe der Klangemeinschaft. Die arbeits- und pflegeintensive Hirsekultur und die Anpflanzung des Yom wurden zugunsten des Maisanbaus aufgegeben.[62] Das bedeutete auch die Aufgabe des traditionellen Brachesystems und Übergang zu extensiver Bodennutzung.[63] Die Maiserträge deckten jedoch kaum den eigenen Bedarf. So wurde schon nach einigen Jahren erneut eine Verlegung der Siedlungen erforderlich. Gleichbleibende Steuerforderungen und Verschlechterung der Existenzbedingungen leiteten einen fortgesetzten Verarmungsprozeß der überwiegend detribalisierten Bevölkerung ein.[64]

Hinzu kam der Wegfall der Organisation gegenseitiger Hilfe im Klanverband, und damit eines Arbeitskräftereservoirs, das zuvor im Bedarfsfall jedem zur Verfügung stand.[65] Zwar bildeten die Detribalisierten teilweise temporäre Assoziationen (*labare*) in der Nähe der Siedelnden zum Schutz der Felder vor weidenden Herden und wilden Tieren.[66] Auch gab es Vereinigungen von Bauern und Viehzüchtern zur gegenseitigen Hilfe bei Pflanzarbeiten (*surga*).[67] Der Ausfall der gegenseitigen Hilfe unter den Klanmitgliedern bewirkte aber den Verlust wirtschaftlicher Absicherung und Unterstützung des einzelnen aus dem Fonds der gemeinschaftlich erarbeiteten Werte, so bei Brautpreiszahlungen oder Begräbniskosten

---

[59] HURAULT, 1964, S. 45.

[60] BRAUKÄMPER, 1970, S. 140.

[61] 1955 kamen 95% des Bodens im Lamidat Banyo für eine produktive landwirtschaftliche Nutzung nicht in Frage, da diese Flächen dauernd von weidendem Vieh durchstreift wurden. HURAULT, 1964, S. 42.

[62] HURAULT, 1964, S. 27, 35, 56.

[63] HURAULT, 1964, S. 38. BRAUKÄMPER ermittelte ähnliche Prozesse des Übergangs zu extensiven Agrartechniken bei den in die Ebene herabgezogenen Mandara-Bergbewohnern, die in Kontakt mit islamischer Bevölkerung kamen. BRAUKÄMPER, 1970, S. 142.

[64] HURAULT, 1964, S. 54.

[65] HURAULT, 1964, S. 63.

[66] HURAULT, 1964, S. 45, nennt sie „sehr kleine Weiler", deren *saré* (Familiengehöfte, bei den Detribalisierten im Durchschnitt zwei bis drei Personen) nicht siedlungsartig beieinander lagen, sondern verstreut am äußeren Rande der kultivierten Flächen zu deren besserer Überwachung.

[67] HURAULT, 1964, S. 54.

für Linienmitglieder und ihre Frauen. Das Fehlen der Klansolidarität erwies sich ferner als Verlust sozialer Sicherheit bei Krankheit und im Alter.[68]

Ein Vergleich der ökonomischen Veränderungen bei den Detribalisierten mit den Verhältnissen bei den noch im Klanverband lebenden Gruppen zeigt, daß die Veränderungen im Produktionsprozeß für die überwiegend detribalisierte bäuerliche Bevölkerung mit einem Absinken der Erträge verbunden war, während die noch funktionierenden Klangruppen durch ihre gemeinsamen Anstrengungen teilweise mit Gewinn wirtschafteten. Voraussetzung dafür war jedoch auch bei diesen Gruppen der Schutz der landwirtschaftlichen Nutzflächen vor dem Einbruch fremder Rinderherden, der in diesen Fällen nachweislich gegeben war.[69] Erhebliche Ertragssteigerungen konnten jedoch auch von ihnen nicht erzielt werden, da sie das traditionelle Fruchtfolgesystem weitgehend zugunsten der Trockenzeitdüngung durch Rinder aufgegeben hatten, ohne die dadurch nur verzögerte Bodenerschöpfung vorauszusehen.[70]

Ergänzend sei eine mögliche, aber in den vorliegenden Quellen nicht belegte Veränderungstendenz in der familiären Arbeitsorganisation erwähnt, auf die BRAUKÄMPER hinweist.[71] Wo kulturelle Assimilierung und Islamisierung sich intensiver vollzogen, gleich ob bei Detribalisierten oder im Klanverband Lebenden, wurde die im subsaharischen Raum an sich bedeutende Rolle der Frau im Feldbau auf längere Sicht geringer.[72]

6.2.5. Demographische Auswirkungen der Detribalisierung

Die Destrukturierung der autochthonen Bevölkerung führte nicht nur deren Verarmung herbei, sondern beeinflußte auch in hohem Maße ihre demographische Entwicklung. Die Destrukturierung bzw. Herauslösung des einzelnen aus dem Klan- oder Linienverband zog einen Abbau der funktionalen Bedeutung der Heirat nach sich, die nicht mehr als Vertrag zwischen den Linien erschien und nicht mehr dem Gruppeninteresse diente.[73] Daraus ergab sich eine Kettenreaktion mit negativer demographischer Auswirkung. HURAULT ermittelte Lockerungen und Abbau der ehelichen Bindungen unter der detribalisierten Bevölkerung durch prozentualen Anstieg der Scheidungen sowie der alleinstehenden Frauen und Männer, besonders im städtischen Bereich.[74] Damit einher ging das Anwachsen der Geschlechtskrankheiten, insbesondere der Blennorhagie, die nach einigen Jahren zu Sterilität führt. 1955

---

[68] HURAULT, 1964, S. 64.

[69] HURAULT, 1964, S. 37.

[70] Nach HURAULT, 1964, S. 59, wurde um 1954 die Düngung durch Rinder in der Trockenzeit von den Bauern durch Zahlungen an die Fulbe-Besitzer beglichen.

[71] BRAUKÄMPER, 1970, S. 133.

[72] BRAUKÄMPER, ebd., begründet dies mit der islamischen Auffassung von der Bindung der Frau an die Heimstätte.

[73] BRAUKÄMPER sieht dabei auch den fördernden Einfluß des Islam hinsichtlich einer Abwertung der Brautpreisregelung, der Individualisierung der Eheschließung und der Lockerung der Scheidungsregeln. Andererseits ergab sich ein Abbau der sozialen Sicherung der Frau, die nicht mehr die stärkende Bindung zu ihrer Verwandtengruppe hatte. BRAUKÄMPER, 1970, S. 131, 133.

[74] HURAULT, 1964, S. 39.

war Sterilität unter der detribalisierten Bevölkerung fünf- bis zehnmal häufiger als bei den in intakten Klangruppen lebenden Vute. [75] Das bedeutete einen Geburtenrückgang erheblichen Ausmaßes, der auch bei detribalisierten Bodenbauern mit stabiler Ehe festzustellen war. Bei den Detribalisierten wurde die durchschnittliche Größe der zusammenlebenden Familieneinheit (*saré*) mit 2,7 Personen ermittelt, was einen hochgradigen Verfall der erweiterten Familie signalisiert; [76] es bedeutete eine durchschnittlich um zwei Drittel geringere Kinderzahl als bei den Familien, die noch in Verwandtschaftsgruppen lebten. [77]

Absinken der Geburten-, Ansteigen der Sterberate und Auswanderungen (vor allem nach Nigeria) [78] verursachten seit Generationen einen kontinuierlichen Bevölkerungsrückgang unter den autochthonen Gruppen. [79] Demgegenüber nahm die Fulbe-Bevölkerung zum Zeitpunkt von Huraults Untersuchungen leicht zu. Unter ihnen war ein relativ geringer Sterilitätsprozentsatz sowie eine geringere Sterberate zu verzeichnen. [80]

6.2.6. Zur Rolle autochthoner Funktionsträger

Der in der Literatur für die Lamidate Adamauas häufig erwähnte Aufstieg autochthoner Unfreier in wichtige Positionen der entstehenden zentralen Verwaltung [81] ist auch für die Lamidate Südadamauas in unterschiedlichen Formen feststellbar und durch einige wesentliche Angaben belegt.

Zwei voneinander unabhängige Faktoren haben im Banyo- und Tibati-Gebiet diese Tendenz anfänglich besonders gefördert. Das war zum einen die historische Rolle autochthoner Bevölkerungsteile bei der Eroberung des Gebietes. So unterstützten im Banyo-Gebiet Wawa-Gruppen die Fulbe bei der Eroberung und sicherten sich dadurch von vornherein gesellschaftliche Aufstiegschancen. [82] Gleiches erreichten autochthone Würdenträger im Lamidat Tibati durch die noch ungenügend ausgebaute und abgesicherte Machtposition des Lamido gegenüber rivalisierenden Mitgliedern des eigenen Klans. Dort hatte die autochthone Bevölkerung hohen Anteil an der Sicherung der Herrschaft des Lamidos H. Arnga gegen seinen Bruder Toukour. MOHAMADOU betonte den unmittelbaren Zusammenhang der Einbeziehung autochthoner Würdenträger in die *faada* aufgrund der Unterstützung bei der Machtetablierung des Lamidos. [83]

---

[75] HURAULT, 1964, S. 40.

[76] HURAULT, 1964, S. 39.

[77] Ethnisch ausgewiesen werden nur Mambila, Kondja und Wawa, was die weitgehende ethnische Verschmelzung der Vute erkennen läßt. Vgl. HURAULT, 1964, S. 39.

[78] HURAULT, 1964, S. 30, 38.

[79] Von einer 1.000 Personen zählenden Bevölkerung waren nach 25 Jahren noch 590, nach 50 Jahren nur noch 350 übriggeblieben. HURAULT, 1964, S. 40.

[80] HURAULT, 1964, S. 40, 69.

[81] Allgemein zur gesellschaftlichen Stellung des Unfreien siehe: BÜTTNER, 1965, S. 224f.; 1967, S. 148, Anmerkung 109; Bundesarchiv, R 1001/3350, Bl. 75, SANDROCK.

[82] Vgl. vorliegende Arbeit, Kapitel 5, Abschnitt 2.

[83] MOHAMADOU, 1964, S. 51. Vgl. ABUBAKAR, 1977, S. 112, wo Hammadou Arnga Hammadou Nyambula genannt wird; EAST, 1934, S. 49.

MOHAMADOU zitiert eine Fulbe-Chronik, die aussagt, daß Lamido Hamadou Arnga von Tibati (1851 – 1871) die Zahl der Nichtfulbe in seinem Rat wesentlich erhöhte, „dont l'influence sera de ce fait prépondérante dans le lamidat", und daß diese Tradition unter seinen Nachfolgern beibehalten wurde.[84] Kolonialzeitliche Quellen bestätigen dies. So amtierte im Jahre 1900 ein Vute-Häuptling mit der Bezeichnung Kaigama Halfa als Vertreter des Lamido[85] und stellte sich dem Kolonialbeamten RADTKE als Sohn des vor der Fulbe-Invasion in Tibati herrschenden Häuptlings vor.[86] Zur Zeit der Forschungsreise der Deutschen Kolonialgesellschaft nach Kamerun 1911/12 lagen die hohen Ämter des „Bürgermeisters der Hauptstadt" und des „Hauptmanns der Leibwache" in den Händen von Vute.[87] Ferner liegen allgemeine Hinweise über die Ämtervergabe an Vertreter der unterworfenen Bevölkerung vor.[88] Man kann im Lamidat Tibati so von einer relativ schnellen und gefestigten Etablierung autochthoner Würdenträger (*matchoubé*) in den Verwaltungsapparat des entstehenden Staates ausgehen.

Für das Lamidat Banyo sind analoge Feststellungen nicht ohne weiteres möglich. Die von HURAULT veröffentlichten Angaben über die Mitgliedschaft islamischer *tokal*-Oberhäupter autochthoner Herkunft in der *faada*[89] und über die Stellung unfreier Würdenträger in Vertrauenspositionen des Lamido[90] deuten aber auf eine ähnliche Entwicklung hin, die im Ergebnis indessen nicht die gleiche Ausprägung wie in Tibati erreicht zu haben scheint. Es liegen keine genaueren Angaben über die Ämterverteilung in der obersten Verwaltungsebene vor. Die Hauptfunktionen lagen offensichtlich in den Händen von Fulbe-Würdenträgern, der *ministres*.[91] Nach HURAULT waren die autochthonen Würdenträger in der Umgebung des Lamido im Unterschied zu den Fulbe-Würdenträgern sogenannte *dignitaires*.[92] MOHAMADOU bezeichnete die Ämter, die islamisierte Vute erhalten konnten, als „des titres honorifiques".[93] Die Stellung selbst hoher Fulbe-Würdenträger wurde indessen untergraben durch die autoritäre Regierung des Lamido, der ihnen vielfach mißtraute und unfrei bleibende *serviteurs* aus dem eigenen *saré* mit Titeln und (in seinem Namen auszuübenden)

---

[84] MOHAMADOU, 1964, S. 51. Belegt wird diese Regierungspolitik auch durch jüngere Erhebungen. Im Jahresbericht des Tibati-Bezirks für 1951 wird die Vertretung der Vute-Bevölkerung durch drei Würdenträger erwähnt. Archives du département de l'Adamaoua. Ngaoundéré, zitiert nach MOHAMADOU, 1967, S. 93. ZWILLING, 1940, S. 150: „Am Hof des Lamido sind die Ratgeber und Großen keine Fulbe. Sie werden aus der seinerzeit unterworfenen Bevölkerung gewählt."

[85] Der nach der kolonialen Eroberung Tibatis von der Kolonialverwaltung eingesetzte Lamido Chiroma befand sich zu dieser Zeit auf der Flucht. Bundesarchiv, R 1001/3348, Bl. 131, RADTKE.

[86] Bundesarchiv, R 1001/3348, Bl. 131, RADTKE.

[87] THORBECKE, M.-P., 1914, S. 170.

[88] V. KAMPTZ, 1900, S. 138; HOFMEISTER, 1926, S. 183; V. STETTEN, 1893, S. 497; Bundesarchiv, R 1001/3292, Bl. 184, V. STETTEN; THORBECKE, 1916, S. 23. Vgl. BÜTTNER, 1965, S. 275.

[89] HURAULT, 1964, S. 29.

[90] HURAULT, 1964, S. 33.

[91] Ebd.

[92] Ebd.

[93] MOHAMADOU, 1967, S. 92.

Machtbefugnissen versah. [94] Sie übten ihre Funktionen am Hofe in unmittelbarer Umgebung des Lamido aus. Es ist anzunehmen, daß sie auf die eine oder andere Weise von dem Reichtum partizipierten, der über das bestehende Ausbeutungssystem in den Händen der Herrschenden konzentriert wurde. [95] Abgesehen von dem Hinweis Huraults auf die überladene Kleidung der *serviteur*-Würdenträger liegen keine Angaben dazu vor. [96] Dagegen beschreibt HURAULT Indizien ihrer nach wie vor abhängigen Stellung, insbesondere die Möglichkeit des Rückfalls in die Position des einfachen *serviteur* bei Fehlverhalten oder Unfähigkeit [97]

Weitere Möglichkeiten des sozialen Aufstiegs für die Unterworfenen ergaben sich bei ihrer Aufnahme in die Gefolgschaft und in das Heer des Lamido. Vor allem in den kolonialzeitlichen Quellen tritt häufig der Begriff *kaburra* bzw. *kabulla* auf, der aber in seiner Definition verschwommen bleibt. Klar ist soviel, daß es sich um Personen aus der unterworfenen Bevölkerung handelte, die über den Weg des militärischen Erfolgs und aufgrund ihrer Tapferkeit und Vertrauenswürdigkeit in die Spitze der militärischen Organisation bzw. in die Gefolgschaften der Lamibe von Banyo und Tibati aufrückten. [98] Sie wurden mit Sklaven und Land belohnt und konnten als Auszeichnung auch Funktionen, Ämter und Lehen erhalten. [99] In den Quellen werden die *kaburra*-Krieger als am Hofe des Lamido lebend beschrieben, [100] dem sie für militärische Zwecke ständig zur Verfügung standen. [101] Während über die *kaburra* in Banyo keine näheren Angaben vorliegen, [102] weisen die Daten über die Verhältnisse am Hofe des Lamido von Tibati auf Rangunterschiede innerhalb der *kaburra* hin, deren höchste Mitglieder wesentlichen Einfluß auf politische und andere Entscheidungen des Lamido hatten. [103] Die bevorzugte Stellung der autochthonen Gefolgschaft des Lamido H. Arnga, die ihm die Rückeroberung seiner Herrschaft gesichert hatte, wirkte sich später auf Dauer begünstigend auf die Position der Tibati-*kaburra* im allgemeinen aus. Auch in Zeiten der Uneinigkeit zwischen den Lamibe von Tibati und dem Emir von Yola, als zahlreiche Fulbe-Würdenträger abwanderten, bildeten die einheimischen *faada*-Mitglieder und hohen *kaburra* eine Stütze der Lamibe-Herrschaft. [104]

---

[94]   HURAULT, 1964, S. 33.
[95]   Daten über Besitzformen liegen nicht vor, es ist aber anzunehmen, daß sie Lehen erhalten konnten. Vgl. Angaben über *matchoubé*-Würdenträger in Ngaundere bei BÜTTNER, 1965, S. 275, 285, und allgemeine Charakterisierung in die herrschende Schicht aufsteigender Unfreier bei BÜTTNER 1965, S. 224f; 1967, S. 154.
[96]   Desgleichen auch nicht über die Würdenträger in Tibati.
[97]   HURAULT, 1964, S. 33.
[98]   Die Aufnahme Besiegter in das Fulbe-Heer ist für die Eroberungszeit belegt. MOHAMADOU, 1967, S. 90. Vgl. vorliegende Arbeit, Kapitel 5, Abschnitt 2.
[99]   V. KAMPTZ, 1900, S. 138; V. STETTEN, 1893b, S. 497. Vgl. BÜTTNER, 1965, S. 285.
[100] V. KAMPTZ, 1900, S. 137, erwähnt jedoch „Kaburraleute", die in Cheme, einem Vute-Ort auf der halben Strecke zwischen Yoko und Tibati, und in Yoko wohnten.
[101] DOMINIK, 1898, S. 85 (in Sanserni-Tibati, dem Kriegslager vor dem Tikar-Hauptort Ngambe); 1901, S. 134 (in Tibati), S. 288 (in Ngaundere); 1908, S. 190; V. PUTTKAMER, 1901 S. 120.
[102] DOMINIK erwähnt nur allgemein die Existenz von „Kaburras" in Banyo. DOMINIK, 1908, S. 70.
[103] DOMINIK, 1901, S. 289; V. KAMPTZ, 1899e, S. 846; Bundesarchiv, R 1001/3347, Bl. 62, v. KAMPTZ.
[104] DOMINIK, 1901, S. 297; Bundesarchiv, R 1001/3346, Bl. 157, v. KAMPTZ. Vgl. BÜTTNER, 1965, S. 171.

Der Materialmangel über die Verhältnisse in Banyo läßt einen schlüssigen Vergleich über die Stellung der *kaburra* und der sozial aufgestiegenen Autochthonen von Banyo und Tibati nicht zu. Aber bei Einbeziehung von Angaben über die sozialen Aufstiegsmöglichkeiten der Unterworfenen in Ngaundere (Ngaoundéré) und anderen Lamidaten des Emirats Yola kann doch die Aussage soweit verallgemeinert werden, daß besonders in den peripheren Lamidaten des noch ungenügend gefestigten Emirats,[105] in denen separatistische Tendenzen eine ständige Bedrohung bildeten, die herrschenden Fulbe sich intensiver auf die autochthone Bevölkerung stützten und ihr auch mehr Aufstiegschancen und Mitspracherechte einräumten. Ein instruktives Parallelbeispiel stellt das Lamidat Bouba Njidda dar, wo fulanisierte Dama zur Hauptstütze der nach Unabhängigkeit strebenden Lamibe wurden.[106]

6.2.7. Religiöse, kulturelle und ethnische Assimilierungsprozesse

Die Assimilierungsprozesse der von den Fulbe unterworfenen Ethnien sind in den einzelnen Lamidaten des Emirats Yola unterschiedlich intensiv verlaufen.[107] Vergleichsweise gehören die Lamidate Tibati, Banyo und Ngaundere zu denen mit einer ziemlich fortgeschrittenen Assimilation. Im Tibati-Gebiet sollen die Vute und andere ethnische Gruppen – noch mehr als in Banyo – mit den Fulbe physisch und kulturell fast vollkommen zu einer neuen Einheit zusammengewachsen sein.[108]

Mit den Fulbe-Eroberern und den Haussa-Händlern gelangten Einflüsse des Islam aus den nördlichen zentralsudanischen Staaten in die unterworfenen Gebiete und wirkten sich auch im Rahmen der Staatsbildung in gesellschaftlichen, wirtschaftlichen, geistig-kulturellen Bereichen und in der materiellen Kultur aus.

Ein großer Teil der autochthonen Bevölkerung in Südadamaua machte sich danach diese „islamisch überformte Ful-Haussa-Kultur des nordnigerianischen Raumes" zum Wertmaßstab.[109] Ihre Verbreitung wurde ganz wesentlich durch die Haussa-Händler gefördert, die vor allem mit der Entstehung des organisierten Marktwesens über den Markt, als neuem gesellschaftlichen Treffpunkt, ihren Einfluß verwirklichten.[110] Fulanisierung und Islamisierung waren dabei untrennbar verknüpft als Grundelemente der Assimilierung, die bis zur Aufgabe der ursprünglichen ethnischen Identität des einzelnen gehen konnte.[111] Die führenden Kräfte der unterworfenen Gruppen waren im allgemeinen bestrebt, sich unter den neuen gesellschaftlichen Bedingungen durchzusetzen. Dies wurde wesentlich durch ihre Anpassung an Religion, Kultur und Sprache der Eroberer begünstigt. Die Konvertierung zum

---

[105] Vgl. BRAUKÄMPER, 1970, S. 24; BÜTTNER, 1965, S. 169, 277f.

[106] STRÜMPELL, 1912, S. 97. Vgl. BRAUKÄMPER, 1970, S. 139.

[107] Vgl. BRAUKÄMPER, 1970, S. 38ff.

[108] MOHAMADOU, 1967, S. 77, 92. Nach BRAUKÄMPER, 1970, S. 44, war hier der Grad der Assimilierung ähnlich hoch wie in Diamaré. Auf die unterschiedliche Situation in Tibati und Banyo machte bereits HOF-MEISTER, 1923b, S. 100f., aufmerksam.

[109] BRAUKÄMPER, 1970, S. 92.

[110] BRAUKÄMPER, 1970, S. 30f., 148.

[111] BRAUKÄMPER, 1970, S. 25f.

Islam erbrachte nach islamischem Recht die gesetzliche Freilassung als Voraussetzung für den Aufstieg in die herrschende Schicht. [112]

Die von BRAUKÄMPER überzeugend dargelegten Bestrebungen der Ful, die Konvertierung zum Islam und damit den Prozeß des sozialen Aufstiegs der Unterworfenen aus machtpolitischen, wirtschaftlichen und psychologischen Gründen einzugrenzen und zu lenken, sind im vorliegenden Material für Banyo und Tibati nicht zu belegen. [113] Daß die Machtpolitik der Ful in den einzelnen Lamidaten in zum Teil recht widersprüchlich erscheinenden Varianten ausgeübt wurde, geht aus Braukämpers Urteil über eine Ausnahmesituation in Tibati hervor. [114] Er greift dabei Bemerkungen von THORBECKE auf, die auf Zwangsislamisierung deuten. [115] Sie lassen sich durch weitere Angaben Sirans stützen, der feststellte, daß die Häuptlinge aller dem Lamidat einverleibten Vute-Niederlassungen „sont tenus", ihre Erben nach Tibati zu schicken. Dort waren sie sowohl Repräsentant ihres Dorfes als auch Geisel des Lamido und unterlagen einer zielgerichteten Islamisierung und kulturellen Prägung. [116] Möglicherweise sind hier auch Einflüsse der islamischen Tidjanyia-Bruderschaft wirksam geworden. Sie verbreitete sich in der zweiten Hälfte des 19. Jhs. in den Lamidaten Südadamauas. Obwohl über sie widersprüchliche Meinungen existieren, haftet ihr der Ruf von Fanatismus und gewaltsamer Glaubensverbreitung an. [117]

Offen bleibt auch, ob zur Erhöhung ihres Status, aus Bildungsstreben, Pflichtgefühl oder unter politischem Druck auch Häuptlingssöhne von den weitgehend unabhängigen und außerhalb des Lamidats lebenden Süd-Vute nach Tibati kamen. von Stetten schreibt über seinen Besuch im Jahre 1895 bei dem jungen, linksseitig des Sanaga lebenden Vute-Häuptling Dandugu Audi, der seine Erziehung in Tibati erhalten hatte und sich betont fulanisiert gab: „Hier wurde ich von Dandungu (sic) Audi, einem ungefähr zwanzigjährigen Sudanneger in Haussa-Tracht und Turban empfangen. Dandungu hat seine Erziehung in Tibati genossen, spricht geläufig Haussa und Fullah und war … in allem ein gelehriger Schüler seiner dortigen Meister." [118] TAPPENBECK erfuhr 1889 in Nduba (Ngila), daß „die Söhne der Häuptlinge dieser Gebiete … in die Fullah-Länder gesandt werden, um sich dort Sprache und Weltkenntnisse anzueignen." [119]

---

[112] Vgl. BÜTTNER, 1967, S. 148; HURAULT, 1964, S. 41. MÜHLMANN 1964, S. 181, bezeichnete diese zielgerichtete Anpassung als „soziale Aufstiegsassimilation".

[113] Als wichtigste Gründe nannte BRAUKÄMPER, 1970, S. 27, die Monopolisierung des Islam als Schlüssel zur Integration, aber auch zur Beschränkung der Schicht der Würdenträger im Sinne der Erhaltung der Fulbe-Hegemonie; ferner die Verhinderung der Einigung des potentiellen Sklavenreservoirs durch die Islamisierung und schließlich die unter den islamisierten Fulbe existierende Vorstellung eines auserwählten Volkes, das zur Bewahrung seiner Führungsrolle seine Machtstellung zu monopolisieren bestrebt ist. Vgl. ABUBAKAR, 1977, S. 107f.

[114] BRAUKÄMPER, 1970, S. 52.

[115] THORBECKE, 1914a, S. 71; 1916, S. 24.

[116] SIRAN, 1980, S. 26.

[117] BRAUKÄMPER, 1970, S. 100.

[118] Bundesarchiv, R 1001/3345, Bl. 19, v. STETTEN.

[119] TAPPENBECK, 1890, S. 111.

Unabhängig von der jeweiligen Islamisierungspolitik der Lamibe vollzog sich die bis heute fortschreitende religiöse, kulturelle und ethnische Assimilierung auf der Grundlage einer relativ hohen eigendynamischen Adaptionsbereitschaft breiter Kreise der unterworfenen Ethnien. Sie konnte bis zum Aufbau eines kulturellen Überlegenheitsgefühls gegenüber nichtislamischen Angehörigen des eigenen Ethnos führen. So beobachtete THORBECKE Überlegenheitsäußerungen islamisierter Vute gegenüber den südlichen „heidnischen" Vute. [120] Der Selbstlauf dieser Prozesse wurde gefördert durch die unorthodoxe synkretistische Haltung des „Islam noir", die eine Konvertierung zur Religion der Eroberer, als Hauptelement der Anpassung, erleichterte. [121] Er veränderte die Lebensweise der einheimischen bäuerlichen Bevölkerung nicht grundlegend und ermöglichte auch die freiwillige Entscheidung des einzelnen, ohne institutionelle Regelung, zur Muslimwerdung. Aufgrund der traditionellen sozio-religiösen Verhältnisse bestanden auch kaum Barrieren für den einzelnen, den Islam zu übernehmen, so daß bis in die Gegenwart in den ethnischen Gruppen Adamauas Muslime und Nichtmuslime nebeneinander leben.

Der Grad der Islamisierung blieb, wie in vielen Gebieten des subsaharischen Afrika, bei der Mehrheit der Konvertierten Adamauas sehr oberflächlich. Sie erwarben kaum tiefere Kenntnisse über Lehren und Geboten der neuen Religion, zumal in den meisten Fällen der Konvertierung keine religiöse Überzeugung zugrunde lag; meist behielten sie auch gewisse Kulte ihrer „animistischen" Religion bei. [122] Religiöse Bildung und ihre Vermittlung durch Korangelehrte, Marabouts oder Bruderschaften blieb auf die herrschende Schicht, meist „haussaisierte Ful" begrenzt. [123] Nach BRAUKÄMPER wurde die Bevölkerung überwiegend durch Nachahmung mit dem Islam vertraut, wodurch auch der Prozeß der kulturellen Nivellierung eingeleitet wurde. [124]

In Banyo und Tibati, den ethnisch gemischten Ballungszentren der Lamidate, vollzogen sich die Assimilierungsvorgänge – wie zu erwarten – besonders intensiv. [125] Äußerliche Merkmale, wie Vollkleidung (sudanische Tracht aus gewebten Baumwollstoffen), Mattenzäune um die Gehöfte und Anlage zentraler Gebetsplätze, deuten bis in die Grenzorte der Lamidate und darüber hinaus auf Fulanisierung und Islamisierung hin. Ein charakteristisches Beispiel stellte der Fulbe-Grenzposten – und ehemals „reine" Vute-Ort – Yoko dar, wo sich die ethnisch-kulturelle Assimilierung deutlich belegen läßt. [126] Nach BRAUKÄMPER soll bei den Mbum in Adamaua ein besonders hoher Anteil zum Islam übergetreten und stark

---

[120] THORBECKE, 1916, S. 24.
[121] Nachfolgende Ausführungen nach BRAUKÄMPER, 1970, S. 94f., 111.
[122] BRAUKÄMPER, 1970, S. 95, 111ff., 121. THORBECKE schrieb 1914a, S. 71: „... haben wir in jedem kleinen Dorf, das Tibati untersteht, den Häuptling bei Sonnenaufgang seine Suren beten hören, von deren Sinn er natürlich keine Ahnung hat."
[123] BRAUKÄMPER, 1970, S. 97.
[124] BRAUKÄMPER, 1970, S. 27; vgl. MORGEN, 1893a, S. 259, über die Nachahmung der Begrüßungssitten der Fulbe-Reiter durch einen Vute-Häuptling von Yoko.
[125] BRAUKÄMPER, 1970, S. 39, 110; MOHAMADOU, 1967, S. 77, 92; Bundesarchiv, R 1001/3269, Bl. 28, MORGEN.
[126] Vgl. PASSARGE, 1909, S. 492; SIRAN, 1980, S. 26; v. STETTEN, 1895, S. 136.

fulanisiert sein. [127] In Tibati bildeten die Mbum etwa seit der Mitte des 19. Jhs. ein bedeutendes Bevölkerungselement. [128] Rivalisierende Bestrebungen zwischen Vertretern der Vute und
Mbum, die in die herrschende Schicht aufsteigen wollten, haben möglicherweise auch zur
Assimilierung beigetragen. Die Hinweise P. Thorbeckes auf die bedeutende Rolle der Mbum
in der herrschenden Schicht Tibatis lassen derartige Tendenzen jedenfalls als möglich erscheinen. [129] Die Schlüsselpositionen in Verwaltung und militärischer Organisation wurden
wohl überwiegend von Vute eingenommen. [130]

Ethnisch und anthropologisch nivellierend wirkte besonders in Zentren wie Banyo und
Tibati auch die wachsende Verschmelzung der Stadt-Fulbe mit der autochthonen negriden
Bevölkerung, die den beinahe völligen Verlust des ehemals hellhäutigen Ful-Typs nach sich
zog. [131] Während die Eroberer kulturell zu Übermittlern wurden, unterlagen sie selbst einer
starken biologischen Assimilierung. Eine ähnliche Entwicklung zeichnete sich auf linguistischer Ebene ab. Die umfassende Ausbreitung des Ful als Zweitsprache in den Ethnien Adamauas ist zwar auch für das Untersuchungsgebiet, insbesondere Banyo, belegt, [132] doch wurde
bereits in der Kolonialzeit an den Höfen der Lamibe entsprechend der wachsenden gesellschaftlichen Stellung autochthoner Würdenträger der zunehmende Gebrauch ihrer Sprache
und ein Rückgang des Ful beobachtet. [133] Während für Tibati ein Beleg zur Rolle des Vute am
Hofe des Lamido nicht erbracht werden kann – in diesem Gebiet gelangte auch die Mbum-
Sprache zu einer gewissen Bedeutung [134] – ist für Banyo die Wichtigkeit und Wertschätzung
der Vute-Sprache bis in die Gegenwart belegt. [135]

Begünstigt wurde die kulturelle Assimilierung in den städtischen Zentren ferner durch
den mit den Fulbe und Haussa aufkommenden umfangreichen Warenaustausch und durch
das organisierte Marktwesen. Sowohl Banyo als auch Tibati waren gleichzeitig Märkte für
lokale Nahrungsmittel und Umschlagplätze für den Fernhandel mit Sklaven, Elfenbein,
Vieh, Salzblöcken, Kola und Baumwollstreifen, die gleichzeitig in der Vorkolonialzeit die
Funktion von Wertäquivalenten besaßen. [136] Über den Banyo-Markt verlief zum Beispiel ein

---

[127] BRAUKÄMPER, 1970, S. 46f.

[128] MOHAMADOU, 1964, S. 55f.

[129] THORBECKE, M.-P., 1914, S. 170f.

[130] Vgl. v. KAMPTZ, 1900, S. 138; MORGEN, 1893a, S. 278; Bundesarchiv, R 1001/3348, Bl. 125, RADTKE;
v. STETTEN, 1893b, S. 497; THORBECKE, M.-P., 1914, S. 170.

[131] BRAUKÄMPER, 1970, S. 27, 52; MOHAMADOU, 1964, S. 51; 1967, S. 92; MORGEN, 1893a, S. 274, 283;
THORBECKE, 1914a, S. 69; THORBECKE, M.-P., 1914, S. 160, 169; ZWILLING, 1940, S. 150; vgl. v.
STAUDINGER, 1891a, S. 231.

[132] BRAUKÄMPER, 1970, S. 152; MOHAMADOU, 1967, S. 92.

[133] HOFMEISTER, 1926, S. 201; THORBECKE, 1914a, S. 70; THORBECKE, M.-P., 1914, S. 169.

[134] BRAUKÄMPER, 1970, S. 152; THORBECKE, M.-P., 1914, S. 171.

[135] HURAULT, 1964, S. 33f.; JEFFREYS, 1953, S. 90; vgl. THORBECKE, 1916, S. 9, Anmerkung 2.

[136] BRAUKÄMPER, 1970, S. 150; DOMINIK, 1902, S. 312; 1908, S. 73f.; MORGEN, 1893a, S. 284; Bundesarchiv, R 1001/ 3269, Bl. 30, MORGEN; THORBECKE, 1914a, S. 70; THORBECKE, M.-P., 1914, S. 166.
In der zweiten Hälfte des 19. Jhs. gewann die Kaurischnecke als frühe Wertform sehr an Bedeutung. BRAU-
KÄMPER, 1970, S. 150. Vgl. DOMINIK, 1908, S. 73f.; Bundesarchiv, R 1001/3306, Bl. 97, DOMINIK; R
1001/3292, Bl. 161, v. STETTEN; WIRZ, 1972, S. 159f.

großer Teil des Kola-Fernhandels aus dem westlichen Grasland in die Zentren Adamauas. DOMINIK bezeichnete ihn als „Hauptlebenszweig" Banyos. [137] Die Haussa-Händler und - Handwerker auf diesen Märkten machten sich mit dem Verkauf von Stoffen, fertigen Trachten, Lederarbeiten, Waffen und anderen begehrten Gegenständen sowie durch ihr Wirken als Magier und Amulettverkäufer zu Vermittlern der sudanisch-islamischen Kultur. [138] Die Einrichtung von Märkten setzte sich in Adamaua allgemein durch, und damit auch die aus der islamischen Kultur stammende siebentägige Marktwoche. [139] In kleineren Orten, wo der Markt überwiegend von Einheimischen abgehalten wurde, handelte man vor allem mit Lebensmitteln. Jedoch erschienen auch dort Haussa-Händler, die entweder mit auf den Märkten der Einheimischen oder gesondert von ihnen ihre Stände aufbauten. Einige Angaben deuten auf die Übernahme der Fernhandelsidee durch einheimische Häuptlinge hin. [140] Die von BRAUKÄMPER betonten Anfänge der Produktion für den Verkauf durch die bäuerliche Bevölkerung – seit der Übernahme des Reisanbaus und durch den gesteigerten Erdnußanbau als „cash-crop" – sind für die Vute-Bevölkerung der Lamidate nicht im einzelnen belegt. [141] Jedoch setzen Bemerkungen über einen ausgedehnten Handel mit einem breiten Sortiment an Lebensmitteln in Banyo, die über weite Strecken herangebracht wurden (weil der Boden um Banyo sehr steinig und unfruchtbar ist), eine gewisse Produktion der bäuerlichen Bevölkerung für den Markt voraus. [142] V. STETTEN stellte 1893 noch einen „großen Mangel an Gemüsen" in Banyo fest, dafür aber einen Überfluß an Vieh. Er bezeichnete den Markt von Banyo als den größten, den er in dem Gebiet gesehen habe. [143]

Was nun die ethnischen Veränderungen als Folge der genannten Assimilierungs- und Detribalisierungsvorgänge in den Lamidaten Banyo und Tibati betrifft, so ergibt sich u.a.

---

[137] Bundesarchiv, R 1001/3306, Bl. 96, DOMINIK; WIRZ, 1972, S. 157.

[138] BRAUKÄMPER, 1970, S. 30; Bundesarchiv, R 1001/3346, Bl. 19, DOMINIK; MORGEN, 1893a, S. 262, 284; V. STETTEN, 1895, S. 136; THORBECKE, 1914a, S. 69, 80ff; THORBECKE, M.-P., 1914, S. 174; WIRZ, 1972, S. 157; Bundesarchiv, R 1001/3269, Bl. 13, ZIMMERER. R. Flegel erfuhr 1883 in Banyo von einem einflußreichen Elfenbeinhändler und großen „Mallami", d.h. Koranausleger, in Tibati, auf dessen Betreiben Flegels Bitte, den Lamido von Tibati besuchen zu dürfen, abgelehnt worden sei. Bundesarchiv, R 1001/3309, Bl. 26, FLEGEL. Über die weitreichende ökonomische Bedeutung der Haussa-Händler, die Geschichte ihrer Wanderungen, ihre Lebensweise im südlichen Zentralsudan und ihre Handelsmethoden liegen in den Quellen zahlreiche Angaben vor. Sie werden in vorliegender Arbeit insofern berücksichtigt, als sie zur Darstellung der Veränderungen in Ökonomie und Gesellschaft der Bevölkerungen Südadamauas und der Sanaga-Ebene unerläßlich sind.

[139] BRAUKÄMPER, 1970, S. 148, 149.

[140] So berichtete NOLTE, daß der Vute-Häuptling des nördlich von Yoko gelegenen Ortes Cheme um 1900 Untergebene mit Elfenbein in größere Tikar-Orte sandte, um es gegen Stoffe eintauschen zu lassen. Bundesarchiv, R 1001/4382, Bl. 22, NOLTE; zur Ausbreitung der Handelstätigkeit als Nebenerwerbszweig im Banyo-Gebiet in jüngerer Zeit siehe HURAULT, 1964, S. 63.

[141] Vgl. BRAUKÄMPER, 1970, S. 142; WIRZ, 1972, S. 162. MORGEN erhielt 1890 in Tibati reichlich Reis. MORGEN, 1893a, S. 269. DOMINIK beobachtete 1902 in Banyo den Verkauf von Erdnüssen. DOMINIK, 1902, S. 312. HURAULT stellte Erdnußanbau bei Wawa-Gruppen im Lamidat Banyo fest, allerdings nur in unbedeutenden Mengen. HURAULT, 1964, S. 58.

[142] DOMINIK, 1902, S. 312; 1908, S. 73f.; Bundesarchiv, R 1001/ 3306, Bl. 97, DOMINIK.

[143] Bundesarchiv, R 1001/3292, Bl. 187f., V. STETTEN.

die Frage nach ihrer Meßbarkeit und nach dem Wandel des ethnischen Identitätsbewußtseins beim Individuum. Einige Autoren vermitteln Angaben dazu, die aber wenig konkret
sind. Die Bemerkung MOHAMADOUs, die islamisierten Gruppen des Banyo-Gebietes seien
strukturell, geistig und sprachlich so fulanisiert, daß man das Lamidat sowohl als Fulbe- als
auch als Vute-Gebiet betrachten könne,[144] weist noch nicht den Verlust der ursprünglichen
ethnischen Identität aus. Deutlicher ist sein Hinweis auf die Verhältnisse im Lamidat Tibati,
wo Detribalisierung und Assimilierung so weit fortgeschritten waren, daß sie zu dieser Zeit –
und schon seit Jahrzehnten – im Verwaltungsbereich Verwirrungen aller Art gestiftet hatten.[145] Neben der Schwierigkeit, angesichts der unterschiedlichen biologischen, kulturellen,
sprachlichen und anderen Mischverhältnisse das entscheidende Kriterium für die ethnische
Zugehörigkeit festzulegen, führte auch das nicht mehr gefestigte ethnische Selbstbewußtsein
zu beträchtlichen Schwankungen in den statistischen Erhebungen.[146] BRAUKÄMPER sieht
in diesem Faktor die Hauptursache für ethnostatistische Fehler. Sie zeigten sich zunächst in
zu hoch angesetzten Anteilen der Fulbe und Assimilierten, während bei den Zahlen der Angehörigen autochthoner Ethnien mit höheren Dunkelziffern zu rechnen war.[147] Langfristig
zeigte sich jedoch, daß den statistischen Schwankungen tendenziell der Rückgang der eindeutig noch als ethnisch autochthon bestimmbaren Bevölkerung gemeinsam war, zu dem
korrelativ die assimilierte Bevölkerung wuchs.[148]

Somit ist eine genauere Beurteilung, inwieweit die Vute und andere autochthone ethnische Gruppen in den Lamidaten ihre ursprüngliche ethnische Identität aufgegeben haben,
nicht möglich. Der Verlust innerhalb der Vute-Gruppen kann nicht komplett erfolgt sein,
solange noch Vute-Ortschaften und -Bevölkerungszahlen für das historische Adamaua bis
in die Gegenwart in den Quellen aufgeführt werden.[149] Daß die intensive Assimilierung
der Vute von Veränderungen im ethnischen Bewußtsein begleitet war, ist aber anzunehmen.
Dem entspricht auch der Hinweis von MOHAMADOU, daß die in den Lamidaten lebenden
Vute in neuerer Zeit kaum noch Erinnerungen an ihre eigene Geschichte bewahrt haben.[150]
Dennoch wären chronologisch, regional und stadial mit Sicherheit erhebliche Unterschiede
in diesem Prozeß zu berücksichtigen. So verzeichnete andererseits HOFMEISTER noch 1914
Erinnerungen der Vute in Same (Strecke Yoko-Tibati), die bis zu sechs Generationen zu-

---

[144] MOHAMADOU, 1967, S. 92.
[145] Ebenda.
[146] Vgl. vorliegende Arbeit, Kapitel 3, Abschnitt 2.
[147] BRAUKÄMPER, 1970, S. 26.
[148] Ebd.; PASSARGE, 1909, S. 511; MOHAMADOU, 1967, S. 93.
[149] A.P.A., La région de l'Adamaua, 1950, S. 2, zitiert nach MOHAMADOU, 1967, S. 63: 1.098 Vute für das
ganze Departement; Jahresbericht des Tibati-Bezirks für 1951, Archives du département de l'Adamaoua,
Ngaoundéré, zitiert nach MOHAMADOU, 1967, S. 93: 983 Vute (8,3% der Gesamtbevölkerung), aufgeteilt
auf 25 Dörfer und Weiler, die lokalisiert und namentlich benannt werden; LEMBEZAT, 1961, S. 228: 600
Vute in Banyo, 1.000 in Tibati, 600 in Yoko; HURAULT, 1964, S. 29: vgl. vorliegende Arbeit, Kapitel 6,
S. 61.
[150] MOHAMADOU, 1967, S. 77.

rückreichten. [151] Der Hinweis Braukämpers auf die sehr oberflächliche Islamisierung großer Teile der unterworfenen Bevölkerung und die Beibehaltung traditioneller Kulte und Wertvorstellungen verschiedenster Art läßt auch den Schluß der Bewahrung des ursprünglichen ethnischen Zugehörigkeitsgefühls in höherem Ausmaß zu, als das die Statistiken ausweisen. So bemerkte P. THORBECKE über die Vute in Tibati im Jahre 1912: „So sehr sie sich äußerlich auch als Fullah aufspielen mögen, schließlich geben sie doch zu: 'In unserem Haus sind wir Wute'." [152] Für die Vute von Banyo betonte SIRAN, daß sie zwar meist ihre ethnische Herkunft noch kennen, daß aber die Würdenträger der Vute zum Beispiel ihre Stellung als *matchoubé* der Fulbe höher bewerten als die eigene ethnische Zugehörigkeit. [153]

6.3. Die Abwanderung von Vute-Gruppen aus dem Lamidat Tibati ab etwa 1830

6.3.1. Einleitung

In der zentralen Region um Tibati bewirkte die Eroberung durch die Fulbe und die Etablierung ihres Herrschaftssystems insbesondere unter den Vute-Gruppen eine Zunahme der bereits für die Vor-Fulbezeit festgestellten Wanderungen nach Süden. Innerhalb weniger Jahrzehnte, etwa zwischen 1830 und 1860, bewegten sich zahlreiche Vute-Gruppen – durch die Verfolgungen der Fulbe von Tibati gedrängt – südwärts. Besonders in diesem Zeitraum gelangen den Fulbe noch Vorstöße in südlicher Richtung bis an den Sanaga. Aus ihren Chroniken geht hervor, daß es sich zwischen 1831 und 1842 um Feldzüge des Lamidos von Tibati, Haman Sambo, handelte, zwischen 1842 und 1849 um eine Reihe erfolgreicher Feldzüge seines Sohnes Hamadou Arnga, der als Heerführer der Südtruppen des Lamidats eingesetzt war, und um weitere Unternehmungen in dessen eigener Amtsperiode zwischen 1850 und 1871. [154] Häuptling Ewuna aus der Batsenga-Gruppe (in der Nähe der Mündung des Mbam in den Sanaga) berichtete DOMINIK über den Aufenthalt von Fulbe-Reitern am Sanaga um 1864. [155]

Das Quellenmaterial enthält vor allem Angaben über die Vute-Gruppen, die in den achtziger Jahren des 19. Jhs. in der Sanaga-Ebene die Oberhäuptlingstümer Linte und Ngila gründeten; diese Daten ermöglichen eine Trennung der Zeit ihrer Wanderungen nach der Fulbe-Eroberung in eine „Etappe der Flucht" bis in den Raum um Yoko (etwa 1830 bis 1860) und in eine „Etappe der Eroberung" in der westlichen Sanaga-Ebene (etwa 1860 bis 1880). Diese historische Einteilung entspricht zeitlich der unten beschriebenen Gliederung Sirans nach Generationen.

Die Beschleunigung und Zunahme der Südwanderung von Vute-Gruppen als Folge der Fulbe-Eroberung wird in allgemeiner Form in zahlreichen Quellen aller Gattungen er-

---

[151] HOFMEISTER, 1926, S. 180.
[152] THORBECKE, M.-P., 1914, S. 170.
[153] SIRAN, 1981a, S. 265.
[154] MOHAMADOU, 1964, S. 39ff., 71. Vgl. ABUBAKAR, 1977, S. 94f.
[155] DOMINIK, 1901, S. 69; vgl. ZIMMERMANN, 1909, S. 118.

wähnt. [156] Einzelangaben sind jedoch sehr selten und gehen fast ausschließlich auf die neueren Forschungen von MOHAMADOU und SIRAN zurück. [157] Namentliche Erwähnungen von wandernden Klangruppen bzw. Häuptlingstümern, über die von diesen Autoren historische Angaben ermittelt wurden, finden sich ebenfalls öfter in kolonialzeitlicher und jüngerer Literatur. Bezeichnungen von Häuptlingen, Häuptlingstümern und Ortschaften werden dabei häufig verwechselt. [158] Die Angaben von MOHAMADOU und SIRAN ergänzen einander, beinhalten aber auch Abweichungen chronologischer und genealogischer Art. Das zeigt sich insbesondere bei den zahlreichen von MOHAMADOU zitierten Überlieferungen. Die Abweichungen beziehen sich vor allem auf die historische Einordnung namentlich genannter Häuptlinge, während die jeweils mit ihnen verbundenen Angaben in der Regel in den verschiedenen Überlieferungen übereinstimmen.

MOHAMADOU nahm Einzelüberlieferungen einer Reihe von Vute-Häuptlingstümern auf, die mit der Niederlassung im Raum östlich und südöstlich von Yoko einsetzen. Sie werden von ihm wörtlich und weitgehend interpretationsfrei wiedergegeben und enthalten häufig informative Einzelfakten, die vereinzelt eine grobe Rekonstruktion von Wanderbewegungen ermöglichen. [159] Ob die Niederlassungen vor oder nach der Eroberung von Tibare (Tibati) gegründet wurden, ist mit wenigen Ausnahmen nicht überliefert.

SIRAN ermittelte namentlich bekannte *familles* bzw. Matri-Klane aus Tibati und stellte durch Vergleich der Überlieferungen ihre Abwanderung, Wanderbewegungen und -richtungen sowie Beispiele für Klanspaltungen im Überblick dar. [160] Auf diese Weise wurden genauere Daten über Vute-Gruppen zur Fulbe-Eroberungszeit bekannt.

Die Ermittlungen von MOHAMADOU und SIRAN über Häuptlingstümer und Siedlungsgebiet der Vute um die Mitte des 19. Jhs. werden durch die Erkundungen von H. BARTH und anderer zeitgenössischer Forscher bestätigt; B. HASSENSTEIN hat sie 1863 in kartographischer Darstellung veröffentlicht. [161] Übereinstimmung mit diesen frühen Ermittlungen besteht vor allem in der topographischen und ethnischen Bestimmung politischer Einheiten der Vute. Ihre Bezeichnungen weichen jedoch mehr oder weniger von den Angaben MOHAMADOUs und Sirans ab. Am überzeugendsten erscheint die Darstellung des

---

[156] BRAUKÄMPER, 1970, S. 45, 50f.; BÜTTNER, 1967, S. 146; DOMINIK, 1908, S. 48; 1897, S. 417; HOFMEISTER, 1923b, S. 100; 1926, S. 202; LIPS, 1930, S. 141; Bundesarchiv, R 1001/ 3269, Bl. 28, MORGEN; PASSARGE, 1909, S. 454; SIEBER, 1925, S. 111; Bundesarchiv, R 1001/3345, Bl. 24, v. STETTEN; THORBECKE, 1916, S. 14.

[157] MOHAMADOU, 1967; SIRAN, 1980; 1981a.

[158] Zum Beispiel wird das Häuptlingstum Doume in kolonialzeitlichen Quellen unter dem Namen des derzeit regierenden Häuptlings Same erwähnt. Vgl. THORBECKE, 1914a, S. 68; Geffrier, 1944–45, zitiert nach MOHAMADOU, 1967, S. 96.

[159] Auch bezüglich jüngerer Abschnitte der Vute-Geschichte, so hinsichtlich der letzten Jahrzehnte vor der kolonialen Eroberung, verfährt MOHAMADOU in der gleichen Weise, soviel wie möglich mit Überlieferungswiedergaben arbeitend. Siehe vorliegende Arbeit, Kapitel 7, 8.

[160] SIRAN, 1981a, S. 270; a.a.O. definiert SIRAN diese *familles* als die Matri-Klane der Vute. Vgl. SIRAN, 1981b, S. 41.

[161] BARTH, 1857, S. 753f.; HASSENSTEIN, 1863, S. 173ff., Taf. 6; vgl. vorliegende Arbeit, Karte 6, S. 80. Auch THORBECKE stellt 1924, S.4, die Übereinstimmung dieser Angaben mit seinen Ermittlungen fest.

„Bute-Dorfes" Bongore, das mit dem späteren Guéré identisch sein könnte. Andererseits enthält die Karte Hassensteins nicht alle aus den Überlieferungen bekannten Häuptlingstümer bzw. Vute-Siedlungen; in einigen Fällen sind sie aufgrund abweichender Bezeichnungen oder ungenauer Lokalisierung nicht mit Bestimmtheit identifizierbar.

6.3.2. Wanderetappen und Wanderrichtungen der Vute-Klangruppen

Unter den von MOHAMADOU veröffentlichten historischen Überlieferungen gibt es nur wenige, die klare Hinweise auf die oben erwähnte Möglichkeit einer ursprünglichen Einwanderung aus dem Norden enthalten. [162] Die Mehrheit der Überlieferungen beginnt mit der Niederlassung eines Vorfahren an einem bestimmten Ort im Raum um Yoko, wodurch zumindest der Hinweis auf eine vorausgegangene Wanderung gegeben ist. Dazu gehören die Überlieferungen über die Häuptlingstümer Doumé, Sengbé, Guéré, Yoko, Matsari und Makouri. [163]

Die frühesten von SIRAN ermittelten Angaben sagen aus, daß im Rahmen der Eroberung Tibatis die Einwohner dreier Siedlungen, als *familles* oder Matri-Klane organisiert, relativ geschlossen flohen und in südlicher Richtung jeweils unterschiedliche Wanderwege zogen. Nach der kartographischen Darstellung Sirans zog der überwiegende Teil der *yèèp*, *ndìm* und *gènìp* im Gebiet zwischen der späteren Piste Yoko-Tibati und dem Djerem-Fluß entlang. [164] Etwa auf der Hälfte der Strecke zwischen Yoko und Tibati trennte sich von den *yèèp* ein geringer Teil ab und gründete das Häuptlingstum Sengbé. [165] Von den *ndìm* sonderte sich eine Gruppe ab, die das Häuptlingstum Doumé bildete. [166] Die ursprünglichen Lokalisierungen und Bezeichnungen von Doumé und Sengbé durch SIRAN werden in den von MOHAMADOU veröffentlichten Überlieferungen bestätigt. [167] Allerdings scheint aus seinen Texten hervorzugehen, daß Sengbé schon vor der Fulbe-Einwanderung auf das linke Ufer des Djerem verlegt wurde, also vermutlich nicht erst im Zuge der nach Süden gerichteten Ausweich- und Fluchtbewegung dort angelegt worden ist. [168] Diese chronologische Abweichung besteht jedoch möglicherweise nur scheinbar. Die Formulierung: „vor der Fulbe-Einwanderung" kann in einem sehr weiten Sinne aufgefaßt werden, da zwischen der Eroberung von Tibati und der Festigung der territorial-politischen Organisation – gerade im südöstlichen Teil – Jahrzehnte vergingen und das ursprüngliche Sengbé-Siedlungsgebiet zum erwähnten Grenz- und

---

[162] Vgl. MOHAMADOU, 1967, S. 68, 73. Die von MOHAMADOU, 1967, S. 68f., veröffentlichte Bornu-Überlieferung enthält keine historisch zu wertenden Angaben über Südadamaua und die Sanaga-Ebene.

[163] Vgl. Geffrier, 1944–45, zitiert nach MOHAMADOU, 1967, S. 94ff.

[164] SIRAN, 1981a, S. 269, vgl. vorliegende Arbeit, Karte 7, S. 82.

[165] SIRAN, 1981a, S. 270.

[166] Ebd.

[167] MOHAMADOU, 1967, S. 95f. Sengbé und Doumé wurden während der deutschen Kolonialzeit zwangsweise an die Piste Yoko-Tibati umgesiedelt. Bundesarchiv, R 1001/3299, Bl. 51, v. CARNAP-QUERNHEIMB; HOFMEISTER, 1926, S. 180; THORBECKE, 1914a, S. 68; 1916, S. 28; vgl. SIRAN, 1981a, S. 268, vorliegende Arbeit, Karte 7, S. 82.

[168] Geffrier, 1944–45, zitiert nach MOHAMADOU, 1967, S. 95; vgl. Überlieferungsbeispiel in vorliegender Arbeit, S. 262.

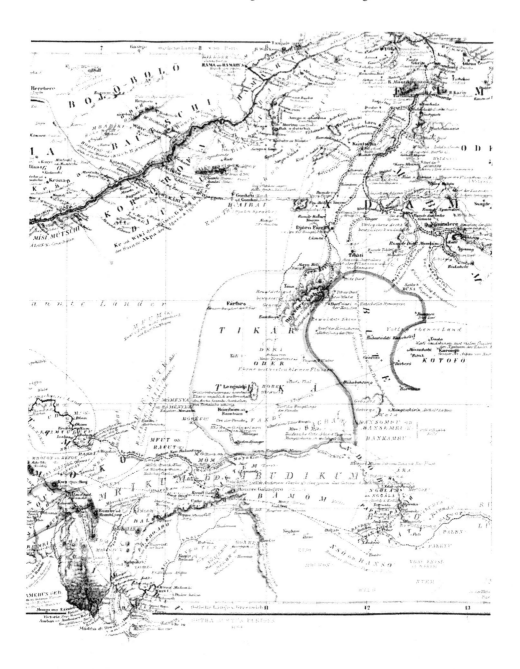

Karte 6: Siedlungsgebiet und politische Einheiten der Vute um 1850. HASSENSTEIN, *1863, Taf.6 (Ausschnitt).*

Rückzugsterritorium des Lamidats Tibati gehörte. Die Niederlassung von weiterziehenden Gruppen der *yèèp* und *ndìm* im Raum östlich und südöstlich von Yoko und die Gründung der Häuptlingstümer Guéré, Matsari und Yamyaré beendete nach SIRAN die erste Hauptetappe der Südwanderung. [169] Die Lokalisierungen der Häuptlingstümer Guéré und Matsari werden in den von MOHAMADOU veröffentlichten Überlieferungen ebenfalls bestätigt und durch Angaben über die Gründer konkreter gefaßt. [170]

Das Häuptlingstum Yoko wird in die Darlegung der Südwanderung von SIRAN nicht einbezogen. Die von MOHAMADOU wiedergegebene Überlieferung über dieses Häuptlingstum enthält wesentliche Angaben zur Lage der Siedlungen und zu den Namen der Häuptlinge in der letzten unabhängigen Phase vor der Fulbe-Eroberung, die auch zeitlich fixiert werden kann. [171] Diese Daten scheinen die These zu stützen, daß die Landnahme der Yoko-Gruppe relativ früh erfolgte und nicht unbedingt als eine durch den Fulbe-Vorstoß veranlaßte Ausweichreaktion verstanden werden muß.

Wie Klanspaltungen infolge der Eroberung durch die Fulbe und während der Flucht bzw. Wanderung nach Süden abgelaufen sind, ist am Beispiel der Überlieferung über das Häuptlingstum Makouri, das zum Matri-Klan *ndìm* gehört, gut zu erkennen. [172] Als die Mehrheit des Matri-Klans *ndìm* aus Tibati abwanderte, blieb ein Mitglied einer *ndìm*-Häuptlingslinie – Nzangoa, Gründer des späteren Häuptlingstums Makouri – zunächst in Tibati; ein Bruder von ihm, Mgbondja, trennte sich von der nach Süden wandernden Einheit und bildete die Doume-Gruppe; ein „Cousin" von beiden, Guéré, gründete weiter südlich das gleichnamige Häuptlingstum. [173] Diese Überlieferung belegt und ergänzt die von SIRAN allgemein erwähnte ursprüngliche Verwandtschaft zwischen den Gründern der Häuptlingstümer Doumé und Guéré. [174] Das etappenweise Nachrücken des Nzangoa aus Tibati – erst in das Häuptlingstum seines Bruders Mgbondja, später in das seines „Cousins" Noukong von Guéré und schließlich die weitere Siedlungsverlegung unter seinem Nachfolger [175] – erhellt die Vielgestaltigkeit dieser durch politischen Druck intensivierten Wanderbewegungen mit der mehrfachen Spaltung der Linien, temporärer Wiederzusammenführung und erneuter Verselbständigung. Das alles muß sich noch in der sogenannten ersten Generation oder der „Etappe der Flucht" (1830 – 1860) vollzogen haben.

SIRAN teilt die Wanderbewegungen in generationsgebundene Etappen ein. Nach seinen Ermittlungen endeten die Wanderungen, vor allem die der Klangruppen der *ndìm* – deren Nachkommen die politische Entwicklung in der westlichen und zentralen Sanaga-Ebene nachhaltig beeinflussen sollten – und der *yèèp* – in der Region zwischen Matsari und Guéré,

---

[169] SIRAN, 1981a, S. 270f.
[170] Vgl. Geffrier, 1944 – 45, zitiert nach MOHAMADOU, 1967, S. 96f., 99f.
[171] Vgl. MOHAMADOU, 1967, S. 94f.
[172] Vgl. Geffrier, 1944 – 45, zitiert nach MOHAMADOU, 1967, S. 97; SIRAN, 1981a, S. 270; vgl. Überlieferungszitat in vorliegender Arbeit, S. 263.
[173] SIRAN, 1981a, S. 270.
[174] Ebenda.
[175] Ebenda.

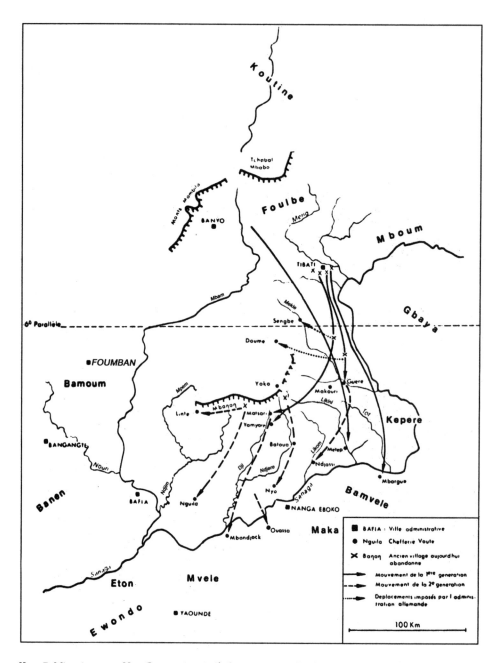

Karte 7: Migrationen von Vute-Gruppen im 19. Jh. SIRAN, 1981a, S. 268

südöstlich von Yoko – in der ersten Generation. [176] Der Autor benennt Klanspaltungen der *familles* bereits vor dem Ende dieser Etappe und zeigt damit ursprüngliche Verwandtschaftszusammenhänge auf. Durch die Mehrzahl der von MOHAMADOU aufgenommenen Überlieferungen bestätigt, kommt SIRAN zu der Auffassung, daß es bei diesen Gruppen die dritte Generation war, die zwischen 1860 und 1880 die Eroberungen in der westlichen und zentralen Sanaga-Ebene vorantrieb. [177]

In seine sehr allgemeine Periodisierung auf der Grundlage einer Gliederung nach Generationen bezieht SIRAN auch zwei große Vute-*familles* bzw. Matri-Klane ein, die in den östlichen Raum der Sanaga-Ebene einwanderten, und deren Mitglieder nach SIRAN noch in der ersten Generation wesentlich weiter südlich vordrangen. So gelangten zur *gènìp-famille* gehörende und aus der Region um Tibati stammende Vute bis über den Sanaga und gründeten dort das Häuptlingstum Mbargue. [178] Ferner sollen die Vorfahren der Häuptlinge von Metep aus der Region von Banyo stammen und während der ersten Generation bis in das südliche Zentralgebiet der Sanaga-Ebene gezogen sein. [179] Die von MOHAMADOU dokumentierten Überlieferungen von Vute-Klangruppen im zentral-südlichen und südöstlichen Raum der Sanaga-Ebene belegen die gleichen Vorgänge wie in der Region zwischen Tibati und Yoko: Klanspaltungen und Neuformierungen, gewaltsame Auseinandersetzungen untereinander und Unterwerfung der ansässigen Bevölkerung im Verlauf der Einwanderung und Niederlassung. Ganz ähnliche Prozesse sollten sich dann ein bis zwei Generationen später in der westlichen Sanaga-Ebene abspielen. [180]

6.3.3. Sozialpolitische und sozialökonomische Aspekte

Aus den Überlieferungsangaben über die Wanderungen (bis etwa 1860) geht hervor, daß die Größe der gemeinsam ziehenden und sich abspaltenden Vute-Einheiten sehr unterschiedlich war. So gibt es Beispiele für die Siedlungsverlegung durch eine intakte Klangruppe; [181] es gibt Hinweise auf Klanspaltungen in mehrere, z.T. wegziehende Gruppen; [182] und es gibt Berichte vom Ausscheren einzelner mit ihren Angehörigen und einigen wenigen Anhängern. [183] Während einerseits in der Überlieferung über das Häuptlingstum Makouri die Zersplitterung von Klangruppen dokumentiert wird, hat es umgekehrt auch Anschlüsse von nicht verwandten Klansplittern, einzelnen Familien oder Einzelpersonen an größere Einheiten auf dem Wege der Südwanderung gegeben. Die druckwellenartige Abwanderung von Vute-Gruppen nach der Fulbe-Eroberung wird von SIRAN als „brassage de population", als Durcheinanderwir-

---

[176] SIRAN, 1981a, S. 270.
[177] Ebenda.
[178] SIRAN, 1981a, S. 270. Bei Chauleur, 1932, zitiert nach MOHAMADOU, 1967, S. 123, wird dieser Klan Guéné genannt.
[179] Vgl. vorliegende Arbeit, Karte 7, S. 82 und Anmerkung 10, S. 59.
[180] Vgl. Chauleur, 1932, zitiert nach MOHAMADOU, 1967, S. 123f.
[181] Zum Beispiel im Fall von Matsari und Guéré. Vgl. SIRAN, 1980, S. 47.
[182] SIRAN, 1981a, S. 270.
[183] SIRAN, 1980, S. 47f.

beln der Bevölkerungen und Zersplitterung der lokalen Gruppen, bezeichnet, die in der
Abwanderung einer Vielzahl kleiner Gruppen mündete. [184]

Diese Vorgänge führen zu der Frage nach möglichen Veränderungen in der sozialen Zusammensetzung und Organisation der wandernden Einheiten, und ob die Intensivierung
der Migration auch zu Veränderungen in der Gruppenzusammensetzung führte, bzw. ob dadurch die gesellschaftliche Differenzierung gefördert wurde. Die von MOHAMADOU zitierten Überlieferungen über diesen Zeitabschnitt liefern dazu nur wenige Angaben. SIRAN ging
der Fragestellung während seiner Feldforschung 1971 nach und ermittelte durch Befragen
seiner Informanten den sozialen Gruppenbegriff *kuŋ*. [185] Nach Aussage von Bwatcheng Qalihou, dem Häuptling von Mangai, lautete die Übersetzung: „Die Leute, die mit dir gehen,
die Familie." [186] In seiner Interpretation hob SIRAN hervor, daß es sich dabei also erstens
um eine Gruppe handelt, die weggeht, zweitens: „mit dir", also angeschlossen an ein Individuum, das als Oberhaupt oder Anführer fungierte. Nach SIRAN war es früher jedesmal ein
la (Mutterbruder), der einen *kuŋ* um sich versammelte und abwanderte. Von dem Begriff
kuŋ wurden klar zwei andere Begriffe unterschieden: der Begriff *gbàŋ* für Personen mit Verwandtschaftsbindung, [187] (also ursprünglich für den Klan), [188] – und *yò*, der die Matrilinie in
der Abstammungsrechnung der Vute bezeichnet. Dennoch wurde der Kern des *kuŋ* aus Mitgliedern einer *gbàŋ*-Gruppe unter Führung eines Ältesten oder Erstgeborenen gebildet, [189]
aber erweitert durch nicht verwandte Verbündete oder Gleichgesinnte, die sich dem Anführer in Anerkennung seiner Fähigkeiten und seines Initiativgeistes – und nicht aufgrund von
Verwandtschaftsbindung – unterstellten. [190] Möglicherweise wurden durch Unterstellungsverhältnisse – zunächst auf freiwilliger Basis – und durch langdauernde Wanderungen und
Kämpfe die Grundlagen für eine weitergehende soziale und politische Stimulierung geschaffen. Die durch äußere politische Gegebenheiten erzwungene Abwehr gegen die Expansion
der Fulbe aus dem Norden einerseits und die Organisation von Angriffskriegen im Süden
andererseits dürften die Position des politischen Führers und seiner Linie ganz wesentlich
gefestigt haben.

Neben friedlichen Niederlassungen in der Region um Yoko belegen einige Über-
lieferungen auch politische Auseinandersetzungen und Machtkämpfe in einigen Vute-
Häuptlingstümern, die von nachrückenden Vute-Gruppen ausgelöst wurden. Nach der von
MOHAMADOU veröffentlichten „Drei Brüder" – Überlieferung über die unmittelbaren
Vorfahren der Dynastiegründer von Linté und Ngila [191] ließen sich Ngouté und Ngrang bei
dem Vute-Häuptling Guer (Guéré), östlich von Yoko, nieder – und setzten ihn später ab.

---

[184] SIRAN, 1980, S. 47; 1981a, S. 265.

[185] SIRAN, 1980, S. 47f.

[186] „Les gens qui partent avec toi, la famille". SIRAN, 1980, S. 48.

[187] „Gens ayant un lien de parenté". SIRAN, 1980, S. 48.

[188] SIRAN, 1980, S. 48, Anmerkung 29.

[189] „aîné". SIRAN, 1980, S. 48.

[190] Ebenda.

[191] Ndong, 1943, zitiert nach MOHAMADOU, 1967, S. 73.

Hier handelte es sich um klaninterne Machtkämpfe, da sowohl die eingewanderten Vute als auch die Gastgeber zum Matri-Klan *ndìm* gehörten. [192] Der dritte Bruder, Ndong Méré, ließ sich weiter südlich im Häuptlingstum Mveimba nieder. Als Mveimba von der Absetzung Guers hörte, bat er Ndong Méré, sein Gebiet zu verlassen. Dies führte zum Kampf, der mit dem Sieg Ndong Mérés und seiner Selbsteinsetzung als Häuptling endete. [193] Aus diesem Häuptlingstum entstand später das Vute-Oberhäuptlingstum Nyô mit dem Matri-Klan Nynonop. [194] Die drei Brüder, als Anführer der eingewanderten Gruppen, waren nach der Überlieferung Jäger, „chasseurs émérites". [195]

Möglicherweise ist in dem Streben der eingewanderten und integrierten Vute nach Rangpositionen und politischer Macht ein Indiz für einen bereits „mitgebrachten" sozialen Differenzierungsgrad zu sehen, den sie nach ihrer Integration in das Häuptlingstum ihrer Gastgeber, erneut durchzusetzen und auszubauen suchten. Die Angaben verdeutlichen, daß die von SIRAN erwähnte Aufsplitterung und Neuformierung von Gruppen einerseits alte Bindungen zerstörte, [196] andererseits Veränderungen der sozialen und politischen Verhältnisse in einigen Häuptlingstümern um Yoko förderte und schließlich – mit zunehmend wachsenden politischen Eigenbestrebungen – auch Einfluß und Durchsetzungsvermögen der Klanoberhäupter einschränkte, – wenn das auch aufgrund der Quellenlage quantitativ schwer meßbar ist. Zusätzlich ist zu berücksichtigen, daß diese Vute seit Jahren den Aufbau der frühstaatlichen Organisation der Fulbe in Tibati miterlebten, wo ihnen die Möglichkeiten politischer Herrschaftsausübung vor Augen geführt wurden. Alle diese Vorgänge begünstigten das Einsetzen soziopolitischer Veränderungen in der nachfolgenden und dritten Generation bei den erneut – nun in die westliche und zentrale Sanaga-Ebene – abgewanderten, umgestalteten und neuformierten Gruppen, die in der „Etappe der Eroberung" (nach etwa 1860) in Verbindung mit territorialer Expansion, mit Unterwerfung und Integration anderer Bevölkerungsgruppen größere Gebiete besetzten und die Oberhäuptlingsherrschaften Linte und Ngila etablierten. [197]

Die Annahme, daß soziale Differenzierungsprozesse in der „Etappe der Flucht" (von etwa 1830 bis 1860) gefördert wurden, schließt auch die Frage nach eventuellen ökonomischen und sozialökonomischen Veränderungen in dieser Zeit mit ein. Die zur Verfügung stehenden Überlieferungen über die nach Süden ziehenden Vute-Gruppen enthalten aber dazu keine Angaben.

Eine zu überlegende ökonomische Veränderung betrifft die Rolle der Jagd bei den Vute während ihrer Südwanderung. Sie hat vermutlich bereits zur Zeit der Fulbe-Eroberung eine

---

[192] SIRAN, 1981a, S. 270.
[193] Ndong, 1943, zitiert nach MOHAMADOU, 1967, S. 73f.
[194] Chauleur, 1932, zitiert nach MOHAMADOU, 1967, S. 123f.
[195] Ebenda.
[196] „... détruisant les anciens liens ... ", SIRAN, 1980, S. 48.
[197] Siehe vorliegende Arbeit, Kapitel 7.

bedeutende Rolle in ihrer Wirtschaft gespielt. [198] Allgemein wird von SCHNELLE in ihrer Arbeit über die traditionelle Jagd in Westafrika betont, daß die ökonomische Bedeutung der Jagd bei anbautreibenden Gruppen ohne Großviehhaltung vor der Übernahme des Gewehrs und in wildreichen Gebieten – alles Merkmale, die für die Vute dieser Zeit zutreffen – über eine Nebenrolle hinausging. [199] Möglicherweise erfuhr die jagdwirtschaftliche Produktion in dieser Zeit jedoch noch eine Aufwertung. Natürlich war der landwirtschaftliche Jahreszyklus, vor allem der mit einer längeren Vegetationsphase verbundene Hirseanbau, unter den Bedingungen öfter wiederkehrender Flucht- und Ausweichbewegungen außerordentlich gefährdet. Hingegen stellte die Nutzung der für diese Feuchtsavannenregion charakteristischen reichen Wildbestände, [200] in die die aus dem Norden kommenden Gruppen zunehmend eindrangen, eine schnell zu nutzende und relativ sichere Ernährungsbasis in Notzeiten dar. So könnte die zunehmende Bedeutung der Jagdwirtschaft auch die Stellung des Jäger-Häuptlings gefördert haben. Für die Rolle von Jägern als Führer wandernder Bodenbauergruppen, wie sie auch in der oben erwähnten „Drei-Brüder"-Überlieferung erwähnt wird, [201] gibt es unter westafrikanischen Bodenbauergruppen in wildreichen Savannengebieten eine Reihe paralleler Beispiele. So machte SCHNELLE entsprechende Angaben über die Gouró, Bobo, Dogon, Bassari u.a. und bezeichnet dabei als Hauptfunktion der Jäger die Suche nach günstigen Siedlungsplätzen aufgrund ihrer Kenntnisse der Jagdterritorien. [202]

In den Überlieferungen zur Südwanderung von Matri-Klanen aus Tibati ist mehrfach der Begriff *dépendance* enthalten. [203] Da nähere Angaben fehlen, kann nicht mit Sicherheit gesagt werden, ob dieser Terminus nur politisch – oder auch sozialökonomisch determiniert war.

---

[198] Dafür spricht eine Bemerkung von T. M. BAH, der ihre Siedlungen in Südadamaua bis zur Mitte des 19. Jhs. als *campements de chasse* bezeichnet. BAH, 1993, S. 69.

[199] SCHNELLE, 1971, S. 18.

[200] Überlieferungsversion B. Qalihou, 15.1.71, zitiert nach SIRAN, 1980, S. 49; desgl. I. Voudjo, 4.6.70, Mangai, zitiert nach SIRAN, 1980, S. 50; vgl. HOFMEISTER, 1913b, S. 51; MORGEN, 1890b, S. 122; 1893, S. 71, 93, 330; SIEBER, 1925, S. 16; THORBECKE, 1914a, S. 49.

[201] Siehe oben S. 84.

[202] SCHNELLE, 1971, S. 153.

[203] Zum Beispiel in der Überlieferung über das Häuptlingstum Makouri: „Appelé par son cousin Noukong, chef de Guéré, qui le prit ainsi sous sa dépendance, Nzangoa alla ensuite se fixer au lieu dit Lingbi, presqu'île située au confluent de la Méké et du Djérem, pour se soustraire aux exigences toujours croissantes du lamido de Tibati." Geffrier, 1944–45, zitiert nach MOHAMADOU, 1967, S. 97. Vgl. oben S. 49, Fußnote 60 und Überlieferungsbeispiele in Kapitel 12.

7. Die Ausbreitung von Vute-Gruppen in der westlichen und zentralen Sanaga-Ebene nach etwa 1860

7.1. Einleitung

Nach den genealogischen und historischen Angaben in den Überlieferungen der Vute, Sirans Einteilung ihrer Wanderetappen nach Generationen und vor allem unter Berücksichtigung der Festigung der territorialpolitischen Organisation des Lamidats Tibati im Süden, ab der Mitte des 19. Jhs., die eine neue Welle von Abwanderungen auslöste, ist ein weiterer Zeitraum der Ausbreitung von Vute-Gruppen – etwa zwischen 1860 und 1880 – abgrenzbar. [1] Eine übereinstimmende allgemeine Datierung dieser Wanderungen in zahlreiche Gebiete der Sanaga-Ebene wird auch von einer Reihe anderer Autoren vorgenommen. [2] Gleichzeitig kann dieser Zeitraum als eine Übergangsperiode angesehen werden, in der sich die soziopolitischen Voraussetzungen für die Entstehung der Oberhäuptlingstümer Linte und Ngila herausbildeten. [3]

Die für diese Zeit verhältnismäßig reichlich vorhandenen und z.T. recht detaillierten Aussagen über Ereignisse und Verhältnisse in der nördlichen und westlichen Sanaga-Ebene legten es nahe, die Untersuchungen vorwiegend auf dieses Gebiet – und damit insbesondere auf die genannten Oberhäuptlingstümer – zu konzentrieren. In deren geschichtlichen Überlieferungen sind die meisten soziopolitisch relevanten Angaben zu Entstehung und Weiterentwicklung als Machtzentren enthalten; diese Prozesse waren ja zum Zeitpunkt der kolonialen Eroberung 1899 keineswegs abgeschlossen. Mit ihren historischen Inhalten von der Eroberung und Unterwerfung anderer Gruppen sowie der Machtausübung der „Königtümer" nehmen sie in der Erinnerung der Vute bis heute einen hervorragenden Platz ein und bildeten somit wohl auch in den Aussagen der Informanten immer eines der Hauptthemen. Während die historischen Darstellungen häufig in mehreren Varianten vorliegen oder

---

[1]   Vgl. KRÖTZSCH, 1982, S. 230f.; SIRAN, 1971, S. 5; 1981a, S. 270; Bundesarchiv, R 1001/3345, Bl. 24f., v. STETTEN; WILHELM, 1981, S. 447.

[2]   BRAUKÄMPER, 1970, S. 50; LEMBEZAT, 1961, S. 228; MOHAMADOU, 1967, S. 64; MORGEN, 1893a, S. 82; SIEBER, 1925, S. 59.

[3]   Diese Oberhäuptlingstümer gingen unter den Namen ihrer Hauptorte bzw. Herrschersitze Linte und Ngila in die Quellen ein. Ngila (Ngilla) stellt nach SIRAN, 1980, S. 37, Anmerkung 17, eine kolonialzeitliche Deformation von *Ngraŋ*, dem Herrschertitel der Vute von Nduba, dar. So tritt die Bezeichnung Ngila (Ngilla) auch als Herrschertitel und Name des Oberhäuptlings auf. Das Herrschaftszentrum des Oberhäuptlingstums Ngila wurde ursprünglich Nduba genannt, nach der Anhöhe, auf der es damals lag. Der Name wurde von der unterworfenen bantusprachigen Bevölkerung dieses Ortes übernommen. Vgl. HOFMEISTER, 1914, S. 22; Pierre u. Vouba, zitiert nach MOHAMADOU, 1967, S. 106, 110; SIRAN, 1980, S. 36, Anmerkung 17; THORBECKE, 1914a, S. 63.

mehr oder weniger bedeutsame Abweichungen aufweisen, stimmen die in ihnen enthaltenen soziopolitischen Angaben grundsätzlich überein oder ergänzen einander. In den von
MOHAMADOU aufgenommenen Traditionen überwiegen historische Daten. Aus den Ermittlungen Sirans geht deutlich das Bemühen hervor, die Informanten bei der Wiedergabe
von Überlieferungen auf historische, ökonomische und soziale Ursachen gesellschaftlicher
Veränderungen zu orientieren. Im Ergebnis stellt er in der Region um Yoko spätestens ab
etwa 1860 die Herausbildung von machtpolitischen Organisationselementen und eine wohl
bereits bedeutende Rolle der Kriegführung in den Häuptlingstümern der *ndìm* und *yèèp* fest,
deren führende Linien ein bis zwei Jahrzehnte später im westlichen Teil der Sanaga-Ebene die
Oberhäuptlingstümer Linte und Ngila gründeten: „Cet éclatement en des multiples groupes,
les affrontements qui en résultaient au hasard de leurs rencontres, détruisant les anciens liens,
ouvraient la possibilité d'une profonde réorganisation du rapports sociaux. De fait, c'est au
travers d'une véritable révolution politique que se sont constituées les deux grandes chefferies de Linté et Nguila." [4] Die Aussagen beider Autoren ergeben ein zwar lückenhaftes, aber
relativ übereinstimmendes Bild der gesellschaftlichen Verhältnisse dieser Vute-Gruppen zwischen etwa 1860 und 1880 bzw., wie in diesem Kapitel beispielartig skizziert wird, des Her-
ausbildungsprozesses des Oberhäuptlingstums Linte und wenig später auch des Oberhäuptlingstums Ngila. Auch die kolonialzeitlichen Überlieferungsaufnahmen und Einzelhinweise
enthalten in dieser Hinsicht keine grundsätzlichen Widersprüche. [5] Eine hinsichtlich historischer Fakten, Persönlichkeiten und gesellschaftlicher Merkmale damit weitgehend übereinstimmende „Geschichte der Vute" ist aus der Kolonialzeit durch Missionar HOFMEISTER
übermittelt, der dazu umfangreiche Befragungen durchführte. [6]

Die von SIRAN aufgenommenen Überlieferungen von Häuptling Bwatcheng Qalihou
aus Mangai (15.1.1971), von Notabel Issa Voudjo aus Nguila (4.6.1970), von den Notabeln
Toung-Niri und Abdoulaye Mossi (12.12. 1969) aus Nguila[7] und die von MOHAMADOU
veröffentlichte Überlieferung von Mitgliedern der Häuptlingsfamilie von Linté[8] sowie publizierten Überlieferungsaufnahmen von Coqueraux, Ndong, Delteil und Geffrier zur Geschichte der Oberhäuptlingstümer Linte und Ngila[9] beinhalten die höchste Informationsdichte und -tiefe, so daß zumindest unter historischem Aspekt eine relativ geschlossene Darstellung dieses Zeitabschnitts möglich wird. Wichtige Ergänzungen liefern die Ermittlungen
Sirans zu konkreten Verwandtschaftsbindungen zwischen den Häuptlingstümern und zu ihrer Rolle im historischen Kontext.

Da damit ein historisch relativ nahe zurückliegender Zeitabschnitt – innerhalb der letz-

---

[4]   SIRAN, 1980, S. 48.
[5]   Vgl. DOMINIK, 1908, S. 48; HOFMEISTER, 1914, S. 19ff; 1923, S. 100; MORGEN, 1893a, S. 82; SIEBER,
      1925, S. 59; STEIN, 1908, S. 525; Bundesarchiv, R 1001/3345, Bl. 24f., v. STETTEN; THORBECKE,
      1914a, S. 63; 1914b, S. 34; 1914c, S. 150ff.
[6]   HOFMEISTER, 1914, S. 19ff., 35ff., 43ff., 53ff.
[7]   SIRAN, 1980, S. 48ff.
[8]   Pierre u. Vouba, zitiert nach MOHAMADOU, 1967, S. 101ff.
[9]   Vgl. MOHAMADOU, 1967, S. 68f., 73f., 83ff., 101ff., 109ff.

ten zwei bis drei Generationen vor Beginn der kolonialzeitlichen Erschließung – erfaßt wurde, werden in den genannten Überlieferungen einige Vorfahren nicht nur namentlich benannt, sondern auch etwas näher charakterisiert. [10] Sofern man unterstellt, daß trotz geringer namentlicher Abweichungen von denselben Personen die Rede ist, da alle übrigen auf sie bezogenen Angaben übereinstimmen, so läßt sich aus einer Linie des Matriklans *ndìm* in oder bei Matsari eine Brüdergruppe feststellen, [11] die mit ihren Anhängern die Führung in dem expansiven, machtpolitisch orientierten Häuptlingstum (Mbangang) übernahm, nachdem sie sich zuvor mit ihren Anhängern in mehreren Vute-Häuptlingstümern aufgehalten hatten. [12] Unter ihnen waren es besonders Ngueng und Voukto (bzw. sein Sohn Gomtsé), [13] die während dieser Zeit und der nachfolgenden Eroberungszüge in den Westen und Südwesten der Sanaga-Ebene als dominierende Persönlichkeiten und Anführer auftraten. Sie gingen als „Dynastiegründer" in die Herrschergenealogie der Oberhäuptlingstümer Linte und Ngila ein. Die *royal lineages* dieser beiden Oberhäuptlingstümer haben somit einen gemeinsamen verwandtschaftlichen Ursprung. Ihre Vorfahren sind in den Überlieferungen mit Namen, Siedlungsort und weiteren Angaben als Vertreter der ersten aus Tibati abgewanderten Generation bekannt. [14] Die historische Existenz von Ngueng und Voukto (bzw. Gomtsé) kann aufgrund der Dichte der Belege in allen verfügbaren Überlieferungen als erwiesen gelten. [15]

Eine Reihe von Hinweisen spricht auch für parallele politische Entwicklungen in den zentralen und südöstlichen unter der Herrschaft von Vute-Gruppen zum Teil etwa zeitgleich entstandenen Häuptlings- oder Oberhäuptlingstümern. So schreibt SIRAN: „Les témoignes allemandes concernant les autres chefferies vouté sont plus rares, mais suffisants pour montrer que c'est bien toutes les chefferies vouté qui étaient de terribles machines de guerre dont la domination s'exerçait implacablement sur les populations voisines." [16] Dazu zählen vor allem: das Oberhäuptlingstum Mbanjock, seit Anfang des 20. Jhs. südlich des Sanaga gelegen, gegenüber des rechtsseitig in diesen mündenden Dii; [17] das Oberhäuptlingstum Nyô rechtsseitig des Sanaga im Nordwesten von Nanga Eboko; [18] sowie die Oberhäuptlingstümer Metep am unteren Likini, rechtsseitig des Sanaga und Mbargue als größtes südöstliches

---

[10] Die erste, von TAPPENBECK beschriebene Kontaktaufnahme liegt aus den Jahren 1887/1888 vor. Vgl. Forschungsergebnisse der Batanga-Expedition in der Zeit vom Oktober 1887 bis Ende Februar 1888. 1888, S. 27f.

[11] SIRAN 1980, S. 50; 1981a, S. 270; bestätigt durch mündliche Aussage von A.P. SONGSARÉ, 1987, siehe unten, S. 97f.

[12] Siehe unten, S. 102, 105ff.

[13] Es bleibt infolge unterschiedlicher Überlieferungen unklar, ob Voukto oder Gomtsé den Yangafouk (Yalongo)-Ort Nduba im Südwesten der Sanaga-Ebene, das spätere Ngila, erobert hat. Häufiger wird Gomtsé genannt. Vgl. Geffrier, 1944–45, zitiert nach MOHAMADOU, 1967, S. 111.

[14] Vgl. MOHAMADOU, 1967, S. 63; SIRAN, 1980, S. 51.

[15] HOFMEISTER, 1914, S. 21f.; MOHAMADOU, 1967, S. 73f., 101ff, 109f., 112, 121; SIRAN, 1980, S. 49ff.; 1981a, S. 270; THORBECKE, M.-P., 1914, S. 150.

[16] SIRAN, 1980, S. 38.

[17] DOMINIK, 1901, S. 159; V. KAMPTZ, 1896, S. 557; SIRAN, 1980, S. 48; vgl. vorliegende Arbeit, S. 95.

[18] Vgl. MOHAMADOU, 1967, S. 75ff., 100, 123; SIRAN, 1981a, S. 269f.

Oberhäuptlingstum linksseitig des Sanaga am Fluß Toumena. [19] Diese Oberhäuptlingstümer sind in den Quellen wesentlich weniger dokumentiert, so daß nur einige soziopolitische Merkmale vergleichsweise aufgeführt werden können. Noch weniger ist dies für die ab und zu in den Quellen erwähnten Häuptlingstümer dieser Region, wie Ndo, Tscheke, Jangwa, Do und Baktere, die zeitweise in das Oberhäuptlingstum Nyô integriert waren, möglich. [20]

7.2. Angaben über die gesellschaftlichen Verhältnisse in den politischen Einheiten der Vute um 1860

Grundlage der gesellschaftlichen Struktur war weiterhin die überkommene Klanorganisation. Die Matri-Klane (gbaŋ) der Vute waren nicht exogam, jedoch bestand strenge Exogamie der Matrilinie (yò). [21] Durch die Vertreibung bzw. durch das Ausweichen von Vute-Gruppen aus dem Tibati-Gebiet lebte am nördlichen Rand der Sanaga-Ebene neben einigen verwandtschaftlich und lokal konzentriert gebliebenen Einheiten – wie die oben erwähnten Häuptlingstümer Matsari oder Guéré, die jedoch auch andere Klansplitter aufnahmen [22] – ein wesentlicher Teil der Vute-Bevölkerung in Klansplitter verschiedener Größenordnung disloziert für sich oder in Gemeinschaft mit Splittergruppen anderer Klane. Einzelne Hinweise in den Überlieferungen der Vute lassen erkennen, daß um die Mitte des 19. Jhs. (bzw. zu Beginn des hier untersuchten Zeitabschnittes von etwa 1860 bis 1880) zumindest in ihren größeren territorial-politischen Gemeinschaften, Klanen oder Klangruppen eine gewisse soziale Differenzierung existierte, oder daß es bevorrechtete Häuptlingslinien gab. Sie hatten einen erblichen Anspruch auf die Häuptlingsfunktion, die nach matrilinearer Erbregel an einen bestimmten Schwestersohn des Häuptlings weitergegeben wurde. Infolge der von der virilokalen Wohnfolge her bedingten Zersplitterung der Matrilinien bestand um diese Zeit ein relativ dichtes Netz von Verwandtschaftsbindungen zwischen den einzelnen Häuptlingstümern.

Mit dem Vordringen der Vute-Gruppen nach Süden, in die Feuchtsavannenregionen der Sanaga-Ebene, war eine Verbesserung der Produktionsmittelbasis im Bodenbau verbunden. Der zunehmende Anbau von Mais und zahlreichen Knollenfrüchten (neben der Hirse) bewirkte eine Steigerung der Mehrproduterzeugung. Zusammen mit der Nutzung der damals noch reichlichen Wildbestände der Sanaga-Ebene hatten sie eine auch für die vorübergehende Versorgung größerer Mengen geraubter Menschen ausreichende Nahrungsmittelgrundlage. Die Frage des Verfügungsrechts über Grund und Boden ist wegen fehlender Angaben für diese historische Etappe nicht genau zu klären. Es gibt Hinweise, daß in der späteren Etappe der Oberhäuptlingsorganisation zwar ein Obereigentumsrecht des Oberhäuptlings

---

[19] SIRAN, 1981a, S. 270. Zur geographischen Lage der südöstlichen Oberhäuptlingstümer siehe vorliegende Arbeit, Karte 7, S. 82.
[20] Vgl. HOFMEISTER, 1914, S. 35.
[21] SIRAN, 1981b, S. 42.
[22] SIRAN, 1980, S. 50.

an Land bestand, daß jedoch innerhalb der Gemeinschaften der Boden im Besitz von Matrilinien war. [23] Daraus läßt sich schließen, daß in dem hier behandelten Zeitraum das Land
ebenfalls Linien- bzw. Klaneigentum war. An integrierte Fremde oder neu aufgenommene
Klanmitglieder wurde das Land vom Häuptling bzw. dem Oberhaupt der führenden Linie
des Häuptlingstums vergeben. [24]

Einige wenige Angaben liegen auch über Arbeitsleistungen der Bewohner des Häuptlingstums aus der Zeit um 1860 für den Häuptling vor. In der von Bwatcheng Qalihou aus
Mangai (15.1.1971) aufgenommenen Überlieferung wird über die Hirsesaatzeit im Vute-
Häuptlingstum von Mvougong berichtet: „C'était l'habitude au moment de semer le mil
que le chef convoque tout le monde pour semer le mil dans son champ." [25] Verpflichtungen zur Feldarbeit auf dem Großfeld des Oberhäuptlings sind für Anfang der 90er Jahre
durch ausführliche Angaben, vor allem von MORGEN, gut belegt. [26] Nach der Überlieferungsversion von A.M. Pierre und G. Vouba von Linté gab der Häuptling von Mbangang
der aufgenommenen Brüdergruppe um Ngueng und Voukto als Gegenleistung für die Abgabe von Jagdprodukten neben Feldstücken auch Arbeitskräfte zu deren Bearbeitung: „En
contrepartie ils obtinrent du chef de la main-d'œvre pour cultiver leurs champs." [27] Diese
Bemerkung läßt das Vorhandensein von Unfreien in den Vute-Häuptlingstümern zu dieser
Zeit vermuten.

So schlossen die Prozesse gesellschaftlicher Differenzierung möglicherweise den Beginn
der Eingliederung von Gefangenen als fremdethnische Abhängige über den Weg erwerbs-
orientierter Kriegführung bereits ein. Eine wesentliche Ursache dafür ist der Kontakt der
Vute-Gruppen mit den Stadt-Fulbe aus Tibati. Dadurch waren der organisierte Menschenraub und die unterlegene sozialökonomische Stellung geraubter Menschen in den Fulbe-
Lamidaten um 1860 den Vute seit Jahrzehnten bekannt. Es ist durchaus denkbar, daß im
Prozeß der gesellschaftlichen Differenzierung gleiches angestrebt wurde. Zwei weitere Faktoren müssen sich ebenfalls sehr fördernd auf diesen Prozeß ausgewirkt haben. Die Bedrohung der Süd-Vute ging mit weiteren Versuchen des Lamido von Tibati einher, sie auch
territorial-politisch zu integrieren. Dies gelang aufgrund des Widerstandes der Vute nicht,
jedoch entstand eine regelmäßige Forderung des Lamido nach Sklavenlieferungen, der die
Vute nachkamen, um die eigene Bedrohung abzuwenden. Im Rahmen ihrer Ausbreitung in
der Sanaga-Ebene wurden wohl regelmäßig Kriegszüge für den Menschenraub organisiert. [28]
Sie kamen der Forderung des Lamido auch deshalb nach, weil die zunehmende Zahl der
in die Gebiete der Süd-Vute eindringenden Haussa-Händler von der Durchzugslizenz des
Lamido abhängig waren. Wohl spätestens mit der Niederlassung der Fulbe im Tibati-Gebiet
begannen Haussa-Händler nach Süden in die Sanaga-Ebene zu ziehen. Es war nicht möglich,

---

[23] Vgl. SIRAN, 1980, S. 50.
[24] Siehe unten S. 102.
[25] SIRAN, 1980, S. 49.
[26] MORGEN, 1893a, S. 204, siehe unten S. 218f.
[27] Pierre u. Vouba, zitiert nach MOHAMADOU, 1967, S. 104.
[28] SIRAN, 1981a, S. 270.

dazu genaue Angaben zu ermitteln. WIRZ stützt sich auf BARTH und nimmt an, daß Mitte des 19. Jhs. kaum Haussa-Händler in den Gebieten südlich Kontscha, Tibati, Banyo und Ngaundere verkehrten. [29] Wichtigster von den Haussa gesuchter „Handelsartikel" im Süden waren Sklaven. [30] Hier zeigt sich der zweite stimulierende Faktor für erwerbsorientierte Kriegführung und eine der bekannten frühen Hauptquellen der Reichtumsbildung mit dem wachsenden Interesse der Vute-Häuptlinge am Haussa-Fernhandel, über den sie – hauptsächlich gegen geraubte Menschen und Elfenbein – begehrte Güter, wie z.B. Pferde, Esel, Waffen, Lederprodukte und bestickte Gewänder, eintauschen konnten, die bald zu Prestigegütern geworden sind. Auf die Durchführung von Raubzügen zur Gewinnung von Sklaven weist eine Bemerkung in der Überlieferungsversion von Y.M. Pierre und G. Vouba von Linté hin. Die fünf Häuptlingssöhne von Kpalakti werden im Häuptlingstum Guéré, wo sie nach der Flucht aus ihrer Heimat aufgenommen wurden, zu anerkannten Kriegsanführern, und es werden ihnen die *fétiches de la guerre* (nduūŋ) anvertraut. SIRAN interpretiert diese *fétiches de la guerre* in ihrer Bedeutung als Symbole politischer Macht. [31] Als Gegenleistung werden die fünf Häuptlingssöhne verpflichtet, eine bedeutende Anzahl von Kriegsgefangenen beizubringen, um deren Lieferung sie sich auch sehr bemühen. [32] Die Verpflichtung zur Abgabe dieser geraubten Menschen an den damaligen Häuptling von Guéré, Yamtoungbi, [33] deutet darauf, daß das Recht des Oberhäuptlings, über die Gefangenen zu verfügen und sie zu verteilen, spätestens in dieser Zeit seine Wurzeln hat. Da die Vute-Häuptlinge für die Tributlieferung geraubter Menschen an den Lamido von Tibati verantwortlich waren, liegt es nahe, daß sie auch den Menschenhandel mit den Haussa-Händlern überwachten und früher oder später ihre Stellung mit der Monopolisierung des gesamten Haussa-Handels verbanden, wie es das Recht der Vute-Oberhäuptlinge am Ende des 19. Jhs. war. [34] SIRAN sieht die Monopolisierung des Haussa-Handels beim Vute-Oberhäuptling als Grundlage der Aufrechterhaltung persönlicher Abhängigkeitsbeziehungen im Inneren, die das Gerüst der politischen Organisation stabilisierten. [35] Es stellt sich die Frage, ob bereits die Häuptlinge um 1860 diese Vorrechte nutzen konnten.

---

[29]   WIRZ, 1972, S. 152. Nach Aussage von A. SONGSARÉ waren „immer schon" Haussa in diesem Gebiet gewesen. Mündliche Aussage 1987.

[30]   Vgl. WIRZ, 1972, S. 155f.

[31]   SIRAN, 1980, S. 49. Siehe auch unten S. 101f., 189ff.

[32]   Vgl. Pierre u. Vouba, zitiert nach MOHAMADOU, 1967, S. 102; sie gebrauchen die Begriffe *captifs de guerre* und *esclaves* für die beizubringenden geraubten Menschen.

[33]   Ebenda.

[34]   Vgl. SIRAN, 1981a, S. 270. Siehe unten, Kapitel 9, Abschnitt 2.6.

[35]   Vgl. SIRAN, 1981a, S. 270.

7.3. Soziopolitische Überlieferungsangaben im Zusammenhang mit der Ausbreitung von Vute-Gruppen in der Sanaga-Ebene zwischen etwa 1860 und 1880

7.3.1. Ursachen der Wanderungen und ihre Hauptrichtungen

Als historisch überlieferte lokale Ausgangspunkte der in die zentrale und westliche Sanaga-Ebene einwandernden Vute Gruppen wird in Sirans Texten das Häuptlingstum Matsari genannt und ein heute nicht mehr existierendes Häuptlingstum Kéé, ca. 10 km östlich des gegenwärtigen Yoko gelegen. Noch weiter östlich wurde drittens Guéré zu einem wesentlichen Abwanderungszentrum. [36] Die von MOHAMADOU aufgenommenen Überlieferungen über die Oberhäuptlingstümer Linte, Ngila, Nyô und Batoua setzen mit der Herkunft von deren Gründern aus der Region um Yoko ein und bestätigen somit neben der zeitlichen auch die von SIRAN angegebene räumliche Bestimmung der Abwanderungen. [37]

Die Hauptmigrationsrichtungen der Vute-Gruppen in die Sanaga-Ebene gehen ebenfalls aus der kartographischen Darstellung Sirans hervor. [38] Die Gesamtauswertung des der Verfasserin vorliegenden Materials ergab eine allgemein übereinstimmende kartographische Darstellung auf der Grundlage der Angaben von MOISEL, TESSMANN, MOHAMADOU, BRAUKÄMPER, THORBECKE, HOFMEISTER und DIESING. [39] Zu berücksichtigen ist hierbei, daß es sich um sehr schematische Darstellungen handelt, die die durchaus nicht immer geradlinigen Migrationswege kaum erkennen lassen.

Eine Reihe von Hinweisen lassen die mehr oder weniger flächendeckende Ausbreitung auch vieler kleinerer Vute-Gruppen in die Sanaga-Ebene erkennen. Die von SIRAN kartographisch dargestellten Hauptmigrationsrichtungen in diesem Raum werden von ihm, wie oben erwähnt, mit der zweiten Generation der aus der Region um Tibati ausgewanderten Vute-Gruppen in Verbindung gebracht. Die dargestellten Richtungen sind identisch mit dem Wanderweg der Gründer von Oberhäuptlingstümern (als Wegnachzeichnung sehr vereinfacht und begradigt) oder von Gründern bedeutender Häuptlingstümer dieser Region. Die oben erwähnte Brüdergruppe aus Matsari [40] ließ sich nach einer Zeit von Wechseln zwischen verschiedenen Häuptlingstümern in der Region um Yoko an ihrem westlichen Rand in dem heute nicht mehr existierenden Häuptlingstum Mbangang nieder, am Fuße der Falaise von Yoko. Überlieferungsabweichungen lassen offen, wo die Trennung von Ngueng und Vouktok, den Gründern der Oberhäuptlingstümer Linté und Ngila, erfolgte. Chronologisch zuerst wurde wohl nach einer weiteren Wanderbewegung in westlicher Richtung am Fuß der Falaise entlang unter Ngueng das Oberhäuptlingstum Linte gegründet. Vermutlich von dort oder möglicherweise bereits von Mbangang aus wanderte Vouktok nach Süden ab und gründete südlich des Ndjim im Mbam-Sanaga-Dreieck nach der Eroberung des Yalongo

---

[36] SIRAN, 1981a, S. 270; siehe auch vorliegende Arbeit, Karte 7, S. 82.
[37] Vgl. MOHAMADOU, 1967, S. 99ff.
[38] SIRAN, 1981a, S. 268; vorliegende Arbeit, Karte 7, S. 82.
[39] KRÖTZSCH, 1982, S. 214f.; vorliegende Arbeit, Karte 8, S. 94.
[40] Siehe oben, S. 89.

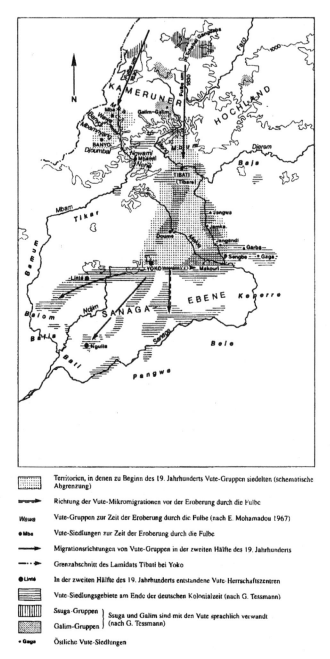

▓▓▓	Territorien, in denen zu Beginn des 19. Jahrhunderts Vute-Gruppen siedelten (schematische Abgrenzung)
➤➤	Richtung der Vute-Mikromigrationen vor der Eroberung durch die Fulbe
Wawa	Vute-Gruppen zur Zeit der Eroberung durch die Fulbe (nach E. Mohamadou 1967)
● Mba	Vute-Siedlungen zur Zeit der Eroberung durch die Fulbe
➤	Migrationsrichtungen von Vute-Gruppen in der zweiten Hälfte des 19. Jahrhunderts
⦁⦁➤	Grenzabschnitt des Lamidats Tibati bei Yoko
●Linté	In der zweiten Hälfte des 19. Jahrhunderts entstandene Vute-Herrschaftszentren
☰☰☰	Vute-Siedlungsgebiete am Ende der deutschen Kolonialzeit (nach G. Tessmann)
▥▥▥	Ssuga-Gruppen ⎫ Ssuga und Galim sind mit den Vute sprachlich verwandt
▨▨▨	Galim-Gruppen ⎭ (nach G. Tessmann)
● Gaga	Östliche Vute-Siedlungen

Karte 8: Siedlungsgebiete der Vute im 19. und zu Anfang des 20.Jahrhunderts. (nach Angaben von MOISEL, *1903;* TESSMANN, *1932;* MOHAMADOU, *1967;* BRAUKÄMPER, *1970;* THORBECKE, *1916;* HOFMEISTER, *1926,* DIESING, *1909).* KRÖTZSCH, *1982, S.214f.*

(Bafeuk)-Häuptlingstums Nduba das Oberhäuptlingstum Ngila. [41] In die zentrale Sanaga-Ebene wanderten die Gruppen der Gründer der Oberhäuptlingstümer Mbanjock und Nyô ein. Als Gründer des Oberhäuptlingstum Mbanjock gilt der zum yèèp-Matri-Klan gehörige Vute Odi aus Matsari. [42] Unter seinen Nachfolgern wurde das Herrschaftszentrum immer weiter nach Süden verlegt, bis auf die linke Seite des Sanaga. Widersprüchlich sind die Angaben über den Gründer des Oberhäuptlingstums Nyô. Nach MOHAMADOUs Ermittlungen ist es der in der „Drei-Brüder-Überlieferung" erwähnte Ndong Méré. [43] SIRAN nennt einen Vute-Häuptling Gebwe, der wie der Gründer des Häuptlingstums Batoua, Soumtang, aus Mokpa, westlich von Matsari stammte und mit diesem zusammen von Kéé aus nach Süden zog. [44] Nach MOHAMADOU geht jedoch die Gründung von Batoua auf eine jüngere Abspaltung vom Häuptlingstum Nyô, zur Zeit von dessen Oberhäuptling Pihir, zurück. [45] Das ebenfalls in der Karte von SIRAN verzeichnete Häuptlingstum Ndjassi wurde von einer Gruppe aus Guéré gegründet. [46]

Aus Überlieferungen der Vute, Angaben von Fulbe-Gewährsleuten, die von MOHAMADOU und SIRAN befragt wurden, und Fulbe-Chroniken wird ersichtlich, daß diese zweite Wanderetappe oder Ausbreitungswelle nach etwa 1860 durch konkret zu benennende gesellschaftliche Ursachen ausgelöst wurde.

Zunächst ist die weitere ständige Bedrohung durch die nach Süden expandierenden Fulbe des Lamido von Tibati zu nennen. Nach MOHAMADOU wurden die Abwanderungen vor allem durch die Zunahme von Raub- und Feldzügen des Hamadou Arnga nach 1851 intensiviert. [47] Sie führten unter Lamido Hamman Bouba nach 1871 zur endgültigen territorial-politischen Integration der Vute-Häuptlingstümer südlich von Tibati bis in die Höhe von Yoko. Der Vute-Oberhäuptlingsort Yoko wurde zum Außenposten des Lamidats Tibati und erhielt eine ständige Fulbe-Besatzung. [48]

Es seien hier zwei weitere Beispiele für das interessante Phänomen eingefügt, daß Konflikte zwischen oder innerhalb einheimischer Gruppen am Rande von Machtzentren der Stadt-Fulbe deren Expansionsvorhaben Vorschub leisteten. Wie oben bezüglich der Vute des Lamidats Banyo erwähnt, [49] kam es auch in der hier untersuchten historischen Situation der um die Mitte des 19. Jhs. in die Sanaga-Ebene ausweichenden Vute-Gruppen dazu, daß bei Konflikten die Fulbe um Hilfe gerufen wurden. Ein Beispiel bezieht sich auf die erste Dy-

---

[41] Siehe unten, S. 111ff.
[42] SIRAN, 1981a, S. 270.
[43] Ndong, 1943, zitiert nach MOHAMADOU, 1967, S. 100.
[44] SIRAN, 1981a, S. 268.
[45] Geffrier, 1944–45, zitiert nach MOHAMADOU, 1967, S. 99.
[46] SIRAN, 1981a, S. 268, 270, siehe Karte 7, S. 82.
[47] Benennungen konkreter Abwanderungen im Zusammenhang mit Fulbe-Bedrohungen bei MOHAMADOU, 1964, S. 49; Delteil, 1936, zitiert nach MOHAMADOU, 1967, S. 109, vgl. auch S. 120; SIRAN, 1980, S. 48; 1981a, S. 270; THORBECKE, M.-P., 1914, S. 150ff.; THORBECKE 1916, S. 14. Vgl. auch WIRZ, 1972, S. 154.
[48] MOHAMADOU, 1964, S. 49.
[49] Siehe oben, S. 54.

nastiegeneration des Oberhäuptlingstums Nyô. Der von Ndong Méré abgesetzte Häuptling Mveimba versuchte, mit Hilfe der Fulbe von Tibati sein Häuptlingstum wiederzuerlangen:[50] „L' ancien chef dépossédé de Mveimba qui était alors le vassal de Ndong, décida de se venger de sa défaite. Il alla trouver Ngaba, représentant à Yoko du Lamido de Tibati à Méré et de l'aider à reconquérir sa chefferie, après quoi il soumettrait son pays à la suzeraineté de Tibati. Il fut conduit devant le Lamido à Tibati et parvint à convaincre le souverain de l'intérêt que présenterait une expédition au sud-est de Yoko. Le Lamido Hamma Sambo mit sur pied une cavalerie d'élite pour l'attaque du pays de Nyô."[51] Ndong Méré bzw. seinen Männern gelang es, die Fulbe-Angriffe zurückzuschlagen.[52] Im zweiten Beispiel findet sich in einer Überlieferungsvariante über die Gründer der Oberhäuptlingstümer Linte und Ngila die Angabe, daß der von Gueng und Vouktok entmachtete Häuptling Gbaktaré (Kok-Makaré) zu den Fulbe ging, um Hilfe zu holen.[53]

Auch Hinweise auf innere, gesellschaftlich-politische Ursachen für die Abwanderung von Vute-Gruppen in die Sanaga-Ebene sind den Überlieferungen zu entnehmen.

Mehrere Angaben belegen die friedliche Linienspaltung, nachdem ein Mitglied der Häuptlingslinie Unabhängigkeit und ein eigenes Territorium für sich und seine engere Verwandtengruppe angestrebt hatte.[54] So trennte sich Ndong Méré in der „Drei-Brüder-Überlieferung" von seinen Brüdern Ngouté und Ngrang.[55] Nach einer von MOHAMADOU aufgenommenen Überlieferung über das Oberhäuptlingstum Linte trennte sich einige Jahre später, etwa um 1880, auch Vouktok (Nimguea) von seinem Bruder Gongna, dem Oberhäuptling von Linte, und zog mit dessen Unterstützung zur Eroberung eines eigenen Gebietes nach Süden.[56] In einem weiteren kurz beschriebenen Fall wird deutlich, daß die Herausbildung neuer politischer Funktionen in den Gemeinschaften der Vute, wie die des Kriegsanführers, die neuen Inhaber mitunter zur Verselbständigung und Abwanderung veranlaßten. Odi, der Neffe des Häuptlings von Matsari, setzte sich bei den Abwehrkämpfen gegen die Angriffe der Fulbe als Kriegsanführer durch und beschloß, mit seiner Familie und seinen Anhängern (kuŋ) nach Süden zu wandern. Da er sein Ziel, Land und Untergebene zu gewinnen, dort erreicht hatte, kehrte er nicht nach Matsari zurück: „Ainsi Odi, neveu du chef de Matsari, avait organisé la défense de son village, lors d'une attaque des Peuls, en installant les villageois au sommet d'une colline peu accessible et en soutenant le siège: c'est là qu'il s'impose comme leader. Une fois les Peuls repartis, il décide d'aller vers le Sud. Il dit au chef: 'mon la, je ne peux pas rester ici, je vais descendre par là.' Alors Mvetoumbi a dit: 'Comment

---

[50]   Ndong, 1943, zitiert nach MOHAMADOU, 1967, S. 79, siehe oben S. 85.
[51]   Nähere Angaben siehe Ndong, 1943, zitiert nach MOHAMADOU, 1967, S. 79.
[52]   Ebenda.
[53]   Nähere Angaben siehe Zitat Issa Voudjo, von Nguila, 4.6.1970 in Mangai, zitiert nach SIRAN, 1980, S. 50.
[54]   Da die Überlieferungen nur auf die Dynastiemitglieder oder Häuptlingsfamilien eingehen, die auch die Führung der wandernden Gruppen bilden, beziehen sich diese Angaben auch nur auf sie.
[55]   Siehe Ndong, 1943, zitiert nach MOHAMADOU, 1967, S. 73. Auch die Gründung des Häuptlingstums Batoua soll auf diese Weise geschehen sein. Geffrier, 1944–45, zitiert nach MOHAMADOU, 1967, S. 99.
[56]   Delteil, 1936, zitiert nach MOHAMADOU, 1967, S. 110. Vgl. auch SIRAN, 1980, S. 51. Nach SIRAN ist Vouktok der Bruder des Gründers von Linte (Gueng) und gehörte der Brüdergruppe aus Matsari an.

mon la tu veux nous laisser! Qu'est-ce que je vais faire en ton absence?' Lui, il répond: 'mon la, je vais prendre ma famille (*gbaŋ*) avec moi. Où je vais rester, je vais envoyer la nouvelle.' Il a pris son groupe (*kùŋ*). Derrière c'est la guerre, à côté c'est la guerre. Il descend, il descend, jusqu'à la Sanaga. Odi c'est Yeep, pur Yeep. Il a commencé la guerre avec le Yangafouk. Il a gagné une grande place, beaucoup d'esclaves, beaucoup. Il a envoyé la nouvelle à son oncle: 'Moi j'ai une bonne place ici, je ne peux plus venir encore à Matsari." '[57] Wie dieses Beispiel zeigt, förderten die häufigen Kampfhandlungen (vor allem gegen die Fulbe) in dieser Zeit ohne Zweifel die Entstehung militärischer Strukturen. In den Überlieferungen ist sowohl vom Häuptling als Kriegsanführer als auch vom Kriegsanführer neben dem Häuptling die Rede. Diese Entwicklung mündet in einer gegliederten militärhierarchischen Struktur mit einem obersten Kriegsanführer an der Spitze in den späteren Oberhäuptlingstümern. In dieser Zeit, etwa zwischen 1860 und 1880, entstanden möglicherweise auch bestimmte Privilegien des Herrschers in der späteren kriegerisch-despotischen Oberhäuptlingsorganisation: das Verfügungsrecht über Gefangene und Beute sowie die alleinige Entscheidung in Kriegsfragen, die auch durch entsprechende Rechtsregeln festgelegt war.

Neben den bisher genannten Abwanderungsmotiven gibt es Beispiele für andere gruppeninterne, jedoch konfliktbegründete Ursachen; möglicherweise beruhen sie auf immer häufiger werdenden Bestrebungen, patrilineare Nachfolge- und Erbschaftsregeln durchzusetzen. Sowohl für matrilineare Nachfolge[58] als auch für die Weitergabe von Häuptlingsfunktionen an die Söhne[59] liegen Beispiele vor. Einen Versuch, matrilineare Erbregeln zu durchbrechen, scheint auch die Überlieferungsversion von Y.M. Pierre und G. Vouba zu belegen, nach der die Söhne des Häuptlings von Kpalakti den rechtmäßigen Erben die Nachfolge streitig machten.[60] In den späteren Oberhäuptlingstümern Linte und Ngila wurde im allgemeinen matrilinear vererbt, doch ging die Oberhäuptlingsfunktion in den *royal lineages* an den Sohn über, so daß jede Thronfolge Konflikte zwischen den Linien auslöste.[61]

7.3.2. Soziopolitische Angaben in den Überlieferungen zur Entstehung der Oberhäuptlingstümer Linte und Ngila

Die Überlieferungen über die Oberhäuptlingstümer Linte und Ngila bestätigen, daß eine Brüdergruppe, Söhne des Dorfoberhauptes Mvinyekpa von Kpalakti im Häuptlingstum Matsari, wegen ungerechtfertigten Thronanspruchs und gewaltsamer Versuche, diesen durchzusetzen, aus dem Häuptlingstum fliehen mußte. Nach mehreren gescheiterten Versuchen, in anderen Häuptlingstümern der Umgebung zu bleiben, beschlossen sie, nach

---

[57] Zitat Bwatcheng, 23.1.1971, Mangai, zitiert nach SIRAN, 1980, S. 48.
[58] Genealogische Hinweise dazu siehe Geffrier, 1944 – 45, zitiert nach MOHAMADOU, 1967, S. 95, 113.
[59] Delteil, 1936, Geffrier, 1944 – 45, Pierre und Vouba, zitiert nach MOHAMADOU, 1967, S. 97, 99, 111f.
[60] Überlieferungsversion von Pierre und Vouba, zitiert nach MOHAMADOU, 1967, S. 101. Nach der von SIRAN aufgenommenen Überlieferung von Bwatcheng, 15.1.71, Mangai, wollten die Brüder, die zum *ndìm*-Matriklan gehörten, allerdings ihrem Vater als einem der nicht vorgesehenen Schwestersöhne des Häuptlings zur Nachfolge verhelfen. Vgl. SIRAN, 1980, S. 48f.
[61] SIRAN, 1989, S. 211.

MOHAMADOUs Interpretation, sich – auf welchem Wege auch immer – ein eigenes Häuptlingstum zu schaffen. [62] Zahlreiche Verwandtschaftsbindungen zu Angehörigen ihres eigenen
ndìm-Matriklans nutzend, warben sie Anhänger aus den verschiedenen Häuptlingstümern
dieser Region. Vom Häuptling von Mbangang aufgenommen, erweiterten sie ihr peripher
gelegenes Lager (*camp de chasse*) mit wachsender Anhängerschaft, stürzten, als sie sich stark
genug fühlten, den Häuptling und setzten sich selbst als Herrschaftsgruppe ein. In der nachfolgenden Zeit, die um 1870 anzusetzen ist, entstanden unter ihrer Herrschaft Voraussetzungen für die expansive Kriegführung gegen die benachbarten Gruppen der Tikar, Bafia,
Balom, Njanti usw. in der nordwestlichen Sanaga-Ebene, die zu deren Unterwerfung und
zur Aneignung ihres Landes führte. Um 1880 bestand bereits das Oberhäuptlingstum Linte
und im Süden wurde das Oberhäuptlingstum Ngila gegründet. Im einzelnen ermöglichen
die Überlieferungsangaben dazu folgende Aussagen.

7.3.2.1. Die Etappe bis zum Umsturz im Häuptlingstum Mbangang

Während die oben erwähnte „Drei-Brüder-Überlieferung" und die Überlieferungsversion
von I. Voudjo aus Mangai die Dynastiegründer von Linte und Ngila erstmals im Vute-
Häuptlingstum Guéré erscheinen lassen, [63] beginnt in den anderen relevanten und wesentlich
ausführlicheren Überlieferungen ihre Geschichte im Häuptlingstum Matsari. [64] In beiden
Überlieferungen ist die oben erwähnte Auseinandersetzung um die Häuptlingsnachfolge die
Ursache für die Flucht der mit dem Häuptling verwandten Brüdergruppe. Nach der von
Y.M. Pierre und G. Vouba aus Linté berichteten Überlieferung wollten die fünf Söhne von
Mvinye Kpalakti, Dorfoberhaupt von Kpalakti (einem heute nicht mehr vorhandenen Dorf
bei Matsari) nach dem Tod ihres Vaters dessen Nachfolge an sich reißen. [65] Nach dem Ge-
wohnheitsrecht wurde diese jedoch einem Neffen ihres Vaters übertragen. Daraufhin tötete
einer der Söhne (Nimguéa) während der Begräbniszeremonien den gerade zum Häuptling
ernannten Nachfolger durch Speerwurf. Unverzüglich wurde jedoch nun der Bruder des
Getöteten zum Häuptling ernannt. Dieser leitete die Verfolgung der Söhne ein, die fliehen
mußten. [66] In der Überlieferungsversion von Bwatchen Qalihou aus Mangai wird nur von
Gueng und Voukto gesprochen. [67] Ihr Vater war Mvinyé Kpa, Schwestersohn des Häuptlings Mvetoumbi von Matsari. Dessen Nachfolger sollte ein anderer Schwestersohn werden.
Damit ihr Vater Mvinyé Kpa zum Nachfolger avancieren konnte, versuchten Gueng und

---

[62] Vgl. Pierre und Vouba, zitiert nach MOHAMADOU, 1967, S. 104. Indirekt geht die bewußte Zielstellung
auch aus SIRANs Überlieferungsauswertung hervor. Vgl. SIRAN, 1980, S. 51.

[63] Vgl. Ndong, 1943, zitiert nach MOHAMADOU, 1967, S. 73–75; Überlieferungszitat Issa Voudjo, 4.6.1970,
bei SIRAN, 1980, S. 50.

[64] Pierre und Vouba, zitiert nach MOHAMADOU, 1967, S. 101ff.; Überlieferungszitat Bwatcheng Qalihou,
15.1.1971, Mangai, bei SIRAN, 1980, S. 48ff.

[65] Der Vater Mvinye Kpalakti hatte seinerzeit selbst als Sohn die Nachfolge seines Vaters angetreten, was in
diesem Falle möglich war, weil kein berechtigter Schwestersohn als Anwärter existierte, wie es das geltende
matrilineare Erbrecht vorsah. Vgl. Pierre und Vouba, zitiert nach MOHAMADOU, 1967, S. 101.

[66] Ebenda.

[67] Überlieferungszitat Bwatcheng Qalihou, 15.1.1971, Mangai, bei SIRAN 1980, S. 48f.

Voukto den Thronanwärter zu töten, was ihnen aber mißlang. Mvinyé Kpa wurde von Mvetoumbi zur Rechenschaft gezogen, die Söhne mußten das Häuptlingstum verlassen. [68] SIRAN ermittelte ferner, daß Gueng und Voukto zum *ndìm*-Matriklan gehörten, während Matsari ein *yèèp*-Dorf war. [69] Möglicherweise sind diese Überlieferungshinweise so zu verstehen, daß die zum *ndìm*-Matriklan gehörenden Söhne des Häuptlings von Kpalakti, der Schwestersohn des Häuptlings von Matsari war, Matsari zum einen unter die eigene Herrschaft, aber auch unter die Führung des *ndìm*-Matriklans bringen wollten.

Sowohl die Angaben über die Thronwirren in Kpalakti oder Matsari um 1860 in der Überlieferungsversion von Pierre und Vouba als auch die Nachfolge der Söhne in den *royal lineages* der späteren Oberhäuptlingstümer könnten Hinweise auf Tendenzen des Übergangs zum patrilinearen Erbrecht sein. Ursache dafür werden auch sozialökonomische Veränderungen, vor allem Prozesse der Eigentums- und Besitzdifferenzierung, gewesen sein. Die mit dem Vordringen der Vutegruppen in die Feuchtsavannenregion der Sanaga-Ebene verbundene Mehrproduktion im Bodenbau [70] und die zunehmende Aneignung von Kriegsbeute, darunter auch geraubter Menschen, bewirkten Besitzvergrößerung in den Gruppen. Die wachsende Machtstellung des Häuptlings, u.a. als Verantwortlicher für die Sicherheit der Gruppe unter den erschwerten Bedingungen von Flucht und Südwanderung, ergab sicher auch eine zunehmende Konzentration von Werten und Befugnissen in seiner Hand. Im Prozeß dieser sozialökonomischen Veränderungen stieg auch die Wertigkeit des mit der Häuptlingsschaft verbundenen materiellen und funktionellen Erbkomplexes. Nach den matrilinearen Erb- und Nachfolgeregeln wurde dieser an die Schwestersöhne weitergegeben. Die Häuptlingssöhne, die in die Schaffung der wachsenden Erbmasse einbezogen waren, und die natürlich ein lebhaftes Interesse an der Übernahme von Funktion und Erbe des Vaters hatten, wurden nicht beteiligt. Dieses Bestreben der Häuptlingssöhne, das sich gegen Grundprinzipien der herrschenden Verwandtschaftsorganisation richtete, kann auch im Beispiel von Matsari die Ursache für das gewalttätige Aufbegehren der Häuptlingssöhne gegen die erbberechtigten Schwestersöhne gewesen sein.

Keine der Überlieferungen macht eine Aussage über die Größe oder Zusammensetzung der aus dem Häuptlingstum Matsari fliehenden bzw. ausgewiesenen Brüdergruppe. Es bleibt offen, ob sie in der Art des oben beschriebenen *kuŋ* zusammengesetzt war, ob sie einen *gbaŋ*-Teil beinhaltete, [71] ob die Brüdergruppe allein oder mit einigen Angehörigen wegging. Es handelte sich jedenfalls nicht um eine friedliche Klanspaltung oder Abwanderung einer Linie (*yo*).

Die Gruppe der Brüder suchte danach Aufnahme in mehreren Häuptlingstümern, zu denen sie Verwandtschaftsbindungen hatte. [72] Ihre Stellung als der jeweiligen Häuptlingslinie gleichrangige Mitglieder der Gesellschaft erschwerte jedoch auch dort ihre harmonische Inte-

---

[68] Ebd.
[69] SIRAN, 1980, S. 50.
[70] Siehe oben, S. 90.
[71] Zur Definition siehe oben S. 84.
[72] Siehe Abb. 1, S. 100

gration, und zwar einmal durch die mit der Gewährung von Rechten verbundenen Pflichten, die sie nicht immer übernehmen wollten, und zum anderen, weil sie sich Rechte anmaßten, die ihnen als gerade integrierte Verwandte nicht zukamen. So kam es wiederholt zu Ausweisungen, nicht zuletzt, weil der jeweilige Häuptling sie als prädestinierte, machtinteressierte Rivalen fürchtete.

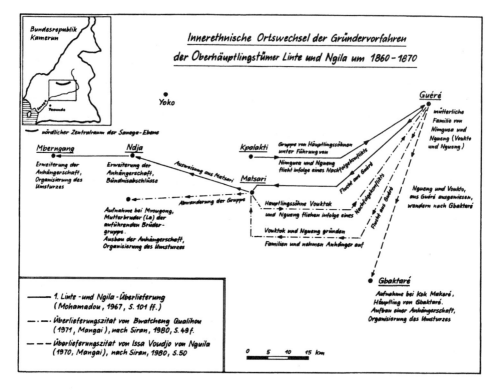

Fig. 1. Innerethnische Ortswechsel der Gründervorfahren der Oberhäuptlingstümer Linte und Ngila um 1860–1870

Die Überlieferungen stimmen darin überein, daß die Brüdergruppe – sei es aus Kpalakti oder direkt aus Matsari – jedenfalls zu ihren mütterlichen Verwandten in das größte zum *ndìm*-Matriklan gehörende Häuptlingstum Guéré floh. Nach der Überlieferungsversion von B. Qalihou blieben sie dort zwei Jahre.[73] Die Häuptlingssöhne erwiesen sich bald als tapfere Krieger. Als jedoch im Rahmen der jährlichen kollektiv zu leistenden Renovierungsarbeiten im Dorf der jüngste von ihnen, Vouroub, gezwungen werden sollte, daran teilzunehmen, kam es zu Streit und Handgreiflichkeiten mit dem Würdenträger, der für die Instandhaltung des Dorfes verantwortlich war. Durch die Fürsprache der Hauptfrau des Häuptlings wurden die Brüder jedoch begnadigt.

---

[73] Bwatcheng Qalihou, zitiert nach SIRAN, 1980, S. 49.

Ihre Tapferkeit im Krieg führte dazu, daß sie in den Besitz des *nduūŋ* (*fétiches de guerre*),[74] der Kriegsamulette des Häuptlings von Guéré, gelangten. Dies bedeutete, daß sie ermächtigt waren, Krieg zu führen und alle Kriegergruppen zu befehligen.[75] Der *nduūŋ*-Kult war neben den Ahnenkult-Zeremonien sicher der bedeutendste mit der Häuptlingsposition verbundene Kult. Er hatte ganz wesentlich politischen Charakter und war geeignet, die Stellung des Häuptlings zu festigen.[76] Die Aneignung des *nduūŋ* des Häuptlingstums Guéré[77] lieferte der Brüdergruppe gewissermaßen eine gesellschaftlich-religiöse Begründung und Rechtfertigung, selbst Häuptlinge und Kriegsanführer mit Erfolgsaussichten zu sein. Nach ihrer erneuten Flucht konnten sie sich in Ermangelung eines eigenen Häuptlingstums jedoch nicht als solche verwirklichen.

Nach den Überlieferungsversionen von B. Qalihou sowie Y.M. Pierre und G. Vouba wendete sich die Brüdergruppe nun wieder ihrem Heimatgebiet zu und versuchte, sich dort niederzulassen.

In der Version von B. Qalihou[78] verwies der Häuptling von Matsari sie in ihren Geburtsort Kpalakti. Dort blieben die Brüder bei ihrem Vater Mvinyé Kpa und gründeten Familien. Durch reichliches Verteilen von Fleisch an die Dorfbewohner und andere unkonventionelle Großzügigkeiten gewannen sie erste, vor allem junge Anhänger. Nach dem Tod des Vaters wanderten sie weiter (möglicherweise schon als Gruppe), da sie den Nachbarhäuptling Mvetoumbi von Matsari fürchteten. Sie gingen zu einem ihrer Mutterbrüder (*la*), dem Häuptling Mvougong, der auch zum *ndìm*-Matriklan gehörte. Es wird in dieser Überlieferungsversion kein Name dieses Häuptlingstums bzw. seines Hauptortes genannt, so daß unklar bleibt, ob es sich um das Häuptlingstum Mberngang gehandelt hat. Jedenfalls stürzte nach dieser Version die Brüdergruppe dort den eigenen Onkel und übernahm sein Amt.[79]

Y.M. Pierre und G. Vouba von Linté berichten,[80] daß die Brüdergruppe sich zuerst in Kpalakti niederlassen wollte. Der Häuptling von Kpalakti, der Nachfolger des seinerzeit von der Brüdergruppe ermordeten eigentlichen Thronerben, verweigerte ihr den Zutritt. Sie wurde aber von Mvetoumbi, dem Häuptling des benachbarten Matsari, aufgenommen. Als ein Konflikt zwischen zwei Dörfern dieses Häuptlingstums wegen einer „Frauenangelegenheit" ausbrach und der Häuptling selbst nicht vermitteln wollte, ergriff die Brüdergruppe Partei und half dem einen Dorf gegen das andere. Wegen dieser Einmischung wollte Häuptling Mvetoumbi sie ausweisen. Er begnadigte sie jedoch und gestattete, daß sie am Fuße des Felsens, auf dem das Dorf des Häuptlings lag, blieb. Nach einiger Zeit und auf Betreiben des Häuptlings von Kpalakti wurde sie dann doch ausgewiesen. Die Brüder begaben sich in das in der Nähe befindliche Häuptlingstum Fouy, wo ein mütterlicher Verwandter

---

[74] Pierre und Vouba, zitiert nach MOHAMADOU, 1967, S. 103; SIRAN, 1980, S. 49.

[75] Pierre und Vouba, zitiert nach MOHAMADOU, 1967, S. 103.

[76] Ausführlichere Angaben zum *nduūŋ*-Kult siehe unten, Abschnitt 8.4.5., S. 189f.

[77] Pierre und Vouba, zitiert nach MOHAMADOU, 1967, S. 102f.

[78] Bwatcheng Qalihou, 15.1.71, Mangai, zitiert nach SIRAN, 1980, S. 49.

[79] Ebenda.

[80] Pierre und Vouba, zitiert nach MOHAMADOU, 1967, S. 103.

von Vouroub, dem jüngsten der Brüder, Häuptling war. Nach einiger Zeit gingen sie auch dort weg, da die Häuptlinge von Kpalakti und Matsari ständig den Häuptling von Fouy gegen sie aufzubringen suchten. Nun beschlossen sie – und das wird nur in dieser Überlieferung so deutlich ausgesprochen – gezielt auf ein eigenes Häuptlingstum hinzuarbeiten. Sie versuchten, Bündnisse mit Dorf- und Familienoberhäuptern abzuschließen und eine starke Kriegertruppe zusammenzustellen, um auf diese Weise eine eigene Herrschaft zu begründen. Zunächst gingen sie zu Mvougong, dem Häuptling von Ndja, wo sie erste Allianzen abschlossen. Dann baten sie im Häuptlingstum Mberngang bei Häuptling Mvo um Aufnahme. Nach dieser Überlieferung fand hier später der Umsturz statt. [81]

Nach der Überlieferungsversion von I. Voudjo [82] begab sich die Brüdergruppe nach ihrer Flucht aus Guéré zu einem Häuptling Gbaktaré (Kok-Makaré). Sie bereitete hier gezielt den Umsturz vor und erst nach diesem verlegten sie ihren Wohnsitz nach Mberngang. [83]

Die Überlieferungsabweichungen zeigen, daß eine eindeutige lokalhistorische Bestimmung, in welchem Häuptlingstum es durch die Brüdergruppe zu einem Umsturz gekommen war, nicht möglich ist. Jedoch war wohl Mbangang (Mberngang, Banyang, Mböngdang) das Häuptlingstum, in dem ihre Existenz als Inhaber der Häuptlingsschaft bzw. als herrschende Linie begann. [84]

Aus den drei kurz skizzierten Überlieferungsversionen wird deutlich, daß bestimmte sozialökonomische und soziopolitische Faktoren für das jeweilige Zustandekommen des erwähnten Umsturzes entscheidend gewesen sind.

Wie oben erwähnt, machte die Brüdergruppe die Auswahl der Häuptlingstümer, in die sie nach ihrer Flucht aus Kpalakti bzw. Matsari wechselte, vor allem von Verwandtschaftsbindungen zu Häuptlingen von *ndîm*-Matriklanen abhängig. War sie aufgenommen, erhielt sie wohl keine politischen Funktionen, sozialökonomisch jedoch wurde sie in die üblichen Rechte und Pflichten eingebunden. Als Jäger wurden sie zur Abgabe von Jagdprodukten verpflichtet. [85] Nach der Überlieferungsversion von Y.M. Pierre und G. Vouba erhielten sie Feldstücke und Arbeitskräfte, die – als Gegenleistung für die Abgabe von Fleisch – für sie auf den Feldern arbeiten mußten. [86] Nach der Überlieferungsversion von B. Qalihou wurden von der Brüdergruppe auch Arbeitsleistungen auf dem Feld des Häuptlings verlangt. [87] Wie die Überlieferungen von B. Qalihou und Issa Voudjo zeigen, wurde für sie die Aufforderung zu Arbeitsverpflichtung und Produktabgabe an den Häuptling Anlaß zum politischen Um-

---

[81] MOHAMADOU, 1967, S. 104.

[82] I. Voudjo von Nguila, 4.6.1970 in Mangai, zitiert nach SIRAN, 1980, S. 50.

[83] Ebd.

[84] Vgl. Pierre und Vouba, zitiert nach MOHAMADOU, 1967, S. 106; SIRAN, 1981a, S. 270. Siehe vorliegende Arbeit, Karte 7, S. 82. MOHAMADOU, 1967, S. 106, Anmerkung 61, setzt Mberngang mit Nduba gleich. Dies geht nicht aus der von ihm zitierten Überlieferung hervor. Die von SIRAN 1980, S. 48ff. und THORBECKE, M.-P., 1914, S. 151 wiedergegebenen Überlieferungen lokalisieren Mberngang ca 60 km östlich von Linté.

[85] Pierre und Vouba, zitiert nach MOHAMADOU, 1967, S. 104; SIRAN, 1980, 50.

[86] Pierre und Vouba, zitiert nach MOHAMADOU, 1967, S. 104.

[87] Vgl. SIRAN, 1980, S. 49.

sturz. [88] Von Bedeutung erscheint in diesem Zusammenhang der Hinweis, daß die Feldarbeit von den als Jäger und Krieger tätigen Brüdern als „Sklavenarbeit" angesehen wurde, die sie nicht ausführen wollten.

Vielleicht bot der Brüdergruppe ihre Tätigkeit als Jäger die Möglichkeit einer mehr am Rande des Häuptlingstums befindlichen, lokal relativ isolierten Lebensweise im „Busch". Darauf weist eine kurze, von Toung-Niri und Abdoulaye Mossi aus Nguila wiedergegebene Überlieferung hin, wie auch die dazu vorhandene Interpretation von SIRAN. [89] Soweit erkennbar, trugen zwei wesentlich ökonomisch determinierte Faktoren zur Unterhöhlung des gesellschaftlichen Zusammenhaltes der Gastgebergruppe bei. Einmal ergab sich ein Zulauf wohl überwiegend junger, lediger Männer (Krieger), die gegen Nahrungszuteilung, freizügige Gastfreundschaft und Kontaktmöglichkeiten zu den Frauen und Töchtern der Brüdergruppe sich dieser unterstellten und mit ihr zusammenlebten. [90] In den Überlieferungen werden auch die gemeinsamen Mahlzeiten der Brüder mit ihren Anhängern betont. [91] SIEBER hebt die unter kolonialzeitlichen Verhältnissen große Bedeutung der „Eßgemeinschaft" hervor, die eine Einrichtung sozialer Integration darstellte. [92] Es ergeben sich daraus zwei Interpretationsmöglichkeiten: Entweder bestand diese Sitte bereits, und die Brüdergruppe griff sie auf, um Anhänger zu gewinnen, oder sie entstand in der Zeit dieses Formierungsprozesses und entwickelte sich zu dem von SIEBER festgestellten Normenkomplex. [93] SIRAN bezeichnet das Verhältnis zwischen der wachsenden Anhängerschaft und der Brüdergruppe als Abhängigkeitsbeziehung bzw. Kliententum. [94] Aus Mangel an genaueren Angaben ist es nicht möglich, das zu überprüfen. Formen des ökonomischen oder außerökonomischen Zwanges können nicht sehr ausgeprägt gewesen sein; der freiwillige Charakter des Verhältnisses muß noch ziemlich klar von den Beteiligten so verstanden worden sein. Das geht daraus hervor, daß die den Brüdern zulaufenden Anhänger formal nach wie vor in ihre bisherige Gemeinschaft integriert waren. Diese Gruppenformierung im „Busch" erweckte zunächst nicht den Anschein eines – wenn auch noch so sehr in Ansätzen bestehenden – neuen Zentrums der Machtbildung, das das Ziel einer Antiposition zum Häuptling hatte. Aus den Überlieferungen geht übereinstimmend hervor, daß der Umsturz plötzlich und für den Häuptling unerwartet erfolgte. Der freiwillige Charakter der Bildung dieser Gemeinschaft muß in diesem Stadium um so mehr bestanden haben, als für die späte vorkoloniale Zeit die Stellung des Oberhäuptlings von SIRAN u.a. folgendermaßen charakterisiert wird: „... et il n'a de sujets (il n'est Prince) que dans la mesure où la guerre est victorieuse et où il est en mesure de leur distribuer femmes, jeunes garçons et gandouras." [95] Dort spielte der Faktor Krieg bzw.

---

[88] SIRAN, 1980, S. 49, 50.
[89] Vgl. Toung-Niri und Abdoulaye Mossi, Nguila, 12.12.1969, zitiert nach SIRAN, 1949, S. 50; SIRAN, 1980, S. 52.
[90] Pierre und Vouba, zitiert nach MOHAMADOU, 1967, S. 104; SIRAN, 1980, S. 49, 50, 52.
[91] SIRAN, 1980, S. 49, 51.
[92] SIEBER, 1925, S. 57.
[93] Vgl. Zitat SIEBER, vorliegende Arbeit, S. 271.
[94] SIRAN, 1980, S. 52.
[95] Ebenda.

Kriegsbeute die entscheidende Rolle, während hier, in dieser speziellen Situation, es noch überwiegend die Verteilung von Jagdprodukten (und daneben Kriegsbeute) war. Sie setzte allerdings einen bedeutenden Anteil persönlichen Eigentums der Brüdergruppe an beidem voraus. Der Erfolg des Anführers bzw. der Anführergruppe stellte somit eine wesentliche Voraussetzung für die Gewinnung von Anhängern dar. [96]

Der zweite Weg zur Gewinnung von Anhängern verlief über die reichliche Distribution von Jagdprodukten an die Bewohner des jeweiligen Häuptlingstums. [97] Darauf wird besonders in der Überlieferungsversion über den Umsturz im Häuptlingstum von Gbaktaré verwiesen, wo die Brüdergruppe sich zur Fleischverteilung in Dörfer von Angehörigen des *ndìm*-Matriklanes (aber auch anderer Klanangehöriger wie *gènìp*) begab. [98] Die dort gewonnenen Anhänger lebten größtenteils in der Dorfgemeinschaft und nach ihren bisherigen Gewohnheiten weiter. Es sei hervorgehoben, daß die Überlieferungen die Bemühungen der Jäger um besonders große Mengen von Jagdbeute betonen, und daß hier bewußt ein ökonomisches Mittel im Sinne politischer Zielsetzung angewendet wurde. Dies war auf der Grundlage des damals reichen Wildbestandes dieser Region möglich. Die spätere „Aktionsgemeinschaft", die auf die Absetzung des Häuptlings hinarbeitete, setzte sich somit vermutlich aus einer lokal konzentrierten „Kerngruppe im Busch" und einer – von der Führungsgruppe aus gesehen – dislozierten Anhängerschar in der Dorfgemeinschaft und im übrigen Häuptlingstum zusammen.

Die Überlieferungsversion über Gbaktaré betont, und sie wird auch von SIRAN gleichermaßen verstanden, daß der Aufbau und die Festigung der Anhängerschaft solange vorangetrieben wurde, bis sich das Kräfteverhältnis gegenüber den häuptlingstreuen Kreisen zu ihren Gunsten verändert hatte und das Potential für den geplanten Umsturz stark genug war. [99] Da die wachsende Gruppe in dieser unmittelbar dem Umsturz vorausgehenden Phase im Zusammenleben sich organisieren mußte – und zwar nach Prinzipien eines ökonomisch und politisch begründeten Unterstellungsverhältnisses – bildete sich eine „Keimzelle" politischer Organisation innerhalb und gegenüber der Häuptlingsorganisation von Gbaktaré heraus.

Die Planung des Umsturzes im Häuptlingstum von Gbaktaré geht auch aus Bemerkungen über eine erhöhte und organisierte Waffenproduktion hervor. Neben der Herstellung bestimmter Waffen durch die Vute-Krieger selbst, wie der mannshohen Schilde aus Büffelhaut, wurde sie wesentlich unterstützt durch Schmiede, die man in den „Busch" kommen ließ. [100] Sie ermöglichten mit ihrer spezialisierten Technik das notwendige waffentechnische Niveau der Umsturzvorbereitungen.

---

[96] Eine diesbezügliche Bemerkung ist auch bei HOFMEISTER, 1914, S. 21f. zu finden.
[97] Pierre und Vouba, zitiert nach MOHAMADOU, 1967, S. 104; SIRAN, 1980, S. 50.
[98] Issa Voudjo, zitiert nach SIRAN, 1980, S. 50.
[99] SIRAN, 1980, S. 50, 51. Nach der von Toung-Niri und Abdoulaye Mossi wiedergebenen Überlieferung, die kein konkretes Häuptlingstum benennt, sondern nur auf das Sammeln von Anhängern der Brüdergruppe im Busch im allgemeinen eingeht, kam es zum Zuzug von Dorfbewohnern, d.h. von Familien, die sich ansiedelten, um sich den Weg zum Fleisch zu sparen. Vgl. SIRAN, 1980, S. 50.
[100] Issa Voudjo, zitiert nach SIRAN, 1980, S. 50.

Mit der Vergrößerung der „Kerngruppe im Busch" wuchs die gesellschaftliche Position der Brüdergruppe, an deren Spitze der Erstgeborene oder Älteste stand. Übereinstimmend ist das nach den Überlieferungen Ngueng (Gueng, Ngouté, genannt Ngueng), Sohn von Mvenyé Kpa, gewesen. [101] Aus einer Häuptlingsfamilie stammend und selbst bereits eine häuptlingsähnliche Stellung einnehmend, war die Brüdergruppe nicht mehr bereit, die von Häuptling Gbaktaré geforderte Produktabgabe (oder im Falle des Häuptlings Mvougong, nach der von B. Qalihou aufgenommenen Überlieferung, Arbeit auf seinem Feld) zu leisten und nutzte dessen Aufforderung als Anlaß für den Umsturz. Es kam zur bewaffneten Auseinandersetzung, Absetzung des bisherigen Häuptlings und Selbsteinsetzung als neue Häuptlingsfamilie. [102]

7.3.2.2. Die Etappe von Mbangang

Nach der Überlieferungsversion von Y.M. Pierre und G. Vouba von Linté machte die Brüdergruppe den heute nicht mehr existenten, am Fuß der Ndome-Steilstufe zwischen Yoko und Linté gelegenen Ort Mbangang, [103] nach dem Sturz seines Häuptlings zu ihrem *quartier général*, von dem aus sie die Grenzen ihres Gebietes kontinuierlich ausdehnten. [104] Die Überlieferungsversion von I. Voudjo endet mit der Bemerkung, daß die Herrschaft der Brüdergruppe – die ihre Linie jetzt *mwīŋɲèɛ̄* nannten – in Mbangang begann. [105] Nach Sirans Ermittlungen gelang es den Brüdern bzw. der neuen herrschenden Linie von Mbangang, alle verstreuten Gruppen des *ndîm*-Matriklans südwestlich von Yoko, außer Matsari, unter ihre Herrschaft zu bringen. [106] Er erwähnt ferner die Bildung einer „... troupe homogène et semble-t-il, disciplinée; troupe qu'ils lancent à l'ouest contre les Tikar, auxquels ils arrachent tout le territoire à l'est du Mpem – territoire sur lequel ils fondent la principauté de Linté ... " [107] An anderer Stelle äußert SIRAN: „Ils concentrent leur armée à *Mbáŋàáŋ* ... " [108] Als weitere Informationen werden in der von Y.M. Pierre und G. Vouba berichteten Überlieferung die Eroberungen bestimmter umliegender Gebiete aufgeführt. So wurden von Mbangang aus erfolgreiche Kriegszüge in das nicht näher lokalisierte Waa unternommen, sowie in die Region Dii (deren Bewohner Noudong genannt wurden) und in das Gebiet des Häuptlingstums Ngah. [109] Die überfallenen Häuptlingstümer befanden sich in der Umgebung von Mbangang, hauptsächlich wohl in westlicher Richtung. Genauer ist nur Dii als Tikar-Gebiet zwischen den Flüssen Ndjim und Mpem ausgewiesen, wo später das Linte-

---

[101] Vgl. MOHAMADOU, 1967, S. 111; SIRAN, 1980, S. 48ff.
[102] Vgl. SIRAN, 1980, S. 49f.
[103] Vgl. SIRAN, 1980, S. 49. Nach Bemerkungen von THORBECKE, M.-P., 1914, S. 151, müßte der Ort als Mböngang und nach Geffrier, 1944 – 45, zitiert nach MOHAMADOU 1967, S. 111, als Bangang bis zur Zeit ihres Aufenthalts im Vute-Gebiet noch bestanden haben.
[104] Pierre und Vouba, zitiert nach MOHAMADOU, 1967, S. 106.
[105] I. Voudjo, zitiert nach SIRAN, 1980, S. 50.
[106] SIRAN, 1980, S. 51.
[107] Ebenda.
[108] SIRAN, 1981a, S. 270.
[109] Pierre und Vouba, zitiert nach MOHAMADOU, 1967, S. 106.

Oberhäuptlingstum entstand. [110] Waa wird als wohlhabend, Ngah als mächtiges und starken Widerstand leistendes Häuptlingstum am Fuße der Ndome-Steilstufe bezeichnet; [111] das sind Hinweise, die ebenfalls bereits differenziertere gesellschaftliche Verhältnisse erkennen lassen. Nach dieser Überlieferung gebot die von einem starken Eroberungsdrang besessene Brüdergruppe bald über ein großes Territorium, über ein schlagkräftiges Heer und große Reichtümer. [112]

Diese im Grunde spärlichen Angaben über die Zeit in Mbangang enthalten keine Hinweise auf Struktur- und Funktionsänderungen der gesellschaftlichen bzw. politischen Organisation. Dennoch sollen hier einige Überlegungen dazu thesenartig vorgetragen werden.

Während sich die Häuptlingssöhne im heimatlichen Kpalakti oder in Matsari zunächst nur als Individuen gegen den erbberechtigten Häuptlingsnachfolger und geltende Rechtsregeln stellten, hatte der von ihnen und ihren Anhängern in Mbangang geführte Kampf eher den Charakter einer sozialen Revolte. Jedenfalls wurde er von einer sozial und politisch organisierten Gruppe getragen und ist also wohl vor allem als eine Auseinandersetzung zwischen gesellschaftlichen Gruppen mit unterschiedlichen machtpolitischen Interessen zu verstehen. Es ist in der sich ändernden gesellschaftlichen Organisation von einer Zunahme der Rolle machtpolitischen Denkens auszugehen. Dies bedeutete zwar eine Schwächung der politischen Funktionen der Klanorganisation, beeinträchtigte aber nicht die Existenz der matrilinearen Linienstruktur. Diese wurde im Gegenteil von der Führungsgruppe zur Festigung ihrer gesellschaftlichen Stellung benutzt. Sie bildete eine Art *royal lineage* unter einer eigenen Bezeichnung *mvoynye* oder *mwīŋŋèē̄*. [113] Da die Herrschaft der neuen Führungsgruppe des Häuptlingstums gefestigt und gesichert werden mußte, wäre es interessant zu erfahren, in welchem Maße sie die entscheidenden gesellschaftlichen Funktionen kontrollieren konnte. Leider liegen dazu keine Angaben vor. Als militanter Machtfaktor zur Absicherung der Häuptlingsherrschaft nach innen bzw. als Früh- oder Vorform einer „öffentlichen Gewalt" entstand aus Teilen der früheren Anhängerschaft vermutlich in dieser Zeit das persönliche Gefolge des Häuptlings. Die in den Quellen enthaltenen Angaben über Rechte und Pflichten des Gefolges beziehen sich ausschließlich auf die Stellung des Gefolges (*dugarip*) der späteren Oberhäuptlingsorganisation. [114] Da sie aber im wesentlichen mit denen der früheren Anhängerschaft im „Busch" übereinstimmen, liegt es nahe, auf einen ursächlichen Zusammenhang und die Entstehung dieser Einrichtung als neues politisches Organisationselement in dieser Etappe zu schließen. [115]

Eine Zunahme kriegerischer und politischer Organisationselemente ist aufgrund der Überlieferungshinweise, die sich auf kriegerische und bündnisorientierte Aktivitäten bezie-

---

[110] Vgl. Pierre und Vouba, zitiert nach MOHAMADOU, 1967, S. 106; SIRAN, 1980, S. 51; 1981a, S. 270; bestätigt durch mündliche Aussage von A. SONGSARÉ, 1987.

[111] Pierre und Vouba, zitiert nach MOHAMADOU, 1967, S. 106.

[112] Ebenda.

[113] Pierre und Vouba, zitiert nach MOHAMADOU, 1967, S. 101; SIRAN, 1980, S. 49, 50.

[114] Siehe unten S. 202f.

[115] Vgl. SIRAN, 1980, S. 49, 52, mit Anmerkung 41 auf S. 54.

hen, anzunehmen. Diese waren gegen die umliegenden Gruppen territorial expansiv gerichtet. Es wechselten wohl weiterhin Vute, die Kriegsdienst leisten wollten, aus anderen Häuptlingstümern nach Mbangang; wichtiger aber wurde eine Bündnispolitik, mit der die verbündeten Gruppen – mit Ausnahme von Matsari – nach Bedarf zur Gefolgschaft verpflichtet werden konnten. Obwohl dazu keine konkreten Angaben vorliegen, haben diese Bündnisverpflichtungen – zumindest in der frühen Zeit – eine wichtige Rolle bei der Herausbildung der Oberhäuptlingsstrukturen gespielt. Das Beispiel der Vute zeigt jedoch, daß diese Bündnisform nur sehr kurze Zeit bestanden haben kann und sich sehr bald in eine territorialpolitische Unterordnung im Rahmen der nachfolgenden Gründung des Oberhäuptlingstums Linte verwandelte. Relevant erscheint jedoch der Hinweis von SIRAN, daß insbesondere Gruppen des *ndîm*-Matriklans in dieser Region als Bündnispartner gewonnen werden sollten. Die Nutzung von Verwandtschaftsbindungen im Sinne neuer politischer Zielsetzungen zeigt sich hier besonders deutlich. Traditionelle und neu entstehende gesellschaftliche Organisationsprinzipien sind in diesem Veränderungsprozeß eng miteinander verflochten.

Die Kriegsorganisation und Schlagkraft des Häuptlingstums Mbangang und seiner Bündnispartner war schließlich so gewachsen, daß die Eroberung der genannten Territorien, insbesondere des Tikar-Gebietes im Westen der Sanaga-Ebene, möglich wurde. Dieser Faktor läßt auch auf eine entsprechende Erweiterung und Formierung der militärhierarchischen Strukturen schließen. Möglicherweise setzten die Vute bereits zu dieser Zeit, in Kenntnis der Fulbe-Praktiken, geraubte Menschen als Krieger ein. Zu Beginn der Kolonialzeit bildete diese Methode das Hauptmittel zur Vergrößerung der Vute-Truppen. [116]

Sozialökonomische Angaben fehlen für die Etappe von Mbangang völlig, – außer der einen Feststellung, daß Kriegsbeute angehäuft wurde, und daß dadurch Reichtum entstand. Man kann aber davon ausgehen, daß ein immer größer werdender nicht produzierender Bevölkerungsteil versorgt werden mußte und dadurch die Erhöhung der Abgaben landwirtschaftlicher Produkte und der Arbeitsleistungen für Würdenträger notwendig wurden. Auch die zentralisierte Verwaltung von Kriegsbeute (einschließlich der geraubten Menschen), wie sie als ziemlich differenziertes System in der späteren Oberhäuptlingsorganisation bestand und partiell bereits für die Zeit vor der Etappe von Mbangang nachgewiesen ist, [117] wird in dieser Zeit verfestigt worden sein.

Die gesellschaftlichen Veränderungen sind als Bestandteile eines frühen Staatsgeneseprozesses einzuschätzen. Sie äußerten sich durch Wachstum einer militant ausgerichteten soziopolitischen Struktur und Organisation als wesentliche Voraussetzung für die Unterwerfung fremdethnischer Gruppen sowie für spätere Integrationskriege gegen andere Vute-Häuptlingstümer im sich anschließenden territorial-politischen Formierungsprozeß der Oberhäuptlingstümer. Die Formierung und Konsolidierung des Häuptlingstums Mban-

---

[116] DOMINIK, 1901, S. 79; MORGEN, 1893a, S. 204; THORBECKE, M.-P., 1914, S. 212; THORBECKE, 1916, S. 15.
[117] Siehe oben, S. 92.

gang zum militanten, territorial-expansiven Häuptlingstum stellte die Vorstufe oder den Übergang zur Herausbildung der Oberhäuptlingsorganisation von Linte dar.

7.3.2.3. Die Gründung des Oberhäuptlingstums Linte

Auf die Darlegung der von Mbangang ausgehenden Kriegszüge gegen Wah, Dii und Ngah folgt in der Überlieferungsversion von Y.M. Pierre und G. Vouba unmittelbar die Schilderung der territorialen Inbesitznahme der besiegten Häuptlingtümer. Die noch junge *royal lineage* der Brüdergruppe löste sich von dem gemeinsamen Wohnsitz in Mbangang,[118] und ihre Mitglieder übernahmen unter der Oberherrschaft von Ngueng, dem ältesten Bruder, die Herrschaft über die besiegten Gruppen. Ökonomische Probleme, wie die Versorgung der im Verlauf der Eroberungskriege ständig wachsenden Bevölkerung sowie die für die Verteidigung gegen die Fulbe strategisch ungünstige Lage Mbangangs könnten weitere Gründe für die Abwanderung und Spaltung gewesen sein.

Aus den Angaben geht hervor, daß durch Ngueng oder seinen Nachfolger[119] im Gebiet zwischen den Flüssen Ndjim und Mpem im nordwestlichen Raum der Sanaga-Ebene mit der Integration mehrerer Häuptlingstümer eine Oberhäuptlingsstruktur geschaffen wurde. Hauptsitz wurde das als befestigte Siedlung angelegte Linte. Infolge von Angriffen durch die Fulbe wurde es mehrfach verlegt. In dieser Region, die – wie oben erwähnt – früher Dii genannt wurde, siedelten überwiegend Tikar, aber auch einzelne Vute-Gruppen. Das spätere Linte soll dicht über der Tikar-Siedlung Longwe am Abhang und in den Felsen der westlichen Ndome-Steilstufe angelegt worden sein.[120]

Ngueng setzte seine Brüder (bzw. ihm nahestehende Linienmitglieder der ehemaligen Anführergruppe) als Oberhäupter der eroberten Häuptlingtümer Soani, Gbing und Matim ein. Diese Häuptlingtümer oder Dorfgemeinden – möglicherweise gehörte auch Mbangang dazu – wurden politische Einheiten des entstehenden Oberhäuptlingstums Linte.[121] Über die Familienbeziehungen zwischen den Häuptlingen wurde der gesellschaftliche Zusammenhalt der angestrebten politischen Einheit zunächst gewährleistet. Diese Familienbeziehungen stabilisierten auch die Organisation immer zielgerichteter werdender Raub- und Integrationskriege (vor allem gegen fremdethnische Gruppen). Es zeigt sich hier ein weiteres Mal, welche Bedeutung die verwandtschaftlichen Bindungen im Prozeß der territorial-politischen

---

[118] Zur Hypothese des Verbleibs von Nimguea (Vouktok) in Mberngang siehe unten, S. 109f.

[119] Die unterschiedlichen Genealogien der Oberhäuptlinge von Linte weisen eine Abweichung von einer Generation aus. Vgl. MOHAMADOU, 1967, S. 111f.

[120] THORBECKE, M.-P., 1914, S. 151; THORBECKE, 1914a, S. 48, 60. Diese Angabe geht auf Dukan, den Häuptling von Linte (1912), zurück. Nach der kolonialen Eroberung des Vute-Gebietes wurden die Oberhäuptlingtümer als politische Einheiten aufgelöst und zunächst jedes Häuptlingstum direkt der deutschen Administration unterstellt, später die ehemaligen Oberhäuptlinge, so auch Dukan von Linte, mit eingeschränkten Befugnissen wieder eingesetzt.

[121] Siehe unten, S. 147f. Nach NEWMAN, 1983, S. 92, stellt der Einsatz von Mitgliedern der *royal lineage* zur Verwaltung größerer geographischer Gebiete ein grundlegendes Merkmal der Herausbildung von Oberhäuptlingtümern (*paramount chiefdoms*) dar.

Entwicklung gehabt haben und wie fließend sich der Übergang zur frühstaatlichen Organisation gestaltete.

Diese politischen Vorgänge vollzogen sich unter den Bedingungen einer von der nordöstlich benachbarten Fulbe-Herrschaft in Tibati relativ unabhängigen Existenzweise. Der Oberhäuptling von Linte und die anderen Vute-Häuptlinge verlegten ihre Herrschaftszentren jedoch allmählich immer weiter weg von den politischen Grenzen des Lamidats Tibati. Demgegenüber konnten die sozialen und politischen Veränderungen, die auch bei den im südlichen Grenzbereich des Lamidats verbliebenen Vute-Gruppen eingetreten waren, zum Beispiel im Häuptlingstum Guéré, nicht zur Entstehung von größeren territorial-politischen Einheiten führen. Ihre sich ab der Mitte des 19. Jhs. verfestigende Integration in die frühstaatliche Lamidatsorganisation verhinderte dies. Guéré blieb bis in die Gegenwart hinein ein politisch unbedeutendes Häuptlingstum, das im hier behandelten Zeitabschnitt Abwanderung von Bewohnern in die Oberhäuptlingszentren, z.B. nach Linte, hinnehmen mußte. [122] Yoko vergrößerte sich zwar auch zu einem Oberhäuptlingstum, dessen Einflußbereich bis zum Djerem reichte, blieb aber als militärischer Außenposten von Tibati mit einer ständigen Fulbe-Besatzung ohne politische Selbständigkeit. Die südlichen, in die Sanaga-Ebene abgewanderten Vute-Gruppen, hatten infolge der größeren Entfernung und ihrer für die Eroberungsabsichten der Fulbe geographisch weniger günstigen Siedlungslage, den Vorteil, daß sie einerseits frühstaatliche Struktur- und Organisationselemente übernehmen konnten, andererseits durch Ausweichen genügend Abstand gewannen, um politisch unabhängige Oberhäuptlingstümer zu organisieren.

7.3.2.4. Die Abwanderung nicht integrationsbereiter Vute-Gruppen in die südwestliche Sanaga-Ebene

In der von MOHAMADOU, SIRAN und anderen Autoren getroffenen Auswahl der Überlieferungen, die sich sehr auf die Dynastien der Oberhäuptlingstümer Linte und Ngila konzentriert, kommt die Vielzahl der Abspaltungen einzelner Gruppen und ihrer Wanderbewegungen kaum zum Ausdruck. Im entstehenden Oberhäuptlingstum Linte wird die Ausweitung des territorial-politischen Herrschaftsbereiches und seine beginnende Verwaltung zur erneuten Abwanderungsursache. So geht aus Angaben von DOMINIK, der Interpretation von SIRAN und der Überlieferungsversion, die Dukan von Linté THORBECKE berichtet hat, hervor, daß aus der ehemaligen Anführergruppe der bisher gleich gestellte Voukto (Nimguea), der in Mbangang geblieben war, die Ausdehnung der Herrschaft des Bruders Ngueng in unmittelbarer Nachbarschaft und möglicherweise direkt gegen ihn gerichtete Integrationsbestrebungen nicht akzeptierte und die Abwanderung nach Süden beschloß. [123] Voukto leitete die Abwanderung nach Süden, unsicher ist seine Teilnahme an der Eroberung des Yalongo-Häuptlingstums Nduba. [124] Die territorial-politische Expansion von Nduba aus

---

[122] Vgl. HOFMEISTER, 1914, S. 21.

[123] DOMINIK, 1901, S. 176; SIRAN, 1980, S. 51; 1981a, S. 270; THORBECKE, 1914a, S. 63.

[124] Hinsichtlich des persönlichen Schicksals von Voukto und seiner Rolle bei der Eroberung Ndubas liegen erhebliche Abweichungen in den Überlieferungen vor. Vgl. Geffrier, 1944–45, Pierre und Vouba, zitiert

und der Ausbau von Nduba zum Vute-Oberhäuptlingszentrum vollzog sich jedoch unter der Führung seines Sohnes Gomtsé. [125] Diese historisch bedeutendste Migration in den Süd-westen der Sanaga-Ebene ist erst um 1880 anzusetzen; darum liegen auch relativ genaue Überlieferungen von der Eroberung Ndubas vor. [126]

Zu den Wanderbewegungen anderer Vute-Gruppen in den Südwesten der Sanaga-Ebene gibt es nur einige Daten über das Häuptlingstum Goura (bei MOHAMADOU), die von A. SONGSARÉ bestätigt und ergänzt wurden. [127] Dabei wird erwähnt, daß eine Gruppe um den Anführer Guater, der ein jüngerer Bruder Gomtsés (Ngraŋ II) war, ebenfalls häufig krieg-führend ihren Wohnsitz wiederholt wechselte. Sie gelangte etwa zur Zeit des Beginns der territorial-politischen Konsolidierung von Nduba an den Mbam und belagerte den Hauptort des Häuptlingstums Vundu, das überwiegend von Bati und einigen Balom bewohnt wurde. Als Guater mit der Zerstörung des Ortes drohte, schickte der Häuptling von Vundu Boten zu Guater mit der Meldung, daß er die Macht der Vute anerkenne und sich ergeben wolle. Guater lebte danach mit seiner Gruppe in diesem Ort. Er ernannte zwei bis drei „wichtige Krieger", denen er die Verwaltung von Vundu übertrug. Der ehemalige Häuptling wurde als Würdenträger behandelt. Die Bevölkerung leistete Abgaben.

---

nach MOHAMADOU, 1967, S. 106, 111; MOHAMADOU, 1967, S. 120; SIRAN, 1980, S. 51; 1981a, S. 270.

[125] Pierre und Vouba, zitiert nach MOHAMADOU, 1967, S. 106; MOHAMADOU, 1967, S. 120; SIRAN, 1980, S. 51; 1981a, S. 270.

[126] HOFMEISTER, 1914, S. 22; MOHAMADOU, 1967, S. 120; MORGEN, 1893a, S. 82.

[127] Delteil, 1936, zitiert nach MOHAMADOU, 1967, S. 122; mündliche Angaben von A. SONGSARÉ, 1987.

8. Zur Herausbildung der Oberhäuptlingstümer Linte und Ngila nach 1870 in der westlichen und südwestlichen Sanaga-Ebene

Wie oben dargelegt,[1] setzte in der nordwestlichen Sanaga-Ebene etwa ab 1870 mit der gewaltsamen Inbesitznahme von bereits länger dort bestehenden Vute- und Tikar-Häuptlingstümern durch verbündete Vute-Gruppen unter der Führung der *mvoynye*- oder *mwĩɲɲèɛ̃ royal lineage* und den Anfängen ihrer zentralen Verwaltung von Linte aus die Formierung einer Oberhäuptlingsorganisation ein. In der südwestlichen Sanaga-Ebene ist der Beginn vergleichbarer Prozesse nach der Eroberung einer Reihe kleinerer Häuptlingstümer unterschiedlicher ethnischer Zugehörigkeit sowie des bedeutenderen Yalongo-Häuptlingstums Nduba[2] durch Mitglieder derselben Vute- *royal lineage* etwa um 1880 zu verzeichnen. Neben anderen Faktoren bewirkten diese territorial-politischen Inbesitznahmen die bleibende Niederlassung der führenden Mitglieder der *mvoynye*- Lineage in diesen Regionen und führten zum Abschluß des großräumigen Migrationsprozesses, der durch die Eroberung des früheren Heimatgebietes durch die Fulbe um 1830 – 1835 ausgelöst worden war.

8.1. Historische Angaben zur Gründung des Oberhäuptlingstums Ngila

Während über die Gründung des Herrschaftssitzes Linte, als Zentrum des entstehenden Oberhäuptlingstums, wie erwähnt, nur wenige allgemeine Angaben vorhanden sind,[3] liegen über die Entstehung des Vute-Herrschaftszentrums in Nduba relativ zahlreiche und zum Teil auch genauere Angaben vor. Der Eroberung von Nduba ging ein friedlicher Kontakt zwischen dem Häuptling von Nduba und Ngueng, dem Oberhäuptling von Linte, voraus, möglicherweise sogar bereits eine erste Periode friedlicher Integration.

Dieses Untersuchungsergebnis beruht auf der Analyse einer Reihe von Angaben über eine mindestens 20 – 25 Jahre vor der Eroberung entstandene Verwandtschaftsbeziehung

---

[1] Siehe vorliegende Arbeit, Kapitel 7.3.2.
[2] THORBECKE, 1914a, S. 63, bezeichnet die Bevölkerung als Fuk, HOFMEISTER, 1926, S. 177, und SIRAN, 1981a, S. 267, als Yalongo. KÖHLER, 1979, S. 220, ordnet die Fuk (Bafök) der Yaunde-Fang-Untergruppe zu; dem entspricht etwa die Charakterisierung DUGASTs (1949, S. 86), daß die Yalongo möglicherweise eine „Bati-Pahoins" -Mischgruppe gewesen sein könnten. Allgemein handelt es sich somit nach KÖHLER, 1979, S. 217ff., um eine der zur Sanaga-Zone der westlichen Regionalbantusprachen gehörenden Bevölkerungsgruppe. Siehe auch oben S. 29f., Anmerkung 71.
[3] Siehe oben, S. 108f., unten S. 147f.

zwischen Ngueng (*Ngrté* I)[4] und dem Yalongo-Häuptling von Nduba. In den bisherigen Untersuchungen, insbesondere von MOHAMADOU und SIRAN, finden diese unter anderem auch von ihnen selbst veröffentlichten Erhebungen keine analytische Berücksichtigung. Der nach 1880 von Gongna (*Ngrté* III, Oberhäuptling von Linte) als Unterhäuptling eingesetzte Ngader (Ngadde, Gader) war der Sohn einer Vute-Frau und des um 1880 regierenden Yalongo-Häuptlings von Nduba.[5] THORBECKE vermutete, daß diese Frau als „Ehrengeschenk" nach Nduba gegeben worden war.[6] Die Angaben, daß Ngader zum Zeitpunkt der Eroberung um 1880 ein erwachsener Mann war und einen halberwachsenen Sohn hatte, der zehn Jahre später ebenfalls ein Unterhäuptling Gongnas wurde, deuten auf den vorhergehenden Ablauf einer Periode friedlicher Beziehungen zwischen Ngueng (*Ngrté* I) und dem Häuptling von Nduba. Sie muß etwa die Lebenszeit Ngaders bis zur Eroberung umfaßt haben. Wesentlich für eine Einschätzung der Art der Beziehungen zwischen Ngueng (bzw. dem entstehenden Linte-Oberhäuptlingstum) und dem Häuptling von Nduba ist ferner, daß die Vute-Frau, bevor sie mit dem Yalongo-Häuptling lebte, die Gattin von Ngueng war und diesem den Nachfolger Gongna gebar. Gongna und Ngader waren also Halbbrüder.[7]

Das Bestehen von verwandtschaftlichen Bindungen auf Häuptlingsebene rechtfertigt die Hypothese, daß in der Anfangszeit des Oberhäuptlingstums Linte Ngueng bereits auf friedlichem Wege (u.a. durch Heirat) engere Beziehungen zu Nduba anbahnte oder eine politische Integration des Yalongo-Häuptlingstums vorbereitete. Dies wäre dann durch Vouktok (*Ngràŋ* I, auch Nimguea genannt) und dessen Sohn Gomtsé (*Ngràŋ* II) vereitelt worden, indem diese – ihrer eigenen Integration ausweichend – sich das südliche Territorium um Nduba um 1880 auf schnellem Wege aneigneten. Für diese Hypothese spricht die für die nachfolgende Zeit bekannte jahrelange Feindschaft zwischen Gomtsé (*Ngràŋ* II) und Gongna (*Ngrté* III). Gongna nahm ferner zunächst den aus Nduba fliehenden Halbbruder Ngader auf.[8]

Angemerkt sei, daß sich hier eine in den Quellen vielfach erwähnte[9] Unterschiedlichkeit im Verhaltensmuster der Linte- und Ngila-Oberhäuptlinge zeigt. Denen von Linte werden im allgemeinen Diplomatie und Neigung zu friedlichen Regelungen zugeschrieben, wäh-

---

[4]   Genealogie der Oberhäuptlinge von Linte, nach MOHAMADOU, 1967, S. 111f.: Ngueng (*Ngrté* I) ab ca. 1875 bis nach 1880; Mbayem (*Ngrté* II) Anfang der 80er Jahre des 19. Jhs.; Gongna (*Ngrté* III) Anfang der 80er Jahre des 19. Jhs. bis 1906. Die geschätzten Regentschaftszeiten entsprechen der Überlieferungsversion von Pierre und Vouba, zitiert nach MOHAMADOU, 1967, S. 107ff.

[5]   SONGSARÉ, 1987, mündliche Aussage; THORBECKE, 1914a, S. 63; THORBECKE, M.-P., 1914, S. 152; vgl. MOHAMADOU, 1967, S. 118.

[6]   THORBECKE, 1914a, S. 63.

[7]   THORBECKE, 1914a, S. 63; THORBECKE, M.-P., 1914, S. 152. Nach Delteil, 1936, zitiert nach MOHAMADOU, 1967, S. 110, waren Ngader und Gongna Cousins, ihre Mütter Schwestern.

[8]   Siehe unten S. 122f. Nach M.-P. THORBECKE könnte die Ursache der Feindschaft auch damals beginnende, für spätere Jahre belegte Auseinandersetzungen der beiden Vute-Oberhäuptlinge wegen der westlich des Mbam angrenzenden Sklavenfanggebiete gewesen sein. THORBECKE, M.-P., 1914, S. 152, vgl. unten, S. 124f.

[9]   Zum Beispiel bei MORGEN, 1893a, S. 246.

rend die Ngila-Oberhäuptlinge, angefangen von Vouktok (Nimguea), ihr Verhaltensideal in krassem Despotismus und Gewaltanwendung gesehen haben sollen.

Während die um Nduba im Südwesten der Sanaga-Ebene lebenden ethnischen Gruppen bzw. Splittergruppen relativ kleine politische Einheiten gebildet hatten, spricht die Beschreibung von Nduba zum Zeitpunkt der Eroberung als bedeutendes und mächtiges Yalongo-Häuptlingstum dafür, daß hier ebenfalls Tendenzen zu einer zentralisierten politischen und territorialen Organisation wie bei den Vute vorhanden waren. Darauf deuten auch Berichte über die spätere Handlungsweise Ngaders als Unterhäuptling von Gongna (*Ngrté* III), insbesondere verschiedene Einzelangaben über Kriegführung und Siedlungsform bzw. -befestigung. [10] Diese eigenständige politische Entwicklung eines Yalongo-Häuptlingstums unter prägendem Vute-Einfluß wurde durch die Eroberung Ndubas um 1880 abgebrochen. Unter Gomtsé (*Ngràŋ* II) setzte die Herausbildung eines Vute-Oberhäuptlingstums auf kriegerisch-expansiver Grundlage ein.

Zur Eroberung von Nduba liegen eine Reihe allgemein übereinstimmender Aussagen vor; die von HOFMEISTER und THORBECKE aufgenommenen enthalten einige genauere Angaben. [11] Von HOFMEISTER kennen wir den Hinweis, daß Gomtsé zunächst eine Reihe kleinerer Bati-Gruppen unterwarf, und daß dadurch seine Macht gestärkt war, bevor er den „größeren" Häuptling der Yalongo angriff. [12] Nach dem Sieg plünderte er Nduba aus und machte viele Gefangene. Ngader und „die meisten seiner Leute" flohen. [13] THORBECKE verweist besonders auf die Tötung des Yalongo-Häuptlings durch Gomtsé. [14] Dieser Verwandtenmord ist, sehr negativ beurteilt, bis heute in der Erinnerung der Vute geblieben. [15] Ferner erwähnt THORBECKE die Herkunft der Häuptlingsbezeichnung „Ngila" von den Yalongo. [16] In der Mehrheit der Quellen werden die unmittelbar an die Eroberung von Nduba anschließenden Raub- und Eroberungszüge Gomtsés erwähnt oder aufgezählt. [17] Als erster Europäer kam TAPPENBECK im Mai 1889 nach Nduba zu Gomtsé. Ihm verdanken wir die einzige bildliche Darstellung Gomtsés. [18]

---

[10] Vgl. MORGEN, 1893a, S. 236ff., siehe unten, S. 252.

[11] HOFMEISTER, 1914, S. 22; THORBECKE, 1914a, S. 63, siehe Quellenzitate in vorliegender Arbeit, S. 271f.

[12] HOFMEISTER, 1914, S. 22.

[13] Ebenda.

[14] THORBECKE, 1914a, S. 63.

[15] Mündliche Aussage von A. SONGSARÉ, 1987.

[16] THORBECKE, 1914a, S. 63.

[17] Vgl. DOMINIK, 1897, S. 417; Bundesarchiv, R 1001/3267, Bl. 53, 94, KUND; MOHAMADOU, 1967, S. 74, 108, 110, 117f., 120; SIEBER, 1925, S. 59; SIRAN, 1980, S. 51; THORBECKE, 1914a, S. 63; 1916, S. 15; THORBECKE, M.-P., 1914, S. 152.

[18] TAPPENBECK, 1890, Abbildung S. 111, vorliegende Arbeit, Fig. 10, S. 205; siehe auch TAPPENBECK, 1889, S. 115ff.

8.2. Die Erweiterung der territorialpolitischen Struktur im Entstehungsprozeß der Oberhäuptlingstümer Linte und Ngila

8.2.1. Die Dreiebenengliederung

Indem kleinere politische Einheiten der Vute und anderer Ethnien, die vor ihrer Integration politisch entweder selbständig oder dual strukturiert waren (Häuptling – Dorfoberhaupt), einem Unterhäuptling unterstellt wurden, entstand eine in drei bis vier Ebenen gegliederte Verwaltungsstruktur innerhalb der sich ausbreitenden Oberhäuptlingstümer. Damit war auch die Bildung von Funktionsträgern verbunden, die die jeweiligen Repräsentanten des Oberhäuptlings auf den einzelnen Ebenen umgaben. Dies wurde zum einen mit der fortschreitenden territorial-politischen Organisation erforderlich, um ökonomische und politische Forderungen der Zentralmacht (Oberhäuptling) zu erfüllen, etwa bei der ökonomischen Ausbeutung der integrierten oder dem Vute-Einfluß ausgesetzten Bevölkerungsgruppen. Zum anderen umgaben sich auch die Unterhäuptlinge selbst mit einem ähnlichen Würdenträgerapparat bzw. Hofstaat wie der Oberhäuptling.

Die oberste Verwaltungsebene wurde durch den Oberhäuptling in Verbindung mit einigen zentralen Funktionsträgern verkörpert. Diese mußten sich letztlich der oft despotisch ausgeübten Entscheidungsbefugnis des Oberhäuptlings fügen, hatten also nur beratende Funktion.

Die Verwaltung der integrierten Gruppen wurde überwiegend durch die vom Oberhäuptling eingesetzten Mitglieder der *royal lineage* übernommen, die als Vute-Unterhäuptlinge die mittlere Administrationsebene darstellten. Im Auftrag des Oberhäuptlings bereiteten sie auch – neben den vom Herrschaftszentrum ausgehenden Unternehmungen – die weitere territoriale Expansion oder Raubzüge in nicht unterworfene Gebiete vor. In den Großsiedlungen der Vute-Oberhäuptlinge wurden ebenfalls Mitglieder der *royal lineage* über einzelne Ortsteile als Unterhäuptlinge eingesetzt.[19] Zur mittleren Administrationsebene gehörten daneben auch (mehr oder weniger zwangsweise) kooperationsbereit gewordene Häuptlinge der eroberten Gruppen, die ebenso als Unterhäuptlinge eingesetzt wurden. Besonders in peripheren Gebieten stellten sie eher labile Faktoren im politischen Konsolidierungsprozeß dar, da sie früher oder später Ideen von Unabhängigkeit und Widerstand zu verwirklichen suchten.

Es gab jedoch auch unterworfene Gruppen, die offenbar relativ bereitwillig – möglicherweise im Rahmen eines bereits hohen Assimilationsgrades – bei der Organisation von Raubzügen für den Vute-Oberhäuptling aktiv wurden. Es ist somit festzustellen (und auch in den Quellen mehrfach belegt), daß die attackierten ethnischen Gruppen im Mbam-Sanaga-Dreieck sich gegenüber dem Vordringen der Ngila-Oberhäuptlinge unterschiedlich verhielten.[20]

---

[19]   Bundesarchiv, R 1001/4357, Bl. 19, DOMINIK; MORGEN, 1893a, S. 83.
[20]   Siehe unten, S. 128.

Die dritte und in der Regel unterste Verwaltungsebene stellten die Dorfoberhäupter dar. Zu dieser Stufe sind auch die Oberhäupter von kleinen Splittergruppen der Vute, die ehemals selbständige politische Einheiten waren, zu rechnen.

8.2.2. Die mittlere Verwaltungsebene

Der quellenmäßige Nachweis der administrativen Drei- bis Vierebenengliederung in den vorkolonialen Vute-Oberhäuptlingstümern Linte und Ngila ist durch Angaben in den mündlichen Überlieferungen, in zahlreichen Berichten von Reisenden, die das Vute-Gebiet vor der kolonialen Unterwerfung (1899) besuchten, gegeben. Sie wird auch durch die kartographischen Darstellungen der Oberhäuptlingstümer deutlich. So verwaltete z.B. Gomané, Bruder des Oberhäuptlings von Linte (Gongna, *Ngrté* III) [21], als dessen Unterhäuptling das Häuptlingstum Nyem, etwa 15 km westlich des gegenwärtigen Nyem. Er hatte die Aufgabe, die zu Linte gehörenden Unterworfenen zu „befrieden", die dorthin umgesiedelt worden waren und sich weigerten, für den Oberhäuptling zu arbeiten. [22] von Stein zu Lausnitz erwähnt für das Jahr 1907, daß im ursprünglichen Gebiet des Oberhäuptlingstums Linte verschiedene Vute-Dörfer von Magom, einem Bruder und Unterhäuptling von Gongna (*Ngrté* III), abhängig waren. [23] Zwar waren seit 1899 die Vute-Oberhäuptlinge entmachtet und die Unterhäuptlinge vorübergehend politisch selbständig, jedoch ist davon auszugehen, daß Magom diese Ortschaften auch zuvor schon verwaltet hatte und sich auch nach 1899 Gongna unterstellt fühlte. Dies gilt auch für die Angaben von HOFMEISTER. Er kam 1912 auf einer seiner Predigtreisen im Oberhäuptlingstum Linte einmal durch den Ort des Häuptlings Ndingwing, nördlich des Ndjim gelegen, der dem Unterhäuptling Giong unterstand, wenig später zu Njokwe, der dem Unterhäuptling Magum (Magom) zugeordnet war. [24] Ferner erwähnt er die Dorfhäuptlinge Gana und Sila südlich des Ndjim im Oberhäuptlingstum Ngila, die dem Unterhäuptling Mbimbi unterstanden. [25] Besonders deutlich gehen die unterschiedlichen Verwaltungsebenen aus den kartographischen Darstellungen von Buddeberg und DOMINIK hervor. [26] Das Material, insbesondere über die mittlere Verwaltungsebene, läßt komplizierte ethnopolitische Übergangsverhältnisse während der Integrationsprozesse erkennen, die bis ca. 1892 relativ unbeeinflußt vom Vordringen der deutschen Kolonialmacht verliefen. Die Vertreibung eines Vorpostens des Oberhäuptlingstums Ngila im Gebiet des Häuptlings Balinga (rechtsseitig des Mbam) im Jahre 1892 durch die Expedition RAMSAY und die zeitweise Existenz der Militärstation Balinga stellten die erste temporär

---

[21] SIRAN, 1981a, S. 269.
[22] Coqueraux, 1946, zitiert nach MOHAMADOU, 1967, S. 114.
[23] V. STEIN ZU LAUSNITZ, 1908, S. 525.
[24] HOFMEISTER, 1926, S. 74, 79.
[25] HOFMEISTER, 1926, S. 128.
[26] Zum Beispiel Bundesarchiv, 1001/4287, Bl. 68, DOMINIK; ebd., 3347, Bl. 69, BUDDEBERG; vgl. vorliegende Arbeit, Karte 9, S. 118.

wirksame Einschränkung der territorial-politischen Expansion der Vute durch die deutsche Kolonialmacht dar. [27]

8.2.2.1. Angaben über die Unterhäuptlingsposition am Beispiel von Guater, Oberhäuptlingstum Ngila

Die sich formierende mittlere Verwaltungsebene stellte die bedeutendste Veränderung im Herausbildungsprozeß der Oberhäuptlingstümer dar. Ihre im allgemeinen zuverlässigsten Funktionsträger waren die als Unterhäuptling eingesetzten nächsten Verwandten des Oberhäuptlings. Eines der bekanntesten Beispiele dafür ist Guater. [28] Er war sicher schon vor 1889 – danach aber durch schriftliche Zeugnisse belegt – Unterhäuptling im Oberhäuptlingstum Ngila in der Mbam-Sanaga-Ecke linksseitig des Mbam. Guater war ein jüngerer Bruder Gomtsés (*Ngraŋ* II). [29] Nach der von Delteil aufgenommenen Überlieferung „trieb ihn das Waffenglück über den Ndjim, wo er sich in Goura niederließ." [30] Diese Angabe läßt offen, ob Guater getrennt oder mit Vouktok (*Ngraŋ* I) bzw. Gomtsé (*Ngraŋ* II) in die südwestliche Sanaga-Ebene eingewandert war.

Insbesondere Quellenangaben aus der Zeit vor der kolonialen Eroberung belegen seine Unterordnung sowohl unter Gomtsé (Regentschaft um 1880 bis ca. 1891) als auch unter seinen Nachfolger Neyon (*Ngraŋ* III, Regentschaft ca. 1891–1899). [31] Im Gespräch mit MORGEN am 24.12.1889 betonte er, „... daß er ein Vasall seines älteren Bruders Ngilla sei, der ihn jedoch als seinen besten Krieger hoch halte und ihm daher stets auch, im Kriege wie im Frieden, die schwersten und gefährlichsten Posten anvertraue." [32] Die weiteren Angaben über Guater, über seinen Herrschafts- oder Einflußbereich, seine Position als enger Vertrauter und „Feldherr" der genannten Vute-Oberhäuptlinge, über Vertreter unterschiedlicher gesellschaftlicher Schichten in seiner Umgebung und über die bedeutende Größe der Siedlung Guataré, lassen auf eine dem Oberhäuptling beinahe ebenbürtige Stellung schlie-

---

[27] Siehe RAMSAY, 1892, S. 391ff.

[28] Die Schreibweise des Häuptlingstitels Guater und des Häuptlingstums Guataré erfolgt nach Angaben Songsarés. In den Archivmaterialien und Veröffentlichungen ist für beides fast ausschließlich die Bezeichnung Wataré zu finden. Bei TAPPENBECK, 1889, S. 116, und in einem frühen unveröffentlichten Bericht von MORGEN wird der Ort Watare ebenfalls Guatare geschrieben. Bundesarchiv, R 1001/3268, Bl. 87, 96, MORGEN.

[29] Delteil, 1936, zitiert nach MOHAMADOU, 1967, S. 122f; Bundesarchiv, R 1001/3268, Bl. 87, 96, MORGEN; MORGEN, 1890, S. 122; Bundesarchiv, R 1001/3349, Bl. 32, v. SCHIMMELPFENNIG; STEIN, 1908, S. 525; TAPPENBECK, 1889, S. 116; 1890, S. 112. Zur Lage der Wataré-Siedlung siehe vorliegende Arbeit, Karte 9, S. 118.

[30] Delteil, 1936, zitiert nach MOHAMADOU, 1967, S. 122.

[31] Vgl. MORGEN, 1893a, S. 99; V. STETTEN, 1895, S. 111; TAPPENBECK, 1889, S. 116. Die genannten Regentschaftszeiten von *Ngraŋ* II und *Ngraŋ* III ergeben sich aus Angaben im Bundesarchiv, R 1001/4357, Bl. 84, DOMINIK; ebd., 3292, Bl. 151, 155, v. STETTEN; v. STETTEN, 1893, S. 496; RAMSAY, 1892a, S. 393; SIRAN, 1980, S. 40. Die genealogische Datierung von MOHAMADOU (Gomtsé 1885–1894, Neyon 1894–1902), 1967, S. 121, kann von der Verfasserin nicht übernommen werden. So wurde v. STETTEN, der Ende März oder Anfang April 1893 in Nduba war, Neyon („Lionn") als Nachfolger Gomtsés („Ngila") vorgestellt. Vgl. v. STETTEN, 1895, S. 111.

[32] MORGEN, 1893a, S. 101.

ßen.[33] Guater und die Schicht der „Großen" besaßen – ebenso wie die gehobene Schicht in Nduba – Pferde, Gewehre und trugen häufig nicht mehr wie früher die übliche Rindenstoffkleidung, sondern von den Haussa hergestellte und erworbene Gewänder im Stil der sudanischen Vollkleidung. So trug Guater 1889 beim Empfang von MORGEN „... einen schönen dunkelblauen Burnus, ein Geschenk Ngillas."[34] V. STETTEN schätzte 1893 den Ort Guataré auf 3.000 Einwohner und bemerkt: „Wataré ist ein überaus sauber gebauter Ort. Die Häuser, fast durchgängig rund, sind aus Lehm aufgeführt und haben spitze Dächer, lediglich die Hütte des Häuptlings ist im Rechteck gebaut. ... Das Dorf liegt auf einer flachen, rings von Busch umgebenen Kuppe am Südwest-Fuße des Wataré-Berges, dessen charakteristische Form weithin als Orientierungspunkt dient."[35] Nach DOMINIK war Guataré 1898 von einer Palisadenanlage umgeben und bestand aus ungefähr achthundert großen runden Hütten, „... die eng aneinander gebaut rings um einen wohl 100 Meter breiten und langen Marktplatz ... " lagen.[36]

Über die Guater unterstellten (bzw. seiner Macht ausgesetzten) kleineren politischen Einheiten sowie die ihm als Vorposten unterstellten Funktionsträger in Gebieten, deren Bevölkerung in den 90er Jahren des 19. Jhs. allmählich unterworfen wurde, liegen folgende Angaben vor. DOMINIK erwähnt, daß „Ngila mit Hilfe der ihm tributpflichtigen großen Stadt Watare, ... , das ganze Bati-Gebiet zwischen beiden Flüssen [Mbam, Sanaga – Anmerkung C.S.] unterworfen" hatte.[37] SONGSARÉ sagt aus, daß Guater sehr mächtig war, auch rechtsseitig des Mbam zahlreiche Dörfer tributpflichtig gemacht hatte und großen Einfluß südlich des Sanaga an der Mbam-Einmündung besaß.[38] In seinem Bericht über die Strafexpedition gegen Guater im Juli 1898 erwähnt DOMINIK „zwei Watare-Dörfer" auf der linken Seite des Mbam, die demnach beide Guater untergeordnet waren.[39] V. STETTEN zog auf seinem Marsch von Balinga (Gebiet der Betsinga) nach Yola im März 1893 durch „die größere Ortschaft" Mbussa-Wataré, nur wenige Stunden südlich von Guataré gelegen.[40] Die politische Zuordnung zu Guater scheint durch die Ortsbezeichnung naheliegend. Während der kolonialen Eroberung des größten Teils des Vute-Gebietes im Januar 1899 vernichtete DOMINIK mit seiner Kompanie auch zwei „befestigte Plätze" in der Nähe von Guataré, auch auf dem Guataré-Berg gelegen, Koho und Watje genannt. Der Ort Watje unterstand einem Bruder von Guater namens Mboto."[41] Die Unterstellung dieser Ortschaften unter Guater kann ebenfalls als sicher gelten. Im gleichen Zusammenhang berichtet V. KAMPTZ

---

[33] V. STETTEN, 1895, S. 111; Bundesarchiv, R 1001/3292, Bl. 154, 181f., V. STETTEN.
[34] MORGEN, 1893a, S. 99; vgl. DOMINIK, 1895, S. 653; Bundesarchiv, R 1001/3346, Bl. 16, DOMINIK.
[35] V. STETTEN, 1895, S. 111.
[36] Bundesarchiv, R 1001/3346, Bl. 15, DOMINIK; vgl. unten, Abschnitt 10.3., S. 253.
[37] DOMINIK, 1901, S. 135.
[38] SONGSARÉ, mündliche Aussage, 1987.
[39] Bundesarchiv, R 1001/3346, Bl. 14, Skizze, Bl. 10, DOMINIK.
[40] V. STETTEN, 1895, S. 111.
[41] DOMINIK, 1901, S. 264.

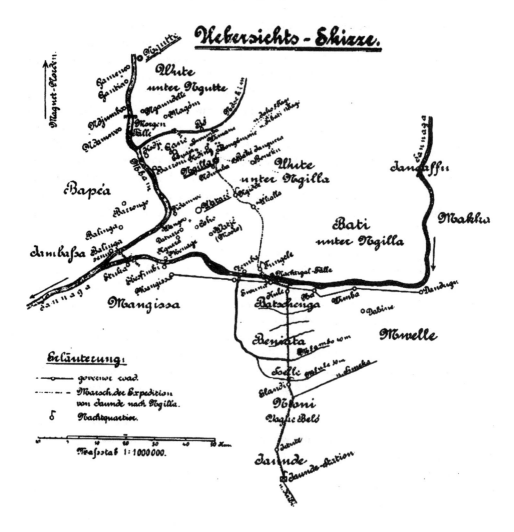

Karte 9: Ethnopolitische Übersichtsskizze der Mbam-Sanaga-Region von 1899. (Bundesarchiv, R 1001/3347, Bl. 69, Buddeberg; publ. von V. KAMPTZ, *1899, S. 840.)*

über die Vernichtung von „auf dem rechten Ufer [des Mbam – Anmerkung C.S.] gelegenen Sklavendörfern des Watare." [42]

Von Guater beordert und ihm fernerhin auch unterstellt war ein Vorposten rechtsseitig des Mbam, den RAMSAY 1892 mit seinen Expeditionsmitgliedern und mit Hilfe der „Balinga"-Bevölkerung aushob. [43] Die Mitglieder der Besatzungstruppe „hatten sich auf einem Hügel unmittelbar am Fluß ein befestigtes Lager ausgebaut, plünderten von da aus die Balinga-Dörfer und hatten schon mehrere Balinga-Leute getötet. Die ganze Bevölkerung war in beständiger Furcht und Aufregung ... die Verschanzung der Watare-Leute lag etwa zwei Stunden von Balinga entfernt." [44]

Über das Leben dieser Vorpostengruppe, vor allem über Familienmitglieder, Frauen und Kinder im Vorposten, liegen keine Angaben vor. In Anbetracht der bedeutenden Rolle der Frauen auf Kriegszügen ist jedoch anzunehmen, daß sie auch in diesem und anderen bekannten Vorposten anwesend waren. Nach SIRAN folgten die Frauen den Männern auf ihren kriegerischen Expeditionen, hauptsächlich um durch Plündern ihre Versorgung abzusichern; so konnte sich für einige Zeit das ganze Dorf in der Nähe der Gegner niederlassen. [45]

8.2.2.2. Vorposten als Mittel territorial-politischer Integration

Die Etablierung einer Vute-Besatzung bzw. einer Vorpostengruppe im Gebiet benachbarter ethnischer Gruppen, stellte den ersten Schritt zu ihrer territorial-politischen Integration dar, unabhängig davon, ob ein Überfall vorausgegangen war oder nicht. THORBECKE schreibt dazu: „Ununterbrochene Kämpfe mit den Bantu-Stämmen der heutigen Wute-Ebene folgten diesem langsamen Vordringen, das mit Sklavenjagden begann und mit der Errichtung einer starken Wute-Siedlung inmitten dieses nördlichsten Bantugebietes und mit völliger Knechtschaft der Bantu selbst endete." [46] Es scheint hier eine spezifische Methode der Territorialexpansion vorzuliegen, die ihre Wurzeln auch darin hat, daß über Jahrzehnte hinweg während der Wanderungen nach Süden immer wieder Gruppen ihren Wohnsitz bzw. ihre Siedlung verlegten und sich dabei auch mit der Bevölkerung im Einwanderungsgebiet auseinandersetzen mußten.

Der oben erwähnte Vorposten im Gebiet des Häuptlings Balinga ist ein Beispiel für einen vom Oberhäuptling in Nduba geplanten Versuch, sein Herrschaftsgebiet zu erweitern. Diese Methode wird ebenso in der Überlieferung über die Entstehung des Häuptlingstums Mangai im östlichen Bereich des Linte-Oberhäuptlingstums angedeutet: „Beup était le frère de Gongna, chef de Linté, qui l'envoya s'installer au lieu dit Lané, à 25 km environ à

---

[42] Bundesarchiv, R 1001/3347, Bl. 52f., v. KAMPTZ.
[43] Die „Balinga" sind nach TESSMANN, 1934a, S. 13 (Karte am Schluß), die batisprachigen Betsinga; vgl. auch Bundesarchiv, R 1001/3345, Bl.25, v. STETTEN. Nach BORN 1975, S. 699, sind die Betsinga (Cinga) eine „pangweisierte Bati-Gruppe". Nach KÖHLER (1975, S. 220), der sich auf GUTHRIE (1970, S. 11ff.) bezieht, zählen sie zur Sanaga-Zone des Westlichen Regionalbantu.
[44] RAMSAY, 1892a, S. 392f.
[45] SIRAN, 1980, S. 37.
[46] THORBECKE, 1916, S. 15.

l'ouest du village actuel de Mangaï, pour le placer ainsi, comme une sorte de bouclier, à l'avant-garde contre les tribus voisines avec lesquelles Linté pouvait à tout moment entrer en guerre ... "[47] Weitere häufig in den Quellen erwähnte Vorposten beziehungsweise „Sperr-forts" waren Zamba (Zemba) und Menage am rechten Ufer des Sanaga.[48] Am linken Ufer im Betsinga-Ort Kule hielt sich vor 1899 bereits ständig eine „Besatzungstruppe" auf.[49]

Das Material weist an mehreren Beispielen aus, daß nach einigen Jahren der Beraubung und Bedrohung der umwohnenden andersethnischen Bevölkerung die Art der Herrschafts-ausübung allmählich administrative Züge erhielt und aus den militanten Vorposten Zentren der Herausbildung neuer politischer Untereinheiten wurden. Diese Entwicklung wurde be-günstigt durch den Zuzug von Verwandten der Vorpostenbewohner, durch das Leben in Familienverbänden als strukturelle Voraussetzung für die Entstehung einer politischen Ein-heit bzw. Untereinheit, durch die Akkumulation der auf Raubzügen „verdienten" Unfreien (*mbo*)[50] und ihre wirtschaftliche „Nutzung" auf angeeigneten Landflächen, und schließlich durch das allmähliche Ersetzen der Raubzüge im Umfeld dieser Vorposten durch die reguläre Forderung von Menschen und materiellen Gütern, der die allmählich unterworfene Bevöl-kerung um des lieben Friedens willen nachkam. An der Spitze der entstehenden Einheit stand ein aufgrund seiner Fähigkeiten und durch Tapferkeit legitimierter Anführer, der – bei erfolgreicher Ausübung seiner Funktion – als Unterhäuptling eingesetzt wurde.

8.2.2.3. Territoriale Herrschafts- und Einflußbereiche

Differenziert man die unterschiedlichen ethnopolitischen Integrationsbereiche, die zum Bei-spiel Guater als Unterhäuptling in den 90er Jahren zu verwalten hatte, so gehörten dazu die im Migrationszeitraum 1860 – 1880 mit eingewanderten kleineren und politisch unbedeu-tenden Vute-Gruppen, dann die seit etwa zehn Jahren unterworfene Bati-Bevölkerung des Sanaga-Mbam-Dreiecks, die wachsendem politischen Druck und ökonomischer Ausbeutung ausgesetzt war, und schließlich der mit kriegerischen Mitteln zu organisierende Expansions-bereich rechtsseitig des Mbam in den Gebieten der „Balinga" (Betsinga).[51] Keine Angaben liegen darüber vor, ob ihm auch „alteingesessene" Vute-Gruppen aus der Zeit vor der Ein-wanderungswelle 1860 – 1880 unterstanden, wie es im Falle des Unterhäuptlings Magom des Linte-Oberhäuptlingstums anzunehmen ist.[52]

Infolge der überwiegend erfolgreichen territorial-politischen Expansion der Vute ab etwa 1870 – im Südwesten seit den 80er Jahren des 19. Jhs. – bestanden fließende und ständig

---

[47] Geffrier, 1944 – 45, zitiert nach MOHAMADOU, 1967, S. 114.
[48] DOMINIK, 1901, S. 71, 172, 194; Bundesarchiv, R 1001/3346, Bl. 12, 16, DOMINIK; THORBECKE, 1916, S. 28.
[49] DOMINIK, 1901, S. 69, 135.
[50] Der freie Vute wurde – ungeachtet seiner gesellschaftlicher Stellung – nach Beteiligung an Raub- oder Kriegszügen vom Oberhäuptling mit gefangenen Frauen oder unbeschnittenen Knaben „bezahlt", je nach-dem, wieviel er selbst Menschen gefangen und abgegeben hatte. DOMINIK, 1897, S. 418; Bundesarchiv, R 1001/4357, Bl. 25, DOMINIK; SIEBER, 1925, S. 64; SIRAN, 1980, S. 40ff., 45.
[51] Zu den Expansionszielen rechtsseitig des unteren Mbam siehe unten, S. 124f.
[52] Vgl. Streifzüge um Jabassi, 1907, S. 458; V. STEIN ZU LAUSNITZ, 1908, S. 525.

variierende Grenzen. Man kann unterscheiden zwischen einem um den Unterhäuptlingssitz liegenden Bereich mit einem höheren Grad politischer Integration, auf dessen Bevölkerung sich administrative Regelungen und ökonomische Ausbeutung auswirkten, und einem peripheren Bereich, in dem die politische Integration durch Raubzüge und Bedrohungsaktionen vorbereitet wurde. Die Verfasserin wendet für diese beiden unterschiedlichen Integrationsebenen die Begriffe „Herrschaftsbereich" und „Einflußbereich" an. Die in den peripheren Gebieten der Oberhäuptlingstümer unausgewogenen Verhältnisse terrritorial-politischer Integration und die fließenden, d.h. sich relativ häufig ändernden Grenzen lassen deutlich die frühe Form staatlicher Organisation erkennen. Dieses Stadium politischer Konsolidierung bestand auch noch zu Beginn der Kolonialherrschaft. [53]

Die Organisation der territorialen Expansion, in Verbindung mit Raubzügen, war dabei mindestens ebenso wichtig wie die Entwicklung eines Systems zur Verwaltung und Ausbeutung der integrierten fremdethnischen Einheiten. Wesentliche Gründe für diese Unternehmungen waren auch die jährlichen Forderungen des Lamido von Tibati nach geraubten Menschen und Elfenbein sowie die Aufrechterhaltung des Haussa-Handels. Im Falle des Oberhäuptlingstums Ngila dürften sich nach etwa zehn Jahren seines Bestehens, auch bei Kenntnis der Fulbe-Praktiken, diese Prozesse noch in einem Frühstadium befunden haben. Etwas weiter scheint die Entwicklung in dem eher gegründeten Oberhäuptlingstum Linte nach 1880 gekommen zu sein, wie SIRAN einschätzte: „... il est clair que Gongna par exemple, chef de Linté pendant cette période, développe une politique consciente et systématique d'organisation de l'espace, plaçant des lignages dont il est sûr aux marches de son territoire et organisant tout un réseau de pistes reliant ces petites chefferies satellites à la capitale." [54]

Die Vute-Unterhäuptlinge hatten offensichtlich unterschiedliche politische Bedeutung. V. STETTEN bringt das mit der Bemerkung über Guater als „erstem Unterhäuptling Ngilas" zum Ausdruck. [55] Vergleichbare Bedeutung für den politischen Konsolidierungsprozeß hatten im Linté-Oberhäuptlingstum unter der Herrschaft Gongnas (*Ngrté* III) in den 90er Jahren des vorigen Jahrhunderts die zur *royal lineage* gehörenden oben erwähnten Unterhäuptlinge Giong und Magom in den Gebieten der Njanti, Balom und Bati am Mbam. [56]

8.2.2.4. Mitglieder von *royal lineages* anderer Vute-Oberhäuptlingstümer in Unterhäuptlingspositionen

In den kolonialzeitlichen Quellen gibt es Hinweise auf die vereinzelte Vergabe von Unterhäuptlingsfunktionen an aufgenommene Mitglieder der *royal lineages* benachbarter Vute-Oberhäuptlingstümer. So erwähnt DOMINIK den 1896 nördlich von Nduba (Oberhäuptlingstum Ngila) in einem „großen Dorf als Vasall Ngilas" lebenden Wimane, Bruder von

---

[53] Zu weiteren Fragen der politischen Konsolidierung siehe vorliegende Arbeit, Kapitel 10.
[54] SIRAN, 1971, S. 6.
[55] V. STETTEN, 1895, S. 111.
[56] DOMINIK, 1908, S. 51; 1901, S. 304; Geffrier, 1944–45, zitiert nach MOHAMADOU, 1967, S. 113; Bundesarchiv, R 1001/3349, Bl. 82, v. SCHIMMELPFENNIG; THORBECKE, M.-P., 1914, S. 210.

Dandungu, Na Wimba und Tabene, den herrschenden Mitgliedern der *royal lineage* des Oberhäuptlingstums Mbanjock, die um diese Zeit bereits südlich des Sanaga Herrschaftsgebiete besaßen. [57] Ursache für derartige Verbindungen war möglicherweise die Sitte, in Zeiten friedlicher Kontakte Söhne aus der Herrscherfamilie zur Erziehung an die Höfe benachbarter Vute-Oberhäuptlingstümer zu geben. Von Bedeutung dafür war sicher unter anderem die Rückführung der Vute-Dynastien in der westlichen Sanaga-Ebene auf gemeinsame Vorfahren. Die Söhne blieben dann z.T. in dem fremden Oberhäuptlingstum, weil sie zu Hause keine Nachfolgeaussichten hatten oder weil ihnen als junge angehende Häuptlinge z.B. das Kriegerleben in Nduba besser gefiel, oder aus ähnlichen Gründen. Ihre innenpolitisch fragliche Rolle in ihrem Einstehen für die Ziele des Oberhäuptlings, bei dem sie aufgewachsen waren und lebten, resultierte aus den häufig mit Kriegführung verbundenen instabilen Beziehungen zwischen den Oberhäuptlingstümern, [58] die es diesen Unterhäuptlingen sicher nicht leicht machten, bei Konflikten, die gegen ihr Heimatgebiet gerichtet waren, loyal zu bleiben.

8.2.2.5. Andersethnische Unterhäuptlinge

Noch wesentlich weniger verläßlich waren in vielen Fällen Unterhäuptlinge, die aus der Verbindung von Mitgliedern der *royal lineages* der Vute mit Angehörigen der Häuptlingsfamilien unterworfener andersethnischer Einheiten stammten. Das bekannteste Beispiel dafür ist der oben erwähnte Ngader, der als Nachfolger des etwa 1880 von Gomtsé (*Ngraŋ* II) erschlagenen Yalongo-Häuptlings von Nduba vorgesehen war. [59] Ngader floh nach der Eroberung Ndubas durch Gomtsé mit seinem „Anhang" zu seinem Halbbruder Gongna, dem Oberhäuptling von Linte (*Ngrté* III). Nach Fourneau gab dieser ihm „eine Truppe" und gestattete ihm, sich in südwestlicher Richtung am Fuße des Yassem-Gebirges niederzulassen. [60] Andere Quellen geben das südlichere Njanti-Gebirge linksseitig des Mbam, etwa in Höhe der Einmündung des Noun an. Gegenwärtig wird der Ort der damaligen Niederlassung von Ngader Yaŋgeŋgeŋ genannt. [61] Dieses Gebiet war relativ dicht bevölkert und lag zu dieser Zeit außerhalb des Herrschaftsgebietes des Oberhäuptlings von Linte, rechtsseitig des Mpem-Flusses. In dem Inselbergmassiv lebten Gruppen der Njanti, südöstlich davon Bati und westlich beidseitig des Mbam-Flusses Balom. [62] In den Überlieferungen wird übereinstimmend von den harten und verlustreichen Kämpfen Ngaders berichtet, die er um das Inselbergmassiv führ-

---

[57] DOMINIK, 1901, S. 173; vgl., Karte 9, S. 118. Zur Identifikation der „Mango-Vute" als Oberhäuptlingstum Mbanjock siehe MOHAMADOU, 1967, S. 124, und SIRAN, 1980, S. 48.

[58] Siehe unten, Kapitel 8.3.1. und 8.3.2.

[59] Siehe oben S. 113.

[60] Fourneau, 1932, zitiert nach MOHAMADOU, 1967, S. 118.

[61] SIRAN, 1981a, S. 267; SONGSARÉ, mündliche Aussage 1987. In den kolonialzeitlichen Quellen wird der Ort auch häufig Ngaundere I bzw. Njaundelle genannt zur Unterscheidung vom Lamidatssitz Ngaundere, der in den Quellen mehrfach als Ngaundere II auftaucht. Vgl. DOMINIK, 1897, S. 417; MORGEN, 1893a, S. 220, 244, 246; THORBECKE, 1914a, S. 63.

[62] Fourneau, 1932, zitiert nach MOHAMADOU, 1967, S. 118; THORBECKE, 1914a, S. 63.

te. [63] Nach Vertreibung der Njanti und dort lebender Gruppen der Balom errichtete er im Gebirge in 1.000 m Höhe und in schwer einnehmbarer Position eine befestigte Siedlung im Vute-Stil, bekämpfte weiterhin umliegende Bevölkerungsgruppen und begann sie zu unterwerfen. [64]

In den Jahren nach 1880 brachen Kriegshandlungen zwischen Gongna (*Ngrté* III) und Gomtsé (*Ngraŋ* II) aus, in denen Ngader Gongna Gefolgschaft leistete. [65] Jedoch wenig später, so geben die Überlieferungen allgemein übereinstimmend an, kündigte Ngader den Gehorsam und ging angeblich darüber hinaus zu Einfällen in Regionen der Oberhäuptlingstümer Linte und Ngila über. [66] Diese letztere auf Gongnas Nachfolger Dukan zurückgehende Angabe kann auch eine Rechtfertigung für den späteren Kriegszug Gomtsés und Gongnas gegen Ngader gewesen sein. Andererseits erscheint es glaubwürdig, daß Ngader Rache für die Tötung seines Vaters und Verlust des Häuptlingstums nehmen wollte. Die Sezessionsabsicht Ngaders wird möglicherweise auch durch eine von THORBECKE 1912 aufgenommene Bemerkung des Oberhäuptlings Dukan von Linte (*Ngrté* IV) erhellt, nach der Ngader sich Gongna und Gomtsé gegenüber als gleichrangig betrachtet hätte. [67] Zur Bekämpfung Ngaders begruben diese im Jahre 1890 ihre Feindschaft und verbündeten sich zu einem Kriegszug, über den – durch die Berichterstattung MORGENs – genaue Angaben vorliegen. [68] Ngader fiel in dieser Auseinandersetzung. Sein Sohn Tina unterwarf sich der Herrschaft Gongnas, worauf ihm als Unterhäuptling die Niederlassung am Fuße des Gebirges gestattet wurde. Er „baute sich eine Stadt in der Windung des Mbam, die er durch einen Graben von Mbam zu Mbam befestigte." [69] Als er bald darauf – wie sein Vater – erneut nach Unabhängigkeit strebte, wurde er in einer weiteren Schlacht von Gongna vertrieben und floh nach Norden ins Lamidat Tibati. [70]

Zu den angeführten historischen Angaben über Ngader und Tina erscheint eine Interpretation möglich und notwendig. Auf die Entwicklung der Position Ngaders als Unterhäuptling von Gongna und das Zustandekommen des Bruchs zwischen ihnen wirkten sich bestimmte historische Voraussetzungen aus. Seine Herkunft aus einer Yalongo-Häuptlingsfamilie einerseits und seine Stellung als Halbbruder Gongnas andererseits hoben ihn von vornherein über die Position eines einfachen Vorpostenanführers hinaus und ermöglichten ihm den Anspruch auf eine gehobene Unterhäuptlingsposition. Die Ermordung

---

[63] Fourneau, 1932, zitiert nach MOHAMADOU, 1967, S. 118; THORBECKE, 1914a, S. 63; THORBECKE, M.-P., 1914, S. 152.

[64] HOFMEISTER, 1914, S. 22; Fourneau, 1932, zitiert nach MOHAMADOU, 1967, S. 118; THORBECKE, 1914a, S. 63; THORBECKE, M.-P., 1914, S. 152; allgemein dazu auch DUGAST, 1949, S. 53ff.

[65] Delteil, 1936, zitiert nach MOHAMADOU, 1967, S. 110.

[66] Delteil, 1936, zitiert nach MOHAMADOU, 1967, S. 110; MORGEN, 1893a, S. 217, 246; THORBECKE, 1914a, S. 63; THORBECKE, M.-P., 1914, S. 152.

[67] THORBECKE, M.-P., 1914, S. 152.

[68] MORGEN, 1893a, S. 216ff.

[69] THORBECKE, 1914a, S. 63.

[70] HOFMEISTER, 1914, S. 22; Delteil, 1936, zitiert nach MOHAMADOU, 1967, S. 110; Fourneau, 1932, zitiert nach MOHAMADOU, 1967, S. 118; THORBECKE, 1914a, S. 63.

seines Vaters durch enge Verwandte seines Halbbruders und der Verlust der Häuptlingsfunktion in seinem ursprünglichen Häuptlingstum förderten jedoch zwiespältige Tendenzen. Sie führten neben der Assimilation an viele Elemente der Vute-Kultur auch zu Tendenzen der Abspaltung unter Nutzung der von den Vute übernommenen Methode des eigenständigen kriegerisch-expansiven Herrschaftsaufbaus. Im Randbereich des Linte-Oberhäuptlingstums gelegen, waren die territorial-politischen Bedingungen dafür günstig. Nach einer Zeit der Erfüllung der Unterhäuptlingsverpflichtungen wurde der Gehorsam aufgekündigt; wahrscheinlich kam es bald darauf zu Aggressionen gegen Gongna und Gomtsé. Das Hauptmotiv für die darauf folgende Vernichtung Ngaders im Feldzug der beiden Vute-Oberhäuptlinge lag jedoch (besonders bei Gongna) nicht nur in der Züchtigung eines sezessionswilligen Unterhäuptlings, sondern in der Wahrung ökonomischer und territorial-politischer Grundinteressen des Linte-Oberhäuptlings. Das Herrschaftszentrum Ngaders lag in dessen Hauptexpansionsrichtung, die in die Gebiete des Mbam und besonders rechtsseitig des Mbam verlief. Es ist hier anzumerken, daß Gongna im Grunde kaum eine andere Möglichkeit zu territorialer Ausdehnung hatte. Im Osten befanden sich Einheiten der expansionsbereiten Fulbe in Yoko. Im Norden waren Fulbe ebenfalls bereits bis zu Tikar-Herrschaftszentren vorgedrungen. Expansionsbestrebungen wurden dort außerdem durch eine *mangjara*-Blutsbrüderschaft mit dem Tikar-Häuptling Gandji von Nditam verhindert, dem Gongnas Vorgänger, Mbayem (*Ngrté* II), gegen dessen Cousin und Rivalen Moukpô geholfen hatte, wodurch ein relativ stabiles Bündnis entstanden war.[71] Im Süden herrschte inzwischen der mindestens gleich starke Cousin (VaBruSo) Gomtsé (*Ngraŋ* II); im Nordwesten war eine Grenze des Vordringens durch das wesentlich mächtigere Bamum gegeben. So blieben nur die südwestlichen Regionen beidseitig des Mbam, wobei er auch schon bereits mit Gomtsé rivalisieren mußte. Eine Verselbständigung Ngaders, den er doch gewissermaßen als Vorposten in dieser Richtung eingesetzt hatte, hätte eine Blockade für Gongna bedeutet, nicht nur territorial-politisch, sondern vor allem ökonomisch. Einerseits hätte er bei einer Unabhängigkeit Ngaders keinen Anteil mehr an der Beraubung und Unterwerfung der unterworfenen Gruppen dieser Region gehabt. Und andererseits wäre ihm vor allem der Zugang zu den wichtigsten „Menschenfanggebieten" genommen, die Ngader bereits zu eigenem Vorteil nutzte. Die Erwähnung einer sechzig Hütten großen Haussa-Siedlung innerhalb der Umwallung von Ngaders Siedlung und die Beobachtung von Pferden an mehreren Stellen[72] sprechen für die Abwicklung umfangreicher und profitabler Handelsgeschäfte, bei denen Sklaven und Elfenbein sicher zu den wesentlichsten Handelsartikeln gehörten. So bezeichnete MORGEN 1890 Ngaders Siedlung (Ngaundere) als „großen Elfenbeinplatz".[73]

Es ist auch anzunehmen, daß Ngader und Gongna nicht nur Interessen, sondern möglicherweise auch bereits Anteil am Salzhandel hatten, den die Betsinga (unter dem Häuptling Balinga) rechtsseitig des unteren Mbam nach Norden und Osten führten. MORGEN er-

---

[71] Delteil, 1936, zitiert nach MOHAMADOU, 1967, S. 109.
[72] MORGEN, 1893a, S. 238.
[73] Bundesarchiv, R 1001/3269, Bl. 25, MORGEN.

wähnte die Äußerung des Häuptlings Balinga, „daß er auch in regen Handelsbeziehungen zu Ngutte, dem älteren Bruder Ngilla's stünde". [74] So hätte auch in dieser Hinsicht die Abspaltung Ngaders negative Auswirkungen für Gongna (*Ngrté* III) gehabt. Das Gebiet des Häuptlings Balinga stellte Anfang der 90er Jahre des 19. Jhs. eine bedeutende Zwischenhandelsregion zwischen dem Küsten- und Binnenland dar. [75] Die Betsinga tauschten gegen Gummi und Elfenbein hauptsächlich Salz von den Bakoko südlich des Sanaga ein, „das in eigentümlicher flaschenförmiger Verpackung von den Bakokos in den Handel gebracht" wurde. [76] Daß Gongna trotz der Vernichtung von Ngaders Herrschaft den Zugang zu diesem Handel infolge der Ausdehnung des Einflußbereiches Gomtsés im Territorium von Balinga nicht oder nur begrenzt erreichte, geht aus seinen Bemerkungen gegenüber V. CARNAP-QUERNHEIMB im Jahre 1897 hervor. [77] RAMSAY betonte die Handelsbeziehungen des Häuptlings Balinga zum Oberhäuptlingstum Ngila. [78]

Die Rolle von Häuptlingen attackierter oder unterworfener Ethnien, die – mehr oder weniger gezwungen – als Unterhäuptlinge fungierten, wird auch durch das Beispiel des Balom-Häuptlings Woanang (am Rande des Oberhäuptlingstums Linte) illustriert. Hier liegen sogar noch genauere Angaben vor, die hauptsächlich auf HOFMEISTER zurückgehen. [79] Auch an diesem Beispiel wird die Herausbildung einer administrativen Dreiebenengliederung sichtbar. Das Balom-Häuptlingstum befand sich linksseitig des Mbam zwischen dem Nantji-Gebirge und dem Fluß.

Die Überlieferungen belegen nicht eindeutig, ob bereits Ngader Woanangs Gruppe unterworfen hatte. Zum ersten Mal erwähnt wird er im Zusammenhang mit der kurzzeitigen Herrschaft von Tina, dem Sohn Ngaders, nach 1890 am Mbam, der ihn als abhängige Person behandelte und zwang, in seiner Siedlung zu leben. [80] Während der kriegerischen Vertreibung Tinas fiel Woanang Gongna (*Ngrté* III) in die Hände, wurde von diesem wieder in seinen Rang erhoben und durfte als Unterhäuptling Gongnas in seinen Häuptlingssitz Musche zurückkehren. In den Jahren danach „folgte er Ngutte", konnte jedoch sein Häuptlingstum so reorganisieren, daß er zu einem bestimmten Zeitpunkt Gongna seine Unabhängigkeit erklärte. Gongna hatte sich nach der Vertreibung Tinas in der Nähe von dessen Siedlung in Sase am Mbam niedergelassen. Zwischen Gongna und Woanang kam es infolge des entstandenen Unabhängigkeitsstreites zu kriegerischen Auseinandersetzungen, worauf Woanang auf die andere Seite des Mbam wechselte. Der Fluß lag nun zwischen ihnen, und Gongna schaffte es trotz mehrjähriger Bemühungen nicht, Woanang wieder zu unterwerfen. Als Gongna sich etwa 1898 infolge der wachsenden kolonialen Bedrohung von Linte in die Gebirgsre-

---

[74] MORGEN, 1893a, S. 108.
[75] RAMSAY, 1892a, S. 397; ZENKER, 1893, S. 176; siehe unten, S. 293f.
[76] RAMSAY, 1892a, S. 397. Vgl. MORGEN, 1890b, S. 123.
[77] Bundesarchiv, R 1001/3345, Bl. 80, V. CARNAP-QUERNHEIMB; siehe auch vorliegende Arbeit, S. 127, 137.
[78] RAMSAY, 1892a, S. 397.
[79] HOFMEISTER, 1914, S. 22f.
[80] Diese und nachfolgende Angaben über Woanang nach HOFMEISTER, 1914, S. 22f.

gionen der nördlichen Sanaga-Ebene zurückzog und wenig später sein Machtbereich durch die Kolonialeroberung stark eingeschränkt worden war, erwuchs Woanang aus dieser Situation ein entscheidender Vorteil: seine Unabhängigkeit wurde endgültig. Bis Anfang 1913 lebte er westlich des Mbam, dann verlegte er seinen Herrschaftssitz wieder an die Stelle des alten Musche linksseitig des Mbam, wo auch sein Nachfolger Djinga blieb. [81] Einige kolonialzeitliche Quellen erwähnen die Unterstellung von kleineren politischen Einheiten der Balom und Bafeuk (Fuk) unter den „Hauptchef" Woanang. [82] In den Berichten über dessen Unterstellung unter Gongna (Ngrté III) in vorkolonialer Zeit ist somit der Beleg für eine Dreiebenengliederung im Oberhäuptlingstum Linte enthalten.

Im Einflußbereich – bzw. in den in der Expansionsrichtung der Vute-Oberhäuptlingstümer liegenden Gebieten – gab es offensichtlich auch ethnische Gruppen, die zur Kollaboration bereit waren und sich politisch mit einem der Vute-Oberhäuptlinge liierten. Sicherlich traten solche Tendenzen nur in geringem Umfang auf, da nur wenige Angaben über einige Fälle vorliegen, die möglicherweise so zu beurteilen sind. Sie beleuchten jedoch die differenzierte ethnopolitische Situation in den Randgebieten der entstehenden Oberhäuptlingstümer.

DOMINIK erwähnte, daß „Ngilla's Barrungo-Hilfsvölker ... auf ihren Raubzügen am rechten Ufer des Mbam-Sanaga erst vor den fest geschlossenen Bakoko-Stämmen zurückgewichen" waren. [83] An einer anderen Stelle bezeichnete er die Barrungo als einen „dem Häuptling Ngilla untertänigen Bati-Stamm." [84] V. STETTEN erfuhr 1893 bei Balinga, daß die Barrungo „ein direkt unter Ngutte stehendes Wute-Volk" waren. [85] Nach übereinstimmenden Angaben lag der Wohnsitz der Barrungo im nördlichen Territorium des Betsinga-Häuptlings Balinga oder daran angrenzend rechtsseitig des unteren Mbam. Territorial-politisch befand es sich somit im Grenzgebiet zwischen den Einflußbereichen Neyons (Ngraŋ III) und Gongnas (Ngrté III). Nach V. STETTEN war ihr Hauptort sehr geräumig, vollkommen nach Art der Vute-Dörfer gebaut und sehr stark befestigt. [86]

Die Feststellung, daß die Barrungo einmal Neyon (Ngraŋ III) zugeordnet wurden, zu einem anderen Zeitpunkt jedoch dem Rivalen Gongna (Ngrté III), und die Tatsache, daß die Vute-Oberhäuptlingstümer in diesem Zeitraum wiederholt miteinander verfeindet waren, zeigen, daß sowohl Gongna als auch Neyon zwischen 1892 und 1897 versuchten, Regionen der Betsinga und Bafia territorial-politisch zu integrieren und wechselweise in ihnen wirksam wurden.

---

[81] HOFMEISTER, 1914, S. 23; THORBECKE, 1914a, S. 93; 1916, S. 20. Zum Besuch Hofmeisters bei Woanang im Jahre 1908 siehe HOFMEISTER, 1923a, S. 126.

[82] V. STEIN ZU LAUSNITZ, 1910, S. 499; Bundesarchiv, R 1001/3354, Bl. 86, V. STEIN ZU LAUSNITZ; V. LEYEN, 1911, S. 664.

[83] DOMINIK, 1901, S. 135.

[84] DOMINIK, 1901, S. 62; Bundesarchiv, R 1001/4357, Bl. 13, DOMINIK.

[85] V. STETTEN, 1893b, S. 497; Bundesarchiv, R 1001/3292, Bl. 147, V. STETTEN.

[86] Bundesarchiv, R 1001/3292, Bl. 147, V. STETTEN.

Die zeitgleichen Angaben über die Barrungo im nördlichen und den oben erwähnten Vorposten Guaters im südöstlichen Territorium des Häuptlings Balinga aus dem Jahre 1892 lassen darauf schließen, daß Neyon (*Ngraŋ* III) zu dieser Zeit bereits eine politische Umklammerung des Hauptortes dieser politischen Einheit auf militärischem Wege erreicht hatte. Eine Unterwerfung des Häuptlings Balinga, der zur Zeit des Eintreffens der Expedition RAMSAY bereits vor der Ngila-Bedrohung in den Busch geflüchtet war,[87] stand offensichtlich unmittelbar bevor. Sie wurde durch die Anlage der Station Balinga verzögert. Noch im gleichen Jahr jedoch ließ sich der Stationsleiter Volckamer von Häuptling Balinga in den „Widerstandskampf" gegen die Barrungo verwickeln und fand dabei den Tod. Dieser Sieg gegen die „Weißen" und die Situation der führerlosen Station aktivierten die Aggressionen Neyons in den Jahren nach 1892, die in den Quellen mehrfach erwähnt werden.[88]

Etwa seit 1895 (durch Angaben belegt: 1896) hatte jedoch Gongna (*Ngrté* III) zum Häuptling Balinga enge Verbindung und nach Aussagen von DOMINIK „feste Bündnisse mit den Barrungos und Bapeas abgeschlossen."[89]

Ein Jahr später wiederum übte Neyon in diesem Territorium die Macht aus. Die 1897 von V. CARNAP-QUERNHEIMB festgehaltenen Bemerkungen verschiedener Häuptlinge aus der Umgebung des Häuptlings Balinga über die Rolle der Barrungo in ihrem Territorium sprechen für Anfänge einer Gewaltherrschaft und die Einführung administrativer Regelungen.[90] 1897 wurde die (oder eine) Barrungo-Gruppe von einem von Neyon (*Ngraŋ* III) eingesetzten Unterhäuptling Mbolong geleitet. Balinga sagte aus, dieser „plündere fortwährend in ihrem Gebiet, nehme Männer, Frauen und Kinder gefangen, die er an Ngila abliefern müßte. Aus diesem ... Grunde dürften keine kräftigen Männer außer Landes ... "[91] Daß Neyon (*Ngraŋ* III) 1897 das Gebiet des Häuptlings Balinga politisch als sein alleiniges Integrationsterritorium und sich demzufolge auch als allein ausbeutungsberechtigt betrachtete, geht aus einer Bemerkung Gongnas *(Ngrté* III) gegenüber V. CARNAP-QUERNHEIMB im gleichen Jahr hervor. Als dieser, der – entsprechend der kolonialwirtschaftlichen Zielstellung – den Binnenhandel zur deutschen Kamerun-Küste lenken wollte, ihn aufforderte, er solle über Balinga nach Jaunde handeln, antwortete Gongna, „daß ihm im Gebiet von Balinga Mbolong, das rechte Auge Ngilas, den Weg versperre".[92] Mbolong ist möglicherweise selbst Vute gewesen, der mit seinem „Anhang" als Vorposten oder Unterhäuptling an die Spitze der Barrungo-Gruppe gesetzt worden war. Darauf deutet die Bemerkung Dominiks im Jahre 1898, wonach „die Balinga ... bis zur Zerstörung der Barongo-Stadt im vorigen

[87] RAMSAY, 1892a, S. 392.
[88] DOMINIK, 1901, S. 75, 135; Bundesarchiv, R 1001/4357, Bl. 16, 18, 19, 26, 27, DOMINIK; SIRAN, 1980, S. 34f.; ZIMMERMANN, 1909, S. 41.
[89] Bundesarchiv, R 1001/4287, Bl. 51, 63, DOMINIK.
[90] Bundesarchiv, R 1001/3345, Bl. 78, V. CARNAP-QUERNHEIMB.
[91] Ebd.
[92] Bundesarchiv, R 1001/3345, Bl. 80, V. CARNAP-QUERNHEIMB.

Jahr ... eine Wute-Besatzung im Lande gehabt und Ngilla's Hand [haben, Erg. d. Verf.]
schwer genug fühlen müssen." [93]
   Die politische Situation stellt sich in diesem Gebiet und zu dieser Zeit also folgendermaßen dar: Balinga und die umwohnenden Häuptlinge befanden sich offenbar im Anfangssta-
dium der administrativen Unterstellung; Mbolong war als Unterhäuptling eingesetzt; dieser
unterstand dem Oberhäuptling von Nduba. Die Entwicklung wurde 1897 mit der Zerstörung Ndubas und der Zerstörung Guatarés im Juni 1898 beendet. [94] Dadurch wurde der
politische Einflußbereich sowohl von Neyon (*Ngraŋ* III) als auch von Gongna (*Ngrté* III)
rechtsseitig des Mbam und südlich des Sanaga erheblich eingeschränkt.
   Kollaborative oder Bündnistendenzen bei bantusprachigen Gruppen, die durch die vom
Oberhäuptlingstum Ngila ausgehenden Raubzüge und Expansionsbestrebungen mit den Vute in Berührung kamen, hat DOMINIK 1898 auch in der Region südlich des Sanaga, westlich
der Nachtigalfälle, festgestellt. Unter den dortigen politisch selbständigen Splittergruppen
der Betsinga und Mangissa waren es zu dieser Zeit der Betsinga-Häuptling Abanda und
der Mangissa-Häuptling Ebissimbi, die nach Aussage von anderen Mangissa-Häuptlingen
„Hand in Hand mit den Wutes" gegen ihre eigenen Landsleute arbeiteten. [95] Nach V. STET-
TEN waren die Betsinga von Neyon allerdings bedroht worden und zogen deshalb vor, „einen
jährlichen Tribut von Sklaven zu zahlen". [96] Bei Abanda beobachtete DOMINIK die Übernahme der sudanischen Kegeldachhütte von den Vute. [97] 1898 wurde Neyon (*Ngraŋ* III)
besonders vom Lamido von Tibati bedrängt, die seit langem ausstehende Lieferung von geraubten Menschen zu leisten. [98] Mit Hilfe von Abanda und Ebissimbi setzte er über den
Sanaga und begann, Überfälle und Raubzüge durchzuführen. Die betroffenen Mangissa-
Häuptlinge informierten DOMINIK, der in Kürze gegen ihn marschierte. Neyon zog sich in
den befestigten Vorposten Zamba rechtsseitig des Sanaga zurück, und DOMINIK beschloß –
als weitere Präventivmaßnahme – einen Überfall auf Guataré. Auf dem Marsch dorthin stell-
te er erneut Verwüstungen durch die Truppen Neyons, besonders im Mangissa-Gebiet, fest. [99]
Abanda und Ebissimbi waren noch keine Unterhäuptlinge von Neyon; es ist aber nicht aus-
geschlossen, daß es ohne den wachsenden kolonialen Einfluß zu einer territorial-politischen
Integration dieser Region in das Oberhäuptlingstum Ngila gekommen wäre.
   V. CARNAP-QUERNHEIMB stellte 1897 fest, daß Häuptling Bazima von Ngidscho, ein
Mangissa-Ort linksseitig des Sanaga westlich von Abandas Dorf, „ein Mann Ngila's war". Er
stellte seine Boote Neyon zum Übersetzen über den Sanaga zur Verfügung. [100]

---

[93]   Bundesarchiv, R 1001/3346, Bl. 14, DOMINIK.
[94]   Vgl. Bundesarchiv, R 1001/3345, Bl. 47ff., DOMINIK; R 1001/3346, Bl. 12ff, DOMINIK.
[95]   DOMINIK, 1901, S. 226; Bundesarchiv, R 1001/3346, Bl. 12, DOMINIK.
[96]   Bundesarchiv, R 1001/3345, Bl. 26, V. STETTEN.
[97]   DOMINIK, 1901, S. 226.
[98]   Diese und nachfolgende Angaben nach DOMINIK, 1901, S. 225f.
[99]   DOMINIK, 1901, S. 226.
[100] Bundesarchiv, R 1001/3345, Bl. 78, V. CARNAP-QUERNHEIMB.

8.3. Zur Geschichte der territorial-politischen Expansion am Beispiel der Oberhäuptlingstümer Linte und Ngila

8.3.1. Die Ursachen der territorial-politischen Expansion

Die Vergrößerung der Herrschaftsgebiete der Vute-Herrscher von Linte und Nduba war nach 1880 – wie bereits im Vorwort erwähnt [101] – hauptsächlich durch drei wesentliche gesellschaftliche Prozesse verursacht worden.

Dazu zählte die Herausbildung einer Tributpflicht, geraubte Menschen an den Lamido von Tibati zu liefern. Dieser Prozeß, der folgerichtig Kriegführung als Vorstufe von Unterwerfung und politischer Integration auslöste, stellte die Hauptauswirkung der Macht des frühstaatlichen Emirats Yola gegenüber den Süd-Vute dar. Dieser Prozeß kennzeichnet die periphere Lage der Oberhäuptlingstümer zum fortgeschritteneren Staatsgebilde Adamaua recht deutlich. Die kontinuierlichen Forderungen des Lamido nach Sklaven nötigten die Vute-Oberhäuptlinge, die ihre politische Unabhängigkeit dem Lamido nur sehr mühsam in Defensivschlachten abgerungen hatten, zu regelmäßigen Raubzügen gegen andere ethnische Gruppen – und damit auch zum Eindringen in deren Territorium. [102] Daß diese ohne Gegenleistung bleibenden Forderungen als ein lästiger Druck empfunden wurden, und daß ihre Erfüllung hin und wieder verweigert oder zumindest hinausgezögert wurde, ist durch verschiedene Quellen belegt. Sie beziehen sich auf die Jahre 1890, 1893, 1894 – 1895 und 1897 – 1898. [103] Dennoch kamen die Vute dieser auferlegten Verpflichtung im allgemeinen nach.

Eine weitere wesentliche Ursache war der wachsende Zustrom von Haussa-Händlern und die daraus resultierende Rolle des Haussa-Handels bei den Vute. Dem Bedarf der Haussa-Händler entsprechend, wurden ihnen fast ausschließlich geraubte Menschen und Elfenbein geliefert. Die von den Vute-Oberhäuptlingen an die Haussa-Händler verhandelten Menschen wurden überwiegend gegen Prestigegegenstände (u.a. Kleidung, Schmuck, Feuerwaffen) eingetauscht, die aber gleichzeitig zu einem großen Teil Verbrauchsartikel waren, so daß aufgrund des ständig erneuerten Bedarfs auch immer wieder erneut gefangene Menschen benötigt wurden.

Eine dritte Ursache war schließlich die zunehmende Integration der geraubten, aber auch der im Vute-Siedlungsgebiet lebenden, unterworfenen Menschen aus anderen Ethnien, die als abhängige Arbeitskräfte in das Sozialsystem der Vute eingegliedert wurden. Hinsichtlich der als abhängige Arbeitskräfte in den verschiedenen Vute-Schichten integrierten geraub-

---

[101] Siehe oben, S. x.

[102] Vgl. DOMINIK, 1901, S. 135, 226; HOFMEISTER, 1914, S. 36; SIRAN, 1980, S. 35. Der Lamido von Tibati sandte wie die Lamibe von Rai-Bouba, Banyo und Ngaoundéré jährlich etwa tausend Sklaven als Tribut an den Emir von Yola und den Herrscher von Sokoto. ABUBAKAR, 1977, S. 115. DUGAST, 1954, S. 156, erwähnt, daß die Fulbe auch selbst noch um diese Zeit Raubzüge in Regionen rechtsseitig des unteren Mbam unternahmen, z.B. um 1880 in das Gebiet der Bafia. Dieser Überfall endete jedoch mit einer Niederlage der Fulbe und sie zogen sich in das Vute-Gebiet zurück. Ebenda.

[103] Vgl. DOMINIK, 1901, S. 134, 149, 226; MORGEN, 1893a, S. 198; Bundesarchiv, R 1001/3345, Bl. 26, V. STETTEN.

ten Menschen ermittelte SIRAN, daß sie durch die bis zur Kolonialeroberung bestehenden Möglichkeiten sozialer Mobilität nach „oben" den Besitzern als auszubeutende Produzenten immer wieder „verlorengingen". [104] Dadurch bestand auch ein ständiges Interesse an erneut gefangenen Menschen. Es wurde weiterhin gefördert durch die unter den freien Vute verbreitete Kriegerideologie, nach der die Arbeit auf dem Felde abgewertet wurde. Als Krieger und Jäger zu leben war das Ideal des freien Vute. Diesbezügliche kolonialzeitliche Angaben werden bestätigt durch Aussagen von Toung-Niri aus Nguila im Jahre 1970, daß „le travail des champs est donc un travail servile. Seules la guerre et la chasse sont dignes d'un homme libre; … 'L'occupation par excellence', la seule dont on puisse tirer satisfaction et fierté, était le maniement des armes." [105] Verwirklichen konnte dieses Ideal allerdings nur der wohlhabende Vute mit mehreren Abhängigen. Ein Vute mit nur einem Abhängigen mußte zur Ernährung seiner Familie mit auf dem Feld arbeiten. Der Hauptteil der freien Männer begleitete seine Abhängigen bzw. Unfreien (*mbo*) und arbeitete mit ihnen. [106] Je mehr sich die genannte Kriegerideologie verbreitete und durchsetzte, desto mehr wurde auch die territorial-politische Expansion als geeignetes Mittel betrachtet, den (in ihrem Siedlungsgebiet verbleibenden) unterworfenen andersethnischen Gruppen Arbeitsleistungen und Abgabenverpflichtungen aufzuerlegen.

Die aus diesen Ursachen heraus als notwendig und erstrebenswert erachteten Raubzüge förderten und provozierten den Prozeß der Territorialexpansion. Im Falle eines Sieges konnte in dem unterlegenen Häuptlingstum politischer Einfluß geltend gemacht werden. Dies zeigt sich zum Beispiel daran, daß man besiegte Nachbargruppen, wie die Betsinga linksseitig des Sanaga, wiederum zur Leistung von „Sklaventributen" brachte. [107] Infolge des politischen Drucks der Fulbe des Lamidats Tibati wurde der südliche Raum der Sanaga-Ebene bis zum Anfang des tropischen Waldlandes südlich des Sanaga zur Hauptexpansionsrichtung. Der relativ schnelle wirtschaftliche Aufschwung in den Vute-Oberhäuptlingstümern des Gebietes hatte eine Bevölkerungszunahme in dieser Region und einen Bevölkerungsrückgang (bzw. Stagnation) in den übrigen Gebieten der Sanaga-Ebene, z.B. im Häuptlingstum Matsari, zur Folge. [108]

8.3.2. Zur Geschichte der Kriegs- und Kampfhandlungen zwischen etwa 1880 und 1899 am Beispiel des Oberhäuptlingstums Ngila

8.3.2.1. Einleitung

Der Versuch einer Chronologie der wesentlichen, vom Oberhäuptlingstum Ngila ausgehenden Kriegs- und Kampfhandlungen zwischen etwa 1880 und 1899 dient dem Ziel, für diesen

---

[104] SIRAN, 1980, S. 41, 43, 45–47.
[105] DOMINIK, 1897, S. 418; Toung-Niri, Ältester in Nguila, Interview 22.1.1970, zitiert nach SIRAN, 1980, S. 43; siehe auch oben, S. 103.
[106] DOMINIK, 1897, S. 418; SIRAN, 1980, S. 43.
[107] Siehe oben, S. 126. Vgl. auch SIEBER, 1925, S. 63.
[108] SIRAN, 1981a, S. 270f.

Zeitraum eine der Beschaffenheit der Angaben angemessene historische Periodisierung der territorial-politischen Expansion von Nduba aus zu erarbeiten. Über das Oberhäuptlingstum Linte liegen zu dieser Thematik auch zahlreiche, jedoch wesentlich weniger konkrete Quellenangaben vor. [109]

Ein weiteres Anliegen dieser Analyse ist, die Quantität der Kriegs- und Kampfhandlungen in einem bestimmten Zeitraum aufzuzeigen. Die in den Quellen vielfach gemachten allgemeinen Bemerkungen zur häufigen Kriegführung der Vute – SIRAN nennt die Oberhäuptlingstümer am Ende des 19. Jhs. „des terribles machines de guerre" [110] – werden durch eine chronologische Zusammenstellung der ermittelten Raub- und Feldzüge oder Defensivkämpfe ergänzt. Die aus ihr erkennbare Häufigkeit der Kriegs- und Kampfhandlungen ist Beleg für die von mir aufgestellte These, daß die Kriegführung im individuellen und gesellschaftlichen Leben der Vute in den Oberhäuptlingstümern eine außerordentliche Rolle spielte. Die historische Analyse ist auf ein einzelnes Oberhäuptlingstum – Ngila – begrenzt. Nach MOHAMADOU konzentrierten die Vute die Durchführung ihrer Offensivkämpfe auf die Regenzeit von März bis November. [111] Viele unten aufgeführte chronologische Einzelangaben bestätigen dies. Sie legen die Einschätzung nahe, daß im Grunde in jeder Regenzeit gekämpft wurde.

Der Versuch der quantitativen Erfassung bezweckt somit den Nachweis besonderer Häufigkeit von Raub- und Feldzügen, nicht aber eine in jedem Fall chronologisch genaue Bestimmung. Dies ist besonders für die Zeit vor den Beobachtungen durch Europäer nicht möglich. Dennoch gelang es, eine etwaige, ab 1890 relativ genaue, historische Reihenfolge zu erarbeiten. Da die Regentschaften der Oberhäuptlinge annähernd feststehen, da sie jeweils spezielle historische Bedeutung für bestimmte Etappen oder regionale Ereignisse der territorial-politischen Expansion besaßen, und da sie als Herrscherpersönlichkeiten entscheidenden Einfluß auf diese Maßnahmen und solche zur Aufrechterhaltung der Herrschaft über unterworfene Gruppen hatten, bot sich eine den Regierungszeiten entsprechende Periodisierung der Kriegs- und Kampfhandlungen und der sich daraus ableitenden territorial-politischen Expansion an.

Für die Bedeutung der Kriegführung im individuellen und gesellschaftlichen Leben wie auch für den Prozeß der territorial-politischen Expansion ist die aus den historischen Angaben erkennbare unterschiedliche Qualität der Kriegs- und Kampfhandlungen zu berücksichtigen. Größe, Teilnehmerkreis, materieller Aufwand und Dauer waren entsprechend den speziellen Ursachen und Zielsetzungen der Kampfhandlungen sehr verschieden.

Bei zahlreichen gewaltsamen Auseinandersetzungen standen sich Gegner gegenüber, die ganz unterschiedlich strukturierten politischen Verbänden angehörten, die über ein höchst ungleiches militärisches Potential verfügten und sich recht verschiedener Kampftechniken und -methoden bedienten. Dies traf vor allem für die Kämpfe der Vute des Oberhäupt-

---

[109] Vgl. vorliegende Arbeit, Kapitel 12. Zitat der Überlieferungsversion von Pierre und Vouba, zitiert nach MOHAMADOU, 1967, S. 101ff.

[110] SIRAN, 1980, S. 38, 47.

[111] MOHAMADOU, 1967, S. 79.

lingstums Ngila gegen die relativ schnell unterlegenen autochthonen Gruppen des Mbam-Sanaga-Dreiecks zu; wobei es allerdings innerhalb des Oberhäuptlingstums noch unabhängige Resteinheiten in unzugänglichen Wald- und Sumpfregionen gab, die sich bis zur Kolonialeroberung 1899 halten konnten. [112] Bei diesen Unternehmungen handelte es sich um kleinräumige oder entfernte Offensivaktionen bis zum und über den Sanaga bzw. Mbam; sie hatten die Form überfallartiger Raubzüge. Sie waren jedoch gründlich vorbereitet und organisiert, wurden mit Maßnahmen zur Schaffung von territorial-politischem Einfluß (wie der oben beschriebenen Etablierung von Vorposten) verbunden und gingen u.U. mit einem längeren Aufenthalt in der Einfallsregion einher. Diese Art von Kampfhandlungen, die nach 1880 von Nduba nach allen Richtungen geführt wurden – besonders jedoch nach Westen, Süden und Osten – stellten die für die territorial-politische Entwicklung und Konsolidierung des Oberhäuptlingstums Ngila entscheidenden dar. In den Quellen gelegentlich erwähnte größere Raubzüge in entferntere Regionen, so in das Gebiet östlich des Djerem-Sanaga-Bogens oder westlich des Mbam in das Banen-Gebiet, blieben Raubzüge ohne territorial-politische Auswirkungen auf die dortige Bevölkerung.

Die Vute des Oberhäuptlingstums Ngila kämpften nach 1880 in mindestens zwei großen Defensivschlachten bei Nduba erfolgreich gegen berittene Fulbe-Einheiten des Lamido von Tibati. Diese Gegner, die ihnen im offenen Terrain überlegen waren, haben die Vute nur durch eine gelungene Taktik des Hinterhalts besiegen können. Hatten sie die Fulbe-Reiter in Bergwälder oder sumpfige Regionen gelockt und ihnen dort entscheidende Verluste zugefügt, gingen sie bei der Verfolgung teilweise sogar zu Gegenoffensiven über. [113]

Die historischen Angaben weisen schließlich eine Kontinuität von Feindseligkeiten und gewaltsamen Auseinandersetzungen zwischen dem Oberhäuptlingstum Ngila und den benachbarten Oberhäuptlingstümern im Zeitraum zwischen etwa 1880 und 1899 aus. In diesen Fällen kämpften die „Ngila-Vute" gegen gleich bewaffnete und ausgebildete, also weitgehend gleichwertige Gegner. Wohl waren Auseinandersetzungen zwischen den Vute-Oberhäuptlingen von Raubüberfällen in den Grenzregionen, dem gegenseitigen Niederbrennen von Dörfern und dem „Wegfangen" andersethnischer Unterworfener begleitet. Die entscheidenden Auseinandersetzungen erfolgten jedoch in lange vorbereiteten und umfassend organisierten Feldzügen. [114]

8.3.2.2. Die Periode der Herrschaft Gomtsés (*Ngraŋ* II) von etwa 1880 bis etwa 1891

Eine chronologische Ordnung der Kriegs- und Kampfhandlungen ist aufgrund mangelnder zeitlicher Angaben für den Zeitabschnitt 1880 – 1891 nur sehr bedingt möglich. Der sehr allgemeine Überblick von MOHAMADOU, der die gesamte Zeit von etwa 1880 bis Ende der Kolonialzeit erfaßt, zeigt, daß er wichtige kolonialzeitliche Quellen nicht berücksichtigt hat, offensichtlich auch nicht alle relevanten Materialien des ehemaligen deutschen Koloni-

---

[112] Siehe unten, S. 247f.
[113] Quellenzitat zur Unabhängigkeitsschlacht der Vute um 1886 siehe unten Kapitel 12, S. 274.
[114] Siehe unten, S. 186ff.

alarchivs in Jaunde. [115] Durch eine genaue Analyse der Informationen, Angaben und Daten in den kolonialzeitlichen gedruckten Quellen, in den Materialien des Bundesarchivs sowie deren Vergleich mit den Überlieferungsaufnahmen von MOHAMADOU und SIRAN ergab sich die unten aufgeführte historische Reihenfolge von Kriegs- und Kampfhandlungen. Eine Darlegung der einzelnen Materialanalysen zu den hier vorgenommenen Datierungen würde den Rahmen der vorliegenden Arbeit überschreiten. Bis auf einige annähernd gesicherte Daten, wie die Eroberung Ndubas um 1880, die Unabhängigkeitsschlacht gegen die Fulbe um 1886, der Feldzug gegen Ngader im September 1890 (an dem MORGEN teilnahm), dem Tod Gomtsés (*Ngraŋ* II) um 1891 und die ersten Beobachtungen von KUND, TAP-PENBECK und MORGEN zwischen 1888 und 1890, ist diese Reihenfolge der Raubzüge und gewaltsamen Auseinandersetzungen nur als angenäherte Festlegung aufgrund von Hinweisen und Indizien zu werten.

Die Periode von etwa 1880 bis etwa 1891 war die Etappe der entscheidenden territorial-politischen Entwicklung des Oberhäuptlingstums Ngila. In ihr wurden die für die territorial-politische Inbesitznahme seiner Gebiete und die für seine „Grenzen" wichtigsten Feldzüge und Kampfhandlungen unterschiedlicher Größenordnung durchgeführt. Während der ersten Hälfte der achtziger Jahre erstreckten sie sich noch auf das engere Gebiet um Nduba; ab etwa 1887/88 war das ganze Mbam-Sanaga-Dreieck linksseitig des Mbam etwa bis zu 12° östlicher Länge davon betroffen. Von KUND, TAPPENBECK und MORGEN beobachtet, waren die Jahre um 1887 bis 1889 – vermutlich auch bereits schon der unmittelbar vorhergehende Zeitraum – eine Zeit der Zerstörung der Regionen rechtsseitig des Sanaga und linksseitig des unteren Mbam. Bedeutende Teile der ethnischen Gruppen dieses Gebietes, vor allem Bati-Untergruppen, wanderten über beide Flüsse nach Westen und Süden ab. [116] Über diese Kampfhandlungen liegen wenig konkrete Angaben vor, da die im Quellenmaterial enthaltenen Überlieferungsaussagen sehr allgemeinen Charakter tragen und die zeitgenössische Beobachtung durch Europäer erst im Januar 1888 einsetzte. DUGAST ermittelte in den vierziger Jahren des 20. Jhs. durch Aussagen von Angehörigen der Yambassa, Bafia, Balom, Djanti, Bati, Ngoro sowie der Bafeuk, Yangafouk, Betsinga, Mvele, Yekabe und Bobili, daß deren Vorfahren eben in diesem Zeitraum von den Vute attackiert, vertrieben oder unterworfen wurden. [117]

In der ersten Hälfte dieses Zeitabschnitts (1880 – 1891) erkämpfte das Oberhäuptlingstum Ngila die politische Unabhängigkeit vom Lamidat Tibati. Dies gereichte auch den anderen Vute-Oberhäuptlingstümern zum Vorteil. Die Herrscher von Tibati nahmen künftig Abstand von Versuchen ihrer gewaltsamen politischen Integration. Jedoch festigte sich das tributäre Verhältnis der Süd-Vute zu ihnen. Nach der sogenannten Unabhängigkeitsschlacht bei Nduba, etwa 1886, [118] setzten infolgedessen regelmäßig Raubzüge in die Randgebiete

[115] Vgl. MOHAMADOU, 1967, S. 120f.; Catalogue des Archives coloniales Allemandes du Cameroun, MOHA-MADOU, 1972.

[116] Vgl. auch WILHELM, 1981, S. 440ff., und vorliegende Arbeit, Karte 4, S. 29.

[117] DUGAST, 1949, S. 49ff; siehe auch 1954, S. 156, 165.

[118] Datierung der Verfasserin auf der Grundlage eines Komplexes von Angaben bei MOHAMADOU, 1967,

und benachbarten Regionen der Vute-Oberhäuptlingstümer ein. SIRAN spricht von „razzias périodiques". [119] Zu einem wesentlichen Teil von außen aufgezwungene Beuteinteressen und territorial-politische Expansionsziele verknüpften sich bei diesen Kampfhandlungen.

Das Eindringen in benachbarte andersethnische Regionen, die sowohl vom Linte- als auch vom Ngila-Oberhäuptlingstum beansprucht wurden, führte sehr schnell zu Rivalität und Feindschaft zwischen den Vute-Oberhäuptlingen. Die politischen Beziehungen zwischen ihnen wurden zunehmend instabil und mündeten Ende der achtziger Jahre in gewaltsame Auseinandersetzungen. [120]

In Friedenszeiten und – nicht selten aus Einsicht in die Notwendigkeit eines Bündnisses gegen einen eventuell stärkeren Gegner – auch für geplante Offensiven schlossen sich die Vute-Oberhäuptlinge von Linte und Nduba in dem genannten Zeitabschnitt jedoch einige Male zusammen. So unterstützte nach der Überlieferungsversion von Y.M. Pierre und G. Vouba Gongna (*Ngrté* III) von Linte die „Ngila-Vute" in ihrem Kampf gegen die Fulbe. [121] Nach MOHAMADOU und SIEBER sollen die Feldzüge gegen die Vute-Oberhäuptlingstümer Nyô und Mbanjock im Rahmen der Versuche einer Expansion in östlicher Richtung von ihnen gemeinsam durchgeführt worden sein, ferner ein groß angelegter Raubzug bis Dengdeng östlich des Sanaga-Djerem-Bogens. [122] Diese Feldzüge führten zu einer vorübergehenden oberflächlichen Integration dieser Oberhäuptlingstümer bis zum Tode von Gomtsé (*Ngraŋ* II) um 1891. [123]

Einzelangaben zu Kampfhandlungen zwischen 1880 und 1891: [124]

Um 1880:

Eroberung Ndubas durch Vouktok (*Ngraŋ* I) bzw. durch seinen Sohn Gomtsé (*Ngraŋ* II); nach HOFMEISTER und DOMINIK (Aussage von Gongna, *Ngrté* III, Oberhäuptling von Linte) gingen dieser Eroberung Kampfhandlungen in der Umgebung von Nduba und das Vordringen bis zum Sanaga voraus. [125]

S. 107–110; MORGEN, 1893a, S. 82; SIEBER, 1925, S. 112; Bundesarchiv, R 1001/3345, Bl. 24f., v. STETTEN.

[119] SIRAN, 1980, S. 34.

[120] Beispiele siehe unten sowie MOHAMADOU, 1967, S. 110, 118; MORGEN, 1893a, S. 217, 234; THORBECKE, M.-P., 1914, S. 152.

[121] Pierre und Vouba, zitiert nach MOHAMADOU, 1967, S. 107.

[122] Siehe MOHAMADOU, 1967, S. 120. SIEBER meint das Oberhäuptlingstum Nyô, wenn er vom Oberhäuptling Nfoke, das Oberhäuptlingstum Mbanjock, wenn er von Dandungu spricht. SIEBER, 1925, S. 112f. Vgl. auch DOMINIK, 1897, S. 417.

[123] Vgl. DOMINIK, 1897, S. 417.

[124] Die beigefügten Quellenbelege sind entsprechend dem Ziel des historisch und inhaltlich möglichst konkreten und informativen Nachweises ausgewählt. Belege zur Chronologisierung, aus deren Synthese sich Möglichkeiten der Datierung ergeben, sind aufgrund ihres Umfangs nicht mit einbezogen.

[125] DOMINIK, 1901, S. 112; HOFMEISTER, 1914, S. 22; Delteil, 1936, zitiert nach MOHAMADOU, 1967, S. 110; THORBECKE, 1914a, S. 63; THORBECKE, M.-P., 1914, S. 152.

Nach 1880:

Verteidigungskämpfe gegen Fulbe-Einheiten von Tibati bei Nduba unter Führung von Gomtsé (*Ngraŋ* II), im Bündnis mit Gongna (*Ngrté* III) und den mit ihm verbündeten (ihm unterstellten?) Tikar. [126]

Nach obengenannten Kämpfen gegen die Fulbe, nach 1880:

Schlacht der verbündeten Oberhäuptlinge von Linte und Ngila gegen das Vute-Häuptlingstum Ndja (territorial-politischer Integrationsbereich des Oberhäuptlingstums Linte); Niederlage der Bündnispartner. [127]

Ab 1880:

Raubzüge und Kampfhandlungen kleinerer bis mittlerer Größenordnung überwiegend im Gebiet um Nduba gegen dort lebende Gruppen der Bafeuk, Yangafouk, Mwelle und Bati, jedoch auch bis an den Sanaga und Mbam. [128]

Zwischen etwa 1882 und 1886:

Ausbruch von Feindseligkeiten zwischen Gomtsé (*Ngraŋ* II) und Gongna (*Ngrté* III); trotz der Gefolgschaft Ngaders verlor Gongna die Schlacht und zog sich nach Yaŋgeŋgeŋ in uneinnehmbare Felsregionen im Grenzgebiet zu den Njanti und Balom linksseitig des Mbam zurück. [129]

Etwa 1886:

Unabhängigkeitsschlacht des Oberhäuptlingstums Ngila gegen die Fulbe von Tibati bei Nduba unter Führung Gomtsés (*Ngraŋ* II); Gomtsé ließ Nduba räumen, das von den Fulbe besetzt wurde und errang einen vollständigen Sieg durch eine Offensive aus dem Hinterhalt (nach der von SIEBER aufgenommenen Überlieferungsversion) im Gebirgswald um Nduba. [130]

Nach 1886:

Größerer erfolgreicher Feldzug der verbündeten Oberhäuptlinge von Linte und Ngila nach Osten in die zentrale und südöstliche Sanaga-Ebene gegen den Vute-Oberhäuptling Mvoké (Oberhäuptlingstum Nyô mit hauptsächlich Yangafouk als andersethnischer unter-

---

[126] Pierre und Vouba, zitiert nach MOHAMADOU, 1967, S. 107.

[127] Pierre und Vouba, zitiert nach MOHAMADOU, 1967, S. 107f.

[128] Pierre und Vouba, zitiert nach MOHAMADOU, 1967, S. 108; vgl. MOHAMADOU, 1967, S. 117f.; SIRAN, 1980, S. 34; 1981a, S. 265, 270. Verschiedene Aussagen kolonialzeitlicher Autoren lassen erkennen, daß die Anliegerbevölkerung rechtsseitig des Sanaga zwar durch Überfälle geschädigt, aber frühestens Ende der achtziger Jahre territorial-politisch integriert wurde. Vgl. DOMINIK, 1901, S. 134f.; Bundesarchiv, R 1001/3345, Bl. 23, v. STETTEN.

[129] Delteil, 1936, zitiert nach MOHAMADOU, 1967, S. 110.

[130] HOFMEISTER, 1923b, S. 100; 1914, S. 36; Ndong, 1943, zitiert nach MOHAMADOU, 1967, S. 82; SIEBER, 1925, S. 111f.

worfener Bevölkerung), und den Vute-Oberhäuptling Dandugu (Hauptort Mango, Oberhäuptlingstum Mbanjock) als Oberhaupt unterworfener Yalongo-Gruppen; Ausdehnung des Feldzuges bis Dengdeng östlich des Sanaga-Djerem-Bogens. [131]

Etwa 1887 bis Dezember 1889:

Die ethnischen Gruppen in den Gebieten südlich von Nduba bis zum Sanaga wurden von Vute-Kriegereinheiten systematisch bekämpft und beraubt; Etappe der gewaltsamen Unterwerfung dieser Region.

Januar 1888:

Kund beobachtete vor kurzem verwüstete Gebiete rechtsseitig des Sanaga und bezeichnete diese Region als „Kampfplatz zweier verschiedener afrikanischer Rassen." [132]

Mai 1889:

TAPPENBECK zog durch „verbrannte und zerstörte Dörfer inmitten einer schüchternen Bevölkerung." In Nduba erlebte TAPPENBECK am 30.5.1889, wie Krieger Gomtsés etwa 180 eben gefangene Männer, Frauen und Kinder nach Nduba brachten; einhundert Menschen standen zum „Abmarsch nach Yola" bereit. [133]

Dezember 1889:

MORGEN beobachtete auf dem Marsch von Jaunde nach Nduba rechtsseitig des Sanaga „verlassene und zerstörte Dörfer"; er stellte die Abwanderung von „Tschinga" (Betsinga) über den Mbam nach Westen fest. [134]

Zwischen Dezember 1889 und Juni 1890:

Mwelle-Gruppen flohen vor den Truppen Gomtsés (Ngraŋ II) von der rechten auf die linke Seite des Sanaga. [135]

Etwa 1888 bis 1890:

Etappe von Kriegshandlungen zwischen Gongna (Ngrté III, Oberhäuptlingstum Linte) und Gomtsé (Ngraŋ II, Oberhäuptlingstum Ngila); Ursache waren nach Gomtsés Aussage, die MORGEN mitgeteilt hat, Grenzstreitigkeiten; nach THORBECKE war es „wohl der Streit

---

[131] MOHAMADOU, 1967, S. 120; SIEBER, 1925, S. 112f.; vgl. Bundesarchiv, R 1001/3345, Bl. 18f., v. STETTEN; DOMINIK, 1901, S. 135.

[132] Bundesarchiv, R 1001/3267, Bl. 53, 94, KUND.

[133] TAPPENBECK, 1889, S. 116; 1890, S. 111, 112.

[134] MORGEN, 1893a, S. 75, 185.

[135] SIRAN, 1980, S. 37.

um die westlich angrenzenden Sklaventerritorien." MORGEN beobachtete im September 1890 zerstörte Dörfer an der Grenze zwischen beiden Oberhäuptlingstümern. Im Juli 1889 wollte Gomtsé TAPPENBECK nicht nach Nordwesten (in Richtung Linte) reisen lassen. [136]

September 1890:

Friedensschluß zwischen Gongna (*Ngrté* III) und Gomtsé (*Ngraŋ* II); umfangreicher gemeinsamer Feldzug gegen den Vute-Unterhäuptling Ngader im September und Oktober 1890. [137]

8.3.2.3. Die Periode der Herrschaft von Neyon (*Ngraŋ* III) von etwa 1891 bis 1899

Für die gewaltsamen Auseinandersetzungen in diesem Zeitraum lassen sich aus den Quellen folgende Ursachen und historische Zusammenhänge erkennen. Nach dem Tod Gomtsés (*Ngraŋ* II) verweigerten die Söhne des Oberhäuptlings von Mbanjock (Mango), insbesondere der auf Inseln des Sanaga in Mango lebende Dandugu am linken Sanaga-Ufer, dem Nachfolger Neyon (*Ngraŋ* III) den Gehorsam. [138] Diese Lossagung wurde für Neyon zum Anlaß, dieses Vute-Oberhäuptlingstum über viele Jahre wiederholt anzugreifen und in jeder Weise zu schädigen. Angriffe und Raubzüge setzten sich bis in die Zeit der kolonialen Eroberung fort, – nach 1895 auch unter Ausnutzung der Niederlagen der „Mbanjock-Vute", die diese bei Zusammenstößen mit deutschen Kolonialtruppen hinnehmen mußten, die von der Militärstation Jaunde aus die Gebiete am oberen Sanaga erkundeten. [139]

Nach DOMINIK erkannte Gongna (*Ngrté* III, Oberhäuptlingstum Linte) Neyon, den Nachfolger Gomtsés, nicht als ebenbürtig an, so daß es bald zu Spannungen kam. [140] 1894 stellte der Lamido von Tibati besonders hohe Forderungen an Sklaven und Elfenbein – jeder Vute-Oberhäuptling sollte 500 Sklaven und 100 Elfenbeinzähne liefern – und drohte Gewalt an. [141] Unter dem Eindruck des ersten Kontaktes mit DOMINIK, als Vertreter der deutschen Kolonialmacht, den sich Neyon euphorisch als Bündnispartner gegen den Lamido erhoffte, wurden diese zunächst abgelehnt. [142] Doch spitzten sich offensichtlich die Auseinandersetzungen zwischen Gongna und Neyon um die „Sklaventerritorien" rechtsseitig des unteren Mbam im Betsinga- und Bafia-Gebiet zu. Leider liegen keine konkreten Angaben über diesbezügliche Kampfhandlungen vor. Die Quellenangaben belegen nur den wechseln-

---

[136] Fourneau, 1932, zitiert nach MOHAMADOU, 1967, S. 118; MORGEN, 1893a, S. 217, 234; Bundesarchiv, R 1001/ 3268, Bl. 128, TAPPENBECK; THORBECKE, M.-P., 1914, S. 152.

[137] DOMINIK, 1897, S. 417; Delteil, 1936, zitiert nach MOHAMADOU, 1967, S. 110; Fourneau, 1932, zitiert nach MOHAMADOU, 1967, S. 118; MORGEN, 1893a, S. 217ff.; siehe unten S. 187ff.

[138] DOMINIK, 1897, S. 417; THORBECKE, 1916, S. 15.

[139] Literaturhinweise siehe oben, S. 7 Anmerkung 29, besonders Bundesarchiv R 1001/3345, Expeditionen der Kaiserlichen Schutztruppe 1895 – 1898 und R 1001/4357, Station Jaunde 1894 – 1896, 4358, Station Jaunde 1896 – 1898.

[140] DOMINIK, 1897, S. 417.

[141] DOMINIK, 1901, S. 134; Bundesarchiv, R 1001/3345, Bl. 26, v. STETTEN.

[142] Siehe DOMINIK, 1895, S.654.

den politischen Einfluß Gongnas und Neyons in diesem Zeitraum und in diesem Gebiet. [143] Vom Herrscher des Oberhäuptlingstums Nyô (Wenke, Mfoke) wurde berichtet, daß er die Forderungen des Lamidos relativ schnell durch Raubüberfälle bei den Makka südöstlich des Sanaga-Djerem-Bogens erfüllte. [144]

Spätestens im Rahmen eines Verfolgungsfeldzuges gegen Dandugu, der etwa 1892 in Abwesenheit Neyons Nduba überfallen hatte [145] – der einzige bekannte Überfall eines Oberhäuptlings von Mbanjock auf den Herrschersitz des Oberhäuptlingstums Ngila – überschritt Neyon wohl erstmalig als Anführer raubender und zerstörender Kriegereinheiten im Süden den Sanaga. In den 90er Jahren betrachtete Neyon die linksseitig an den Sanaga angrenzenden Regionen bis zur Mündung des Mbam, hauptsächlich von Mwelle, Yekaba, Vute des Oberhäuptlingstums Mbanjock, Eton, Mangissa und Betsinga bewohnt, als politischen Einflußbereich und „Beuteregion".

So wie seinem Erfolg rechtsseitig des Mbam durch den von Norden territorial-politisch expandierenden Gongna (*Ngrté* III, Oberhäuptlingstum Linte) immer wieder Grenzen gesetzt wurden, so spürte er ab 1895 südlich des Sanaga den wachsenden Einfluß und das militärische Gegengewicht der deutschen Kolonialmacht von der Station Jaunde her. Dadurch wurde ein weiterer Ausbau seiner Macht in dieser Region verhindert. Als Neyon 1898 vom Lamido von Tibati erheblich bedrängt wurde, die seit langem ausstehenden Sklaven zu liefern, begann er Raubzüge südlich des Sanaga zu organisieren, wurde jedoch durch DOMINIK gehindert. [146] Ab Ende 1898 gelangen Neyon südlich des Sanaga keine Raubzüge mehr. So richtete sich sein letzter größerer Feldzug – er starb auf dem Rückweg – gegen das östlich, in der zentralen Sanaga-Ebene gelegene Vute-Oberhäuptlingstum Nyô. [147]

Einzelangaben zu Kampfhandlungen zwischen ca. 1891 und Januar 1899:

Etwa 1891/1892:

Kampfhandlungen zwischen Gongna (*Ngrté* III, Oberhäuptlingstum Linte) und Neyon (*Ngraŋ* III, Oberhäuptlingstum Ngila), die durch die Flucht einer Gruppe von Frauen und Abhängigen ausgelöst wurde. Es bleibt unklar, ob die Flüchtigen aus Linte oder aus Nduba ausbrachen, und ob sie sich Gongna oder Neyon anschließen bzw. unterstellen wollten. All das bleibt in den Quellen widersprüchlich. Neyon siegte. Friedensschluß und Versöhnungsbesuch Gongnas bei Neyon, anschließend Gegenbesuch von Neyon bei Gongna in Sase am Mbam. [148]

Etwa 1892:

Verfolgungsfeldzug unter Führung Neyons (*Ngraŋ* III) gegen den Vute-Herrscher Dan-

---

[143] Siehe oben, S. 126ff.

[144] v. STAADT, 1898, S. 297; ZIMMERMANN, 1909, S. 99.

[145] Siehe unten.

[146] DOMINIK, 1901, S. 26; Bundesarchiv R 1001/4357, Bl. 21, 25, DOMINIK.

[147] HOFMEISTER, 1914, S. 44.

[148] HOFMEISTER, 1914, S. 35; SIEBER, 1925, S. 113.

dugu (Oberhäuptlingstum Mbanjock) bis an den Sanaga, unmittelbar nach dessen Überfall auf Nduba während des Besuchs Neyons bei Gongna in Sase (s.o.); längerfristige Ausdehnung dieses Feldzugs in Gebiete südlich des Sanaga. [149]

März 1892:

Von einem Vorposten des Unterhäuptlings Guater aus wurden Raubzüge in das Gebiet des Häuptlings Balinga, rechtsseitig des unteren Mbam unternommen. [150]

Etwa 1892/1893:

Truppen Neyons (*Ngraŋ* III) raubten „eine 200 Mann starke Haussa-Karawane" aus. [151]

Ende März 1893:

Neyon und Guater befanden sich im „Kriegslager" nördlich des Ndjim. Zum Empfang v. Stettens kam Neyon nach Nduba, erhielt nach dem 28.3.1893 jedoch ständig Botschaften von Gongna, die ihn an seine „Heeresfolge" mahnen sollten. Gegner werden in den Quellen nicht genannt. [152]

August 1894:

Größerer Feldzug unter Führung Neyons in das Gebiet des Häuptlings Balinga, um eine große Zahl von Menschen zu rauben; DOMINIK, ZENKER und ZIMMERMANN beobachteten in Nduba tagelang die Heimkehr von Kriegern mit Gefangenen und Kriegsbeute. [153]

1894 und 1895:

Neyon unterwarf „mit Hülfe der ihm tributpflichtigen großen Stadt Guataré, in dem Dreieck gelegen, das durch den Mbam und Sanaga gebildet wird, das ganze von Bati bewohnte Gebiet zwischen beiden Flüssen … " [154]

Erste Hälfte 1895:

Neyon besiegte am Zusammenfluß des Mbam und Sanaga die „Winshoa" und nahm etwa zwanzig Kilometer unterhalb der Nachtigalfälle bei Ngidscho eine Fähre über den Sanaga in Besitz. Betsinga-Dörfer linksseitig des Sanaga wurden zerstört. [155]

---

[149] HOFMEISTER, 1914, S. 35; vgl. RAMSAY, 1892a, S. 393.
[150] RAMSAY, 1892a, S. 392; 1892b, S. 176
[151] Bundesarchiv, R 1001/R 3345, Bl. 25, V. STETTEN.
[152] V. STETTEN, 1893, S. 496; 1895, S. 111, 114.
[153] DOMINIK, 1901, S. 75; Bundesarchiv, R 1001/4357, Bl. 16, 18f., 26, DOMINIK; ZIMMERMANN, 1909, S. 41.
[154] DOMINIK, 1901, S. 135.
[155] Bundesarchiv, R 1001/3345, Bl. 4, 25f., V. STETTEN.

Juni 1895:

V. STETTEN erfuhr vom Vute-Oberhäuptling Dandugu (Hauptort Mango, Oberhäuptlingstum Mbanjock), daß vom Oberhäuptlingstum Ngila aus stets Raubzüge in sein Gebiet
unternommen wurden.[156]

Juni/Juli 1895:

Neyon beorderte eine Truppe unter dem Kriegsanführer Gimene in das Gebiet des Oberhäuptlingstums Mbanjock am Sanaga zum Fang versprengter „Mango-Leute" (versprengt
durch zwei Strafexpeditionen der Schutztruppe unter V. STETTEN im Juni/Juli 1895). Gimene überschritt dabei den Sanaga.[157] Seine Truppe befand sich noch im August 1895 in
diesem Gebiet. Auf Dominiks Aufforderung zum Rückzug nach Nduba äußert Gimene,
daß er ohne Befehl Neyons nicht abmarschieren dürfe, versprach jedoch die Einstellung der
Feindseligkeiten gegen Dandugu.[158]

August 1895:

Raubzug gegen eine Bati-Gruppe unweit von Nduba am Weg nach Guataré. DOMINIK
beobachtete die mit gefangenen Menschen heimkehrenden Krieger.[159]

Anfang September 1895:

„Ngilla befand sich gerade im Krieg mit seinem Onkel Ngutte."[160] DOMINIK wurde
jedoch von Neyon (Ngraŋ III) in Nduba empfangen. Neyon versuchte, Dominiks Unterstützung gegen Gongna (Ngrté III) zu erhalten und berichtete ferner, daß er versucht habe,
mit dem Lamido von Tibati ein Bündnis „gegen seinen Rivalen N g u t t e   m e n   L i n t e zu
machen und so selbst verschont zu bleiben."[161] Die erwähnte Rivalität bezog sich sehr wahrscheinlich auf den Kampf um die angrenzenden Regionen westlich des Mbam. „Verschont
bleiben" wollte er von der Verpflichtung, erneut gefangene Menschen an den Lamido zu
liefern.

Februar 1896:

Feldzug gegen das Vute-Oberhäuptlingstum Mbanjock; mit Hilfe seiner Brüder Na und
Wimba widerstand aber Oberhäuptling Dandugu erfolgreich. Neyon mußte abziehen, ohne
Gefangene gemacht zu haben. Dandugu verlegte daraufhin sein Herrschaftszentrum auf das
linke Sanaga-Ufer.[162]

---

[156] Bundesarchiv, R 1001/3345, Bl.19, V. STETTEN.
[157] Bundesarchiv, R 1001/4357, Bl. 81, DOMINIK.
[158] DOMINIK, 1895, S. 653.
[159] Bundesarchiv, R 1001/4287, Bl. 65, DOMINIK.
[160] DOMINIK, 1901, S. 148. Allgemeines zum Nachweis dieser Feindschaft bei DOMINIK, 1901, S. 172; Bundesarchiv, R 1001/4287, Bl. 52f., DOMINIK.
[161] DOMINIK, 1895, S. 654.
[162] DOMINIK, 1901, S. 159; V. KAMPTZ, 1896, S. 557.

Vor Januar 1897:

„Leute des Ngila" fielen häufig in die Gebiete der Bati und Betsinga südlich des Sanaga
ein.[163]

Januar 1897:

Überfall unter Führung Gimenes auf den Unterhäuptling Na (Oberhäuptlingstum
Mbanjock) am linken Sanaga-Ufer; Raub von etwa vierzig Männern, Frauen und Kindern.
Nach Aussage von Na wurde zu der Zeit auch ein größerer Feldzug in die Gebiete südlich
des Sanaga von Neyon vorbereitet.[164]

Februar oder Anfang März 1897:

Neyon schickte eine Truppe unter Führung seiner beiden „Heerführer" Bamoa und Tsone gegen den Oberhäuptling Dandugu („Mango" -Vute, Oberhäuptlingstum Mbanjock).
Dieser lockte sie jedoch erfolgreich in einen Hinterhalt; Bamoa und Tsone wurden dabei
getötet.[165]

Vor August 1897:

Meldung des Stationsleiters von Jaunde, V. CARNAP-QUERNHEIMB: „Ngila … setze
seine Sklavenjagden südlich des Sanaga mit ungeschwächten Kräften fort … Dörfer des
Häuptlings Jindajame zerstört."[166]

April 1898:

Ein Versuch Neyons (Ngraŋ III), ins Gebiet des Häuptlings Balinga, rechtsseitig des
unteren Mbam, einzufallen, wurde abgewiesen.[167]

10./11.Juni 1898:

Neyon (Ngraŋ III) ging von Zamba aus über den Sanaga und fiel in Gebiete der Mangissa und Betsinga ein. Der Raubzug wurde von DOMINIK gestoppt. Neyon zog sich am
12.6.1898 wieder über den Sanaga zurück.[168]

---

[163] ZIMMERMANN, 1909, S. 78.
[164] DOMINIK, 1901, S. 186; Bundesarchiv, R 1001/3345, Bl. 46, DOMINIK; V. PUTTKAMER, 1897, S. 382;
Bundesarchiv, R 1001/3345, Bl.43, V. PUTTKAMER; R 1001/4287, Bl. 38, V. PUTTKAMER.
[165] Bundesarchiv, R 1001/3345, Bl. 82, V. CARNAP-QUERNHEIMB; R 1001/3345, Bl. 77, V. PUTTKAMER.
[166] Bundesarchiv, R 1001/4358, Bl. 134, V. CARNAP-QUERNHEIMB; R 1001/3299, Bl. 47, V. CARNAP-
QUERNHEIMB.
[167] DOMINIK, 1901, S. 226.
[168] DOMINIK, 1901, S. 226; Bundesarchiv, R 1001/3346, Bl. 11f., DOMINIK.

Ende 1898 bis Januar 1899:

Feldzug unter Führung Neyons (Ngraŋ III) und Guaters gegen Wenke (Mvoké), Oberhäuptlingstum Nyô. [169]

Bis Anfang 1899:

Neyon ließ immer wieder die wenigen Bati angreifen, die sich noch in geschlossenen Waldkomplexen nördlich des Sanaga unabhängig zu halten vermocht hatten. [170]

14.1.1899:

Erstürmung von Nduba während des „Wute-Adamaua-Feldzuges" durch die Kaiserliche Schutztruppe und nachfolgende Eroberung des gesamten Vute-Gebietes, mit Ausnahme des Rückzugsgebietes von Gongna (Ngrté III, Oberhäuptlingstum Linte) in uneinnehmbaren Felsregionen des Yassem-Gebirges (Yaŋgeŋgeŋ) linksseitig des unteren Mbam. [171]

8.3.3. Überblick über die territorial-politische Expansion des Oberhäuptlingstums Ngila [172]

Durch die Niederlassung des Bruders von Gomtsé (Ngraŋ II), des Unterhäuptlings Guater, nahe am Mbam erfolgte eine Ausdehnung des territorial-politischen Einflusses und nachfolgend des Herrschaftsgebietes vom Hauptort Nduba aus, zunächst vorwiegend in westlicher Richtung. Nach 1880 entwickelten sich zwei politisch zusammengehörige Herrschaftszentren – der Sitz Guaters soll auch ziemlich groß gewesen sein -, [173] die die Gebiete zwischen und um sich allmählich integrierten. Sie stellten die Kernzonen des entstehenden Oberhäuptlingstums dar. In Rückzugsgebieten erhielten sich unabhängige kleine Restgruppen, vor allem der Bati.

Die Angaben über die zeitweise territorial-politische Integration der von Nduba aus südöstlich in der Sanaga-Ebene liegenden Vute-Oberhäuptlingstümer Nyô und Mbanjock, zwischen etwa 1887 und 1891, läßt eine sich in diesem Zeitraum vollziehende Ausdehnung des Herrschaftsgebietes in dieser Richtung erkennen. Da für den gleichen Zeitraum durch die oben aufgeführten Angaben von KUND, TAPPENBECK und MORGEN die starke Zerstörung der Gebiete südlich von Nduba erwiesen ist, ferner 1890 in nördlicher Richtung der Ndjim als politische Grenze zwischen den Oberhäuptlingstümern Linte und Ngila feststand, kann man somit die zweite Hälfte der achtziger Jahre des 19.Jhs. als eine Zeit verstärkter und nach mehreren Seiten gerichteter Expansion einschätzen.

Eine Reihe von Angaben, vor allem auch in den Archivmaterialien, ermöglichen, die südliche Ausdehnung des Oberhäuptlingstums Ngila in ihren verschiedenen Etappen etwas

---

[169] DOMINIK, 1901, S. 264; HOFMEISTER, 1914, S. 44f.; V. KAMPTZ, 1899b, S. 340.
[170] DOMINIK, 1908, S. 43f.
[171] DOMINIK, 1901, S. 255f.; V. KAMPTZ, 1899a, S. 196; 1899b, S. 340; 1899e, S. 839ff.; Bundesarchiv, R 1001/3346, Bl. 120, V. KAMPTZ.
[172] Vgl. vorliegende Arbeit, Fig. 2, S. 144.
[173] Siehe oben, S. 117.

genauer zu bestimmen. Die Region zwischen dem Sanaga und Nduba wurde vor der kolonialen Eroberung vergleichsweise häufig bereist, wodurch über sie insgesamt relativ zahlreiche Angaben vorhanden sind.

Meistens wird in den Quellen das Vordringen des letzten unabhängigen Ngila-Oberhäuptlings bis Nkometou, etwa 10 km vor der späteren Station Jaunde, erwähnt. [174] Jedoch geht aus zum Teil nicht veröffentlichten Angaben von DOMINIK und V. STETTEN hervor, daß die dort ansässige Bevölkerung rechtsseitig des Sanaga erst etwa 1894 endgültig in das Oberhäuptlingstum Ngila integriert wurde. [175] Demnach dehnte Gomtsé (*Ngraŋ* II) die Raub- und Eroberungszüge wohl häufig bis zum Sanaga aus; aber eine mit beginnender Administration verbundene Integration wurde erst durch Neyon (*Ngraŋ* III) nach 1891 erreicht. Dazu seien folgende Bemerkungen Dominiks zitiert:

„Am 8. morgens [1896, Anmerkung C.S.] passierte ich den ... Djérén (Sannaga) und nahm in dem Bati-Dorf Tungele [unmittelbar rechtsseitig des Sanaga, nahe der Nachtigalfälle, Anmerkung C.S.] Quartier, dessen Häuptling bereits von Ngilla eingesetzt ist wie auch Dörfer und Häuser nach Wute-Art angelegt sind, was ich betone, weil dies vor Jahresfrist noch nicht der Fall war. Jetzt herrscht Ngilla unbestritten bis an den Sannaga, an dessen rechten Ufer er das befestigte mit 100 Mann besetzte Dorf Zamba angelegt hat. ... In den von Ngilla unterworfenen Bati-Dörfern herrscht übrigens jetzt eine bedeutend größere Wohlhabenheit als früher, wo die Bewohner unter den fortwährenden Einfällen der Wutes zu leiden hatten, und der Häuptling versicherte mir wiederholt, daß sie sich unter Ngillas Herrschaft besser stünden als ihre Stammesgenossen, die über den Djérén (Sannaga) geflohen sind, um ihre Selbständigkeit zu wahren, die nun aber mit den Batschingas und Etuns (Ntoni) um ihre Existenz kämpfen müßten. In Tungele erwartete mich bereits der Wute-Häuptling Zamba mit Durrabier, Elefantenfleisch und Maisbroten ... " [176]

Kund beobachtete 1887/88 in dieser Region: '' Es herrscht übrigens zur Zeit in diesem Gebiet Krieg eines Dorfes gegen das andere. Wir hatten schon auf dem linken Ufer [des Sanaga, Anmerkung C.S.] deutlich Spuren davon gefunden, daß hier Kriege große Landstriche versehrt haben, ebenso kann man auf dem rechten Ufer deutlich erkennen, daß die Sudanneger sich noch nicht lange Zeit hier festgesetzt haben, daß vor ihnen hier Bantuneger wohnten." [177] Nach MORGEN begann Gomtses Herrschaftsgebiet 1889 zwei Tagemärsche nördlich des Sanaga. [178]

Einen weiteren Hinweis enthalten möglicherweise die Angaben über das Häuptlingstum Kombé (Häuptling Wunafirrah, Wunaberra, Wunabella). Es befand sich bis 1895 etwa drei

---

[174] Zum Beispiel von Pierre und Vouba, zitiert nach MOHAMADOU, 1967, S. 108.

[175] DOMINIK, 1901, S. 135; Bundesarchiv, R 1001/4287, Bl. 51, DOMINIK; R 1001/3345, Bl. 26, V. STETTEN.

[176] Bundesarchiv, R 1001/4287, Bl. 51, DOMINIK.

[177] Bundesarchiv, R 1001/3267, Bl. 53, KUND. An anderer Stelle, ebd., Bl. 94, bemerkte KUND: „Zur Zeit ist das weitere Innere des Kamerungebietes auf beiden Seiten des Sannagaflusses der Kampfplatz zweier verschiedener afrikanischer Rassen."

[178] Vgl. MORGEN, 1893a, S. 185f.

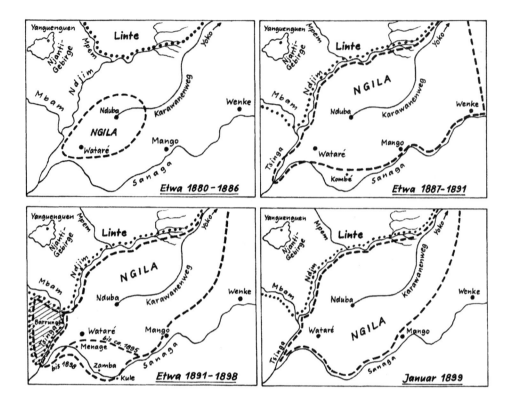

Fig. 2: Etappen der territorial-politischen Expansion des Oberhäuptlingstums Ngila, schematische Darstellung (Quellen siehe Anmerkungen 175 – 193.)

Wegestunden nördlich vom Sanaga, nahe des Weges von den Nachtigalfällen nach Nduba. [179] Nach MORGEN war Wunabella ein von den Vute unterworfener Mwelle-Häuptling. [180] Als sich MORGEN 1890 bei ihm aufhielt, zeigte er sich in bezug auf den Vute-Herrscher ängstlich und unterwürfig und wagte aus Angst vor dessen Eifersucht und Habgier nicht, von MORGEN größere Geschenke anzunehmen. Er berichtete MORGEN, daß ihm und seinen Leuten neben der Übernahme mancher anderer Sitten und Gebräuche auch auferlegt wurde, ihre Hütten nach Vute-Art zu bauen. [181] Die Feststellung v. Stettens (1895), daß Kombé der einzige größere noch unabhängige „Bati-Ort" sei, erscheint da zweifelhaft. [182] Wunabella soll zu dieser Zeit ein Bündnis mit dem südlich des Sanaga lebenden Vute-Unterhäuptling Na („Mango"-Vute, Oberhäuptlingstum Mbanjock) abgeschlossen haben. [183] DOMINIK berichtete, daß Kombé 1896 zerstört wurde und Wunabella zu Na floh. [184] Dies wird eine Auswirkung der endgültigen territorial-politischen Integration dieses Gebietes durch Neyon (*Ngraŋ* III) um 1894 gewesen sein.

Ab 1892 lassen sich Versuche nachweisen, die territorial-politische Herrschaft des Oberhäuptlingstums Ngila – vor allem durch die Tätigkeit des Unterhäuptlings Guater – auf das Gebiet der rechtsseitig des Mbam lebenden Bati-Untergruppe Betsinga (Häuptling Balinga) sowie auf angrenzende Räume auszudehnen. [185] Nach allgemeinen Hinweisen Hofmeisters und Thorbeckes hatte bereits Gomtsé (*Ngraŋ* II) rechtsseitig des Mbam Raubzüge durchgeführt. [186] Zu TAPPENBECK äußerte „N'Giran" (Gomtsé, *Ngraŋ* II) 1889, er könne ihn nicht nach Nordwesten in Richtung der Banyang-Stämme bringen, da er ... von dort seine Sklaven beziehe und er ihm nicht den Weg zu seinen Feinden zeigen könne. [187] Neyon (*Ngraŋ* III) kämpfte um dieses Territorium, wie auch um die Stabilisierung seines Einflusses in linksseitig an den Sanaga angrenzende Regionen, bis ihm wohl durch Niederlagen in Auseinandersetzungen mit den deutschen Schutztruppeneinheiten der Militärstation Jaunde, bei denen auch das Maxim-Schnellfeuergeschütz eingesetzt wurde, die Unabänderlichkeit dieses ungleichen militärischen Kräfteverhältnisses bewußt wurde.

Es erscheint aufgrund des soziopolitischen Organisationsgrades des Oberhäuptlingstums Ngila am Ende des 19. Jhs. fraglich, ob ohne den kolonialen Einfluß eine weitere Ausdehnung des Herrschaftsgebietes hätte erfolgen können. Ab 1895 ist es jedoch zweifelsohne der von der Militärstation Jaunde aus nach Norden vordringende koloniale Machteinfluß, der seine weitere territorial-politische Ausdehnung verhinderte, bzw. Neyons Einfallsregionen westlich des Mbam und südlich des Sanaga diesem allmählich entzog.

---

[179] MORGEN, 1891, Taf. VIII; Bundesarchiv, R 1001/3345, Skizze, Bl. 30, v. STETTEN.
[180] MORGEN, 1893a, S. 186f.
[181] Ebd.
[182] Bundesarchiv, R 1001/3345, Bl. 22, v. STETTEN.
[183] Ebd.
[184] Bundesarchiv, R 1001/4287, Bl. 51, Skizze Bl. 68, DOMINIK.
[185] Siehe oben, S. 119ff.
[186] HOFMEISTER, 1914, S. 35, 38; THORBECKE, M.-P., 1914, S. 152.
[187] Bundesarchiv, R 1001/3268, Bl. 128, TAPPENBECK.

Zum Zeitpunkt der kolonialen Eroberung reichte das Herrschaftsgebiet des Oberhäuptlingstums Ngila im Norden bis an den Ndjim, den Grenzfluß zum Oberhäuptlingstum Linte, im Westen bis an den Mbam, möglicherweise mit einigen Abhängigensiedlungen rechtsseitig des Mbam und an seiner Mündung sowie südlich von Nduba bis zum Sanaga. Am Sanaga soll das Gebiet zwischen Abanda Mboum und den Sanaga-Fällen zu ihm gehört haben. [188] Vor allem im Osten, aber auch im Nordosten blieb die politische Grenze besonders fließend. Es gibt nur sehr wenige genauere Angaben dazu. Im Nordosten reichte das Einflußgebiet über einhundert Kilometer weit [189] bis zu den ersten Inselbergen (Basaltkegeln) der Felsensteilstufe in der Höhe von Yoko, dem südlichsten zum Lamidat Tibati gehörenden Vute-Oberhäuptlingstum mit einer ständigen Fulbe-Besatzung. Unter Ausnutzung der natürlichen Gegebenheiten dieser geographischen Region, die hervorragende Rückzugsmöglichkeiten bietet, bewahrten die dort existierenden Häuptlingstümer wohl weitgehend ihre politische Unabhängigkeit. [190] Das Häuptlingstum Kukuni wurde nach MORGEN bereits von einem vom Lamido von Tibati eingesetzten Oberhaupt verwaltet; v. STETTEN bezeichnete es als „letztes größeres Ngiladorf". [191] MORGEN schreibt über diese Region: „Hier befindet sich jetzt die Grenze zwischen Tibati und Wute, besonders Ndumba (Ngila-Volk)". [192] Eine genauere Abgrenzung des Oberhäuptlingstums in nordöstlicher Richtung ist aufgrund fehlender Angaben nicht möglich. Jedoch sind allgemeine Hinweise auf die Machtausübung des Ngila-Herrschers bei den politischen Einheiten zwischen Nduba und Yoko an der alten Haussa-Benue-Handelsstraße vorhanden. [193] Ihre Kontrolle war zur Sicherung des Haussa-Handels, der für die Vute-Ökonomie große Bedeutung hatte, besonders wichtig.

Östlich bzw. südöstlich waren der weiteren Ausdehnung des Oberhäuptlingstums Ngila durch die nach 1891 wieder unabhängig gewordenen Vute-Oberhäuptlingstümer Nyô (Oberhäuptling Wenke oder Mfoké) und Mbanjock („Mango" -Vute, Oberhäuptling Dandugu) deutliche Grenzen gesetzt. 1899 reichte das Herrschaftsgebiet von Neyon (*Ngraŋ* III) in dieser Richtung etwa bis 12° östlicher Länge, das heißt – so wie zur Mbam-Mündung – etwa dreißig bis vierzig Kilometer weit. Jedoch wurden viele Gruppen in weit entfernteren Regionen häufig von Raubüberfällen betroffen. Aufgrund der Stärke der genannten benachbarten Vute-Oberhäuptlingstümer, besonders durch die Ausdehnung der territorial-politischen Einfluß- und Herrschaftsgebiete des Oberhäuptlingstums Nyô in die zentrale Sanaga-Ebene gelang es Neyon (*Ngraŋ* III) nicht, seinen territorial-politischen Einfluß – etwa durch Einrichtung von Vorposten – in dieser Richtung auszudehnen. So schreibt HOFMEISTER über den Oberhäuptling Wenke (Mfoké): „Mfoke beherrschte damals nicht nur alle die südöstlichen Wute ... als erst ... die deutsche Regierung sich über die Lande breitete, wurden die

---

[188] Fourneau, 1932, zitiert nach MOHAMADOU, 1967, S. 118.
[189] Vgl. MORGEN, 1893a, S. 254.
[190] DOMINIK, 1901, S. 269; MORGEN, 1893a, S. 258f.; v. STETTEN, 1895, S. 136.
[191] MORGEN, 1893a, S.256; v. STETTEN, 1895, S. 136.
[192] Bundesarchiv, R 1001/3269, Bl. 28, MORGEN.
[193] MORGEN, 1893a, S. 253f.

Unterjochten selbständig, auch die befreundeten Wutehäuptlinge Ndo, Tscheke, Jangwa, Do und Baktere." [194]

8.3.4. Überblick über die territorial-politische Expansion des Oberhäuptlingstums Linte

Über die territoriale Ausdehnung des Oberhäuptlingstums Linte liegen nur so wenig Angaben vor, daß über eine Überblicksdarstellung nicht hinausgegangen werden kann. Mehrere der von MOHAMADOU aufgenommenen Überlieferungen enthalten wichtige Einzelangaben. Zu nennen ist insbesondere die Version von Y.M. Pierre, Prinz von Linté, und G. Vouba, [195] einem blutsverwandten Bruder des Häuptlings Doukwan Ngouté von Linté, sowie die Überlieferungen von einigen durch Sezession verselbständigten Häuptlingstümern. [196] Wie auch aus der Quellenkritik zu früheren Zeitabschnitten der Vute-Ethnohistorie erkennbar, enthalten die Aussagen Sirans über das Oberhäuptlingstum Linte dagegen nur die bedeutendsten historischen Angaben, jedoch einige Bewertungen der territorial-politischen Entwicklung unter den einzelnen Herrschern während des Zeitraumes etwa zwischen 1880 und 1899. Sie bestätigen allgemein den aus einigen kolonialzeitlichen Primärquellen ablesbaren (ungefähren) Expansionsverlauf und den Grad der territorial-politischen Entwicklung bis zur kolonialen Eroberung.

Etappen der Ausdehnung von politischen Einfluß- bzw. Herrschaftsgebieten lassen sich zeitlich und territorial bis auf wenige Ausnahmen nur recht grob gliedern. Wie bei den Darstellungen über das Oberhäuptlingstum Ngila – überwiegend liegen dieselben Publikationen und Archivmaterialien zugrunde – finden sich Angaben dazu in den Überlieferungen meist bei Beschreibungen der Herrschaftsperioden und Leistungen der Oberhäuptlinge von Linte. Gelegentlich werden auch grobe Periodisierungen nach Herrschern, jedoch ohne Zeitangaben, vorgenommen. Die in vorliegender Arbeit zusätzlich durch eine umfassende Quellenanalyse ermittelten ungefähren Zeitabschnitte der jeweiligen Herrschaftsperioden ermöglichten ergänzend eine allgemeine zeitliche Bestimmung der territorial-politischen Expansionsetappen. Unter Berücksichtigung dieser Zusammenhänge wird die nachfolgende Darlegung der Hauptetappen der territorial-politischen Expansion ebenfalls nach Herrschaftsperioden gegliedert. Innerhalb der relativ langen Herrschaftsperiode Gongnas (*Ngrté* III) – ab Anfang der 80er Jahre bis in die Zeit nach der Kolonialeroberung 1899 – ist es anhand der frühen europäischen Beobachtungen möglich, mehrere Etappen der territorial-politischen Veränderungen zu unterscheiden.

8.3.4.1. Herrschaftsperiode unter Ngueng (*Ngrté* I) etwa 1875 bis nach 1880

Den territorial-politischen Kern des Oberhäuptlingstums Linte bildete nach der Niederlassung Nguengs am Rande der Felsensteilstufe zum Adamaua-Plateau, in der nordwestlichen

---

[194] HOFMEISTER, 1914, S. 35. Vgl. auch Fig. 2, S. 144.
[195] Pierre und Vouba, zitiert nach MOHAMADOU, 1967, S. 101ff.
[196] Zum Beispiel die Überlieferungen über die Häuptlingstümer Yangba, Mangai, Nyem und Mankim. Coqueraux, 1946, Geffrier, 1944–45, zitiert nach MOHAMADOU, 1967, S. 113ff.

Sanaga-Ebene, zunächst dieses Herrschaftszentrum selbst; dazu kamen die in einem engeren Umkreis von nur wenigen Kilometern befindlichen Häuptlingstümer. Auf einige waren die Brüder Nguengs als Unterhäuptlinge verteilt. [197] Kpourou verwaltete Soani, ein heute verschwundenes Häuptlingstum; Tankoung war Unterhäuptling des Häuptlingstums Gbing, das heute ebenfalls nicht mehr vorhanden ist; und Vouroub übernahm das Häuptlingstum Matim, heute Mehoung genannt. [198] Anfangs gehörte wohl auch noch das weiter entfernte Mberngang unter Nimguea (Vouktok) zu Linte. Nach der Sezession Nimgueas hörte es jedoch vermutlich auf, als Häuptlingstum und auch als Ort zu existieren. [199]

Das Herrschaftsgebiet reichte nach SIRAN in dieser Zeit westlich bis zum Mpem-Fluß, in eine Region, die wohl vor allem einer Tikar-Gruppe unter Häuptling Leŋwe, die integriert wurde, weggenommen worden war. [200] Über die territoriale Ausdehnung des Oberhäuptlingstums in andere Richtungen liegen keine genaueren Angaben vor. Aus den oben dargelegten Veränderungen der ethnopolitischen Verhältnisse in der nördlichen Sanaga-Ebene nach 1860 [201] und einigen weiteren Überlieferungsangaben geht indes hervor, daß sich der Einflußbereich bis Anfang der 80er Jahre durch Kriegszüge bis zum Mbam, südlich bis zum Ndjim-Fluß und östlich am Rande der Felsensteilstufe bis südwestlich von Yoko ausgeweitet hatte. Ausgenommen waren davon die schwer zu erobernden Gebirgsregionen linksseitig des Mbam und einige der Felsensteilstufe vorgelagerte bewohnte Inselberggebiete. Nach Pierre und Vouba wurden unter Ngueng Kriegszüge in die Gebiete der Bafeuk, bis zu den Njanti, den Bewohnern des Njanti- oder Yangba-Gebirges, zu den Ngoro, Yangafouk und Bati unternommen. [202]

Aus den Quellen über die Zeit um 1880 geht hervor, daß der zunehmende Integrationsprozeß des Oberhäuptlingstums Linte auch mit der politischen Vereinnahmung von eingewanderten oder bereits vorher dort existierenden Vute-Häuptlingstümern verbunden war. Einige Angaben lassen vermuten, daß es unter den z.T. bereits länger in der Sanaga-Ebene siedelnden Vute-Häuptlingstümern einige gab, die die sich anbahnende Vorherrschaft der jüngeren (Linte, Ngila) nicht anerkannten und sich gegen deren Expansionsbestrebungen wehrten. Ihre Opposition war willkommener Anlaß zu ihrer letztlich gewaltsamen Integration. Y.M. Pierre und G. Vouba von Linté berichteten in der von ihnen überlieferten Version zur Geschichte der Oberhäuptlingstümer Linte und Ngila von einem derartigen Fall. [203] Unmittelbar nach den Begräbniszeremonien für Nimguea (Ngraŋ I), der in Kukuni gestorben war, kam es gleichzeitig zu zwei Entführungen, die zur Ursache von Kämpfen zwischen den Vute-Häuptlingen werden sollten. Auf dem Heimweg nahm Mvougong, der Häuptling von Ndja – eigentlich ein Verbündeter Nimgueas der ersten Stunde -, Issa, einen Sohn Nimgueas

---

[197] Siehe oben, 7.3.2.3., S. 108ff. und S. 82, Karte 7.
[198] Pierre und Vouba, zitiert nach MOHAMADOU, 1967, S. 106.
[199] Siehe oben, S. 108.
[200] SIRAN, 1980, S. 51; 1981a, S. 270; mündliche Aussage von SONGSARÉ, 1987.
[201] Vgl. Kapitel 7.3.
[202] Pierre und Vouba, zitiert nach MOHAMADOU, 1967, S. 108.
[203] Nachfolgende Angaben nach Pierre und Vouba, zitiert nach MOHAMADOU, 1967, S. 107f.

und Bruder Gomtsés (*Ngraŋ* II), gefangen. Der Häuptling Mvetimbi von Matsari seinerseits raubte Vouba, den Sohn von Ngueng (*Ngrté* I). Die vereinigten Heere von Ngueng und Gomtsé griffen daraufhin das Häuptlingstum Ndja an. Aber trotz der Überlegenheit der Angreifer hielt Mvougong stand, und die Oberhäuptlinge von Linte und Nduba mußten ohne Sieg heimkehren. Bald darauf bereitete der Häuptling von Ndja ein Bündnis mit dem Häuptling Gbaktaré vor, um einen Feldzug gegen Ngueng und Gomtsé zu führen. Als Ngueng von diesen Absichten erfuhr, kam er seinen Feinden zuvor und griff Ndja an, das vernichtet und dessen Häuptling getötet wurde. Sein Gebiet wurde Bestandteil des Oberhäuptlingstums Linte. [204]

8.3.4.2. Herrschaftsperiode unter Mbayem (*Ngrté* II) Anfang der 80er Jahre des 19. Jhs.

Während der relativ kurzen Herrschaft Mbayems, eines Schwestersohns von Ngueng, wurde das bestehende Herrschafts- bzw. Einflußgebiet weniger erweitert als konsolidiert. Nach Pierre und Vouba gehörte zum Hauptwerk Mbayems „de consolider l'autorité de Linté sur les chefs Vouté déjà soumis et intégrés à la chefferie, d'autre part d'étendre son hégémonie sur des ethnies nouvelles, notamment les Yalongo et les Bafeuk." [205] Der Begriff Hegemonie wird vom Autor nicht näher erläutert.

8.3.4.3. Herrschaftsperiode unter Gongna (*Ngrté* III) ab Anfang der 80er Jahre bis 1899 [206]

Oberhäuptling Gongna, Sohn von Ngueng (*Ngrté* I), prägte als die am längsten amtierende und bedeutendste Herrscherpersönlichkeit des Oberhäuptlingstums Linte dessen territorial-politische Entwicklung ganz entscheidend. Bis spätestens 1890 erweiterte er das Herrschaftsgebiet mit beginnender Administration über den Mpem hinaus bis an den Mbam, südlich bis zum Ndjim und östlich beziehungsweise südöstlich bis einige Kilometer vor die Haussa-Karawanenstraße Nduba-Yoko. [207] Anfang der neunziger Jahre, nach der Vertreibung von Tina, dem Sohn des einige Zeit zuvor besiegten und verstorbenen Halbbruders und Unterhäuptlings Ngader, verlegte Gongna bis etwa 1898 seinen Herrschaftssitz nach Sase (Kudue), an die Stelle bzw. wohl in die Nähe der Siedlung Tinas am Mbam. [208] SIRAN schreibt ihm

---

[204] Quellenzitat siehe unten S. 267f.

[205] Pierre und Vouba, zitiert nach MOHAMADOU, 1967, S. 108.

[206] Während des „Wute-Adamaua-Feldzuges" der deutschen Schutztruppe im Jahre 1899 wurde das gesamte Vute-Gebiet unterworfen; die Oberhäuptlingstümer wurden als selbständige politische Einheiten aufgelöst, wodurch die Oberhäuptlinge entmachtet waren. Nähere Angaben bei den Hinweisen zu den Archivmaterialien oben S. 7 in den Anmerkungen 31, 32, 33.

[207] Vgl. MOHAMADOU, 1967, S. 108ff., 116f.; HOFMEISTER, 1926, S. 52; SIRAN, 1981a, S. 269; THORBECKE, 1916, S. 15.

[208] Bundesarchiv, R 1001/3353, Bl. 65, DOMINIK; R 1001/4287, Bl.53, DOMINIK; DOMINIK, 1901, S. 173f.; HOFMEISTER, 1913, S. 33; THORBECKE, 1914a, S. 63f.; THORBECKE, M.-P., 1914, S. 153. Während vorstehende Autoren direkt oder indirekt das Herrschaftszentrum Gongnas an der Stelle der früheren Siedlung Tinas lokalisieren, nämlich (nach THORBECKE, 1914a, S. 63) in einer Flußwindung des Mbam, befestigt durch einen die Flußschleife verbindenden Graben, lassen die Karten von v. STEIN ZU LAUSNITZ und v. SCHIMMELPFENNIG eine Lage von Sase oder „Ngutte alt" etwas weiter im Innern linksseitig des Mbam zwischen diesem und dem Yangba-Gebirge erkennen. Vgl. v. STEIN ZU LAUSNITZ, 1908, Karte

den systematischen Aufbau einer räumlichen politischen Organisation zu.[209] Die Methode, über Vorposten, die von engeren Verwandten bzw. Mitgliedern der *royal lineage* geleitet wurden, die eroberten Gruppen in eine beginnende territorial-politische Verwaltung zu nehmen, wendete auch Gongna nach dem Vorbild seines Vaters an. Das im Sinne der Errichtung territorial-politischer Herrschaft gezielte Einsetzen seiner Verwandten als Unterhäuptlinge in bestimmten Regionen geht z.B. aus Bemerkungen in den Überlieferungen über die später selbständigen Häuptlingstümer Yangba, Mangai und Nyem hervor.[210] Gongna (*Ngrté* III) scheute auch nicht vor Umsiedlungen unterworfener Gruppen zurück, wie es die Überlieferung über das Häuptlingstum Nyem zu belegen scheint.[211]

Abgesichert durch nahe am Mbam angesiedelte Unterhäuptlinge, zum Beispiel Magom, Woanang und vor 1890 auch Ngader, wurden auch rechtsseitig des Mbam schmale Gebietsstreifen mit Vute- und andersethnischen Bevölkerungsgruppen, wohl überwiegend Balom bzw. Bafia, territorial-politisch integriert.[212] Gongna hatte – wohl zur Gewinnung größerer räumlicher Distanz zum Lamidat Tibati, aber auch zur Sicherung des Machteinflusses in den angrenzenden Gebieten westlich des Mbam – sein Herrschaftszentrum nach Sase verlegt. Nachdem in den achtziger Jahren erhebliche Auseinandersetzungen mit seinem Bruder Gomtsé (*Ngraŋ* II) um die südwestlichen Gebiete der Betsinga (Häuptling Balinga) und einiger Bafia-Gruppen stattgefunden hatten, bemühte sich Gongna in den neunziger Jahren des 19.Jhs. mit wechselndem Erfolg um eine Festigung seiner Position und seines politischen Einflusses in dieser Region durch Bündnispolitik. Stabile Beziehungen erreichte er wohl vorübergehend nur zu Bafia-Gruppen.[213] Darüber hinaus drangen seine Truppen in südwestlicher Richtung weit, bis in die Gebiete der Banen, vor.[214]

In westlicher und nordwestlicher Richtung stieß Gongna immer wieder mit den Tikar von Ngambe und Ditam zusammen, rechtsseitig des Mbam mit den Bamum, deren Einfälle bis in die Gebiete der Bafia und Yambassa reichten.[215] In dieser Richtung konnte Gongna territorial-politisch keine Gruppen angliedern. Nach THORBECKE fanden „ewige Grenzkämpfe" bis in die Kolonialzeit zwischen Tikar- und Vute-Gruppen an der Wegstrecke Ngoro-Ditam statt.[216] Nicht integriert, aber ständig überfallen, beraubt und als Feinde behandelt wurden auch an und auf dem Jessom-Berg in der Nähe des Mbam lebende Restgruppen der Babufuk (Fuk, Bafeuk, Yalongo).[217] Sie gehörten zu den aus dem Raum um Nduba

---

gegenüber S. 522; 1910, Karte gegenüber S. 498; V. SCHIMMELPFENNIG, 1901a, S. 549.

[209] SIRAN, 1971, S. 6; 1981a, S. 269, 270.

[210] Vgl. Coqueraux, 1946, Geffrier, 1944–45, zitiert nach MOHAMADOU, 1967, S. 113f.

[211] Siehe oben, S. 115; vgl. Coqueraux, 1946, zitiert nach MOHAMADOU, 1967, S. 114f.

[212] V. STEIN ZU LAUSNITZ, 1908, S. 525; WINKLER / V. DER LEYEN, 1911, S. 664.

[213] Bundesarchiv, R 1001/4287, Bl.51, 63, DOMINIK.

[214] SIRAN, 1980, S. 34.

[215] MOHAMADOU, 1967, S. 75.

[216] THORBECKE, 1916, S. 86; 1919, S. 75. THORBECKE beobachtete 1912: „In der Ebene wohnt der Wute, oben auf den Höhen der Tikar, der Steilrand bildet eine starke politische Grenze; und was von Tikar heute noch unten in der Ebene sitzt, ist den Wute von Linde untertan." THORBECKE, 1914a, S. 59.

[217] WAIBEL, 1914, S. 41.

vertriebenen Gruppen und sprachen die gleiche Sprache wie die Ngader-Tina-Gruppe. [218]
Durch die guten Verteidigungsmöglichkeiten dieses schwer zugänglichen Inselberggebietes
bewahrten sie sich ihre Unabhängigkeit.

Die territorial-politische Expansion und Entwicklung wurde infolge der Gewaltaktionen
der kolonialen Schutztruppeneinheiten unter DOMINIK gegen das benachbarte Oberhäuptlingstum Ngila ab 1898 ebenfalls gestoppt und – nach der Eroberung der gesamten Sanaga-
Ebene im Rahmen des „Wute-Adamaua-Feldzuges" – im Januar 1899, teilweise rückgängig
gemacht. Mit zahlreichen Überläufern aus den von der Kolonialregierung unterworfenen
politischen Einheiten der Vute lebte Gongna bis zu seiner Gefangennahme 1906 in Rückzugsregionen der Felsensteilstufe und am Mbam. Den in den Quellen erwähnten weiteren
Raubzügen Gongnas rechtsseitig des Mbam lagen in dieser Zeit nur noch ökonomische Interessen zugrunde. Sie stellten Einzelaktionen dar und konnten infolge der Wirksamkeit der
Kolonialadministration nicht mehr territorial-politischen Zielsetzungen dienen.

8.4. Die Organisation der Kriegführung

Dieses Kapitel behandelt die Organisation der Kriegführung im engeren Sinne, das heißt,
die direkt mit dem Planen und Durchführen der Kriegführung zusammenhängenden Gesichtspunkte. Die Auswirkungen auf die ökonomischen und gesellschaftlichen Verhältnisse –
beziehungsweise Wechselwirkungen mit ihnen – werden überwiegend in Kapitel 9 (Zur gesellschaftlichen Differenzierung in den Vute-Oberhäuptlingstümern) dargelegt, insbesondere
im Abschnitt zur Stellung des Oberhäuptlings. Es wird hier auch nicht auf die Methode der
Territorialexpansion eingegangen, nach der die Vute mit Überfällen auf benachbarte Gruppen begannen und nachfolgend den Prozeß der territorial-politischen Integration mit der
Stationierung eines Vorpostens in deren Region einleiteten. [219]

Die jahrzehntelang sich wiederholenden Fluchtbewegungen vor den Fulbe, die Ortsverlegungen in der Sanaga-Ebene (in der Regel mit gewaltsamer Inbesitznahme der Gebiete anderer Ethnien verbunden) und die zunehmende Kriegführung aus ökonomischen Gründen
förderten ganz wesentlich die Bestrebungen zu einer verbesserten Organisation der Kampfhandlungen, bzw. der Kriegführung insgesamt. Sie führten vor allem zur Entstehung einer
militärhierarchischen Struktur, zur Anwendung taktischer Prinzipien bei der Durchführung
der Kampfhandlungen, die in Vorbereitung und Ablauf nach feststehenden Grundregeln erfolgte, ferner zur Festlegung von Regeln der Truppenzusammensetzung und Ausstattung der
Kriegergruppen sowie zur Ausbildung einer bestimmten Kampfweise. THORBECKE spricht
in diesem Zusammenhang von der „... hochentwickelten Kriegskunst der Wute ... ". [220]
Auch die Frauen der Krieger, die sie begleiteten, hatten festgelegte Aufgaben zu erfüllen.
Von großer Bedeutung für die Stärkung von Zuversicht und Kampfmoral waren ideologi-

---

[218] Ebd.
[219] Dazu siehe oben Abschnitt 8.2.2.2. und 8.2.2.3, S. 119ff.
[220] THORBECKE, 1914a, S. 64.

sche Faktoren, die in diesem Zusammenhang nicht unerwähnt bleiben dürfen. Besonders ausführlich sind in den Veröffentlichungen und Archivmaterialien die Angaben über Waffen, ihre Handhabung und Herstellung. Die allgemeine Lückenhaftigkeit des Materials, die besonders die Führungsfunktionen, nähere Informationen zur Truppenbildung und auch die ideologischen Faktoren betrifft, macht allerdings eine geschlossene Darstellung aller Aspekte der Vute-Kriegführung unmöglich. Eine Zusammenfassung der vorhandenen Angaben kann jedoch die Anfänge früher Staatsbildung bei den Vute unter dem Aspekt ihres wichtigsten prägenden und dynamischsten Faktors verständlicher machen. Der scheinbare Widerspruch zwischen den zahllosen Akzentuierungen der bedeutenden Rolle der Kriegführung bei den Vute in den Quellen und dem gravierenden Mangel an Angaben zu einzelnen Aspekten dieser Thematik erklärt sich aus der Tatsache, daß – mit Ausnahme MORGENs – keiner der Autoren auf seiten der Vute an einem Feldzug teilgenommen hat. Die durch nichts gerechtfertigte Teilnahme MORGENs am sogenannten „Ngaundere-Feldzug" im Jahre 1890, mit der er sich völlig unberechtigt in innere Angelegenheiten militärisch so einmischte, daß er entscheidend zur Niederlage Ngaders beitrug, erbrachte durch seine veröffentlichten Beobachtungen eine Reihe wichtiger Angaben über die Kriegführung der Vute.

8.4.1. Die Herstellung und Handhabung der Waffen

Der Geograph und Begleiter von F. und M.-P. THORBECKE, L. WAIBEL, beobachtete 1911 während seines Aufenthaltes unter den Vute: „All ihre Geschicklichkeit haben sie von jeher auf die Herstellung von Waffen gelegt. Ihre Bogen, ihre Messer, ihre Speere und Lanzen, alles trägt individuellen Charakter, ist mit besonderer Liebe hergestellt." [221] Die offensichtlich am meisten mit dem Kriegerethos der Vute verbundene Bewaffnung waren der Speer und ein sehr großer Schild. Beides durfte nur von freien Vute getragen werden [222]. Der Oberhäuptling trug nur Speere mit neuen, weiß geschabten Schäften. Seine Schilde wurden monatlich gründlich gereinigt, das Fell gewaschen und die Messing- oder Blechbeschläge blank geputzt. [223] Die Krieger mit Speer und Schild trugen für den Nahkampf gerade, lange Schwerter. Die Mehrheit der zum Teil unfreien Krieger kämpfte mit Pfeil und Bogen. In den beiden letzten Jahrzehnten des 19. Jhs. wurden – je nach Vorhandensein der durch den Handel erworbenen Gewehre – auch Gewehrschützen-Einheiten gebildet. Diese setzten sich generell aus Angehörigen der unterworfenen Ethnien zusammen. [224] Alle Krieger trugen am Arm oder Gürtel zusätzlich Dolche und Messer verschiedener Art, nach DOMINIK auch vielfach eine kurze Holzkeule. [225] Nach Angaben von DOMINIK und V. PUTTKAMER waren die Waffen

---

[221] WAIBEL, 1912, S. 664. Vgl. MORGEN, 1893a, Taf. XIII.

[222] DOMINIK, 1897, S. 416; MORGEN, 1893a, S. 203f.; ZIMMERMANN, 1909, S. 42. Zur Verwendung von Vute-Schilden im Heer des Bamum-Reiches vgl. BAUMANN u. VAJDA, 1959, S. 289.

[223] MORGEN, 1893a, S. 204.

[224] Bundesarchiv, R 1001/4357, Bl. 28, DOMINIK; DOMINIK, 1901, S. 79; MORGEN, 1893a, S. 203f.; ZIMMERMANN 1909, S. 42.

[225] DOMINIK, 1901, S. 76.

generell Eigentum des Oberhäuptlings. Auch der freie Vute durfte sie nicht ohne dessen Wissen veräußern. Geschah es doch, konnte der Oberhäuptling ihn zum Unfreien machen. [226]

Für die Herstellung von Speer- und Pfeilspitzen, Schwertern, Dolchen und Messern wurde bis in die Kolonialzeit hinein selbst gewonnenes Eisen verwendet. MORGEN beobachtete 1890 in Nduba, dem Herrschaftszentrum des Oberhäuptlings Gomtsé (Ngraŋ II): „So genau die Waffen hergestellt wurden, so überaus zahlreich und verschiedenartig wurden sie auch gearbeitet. In Ngilla-Dorf befanden sich allein zwölf Schmiedewerkstätten, in deren jeder fünf bis sieben Leute täglich von morgens bis abends arbeiteten und ihre ganze Kunst ausschließlich auf dauerhafte, hübsch ausgeführte Bereicherung des Kriegsmaterials verwendeten." [227] Das Eisen wurde aus Rasen- oder Brauneisenstein gewonnen, das in dem laterithaltigen Boden der Sanaga-Ebene relativ reichlich vorkommt. [228] Die Verhüttung des Eisenerzes erfolgte in einem zylindrischen oder kegelförmig abgestumpften Tonhochofen, von etwa 125 cm Höhe und 70 cm Durchmesser. [229] Nach MORGEN verwendete man zur Befeuerung des Schmelzofens nur Holz, nach SIEBER Holzkohle. [230] Die Zufuhr von Sauerstoff erfolgte durch eine unten am Schmelzofen befindliche Öffnung mittels eines aus Tierfell bestehenden doppelten Schlauchblasebalges. [231] Das flüssige Roheisen floß in eine vorbereitete Vertiefung. Die noch mit Schlackeresten versetzten Luppestücke hatten etwa einen Durchmesser von ca. 15 cm und wogen etwa fünf bis acht Kilogramm. [232] Zum Schmiedehandwerk zur Zeit seines Aufenthaltes bei den Vute, zwischen 1911 und 1914, schrieb SIEBER: „In der Mitte der offenen Hütte befindet sich ein Feuerherd, der von einem halbkreisförmigen Wall von festem Ton umschlossen wird. Als Brennstoff dient Holzkohle. Angefacht wird das Feuer durch einen doppelten Gefäßblasebalg. Derselbe stellt eine zweiteilige hartgebrannte Tonröhre dar, deren gemeinsame spitze Öffnung in den Feuerherd hineinragt. Eine solche Blasebalgröhre ist etwa 70 cm lang. Den Stoff der Blasebeutel liefert die geschmeidige, zähe Haut des Stammes der Bananenstaude. Um den oberen Rand der Tonröhre wird ein etwa 20 cm breites Band gewickelt, oben beutelartig zusammengehalten und zugebunden. Der Gehilfe des Schmiedes nimmt die an den Bälgen angebrachten Griffe in die Hand und setzt die beiden Bälge durch abwechselndes Auf- und Abbewegen in Funktion. Als Amboß dient ein eingelassener, schwerer Stein meistens aus Granit. Nachdem das Eisen genügend durchgeglüht ist, wird es mit einem schweren Hammer zusammengeschlagen und dann die Form ausgeschmiedet. Hierzu benutzt der Schmied einen kantigen, nach der Mitte sich verdickenden Hammer, wie er bei verschiedenen afrikanischen Stämmen zu finden ist. Für feinere Arbeiten und Verzierungen hat der Vute noch einen kleineren Eisenhammer. Meist verfügt der

---

[226] DOMINIK, 1895, S. 655; 1897, S. 416; 1901, S. 149; Bundesarchiv, R 1001/4358, Bl. 119, v. PUTTKA-MER. Siehe auch unten, S. 215.
[227] MORGEN, 1893a, S. 200.
[228] MORGEN, 1893a, S. 199; SIEBER, 1925, S. 34; THORBECKE, 1916, S. 71.
[229] SIEBER, 1925, S. 34; ZWILLING, 1940, S. 209.
[230] MORGEN, 1893a, S. 199; SIEBER, 1925, S. 34.
[231] MORGEN, 1893a, S. 199f.; SIEBER, 1925, S. 34.
[232] SIEBER, 1925, S. 34. Diese Roheisenstücke waren begehrte Handelsartikel. Ein Sklave kostete zwanzig Stück. Ebd.

Schmied auch noch über ein Stück Kunststahl und mehrere Zangen. Hergestellt werden lange, gerade Schwerter, Dolche, Messer, Speer- und Pfeilspitzen, in letzter Zeit ganz besonders Äxte und Hacken für die Feldarbeit." [233] SIEBER, der den Vute-Schmieden hervorragende technische Fertigkeiten bescheinigte, erwähnt ferner, daß sie ihre noch heißen Erzeugnisse mit Büffelhorn einrieben, wodurch sich Hornpartikel mit dem Eisen verbanden und eine schwarzglänzende Politur entstand. [234] THORBECKE bezeichnet das Schmiedehandwerk als das „am höchsten stehende" Handwerk der Vute. [235]

Der Speer *(bān)* [236] wurde sowohl als Wurfwaffe wie auch im Nahkampf als Stoßwaffe benutzt. [237] Geworfene Speere erreichten bis etwa fünfzig Meter entfernte Ziele. [238] Die Speere besaßen sorgfältig an den Rändern geschliffene und meist ziselierte Spitzen mit zwei nach hinten schwalbenschwanzförmig auslaufenden Widerhaken. [239] Die Ziselierungen wurden in das weißglühende Metall eingeritzt. [240] Nach SIEBER war der Spitzenhals tüllenförmig, in vier Kanten ausgeschmiedet, die dann durch Umdrehung umgelegt wurden, so daß sie parallele Spiralen bildeten. [241] Die Speere des Oberhäuptlings besaßen eine „in einem besonderen Verfahren angefertigte", breite und kunstvolle Art von Speerspitzen. [242] Das entgegengesetzte Ende des gerade geschnittenen Bambusschaftes war zur besseren Durchschlagskraft und Treffsicherheit mit Kupfer- oder Eisenringen versehen. [243] Speere mit drei langen, scharfen Spitzen stellten „ein besonders ehrenvolles Abzeichen" dar. [244]

Die Treffsicherheit auf fast fünfzig Meter erklärt sich vor allem aus der von den Vute angewendeten Wurftechnik. Nach MORGEN: „... brachten die Vute den Schaft des Speeres durch mehrmaliges kurzes Vor- und Rückwärtsschnellen mit Lüften der vorderen Handseite, wobei sie gleichzeitig zielten, in eine vibrierende spiralförmige Bewegung. Schließlich flog die Waffe, von der vollen Faust geschleudert, in dieser drallartigen Bewegung mit enormer Kraft durch die Luft und drang mittels der scharf geschliffenen Spitze tief in das Ziel ein." [245]

Der Speerträger schützte sich im Kampf mit einem großen, fast mannshohen Schild, genannt *ebemm*, [246] aus dem Fell des in der Sanaga-Ebene reichlich vorkommenden Rot-

---

[233] SIEBER, 1925, S. 34.

[234] SIEBER, 1925, S. 33, 35.

[235] THORBECKE, 1916, S. 71.

[236] HOFMEISTER, 1919, S. 44.

[237] THORBECKE, 1916, S. 46.

[238] SIEBER, 1925, S. 26.

[239] MORGEN, 1892, S. 513.

[240] MORGEN, 1893a, S. 200.

[241] SIEBER, 1925, S. 25.

[242] SIEBER, 1925, S. 34.

[243] DOMINIK, 1897, S. 416; MORGEN, 1892, S. 513; 1893, S. 200, THORBECKE, M.-P., 1914, S. 146f.

[244] THORBECKE, M.-P., 1914, S. 145.

[245] MORGEN, 1893a, S. 201.

[246] Angabe des Sammlers Paschen zum Schild MAf 15446, Aktenstück 1909/29 Museum für Völkerkunde zu Leipzig. Nach Angabe von HOFMEISTER, 1919, S. 43, ist die Vute-Bezeichnung für Schild *kwa*.

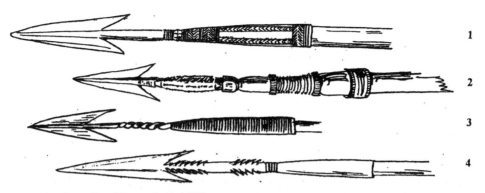

Fig. 3: Vute-Speere (Detailskizzen, Archiv MVL).
1. MAf 15428 Speer, eiserne Blattspitze mit gravierter Tülle (Slg. Paschen, Akt.-Stck. 1909/29);
2. MAf 24162 Speer, eiserne Blattspitze mit Tülle, beschnitztes Holzzwischenstück (Slg. Fechtner, Akt.-Stck. 1913/21);
3. MAf 2813 Speer, eiserne Blattspitze mit langem torquierten Stiel, eingedornt, Schaft durch Wicklung befestigt (Slg. Reinhard, Akt.-Stck. 1900/38);
4. MAf 15438 Speer, eiserne Blattspitze mit Widerhaken am Stiel, Schaftende mit Kupferringen beschwert (Slg. Paschen, Akt.-Stck. 1909/29).

büffels (Syncerus caffer nanus), bzw. des seltener auftretenden Schwarzbüffels. [247] MORGEN schätzte das Verhältnis von Schilden aus Rotbüffeldecken zu solchen vom Schwarzbüffel auf fünfzig zu eins. [248] Zur Herstellung des Schildes [249] wurde das Fell gut getrocknet, dann auf ein Gestell gespannt, mit Steinen beschwert und später in die gewünschte Form geschnitten. Damit der Krieger nicht nur von vorn, sondern auch seitlich gedeckt war, wurde der Schild gewölbt gearbeitet. An beiden Seiten kerbte man Schnitte ein, die einzelnen Teile wurden durch Schnüre nach der Mitte zu etwas zusammengezogen. Als Verzierung befestigte man an beiden Seiten Pferdeschweife. Die Vorderseite der Schilde war häufig mit Ziernägeln und Messingstücken kunstvoll beschlagen. Der innen längs montierte Handgriff bestand aus festen gedrehten Antilopenlederschnüren, zu einem stabilen Griff geflochten. [250] Die Schilde deckten fast den ganzen Krieger und bildeten einen guten Schutz gegen Pfeile und Speere oder schwache, aus großer Entfernung abgefeuerte Gewehrschüsse. [251] Im Kampf trug der Speerträger in der linken Hand bis zu sechs Speere und den Schild. [252]

---

[247] MORGEN, 1893a, S. 93; Bundesarchiv, R 1001/3271, Bl. 101f., ZENKER. Bei dem „Schwarzbüffel" handelt sich wohl um den Grasbüffel (Sudanbüffel), Syncerus caffer brachyceros.

[248] MORGEN, 1893a, S. 93.

[249] Nachfolgende Angaben nach SIEBER, 1925, S. 24f.; DOMINIK, 1901, S. 79; THORBECKE, M.-P., 1914, S. 147.

[250] THORBECKE, M.-P., 1914, S. 147. Zur Charakterisierung des Vute-Schildes als „Fellformschild" und zu einem Versuch seiner klassifikatorischen Einordnung vgl. SCHEBESTA u. HÖLTKER, 1923/1924, S. 1028f.; 1925, S. 850f., 853f., Tafel IVa, b.

[251] MORGEN, 1893a, S. 203; SIEBER, 1925, S. 25. Siehe Frontispiz.

[252] SIEBER, 1925, S. 26; vgl. THORBECKE, 1913, S. 847, Abb. 4.

Zur Ausrüstung der Speerträger gehörten ferner lange gerade Schwerter, *karwa* (siehe Tafel XXVIII, Abb. 42) genannt.[253] Sie wurden an einem Band oder an einer Schnur über der linken Schulter getragen und waren nach MORGEN „mit starkem Vordergewicht" gearbeitet.[254] Das Schwert war gleichzeitig auch Richtinstrument des Scharfrichters.[255]

Wie die übrigen Vute-Krieger trugen die Speerträger für den Nahkampf Stoßmesser, das *nkunti* genannte Dolchmesser und den als *nam* bezeichneten Ringdolch; diese Waffen wurden entweder an einem Gürtel aus Wildhaut oder Bastfasern oder auch am Arm getragen.[256]

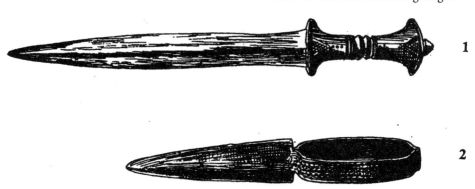

1

2

Fig. 4: Messer der Vute (Skizzen, Archiv MVL).

1. MAf 10394 Messer mit geschmiedeter Eisenklinge und geschnitztem Holzgriff (Slg. Paschen, Akt.-Stck. 1904/68);
2. MAf 10393 Ringdolch, auch als Bogenspannhilfe benutzt, Eisen, aus einem Stück geschmiedet (Slg. Paschen, Akt.-Stck. 1904/68).

Neben dem Hirseanbau stellte die Jagd in der Wirtschaft der Vute sicher von alters her die wichtigste Komponente dar. Darauf ist möglicherweise die durchdachte und perfektionierte Konstruktion von Pfeil und Bogen mit vergleichsweise hoher Effektivität zurückzuführen, einschließlich des Spannbügels und der Erfindung ihrer speziellen Form des ledernen Handgelenkpolsters.

Der Vute-Pfeile (*minjím*) weisen, mit anderen afrikanischen Pfeiltypen verglichen, eine bedeutende Länge von bis über einen Meter auf.[257] Nach MORGEN bestanden die Pfeilschäfte aus Grasrohr und waren am unteren Ende mit einer einfachen kleinen Kerbe zum Aufsetzen auf die Bogensehne versehen.[258] Die Pfeilspitzen bestanden entweder aus Eisen oder auch aus Holz und waren an der Verbindungsstelle zum Schaft mit einer kautschukartigen Masse umwickelt. Eiserne Pfeilspitzen hatten wie die Speerspitzen zwei Widerhaken,

---

[253] Bundesarchiv, R 1001/4357, Bl. 19, 28, DOMINIK; DOMINIK, 1897, S. 416; 1901, S. 79f.; MORGEN, 1893a, S. 200. HOFMEISTER schreibt „Kava" (1919, S. 44).

[254] MORGEN, 1892, S. 513; 1893a, S. 200.

[255] DOMINIK, 1901, S. 79.

[256] Bundesarchiv, R 1001/4357, Bl. 19, DOMINIK; DOMINIK, 1897, S. 416; HOFMEISTER, 1919, S. 39, 42; MORGEN, 1893a, S. 76, 200; ZWILLING, 1940, S. 209.

[257] Vgl. HOFMEISTER, 1919, S. 41; MORGEN, 1892, S. 513; WEULE, 1899, S. 23.

[258] MORGEN, 1892, S. 513; 1893a, S. 201. SIEBER, 1925, S. 26, nennt Holz als Material für die Pfeilschäfte.

die hölzernen pfriemförmigen hatten einen oder zwei, wobei die Spitze häufig noch mehr-fach eingekerbt war.[259] Damit erschöpfen sich bereits die Angaben zur Konstruktion der Vute-Pfeile in den Primärquellen.

Einige Sammlungen des Museums für Völkerkunde zu Leipzig, vor allem die Samm-lungen Paschen und Zenker,[260] enthalten eine Reihe von Pfeilen, die ein variantenreicheres Vorkommen belegen und eine genauere Beschreibung ermöglichen. Wie von MORGEN be-schrieben, besitzen auch diese Pfeile einen Rohrschaft ohne Flugsicherung mit kleiner Kerbe am Ende und eine eingedornte Eisen- oder Holzspitze. Die Pfeile mit Eisenspitze haben jedoch ausnahmslos ein langes Holzzwischenstück.

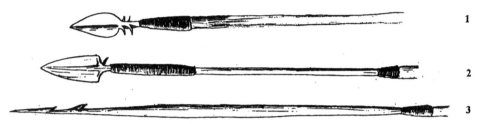

Fig. 5: Pfeile der Vute (Skizzen, Archiv MVL).
1. MAf 3731 Pfeil mit Rohrschaft, Holzzwischenstück, eingedornte Eisenblattspitze mit Widerhaken (Slg. Zenker, Akt.-Stck. 1900/43);
2. MAf 13146a Pfeil mit Rohrschaft, Holzzwischenstück, eingedornte Eisenblattspitze mit einem seitlichen Sporn (Slg. Paschen, Akt.-Stck. 1907/2);
3. MAf 13145 Pfeil, eingedornte Holzspitze mit zwei seitlichen Widerhaken (Slg. Paschen, Akt.-Stck. 1907/2).

Wenn auch die Kenntnisse über afrikanische Pfeiltypen und ihre regionale Verbreitung in den letzten Jahrzehnten sicher gewachsen sind, so sei dennoch auf die bedeutenden For-schungsleistungen von FROBENIUS und WEULE zu diesem Thema hingewiesen. Die Vute-Pfeile entsprechen der von WEULE klassifizierten Adamaua-Untergruppe (I b) der Sudan-Gruppe (D), bzw. nach seinem Schema der Verbindungen von Schaft und Spitze dem Typ II A.[261] Eine Reihe von Spitzen haben entweder einen seitlichen Sporn an einem Spitzen-flügel oder einen Sporn am Übergang vom Blatt zum Spitzenhals. Diese beiden Formen sind nach FROBENIUS dem Haussa- bzw. Adamaua-Pfeilspitzentyp zuzuordnen.[262] Andere Spitzen stellen nach der Definition von FROBENIUS „Pfriemlinge" dar. Es sind dornartige Pfriemen mit ein bis drei Widerhakenpaaren und blattartiger Spitze.[263]

---

[259] MORGEN, 1892, S. 513; 1893a, S. 201; SIEBER, 1925, S. 26; Bundesarchiv, R 1001/3270, Bl. 23, WEIS-SENBORN.
[260] Sammlung Paschen, Aktenstück 1907/2; Sammlung Zenker, Aktenstück 1900/43, Museum für Völkerkun-de zu Leipzig.
[261] WEULE, 1899, S. 29, 42. Die Vute-Pfeile weichen jedoch hinsichtlich der Spitzenbefestigung vom Adamaua-Typ D, I b ab, da WEULE der Adamaua-Form die Tüllenbefestigung zuschreibt. Ebd., S. 42.
[262] FROBENIUS, 1929, Heft VI, Text zu Blatt 33/34. Vgl. Fig. 173–181.
[263] FROBENIUS, 1929, Heft VI, Text zu Blatt 33/34. Vgl. Fig. 166.

Die in den Primärquellen angegebenen und an den Vute-Pfeilen in den Sammlungen des Museums für Völkerkunde zu Leipzig festgestellten Formelemente finden ihre Entsprechung auch in den kartographischen Verbreitungsdarstellungen von FROBENIUS. [264] Auch hinsichtlich der Lage des Gewichtsschwerpunktes zur Pfeilspitze, die WEULE allgemein für alle Pfeile ohne Flugsicherung feststellte, liegt Übereinstimmung vor. [265]

Die wenigen in den Primärquellen enthaltenen Angaben zur Konstruktion der Vute-Pfeile weisen auf eine relativ häufige Verwendung von Pfeilen mit Holzspitze hin. FROBENIUS benennt eine Vielzahl von Ethnien, darunter auch die Vute, die früher in West- und Zentralafrika neben dem Pfeil mit Eisenspitze den kulturgeschichtlich älteren und in unterschiedlichen Profilformen geschnitzten Pfeil mit Holzspitze verwendeten. [266] Welche Pfeilspitzenform am Ende des 19. Jhs. bei den Vute am häufigsten auftrat, ist schwer feststellbar. Eine teilweise durchaus reichliche Verwendung der Holzspitzen scheint von Weißenborn bestätigt zu werden, der als wissenschaftlicher Begleiter der Batanga-Expedition 1888 an der Erstürmung von Guataré teilnahm. Nach seinen Beobachtungen „hatten die Bewohner von Ngwataré keinen einzigen Pfeil mit eiserner Spitze auf die Expedition verschossen." [267] Er sah nur Pfeile mit hölzerner Spitze: „Hinter der etwa 5 cm langen, mehrfach eingekerbten Spitze ist der Pfeil ringsum tief eingeschnitten, so daß er, mit der Spitze im Fleisch haftend, schon durch das Schwanken des Schaftes allein abzubrechen im Stande ist ... nicht vergiftet." [268] MORGEN erwähnt einmal nur Eisenspitzen, an anderer Stelle Holzspitzen. [269] SIEBER betont das Überwiegen von Eisenspitzen. [270] Daraus eine Veränderungstendenz im Laufe von etwa zwanzig Jahren abzulesen, erscheint aufgrund der geringen Zahl von Angaben gewagt. Eine Zunahme der Herstellung und Verwendung eiserner Pfeilspitzen würde aber – ebenso wie die zahlreichen Schmiedewerkstätten und die intensivierte Waffenproduktion [271] – in das Bild des allgemeinen Ausbaus der Kriegführung und seiner Organisation spätestens seit 1880 durchaus passen. Sie wäre auch durch den in dieser Zeit stark zunehmenden Einfluß der Hausa-Kultur denkbar. So befindet sich in der Sammlung Paschen ein Pfeil mit Spitze vom „Haussa-Typ", den FROBENIUS im übrigen u.a. auch bei den Durru, Mbum und Dama nachwies. [272]

Einige Quellen belegen, daß die Vute eine Reihe von Pflanzengiften kannten, sie aber mehr für die Jagd und nur sehr eingeschränkt bei der Kriegführung verwendeten. [273] SIEBER

---

[264] FROBENIUS, 1929, Heft VI, Blatt 32 bis 34.

[265] WEULE, 1899, S. 24.

[266] FROBENIUS, 1929, Heft VI, Text zu Blatt 33/34.

[267] Bundesarchiv, R 1001/3270, Bl. 23, WEISSENBORN.

[268] Ebd.

[269] MORGEN, 1892, S. 513; 1893a, S. 201.

[270] SIEBER, 1925, S. 26.

[271] Siehe oben, S. 152f.

[272] FROBENIUS, 1929, Heft VI, Text zu Blatt 33/34, Fig. 174, 176, 177.

[273] Die Bemerkung von THORBECKE, 1916, S. 47, das Vergiften von Pfeilen sei in der Sanaga-Ebene nicht heimisch, erst Haussa und Fulbe hätten es eingeführt, erscheint in Anbetracht der zahlreichen inzwischen vorliegenden Forschungen über Gewinnung und Verwendung von Pflanzengiften in dieser Region zumin-

stellte am häufigsten Gifte aus Strophantus-Arten fest, ferner Gifte, die aus Strychnos, So-
lanum, Belladonna, Digitalis und Conium gewonnen wurden. [274] Die häufige Verwendung
von Strophantus zur Herstellung von Giften, die in der Regel Giftmischungen sind, ist für
viele Völker Kameruns belegt; in der Region ist eine ganze Reihe von Strophantus-Arten verbreitet. [275] MORGEN und DOMINIK bemerkten, daß die Vute nicht die Pfeilspitzen, sondern nur die Eisenstücke für die Gewehre vergifteten, da die abgeschossenen Pfeile vom
Gegner wiederverwendet wurden. [276] Zu dem zur Elefantenjagd benutzten Pfeilgift notierte
MORGEN, daß es aus einer „kleinen" Pflanze, „Mada" genannt, gewonnen wurde. LEWIN
vermutete, daß es sich dabei um Strophantus gratus Franch. gehandelt hat. [277]

   Die Bogenschützen bzw. Jäger trugen die Pfeile, meist vierzig bis fünfzig Stück, in un-
gedeckelten Köchern (fo) [278] aus Rohrgeflecht (Rotang) oder auch in gedeckelten und unge-
deckelten Köchern aus Fell oder Leder. An einem Trageband befestigt, wurden sie über die
linke Schulter so gehängt, daß sie auf dem Rücken zu liegen kamen. [279] Die Lederköcher weisen durch ihre Form, die geprägte Lederornamentik und den Fransenbehang Einflüsse der
Hausa- bzw. Fulbe- Kultur auf und könnten von den in den Vute-Orten ansässigen Hausa
erworben worden sein. So ist möglicherweise der schlicht wirkende geflochtene Köcher als
die ältere, der Vute-Kultur von alters her eigene Form anzusehen. Zu MORGENs Zeiten trug
man offensichtlich die Pfeile auch in „losen Bündeln". [280] ZWILLING erwähnt „die kunstvoll
geschnitzten Pfeile in großen mit Wildhaut überzogenen Köchern". [281] Möglicherweise handelt es sich auch in diesem Fall um eine alteinheimische Köcherform der Vute oder dieser
Region.

   Zur Formgestaltung des Bogens (jog) [282] der Vute liegen in den Primärquellen – wie
auch an den im Museum für Völkerkunde zu Leipzig vorhandenen Bögen ablesbar – übereinstimmende Angaben vor. Nach SIEBER gab es bei den Vute sowohl einseitig als auch
doppelt gekrümmte Bögen. [283] Die in den Sammlungen des Museums vorhandenen Bögen
sind überwiegend einseitig gekrümmt. Nur einer, durch Kriegsverlust nicht mehr vorhanden, wies nach der Katalogzettelskizze eine reflexe Scheitelkrümmung auf. [284] Alle Angaben
belegen einheitlich, um mit FROBENIUS zu sprechen, eine „Ungleichendigkeit" der Bögen,

---

dest fraglich. LEWIN bezeichnete den Großraum beidseits des Niger und Benue als das Gebiet Afrikas, in
dem am häufigsten Pflanzengifte verwendet wurden; die von NEUWINGER für Zentralkamerun beschriebenen Pflanzengifte überschreiten noch die Zahl der von SIEBER genannten Gifte. LEWIN, 1923, S. 247;
NEUWINGER, 1998, S. 145f., 222, 254, 275, 292 etc.

[274] SIEBER, 1925, S. 110.
[275] Vgl. NEUWINGER, 1998, S. 141ff., Karte, S. 142.
[276] DOMINIK, 1897, S. 416; MORGEN, 1893a, S. 228.
[277] LEWIN, 1923, S. 247; MORGEN 1893a, S. 92, 122.
[278] Bezeichnung nach HOFMEISTER, 1919, S. 37.
[279] DOMINIK, 1897, S. 416; MORGEN, 1893a, S. 201; SIEBER, 1925, S. 26.
[280] MORGEN, 1893a, S. 201.
[281] ZWILLING, 1940, S. 209.
[282] Bezeichnung nach HOFMEISTER, 1919, S. 29.
[283] SIEBER, 1925, S. 25.
[284] MAf 2817, Sammlung Reinhard, Aktenstück 1900/38. Kriegsverlust.

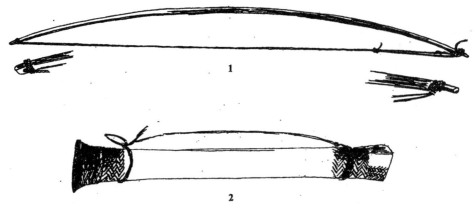

Fig. 6: Bogen und Köcher der Vute (Skizzen, Archiv MVL).
1. MAf 29780 Bogen, ungleichendig (Beschreibung siehe unten; Slg. Küas, Akt.-Stck. 1933/44);
2. MAf 13143 Köcher aus braunem Bastgeflecht (Slg. Paschen, Akt.-Stck. 1907/2).

also eine unterschiedliche Sehnenbefestigung an den beiden Enden der Bögen. [285] Die aus gedrehten Leder- oder Baststreifen bestehenden Sehnen sind an dem einen durch eine Stufe verjüngten Ende um dieses mehrfach gewickelt und geknotet und an dem anderen durch ein in das gleichförmig auslaufende Ende gebohrtes Loch gezogen und ebenfalls mittels eines Knotens befestigt. [286] Bemerkenswert erscheint die unterschiedlich auftretende Querschnitt-gestaltung des Bogenstabes. Die an den Vute-Bögen in den Sammlungen des Museums für Völkerkunde zu Leipzig auftretenden Querschnittvarianten sind jedoch alle der von FROBE-NIUS zusammengefaßten Gruppe 2b (Benue-Sanaga-Sangha) zuzuordnen. [287] Es sind Bögen vorhanden, die sowohl den ihnen von FROBENIUS zugeordneten Querschnitt haben (der zum Rechteckigen tendiert), mit einer breiten, ebenfalls rechteckigen inneren Ausschalung; ferner Bögen des sogenannten „Mambila-Typs" mit unregelmäßigem Stabquerschnitt und zwei Rinnen an der Innenseite und schließlich Bögen mit rundem Querschnitt und einer Rinne innen, wie sie FROBENIUS als typisch für die Fulbe-Piri, Bokko, Kuti und Durru bezeichnete. [288]

Die Angaben über die Formenvarianten der Bögen der Vute provozieren die Herstellung eines Zusammenhangs mit ihrer Geschichte, wenngleich dieser Gedanke auch nur mit großer Zurückhaltung geäußert werden soll. Die in den mythischen Überlieferungen und spätestens ab dem 18. Jh. historisch belegte Nord-Südwanderung der Vute war mit Kontakten zu den oben erwähnten und von FROBENIUS in der Gruppe Benue-Sanaga-Sangha zusammenge-faßten ethnischen Gruppen verbunden, besonders intensiv zu den Mambila, mit denen die

---

[285] Vgl. FROBENIUS, 1929, Heft 5, Bl.29.
[286] U.a. MAf 2816–2818, Sammlung Reinhard, Aktenstück 1900/38, Museum für Völkerkunde zu Leipzig. Vgl. SIEBER, 1925, S. 25. Vgl. Fig. 6.1.
[287] Vgl. FROBENIUS, 1929, Heft 5, Blatt 31.
[288] Vgl. ebd.

Nord-Vute ja heute noch in Nachbarschaft leben, so daß eine gegenseitige Übernahme von Bogenformen möglich erscheint. Der Hinweis auf das Vorkommen von Reflexbögen bei den Vute – obwohl das nach den fotografischen Belegen Ende des 19. Jhs. eher die Ausnahme gewesen sein dürfte – und das Vorkommen von Reflexbögen in Nordkamerun[289] erinnert an die umstrittene These von der ursprünglichen Herkunft der Vute aus dem Raum südlich des Tschadsees.[290]

Die ausführlichsten Angaben zur Herstellung des Bogens hat SIEBER publiziert: „Das Holz, das zur Herstellung des Bogens gebraucht wird, heißt *mu*, eine Akazienart, und ist außerordentlich zäh. Der Anfertiger (Waffenmeister) schneidet immer gleich 8 solcher Holzstäbe ab, spitzt diese mit seinem Haumesser an und schält die Rinde von den Stäben. Dann werden die Stäbe über ein Holzkohlenfeuer gehalten, bis sie durchweg dunkel gefärbt sind. Nachdem noch eine scharfe Rille auf der Innenseite eingebrannt ist, bindet der Waffenmeister den Stab an einen anderen Stamm und befestigt an den beiden Enden des Stockes je einen Stein. Vier Tage bleibt der Bogen in dieser Lage, dann wird an einem Ende noch ein Loch eingebrannt zum Durchziehen der Sehne ... Der fertige Bogen ist durchschnittlich 1,20 bis 1,50 m lang und 3 cm breit."[291]

Fig. 7: Bogenspannhilfen der Vute (Skizzen, Archiv MVL).
1. *MAf 27379 Spannbügel, Holz (Beschreibung siehe unten; Slg. Paschen, Akt.-Stck. 1921/48);*
2. *MAf 1722 Spannbügel, Holz (Beschreibung siehe unten; Slg. Morgen, Akt.-Stck. 1892/6).*

Die vergleichsweise hohe Effektivität des Bogenschusses mit einer Reichweite des Pfeils bis zu 200 Metern[292] ergab sich aus der speziellen Schießtechnik der Vute unter Zuhilfenahme einer Spannhilfe (Spannbügel, Ringdolch)[293] sowie aus der Art der Sehnenspannung. Ungespannt lagen die Sehnen der Vute-Bögen locker am Bogenstab an, während beim Span-

---

[289] AGHTE, 1985, S. 25 und Abb. 233, S. 192.
[290] Siehe oben, Abschnitt 4.1., S. 39f.
[291] SIEBER, 1925, S. 31. Vgl. MORGEN, 1892, S. 513.
[292] MORGEN, 1892, S. 513; 1893a, S. 201; SIEBER, 1925, S. 26.
[293] Mehrere Autoren beschreiben die Verwendung des im West- und Zentralsudan, besonders auch bei den Völkern des Benue-Raumes, häufig vorkommenden Ringdolches – nach Angabe auf dem Katalogzettel MAf 10393, Sammlung Paschen (Museum für Völkerkunde zu Leipzig) bei den Vute „Akong-Aluma" genannt – sowohl als Nahkampfwaffe als auch als Bogenspanner. Vgl. DOMINIK, 1897, S. 416; v. LUSCHAN, 1891, S. 676; MORGEN, 1892, S. 514; SIEBER, 1925, S. 25.

nen eine ziemlich erhebliche „Spanntiefe" [294] erreicht wurde, die lange Pfeile erforderte. Die beträchtliche Erhöhung des Krafteffektes beim Bogenspannen durch das weite Zurückziehen der Sehne mit einem Spannbügel oder Ringdolch bewirkte eine hohe Anfangsgeschwindigkeit des etwas aufwärts abgeschossenen Pfeils und seine genannte Reichweite. [295] Der entsprechend starke Rückschlag der Sehne wurde durch einen speziell geformten und am linken Handgelenk getragenen Lederpolsterring aufgefangen.

Die Spannbügel der Vute, *ngâl* genannt, [296] stellen wohl unter den afrikanischen Bogenspannhilfen eine Besonderheit dar. Es sind zierliche streifenförmige Holzbrettchen, die U-förmig gebogen sind und an der offenen Seite durch Lederstreifen, zur maßgerechten Anpassung an die Hand, zusammengebunden werden. Der auf dem Handrücken sichtbare Teil des Spannbügels ist flächenhaft verbreitert. Diese Flächen wurden in verschiedenen Formen gearbeitet (rund, oval, eiförmig, rechteckig etc.) und vielfach mit feinen geometrischen Reliefschnitzereien verziert. [297] Bei wohl meist horizontal gehaltenem Bogen [298] wurde die Sehne mit dem über die rechte Mittelhand gestreiftem Spannbügel gespannt; Daumen und Zeigefinger hielten den Pfeil, die übrigen Finger befanden sich unter der Sehne. [299]

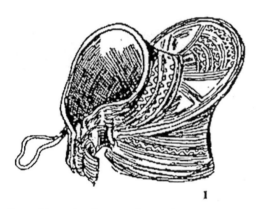 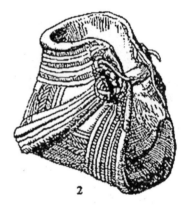

1   2

Fig. 8: Schutzpolster für Bogenschützen der Vute (Skizzen, Archiv MVL).
1. MAf 27378 ledernes Schutzpolster (Beschreibung siehe unten; Slg. Paschen, Akt.-Stck. 1921/48);
2. MAf 31505 ledernes Schutzpolster (Beschreibung siehe unten; Slg. Bötefür, Akt.-Stck. 1958/55).

Unter den afrikanischen Handschutzvorrichtungen für Bogenschützen zeichnen sich die

---

[294] Begriffsverwendung nach WEULE, 1899, S. 23.
[295] MORGEN, 1893a, S. 201; WEULE, 1899, S. 23.
[296] Angabe der Vute-Bezeichnung *ngâl* nach den Katalogzetteln IV Af 5146 bis 5148, Sammlung Thorbecke, Originalnummern 855 bis 857, Völkerkundliche Sammlungen, Reiss-Engelhorn-Museen, Mannheim.
[297] Siehe oben.
[298] SIEBER, 1925, S. 25.
[299] Vgl. v. LUSCHAN, 1891, S. 676; MORGEN, 1892, S. 513; SIEBER, 1925, S. 26.

Lederpolster der Vute, *mbin* genannt,[300] durch große Wirksamkeit aus.[301] Sie ergab sich aus der zehn bis fünfzehn Zentimeter hohen kegelförmigen Verdickung des Ringes auf der inneren, der zurückschnellenden Sehne zugewandten, Handgelenkseite. Die schrägen Flächen des Lederkegels fingen auch starke Sehnenrückschläge völlig ab. Die Lederoberfläche der Schutzpolster war häufig mit geprägten geometrischen Ornamenten verziert. Auf der ulnearen Seite waren sie offen und mit Lederstreifen zum Binden gearbeitet. Nach Aussage von SONGSARÉ bewahrten die Bogenschützen im Hohlraum des Polsters sehr kleine Utensilien auf, unter anderem auch Hirsekörner als Notverpflegung.[302]

Vermutlich ab Mitte der achtziger Jahre des 19. Jhs. gab es in den Kriegereinheiten der Vute auch die Waffengattung der Gewehrschützen. So zählte MORGEN 1889 beim Besuch des Oberhäuptlings Gomtsé (*Ngraŋ* II) etwa zweihundert Gewehrschützen.[303] Die Gewehre stammten nach V. STETTEN aus den „Faktoreien Kameruns", womit wohl das Kameruner Küstengebiet gemeint ist, oder waren „französischen Ursprungs".[304] V. STETTEN zählte bei seinem Aufenthalt im Jahre 1893 bei Gomtsé (*Ngraŋ* II) dreihundert Gewehre, obwohl die Hauptmacht der Krieger sich auf einem Kriegszug befand.[305]

Bereits seit dem Eindringen des Haussa-Handels in die Sanaga-Ebene einige Jahrzehnte zuvor[306] hatten die Vute von den Händlern europäische Gewehre erhalten, die diese wohl in den englischen Faktoreien am Benue erwarben.[307] So berichtete man MORGEN: „Schon lange vor der Errichtung der deutschen Herrschaft brachten die Haussa von Norden her europäische Feuerwaffen, meist sehr minderwertige Vorderlader, die mit viel Pulver und gehacktem Blei oder Scherben geladen werden."[308] Diese wurden auch zur Elefantenjagd verwendet, indem vergiftete Speerspitzen in den Lauf eingesetzt wurden.[309] HOFMEISTER erhielt die Information, daß seit Mitte der 80er Jahre des 19. Jhs., nachdem die Vute in einer siegreichen Schlacht um 1886 die Unabhängigkeit vom Lamido von Tibati[310] errungen hatten, verstärkt Haussa-Händler in die Sanaga-Ebene kamen. Die Vute bezahlten an die Haussa zehn Sklaven für ein Gewehr.[311]

---

[300] Angabe der Vute-Bezeichnung *mbin* nach den Katalogzetteln IV Af 6545/6, Sammlung Thorbecke, Originalnummern 852 und 853, Völkerkundliche Sammlungen, Reiss-Engelhorn-Museen, Mannheim.

[301] Vgl. V. LUSCHAN, 1891, S. 676.

[302] A.P. SONGSARÉ, mündliche Aussage.

[303] MORGEN, 1893a, S. 84; vgl. MORGEN, 1890b, S. 121.

[304] Bundesarchiv, R 1001/3345, Bl. 20, V. STETTEN; R 1001/3292, Bl. 153, V. STETTEN.

[305] V. STETTEN, 1895, S. 112. Zum gleichen Zeitpunkt äußerte Dandugu, Oberhäuptlingstum Mbanjock („Mango"-Vute), gegenüber V. STETTEN: „... einige hundert Gewehre zu haben." Bundesarchiv, R 1001/3345, Bl. 20, V. STETTEN.

[306] Nach H. BARTH gab es um die Mitte des 19. Jhs. im Gebiet südlich von Kontscha, Banyo, Tibati und Ngaundere kaum Haussa-Händler. Zitiert nach WIRZ, 1972, S. 152. Vgl. ABUBAKAR, 1977, S. 100.

[307] Vgl. DOMINIK, 1901, S. 76; TAPPENBECK, 1890, S. 112; THORBECKE, 1916, S. 84.

[308] MORGEN, 1893a, S. 204.

[309] DOMINIK, 1901, S. 76.

[310] Zu dieser Zeit regierte Lamido Hamman Bouba, Regentschaft von 1871 bis 1888. Vgl. MOHAMADOU, 1964, S. 71.

[311] HOFMEISTER, 1914, S. 37.

Da die Haussa-Händler, um in das südliche Vute-Gebiet zu gelangen, eine Durchzugs-
erlaubnis des Lamido von Tibati benötigten, und die Vute-Oberhäuptlinge auf die Haussa als Abnehmer für ihre geraubten Menschen angewiesen waren, konnte der Lamido von
Tibati trotz der gezwungenermaßen akzeptierten politischen Unabhängigkeit eine gewisse
ökonomische Abhängigkeit und Tributpflicht der Vute-Oberhäuptlinge aufrechterhalten. [312]
Die Entwicklung der politischen Beziehungen zwischen den immer mächtiger und schlag-
kräftiger werdenden Vute-Oberhäuptlingen der Sanaga-Ebene und dem Lamido von Tibati
brachte es jedoch in den achtziger Jahren mit sich, daß der Lamido, der die Haussa zwang,
in jedem Fall über Tibati zu ziehen, ihnen den Gewehrhandel mit den Vute verbot. [313] Ferner
wirkten sich die politischen Differenzen zwischen dem Lamido von Tibati und dem Emir
von Yola, vor allem wohl in den neunziger Jahren des 19. Jhs., auf den Haussa-Handel aus,
indem der Emir von Yola zeitweise die Handelsstrecken nach Tibati sperren ließ. [314] Von
einem bestimmten Zeitpunkt an wurden auch in der englischen Faktorei der Royal Niger
Company am Benue keine Gewehre mehr verkauft. [315] So gab es wohl zeitweise relativ wenig Feuerwaffen in den Vute-Oberhäuptlingstümern des Südens. Von den Deutschen, die
vor der kolonialen Eroberung (1899) in diese Gebiete kamen, wurde darum vor allem die
Lieferung von Gewehren erwartet. [316]

Die Vute kamen jedoch durch ihren Anschluß an den Küstenhandel – in dem seit Anfang der achtziger Jahre des 19. Jhs. zunehmend europäische Waren eine Rolle spielten – zu
Gewehren, vor allem Vorderladern, die nach dem Landesinneren verhandelt wurden. Unter
anderem deshalb waren die Vute-Oberhäuptlinge so sehr an dem Balinga-Gebiet rechtsseitig
des unteren Mbam interessiert, wo eine der Handelsstrecken von der Küste, vom Bakoko-
Gebiet her, verlief. Die Existenz von Handelsbeziehungen zwischen dem Häuptling Balinga
(Betsinga) und den Oberhäuptlingen von Linte und Ngila sind für Ende der achtziger und
die neunziger Jahre des 19. Jhs. mehrfach belegt. [317]

Für die letzten beiden Jahrzehnte des 19. Jhs. lassen sich unterschiedliche Tendenzen
bei der Übernahme der Feuerwaffen feststellen. Einerseits gab es bei den Vute Gewehre verschiedener Qualität, auch schon vereinzelt Perkussionsgewehre; sie waren begehrt, weil man
ihren waffentechnischen Vorteil erkannt hatte. Andererseits wurden sie im allgemeinen [318]
der untersten sozialen Schicht als Waffe zugeordnet, weil Speer und Schild vermutlich seit
langem Waffen- und Statussymbole des Oberhäuptlings, der Krieger der *royal lineage* und der

---

[312] Vgl. DOMINIK, 1908, S. 48f.

[313] V. STETTEN, 1895, S. 112; THORBECKE, 1916, S. 82.

[314] V. KAMPTZ, 1899, S. 846; Bundesarchiv, R 1001/3347, Bl. 62, V. KAMPTZ; Bundesarchiv, R 1001/3292,
Bl. 167, V. STETTEN.

[315] V. STETTEN, 1895, S. 112.

[316] Vgl. DOMINIK, 1895, S. 654; Norddeutsche Allgemeine Zeitung Nr. 309 vom 7.7.1891 (Die Reise des
Pr.Lieutn. MORGEN im Hinterland von Kamerun 1889/91).

[317] Bundesarchiv, R 1001/3267, Bl. 52, KUND; MORGEN, 1890b, S. 123; 1892, S. 514; 1893a, S. 108f.;
TAPPENBECK, 1890, S. 112; siehe auch WILHELM, 1981, Karte 7, S. 495.

[318] Zur Ausrüstung der weiblichen Leibgarde des Oberhäuptlings Gomtsé (Ngraŋ II) mit Perkussionsgewehren
siehe MORGEN, 1893a, S. 231 und unten, S. 187.

oberen Schicht der Vute-„Großen" waren. Diese Situation gibt eine Bemerkung von MOR-GEN deutlich wieder: „Ngila hielt Gewehre für seine besten Waffen, revidierte sie wiederholt einzeln und gab jeden Feuerstein einzeln aus; es wurde jedoch viel größere Sorgfalt auf die Erhaltung der Speere und Schilde gelegt." [319] Dazu kam, daß besonders Vorder- und Hinterlader alt und in schlechtem Zustand an die Vute verhandelt wurden, also auch schlecht funktionierten. Abgestimmt auf die gewohnten taktischen Abläufe in den Savannengebieten waren die traditionellen Waffen, vor allem der weit schießende Bogen, in ihrer Wirkung sicherer als oft versagende alte Feuerstein- bzw. Steinschloßgewehre. [320]

Die Gewehrschützen trugen als Schutzwaffe kleine runde Lederschilde. Sie bestanden aus Antilopen- oder Elefantenhaut und wurden in der linken Hand an dem auf der inneren Seite des Schildes befindlichen Griff getragen. [321] Zur Ausrüstung gehörten ferner eine Tasche aus „Affenfell", [322] in der sie Blei und Steine als Munition aufbewahrten, und ein Pulverhorn, das über der Schulter getragen wurde. [323] Fellstücke des Colobusaffen (Colobus occidentalis) wurden für Überzüge über die Pulverpfannen der Feuersteingewehre verwendet. [324]

8.4.2. Die Funktionsträger

Über die mit der Kriegsorganisation verbundenen Funktionen und ihre Inhaber enthalten die Quellen nur wenige Angaben, die überwiegend beiläufig im Zusammenhang mit Beobachtungen bei Raub- und Kriegszügen gemacht wurden. Sie belegen eine Hierarchie der Führungsfunktionen, die mindestens drei Ebenen umfaßte: den „Vormann" einer einzelnen Abteilung von Kriegern, [325] die Anführer kleinerer oder mittlerer Raub- oder Kriegszüge – in den deutschsprachigen Quellen unter anderem „Befehlshaber", „Oberanführer", „Feldhauptmann" oder „Kriegsanführer" genannt [326] – und die „Oberfeldherren", „obersten Befehlshaber", „Feldmarschälle" oder „Kriegsminister", [327] also Personen, die die höchsten Funktionen zur Vorbereitung und Durchführung der Raub- und Kriegszüge nach dem Oberhäuptling innehatten. Der Oberhäuptling galt als oberster Feldherr und letztlich auch höchster Entscheidungsberechtigter, unabhängig davon, ob er an den Unternehmungen teilnahm oder

---

[319] MORGEN, 1893a, S. 204.
[320] Vgl. DOMINIK, 1897, S. 416.
[321] Vgl. DOMINIK, 1897, S. 416; MORGEN, 1893a, S. 203.
[322] Siehe unten Anmerkung S. 407.
[323] DOMINIK, 1901, S. 79.
[324] MORGEN, 1893a, S. 331.
[325] Vgl. SIEBER, 1925, S. 62.
[326] MORGEN, 1893a, S. 235; SIEBER, 1925, S. 62, 96; MOHAMADOU, 1967, S. 103, verwendet die Bezeichnung *chef de la troupe*; SIRAN erwähnt Odi, der sich in Matsari als *leader* durchgesetzt hat. Vgl. SIRAN, 1980, S. 48 und oben S. 96f.
[327] MORGEN, 1893a, S. 83; Bundesarchiv, R 1001/ 3292, Bl. 154f., v. STETTEN; v. STETTEN, 1895, S. 111; ZIMMERMANN, 1909, S. 41.

nicht. [328] Die Planung der Vorhaben und anstehende Entscheidungen beriet der Oberhäuptling mit dem Rat (*kul*) der Würdenträger und geeigneten Funktionsträgern der Kriegführung, die in solchen Beratungen frei ihre Meinung äußern konnten. [329] SIEBER bemerkte allgemein, daß die Kriegsanführer eine den „Mitgliedern der Häuptlingsfamilie" (*royal lineage*) ebenbürtige Stellung einnahmen. [330] Damit meinte er wohl die, die nicht zu ihr gehörten, denn die Mitglieder der *royal lineage* waren häufig auch selbst Kriegsanführer.

Über die Funktionen der einzelnen Ebenen liegen kaum einheimische Bezeichnungen und keine Definitionen vor. Im Wörterverzeichnis von HOFMEISTER sind die Bezeichnungen *nojiri*, übersetzt als „Befehlshaber, Fürst, Häuptling", und *notumhi*, übersetzt als „Führer", enthalten. [331] Da *mfoi (mvèn)* der Titel für den Oberhäuptling („Fürst, König") war, [332] könnte der Titel *nojiri* der höchste oder ein sehr hoher Befehlshabertitel gewesen sein, während der Titel *notumhi* der mittleren oder unteren Ebene zuzurechnen wäre. Wie die Auflistung erkennen läßt, verwendeten die Autoren, insbesondere der kolonialzeitlichen Archivmaterialien und der Primärliteratur, in Ermangelung von Kenntnissen über die Funktionen (in völlig unbestimmter Weise) ihnen etwa vergleichbar erscheinende europäische Begriffe. Es liegen – bis auf die Stellung des Oberhäuptlings – keine genaueren Angaben vor über Befugnisse, Pflichten, Rechte und – abgesehen von besonderer Tapferkeit – auch keine Hinweise auf mögliche weitere Voraussetzungen für die Übertragung einer Funktion. Dies gilt ganz besonders für die mittlere Ebene der Anführerfunktionen. Es ist somit sowohl die Funktion selbst, als auch ihre etwaige Ebene nur ganz allgemein feststellbar. Es bleibt auch unklar, inwieweit derartige Positionsmerkmale konsequent angewendet, also allmählich kodifiziert wurden, oder ob eher nach Bedarf noch flexibel mit ihnen umgegangen wurde.

Die wichtigste Voraussetzung für den Erhalt einer jeden Funktion in der Kriegführung war der Nachweis besonderer Tapferkeit im Kampf. Dies bedeutete zunächst, möglichst viele Menschen getötet oder gefangen zu haben, bei Anwärtern auf höhere Positionen aber auch, sich durch hervorragendes taktisches Führen ausgezeichnet zu haben. Unter anderem enthalten die Überlieferungen über die Ausbreitung der Vute-Gruppen in der westlichen und zentralen Sanaga-Ebene zwischen etwa 1860 und 1880 dazu die im Kapitel 7 (Abschnitte 2., 3.1. und 3.2.1.) aufgeführten Beispiele aus den Häuptlingstümern Guéré und Matsari. Die Häuptlingssöhne von Kpalakti, aufgenommen im Häuptlingstum Guéré, werden dort durch ihre Tapferkeit zu Kriegsanführern. [333] Ein Art Legitimation dazu erhalten sie, indem der Häuptling von Guéré ihnen den *nduūŋ* anvertraut, den heiligsten und siegbringenden

---

[328] So erwähnt DOMINIK, daß der Kriegsanführer Gimene sich im Jahre 1895 nicht ohne den Befehl Neyons (*Ngraŋ* III), der bereits nach Nduba zurückgekehrt war, aus der überfallenen Region im Oberhäuptlingstum Mbanjock zurückziehen durfte. DOMINIK, 1895, S. 653; 1901, S. 147.

[329] HOFMEISTER, 1918/1919, S. 13; SIEBER, 1925, S. 62.

[330] SIEBER, 1925, S. 57f.

[331] HOFMEISTER, 1919, S. 19; hier übersetzt er *nojiri* mit: „der Große". HOFMEISTER, 1918/1919, S. 17; 1919, S. 35.

[332] Siehe unten, Kapitel 9, S. 197ff.

[333] Siehe oben S. 92, 101. Zum dem auf S. 79f. erwähnten *nduūŋ*-Kult sowie seiner sozioreligiösen und politischen Bedeutung siehe unten S. 189ff.

Gegenstand des Häuptlingstums. [334] Für die Zeit der Oberhäuptlingsherrschaften Linte und Ngila ist ein solcher Fall der Weitergabe des *nduūŋ* an Kriegsanführer nicht belegt. In Matsari war es Odi, der Neffe des Häuptlings, der nach einer erfolgreichen Verteidigung gegen die Fulbe „... il s'impose comme leader." [335]

Auch für die Wahl der Oberhäuptlinge waren ihre Fähigkeiten als Krieger und bei der Organisation der Kriegführung entscheidend. [336] In Verbindung mit der „Inthronisation" [337] mußten sie einen erfolgreichen Raub- oder Kriegszug durchführen, wonach freigebige Beuteverteilung von ihnen erwartet wurde. [338] Am Ende des 19. Jhs. zog der Oberhäuptling nicht mehr bei jedem, sondern nur noch bei besonders wichtigen Feldzügen mit. In sehr gefährlichen Situationen übernahm er zum Teil selbst die Vorhut. [339] Es zeigt sich hier der Fortbestand des kriegerischen Ethos in der Oberhäuptlingsposition, die bei den Vute eng mit dem Kriegsanführertum verbunden war. Die Herrscherbezeichnungen *Ngraŋ* (Ngilla) und *Ngrté* (Ngutte) drücken dies auch inhaltlich aus. [340] Den Erfolg kriegerischer Unternehmungen, den man vom Oberhäuptling erwartete, schrieb man ihm dann auch ursächlich zu, da er während des Kampfes den *nduūŋ*-Beutel trug und man glaubte, daß er dadurch im Besitz der siegbringenden magischen Kräfte *nghoub* bzw. *ngar* sei. [341] Die Zentralisierung der Macht beim Oberhäuptling umfaßte die Gesamtverantwortung für die Kriegführung. Sie widerspiegelte sich in einem vielfältigen, alle Notwendigkeiten der Kriegsorganisation berücksichtigenden Komplex von monopolisierten Rechten und Befugnissen des Oberhäuptlings sowie in den von ihm (und seinen Ratgebern) den Angehörigen aller sozialen Schichten auferlegten Pflichten und Bedingungen, die eine jederzeitige Durchführung von Raub- oder Kriegszügen gestatteten. Dies wird verständlich, wenn man die existentielle Bedeutung der Kriegsbeute, deren Verteilung ebenfalls vollkommen Monopol des Oberhäuptlings war, für die Ökonomie der Vute in Betracht zieht. [342] Zu diesem Komplex der die Kriegführung betreffenden Rechte und Regelungen zählten unter anderem die beiden (noch zu erwähnenden) Äußerungen über das Eigentum des Oberhäuptlings an allen Waffen seiner Untergebenen. [343] Auch die Verpflichtung zur Abgabe von „Eisenstein" anläßlich des *mimbru*-Festes, [344] die als eine Maßnahme zur Absicherung der Waffenproduktion verstanden werden kann, gehörte dazu.

Die nach dem Oberhäuptling nächste Position des obersten Feldherrn, Befehlshabers oder „Kriegsministers", wird in den Quellen zwar genannt, aber nicht näher erläutert. Daß

---

[334] Überlieferung von Pierre und Vouba, zitiert nach MOHAMADOU, 1967, S. 103.
[335] SIRAN, 1980, S. 48. Siehe oben, S. 96.
[336] SIRAN, 1971, S. 6.
[337] „Et dès son intronisation, le jeune chef devait faire la preuve de sa valeur en menant une guerre victorieuse." SIRAN, 1971, S. 6.
[338] SIRAN, 1971, S. 6, 12, Anmerkung 1.
[339] SIRAN, 1981a, S. 269; vgl. 1980, S. 52, 54, Anmerkung 41.
[340] Siehe unten, S. 198f.
[341] Ausführlicher siehe unten, S. 206f., 209f.
[342] Ausführlicher siehe unten, Abschnitt 9.2.6.2.1., S. 213ff.
[343] Ausführlicher siehe unten, S. 215.
[344] Ebd.

eine solche oberste Führungsebene zeitweise gebildet wurde, ist wohl sicher; ob es eine ständige, institutionalisierte Funktion war, ist fraglich.

Mit hoher Wahrscheinlichkeit nahm während der Herrschaft Gomtsés (*Ngraŋ* II) und Neyons (*Ngraŋ* III) der oben in seiner Eigenschaft als Unterhäuptling näher beschriebene Guater bei größeren Kriegszügen oder gefährlichen kriegerischen Aktionen als oberster Befehlshaber der eingesetzten Truppen diese Funktion wahr.[345] Es ist anzunehmen, daß er sie auch bis zur kolonialen Eroberung und der mit ihr einhergehenden politischen Destrukturierung der Vute-Oberhäuptlingstümer im Jahre 1899 ausübte.[346] Als jüngerer Bruder Gomtsés und wohl auch als sein Verbündeter in der Eroberungszeit (um 1880) bei der Einwanderung in den Südwesten der Sanaga-Ebene, als vermutlich sehr bewährter und kluger Organisator der Kriegführung sowie als erfolgreicher Betreiber der weiteren Südwestexpansion des Oberhäuptlingstums Ngila in die rechtsseitige Region des unteren Mbam ist er wohl der mächtigste Unterhäuptling von Gomtsé bzw. Neyon geworden. Ihm als Kriegsanführer wurden die schwierigsten Aufgaben anvertraut.[347] Zum Beispiel ist in MORGENs Beschreibung des großen Feldzuges gegen Ngader, im Jahre 1889, eine Bemerkung enthalten, daß nach Tagen der Kämpfe das Lager des Häuptlings Guater am weitesten nach vorn an die befestigte Siedlung des Ngader herangelegt war und er selbst sich am Abend auf dem Vorposten befand.[348] Nach SONGSARÉ trug Guater den persönlichen Namen „Mvein-tankoun" mit der Bedeutung „Ein Häuptling ißt einen anderen Häuptling".[349] MORGEN, der ihn 1889 besuchte, hatte wohl einen sympathischen Eindruck von ihm: „Der Häuptling Wataré, ein ungemein gutmütig dreinschauender Mann ... "[350] Vermutlich wurde die Funktion eines obersten Befehlshabers aufgrund der Verpflichtung zur Gefolgschaft – den Anlässen entsprechend – zeitweise ausgeübt. Infolge der Häufigkeit der Unternehmungen, der allgemeinen Interessengleichheit in bezug auf die Kriegsziele und des ausgeprägten Kriegerethos als Lebensideal nahm sie jedoch einen breiten Raum im Leben eines Vute-Häuptlings (bzw. Unterhäuptlings) ein. Gemäß seiner Stellung in der territorial-politischen Struktur des Oberhäuptlingstums Ngila war Guater jedoch in erster Linie Häuptling des von ihm eroberten und unterworfenen Bati-Häuptlingstums und nahm – die Oberherrschaft von Gomtsé und später Neyon akzeptierend – im allgemeinen die Funktion als deren Unterhäuptling an seinem Herrschaftssitz in Guataré wahr, wo auch die mit ihm eingewanderte Vute-Gruppe lebte.

---

[345] MORGEN, 1893a, S. 101; V. STETTEN, 1895, S. 111; Bundesarchiv R 1001/3292, Bl. 154, V. STETTEN; vgl. auch oben, Abschnitt 8.2.2.1., S. 116ff.

[346] Nach der zweiten Zerstörung seines Ortes im Jahre 1899 soll Guater 1905 in dem Ort Magom bei Niamongo gestorben sein. Delteil, 1936, zitiert nach MOHAMADOU, 1967, S. 122.

[347] MORGEN, 1893a, S. 101, 232; V. STETTEN, 1895, S. 111. Zur Territorialexpansion in die Regionen rechtsseitig des Mbam und südlich, linksseitig des Sanaga, siehe z.B. Bundesarchiv, R 1001/3346, Bl. 13f., DOMINIK; DOMINIK, 1901, S. 135, 223; RAMSAY, 1892a, S. 392f.; siehe oben, S. 117f. und Abschnitt 8.3.3., S. 142ff.

[348] MORGEN, 1893a, S. 243.

[349] Mündliche Aussage von SONGSARÉ, 1987.

[350] MORGEN, 1893a, S. 99.

In den Quellen wird mehrfach ein hoher Anführer namens Gimene erwähnt. ZIMMER-
MANN, der im Jahre 1894 DOMINIK auf dessen erster Expedition zu Neyon (*Ngraŋ* III)
begleitete, schreibt über die Begegnung mit Gimene, der sie in Abwesenheit des Oberhäuptlings begrüßte: „... in unserem Lager ... erschienen die Großen Ngilas unter Führung seines Kriegsministers Gimene." [351] DOMINIK beschreibt das Treffen mit folgenden Worten:
„... bis schließlich ein alter einäugiger, am ganzen Körper mit Rotholz bemalter Mann auf
mich loskam, sich als Bruder Ngillas vorstellte und mir sagte, der König sei in Balinga und
ohne seine Erlaubnis dürften sie mich nicht aufnehmen." [352] Daß es sich dabei sehr wahrscheinlich um Gimene handelte, geht aus einer anderen Bemerkung über eine Begegnung am
nächsten Tag hervor: „Gegen Mittag kam sein einäugiger Feldhauptmann Gimene." [353] Im
Jahre 1895 erlebte DOMINIK die Rückkehr des siegreichen „Heerführers" Gimene von einem „Gefecht" gegen eine Bati-Gruppe in nächster Nähe von Nduba am Wege nach Guataré
(Watare) und das Empfangszeremoniell für ihn beim Oberhäuptling Neyon (*Ngraŋ* III). [354]
Dieses verlief sehr ähnlich dem von MORGEN beobachteten bei der Rückkehr des Kriegsanführers Nanduku im Jahre 1890 noch unter Oberhäuptling Gomtsé (*Ngraŋ* II). [355] Als
DOMINIK im Jahre 1896 zum ersten Mal den Oberhäuptling Gongna (*Ngrté* III) in Linte
besuchte, stellte er fest, daß dessen Bruder Gade die gleiche Stellung inne hatte wie Gimene bei Neyon. [356] Alle diese Angaben über Gimene lassen die Annahme zu, daß er ebenfalls
der nach dem Oberhäuptling höchsten Ebene der Kriegsanführer angehörte. Entsprechende
Einsätze als Anführer bei größeren kriegerischen Unternehmungen sind durch Quellenbelege
über die Raubzüge gegen das Oberhäuptlingstum Mbanjock („Mango"-Leute, Oberhäuptling Dandugu) in den Jahren 1895 und 1896 nachgewiesen. [357] Im Jahre 1897, als DOMINIK
eine militärische Expedition gegen Neyon (*Ngraŋ* III) durchführte, wurde Gimene, den er
im Jahr vorher noch als einen tapferen und befreundeten Feldherrn bezeichnet hatte, während der Kämpfe in Nduba erschossen. [358]
      Über die Kriegsanführer der mittleren Ebene liegen nur einige namentliche Erwähnun-
gen und vereinzelte Angaben vor, die letztlich mehr Fragen aufwerfen als beantworten. Die
Beobachtungen MORGENs, der im September 1990 an dem großen Feldzug der verbünde-

[351] ZIMMERMANN, 1909, S. 41. ZIMMERMANN gehörte spätestens seit 1894 bis 1902 wie DOMINIK zur
      militärischen Besatzung der Regierungsstation Jaunde (ab 1895 Militärstation unter der Leitung von DO-
      MINIK) und nahm überwiegend an den von Jaunde ausgehenden militärischen Expeditionen und Rekognos-
      zierungsreisen teil.
[352] Bundesarchiv, R 1001/4357, Bl. 18, DOMINIK.
[353] DOMINIK, 1901, S. 78.
[354] Bundesarchiv, R 1001/ 4287, Bl. 65, DOMINIK.
[355] Siehe unten, S. 170f. und Quellenzitat, Kapitel 12, S. 273f.
[356] DOMINIK, 1901, S. 174.
[357] Siehe oben, S. 140f.
[358] Bundesarchiv, R 1001/ 4357, Bl. 83, DOMINIK; DOMINIK, 1901, S. 188. Bei dem zweimal von V.
      KAMPTZ erwähnten „abtrünnigen Feldhauptmann" Wunga-Kimene (Wunga-Gimena), der nach der Er-
      oberung des Oberhäuptlingstums Ngila im Rahmen des „Wute-Adamaua-Feldzuges" der deutschen Schutz-
      truppe mit Anhängern in die Nähe von Joko geflohen war, kann es sich somit nicht um den hier erwähnten
      Gimene handeln. Vgl. Bundesarchiv, R 1001/3347, Bl. 27, V. KAMPTZ; V. KAMPTZ, 1899, S. 734.

ten Oberhäuptlinge Gomtsé (*Ngraŋ* II) und Gongna (*Ngrté* III) gegen den sich politisch lossagenden Unterhäuptling Ngader teilnahm, enthalten die Bemerkung, daß im Sammellager Gomtsés nach Tagen endlich die Brüder des Oberhäuptlings eintrafen. [359] Es ist anzunehmen, daß sie Anführerfunktionen wahrnahmen. Als die Lager der beiden Oberhäuptlinge zusammenrückten und Begrüßungszeremonien stattfanden, führte Gongna seine 200 Gewehrschützen vor, die von einem „berittenen Oberanführer" geleitet wurden. [360] Dieser Anführer war mit Sicherheit ein Mitglied der herrschenden Schicht, denn nur diese erhielten gelegentlich eines der wenigen Pferde, die im Besitz der Vute-Oberhäuptlinge waren.

Als Kriegsanführer mittleren Ranges sind wohl auch die Anführer Bamoa und Zonu zu bezeichnen, die Neyon (*Ngraŋ* III) im Jahre 1897 mit einer Vute-Truppe zu einer kriegerischen Aktion gegen Dandugu, den Herrscher des Oberhäuptlingstums Mbanjock, ausschickte. Dieser lockte sie in einen Hinterhalt, und die beiden Anführer wurden getötet. [361]

Die Kriegsanführer der mittleren Ebene leiteten also selbständig sowohl kleinere als auch mittlere Feldzüge als auch Truppenteile bei großen Feldzügen. Zur Frage, inwieweit bei größeren Feldzügen die Truppenteile nach ihrer örtlichen Herkunft zusammenblieben oder entsprechend der Waffengattungen aufgeteilt wurden – und ob somit auch entsprechend variable Unterstellungsverhältnisse unter die Anführer der mittleren Ebene bestanden – liegen nur indirekte Hinweise vor. Die Kampfweise läßt vermuten, daß Bogenschützen und Speerkämpfer in Abteilungen zusammengefaßt waren, und daß die Gewehrschützen eigene Abteilungen bildeten. [362]

Was sich bei der Heimkehr eines Kriegsanführers von einem kleineren Feldzug, vermutlich einem von ihm geleiteten Raubüberfall, ereignete, beobachtete MORGEN im September 1890 in Nduba, als der „Feldmarschall" Nanduku mit dreihundert Kriegern von der „Bestrafung des aufsässigen Mwelle-Häuptlings" zurückkehrte: „... schon am 13. abends verkündete Trommelschlag und Gesang die Heimkehr der siegreichen Wute. Vorweg kam ein Haufe lobsingender Haussa ... Siegeslieder ... Der Inhalt war bei allen der gleiche und lautete etwa folgendermaßen: 'Ngilla ist der mächtigste der Häuptlinge. Alle müssen sich ihm unterwerfen; der Widerspenstige wird bestraft. So ist es jetzt dem aufsässigen Häuptling ergangen. Ihn hat 'das Schwert des Königs', sein vortrefflicher Krieger Nanduku, vernichtet.' Hinter den schmeichelnden Händlern ging ein Mann, der den abgeschlagenen Kopf des Mwelle-Häuptlings trug, dann kamen die Schwertträger des Feldmarschalls und schließlich dieser selbst mit stolzem Schritt und erhobenem Haupte. Hinter ihm ... die Musik mit Pauken, Trommeln und Hörnern, und den Schluß bildeten die übrigen Krieger. Auf dem Häuptlingsplatz angekommen, ergriff Nanduku den blutigen Kopf des erschlagenen Feindes, legte ihn Ngilla zu Füßen und sprach, das Schwert ausstreckend: 'König, Du hast Deinen Diener ausgesandt, um den schlechten Mann, der Dir nicht gehorchen wollte, zu bestrafen. Ich habe ihn besiegt, viele seiner Leute getödtet und gefangen genommen. Als si-

---

[359] MORGEN, 1893a, S. 233. Zu Ngader siehe oben, Abschnitt 8.2.2.5., S. 122f. und unten S. 186ff.

[360] MORGEN, 1893a, S. 235.

[361] Bundesarchiv, R 1001/3345, Bl. 70, 77, v. PUTTKAMER; ebd., Bl. 82, v. CARNAP-QUERNHEIMB.

[362] Siehe unten, S. 176f., 181f.

chersten Beweis bringe ich Dir hier seinen ... Kopf.' Gerührt und erfreut ergriff Ngilla die Hand seines tapferen Generals, lobte ihn über alles und schloß mit einer Anrede an die versammelten Krieger des Inhalts, daß sie sich ebenso wie in dem kleinen, auch in dem großen Kampfe gegen den mächtigen Ngaundere beweisen sollten. Alsdann wurden den Siegern große Krüge voll Durrahbier und ein reichliches Quantum Antilopen- und Elefantenfleisch verabreicht, und ein Gelage mit Tanz und Musik schloß diesen Tag." [363] Diese Angaben belegen zum einen die Sitte des Einzugs der Truppe in einer Art Siegesparade zur Demonstration von Erfolg und Heldentum – wobei auch die gehobene gesellschaftliche Stellung des Anführers der mittleren Ebene verdeutlicht wird – und zum anderen die Huldigung des Kriegsanführers an den Oberhäuptling (Gomtsé, *Ngran* II), dessen Lob Ansporn zu weiterem tapferen Einsatz war. Die Rolle der Haussa-Händler erklärt sich aus ihrem Interesse am Erwerb der gefangenen Menschen.

Zur Person Nandukus liegen einige Hinweise vor, die dafür sprechen, daß er ein Mitglied der Herrscherfamilie des südöstlich benachbarten und erst seit etwa 1887 gewaltsam integrierten Vute-Oberhäuptlingstums Mbanjock war. [364] Abweichungen in der Schreibweise des Namens lassen jedoch offen, ob es sich um den späteren Oberhäuptling Dandugu von Mbanjock handelte oder seinen jüngeren Bruder Na. Bereits ein Jahr nach der oben zitierten Beobachtung MORGENs, nach dem Tod Gomtsés (*Ngran* II), kündigte Dandugu mit seinen Brüdern dem Nachfolger Neyon (*Ngran* III) die Gefolgschaft und setzte die Unabhängigkeit ihres Oberhäuptlingstums gegenüber dem Oberhäuptlingstum Ngila durch. [365] Er verlegte das ursprünglich rechtsseitig vom Sanaga gelegene und von Gomtsé um 1887 zerstörte Herrschaftszentrum (Mango) weiter weg auf eine Inselgruppe im Sanaga. Na gründete linksseitig des Sanaga einige Kilometer von Mango entfernt ein eigenes Häuptlingstum und ist wohl zumindest zeitweise Unterhäuptling seines Bruders Dandugu gewesen. [366] Beide wurden infolge ihrer Separation bis zur kolonialen Eroberung (1899) ständig durch Überfälle von Neyon (*Ngran* III) attackiert. [367] Dandugu verlegte deshalb nach 1895 seinen Herrschaftssitz auch auf das linke Ufer des Sanaga. [368]

Die kleinsten Einheiten innerhalb einer Kriegertruppe wurden von den Anführern der untersten Kategorie, sogenannten „Vormännern", befehligt. [369] Beim Empfang von DOMINIK im Jahre 1894 bei Gomtsé (*Ngran* II), auf dem Hauptplatz vor dem Häuptlingsgehöft in Nduba, standen hinter Gomtsé „... schwarzen Mauern gleich, seine Krieger, hin und wieder ragte ein besonders gekleideter Führer mit roten Federn im Haar aus der Schar seiner

[363] MORGEN, 1893a, S. 228.
[364] Siehe oben, S. 135, 138.
[365] DOMINIK, 1897, S. 417; 1901, S. 135; THORBECKE, 1916, S. 15.
[366] DOMINIK, 1901, S. 135ff.; Bundesarchiv, R 1001/3345, Bl. 18, 19; Karte Bl. 12, v. STETTEN.
[367] Bundesarchiv, R 1001/4358, Bl. 110, v. CARNAP-QUERNHEIMB; DOMINIK, 1897, S. 415, 417; 1901, S. 135, 147, 159, 186; v. KAMPTZ, 1896, S. 557;
[368] DOMINIK, 1897, S. 415; 1901, S. 135, 159; v. KAMPTZ, 1896, S. 557.
[369] Vgl. SIEBER, 1925, S. 62.

Leute hervor." [370] Als am Abend dieser Begegnung ein *ngane* – das in den Quellen vielfach beschriebene Kriegsspiel der Vute – aufgeführt wurde, wo die an den Kämpfen beteiligten Krieger in entsprechender Truppengliederung eine Schlacht gegen einen imaginären Feind nachspielten, beobachtete DOMINIK unter den Bogenschützen ebenfalls Anführer: „Auf der einen Langseite waren ungefähr 400 Schildträger aufmarschiert, nur mit dem Langschwert und den Speeren bewaffnet, hinter ihnen standen viele Glieder tief die Bogenschützen, grell rot bemalt, die Anführer mit Papageienfedern reich verziert." [371] Hier scheint es sich um Anführer von Bogenschützenabteilungen zu handeln. Im allgemeinen ist auch bei dieser untersten Anführerposition keine vollständige Aussage darüber möglich, wie sich die ihr unterstellten Einheiten zusammensetzten. Sie konnte aus Vute, aber auch aus andersethnischen Kriegern der unterworfenen Bevölkerungsgruppen bestehen, die von einem Vute angeführt wurden. Nach THORBECKE wurden bis zu einhundert Krieger einer anderen ethnischen Gruppe von einem Vute-Anführer befehligt. [372]

Neben den mit Truppen unterschiedlicher Größenordnung verbundenen Anführerfunktionen gab es die Anführer spezieller Einheiten, wie der Vorhut oder – sehr wahrscheinlich – auch der Frauenleibgarde des Oberhäuptlings. [373] Belegt ist, daß die Vute-Oberhäuptlinge Gomtsé (*Ngraŋ* II) und Dandugu (Oberhäuptlingstum Mbanjock) über Frauenleibgarden verfügten, denen Frauen der Oberhäuptlinge angehörten. Sonst liegen keine näheren Angaben vor; erwähnt wird nur, daß sie auf Kriegszügen den Oberhäuptling direkt umgaben, und daß sie mit Gewehren ausgestattet waren. [374] Nach MORGEN hatte Gomtsé für den großen Feldzug gegen Ngader „... seine stärksten und ergebensten Frauen mit den besten Gewehren, Percussionsflinten, ausgerüstet." [375]

Die Vorhut, von MORGEN bei gleicher Gelegenheit auch beobachtet, bestand nach SIRAN aus „... un groupe de guerriers d'élite" und hatte einen Anführer mit dem Titel *kagame*. [376] Die Bemerkung Sirans, daß diese Vorhut oder Avantgarde nur auf den Häuptling wartete, wenn sie sich nicht für stark genug hielt, mit dem Feind fertig zu werden, läßt vermuten, daß es sich bei dieser Einheit wohl um eine Elite-Einheit des Oberhäuptlings handelte, die nicht nur als Vorhut eingesetzt wurde, sondern auch selbständig Einsätze übertragen bekam und der Repräsentation diente. [377] Der *kagame* wurde vom Oberhäuptling aus seinem

---

[370] DOMINIK, 1901, S. 77.

[371] Bundesarchiv R 1001/4357, Bl. 28, DOMINIK.

[372] THORBECKE, M.-P., 1914, S. 212. Siehe auch unten Abschnitt 8.4.3.

[373] Zur Frauenleibgarde des Oberhäuptlings siehe auch unten, S. 187.

[374] MORGEN, 1893a, S. 231; Bundesarchiv, R 1001/3345, Bl. 20, v. STETTEN.

[375] MORGEN, 1893a, S. 231.

[376] MORGEN, 1893a, S. 230; SIRAN, 1980, S. 55, Anmerkung 41. Die Vute beschrieben auf Nachfrage von SIRAN *gaam* als „Trinkhorn", konnten aber dem *ka* keinen Sinn geben. Nach Auskunft von Mme. Lebeuf handelte es sich möglicherweise um ein Lehnwort aus der Fulbe-Titulatur (*kaygamma*). Ebenda. Vgl. auch ABUBAKAR, 1977, S. 96.

[377] SIRAN, 1980, S. 55, Anmerkung 41; vgl. Bundesarchiv R 1001/4357, Bl. 21, DOMINIK über seinen Empfang bei Neyon (*Ngraŋ* III) am 27.8.1894, als „600 Krieger, wohl 10 Glieder tief" hinter dem Vute-Herrscher standen.

Matriklan gewählt. [378] Nach Sirans Ermittlungen versuchten die *kagame* bei jeder Nachfolge im Oberhäuptlingstum Ngila, wo das Oberhäuptlingsamt in der väterlichen Linie der Herrscherfamilie weitergegeben wurde, die Macht – beziehungsweise das Oberhäuptlingsamt – durch eine Rebellion zu erkämpfen, was ihnen jedoch nie gelang. Es ist sicher zutreffend, wie SIRAN interpretiert, in diesen Nachfolgesituationen eine Auseinandersetzung zwischen der wachsenden politischen Macht des Oberhäuptling und dem verdrängten Matriklan zu sehen. [379]

Für den organisatorischen Ablauf der Feldzüge, vor allem auch für die Steuerung der Kampfhandlungen, existierten spezielle Funktionen, über die leider auch nur wenig bekannt ist. Eine wichtige Rolle spielte wohl der Hornist, der verschiedene Signale zu geben hatte. HOFMEISTER schreibt über die kriegerischen Unternehmungen Gomtsés (*Ngraŋ* II) in den achtziger Jahren des 19. Jhs. in die Regionen südlich des Sanaga: „Das Elfenbeinkriegshorn des alten 'Unüberwindlichen' ertönte in jener ganzen Gegend bis nahe vor Jaunde, und alles zitterte vor ihm." [380] Nach SIEBER nahm der Hornist eine besondere Ehrenstellung ein und „rangierte gleich hinter dem Feldhauptmann." [381] Er blies das *gàm su*, das Kriegshorn der Vute. [382] Es bestand meistens aus mit roter Farbe poliertem Elfenbein und wurde an einem Lederband getragen. [383] Wenn der Oberhäuptling am Kampf teilnahm, stand der Hornist neben ihm, um nach seinen Anweisungen Signale zu geben. Zur Zeit von Gomtsé nahm diese Funktion ein enger väterlicher Vertrauter von ihm wahr. Als DOMINIK im Jahre 1894 von Gomtsé empfangen wurde, stand neben ihm: „mit einem besonders schönem großem Elfenbeinhorn, drei Reiterspeere in der Hand, mit hohen Haussa-Stiefeln und Sporen an den Füßen, ein weißbärtiger Alter ... Nangasiba, der Erzieher Ngillas. Er blies, wenn es ins Gefecht ging, das Elfenbeinhorn und stand neben dem König im Streite." [384] Zur Erfüllung verschiedenster Aufgaben, wie dem Signalgeben zum kriegerischen Aufgebot, dem Abruf der Krieger von den Höhen um Nduba oder für den Auftritt bei Begrüßungszeremonien, gab es vermutlich zahlreiche weitere Hornisten. [385] Die ausziehenden und heimkehrenden Kriegerscharen wurden von Musikgruppen begleitet. Es wurde auf Trommeln unterschiedlichen Typs gespielt und auf Elfenbeinhörnern geblasen. [386] Nach MORGEN schritten die zum Kampf formierten Krieger während des Kriegsspiels – und auch in die Schlacht – nach der Musik der hinter ihnen befindlichen Musikgruppe im exakten Marschtakt. [387]

---

[378] SIRAN, 1981a, S. 269.

[379] Ebenda.

[380] HOFMEISTER, 1914, S. 35.

[381] SIEBER, 1925, S. 96.

[382] SIEBER, 1925, S. 96. Es wurde als Signalhorn für die Jagd auch *don* genannt. Ebenda.

[383] SIEBER, 1925, S. 96f. Vermutlich wurde Rotholzpulver für die Politur verwendet.

[384] DOMINIK, 1901, S. 79.

[385] Hörhold, zitiert nach RIEBE, 1897, S. 42; LEMBEZAT, 1961, S. 232; SIEBER, 1925, S. 62; ZIMMERMANN, 1909, S.41.

[386] Vgl. MORGEN, 1893a, S. 86; Bundesarchiv R 1001/3292, Bl. 154, v. STETTEN. Siehe Tafeln XXIX, XXX.

[387] Vgl. MORGEN, 1892, S. 514; 1893a, S. 197.

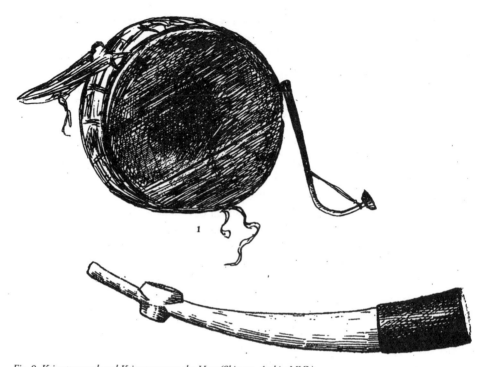

Fig. 9: Kriegstrommel und Kriegstrompete der Vute (Skizzen, Archiv MVL).
1. MAf 9394ab doppelfellige Trommel mit zwei Schlägern (Slg. Wuthenow, Akt.-Stck. 1904/20);
2. MAf 1720 Blashorn aus Elfenbein mit Ledermanschette (Slg. Morgen, Akt.-Stck. 1892/6).

Nicht nur für die Organisation der Kriegführung, sondern auch bei Bedarf wurden Läufer zum Überbringen von Befehlen eingesetzt. Bei Dominiks Besuch „standen bei den Pferden des Häuptlings mehrere athletisch gebaute, junge unbekleidete Neger, die Haare auf der einen Seite des Kopfes geschoren, mit Rotholz bemalt, jedes Winkes Ngillas gewärtig. Es waren seine Läufer. Von Jugend an trainiert, mit besonders guten Lungen begabt, waren sie nicht nur schnell, sondern auch ausdauernd auf große Entfernungen, wenn es galt einen eiligen Befehl Ngillas zu überbringen." [388]

8.4.3. Gesellschaftliche Angaben zu den Kriegergruppen

Der Begriff Kriegergruppe ist hier im Sinne einer Zusammenfassung nach den bei den Vute hauptsächlich existierenden frühstaatlichen Waffentechniken der Speerkämpfer und Bogenschützen sowie der durch europäischen Einfluß entstandenen Waffengattung der Gewehrschützen zu verstehen. Dennoch bleibt er nicht ohne sozialen Inhalt, denn der Prozeß der sozialen Differenzierung begann sich in der Zuordnung der Krieger der Vute und der gefolgschaftspflichtigen unterworfenen Ethnien zu diesen Waffensystemen widerzuspiegeln.

Die Ermittlungen von MOHAMADOU über die Eroberung des Vute-Häuptlingstums Mati am Hossere Ngo durch den Ardo Haman Gabdo (nach 1832) belegen unter anderem, daß die Vute auch damals hauptsächlich mit Pfeil und Bogen sowie mit Speer und großem Lederschild kämpften. [389] Mit dem Fulbe-Kontakt und dem aufkommenden Haussa-Handel in der zweiten Hälfte des 19. Jhs. übernahmen die Vute Gewehre und Pferde, doch konnten sie sich beides zunächst nur in beschränktem Maße verschaffen. [390] Auch in den letzten beiden Jahrzehnten vor der kolonialen Eroberung im Jahre 1899 stellten die Speerkämpfer und Bogenschützen die eigentlichen Kampftruppen der Vute dar. [391] Je nach der Anzahl der vorhandenen Gewehre bildeten die Oberhäuptlinge Gewehrschützen-Einheiten, die in „guten Zeiten" an zwei- bis dreihundert Mann stark sein konnten. [392] Reiter gab es nur vereinzelt – meist waren das die Kriegsanführer – oder in sehr kleinen Gruppen, die zur Verfolgung der Feinde eingesetzt wurden. Die Ursache für die geringe Zahl der Reittiere war wohl, daß die Vute durch das Vorkommen der Tsetse, aber vermutlich auch durch mangelnde Erfahrung in der Pferdehaltung die Tiere nicht am Leben erhalten konnten. [393]

Bemerkungen von MORGEN und DOMINIK weisen darauf hin, daß die Zuordnung zu den Kriegergruppen von der ethnischen Zugehörigkeit beziehungsweise der sozialen Stellung des Einzelnen abhängig gemacht wurde. Die wenigen Berittenen rekrutierten sich ausschließlich aus Angehörigen der herrschenden Schicht der Vute, also Mitgliedern der *royal lineage* oder des „Verdienstadels", die in ihren jeweiligen Funktionen als Unterhäuptling oder

---

[388] DOMINIK, 1901, S. 79.
[389] MOHAMADOU, 1967, S. 90ff; von MOHAMADOU benutzte Quellen siehe ebenda, Anmerkung 44, S. 90 und 46, S. 92.
[390] Siehe oben, S. 163ff.
[391] LEMBEZAT, 1961, S. 232; SIEBER, 1925, S. 63.
[392] Hörhold, nach RIEBE, 1897, S. 42; MORGEN, 1893a, S. 84; TAPPENBECK, 1890, S. 111.
[393] DOMINIK, 1897, S. 416.

Kriegsanführer, als Belohnung oder aus sonstigen Gründen die Pferde vom Oberhäuptling erhalten hatten. Wie dieser waren sie am Ende des 19. Jhs. vielfach oberflächlich islamisiert und traten auch äußerlich als Muslime auf: „Die Großen und Berittenen tragen als Medizin dicke, mit Koransprüchen benähte Westen unter dem weiten Obergewand, auf dem Kopf den Fez oder Turban und in der Hand die lange Fullalanze." [394]

Die große Schicht der freien Vute stellte die Speerkämpfer und Bogenschützen. [395] Die Speerkämpfer nahmen wohl – möglicherweise wegen ihrer Doppelfunktion als Kämpfer und Deckung für die Bogenschützen – einen besonders gehobenen Status ein. Darauf deutet eine Reihe von Angaben über ihr Prestigegebaren, ihre Anordnung bei Empfängen in vorderster Reihe und beim *ngane*-Kampfspiel, über Speer und Schild als Bewaffnung des Oberhäuptlings, usw. [396] Bogenschützen wurden aber wohl auch von den unterworfenen und gefolgschaftsverpflichteten andersethnischen Gruppen der Mwelle, Bati, Betsinga und Balom gestellt. THORBECKE ermittelte, daß die „Männer der vielen verschiedenen unterworfenen Völkerschaften ... Wute-Waffen trugen und nach Wute-Art kämpften, ... der Fremde mußte aus ihrer äußeren Erscheinung den Eindruck gewinnen, echte Wute vor sich zu haben." [397] An anderer Stelle schreibt THORBECKE: „Sie alle, Fuk, Njanti, Bati, Balom wurden äußerlich zu Wute gemacht, ihre waffenfähigen Männer in die Wute-Heere eingereiht: nur so ist bei der geringen Kopfzahl der Wute die imponierende Größe der Wute-Heere zu erklären, die MORGEN sah und DOMINIK bekämpfte." [398] THORBECKE wird hier so ausführlich zitiert, weil sich sonst aus dem Quellenmaterial die Benutzung der Vute-Waffen durch die Angehörigen der unterworfenen ethnischen Gruppen *expressis verbis* nicht belegen läßt. Die Angaben MORGENs zur Differenzierung in der Bewaffnung bei den verschiedenen sozialen Schichten vermitteln an einer Stelle den Eindruck, als ob nur Unfreie mit Pfeil und Bogen gekämpft hätten, [399] wodurch abweichende Interpretationen entstanden sind. [400] An anderer Stelle bezeichnet MORGEN den Bogen als Waffe der Vute: „Auch bei der Handhabung des Bogens zeigen die Wute eine seltene Gewandtheit; sie gehören sicherlich zu den weitest schießenden Völkern, da sie ihre Pfeile bis auf 150 Schritt schleudern." [401] Auch V. LUSCHAN, der sich auf die Angaben MORGENs stützt, schließt sich dem an. Am beweiskräftigsten ist jedoch wohl die Bestätigung durch A.P. SONGSARÉ selbst. [402] Ferner formuliert DOMINIK eindeutig, daß die „freien Wute Speer und Bogen" führten, und PASSARGE betont, daß

---

[394] Ebenda.
[395] Bundesarchiv, R 1001/4357, Bl. 25, DOMINIK.
[396] Bundesarchiv, R 1001/4357, Bl. 21, DOMINIK; DOMINIK, 1901, S. 79; MORGEN, 1893a, S. 204; V. PUTTKAMER, 1897, S. 383; TAPPENBECK, 1890, S. 111.
[397] THORBECKE, 1914a, S. 64; 1916, S. 16.
[398] THORBECKE, 1916, S. 16.
[399] Vgl. MORGEN, 1893a, S. 203f.
[400] Vgl. BRAUKÄMPER, 1970, S. 161.
[401] MORGEN, 1893a, S. 201; siehe auch 1892, S. 513.
[402] SONGSARÉ, mündliche Aussage, 1987.

„Pfeil und Bogen bei den Wute ausgesprochene Nationalwaffen" waren. [403] Dies wird auch durch die ausführlichen Angaben Siebers bestätigt. [404]

Übereinstimmend wird jedoch in den Quellen geäußert, daß die Vute-Oberhäuptlinge als Gewehrschützen nur Angehörige der unterworfenen Ethnien oder Unfreie einsetzten. [405] Nach einer unveröffentlichten Bemerkung Dominiks waren viele unfreie Krieger als Kinder bei Überfällen geraubt, Vute-Kriegern zur Erziehung und Ausbildung vom Oberhäuptling zugeteilt und später als Gewehrschützen eingesetzt worden. [406]

Vereinzelt und selten einer bestimmten Kriegergruppe zuzuordnen, finden sich in den Quellen Angaben über äußere Kennzeichen der Krieger, wie Frisur, Körperbemalung oder Kleidungsstücke. Eine komplette Beschreibung einer „Kriegertracht" liegt nicht vor, es sei denn, daß zu ihr nicht mehr gehörte, als eine Bemerkung von DOMINIK aussagt: „Erscheinen die Männer im Waffenschmuck, so haben sie vielfach hohe Büschel von Hahnen- oder Papageienfedern im Haar, vielfach streichen sie sich auch rot und weiß an und behängen Brust und Rücken mit dem Fell des weißen Affen, das gleichzeitig das Schreckliche ihres Aussehens erhöhen und schußfest machen soll." [407] Einen „vollen Kriegsschmuck" der Vute erwähnen auch SIEBER, TAPPENBECK und ZIMMERMANN, ohne nähere Angaben zu machen. [408] V. STETTEN erwähnt: „Das Kriegerabzeichen ist eine kleine deckelartige Holzmütze, welche auf der Frisur befestigt wird." [409]

Am häufigsten äußerte sich DOMINIK zu dieser Thematik. Allgemein bemerkte er, daß Oberhäuptling Gomtsé (Ngraŋ II) „für die Krieger, Sklaven und Weiber besondere Trachtenvorschriften erlassen" hatte. [410] Als er 1894 das erste Mal nach Nduba im Oberhäuptlingstum Ngila kam, standen überall Bewaffnete herum mit „kurzem, breitem, nach vorn gekämmten Kinnbart, die Haare mit einem Scheitel in der Mitte versehen, dann in einzelne Zöpfe geflochten und mit Palmöl gefettet, zur Seite gestellt, so daß sie wie ein breiter Helm das Gesicht umrahmten." [411] Allerdings gibt er keine Auskunft darüber, ob es sich bei dieser Frisur um eine spezielle Haartracht für Krieger handelte. Bei dem während dieses Aufenthaltes erlebten Kriegsspiels ngane beobachtete er, daß die Speerkämpfer „bunte Federn" und

---

[403] Bundesarchiv, R 1001/4357, Bl. 25, DOMINIK; PASSARGE, 1909, S. 496.

[404] SIEBER, 1925, S. 25f.

[405] Bundesarchiv, R 1001/ 4357, Bl. 28, DOMINIK; DOMINIK, 1897, S. 416; 1901, S. 79; MORGEN, 1893a, S. 203f.; ZIMMERMANN, 1909, S. 42.

[406] Bundesarchiv, R 1001/4357, Bl. 25, DOMINIK; siehe unten, S. 202.

[407] DOMINIK, 1897, S. 416. Siehe auch DOMINIK, 1901, S. 186. Bei dem „weißen Affen" handelt es sich sicher um den Colobus-Affen (Colobus occidentalis), dessen Vorkommen zu dieser Zeit und in dieser Region durch MORGEN, 1893a, S. 331, und ZENKER belegt ist (Bundesarchiv, R 1001/3271, Bl. 98, ZENKER).

[408] SIEBER, 1925, S. 99; TAPPENBECK, 1890, S. 111; ZIMMERMANN, 1909, S. 42.

[409] V. STETTEN, 1895, S. 113.

[410] DOMINIK, 1897, S. 416

[411] DOMINIK, 1901, S. 76.

die Anführer der rot bemalten Bogenschützen reichlich „Papageienfedern" auf dem Kopf trugen. [412] Die unfreien Gewehrschützen waren nicht mit roter Körperfarbe bemalt. [413]

Nach einer Angabe bei DOMINIK bestand die rote Farbe, die die Vute-Krieger im Jahre 1897 (während der Verteidigung gegen dessen Strafexpedition) als Ganzkörperbemalung trugen, aus Ziegenblut. [414] An anderer Stelle, auf das Jahr 1894 bezogen, spricht er von der Bemalung der Krieger mit Rotholzfarbe. [415] Im allgemeinen wurde von den Frauen und Männern der Vute häufig Rotholzfarbe zur Körperbemalung und Frisurgestaltung verwendet. [416] Neben der Ganzkörperbemalung wurden mitunter auch nur Stirn, Nacken, Brust, Arme und Rücken bemalt. [417] SIEBER bezeichnete die Rotholzbemalung der Vute als ihre „eigentliche Nationaltracht". [418] So ist sie wohl nicht nur den „Vornehmen" vorbehalten gewesen, wie man aus einer Bemerkung MORGENs, daß diese wenn sie keine islamische Kleidung trugen, sich den ganzen Körper mit Rotholz färbten, schließen könnte. [419] Als im Jahre 1890 die Hauptfrau Gomtsés (Ngraŋ II) starb, legte er in der Trauerzeit die islamische Kleidung ab und trug die „Wutetracht", den Lendenschurz, und hatte die Haut mit Rotholz gefärbt. [420] Die Herstellung der Rotholzfarbe beschreibt SIEBER folgendermaßen: „Das dunkelrote Holz (von alten Bäumen) wird gespalten, getrocknet und auf glühende Asche gelegt. Darauf zerschlägt man das Holz mittels schwerer Steine und zerreibt es zu Pulver. Der weitere Prozeß besteht in der Vermengung der dicken Masse mit Wasser, die noch gekocht wird. Nachdem noch etwas Palmöl zugemengt ist, ballt man die breiige Masse in etwa faustgroße Kugeln zusammen und bringt diese zum Verkauf auf den Markt." [421]

Zu weiteren Kleidungsstücken der Vute-Krieger liegt nur eine Beobachtung M.-P. Thorbeckes aus dem Jahre 1912 vor, nach der die Vute während des *ngane*-Kampfspiels in Linte am Oberkörper unbekleidet waren und um die Hüften den graubraunen oder rot gefärbten Rindenstoffschurz trugen. [422]

Einige wenige Bemerkungen werden in den Quellen auch zur Ausbildung in der Waffenführung und Kampftechnik gemacht. Die Vute-Männer wurden offensichtlich von frühester Kindheit an in jeder Hinsicht auf ihre spätere Aufgabe als Krieger vorbereitet. Nach SIEBER fingen die Knaben „schon von frühester Jugend an, sich im Schießen zu üben. Man kann

---

[412] Bundesarchiv, R 1001/4357, Bl. 28, DOMINIK; DOMINIK, 1901, S. 79. Zum Tragen roter Federn als Abzeichen der Anführer vgl. SIEBER, 1925, S. 15 und oben, S. 171f.

[413] Bundesarchiv, R 1001/4357, Bl. 28, DOMINIK.

[414] DOMINIK, 1901, S. 186.

[415] Bundesarchiv R 1001/4357, Bl. 20, DOMINIK.

[416] MORGEN, 1890b, S. 121; Bundesarchiv, R 1001/3292, Bl. 155, v. STETTEN. Zu Haarfrisuren der Vute-Frauen siehe SIEBER, 1925, Tafel 2, gegenüber S. 16.

[417] SIEBER, 1925, S. 13.

[418] SIEBER, 1925, S. 12.

[419] MORGEN, 1893a, S. 187.

[420] Ebenda.

[421] SIEBER, 1925, S. 12f. Die Bemerkung „zum Verkauf auf den Markt" bezieht sich auf kolonialzeitliche Verhältnisse. Vor 1899 gab es in den Oberhäuptlingstümern der Vute in der Sanaga-Ebene keinen Markthandel. Vgl. THORBECKE, 1916, S. 72ff.

[422] THORBECKE, M.-P., 1914, S. 144.

da oft 4–5 jährige Jungens sehen, wie sie ihre Schießübungen machen. Es tun sich meist eine Anzahl Knaben zusammen mit Pfeil und Bogen bewaffnet. Sie stellen sich auf, das Ziel, ein kleines Bündel, liegt etwa 5 m von ihnen entfernt auf dem Boden, und nun schießen sie der Reihe nach darauf ab." [423] Desgleichen wurden auf Raubzügen gefangene Knaben als Unfreie von ihren Besitzern von Kindheit an zu Kriegern ausgebildet. [424] Schon junge Vute-Männer waren vielfach bereits recht treffsichere Schützen und auch im Gebrauch von Speer und Schild erfahren. [425]

MORGEN erwähnt an mehreren Stellen, daß auch die erwachsenen Vute in Friedenszeiten die Regeln ihrer Kampfweise systematisch übten und Waffenübungen in einem Umfang durchführten, daß man von regelrechtem „Drill" sprechen kann. [426]

8.4.4. Zum organisatorischen Ablauf der Raub- und Kriegszüge

Die im Abschnitt zur Geschichte der Kriegs- und Kampfhandlungen beschriebenen unterschiedlichen Arten der offensiv durchgeführten Unternehmungen [427] bedingten – entsprechend der jeweiligen Zielsetzung – auch organisatorisch unterschiedliche Abläufe. Vorbereitung und Durchführung eines Überfalls auf ein einzelnes Dorf oder ein kleines Häuptlingstum unterschieden sich darin natürlich von einem längerfristigen Raubzug in einer Nachbarregion, wo durch Verlegung von Kriegereinheiten in Außenposten der Vute, unter einem hohen Kriegsanführer oder dem Oberhäuptling selbst, die Bevölkerung über längere Zeit ausgeraubt wurde. Sie unterschieden sich ferner erheblich von denen für einen großen Feldzug gegen einen gleichwertigen Gegner, wie einen benachbarten Vute-Oberhäuptling oder einen starken, nach Unabhängigkeit strebenden Unterhäuptling. Für die Kriegs- und Kampfhandlungen unterschiedlicher Größenordnung waren die Oberhäuptlinge der Vute in der Lage, „Heere" bis zu etwa 2.000 Kriegern aufzustellen. [428]

Wehrpflichtig war jeder Mann, gleich welchen Alters, solange er kämpfen konnte. [429] Bereits Knaben von kaum zwölf Jahren zogen, mit Pfeil und Bogen bewaffnet, mit in den Kampf. [430] Die Männer der unterworfenen andersethnischen Gruppen, Bati, Fuk, Mwelle, Bafia, Balom usw., waren ebenso wehrfolgpflichtig. [431] Von der Wehrpflicht nicht beeinträchtigt war die Tätigkeit der Vute und der unterworfenen Gruppen in den wirtschaftlichen Bereichen – vor allem zur Zeit der Feldbestellung -, solange sie nicht genügend Unfreie

---

[423] SIEBER, 1925, S. 26.
[424] Bundesarchiv R 1001/4357, Bl. 25, DOMINIK.
[425] Vgl. SIEBER, 1925, S. 62.
[426] MORGEN, 1891, S. 147f.; 1892, S. 514; 1893a, S. 199. Zur Kampfweise siehe unten S. 181f.
[427] Siehe oben, S. 130ff.
[428] MORGEN, 1893a, S. 84; Bundesarchiv R 1001/ 3345, Bl. 20, v. STETTEN; THORBECKE, M.-P., 1914, S. 212.
[429] MORGEN, 1893a, S. 199; SIEBER, 1925, S. 62.
[430] MORGEN, 1893a, S. 199.
[431] THORBECKE, 1914a, S. 64, 1916, S. 16; THORBECKE, M.-P., 1914, S. 212.

hatten, denen sie ihren Arbeitsanteil übertragen konnten. [432] Ein „Großer", d.h. ein Würden-träger, hatte genügend Unfreie und brauchte darum nicht mitzuarbeiten: „Son travail n'était que la guerre". [433]

Bestimmte organisatorische Regelungen waren wohl allen Varianten der Kriegführung gemeinsam.

Wie oben erwähnt, kämpften die Vute hauptsächlich während der Regenzeiten, im Gegensatz zu den sie bis zur „Unabhängigkeitsschlacht" um 1886 oft attackierenden Ful-be, die wegen ihrer Pferde in den südlichen Feuchtsavannengebieten die Trockenzeiten zur Kriegführung bevorzugten. [434] Als MORGEN 1890 im Rahmen der Vorbereitungen auf den „Ngaundere-Feldzug" Oberhäuptling Gomtsé (Ngraŋ II) auf die anrückende große Regen-zeit aufmerksam machte, antwortete dieser: „Das ist nur günstig für uns, wir haben dann keinen Wassermangel auf den hohen Ngaundere-Bergen zu leiden und können auf dem nas-sen Boden die Fußspuren unserer fliehenden Feinde besser verfolgen." [435]

Die Eröffnung von Kriegszügen wurde in „Volksversammlungen" öffentlich bekannt ge-geben. [436] Zur Mobilisierung schreibt SIEBER: „Das Aufgebot erfolgte durch Hornsignale, nach entfernteren Gegenden durch Eilboten. Die Mobilisation kam unter Berücksichtigung der Verhältnisse in unglaublich kurzer Zeit zur Durchführung; in längstens 2 x 24 Stunden hatte der Fürst seine Mannen gefechtsbereit um sich versammelt. Der Sammelpunkt wurde nach strategischen Gesichtspunkten bestimmt." [437] Da es sich bei den offensiven Unterneh-mungen überwiegend um Raub- und Eroberungszüge handelte, erfolgte vor deren Beginn keine „Kriegserklärung". Nur bei Auseinandersetzungen mit zuvor befreundeten Gruppen wurde der Kampf angesagt. [438] Desgleichen schlossen die Vute im allgemeinen keinen Frie-den, vor allem nicht mit eindeutig unterlegenen Gegnern. Es war Sache der Verlierenden, de-mütig um Beendung der Kampfhandlungen zu bitten. [439] Bei gleichwertigen Gegnern konn-ten den Kapitulationsanzeigen der verlierenden Seite Friedensverhandlungen folgen, wie im Fall des gemeinsamen Feldzuges der Oberhäuptlinge Gomtsé (Ngraŋ II) und Gongna (Ngrté III) gegen den Unterhäuptling Ngader („Ngaundere-Feldzug"). [440]

Das Vordringen der ausgesandten Truppen wurde im Feindesgebiet von Kundschafter-patrouillen gesichert. Nach SIEBER leisteten sie „ganz Hervorragendes" und verstanden es

---

[432] DOMINIK, 1897, S. 418; vgl. SIEBER, 1925, S. 17f., 31; SIRAN, 1980, S. 31, 40; THORBECKE, 1916, S. 63f. und unten, S. 227.

[433] SIRAN, 1980, S. 40. Aussage vom 22.1. 1970 von Toung-Niri über seinen Vater, einen Notabel im Ober-häuptlingstum Ngila.

[434] Ndong, 1943, zitiert nach MOHAMADOU, 1967, S. 79. Vgl. oben S. 134.

[435] MORGEN, 1893a, S. 222.

[436] SIEBER, 1925, S. 61.

[437] SIEBER, 1925, S. 62. An anderer Stelle schrieb SIEBER zur Mobilisierung: „Läßt Ngilla die Kriegstrommel erschallen, so verlassen bis auf 2–3 Wächter sofort alle Männer bewaffnet die Farmen, um sich auf dem Alarmplatz im Dorf zu versammeln." SIEBER, 1925, S. 226.

[438] Ebenda.

[439] Vgl. SIEBER, 1925, S. 64.

[440] Siehe MORGEN, 1893a, S. 244 und unten, S. 188f.

ausgezeichnet, alle Bewegungen des Gegners zu beobachten. [441] Die ausgesandten Kundschaf-
ter hatten auch die ungefähre Anzahl der feindlichen Krieger zu ermitteln. Besonders wohl
in kritischen defensiven Situationen, wie während der Verteidigung gegen die Fulbe, mußten
sie offiziell „berichten", daß die feindliche Kriegertruppe geringer an Zahl sei als sie selbst.
Andernfalls klagte man sie der Feigheit an und ließ sie hinrichten. [442]

Mit dem Kriegshorn *gàm su* gab der Hornist den Kriegern das Signal zum Angriff. [443]
Während des Kampfes waren Speerkämpfer, Bogen- und Gewehrschützen nach feststehenden taktischen Regeln geordnet. MORGEN beschrieb sie folgendermaßen: „In der Mitte
stehen hinter ihren Schilden die Speerwerfer mit teilweise zugeteilten Bogenschützen, von
denen der andere Teil, mit den Gewehrschützen vermischt, als leichtes Fußvolk die Flügel
sichert. So avanciert unter dem Takte der nachfolgenden Musikbande die 3 – 4 Glieder tiefe
Linie gegen den Feind." [444] SIEBER charakterisierte die Kampfweise der Speerkämpfer und
Bogenschützen ähnlich: „Nach Sichtung des Feindes gehen die einzelnen Gruppen in raschen
Sprüngen voran und bilden die Schilde eine schützende Wand. Hinter dieser Deckung spähen die Bogenschützen nach einem Ziele aus und suchen mit ihrem Pfeil eine ungeschützte
Stelle des Gegners zu treffen." [445] Auch DOMINIK bestätigte, daß im Kampf hinter dem
Schild eines Speerkämpfers auch immer ein Bogenschütze mit vorging. [446] THORBECKE,
der sich im Rahmen seiner Forschungsreise vor allem bei den Tikar, aber auch längere Zeit
bei den benachbarten Vute des Oberhäuptlingstums Linte aufhielt und die „Kriegsbräuche"
beider als „genau dieselben" bezeichnete, gab eine anschauliche Schilderung der Kampfweise
der Tikar. [447] Tatsächlich scheint sie der der Vute in einigen Zügen außerordentlich ähnlich
gewesen zu sein: „zum offenen Kampf … scheint eine Savannenflur bevorzugter Kampfplatz
zu sein. Die Kämpfer beider Seiten nehmen alle Waffen, die sie besitzen oder die der Häuptling ihnen zuteilt, Speer, Bogen, Schwert, Gewehr und Schild und ziehen, ohne Trennung
nach Waffengattungen und ohne feste Schlachtordnung, in ganz aufgelöster Linie in den
Kampf. Fünf bis zehn Leute bilden kleine Gruppen, die die großen Schilde eng aneinander
als schützende Wand vor sich halten; hinter ihnen schleichen geduckt die Bogenschützen,
die beide Hände frei haben müssen und daher keinen Schild tragen können. Die Schildträger führen als Hauptwaffen den Wurfspeer; das Schwert in der Scheide hängt über der
Schulter. Die Gruppe geht, hinter die Schilde geduckt, in raschen Sprüngen vorwärts, dann
wird Halt gemacht, die Schilde werden zur Wand geschlossen und hinter diesem Schutz
wird mit Speer, Pfeil und Feuersteingewehr geschossen. Die gewöhnliche Entfernung der
Kampfgruppen scheint 20 – 30 m gewesen zu sein. Jeder Krieger zielt darauf ab, mit einem
Speerwurf den Schild des Gegners zu durchdringen. Der Speer bleibt mit den Widerhaken

---

[441] SIEBER, 1925, S. 62.
[442] Ndong, 1943, zitiert nach MOHAMADOU, 1967, S. 82.
[443] SIEBER, 1925, S. 96.
[444] MORGEN, 1892, S. 514.
[445] SIEBER, 1925, S. 63.
[446] DOMINIK, 1897, S. 416.
[447] THORBECKE, 1919, S. 77.

im Schild stecken, der lange, mit Eisenspiralen beschwerte Schaft zieht den Schild vornüber und hindert den Schildträger an freier Bewegung. Er versucht, mit einem Schwerthieb um den Schild herum den Speerschaft zu durchhauen, dabei muß er sich natürlich eine Blöße geben. Die Bogenschützen nehmen jede solcher Blößen sofort wahr und suchen den ungeschützten Gegner mit dem Pfeil möglichst in den Hals zu treffen. Hat ein Bogen- oder Gewehrschütze keine Schilddeckung – so viele Schilde sind nicht vorhanden – sucht er Deckung hinter einem Baum oder im dichten Gras. Ist ein Kämpfer von Speer oder Pfeil getroffen, springt rasch ein Gegner vor und erschlägt ihn mit dem Schwert. Aber er muß schnell dabei sein, sonst trifft ihn selbst ein Pfeilschuß. Der vordringende Teil hat außer dem moralischen Erfolg auch noch den praktischen Vorteil, daß er die verschossenen Speere und Pfeile beider Parteien aufsammeln und wieder verwenden kann." [448] Die Wiederverwendung der Pfeile, die deshalb nicht vergiftet wurden, beobachtete auch MORGEN. [449] Die Darstellung der Kampfweise der Vute bildete auch den Hauptbestandteil des Kampfspiels *ngane*. [450] Von MORGEN während des „Ngaundere-Feldzuges" 1890 *in realiter* beobachtet, durch Beschreibungen des Ablaufs der *ngane*-Kampfspiele bestätigt und unter anderem im Jahre 1912 durch den Bati-Häuptling Ndenge an M.-P. THORBECKE berichtet, war es wohl in der Regel die unerfreuliche Disposition der (sich aus den Angehörigen der unterworfenen Ethnien rekrutierenden) Gewehrschützen, die Kampfhandlungen vor der Linie der Vute-Krieger eröffnen zu müssen. [451] Möglicherweise ist dieses Prinzip aus der Heerführung der Fulbe übernommen worden, die die Männer der zuletzt unterworfenen Bevölkerungsgruppen als Vorderste in ihre Heere einreihten. [452] Zur Eröffnung der Kampfhandlungen gegen die stark befestigte Siedlung des Ngader im Nantji-Gebirge („Ngaundere-Feldzug") schrieb MORGEN: „Die Gewehrschützen mußten vorgehen und ihre Gewehre gegen die feindliche Stellung abfeuern. Bis auf 30 Schritt gingen sie an den äußeren Graben heran und schossen von dort aus ihre Flinten gegen die Schießscharten ab. Der Gegner hat wohl kaum Verluste durch diese Kampfesweise gehabt, da er wohlgedeckt hinter der Mauer stand und dagegen die freistehenden Wutekrieger in aller Ruhe aufs Korn nehmen konnte. Alle Augenblicke fiel denn auch einer der Angreifer, getötet oder verwundet, und wurde ins Lager zurückgeschleppt. ... Opfer, die er [Ngilla, d.h. Gomtsé, *Ngraŋ* II., Anmerkung C.S.] jedoch, wenn sie vorübergeschleppt wurden, keines Blickes würdigte. ... was kümmerten ihn diese Sklaven, die dazu da waren, ihr Leben auf die eine oder andere Weise für ihn hinzugeben." [453]

---

[448] THORBECKE, 1919, S. 76f.

[449] MORGEN, 1893a, S. 228.

[450] Siehe Bundesarchiv R 1001/4357, Bl. 28, DOMINIK; DOMINIK, 1901, S. 79f.; MORGEN, 1893a, S. 196f.; THORBECKE, M.-P., 1914, S. 144ff.; ZIMMERMANN, 1909, S. 42. Beschreibungen der beobachteten *ngane* von MORGEN aus dem Jahre 1890 und von DOMINIK aus dem Jahre 1894 siehe Kapitel 12. Quellenzitate, S. 272f.

[451] Bundesarchiv, R 1001/4357, Bl. 28, DOMINIK; MORGEN, 1893a, S. 239; THORBECKE, M.-P., 1914, S. 212.

[452] Vgl. MOHAMADOU, 1967, S. 90.

[453] MORGEN, 1893a, S. 239. „Wute-Krieger" sind hier als Krieger der Vute aufzufassen.

Nach Auskunft von SONGSARÉ hatte jeder Krieger sein eigenes Hornsignal, mit dem er während des Kampfes und zu anderen Anlässen gerufen werden konnte. [454] Möglicherweise ist dieses mit dem von SIRAN ermittelten Kriegernamen *màkpoŋ* identisch. Jeder Mann hatte demnach einen *màkpoŋ*, mit dem er in der Lobrede genannt und aufgerufen wurde. Die *màkpoŋ* sind kurze Tonsequenzen, jede genügend lang, um eindeutig den Kriegernamen auszudrücken. Nach SIRAN wurden sie auf Doppelglocken geschlagen und in der Trommelsprache der Vute übermittelt. [455]

Während der Eroberung von Nduba im „Wute-Adamaua-Feldzug" 1899 bemerkte DO-MINIK, daß Alarmtrommeln die Krieger an bedrohte Stellen riefen. [456] Man könnte daraus schließen, daß im allgemeinen bei Kampfabläufen Trommelsignale eingesetzt wurden, um Krieger an bestimmte Stellen des Kampfgeschehens zu befehlen.

Mit Ausnahme „geringfügiger" Unternehmungen wurden die zu einem Raub- oder Eroberungszug ausziehenden Krieger von ihren Familien mit dem nötigen Hab und Gut begleitet, so daß man den Eindruck der zeitweisen Verlagerung eines ganzen Dorfes gewinnen konnte. [457] Die Frauen erfüllten während der Kampfhandlungen, die sich, wenn zur Belagerung übergegangen wurde, länger hinziehen konnten, wichtige Aufgaben. Sie verfolgten wohl in der Nähe zunächst das Kampfgeschehen und machten den Männern Mut durch Zurufe. Zum entsprechenden Zeitpunkt mischten sie sich unter die Krieger und retteten die Verwundeten, die sie auch versorgten. Sie brachten auch die Gefangenen vom Kampfplatz weg hinter die Linie der Vute-Krieger. [458] Ferner kochten sie nicht nur die Mahlzeiten, sondern kümmerten sich auch um die Nahrungsbeschaffung, wenn die eigenen Vorräte aufgebraucht waren. Dies geschah allerdings sehr zum Nachteil der überfallenen Bevölkerung, da diese Frauen in Kolonnen umherzogen und aus den umliegenden Dörfern Nahrungsmittel raubten. [459]

Schließlich sei noch ein weiteres Phänomen erwähnt, das bei jeder Art kriegerischer Offensive der Vute auftreten konnte. Zwischen den oft relativ kleinen politischen Einheiten beiderseits des Sanaga und Mbam herrschte nicht immer Frieden, so daß ihnen die Schädigung eines verfeindeten Nachbarn durch die Vute mitunter nicht ungelegen kam. Insbesondere betraf das die in der Expansionsrichtung der Vute lebenden ethnischen Gruppen, z.B. die Betsinga, Mangissa, Bati und Balom, die am meisten von den Überfällen der Vute betroffen waren. In diesen Zeiten dienten sie den Vute als ortskundige Führer oder leisteten gar als Krieger Gefolgschaft. Dasselbe konnte ihnen dann bei nächster Gelegenheit selbst geschehen. [460]

---

[454] SONGSARÉ, mündliche Aussage 1987.

[455] SIRAN, 1980, S. 37.

[456] Bundesarchiv R 1001/3346, Bl. 149, Kölnische Zeitung vom 30.3. 1899.

[457] Vgl. MORGEN, 1893a, S. 230; SIRAN, 1980, S. 37, Anmerkung 19.

[458] Vgl. DOMINIK, 1901, S. 80; Bundesarchiv 1001/4357, Bl. 28, DOMINIK; MORGEN, 1893a, S. 199; THORBECKE, M.-P., 1914, S. 212.

[459] MORGEN, 1893a, S. 245; SIRAN, 1980, S. 37, Anmerkung 19.

[460] DOMINIK, 1901, S. 223.

Die Angaben über die in den Quellen erwähnten historischen Beispiele offensiver kriegerischer Unternehmungen sind sehr unvollständig und lassen bis auf wenige Ausnahmen
nur in kleinen Ausschnitten erkennen, wie die Vute je nach Vorhaben ihre Kriegführung in
Vorbereitung und Ablauf organisatorisch variierten.

Drei wohl relativ kurze Überfallaktionen, bei denen die Rückkehr der Krieger nach
Nduba (dem Herrschaftszentrum des Oberhäuptlingstums Ngila) von TAPPENBECK 1889,
MORGEN 1890 und DOMINIK 1895 beobachtet wurde, sind Beispiele für Einzelaktionen
gegen ein Dorf oder kleines Häuptlingstum, die in wenigen Tagen durchgeführt wurden.
Gemeinsam ist diesen Aktionen, daß der Oberhäuptling nicht an ihnen teilnahm, sondern
daß sie von einem eingesetzten Kriegsanführer geleitet wurden, und daß die Kriegertruppen
gemeinsam zur gleichen Zeit mit ihrem Anführer zurückkehrten. TAPPENBECK stellte fest,
daß eine Kriegertruppe von 150 Bogenschützen, 56 Gewehrschützen und fünfzehn Reitern,
die von den „westlich von Ngila" lebenden „Ban Gundu oder Gundu Gundu" zurückkehrte,
150 Gefangene, überwiegend Frauen und Kinder, mitbrachte. [461] Dieser Raub- oder Kriegszug scheint von ähnlicher Größenordnung gewesen zu sein wie der von MORGEN ein Jahr
später beobachtete zur „Bestrafung des aufsässigen Mwelle-Häuptlings" unter Führung Nandukus. [462] In diesem Fall ist belegt, daß am 11.9. 1890 eine Truppe von 300 Kriegern auszog
und bereits nach zwei Tagen am 13.9. 1890 nach Vernichtung dieses Häuptlings mit Gefangenen zurückkehrte. [463] Die von MORGEN gebrauchten Formulierungen „Bestrafung"
und „aufsässig" sprechen dafür, daß es sich um einen unterworfenen Mwelle-Häuptling in
der Nähe des Oberhäuptlingstums Ngila handelte, der entweder mit fingierter Begründung
überfallen worden war, um Beute zu machen, oder der sich den Forderungen des Vute-
Oberhäuptlings nicht beugen wollte. In dem von DOMINIK beobachteten Fall handelte
es sich eindeutig um eine Aktion im Herrschaftsterritorium des Oberhäuptlingstums Ngila
und vermutlich auch nicht um eines der kleinen darin verbliebenen unzugänglichen Rück-
zugsgebiete der Bati, da der überfallene Ort „am Weg nach Wataré" lag. [464] Beide Fälle,
möglicherweise auch der von TAPPENBECK beobachtete, können als Gewaltaktionen gegen
Gruppen der Bati, Mwelle und andere Ethnien dieser Region interpretiert werden, deren
territorial-politische Integration zu dieser Zeit erzwungen werden sollte. [465] Daß die Vute jede Gelegenheit nutzten, diese Gruppen mit Gewalt und Willkür zu überziehen, ist in den
Quellen vielfach belegt. [466] Dies erscheint charakteristisch für frühe Formen staatlicher Organisation mit noch ungefestigten territorial-politischen Strukturen und fließenden Grenzen
in den politischen Rand- oder Einflußbereichen. [467] SIEBER machte einige Angaben, wie sol-

---

[461] TAPPENBECK, 1890, S. 111, 112.
[462] MORGEN, 1893a, S. 228.
[463] Ebenda.
[464] Bundesarchiv R 1001/4287, Bl. 65, DOMINIK.
[465] Vgl. Abschnitt 8.3.3., S. 142ff.
[466] Siehe unten, Abschnitt 9.4.2., S. 228ff.
[467] Siehe oben, S. 120 und unten, S. 239f.

che Raubüberfälle auf einzelne Dörfer im allgemeinen verliefen. [468] Wurde das Anrücken der Vute-Truppe zu spät oder gar nicht bemerkt, konnte es dieser gelingen, alle Zugänge zu dem überfallenen Ort abzuriegeln. Männer, denen die Flucht nicht gelang, gingen meist lieber in den Tod, als sich gefangen zu geben. Fing man sie dennoch, wurden sie wie die Frauen und Kinder als Gefangene weggebracht. [469] Bemerkte man die Vute rechtzeitig, floh häufig der ganze Ort und alles Hab und Gut wurde diesen überlassen. Meist zündeten die Vute die Siedlung schließlich noch an.

Der Bericht von DOMINIK über seine erste Reise im Jahre 1894 zu Neyon (*Ngraŋ* III) enthält einige Beobachtungen über einen Kriegszug anderer Größenordnung, der die Ausraubung eines ganzen Gebietes, oder zumindest mehrerer Ortschaften, zum Ziele hatte. Obwohl mehrere längerfristige Raubzüge in der vorliegenden Untersuchung nachgewiesen wurden, [470] sind diese Beobachtungen Dominiks von herausragender Bedeutung. Sie enthalten unter anderem auch zeitliche und organisatorische Angaben zum Abschluß des Raubzuges von Oberhäuptling Neyon in das Gebiet des Häuptlings Balinga (Betsinga-Gruppe) rechtsseitig des unteren Mbam. Diese zum Teil einmaligen Angaben Dominiks auf der Grundlage „teilnehmender Beobachtung" [471] waren möglich geworden, weil seit dem Besuch Tappenbecks im Mai 1889 friedliche Kontakte stattgefunden hatten und DOMINIK im August 1894 noch Gast von Neyon war. Nachdem sich die Beziehungen in den nachfolgenden Jahren infolge des Aufeinanderstoßens der kolonialen Expansionsversuche Dominiks von der Station Jaunde aus und der südlichen Expansionsinteressen Neyons verschlechtert hatten – spätestens jedoch mit der Strafexpedition Dominiks gegen Neyon im Januar 1897 – war die Möglichkeit solcher Beobachtungen für immer vorbei. Als DOMINIK im August 1894 von der Station Jaunde aus nach Nduba, aufbrach, erfuhr er am 19.8. bei Ewuna, einem Häuptling der Batschinga (Betsinga) am Sanaga, daß Neyon „in Balinga eingebrochen sei und dort furchtbar hause." [472] Anfang September beobachtete er in Nduba die Ankunft eines großen Gefangenentransportes: „... kam ein größerer Gefangenen- und Elfenbeintransport von Balinga her, wo Ngillas Kriegermacht immer noch bei der Arbeit war. Die Gefangenen, die einer an den Hals des anderen gefesselt waren, wurden losgebunden und Ngilla verteilte sie sofort". [473]

Die zeitlichen Angaben lassen auf einen mindestens zweiwöchigen, vermutlich aber längeren Raubzug schließen. Anders als bei den kürzeren nahm Neyon (*Ngraŋ* III) an diesen etwas größeren Raubzügen selbst teil. [474] Noch vor der Rückkehr nach Nduba (die mögli-

---

[468] Nachfolgende Angaben nach SIEBER, 1925, S. 62, 63.

[469] Zur Frage der Verteilung Gefangener als Verdienst bzw. Belohnung an die Krieger, vor allem die direkte Übereignung unbeschnittener Knaben an die Krieger, die sie gefangen hatten, siehe unten, Abschnitt 9.2.6.2.1., S. 213f.

[470] Siehe oben, Abschnitt 8.3.2., besonders Seiten 134ff., 138ff.

[471] Bundesarchiv, R 1001/4357, Bl. 13ff., DOMINIK.

[472] Bundesarchiv R 1001/4357, Bl. 16, DOMINIK.

[473] Bundesarchiv R 1001/4357, Bl. 26, DOMINIK.

[474] Bundesarchiv R 1001/4357, Bl. 18, DOMINIK.

cherweise wegen DOMINIK zu diesem Zeitpunkt erfolgte) beobachtete dieser etwa drei Tage lang die Heimkehr einzelner Krieger mit ihren Gefangenen: „Täglich kommen einzelne Krieger mit je 6 – 10 zusammengekoppelten Weibern und Kindern bei mir vorbeigezogen, die sie bei dem oben genannten Statthalter ablieferten ... Das Vorbild kriegerischer Männer boten übrigens die Gefangenenbegleiter ... überall mit Rotholz bemalt, das kurze Schwert auf der Schulter, das Stoßmesser an der Seite und 4 – 6 Speere in der Hand ... Hinter jedem trug ein small boy den fast mannshohen Büffelschild, den die Wute-Krieger so meisterhaft zu gebrauchen verstehen." [475] Auch als Neyon nach dem 27.8. in Nduba anwesend war, trafen weitere Gefangenen- und Beutetransporte ein. [476] Es wird hier erkennbar, daß sich das bestehende zentralistische Distributionssystem in gewissem Umfang auch auf den organisatorischen Ablauf der Raubzüge auswirkte, indem der einzelne Krieger „seine" Gefangenen heimbrachte und bewachte, bis sie vom zuständigen Würdenträger registriert waren oder er vom Oberhäuptling den ihm dafür zustehenden Verdienst (Gefangene) erhalten hatte. [477]

Durch die Teilnahme MORGENs an dem Kriegszug gegen Ngader, den Halbbruder und Unterhäuptling von Gongna (Ngrté III) sowie Sohn des von Gomtsé (Ngraŋ II) seinerzeit erschlagenen Yalongo-Häuptlings von Nduba, der sich von Gongna losgesagt hatte und gegen sich Gongna und Gomtsé verbündet hatten, [478] liegen durch seine teilweise recht ausführliche Berichterstattung einige wichtige Informationen zu Organisation und Ablauf eines Kriegszuges vor, für den alle nur möglichen Kräfte mobilisiert wurden. Die nachfolgenden Angaben über den sogenannten „Ngaundere-Feldzug" im August und September 1890 werden daher stellvertretend zur Charakterisierung der großangelegten Kriegszüge der Vute aufgeführt. [479] Dem eigentlichen Beginn dieses Kriegszuges ins Nantji-Gebirge am Mbam ging eine wochenlange Zeit der Vorbereitungen verschiedenster Art voraus. Im Zusammenhang mit dem „Ngaundere-Feldzug" schrieb MORGEN nur davon, daß die Waffen gründlich gereinigt, ausgebessert und geputzt wurden. [480] An anderer Stelle berichtete er jedoch, daß in Nduba zu dieser Zeit in bedeutendem Umfang Waffen produziert wurden. [481] Eine weitere wichtige Vorbereitung war die Nahrungsmittelbevorratung, vor allem mit Hirse- und Maismehl. MORGEN beobachtete, wie Boten nach den außerhalb von Nduba liegenden „Farmen" geschickt wurden, um Getreide zu holen und „mehr als sonst sah man die Weiber vor den Mühlsteinen sitzen und Korn und Mais mahlen, da Mehl sich am besten zum Transport eignet." [482] Das Herstellen von Pflanzengift und das Bestreichen der Eisenstücke für die Gewehre scheint nur Sache des Oberhäuptlings gewesen zu sein. MORGEN sah, wie Gomtsé (Ngraŋ II) vor dem „Ngaundere-Feldzug" tagelang an einem großen Topf mit

---

[475] Bundesarchiv R 1001/4357, Bl. 20, DOMINIK.
[476] Bundesarchiv R 1001/4357, Bl. 26, 27, DOMINIK; ZIMMERMANN, 1909, S. 41.
[477] Siehe unten, Abschnitt 9.2.6.2.1., S. 213f.
[478] Siehe oben, S. 113f. und 122ff.
[479] MORGEN, 1893a, S. 221ff.
[480] MORGEN, 1893a, S. 221.
[481] MORGEN, 1893a, S. 200, siehe oben, S. 152f.
[482] MORGEN, 1893a, S. 221.

Pflanzengift saß und selbst die Eisenstücke vergiftete. [483] Er bereitete wohl auch das Gegengift zu, wovon sich später Verwundete einen Trunk holen konnten. [484] Als nächstes beschrieb MORGEN den Aufbruch aller am Kriegszug Beteiligten, der über Tage hinweg in Etappen erfolgte: „Am 23.9. verließ die Avantgarde den Ort und jeden folgenden Tag rückten einige hundert Krieger nach. Alles wurde mitgenommen, Weiber, Kinder und Hausgerät. Im Dorfe blieben außer den Haussahändlern nur eine kleine Besatzung unter dem Onkel des Häuptlings, einem stark reduzierten Greis zurück. Am 27.9. brach das Hauptquartier auf. Vorweg kamen einige hundert Weiber des Königs, beladen mit Proviant und seinen transportablen Schätzen, Kleidern und Schmucksachen. Sein Elfenbein hatte Ngilla am Tage vor dem Ausmarsche an verschiedenen verborgenen Stellen in den sein Dorf umgebenden Büschen vergraben. An die Weiber reihten sich die besten Krieger an, diesen folgte die Musikkapelle, die Leibrosse des Königs und schließlich dieser selbst, umgeben von seiner Amazonengarde. Er hatte seine stärksten und ergebensten Frauen mit den besten Gewehren, Percussionsflinten, ausgerüstet." [485] Der Marsch nach Nordwesten in Richtung des Ndjim verlief durch den langsamen Gang der schwer beladenen Frauen und die einzeln hintereinander marschierenden Menschen sehr stockend. [486] In dem Vute-Ort Magom linksseitig des Ndjim wurde das Nachtlager eingerichtet. Hier verkündete Gomtsé (Ngraŋ II) seinen Kriegern, daß er „Medizin" gemacht habe, wodurch „ein jeder, der sich in der Kriegszeit mit einer Frauensperson einließe, am nächsten Tag von einer feindlichen Kugel niedergestreckt würde." [487] Am 28.9. 1890 ließ Gomtsé in einer umständlichen und verlustreichen Aktion seine Truppen über den Ndjim setzen und zog zu einer als Sammelpunkt vorgesehenen Stelle etwa acht Kilometer westlich des Flusses. [488] Dort wurde für mehrere Tage ein Lager eingerichtet. In wenigen Stunden entstanden „einige hundert große Spitzhütten". Die des Oberhäuptlings waren ebenso geräumig gebaut und komfortabel eingerichtet wie seine Hütten in Nduba. Bis zum nächsten MORGEN kamen noch Nachzügler seiner Truppen an. In den nächsten Tagen trafen sein Bruder Guater und andere seiner Brüder mit ihren Kriegern ein. Die gesamte Streitmacht, die nach MORGEN etwa 2.000 Krieger umfaßte, zog bis zum 5.10. in das Nantji-Gebirge und näherte sich nach einem kurzen Zwischenlager dem des Oberhäuptlings Gongna (Ngrté III) auf einem Hügel gegenüber der Festung des Ngader. Am Nachmittag fanden die Begrüßungszeremonien zwischen den Oberhäuptlingen statt. Der Beginn der Offensive war für den folgenden Tag vorgesehen. In den Lagern wurde gegen sechs Uhr geweckt und wenig später trafen sich die Truppen Gomtsés und Gongnas, in „dichter Colonne" marschierend auf einem plateauartigen Sattel des Nantji-Gebirges, etwa hundert Schritt vor dem sehr geschickt befestigten Ort des Ngader („Ngaundere", Yanguengueng, Yaŋgeŋgeŋ). Die-

---

[483] MORGEN, 1893a, S. 228.
[484] MORGEN, 1893a, S. 241.
[485] MORGEN, 1893a, S. 230f.
[486] MORGEN, 1893a, S. 231.
[487] MORGEN, 1893a, S. 231f.
[488] MORGEN, 1893a, S. 232. Nachfolgende Angaben zum Verlauf des „Ngaundere-Feldzuges" nach MORGEN, 1893a, S. 232ff.

ser war etwa so groß wie Nduba. [489] Nach Beratung der Oberhäuptlinge mit ihren Anführern über die günstigsten Angriffspositionen marschierten die Truppen Gomtsés auf eine Anhöhe nördlich von „Ngaundere", [490] wo sie etwa 150 Schritt entfernt waren, und die Truppen Gongnas nahmen östlich davon Aufstellung, durch eine Schlucht von denen Gomtsés getrennt. Sie positionierten sich dort dicht beieinander in lockerer Anordnung, die großen Büffelschilde zum Schutz gegen die Pfeile der Verteidiger vor sich aufgestellt, die zum Teil vor die Außengräben ausschwärmten oder ab und zu Pfeile von ihren Posten an den Befestigungsanlagen absandten. Es hatte einige Zeit gedauert, bis die Belagerer in Stellung gegangen waren, doch nun wurde das Angriffssignal gegeben und die Gewehrschützen eröffneten den Kampf, der für die Angreifer zunächst sehr verlustreich verlief. [491] Deshalb wohl mischte sich MORGEN mit seinen Soldaten bereits zu diesem frühen Zeitpunkt in den Kampf ein. Während eines dichten Pfeilhagels wurde er im Außengraben vor „Ngaundere" durch einen Pfeilschuß verwundet, und wenig später kam es zu einer Kampfpause. Gomtsé und Gongna hielten es nun für besser, den Gegner durch eine Belagerung einfach auszuhungern. Es wurden dafür geeignete Lagerplätze bezogen und starke Posten an der Verbindungsstrecke zwischen ihnen eingerichtet. Nach einer ruhigen Nacht und nur einzelnen Schußwechseln am kommenden Tag erhielt der auf Vorposten stehende Guater am Abend von der Gegnerseite die Nachricht, daß Ngader zu verhandeln wünsche. Bald begab sich Gomtsé mit einem fünfzig Mann starken Gefolge nach vorn, und es begannen Friedensgespräche mit einem Bruder Ngaders, da dieser selbst verwundet worden war. Die Verhandlungen, in der Bati-Sprache geführt, waren nach einer halben Stunde mit dem Beschluß über einen Waffenstillstand beendet. [492] MORGENs Beschreibung dieses Kriegszuges endet hier, da er mit seinen Expeditionsmitgliedern nach Nduba und später Jaunde zurückkehrte. Nach einer Reihe übereinstimmender anderer Quellenangaben gehörte zu den wesentlichen vereinbarten Bedingungen des Waffenstillstands, daß die Siedlung Yaŋgeŋgeŋ aufgegeben wurde, und daß sich Tina, der Sohn des an seiner Wunde verstorbenen Ngader, sich am Fuße des Nantji-Gebirges ansiedelte. [493] F. und M.-P. THORBECKE erstiegen im Jahre 1912 mehrere Gipfel des Nantji-Gebirges und fanden in 1.000 Meter Höhe die Ruinen von Yaŋgeŋgeŋ: „Wir sahen hier deutlich die durch MORGENs Schilderung bekannte alte Stadt Ngaundere oder Ngandelle ... Sie lag wirklich in fast uneinnehmbarer Stellung, und daß die Angreifer überhaupt die Gebirgshöhe erreichten, ist kaum glaublich. Es führt nur eine einzige Schlucht hinauf, die allerdings dicht bewaldet ist, so daß die Verteidiger nicht Steine herab rollen konnten." [494]

Aus unterschiedlichen Zielsetzungen ergaben sich auch verschiedene taktische Möglich-

---

[489] Siehe unten, Abschnitt 10.3., S. 250.

[490] Die Siedlung Ngaders wurde von MORGEN Ngaundere genannt. Vgl. MORGEN, 1893a, S. 228ff.

[491] Vgl. oben, S. 182.

[492] Näheres ist über den Inhalt der Verhandlungen nicht bekannt geworden, da MORGEN nicht an diesen Gesprächen teilnehmen durfte. MORGEN, 1893a, S. 244.

[493] Weitere historische Einzelheiten siehe oben, S. 122ff.

[494] THORBECKE, M.-P., 1914, S. 210f. Vgl. MOHAMADOU, 1967, S. 118; SIRAN, 1981a, S. 267; THORBECKE, 1914a, S. 64.

keiten für die Eröffnung der Kampfhandlungen: Überfall, Belagerung und Hinterhalt. Das Locken des Feindes in einen Hinterhalt, meist verbunden mit der Nutzung geographisch günstiger Lokalitäten (schwer einnehmbare Bergwälder etc.), geschah eher aus einer defensiven Situation heraus, wie einige Überlieferungen belegen. [495]

Im weiteren Sinne gehörten zur Organisation des Krieges auch Unternehmungen von befestigten Vorposten aus, wie z.B. die oben erwähnten im Gebiet der Betsinga (Balinga) oder die Sperrforts Zamba (Zemba) und Menage am rechten Ufer des Sanaga. [496] Sie waren „Bollwerke des Sklavenraubes", [497] von denen aus die umwohnende Bevölkerung beraubt, zu Abgaben gezwungen und in jeder Hinsicht unter Druck gesetzt wurde. [498]

8.4.5. Ideologische Aspekte der Kriegführung

Die Bedeutung der Kriegführung im gesellschaftlichen Leben der Vute fand ihre Entsprechung auch auf ideologischem Gebiet, ganz besonders intensiv in allen Bereichen religiösen Glaubens und Handelns. Der sicher umfangreiche und komplizierte Komplex der auf die Kriegführung bezogenen Glaubensvorstellungen, Kulte und Zauberhandlungen, Wahrsagetätigkeiten usw. wird in den verfügbaren Publikationen und Archivmaterialien nur andeutungsweise erfaßt. Dennoch wird deutlich, wie stark die Ahnenverehrung mit der Erinnerung an die großen kriegerischen Erfolge der Vergangenheit verknüpft war, und wie sehr die beim Oberhäuptling aufbewahrten *nduūŋ* – die heiligsten Gegenstände der Vute – und ihr gesamtes „Zauberwesen" der positiven Beeinflussung der kriegerischen Vorhaben dienen sollten.

Alte Vute sprachen zu SIEBER von *men*, ihrem „Schöpfer und Herr der Welt". [499] Ihm schrieben sie neben der Fruchtbarkeit der Felder und Kindersegen die wichtige Funktion zu, „Kriegsglück" zu bringen. Von den Vute wurde *men* als höchste Wesenheit aufgefaßt, und es soll früher, also weit vor dem Aufenthalt Siebers bei den Vute (ab 1911), bei wichtigen Anlässen zu ihm gebetet worden sein. [500] Als SIEBER dort lebte, wurde der Schöpfer in keiner Weise sichtbar verehrt. Man fürchtete *men* auch nicht, im Gegensatz zu den zahlreichen Geistwesen in der Vorstellungswelt der Vute, gegenüber denen *men* eher im Hintergrund zu stehen schien. [501] Über einen bestimmten „Geisterheros für den Krieg", wie ihn SIEBER vermutete, liegen keine Quellenangaben vor. [502]

Der *nduūŋ*-Kult der Vute diente vor allem der siegreichen Kriegführung, dem damit verbundenen Beute- und Landgewinn sowie der Herrschaft über andere Häuptlingstümer. Das

---

[495] Vgl. MOHAMADOU, 1967, S. 79, 82; SIEBER, 1925, S. 111f.; SIRAN, 1980, S. 48. Quellenzitat zur Unabhängigkeitsschlacht gegen die Fulbe, siehe unten, Kapitel 12., S. 274.

[496] Siehe oben, S. 119f. und ergänzende Angaben in den Quellen der Fußnote 48, S. 120.

[497] ZIMMERMANN, 1909, S. 86.

[498] Vgl. DOMINIK,1901, S. 172; RAMSAY, 1892a, S. 392f.; ZIMMERMANN, 1909, S. 85f.

[499] SIEBER, 1925, S. 71.

[500] SIEBER, 1925, S. 78.

[501] SIEBER, 1925, S. 71.

[502] SIEBER, 1925, S. 78.

erste Mal wird er in den Überlieferungen zur Gründung der Oberhäuptlingstümer Linte und Ngila, speziell im Häuptlingstum Guéré (um 1860), erwähnt. [503] Der *nduūŋ* stellte den wichtigsten (politisch-religiösen) Kultgegenstand eines jeden Vute-Häuptlingstums dar und war besonders eng mit der Person des Häuptlings oder Oberhäuptlings verbunden. MOHAMADOU macht über ihn folgende Angaben: [504] Das Wort *nduūŋ* bedeutet wörtlich „Sack". Es handelt sich dabei um eine Ledertasche mit Zaubergegenständen, von denen geglaubt wurde, daß sie ihrem Inhaber Immunität gegen die Waffen und Wurfgeschosse des Feindes garantieren und ihn und seine Männer unbedingt zum Sieg führen könnten. Die geheimnisvolle Kraft, die in dieser Ledertasche enthalten ist, heißt *ngouhb*. Sie wird von der Gesamtheit der Zaubergegenstände gebildet. Sie ist Kraft und verschafft dem Besitzer Kraft. Der *nduūŋ* wird in einer kleinen Hütte, dem *Youk Ngoubi*, im Innern des Herrschergehöftes, oder manchmal auch in einem Raumteil der Eingangshütte des Herrschergehöftes, aufbewahrt. Bei seiner Bewachung wurden besondere Regeln eingehalten und besondere Sorgfalt angewandt. Er wird einem Greis anvertraut, der nicht mehr zu sexuellen Beziehungen fähig ist, und der junge Knaben betreut, die noch nicht mannbar sind. Ihre Aufgabe ist es, den Zutritt zu dieser Hütte zu verbieten und ein Feuer zu unterhalten, das niemals verlöschen darf. SIRAN ergänzte MOHAMADOUs Ermittlungen durch weitere Angaben: [505] Der *nduūŋ*-Behälter wurde aus Pantherleder gefertigt. Unter den darin befindlichen Zaubergegenständen war besonders ein Pulver wichtig, das aus der Stirnhaut feindlicher Häuptlinge, die im Krieg getötet worden waren, hergestellt wurde. [506] Die Zaubergegenstände wurden nach ihrer Wirkung in drei Arten eingeteilt: Gegenstände, die im Krieg stark machten; Gegenstände, die die Kräfte zur Ehe mit vielen Frauen stärkten; und Gegenstände, die Menschen bewogen, sich beim Häuptling niederzulassen. Der *nduūŋ* wurde Tag und Nacht beim Häuptling aufbewahrt und verließ seinen Aufbewahrungsort nur, wenn er in die Schlacht geführt wurde.

Nach Sirans Interpretation ist der *nduūŋ* eindeutig als ein Symbol politischer Macht zu verstehen, da seine magischen Ziele hauptsächlich der Erhaltung der politischen Einheit dienten. [507] Obwohl der *nduūŋ*-Kult in früherer Zeit bereits vorhanden war, erscheinen die von SIRAN genannten Hauptzwecke besonders typisch für die eigentliche Bildungs- und Konsolidierungsphase der Oberhäuptlingstümer nach etwa 1870. Als die bereits existenten Oberhäuptlingstümer Linte und Ngila die großen Gebiete in der Sanaga-Ebene eroberten,

---

[503] Siehe oben, S. 92, 101.

[504] Nachfolgende Angaben nach MOHAMADOU, 1967, S. 103, Anmerkung 60. Vgl. ähnliche Angaben bei SIRAN, 1971, S. 12, Anmerkung 1.

[505] Vgl. SIRAN, 1980, S. 49, Anmerkung 34.

[506] Nach Angaben von LEMBEZAT, 1961, S. 232, und SIEBER, 1925, S. 54, 63, 85 beinhaltete der *nduūŋ*-Beutel vor allem die ausgebrochenen Stirnbeine und Geschlechtsteile getöteter Häuptlinge. Über Tipane (*Ngraŋ* VII) – nach MOHAMADOU (1967, S. 122) von 1909 bis 1917 Oberhaupt der im ehemaligen Oberhäuptlingstum Ngila lebenden Vute – erfuhr SIEBER: „der Häuptling Tipane [besitzt] einen ‛heiligen Medizinsack', den er von seinen berühmten Vorgängern übernommen hat. Dieser Medizinsack enthält u.a. auch Stirnbeine und getrocknete Geschlechtsteile gefallener Häuptlinge und starker Krieger, die der alte Ngila im Kampf erschlagen hat." SIEBER, 1925, S. 54.

[507] SIRAN, 1980, S. 49, Anmerkung 34.

wurde das Verdienst ganz ihrem *nduūŋ* zugeschrieben, der in der Vorkolonialzeit allein die Kriegsmacht des Oberhäuptlings symbolisierte.[508] Die enge Verbundenheit des *nduūŋ* mit ihm, erkennbar auch an der Integration des *nduūŋ* in die Zeremonien der Ahnenverehrung, kennzeichnet allgemein die Verschmelzung von politischer und religiöser Macht in der Stellung des Oberhäuptlings.[509]

Während der Ahnenzeremonien für die Vorfahren des Oberhäuptlings Tipane im Mai 1915, die SIEBER beobachten durfte, wurde die mit dem *nduūŋ* verbundene Zeremonie ganz wesentlich vom „Zauberpriester" (*nōbi-mēn, nobe mēin*) durchgeführt, der diese Funktion seit vielen Jahren wahrnahm.[510] In einer längeren Rede übergab er dem Oberhäuptling den kraftgeladenen *nduūŋ*-Beutel, damit er im Falle eines Krieges siegen würde.[511] DOMINIK beschrieb den im Jahre 1894 bei Neyon (*Ngraŋ* III) angetroffenen „Zauberer und Medizinmann": „neben dem König ... stand ein anderer Alter mit tiefer Narbe im Nacken. Sein Kleid war über und über mit Koransprüchen benäht, Büschel aus den Schwanzhaaren des Elefanten trug er in den Händen und Wedel aus seltsamen Federn, mehrere Tonkruken, die er an Riemen über die Schulter trug, kennzeichneten ihn als Zauberer und Medizinmann. Einst hatte er, die Etikette vergessend, vor Ngilla in den Fuffu gelangt. Des Königs Messer hatte seinem Hals die tiefe Narbe geschlagen".[512] Mangels weiterer Angaben über diese am Hofe des Oberhäuptlings wirkenden religiösen Funktionsträger kann nur festgestellt werden, daß sie wesentlich mit den magischen Handlungen betraut waren, die sich auf kriegerische Angelegenheiten bezogen.

Die Erwähnung von Koranamuletten am Gewand des genannten religiösen Funktionsträgers weist darauf hin, daß er von der – noch ganz oberflächlichen – Islamisierung der oberen Schicht der Vute bis zu einem gewissen Grade beeinflußt war.[513] Der Oberhäuptling und die herrschende Schicht trugen auf Raub- oder Kriegszügen an der von den Haussa erworbenen sudanischen Vollkleidung zahlreiche Ledertäschchen mit auf Stoff genähten und

---

[508] MOHAMADOU, 1967, S. 103, Anmerkung 60. Nach MOHAMADOU [ebenda] haben die älteren Vute-Häuptlingstümer den *nduūŋ*-Kult bis heute beibehalten, was es ermöglicht, rezentere Häuptlingstümer von den älteren zu unterscheiden. In den älteren Häuptlingstümern sehen die Zeremonien zur Inthronisation eines neuen Häuptlings bis in unsere Tage einen ganzen Tag für das heilige Zeremoniell mit dem *nduūŋ* vor. Man sagte, daß, wenn versehentlich der Inhalt des *nduūŋ* aus diesem herausfiel, nur der Häuptling ihn wieder füllen konnte. Seit der „Befriedung" in der deutschen Kolonialzeit hat die inhaltliche Bedeutung des *nduūŋ*-Kultes allerdings zwangsläufig Veränderungen erfahren. Er symbolisiert nun vor allem auch die zivile Macht des Häuptlings und seine moralische Kraft.

[509] Ausführlicher zur Verbindung von religiöser und politischer Macht in der Stellung des Vute-Oberhäuptlings siehe unten Kapitel 9, Abschnitt 2.5., S. 207ff.

[510] SIEBER, 1925, S. 54f. Bei der hier erwähnten Bezeichnung „Nfunga" handelt es sich wohl um den persönlichen Namen dieses religiösen Funktionsträgers. Vgl. die Titelbezeichnungen bei HOFMEISTER, 1919, S. 19; SIEBER, 1925, S. 60.

[511] Ebenda. Siehe auch unten, Kapitel 9, Abschnitt 2.5., S. 208ff. Nach SIEBER war diese unmittelbar vor der Kapitulation der deutschen Kolonialregierung durchgeführte Zeremonie u.a. auch zur Beruhigung der Vute gedacht, die bereits Instruktionen für das Verhalten beim Vormarsch der Engländer und Franzosen erhielten. SIEBER, 1925, S. 56.

[512] DOMINIK, 1901, S. 80.

[513] Zur Islamisierung der Vute in den Oberhäuptlingstümern der Sanaga-Ebene siehe oben, S. 73, 175.

geweihten Koransprüchen. [514] Nach MORGEN waren im Jahre 1890 während der Vorbereitungen für den Kriegszug gegen Ngader „alle Haussa-Leute des Ortes ... seit Wochen tätig, um für Ngilla und seine Großen geschriebene Koransprüche in Ledertäschchen einzunähen und an die Kriegsgarnituren zu heften. Das Geschäft dieser ... Händler blühte wieder einmal." [515]. Daneben wurden natürlich die traditionellen Schutzzaubergegenstände getragen, mit denen sich jeder Krieger, vor allem unter den „einfachen Vute", versah. [516] Es muß auch magische Handlungen für einen guten Ausgang des Kampfes gegeben haben, die jeder einzelne Krieger individuell ausführte. So berichtete SONGSARÉ, daß ein einfaches Schwertmesser, in der Art wie das auf Tafel XXVIII, Abb. 42 gezeigte, im Kampf gegen die Fulbe (beziehungsweise Gegner mit islamischen Amuletten) wertlos gewesen sei. Der Krieger mußte vorher auf die Klinge urinieren oder die Klinge mit Menstruationsblut einstreichen. Stand eine Schlacht gegen die Fulbe bevor, wurden menstruierende Frauen ausgewählt und mit in die Schlacht genommen. [517]

Über die Orakel der Vute – die u.a. auch bei kriegerischen Unternehmungen befragt wurden – hat SIEBER nähere Angaben gemacht. Überwiegend nahmen die *notswe* (von SIEBER mit „Wahrsager" übersetzt) die Orakelhandlungen vor. [518] Das Wahrsagen war zwar nicht an bestimmte Familien gebunden; das Wissen darüber wurde aber von den *notswe* in der Regel an die Söhne weitergegeben. Sie übten das Wahrsagen neben ihren sonstigen wirtschaftlichen Tätigkeiten aus. [519]

SIEBER beobachtete ein auch bei den Tikar übliches Stäbchenorakel, das zur Prognose, ob Feinde kommen werden, oder wie wohl der Kampf ausgehen könne, angewendet wurde: „Einmal überraschte ich einen *notswe* bei seiner Hantierung. Er hatte ein Bündel Stäbchen – ich zählte 120 davon – die alle zu einem Zauberspruch gehörten. Diese Stäbchen sind etwa 20 cm lang und bestehen in der Regel aus Palmrippenrinde. Durch aufgeleimte, beziehungsweise fest eingepreßte Gegenstände wie Kaurimuscheln, kleine Knochenstücke, rote Beeren, Nüsse, kleine Perlen werden die Stäbchen nach Wert und Bedeutung unterschieden. Es ist also keines dem anderen gleich und hat jedes seine ganz bestimmte Bedeutung, wie die Karten eines Spieles. Meist ist um die Stäbchen noch ein Blechstreifen gelegt zur Erhöhung der Haltbarkeit. Bei der Ausübung des Zaubers nimmt der *notswe* alle Stäbchen in die Hand, wiegt sie einige mal hin und her, schließt die Augen, murmelt Sprüche und wirft die Stäbchen dann plötzlich auf den Boden. Aus der Lage derselben liest er nun die Zukunft. Nichts scheint ihm verborgen. Dem Jäger weiß er anzugeben, ob und wo er heute Beute machen kann. ... Dem Häuptling vermag er anzuzeigen, ob Feinde nahen und welchen Ausgang der Krieg nehmen wird." [520] Bei einem anderen *notswe* beobachtete SIEBER ein Hühnereiorakel,

---

[514] DOMINIK, 1897, S. 416; MORGEN, 1893a, S. 206.

[515] MORGEN, 1893a, S. 227f.

[516] SIEBER, 1925, S. 72.

[517] SONGSARÉ, mündliche Aussage, 1987.

[518] SIEBER, 1925, S. 81.

[519] SIEBER, 1925, S. 84.

[520] SIEBER, 1925, S. 81f. Die Sammlung Thorbecke (Völkerkundliche Sammlungen, Reiss-Engelhorn-Museen,

mit dem vorausgesagt werden sollte, wie es im Kampf stehe, und mit dessen Hilfe Gefallene identifiziert werden sollten. Er nahm „aus einem Sack eine kleine Schachtel mit roter Farbe und bestrich seinen Arm damit. Mit einem Hühnerei rieb er auf diesen Stellen wiederholt hin und her, worauf er das Ei an den Mund nahm und stark anhauchte. Da erschienen auf der Schale des Eis verschiedene Linien und seltsame Figuren. Er zeigte mir dieselben mit der ... Behauptung, daraus den Stand des Krieges, besonders aber die Identität der Gefallenen erkennen zu können. ... Der _notswe_ hatte vorher Einritzungen in die Ei-Schale vorgenommen." [521]

In diesem Zusammenhang muß auch kurz auf den religiös motivierten Verzehr von Menschenfleisch nach siegreichen Raubüberfällen oder anderen Kämpfen eingegangen werden. Diese Tatsache wird von HOFMEISTER, THORBECKE und SIEBER erwähnt, denen davon berichtet worden ist. [522] Es gibt jedoch eine Beobachtung von DOMINIK aus dem Jahr 1895, der ein Siegesfest der Vute in Nduba (Oberhäuptlingstum Ngila) miterlebte, nach einem „Sieg über die Bati's, den der Heerführer Gimene erfochten hatte", wobei er auch Zeuge des anthropophagischen Teils dieses Festes wurde. [523] Er beschrieb den Verlauf in einem Bericht vom 15.10. 1896 an den Stellvertretenden Gouverneur von Kamerun, v. Seitz. Dieser Bericht gelangte in die Akten des Reichskolonialamtes und wurde nicht veröffentlicht. [524] Nach den Angaben von DOMINIK [525] begann die Siegesfeier mit einer Ansprache des Kriegsanführers Gimene an den Oberhäuptling, verbunden mit der Übergabe des Kopfes des getöteten Bati-Häuptlings. Der anthropophagische Teil des Siegesfestes fand am Ende, nach der Vorführung des Kampfspiels _ngane_, statt. Die „Großen" wechselten ihre islamische Kleidung mit dem „Wute-Schurz", und es wurde zuvor getanzt. Der Tanz drückte Kampf und Sieg der Vute aus, begleitet vom Singen einer in „Kehllauten gehaltenen Melodie". Frauen, Kinder und Unfreie durften nicht an der Siegesfeier teilnehmen. Nur die Krieger, nach dem Bericht wohl überwiegend die „Großen", verzehrten das Fleisch der gefallenen Feinde. [526] Nach Aussagen von Neyon (_Ngran_ III), der selbst nicht von dem Fleisch aß, machte „nur der Genuß des Fleisches der Gefallenen ... das Herz des Kriegers stark." [527]

Daß die Vute-Oberhäuptlinge sich selbst nicht am Verzehr von Menschenfleisch beteiligten, wird durch die Forschungen von SIRAN bestätigt. [528] Die Vute-Informanten bestä-

Mannheim) beinhaltet ein _ngal_ genanntes „Zauberspiel" (IVAf. Nr. 8003) mit 118 Stäbchen aus Wombi bei Yoko.
[521] SIEBER, 1925, S. 82.
[522] HOFMEISTER, 1926, S. 77; SIEBER, 1925, S. 20, 63; THORBECKE, 1916, S. 44f. THORBECKE erhielt bestätigende Aussagen „von Angehörigen fast aller Stämme des Ost-Mbamlandes" und erfuhr, daß in den Jahren vor 1912 auf Station Yoko mehrere Todesurteile wegen „Kannibalismus" ausgesprochen waren. THORBECKE, 1916, S. 45.
[523] Bundesarchiv R 1001/4287, Bl. 65–67, DOMINIK.
[524] Bundesarchiv R 1001/4287, Bl. 59ff., DOMINIK.
[525] Nachfolgende Angaben nach Bundesarchiv R 1001/4287, Bl. 65f., DOMINIK.
[526] Ebenda.
[527] Bundesarchiv R 1001/4287, Bl. 67, DOMINIK. Vgl. auch DOMINIK, 1909, S. 730.
[528] SIRAN, 1980, S. 35, Anmerkung 14.

tigten ihm jedoch auch, daß ihre Vorfahren „avaient été anthropophages." [529] Auch LEM-
BEZAT äußerte 1961 über die Vute: „sans doute arrivait-il que l'on mangeât le corps de
l'ennemi tué". [530] SIRAN erwähnte ferner, daß auch nach der Einnahme eines feindlichen
Dorfes, Fleisch von einigen getöteten Männern, zusammen mit Lebensmitteln, die man in
dem Dorf fand, zubereitet und verzehrt wurde. Die Mehrheit der Gefangenen wurde jedoch
abtransportiert, vor allem für die jährliche Steuerabgabe an den Lamido von Tibati. [531] In
diesem Zusammenhang erörterte SIRAN auch eine von Angehörigen der ehemals unterworfenen und betroffenen Ethnien geäußerte Interpretation vom Sinn des Verzehrs gefallener
Bati, Mvéle, Betsinga usw. durch die Vute, nämlich daß damit eine Diskriminierung ausge-
drückt werden sollte: „on rappelait par là leur condition de gibier aux habitants de l'alentour
comme à ceux qui avaient trouvé leur salut dans la fuite." [532] Darüber hinaus äußerten die
Nachkommen der betroffenen Ethnien, daß sie sich als „Wild zweiter Klasse" fühlten, denn
der Häuptling oder Oberhäuptling aß ja kein Menschenfleisch, sondern nur das echte Wild.
Auf seine Frage, warum der Oberhäuptling dies nicht tat, erhielt er stets die gleiche Antwort:
„tu crois qu'il n'avait pas assez de buffles ou antilopes à manger?" [533] Der im 19. Jh. noch
vorhandene Wildreichtum der ganzen Region läßt die Begründung, die Vute-Krieger hätten
dies aus Fleischmangel getan, nicht zu. [534]

Die nicht sehr umfangreichen Beobachtungen über rituelle Anthropophagie bei den Vute scheinen also ihr Vorkommen zu bestätigen. Die Sensibilität des Gegenstandes erforderte
jedoch wesentlich mehr Aussagen und Interpretationen aus eigener Sicht der Vute, ehe eine Einschätzung der erwähnten Bräuche gegeben werden könnte. Sie soll hier auch nicht
versucht werden.

Zu der zahlenmäßig sicher nicht kleinen Schicht der Krieger, die einen gehobenen Status einnahmen, gehörten offensichtlich auch solche, die den Titel mətaŋnip („mangeurs
d'hommes") [535] tragen durften. Unter ihnen wählte der Oberhäuptling seine Würdenträger und Ratsmitglieder (mbåå) aus. [536] Es ist auch anzunehmen, daß sie Anführerfunktionen
erhielten. Leider machte SIRAN keine näheren Angaben dazu.

An anderer Stelle erwähnte SIRAN die „gens du tɔk", Männer, die die magischen Kräfte
des tɔk besitzen. [537] Eines ihrer Attribute waren die magischen Kräfte ihres Blicks. Sie galten
als besonders „hartgesottene" Krieger und traten mit viel Prestigegebaren vor den anderen
Vute auf. Einstmals sollen Männer des tɔk von zwei sich bekämpfenden Vute-Gruppen vorher in der Nacht heimlich Einzelkämpfe durchgeführt haben, um den Ausgang der Kämpfe
am kommenden Tag voraussagen zu können. Die Männer des tɔk konnten auch in der

---

[529] Ebenda.
[530] LEMBEZAT, 1961, S. 232. Ähnlich äußerte sich bereits THORBECKE, 1916, S. 44f.
[531] SIRAN, 1980, S. 35.
[532] Ebenda.
[533] SIRAN, 1980, S. 35, Anmerkung 14.
[534] Ebenda. Siehe oben, S. 86, Anmerkung 200.
[535] SIRAN, 1971, S. 6.
[536] Ebenda.
[537] Angaben über die „gens du tɔk" nach SIRAN, 1971, S. 13, Anmerkung 1.

Nacht an „gefährlichen Stellen" Orakelbündel finden und sie ohne Schaden zu nehmen in ihr Dorf bringen. Diese Orakelbündel brachten entweder Reichtum (gute Jagdergebnisse, reichliche Ernten usw.) oder Leid (Epidemie, schlechte Ernte, Sterilität der Frauen). Nach Sirans Ermittlungen sollen alle Häuptlinge über die Kräfte des *tɔk* verfügt haben. [538]

Mehrmals wurde in der vorliegenden Arbeit auf die Herausbildung eines ausgeprägten Kriegerethos unter den Vute-Männern hingewiesen. [539] Inwieweit es sich möglicherweise auf religiöse Überzeugungen gründete, ist bisher nicht bekannt. Jedenfalls wurde die Kriegerideologie vom Oberhäuptling und der herrschenden Schicht insgesamt deutlich gefördert und gepflegt. Ohne Zweifel trug sie bei, die persönliche Einsatzbereitschaft des Einzelnen bei kriegerischen Unternehmungen zu steigern. Diese Förderung implizierte unter sozialem Gesichtspunkt, daß nur durch eine deutlich nachgewiesene Tapferkeit Kriegsanführerpositionen erreicht werden konnten, und unter sozialökonomischem das zentralistische Distributionssystem, [540] das wachsende Wohlhabenheit durch Anteile an der begehrten Kriegsbeute und an Prestigegütern ebenfalls von Tapferkeit und Auszeichnung abhängig machte.

---

[538] Ebenda. Vgl. auch SIRAN, 1971, S. 20, Anm. 1.
[539] Siehe oben, S. xii, 102f., 166, unten, S. 227. Vgl. MORGEN, 1893a, S. 204; SIRAN, 1971, S. 6.
[540] Siehe unten, Kapitel 9., Abschnitt 2.6.2.1., S. 213ff.

9. Zur gesellschaftlichen Differenzierung in den Vute-Oberhäuptlingstümern zum Zeitpunkt der kolonialen Integration (1899)

9.1. Einleitung

Die Anfänge zentralisierter Herrschaft zwischen 1860 und 1880,[1] die sich aus den Überlieferungen erschließen lassen, werden in den Quellen am Ende des 19. Jhs. in einem fortgeschritteneren Stadium und mit konkreten Angaben belegbar. In den polyethnischen politischen Einheiten setzte sich eine zwar noch in allererste frühstaatliche Prozesse eingebettete, aber bereits mit einer hohen Konzentration an Entscheidungsbefugnissen ausgestattete Oberhäuptlingsfunktion durch. Zum Zeitpunkt der kolonialen Eroberung verfügte der Vute-Oberhäuptling über einen noch geringfügig ausgebildeten Apparat von Funktionsträgern. Er war bemüht, seine politischen Machtmittel auszuweiten und ein straffes Herrschaftssystem über der in gesellschaftliche Schichten gegliederten Bevölkerung zu errichten. Wie in vielen frühen Staatsbildungen Afrikas stellte die herrschende Linie mit dem Oberhäuptling die oberste Ebene dar. Zusammen mit einer Schicht wohlhabender „Großleute" stand sie über der Schicht der einfachen freien Vute und einer Schicht Freigelassener und Unfreier, die fast ausschließlich anderen Ethnien angehörten. Die Trennung in verschiedene gesellschaftliche Schichten war jedoch durch eine Reihe von Möglichkeiten sozialer Mobilität nicht so streng, wie sie äußerlich wirkte. Der Oberhäuptling vergab wichtige Funktionen außerhalb der *royal lineage* und seine Vertrauenspersonen waren in nicht geringem Umfang Unfreie. Diese und andere Angaben lassen einen allmählichen Rückgang des gesellschaftlichen Einflusses der *royal lineage* und der Verwandtschaftsorganisation im allgemeinen erkennen.

Das Interesse am Haussahandel und an der Fernhaltung der Fulbe-Macht (vor allem durch Tribute in Form von geraubten, versklavten Menschen) waren Notwendigkeiten von so zentraler Bedeutung, daß sie sich auch im System der sozialökonomischen Beziehungen in den Oberhäuptlingstümern deutlich widerspiegelten. Die extreme Konzentration des Verfügungsrechtes über geraubte Menschen und des Haussa-Handels im Amt des Oberhäuptlings sowie die Möglichkeiten des gesellschaftlichen Aufstiegs und der Wertakkumulation durch Erfolg im Krieg sind deutlicher Ausdruck dafür. Auf dieser Basis etablierten sich die von den frühen europäischen Beobachtern festgestellten ausgeprägten Herrschermerkmale des Vute-Oberhäuptlings.

Daß die Vute selbst die Oberhäuptlingsfunktion am Ende des 19. Jhs. als ein über dem Häuptling stehendes Herrscheramt ansahen, geht aus sprachlichen Angaben hervor. Den

---

[1]   Siehe Kapitel 7, Abschnitt 3.

Oberhäuptling bezeichneten sie als *mfoi*. HOFMEISTER übersetzte dieses Wort mit „Fürst, Häuptling, König". [2] Eindeutiger ist seine Übersetzung aus dem Deutschen in die Vute-Sprache: „König" = *mfoi*. [3] Daraus kann man schließen, daß *mfoi* eine übergeordnete Position bezeichnete, die über solche Positionen wie *takur* („Häuptling") oder *nojiri* („Befehlshaber, Fürst, Häuptling") gestellt war. [4] An anderer Stelle übersetzte HOFMEISTER das Wort *nojiri* (Plur. *nub-jiri*) mit: „der Große". [5] Diese Übersetzung wird auch von SIRAN bestätigt. [6]

SIRAN gibt den Begriff für den Oberhäuptling mit *mvèɲ* wieder und übersetzt ihn mit: „Fürst". Wie er ausdrücklich hervorhob, wählte er mangels eines besseren Begriffs im Französischen die Bezeichnung *prince*, um eine Zwischenstufe zwischen „Häuptling" und „König" zu beschreiben. So nannte er die Vute-Oberhäuptlingstümer auch *principautés* und wollte damit zum Ausdruck bringen, daß sie politische Einheiten waren, die über das Häuptlingstum hinausgingen, für die der Begriff „Staat" jedoch ebenfalls unangemessen schien. [7] Anhand von Überlieferungstexten aus Nguila (1969) [8] und Mangai (1970/71), einem in der Vorkolonialzeit zu Ngila gehörigen Häuptlingstum, machte der Autor auf mögliche Zusammenhänge zwischen dem zeitgleichen Beginn der gewaltsamen Integration von Häuptlingstümern und der Herausbildung des politisch immer mächtiger werdenden *mvèɲ*-Amtes aufmerksam. [9]

Es scheint, daß *mfoi* oder *mvèɲ* die allgemeinste Bezeichnung für das Amt des Oberhäuptlings gewesen ist, denn wie aus den Quellen vielfach bekannt, nannten sich die Oberhäuptlinge von Nduba *Ngraŋ* (Ngila, Ngilla, Ngirang) und die von Linte *Ngrté* (Ngourtei, Ngutte, Ngute). Diese Titel wurden jeweils vom Nachfolger des Herrschers übernommen. [10] Nach Aussage von SONGSARÉ bedeutet *Ngourtei* sinngemäß: „Er findet den Feind in jedem Loch oder jeder Höhle, wo er sich auch verkriechen mag" (*ngour* = Loch, Höhle; *tui* = findet). *Ngraŋ* bleibt in seiner Bedeutung etwas unscharf. Es wird mit „Herr über allen Raum", aber auch mit „Löwe" übersetzt. [11] So erklärt es sich, wenn in kolonialzeitlichen Reiseberichten Bezeichnungen wie „Ngirammetumbe", [12] „Ngilla men Dumbe" oder „Ngutte

---

[2]   HOFMEISTER, 1919, S. 16.
[3]   HOFMEISTER, 1919, S. 37.
[4]   HOFMEISTER, 1919, S. 19, 23, 35.
[5]   HOFMEISTER, 1919, S. 35; 1918/1919, S. 17.
[6]   SIRAN, 1971, S. 15 (*kijiri*).
[7]   Vgl. SIRAN, 1980, S. 52.
[8]   Französische Schreibweise des kolonialzeitlichen Ngila bzw. des vorkolonialen Nduba.
[9]   SIRAN, 1980, S. 48ff., 52, Anmerkung 38.
[10]   Vgl. THORBECKE, M.-P., 1914, S. 155. F. und M.-P. THORBECKE erfuhren dies 1912 von Dukan, dem von der deutschen Kolonialregierung eingesetzten, jedoch auch nach der Erbfolge vorgesehenen, Oberhäuptling der Vute des Linte-Gebietes, der den Titel *Ngrté* noch nicht führen durfte, solange Gongna (*Ngrté* III) noch lebte, der, von den Deutschen gezwungen, sich in einem Dorf bei Nduba aufhielt. THORBECKE, M.-P., 1914, S. 142.
[11]   Nach SONGSARÉ, mündliche Aussage 1987: „Herr über allen Raum"; nach THORBECKE, 1914a, S. 63: „Löwe".
[12]   Bundesarchiv R 1001/3345, Bl. 22, 25, v. STETTEN.

men Linte" auftauchen.[13] Damit sind „Ngraŋ, Herrscher (mvèɲ) von Nduba" und „Ngrté, Herrscher von Linte" gemeint. Die jeweiligen Herrscher hatten daneben natürlich auch noch ihre persönlichen Namen.[14]

Die Deutung des Wortes mvèɲ als Bezeichnung für den Oberhäuptling könnte nun allerdings in Frage gestellt werden, da dasselbe Wort auch im persönlichen Namen des mehrfach erwähnten Unterhäuptlings Guater auftaucht, der ein Bruder der herrschenden Ngila-Oberhäuptlinge gewesen ist. Nach Aussage von SONGSARÉ hatte er den persönlichen Namen mvein tan koun, übersetzt mit: „ein Häuptling ißt den anderen".[15] Diese Übersetzung wird durch Hofmeisters Wörterverzeichnis bestätigt.[16] SONGSARÉ hat den Namen „Guater" als Oberhäuptlingstitel wie Ngraŋ oder Ngrté aufgefaßt.[17] Der unter anderem politisch interpretierbare Inhalt des Namens mvein tan koun deutet vielleicht auf die durch Überlieferung belegte gewaltsame Einwanderung der mwīɲɲèē in den Südwesten der Sanaga-Ebene.[18] Möglicherweise war Guater bestrebt gewesen, eine selbständige mvèɲ-Position aufzubauen, was dann durch den Anschluß an seinen Bruder, den mächtigeren mvèɲ von Nduba, unterbrochen wurde. Das in den Quellen häufig betonte gute Verhältnis zwischen den Brüdern und die beinahe ebenbürtige Stellung Guaters mögen erklären, warum er den mvèɲ- oder mvein-Titel in seinem Namen weiterhin tragen durfte.[19] Eine genauere Untersuchung des Begriffes mvèɲ wird nach diesem Hinweis dennoch notwendig sein.

Die Quellenangaben zur gesellschaftlichen Gliederung und Organisation weisen in zahlreichen Detailfragen Lücken auf. Relativ viele Angaben liegen zur Position des Oberhäuptlings und zur Stellung der Unfreien vor. Die Schichten der „Großleute" und der einfachen freien Vute sind vergleichsweise wenig dokumentiert. Wesentliche Aussagen werden durch die kolonialzeitlichen Autoren DOMINIK, HOFMEISTER, MORGEN und SIEBER sowie anhand neuerer Feldforschungsergebnisse von SIRAN gemacht.[20] Diese Materialgrundlage – vor allem zur Stellung des Oberhäuptlings und des Unfreien – ermöglichte eine Überblicksdarstellung des gesellschaftlichen Differenzierungsprozesses in den Vute-Oberhäuptlingstümern am Ende des 19 Jhs.

---

[13] DOMINIK, 1895, S. 653.
[14] Vgl. die Genealogien der Vute-Herrscher bei MOHAMADOU, 1967, S. 113f., 122f.
[15] SONGSARÉ, mündliche Aussage 1987.
[16] Vgl. HOFMEISTER, 1919, S. 13 (kun – der andere, jener), 16 (mfoi – Fürst, Häuptling, König), 23 (tan – essen, fressen).
[17] SONGSARÉ, mündliche Aussage 1987.
[18] Delteil, zitiert nach MOHAMADOU, 1967, S. 122f.
[19] Bundesarchiv R 1001/3346, Bl. 13, DOMINIK; MORGEN, 1893a, S. 99, 101, 232; SONGSARÉ, mündliche Aussage, 1987; V. STETTEN, 1895, S. 111, 112.
[20] DOMINIK, 1897, 1901; HOFMEISTER, 1914, 1926; MORGEN, 1893a; SIEBER, 1925; SIRAN, 1971, 1980, 1981a, 1981b.

9.2. Gesellschaftliche Merkmale der Oberhäuptlingsfunktion

9.2.1. Die Nachfolge

Dem System der matrilinearen Abstammung bei den Vute[21] entsprach die Weitergabe der Funktion des Oberhäuptlings an den Sohn der Schwester des verstorbenen Herrschers. Wenn es diesen Schwestersohn nicht gab, konnte der Bruder des Verstorbenen oder sein Halbbruder (der aber von derselben Mutter geboren sein mußte) an seine Stelle treten.[22] Diese Regel wurde jedoch in den Oberhäuptlingstümern Linte und Ngila durchbrochen, wo die Söhne der Oberhäuptlinge die Nachfolge antraten.[23] Die Nachfolge in diesen Oberhäuptlingstümern war an die *royal lineage* namens *mwīŋɲèē* gebunden. Während SIRAN die *mwīŋɲèē* als *famille* oder *lignage* bezeichnet, wendet MOHAMADOU für diese Verwandtengruppe die Bezeichnung *clan* an.[24] SIEBER sprach von einer festen Bindung der Oberhäuptlingsfunktion an die „Ngila- oder Häuptlingsverwandtschaftsgruppe".[25] Der Nachfolger des Oberhäuptlings wurde von drei repräsentativen Gremien der herrschenden Schicht bestimmt. Zu ihnen gehörten nicht nur Verwandte des Oberhäuptlings, sondern auch nicht verwandte Personen, die durch den verstorbenen Herrscher oder einen seiner Vorgänger in ihre jeweilige Stellung gekommen waren. Getrennt versammelten sich einmal die erwachsenen Mitglieder der *mwīŋɲèē*, die Ratgeber und Würdenträger (*mbåå*) sowie das Gefolge des Oberhäuptlings. Nur wenn die Vorschläge der drei Gremien zur Übereinstimmung gebracht werden konnten, wurde der Nachfolger festgelegt.[26] Bei der Auswahl der Nachfolgekandidaten wurden insbesondere ihre kriegerischen Fähigkeiten beurteilt. Wie oben erwähnt, hatte der neue Oberhäuptling auch einen Raub- oder Kriegszug durchzuführen und danach freigebig Beute zu verteilen.[27] Ehe die Inthronisation des neuen Oberhäuptlings vollzogen war, fanden mitunter erhebliche Machtkämpfe zwischen den Prätendenten statt, wie die oben aufgeführte Überlieferung von Y.M. Pierre und G. Vouba aus Linté belegt.[28] Ihnen lagen auch latente Auseinandersetzungen zwischen der entstehenden Zentralgewalt und dem nach und nach entmachteten Matriklan zugrunde.[29] Die Wahl des Oberhäuptlings erfolgte auf Lebenszeit; absetzbar war er nach SIEBER nur durch den Aufstand des Gefolges und anderer „Volkskreise".[30] In den Quellen wird allerdings kein solcher Fall erwähnt. Bei den Inthronisationszeremonien war auch ein ganzer Tag für das „heilige *ndoung*-Zeremoniell" vorgese-

---

[21] SIRAN, 1980, S. 48, Anmerkung 29.

[22] Pierre u. Vouba, zitiert nach MOHAMADOU, 1967, S. 101. Vgl. DOMINIK, 1901, S. 264; SIEBER, 1925, S. 60, 66; SIRAN, 1980, S. 48f.

[23] Vgl. MOHAMADOU, 1967, S. 113ff.; SIEBER, 1925, S. 66; SIRAN, 1989, S. 211.

[24] MOHAMADOU, 1967, S. 101; SIRAN, 1971, S. 6; 1980, S. 54, Anmerkung 41.

[25] SIEBER, 1925, S. 60, 66.

[26] SIRAN, 1971, S. 6; 1980, S. 54, Anmerkung 41.

[27] Siehe oben, S. 166f.

[28] Siehe oben, Kapitel 7, Abschnitt 3.2.1., S. 98ff. Vgl. MOHAMADOU, 1967, S. 101.

[29] Vgl. SIRAN, 1981a, S. 269. Siehe oben S. 172f.

[30] SIEBER, 1925, S. 60.

hen.[31] Abgesehen von dem Hinweis, daß der Amtsantritt unmittelbar nach der Bestattung des verstorbenen Oberhäuptlings erfolgte, und daß der neue Herrscher auch die Frauen des Vorgängers übernahm, liegen keine weiteren Angaben zur Inthronisation vor.[32]

9.2.2. Der Herrschaftsapparat

Die Herrschaft des Oberhäuptlings wurde durch einen relativ variabel zusammengesetzten Rat (*kul*) unterstützt. In ihm waren die vom Oberhäuptling ernannten Würdenträger (*mbáá*) vertreten, die teils der *royal lineage*, teils anderen Linien angehörten. Stets waren das Männer, die sich im Kriege besonders ausgezeichnet hatten.[33] Zu diesem Rat gehörten ferner Vertraute des Oberhäuptlings aus dem Gefolge, meist Unfreie, die über diesen Weg in Würdenträger- oder Vertrauensstellungen gelangten. MORGEN betonte, daß „einzelne groß und reich gewordene Sklaven" den meisten Einfluß auf den Herrscher gehabt hätten; ihnen vertraute er mehr als seinen Verwandten.[34] Einen gewissen Einfluß auf die politischen Entscheidungen hatte auch die Mutter des Oberhäuptlings, aber nicht in dem Maße wie zum Beispiel im Reich Bamum.[35] Einigen weiteren weiblichen Familienmitgliedern gestattete der Oberhäuptling wohl ebenfalls freie Meinungsäußerung.[36] Als Funktionsträger des Oberhäuptlings nannte SIEBER den „Herold" (*notur*), der gleichzeitig „Medizinmann" und „Siegelbewahrer" war, sowie den einflußreichen „Zauberpriester" (*nobí Men*) als Vermittler zwischen den „höheren Mächten und dem Volk".[37] DOMINIK beobachtete 1894 bei Neyon (*Ngraŋ* III) den „Scharfrichter", der sich sehr häufig in der Nähe des Oberhäuptlings aufhielt, und den „Erzieher" Neyons, Nangasiba, ein „weißbärtiger Alter" in vornehmer Haussa-Kleidung. Er war ständig unterwürfig um den noch jugendlichen Neyon bemüht.[38]

Von den unteren Funktionsträgern des Herrschaftsapparates, die lediglich Befehle auszuführen hatten, werden in den Quellen die „Ausrufer" (*nubta am*), „Melder" (*nubpēne*), die auch eine Art Exekutivgewalt besaßen, die „Wächter" (*dugal*) am Eingang des Oberhäuptlingsgehöftes und die „Läufer" genannt.[39] Zur allgemeinen Hofhaltung gehörten auch Einrichtungen (wie die Hofmusikgruppe) und Würdenträger geringeren Ranges, wie Dolmetscher und Hofschneider.[40]

---

[31]   Vgl. MOHAMADOU, 1967, S. 103, Anm. 60; zum *nduūŋ*-Kult siehe oben, S. 189ff.
[32]   SIEBER, 1925, S. 60; SIRAN, 1971, S. 13.
[33]   SIRAN, 1971, S. 6; 1980, S. 54f.; vgl. auch 1981a, S. 269.
[34]   MORGEN, 1893a, S. 83. Vgl. DOMINIK, 1901, S. 79f.
[35]   SIEBER, 1925, S. 60.
[36]   Vgl. MORGEN, 1893a, S. 82f.
[37]   SIEBER, 1925, S. 60f. Möglicherweise war der Herold auch der Hüter des *nduūŋ*. Vgl. SIEBER, 1925, S. 56.
[38]   DOMINIK, 1901, S. 80.
[39]   SIEBER, 1925, S. 60f. Vgl. auch Bundesarchiv R 1001/3345, Bl. 46, DOMINIK; DOMINIK, 1901, S. 79; 1908, S. 52; MORGEN, 1893a, S. 216, 221. Die Bezeichnung für die „Wächter" (*dugal*) deutet darauf, daß es Mitglieder des Oberhäuptlingsgefolges waren.
[40]   Bundesarchiv R 1001/4358, Bl. 120, v. CARNAP-QUERNHEIMB; DOMINIK, 1901, S. 174; SONGSARÉ, mündliche Aussage 1987; Bundesarchiv R 1001/3292, Bl. 154, v. STETTEN; THORBECKE, M.-P., 1914, S. 145.

Die Mitsprache des Gefolges (*dugalibi, dugarip,* sing. *dugar*)[41] bei der Wahl der Oberhäuptlinge von Linte und Nduba zeigt die nicht geringe soziopolitische Rolle seiner Mitglieder. Möglicherweise geht das auf die bedeutende Rolle von Anhängerschaft und Gefolgsleu-
ten bei der Gewinnung politischer Macht durch die Gründer des Oberhäuptlingstums Linte
in der Zeit zurück, die der Gründungsperiode unmittelbar vorausging.[42] Nach etwa dreißig
Jahren, im Prozeß des Ausbaus der Stellung des Oberhäuptlings, gehörten zum Gefolge auch
vielfach nicht aus der *royal lineage* stammende, zum Teil unfreie Männer.

Die kolonialzeitlichen Beobachter stellten eine relativ große Zahl junger Leute im Gefolge des Oberhäuptlings fest.[43] Nach SIEBER wurden häufig junge Männer, die über keine
Mittel für einen Brautpreis verfügten, in das Gefolge aufgenommen.[44] Besondere Tapferkeit war allerdings Bedingung dafür.[45] Vom Oberhäuptling erhielten sie Frauen, mit denen
sie zeitweise zusammenlebten. Diese waren jedoch keine legitimen Ehefrauen und konnten
wieder zurückgenommen werden.[46] Detailliert geht DOMINIK auf eine weitere Hauptquelle des Gefolgschaftsnachwuchses ein, die bei Raubüberfällen gefangenen Knaben: „Knaben
verkauft Ngilla ungern, er gibt sie seinen Kriegern, denen sie die Büffelschilde tragen müssen; sobald sich dann der kriegerische Sinn bei dem Knaben regt und sobald er gehörig zu
Kräften gekommen ist, lehrt man ihn selbst das Kriegerhandwerk, er zieht aus zum Plündern
und Menschenfangen und wird ein ergebener Streiter seines Herrn. Diese Leute sind es, die
Ngilla mit Gewehren bewaffnet hat, während die freien Wute Speer und Bogen führen, aber,
obgleich die ersteren Sklaven bleiben, so führen sie doch kein beklagenswertes Dasein, denn
Ngilla stattet sie reichlich aus, gibt ihnen Weiber, Haus und Hof und erzieht sich seine Ver-
trauten und Ratgeber aus solchen Leuten. Meist sind dies Leute, die von Ngilla ein Weib aus
seinen eigenen Frauenhäusern erhalten, was als größte Gunstbezeigung gilt."[47]

Auch aus anderen Quellen geht hervor, daß das Gefolge vom Oberhäuptling in jeder
Beziehung unterhalten wurde, häufig mit dem Zusatz, daß es keinerlei Arbeit übernahm,
nur für den Oberhäuptling da zu sein hatte, ihn überall hin begleiten und in den Krieg
ziehen mußte.[48] So, wie der Oberhäuptling zur äußeren Kennzeichnung der unterschiedlichen gesellschaftlichen Schichten eine Reihe von Vorschriften erlassen hatte,[49] würdigte er in
gleicher Weise auch die gehobene Stellung des ihm eng verbundenen Gefolges. Als V. STET-
TEN 1893 mit Neyon (Ngraŋ III) zusammen vom Ort des Unterhäuptlings Guater nach
Nduba zog, befanden sich unmittelbar vor Neyon fünfzehn Berittene in englischen roten

---

[41] SIRAN, 1971, S. 6; 1980, S. 54, Anmerkung 41. Vgl. HOFMEISTER, 1919, S. 8.
[42] Siehe oben, Kapitel 7, Abschnitt 3.2.1. und 3.2.2.
[43] U.a. HOFMEISTER, 1914, S. 54. Vgl. SIRAN, 1971, S. 6.
[44] SIEBER, 1925, S. 41.
[45] SIRAN, 1971, S. 6.
[46] SIEBER, 1925, S. 41, 44.
[47] Bundesarchiv R 1001/ 4357, Bl. 25f., DOMINIK
[48] Bundesarchiv R 1001/4358, Bl. 118, V. CARNAP-QUERNHEIMB; ebenda, 4357, Bl. 24, DOMINIK; HOF-
MEISTER, 1914, S. 54; LEMBEZAT, 1961, S. 231; SIEBER, 1925, S. 45, 65; 1928, S. 34; THORBECKE,
M.-P., 1914, S. 142, 145.
[49] DOMINIK, 1897, S. 416; SIEBER, 1925, S. 15.

Uniformröcken,[50] die sicher zu seinem Gefolge gehörten und deren Uniformen vermutlich von Haussa-Händlern erworben worden waren.

9.2.3. Die „Hofetikette"

Als Ausdruck des sozialen Abstandes und der Stellung des Oberhäuptlings als Herrscherpersönlichkeit hatte sich eine Art Hofetikette herausgebildet, die frühe Beobachter wie MORGEN[51] und DOMINIK noch beobachten konnten. DOMINIK schildert folgende Verhaltensregeln: „... hat sich ein allgemein übliches Ceremoniell seiner Unterthanen ihm gegenüber herausgebildet; so muß in Gegenwart des Häuptlings Jeder auf der bloßen Erde sitzen, muß gebeugten Rückens an ihm vorübergehen und darf nur mit niedergeschlagenen Augen zu ihm sprechen. Spuckt der Häuptling, so beeilt sich Jeder, den Speichel an der Erde mit den Fingern zu zerreiben,[52] jedes Stäubchen, jeder Halm wird sorgsam entfernt, wenn er geht; ein Schild wird über ihn gehalten, wenn es regnet oder er dem Sonnenschein ausgesetzt ist. Sklaven, Weiber und Kinder dürfen ihm nur mit spezieller Erlaubnis nahen und müssen kniend zu ihm sprechen; kurz, es wird fast ein Kultus mit seiner Person getrieben."[53] M.-P. THORBECKE beobachtete, daß das ganze Gefolge es dem Herrscher gleichtat, wenn dieser sich kratzte.[54] Während einer Begegnung Dominiks mit Neyon in dessen Frauenhaus hielten 60–80 einheitlich mit Hüfttüchern bekleidete Frauen die Augen ständig niedergeschlagen, auch wenn sie vom Oberhäuptling angesprochen wurden. Eine Sklavin reichte ihm den Becher mit gesenkten Lidern kniend und blieb anschließend zu seinen Füßen liegen, weiterer Befehle gewärtig.[55] Ähnlich hatten sich nach SIEBER Untertanen zu verhalten, die eine Bitte an den Oberhäuptling richten wollten: „Da muß sich der Bittsteller erst melden lassen und anfragen, ob der Häuptling ihn hören wolle. Wird er vorgelassen, so naht er in gebückter Stellung, die Handflächen aneinander vor die Brust gedrückt, und verharrt in dieser Haltung, bis der Häuptling ihn auffordert zum Sprechen."[56]

Kam eine neue Haussa-Karawane nach Nduba, die sich dem Herrscher vorstellte, oder erschienen Unterhäuptlinge aus den benachbarten Orten zur Teilnahme am Kampfspiel in Nduba, so hatten Begrüßung und Ehrbezeugungen nach feststehenden Regeln zu erfolgen.[57]

Viele Autoren vermerkten auch die ständigen Lobpreisungen des Oberhäuptlings bei allen möglichen Gelegenheiten. Sie begannen bereits bei seinem Erwachen durch die höfische

---

50 Bundesarchiv R 1001/3292, Bl. 154f., v. STETTEN.

51 MORGEN, 1893a, S. 82, 186, 235f.

52 DOMINIK schrieb dazu später: „... wenn er ausspie, so balgten sie sich um seinen Speichel, den sie sich als wundertätig in die Haut rieben." DOMINIK, 1908, S. 55.

53 DOMINIK, 1897, S. 417. Vgl. SIEBER, 1925, S. 102f. Die Benutzung des großen Büffelschildes als Schutz gegen die Sonne für den Oberhäuptling belegt DOMINIK auch an anderer Stelle: „Ngilla und ich saßen auf einer Bank, über uns hielten vier Sklaven gegen die Sonne einen mächtigen Schild." Bundesarchiv R 1001/4357, Bl. 29, DOMINIK.

54 THORBECKE, M.-P., 1914, S. 142f.

55 Bundesarchiv, R 1001/4357, Bl. 24, DOMINIK.

56 SIEBER, 1925, S. 102.

57 Bundesarchiv R 1001/4357, Bl. 28–30, DOMINIK; DOMINIK, 1901, S. 80.

Musikgruppe. [58] Jede Begrüßungsrede eines Untertanen oder Haussahändlers begann damit, und bei seinen Gängen durch den Ort gehörte zu den Begleitern ein Mann, der Lobpreisungen über den Oberhäuptling vortrug. [59] Die Menschen, denen er begegnete, warfen sich zu Boden und warteten, das Gesicht dem Boden zugewandt, bis er vorübergegangen war. [60] Kehrten siegreiche Kriegertruppen von einem Raubzug zurück, so stellten sich Haussa am Ortseingang an ihre Spitze und zogen mit ihnen zum Oberhäuptling, wobei sie Siegeslieder und Lobpreisungen auf ihn sangen. [61] Auch die Ansprachen der Kriegsanführer vor dem Herrscher enthielten Treueversprechen und Lobreden. [62]

9.2.4. Wesenszüge der Oberhäuptlingsfunktion

Die autokratisch wirkenden Herrschaftsmethoden der Vute-Oberhäuptlinge äußerten sich in einem ausgeprägten Einzelentscheidungs- und Forderungsrecht gegenüber ihren Untergebenen. [63] Über die für jeden Vute-Herrscher festgeschriebenen Rechte hinaus, die er sozusagen im Einverständnis mit der Gemeinschaft besaß, verfügte er willkürlich über Einzelpersonen, Familien oder integrierte andersethnische Gruppen im gesamten territorial-politisch beherrschten Gebiet. Dabei setzte er sich häufig über die von ihm selbst mit Verwandten oder Günstlingen besetzten unteren lokalen Verwaltungsposten hinweg. Widerspruch oder Berufung gegen Entscheidungen des Oberhäuptlings waren nicht möglich; schon der Versuch wurde schwer bestraft. [64] Die nur selten einberufenen „Volksversammlungen" dienten nicht der Diskussion, sondern der Verkündung von Entscheidungen oder Ereignissen. [65] Bei den vom Oberhäuptling regelmäßig abgehaltenen Besprechungen im Rat hingegen hatten die Teilnehmer freie Meinungsäußerung. [66]

Despotische Züge in der Herrschaft der Vute-Oberhäuptlinge zeigen sich vor allem in den Berichten über willkürliche Menschentötungen, z.B. bei Kampfspielen – an denen der Herrscher selbst teilnahm [67] -, über Hinrichtungen oder die Wegnahme unfreier Frauen aus Familien der Untergebenen. [68] Als MORGEN 1889 während seines ersten Besuchs bei Gomtsé (Ngraŋ II) diesem seine Gewehre vorführen sollte und bat, er möchte die in der Schußrichtung stehenden Menschen zur Seite treten lassen, erwiderte dieser sinngemäß, das würde zu viel Zeit kosten, er möchte nur anfangen, „es käme nicht darauf an, wenn auch

---

[58]   SONGSARÉ, mündliche Aussage 1987.
[59]   Bundesarchiv R 1001/4287, Bl. 29f., 53, 65, DOMINIK; ebenda, 4357, Bl. 27, 29f., DOMINIK; MORGEN, 1893a, S. 86.
[60]   RIEBE, 1897, S. 45.
[61]   MORGEN, 1893a, S. 228.
[62]   Vgl. Bundesarchiv R 1001/4287, Bl. 65, DOMINIK.
[63]   Vgl. LIPS, 1930, S. 158; MORGEN, 1892, S. 512; SIEBER, 1925, S. 59.
[64]   SIEBER, 1925, S. 60, 70.
[65]   SIEBER, 1925, S. 61.
[66]   SIEBER, 1925, S. 61f.
[67]   Vgl. DOMINIK, 1908, S. 54.
[68]   DOMINIK, 1901, S. 172; THORBECKE, 1914a, S. 49

Fig. 10: Vute-Oberhäuptling Gomtsé (Ngraŋ II), Skizze aus dem Jahre 1889 von Lieutnant TAPPENBECK.
Mittheilungen von Forschungsreisenden und Gelehrten aus den Deutschen Schutzgebieten, 3, 1890, Taf. IV.

einige seiner Leute tot geschossen würden."[69] Dieser Despotismus machte auch vor den Haussa-Händlern nicht halt. So sollen sich die Haussa-Händler in Kano erzählt haben: „Wer einmal im Leben zu Ngila oder Ngutte geht, wird entweder aufgefressen oder hat, wenn er heimkehrt, für sein Leben genug verdient."[70] In seinem Bericht von 1897, der wichtige Einzelangaben über die gesellschaftlichen Verhältnisse der Vute enthält, betonte DOMINIK: „Die Disziplin im Lande wurde oftmals mit unerhörter Grausamkeit aufrecht erhalten. Namentlich Ngila und Wenque sind sehr gefürchtet, ein Menschenleben gilt ihnen nichts."[71] Ähnliche Feststellungen und Beobachtungen sind auch bei anderen Autoren zu finden.[72]

In den Quellenangaben über die Vute-Oberhäuptlinge finden sich immer wieder Hinweise, daß sie ein uneingeschränktes Entscheidungsrecht über Leben und Tod des Einzelnen sowie über sein bewegliches und unbewegliches Eigentum hatten.[73] Diese Merkmale wie auch der leichtfertige Umgang mit dem menschlichen Leben – indem schnell getötet und schnell Krieg geführt wurde -, können als typisch für viele frühe Staatsbildungen gelten. Die Frage der Etablierungsmöglichkeiten von Prinzipien der Allein- oder Gewaltherrschaft in vorkolonialen afrikanischen Staatsbildungsprozessen ist vor allem auch im Zusammenhang mit der religiösen Stellung afrikanischer Häuptlinge und Herrscher zu sehen. Die Existenz sakraler Auffassungen der Häuptlings- und Herrscherpersönlichkeiten, die man auch im Besitz bedeutender übernatürlicher Kräfte glaubte, förderte die Durchsetzung dieser Herrschaftsmethoden und ihre Akzeptanz durch die Untergebenen. Diese Akzeptanz ist auch für die Vute-Gesellschaft belegt. Folgende Ansprache von Unterhäuptlingen an den Oberhäuptling Gomtsé (Ngraŋ II) notierte MORGEN 1889 sinngemäß: „daß ihr Leben Ngilla gehöre, daß er mit ihnen machen könne, was er wolle, und daß, wenn sie je im Kampfe einen Schritt zurückweichen sollten, sie ihn bäten, ihnen sofort das Haupt vom Rumpfe zu trennen."[74] DAMMANN wies auf die Möglichkeit der Entstehung „straffer äußerer Macht", die mit Grausamkeit verbunden sein konnte, aus der sakralen Position eines Herrschers hin. Jedoch betonte er, daß nicht jede Gewaltherrschaft in Afrika damit erklärt werden kann.[75] Letzteres scheint der Verfasserin in überwiegendem Maße auch für die Vute-Gesellschaft zuzutreffen. Dennoch sind die Hinweise auf die übernatürlichen Kräfte des Oberhäuptlings, die durch seine Verbindung zu den Ahnen beziehungsweise Vorgängern auf ihn gekommen waren, deutlich und damit religiös-magische Kausalzusammenhänge zu wichtigen Merkmalen seiner Position herstellbar. Ein Beispiel mag dies verdeutlichen: Der Oberhäuptling hatte das ausschließliche Recht, alle lebende und vermutlich auch die wichtigste materielle Kriegs-

---

[69]   Bundesarchiv R 1001/3268, Bl. 86f., MORGEN.
[70]   DOMINIK, 1908, S. 49. Vgl. ZIMMERMANN, 1909, S. 84.
[71]   DOMINIK, 1897, S. 417. Vgl. 1901, S. 172.
[72]   HOFMEISTER, 1926, S. 125; MORGEN, 1892, S. 512; SCHEVE, 1917, S. 24; v. STETTEN, 1895, S. 112; THORBECKE, 1914a, S. 65; ZIMMERMANN, 1909, S. 84.
[73]   DOMINIK, 1897, S. 417; HOFMEISTER, 1926, S. 125; MORGEN, 1892, S. 512; SCHEVE, 1917, S. 24; SIEBER, 1925, S. 60; ZWILLING, 1940, S. 209.
[74]   MORGEN, 1893a, S. 86. Vgl. die Rede des Kriegsanführers Gimene an den Oberhäuptling Neyon (Ngraŋ III) im Jahre 1895. Bundesarchiv R 1001/4287, Bl. 65, DOMINIK.
[75]   DAMMANN, 1963, S. 219.

beute zu verteilen, die zunächst als sein Eigentum galt. [76] Daß dies möglich war, ist zumindest mit dadurch zu erklären, daß ihm durch den Besitz der stärksten magischen Kräfte (*nghoub*, *ngar*) bei der Kriegführung der Sieg zugeschrieben wurde. [77]

In Anbetracht der geschilderten sehr dominierenden Position des Vute-Oberhäuptlings erhebt sich die Frage nach seinen Gegenleistungen und den Einschränkungen seiner Macht. Die einzige in den Quellen genannte Pflicht oder Gegenleistung, die man von ihm erwartete, war die des Schutzes vor äußeren Angriffen und siegreiche Kriegführung. Über Einschränkungen ist ebenfalls wenig bekannt. SIEBER erwähnte, daß er den Freien zwar Aufgaben übertragen, sie aber nicht zu „niedrigen Dienstleistungen" heranziehen konnte. [78] Die Gebietsgrenzen der Oberhäuptlingstümer waren durchlässig, so daß es dem Einzelnen oder Gruppen relativ leicht möglich war, abzuwandern, sich zu verselbständigen oder sich einem anderen Oberhäuptling zu unterstellen. Nach den Angaben der Reisenden geschah dies nach 1880 häufig. [79] Der Vute-Oberhäuptling hatte außer der Gefangennahme kaum Zwangsmittel, Abwanderer zu halten und mußte daher bei der Anwendung seiner Herrschaftsmethoden darauf Rücksicht nehmen. Dies wird unter sozialökonomischem Gesichtspunkt von SIRAN bestätigt, der feststellte daß ein Vute-Herrscher (*prince*) Untergebene in dem Umfang hatte, wie erfolgreich er in der Kriegführung war und wie reichlich er Beute verteilen konnte. [80] Obwohl keine weiteren speziellen Angaben über die Machteinschränkungen des Vute-Oberhäuptlings vorliegen, geht aus den Berichten über die von ihm ausgeübte Zentralgewalt doch deutlich hervor, daß der dabei entwickelte Normenkomplex auch von ihm selbst eingehalten werden mußte. Im sozialökonomischen Bereich z.B. war es üblich, verdienten Kriegern eine *bestimmte* Mengen von Gefangenen als „Belohnung" zu überlassen. [81] Es ist anzunehmen, daß diese „Belohnung" bald als ein gewohnheitsrechtlich begründeter Anspruch aufgefaßt wurde, und daß der Oberhäuptling im allgemeinen darauf bedacht war, solchen Erwartungen zu entsprechen.

9.2.5. Die religiöse Stellung des Oberhäuptlings

Obwohl kolonialzeitliche Beobachter mehrfach die beinahe göttliche Verehrung des Vute-Oberhäuptlings betont haben, geht aus zahlreichen Quellenangaben hervor, daß er nicht – wie viele sakrale Herrscher afrikanischer Staaten der Vorkolonialzeit – strengen Vorschriften der Meidung und Isolation unterworfen war. Er hatte mehr oder weniger direkten und regelmäßigen Kontakt zu den Angehörigen des Hofes, der herrschenden Schicht, zu den Haussa-Händlern und zur „einfachen" Bevölkerung. Dazu trug bei, daß die Zentralgewalt

---

[76] Vgl. SIRAN, 1980, S. 53. Das gleiche Prinzip galt z.B. auch in der Djukun-Gesellschaft, die allerdings ein ausgeprägtes sakrales Königtum besaß. Vgl. WESTERMANN, 1968, S. 150.
[77] Siehe oben, S. 167, 190f.
[78] SIEBER, 1925, S. 58.
[79] Bundesarchiv R 1001/4358, Bl. 116, 119, V. CARNAP-QUERNHEIMB; ebenda, 3346, Bl. 11, DOMINIK; ebenda, 4287, Bl. 51, DOMINIK; ebenda, 3347, Bl. 130f., v. KAMPTZ; HOFMEISTER, 1914, S. 21, 23.
[80] Vgl. SIRAN, 1980, S. 52.
[81] Vgl. SIRAN, 1980, S. 45.

des Oberhäuptlings nicht nur politisch, sondern auch sozialökonomisch begründet war, so daß er an den Entscheidungen über die wichtigsten Fragen des wirtschaftlichen und gesellschaftlichen Alltags maßgeblich beteiligt war.

Die „beinahe göttliche Verehrung" erstreckte sich nach SIEBER vor allem auf die Gründer der Oberhäuptlingstümer Linte und Ngila (Ngueng, *Ngrté* I und Vouktok, *Ngraŋ* I bzw. Gomtsé, *Ngraŋ* II). [82] Zur Zeit der Aufenthalte von HOFMEISTER und SIEBER im Vute-Gebiet (1912–1915) galten sie als Heroen, die vom Ahnherrn der Vute, Nidense, wichtige Kulturgüter wie Feuer, Mais und Hirse sowie die Schmiedekunst erhalten haben sollen. [83] Ein regelmäßiger Kult wurde ihnen nicht gewidmet, doch wurden gelegentlich öffentliche Totenfeiern mit Opferhandlungen durchgeführt. Sie fanden in gesonderten Begräbnishainen außerhalb des Ortes statt. [84] SIEBER konnte im Jahre 1915 eine solche Feier im Oberhäuptlingstum Ngila miterleben. Die Ahnenfeier wurde kurzfristig anberaumt, da dem regierenden Oberhäuptling Tipane (*Ngraŋ* VII) zweimal im Traum der „alte Ngila" finster und drohend erschienen war und danach auch noch die „heilige Medizin" (der *nduuŋ*-Beutel) von seinem Platz herabgefallen war, was von dem Zauberpriester Nfunga als Beschwerde des „Geistes Ngilas" über mangelnde Verehrung gedeutet wurde. [85] Siebers Beschreibung dieser Ahnenzeremonie sei nachfolgend zitiert:

„Tipane ließ sogleich alle seine Leute durch Eilboten zusammenrufen. Den Männern wurde befohlen, eiligst den Weg nach den Gräbern der großen Häuptlinge (eine Strecke von etwa 4 km), sowie den Platz und die Gräber selbst zu reinigen. Die Frauen aber mußten schleunigst große Mengen *mberĕk* (Bier) herstellen. Am anderen MORGEN zog dann der Häuptling unter großem Gefolge mit Musik und Tamtam nach dem Ndumba-Berg zum Grabe Ngilas. Dieses befindet sich ein wenig unterhalb des Gipfels. Es ist ein stilles, weihevolles Plätzchen im Schatten hoher Bäume. Unter drei mächtigen Urwaldriesen ruht der alte Recke. In scheuer Ehrfurcht umgab das Volk den Platz. Eine Weile herrschte tiefes Schweigen, dann trat der alte Nfunga als Priester vor. Er nahm die 'heilige Medizin' in die Rechte, hielt sie hoch empor und richtete voll hinreißender Begeisterung und flammenden Auges folgende Rede (im Auszug) an den Häuptling mit seinem ganzen Volk: 'Der große Ngila ist vor vielen Jahren gestorben; doch habt ihr noch nicht an seinem Grabe gebetet. Dies wollen wir aber nun heute tun und zwar zusammen mit den *nasára* (Weißen)...' [86] ... Darauf reichte Nfunga dem Tipane die 'heilige Medizin' und rief, immer mehr in Ekstase geratend: 'Nimm dies, es ist starke Kriegsmedizin,① sie macht dich stark. Wenn ein anderer Häuptling mit dir Krieg beginnt, so wirst du ihn Kraft dieser Medizin besiegen.' Hierauf wurde eine Kalebasse voll *mberĕk* (Durra-Bier) gebracht. Der Häuptling trat mit seiner Sippe in einen Kreis

---

[82] SIEBER, 1925, S. 55f.

[83] SIEBER, 1925, S. 78.

[84] SIEBER, 1925, S. 52, 55.

[85] SIEBER, 1925, S. 54f.

[86] Es werden von SIEBER im folgenden sehr tendenziöse Bemerkungen Nfungas über Dankbarkeit und Treue gegenüber den Deutschen zitiert, die SIEBER auf die Kriegssituation des Jahres 1915 zurückführt. Vgl. SIEBER, 1925, S. 55, 56.

und nun tunkten alle Mitglieder der Ngila-Familie der Reihe nach, beginnend beim Häuptling, ihre Fingerspitzen in die Flüssigkeit. Dies ist das Symbol ihrer Zusammengehörigkeit und zugleich das Zeichen der Bestätigung, gleichsam ein Treuschwur: 'Wir halten zusammen und beschwören unsern Bund.' Tipane hatte bei diesem Akt die 'heilige Medizin' umhängen, nach Beendigung übergab er sie seinem Herold. Darauf wurde am Grabe Ngilas und zwar am Kopfende eine junge, weiße Ziege von Nfunga geopfert. Langsam sickerte das Blut in das Grab. In tiefem Schweigen sah die Menge zu. – Nach der Bedeutung dieser Zeremonie gefragt, versicherte man mir: 'Wir bringen dem 'Gott Ngila' damit ein angenehmes Opfer dar.' Am Grabe der Mutter Ngilas nahmen die Frauen Salz, das sie in Blättern mitgebracht hatten, und streuten es als Gabe auf das Grab. Sie glaubten dabei, die Seele der Mutter Ngilas würde das Salz aufnehmen und es im Jenseits zum Kochen verwenden. Zum Grabe Ganes (eines Nachfolgers Ngilas) brachten die Frauen *mberēk* in kleinen Kalebassen und stellten dieselben auf das Grab. Hier entfernten sie sich auffallend schnell. Der Grund dafür liegt in dem Glauben des Volkes, der Geist Ganes würde bald erscheinen und das Bier trinken. Gane hatte nämlich zu Lebzeiten eine ganz besondere Vorliebe für Bier gezeigt. Nachdem so den Geistern der verstorbenen Wute-Herrscher die entsprechenden Opfer gebracht worden waren, kehrte das Volk wieder zu seinen Hütten zurück."

„①: Die 'Medizin' befand sich in einem Fischotterfell, das in Form eines Sackes zugenäht war, sie enthielt Haare, Muscheln, Knochen, besonders Stirnbeine erschlagener Häuptlinge, darunter angeblich auch die des 'Ngadir'." [87]

Wie HOFMEISTER und SIEBER ausführten, bestand zu Beginn des 20. Jhs. wie bei vielen afrikanischen Völkern auch unter den Vute die religiöse Auffassung, daß die Verstorbenen im Jenseits die gleiche gesellschaftliche Stellung einnahmen wie im Leben, und daß ihre Seele (bei den Vute die Wesenheit *mê*) in vielerlei Weise auf die Lebenden einwirke. [88] In diesen Vorstellungskomplex sind auch die Zeremonien für die Herrschervorfahren einzuordnen, die sowohl Verehrung als auch Besänftigung der mächtigen Ahnen bewirken sollten. [89]

Spärlich sind die Hinweise auf die Annahme übernatürlicher Fähigkeiten und Merkmale der lebenden Vute-Oberhäuptlinge [90] oder die Übertragung von Kräften und Fähigkeiten ihrer Vorgänger, wie sie WESTERMANN als typisches religiöses Element der Autorität des „Stammeshäuptlings" beschrieb. WESTERMANN charakterisierte diesen als „Träger der dem Land unentbehrlichen magischen Kräfte", der deshalb besondere Autorität und großes Ansehen besaß. [91] Nach den Forschungen Sirans waren diese magische Kräfte infolge der bedeutenden Rolle der Kriegführung und Neubildung politischer Einheiten der Vute im 19.

---

[87] SIEBER, 1925, S. 55f. Bei 'Ngadir' handelt es sich vermutlich um den oben mehrfach erwähnten Unterhäuptling Ngader. Siehe oben, S. 122ff., 137, 187ff.

[88] Vgl. HOFMEISTER, 1926, S. 144; SIEBER, 1925, S. 74ff. Zur Zweiteilung der Seelenvorstellung der Vute vgl. SIEBER, 1925, S. 73f.

[89] Zu Vorstellungen schädlicher Einflüsse der Seelen Verstorbener auf die Lebenden und deren magische Handlungen vgl. dagegen SIEBER, 1925, S. 52, 74.

[90] Zum Besitz der magischer Kräfte *tɔk* des Oberhäuptlings und besonders tapferer Krieger siehe oben, S. 194.

[91] WESTERMANN, 1968, S. 24.

Jh. bei ihnen inhaltlich besonders darauf orientiert und beim Oberhäuptling als der wichtigsten Führungskraft in diesen Prozessen konzentriert. [92] Es bestätigt sich auch hier, daß die Macht und Autorität des Oberhäuptlings als Gewähr für das Wohlergehen seiner Untergebenen angesehen wurde, und daß seine Stellung auch religiös begründet war. [93] Auch wenn man bezüglich der Vute-Gesellschaft nicht von einem sakralen Königtum sprechen kann, so wird doch deutlich, daß die religiösen Elemente der Stellung des Oberhäuptlings seine politische Macht stärkten und damit in sehr enger Verbindung standen. [94] Von den oben genannten magischen Kräften *ngar* (*nghoub*) wirkte nach Auffassung der Vute ein Teil für den Häuptling selbst, ein Teil für die ganze politische Einheit. [95] Man war der Ansicht, daß der Oberhäuptling durch sie in den Besitz seiner dominierenden Kräfte kam. [96] Die Angaben, daß der als Sitz dieser Kräfte betrachtete *nduūŋ*-Beutel vom Vorgänger übernommen wurde, daß er neben anderem Inhalt bestimmte Körperteile „durch den alten Ngila erschlagener Feinde" enthielt, [97] und die Verbindung der Inthronisation mit dem *nduūŋ*-Zeremoniell [98] deuten an, daß auch Vorstellungen von der Übertragung der Fähigkeiten tapferer Vorfahren vorhanden waren.

Die Aussagen über das Wirken dieser magischen Kräfte *ngar* (*nghoub*) für die Vute-Oberhäuptlingstümer insgesamt müssen differenziert bewertet werden. Zweifellos war auch die religiöse Situation in den kleineren, überwiegend von Vute bewohnten Häuptlingstümern eine andere als in den größeren territorialen und polyethnischen Verbänden am Ende des 19. Jhs. Und wahrscheinlich geben solche verallgemeinernden Feststellungen auch nur die Sicht der dominierenden Vute-Bevölkerung wieder. Auch wenn die integrierten Gruppen der Bati, Mwelle, Betsinga, Balom usw. zu kultureller Assimilation gezwungen wurden, liegen zu den religiösen Aspekten keine Angaben vor. Es ist eher anzunehmen, daß diese Gruppen ihre Glaubensvorstellungen und religiösen Bräuche, besonders die mit der Erde verbundenen, beibehalten hatten. [99]

In magisch-religiösen Zusammenhang zu stellen sind auch Angaben über ausschließliche Privilegien des Oberhäuptlings an bestimmten Jagdprodukten. SIEBER schreibt, daß ihm der Genuß des Fleisches von Elefant und „Kantschil" vorbehalten war. [100] Nach SIRAN war der Panther ein *animal royal*, dessen Fell für den Oberhäuptling reserviert wurde; desgleichen auch der Büffel, dessen Kopf nur von diesem genutzt werden konnte. [101]

---

[92] SIRAN, 1980, S. 49, Anmerkung 34.
[93] Vgl. WESTERMANN, 1968, S. 34.
[94] Allgemein zu dieser Thematik vgl. THIEL, 1975, S. 18.
[95] SIRAN, 1971, S. 12, Anmerkung 1. Es ist wohl mit THIEL, 1975, S. 20, anzunehmen, daß die im Zusammenhang mit den magischen Kräften *ngar* genannte Wirkung für das Wohlergehen der Menschen auf das Diesseits gerichtet war, wenn auch das Material dazu keine genaueren Angaben enthält.
[96] SIRAN, 1971, S. 12, Anmerkung 1.
[97] SIEBER, 1925, S. 54, 55.
[98] MOHAMADOU, 1967, S. 103, Anmerkung 60.
[99] Vgl. THIEL, 1975, S. 22.
[100] SIEBER, 1925, S. 88. Vermutlich handelt es sich um das Hirschferkel (Hyemoschus aquaticus).
[101] SIRAN, 1980, S. 29.

Bei der Interpretation wäre zu berücksichtigen, daß nach Siebers Angaben unter den Vute eine ausgeprägte Tierverbundenheit (Totemismus) bestand. [102] Verwandtschaftsgruppen unterschiedlicher Größe besaßen Tiertotems, mit denen sie sich hinsichtlich der Abstammung verwandt fühlten und die für sie im täglichen Leben vorwiegend Schutztotems darstellten. [103] Da Tiertotems überwiegend mit Speise-Tabus belegt sind, [104] sind diese Reservierungen für den Oberhäuptling wohl weniger mit totemistischen Vorstellungen in Verbindung zu bringen, sondern mit Vorstellungen magischer Kraftübertragungen von starken Tieren, die man als gleichrangige Wesen einer sozial ebenfalls gegliederten Tierwelt empfand. [105] Das gleiche gilt auch für die Verwendung des Wortes *ngraŋ* (Ngila) – was nach THORBECKE Löwe bedeutet – als Oberhäuptlingstitel, den die Vute von dem Yalongo-(Bafeuk)-Häuptling nach der Eroberung von Nduba übernommen hatten. [106]

Zu den religiösen Zügen des Vute-Oberhäuptlings ist zusammenfassend festzustellen, daß zu Beginn des 20. Jhs. eine Mythenbildung hinsichtlich der Gründer der Oberhäuptlingstümer betrieben wurde. Sie wirkte sich auf die religiöse Stellung der lebenden Herrscher aus und erweiterte sie wohl auch um sakrale Elemente. Sie dienten der Aufrechterhaltung der starken politischen Macht der Vute-Oberhäuptlinge, wie es z.B. auch in der – in diesem Prozeß wesentlich fortgeschritteneren – vorkolonialen Akan-Gesellschaft der Fall war. [107] Das Vute-Gebiet befindet sich in der Sudanregion zwischen zwei bedeutenden Vorkommen des sakralen Königtums, dem Zwischenseengebiet und der Oberguineaküste. Wenn man unter diesem Gesichtspunkt die Frage nach Einflüssen anderer zentralsudanischer Staatsgründungen stellt, zeigen sich Parallelen zu den nicht sakrosankten Haussa-„Königen" [108] und den islamischen Fulbe-Herrschern. Ende des 19. Jhs. betrachteten sich die Vute-Oberhäuptlinge als „islamisch". Doch war der islamische Einfluß tatsächlich nur sehr oberflächlich.

Die religiösen Aspekte in der Stellung der Häuptlinge und Oberhäuptlinge waren im 19. Jh. möglicherweise mehrfachen Veränderungen unterworfen. HURAULT deutet für die Zeit zu Beginn des 19. Jhs. das Vorhandensein sakraler Ansätze an. [109] Die gravierenden Veränderungen der Lebensumstände der Vute während der langjährigen Wanderungsetappe zwischen etwa 1830 und 1860, die eine Modifizierung der gesellschaftlichen Stellung der Oberhäupter der wandernden Gruppen zugunsten ihrer politischen Rolle bewirkt hatten, ließen möglicherweise solche Ansätze einer sakralen Auffassung des Häuptlings vorübergehend in den Hintergrund treten. Nach einer Stabilisierung der politischen Entwicklung in den Oberhäuptlingstümern und im Prozeß des Ausbaus ihrer Position könnte sich diese Tendenz umgekehrt haben. Die Frage nach einer Wiederbelebung sakraler Elemente in der religiösen

---

[102] SIEBER, 1925, S. 88f. Der Begriff „Tierverbundenheit" wird im Sinne von DAMMANN (1963, S. 37ff.) benutzt.

[103] SIEBER, 1925, S. 87–89.

[104] Vgl. SIEBER, 1925, S. 87f.

[105] Vgl. DAMMANN, 1963, S. 49.

[106] THORBECKE, 1914a, S. 63. Nach DOMINIK (1908, S. 50) bedeutete *ngiua* Elefant.

[107] Vgl. DAMMANN, 1963, S. 219; ODURO, 1972, S. 92ff.

[108] Vgl. WESTERMANN, 1968, S. 134.

[109] HURAULT, 1964, S. 36.

Stellung des Oberhäuptlings ist ein Forschungsaspekt, der nicht nur zur weiteren Klärung der religiösen Stellung des Oberhäuptlings, sondern auch für eine Gesamtbeurteilung der Veränderungen in der Vute-Gesellschaft im 19. Jh. wichtig sein könnte.

9.2.6. Die Rechte des Oberhäuptlings in der gesellschaftlichen Organisation

Die in den Quellen enthaltenen Hinweise auf bestimmte Rechte und Handlungsmöglichkeiten des Oberhäuptlings in verschiedenen Bereichen des sozialen Lebens zeigen ihn als den wichtigsten, stabilisierenden Faktor im beginnenden gesellschaftlichen Differenzierungsprozeß. Die spezifischen historischen, geographischen, ökonomischen und anderen Bedingungen, unter denen die Vute-Oberhäuptlingstümer entstanden, förderten die Entstehung von Prinzipien der Alleinherrschaft bzw. eine hohe Konzentration von Entscheidungsbefugnissen in seinem Amt. Das entstandene System sozialökonomischer Abhängigkeiten festigte seine Position und ermöglichte – im Zusammenspiel mit einer gewissen sozialen Mobilität -, den politischen Einfluß anderer Mitglieder der *royal lineage* allmählich zurückzudrängen. Insofern besaß die gesellschaftliche Struktur der Süd-Vute am Ende des 19. Jhs. eine Reihe von Gemeinsamkeiten mit anderen west- und zentralafrikanischen Staatsbildungen, wenn auch in einem relativ frühen Stadium der Ausprägung.

Das Amt des Oberhäuptlings beinhaltete vor allem die Funktion des politischen Oberhauptes und obersten Richters. Es repräsentierte die höchste territorial-politische beziehungsweise administrative Instanz und stellte, wie oben beschrieben, die oberste Entscheidungsebene in Kriegsfragen dar. [110]

9.2.6.1. Die Oberhäuptlingsfunktion und das Rechtswesen

Rechtsprechen konnte der Oberhäuptling bei jeder Klage, doch beschränkte er sich im allgemeinen auf ausgewählte Fälle, vor allem wohl am Hauptort Nduba und auf Berufungsverhandlungen gegen Urteile von Unterhäuptlingen. [111] Diese sprachen in ihrem jeweiligen Verwaltungsgebiet Recht. Aus den Quellenangaben gehen folgende Befugnisse hervor: Der Oberhäuptling handelte bereits im Sinne einer öffentlichen Gewalt. So konnte er eine entlaufene Frau, die ihrem Mann nicht den Brautpreis zurückzahlte, zurückholen lassen, beziehungsweise die eheliche Gemeinschaft erzwingen. [112] Die Todesstrafe über Freie verhängte nur der Oberhäuptling. [113] Bei besonders schweren Vergehen konnte der Rechtsbrecher von ihm in den Unfreistatus versetzt oder als Unfreier verkauft werden. Die Vute-Oberhäuptlinge tauschten diese Verurteilten meistens untereinander aus. Ebenso hatten sie das Recht, Schuldner in Schuldhaft zu nehmen und sie als Unfreie zu verkaufen. [114] Umgekehrt konnte der Oberhäuptling aber auch Unfreie zu Freien erklären. [115]

---

[110] Siehe oben, S. 165f.
[111] SIEBER, 1925, S. 67, 70.
[112] SIEBER, 1925, S. 44.
[113] DOMINIK, 1897, S. 417; SIRAN, 1980, S. 44.
[114] SIEBER, 1925, S. 65.
[115] Ebenda.

Nach SIEBER wurden Ordale im allgemeinen vom „Medizinmann", [116] womit wohl der *nōbi mēn* gemeint ist, durchgeführt. Zu Ordalhandlungen des Oberhäuptlings schrieb er weiterhin: „Es kommt auch vor, daß der Häuptling in unaufgeklärten Fällen das Urteil selbst vornimmt und dadurch den Schuldigen, wenn auch ganz willkürlich, so doch widerspruchslos ermittelt. In einem Falle handelte es sich um einen angeblichen Diebstahl von einigen Matten. Als der Beschuldigte leugnete, nahm der Häuptling zwei Kräuterwurzeln, schnitt wiederholt ein Stück davon ab und warf es ins Feuer. Aus der Länge und Lage des letzten Stückes im Feuer ermittelte er den Namen des Diebes. So willkürlich die Handhabung gerade in diesem Falle war, so galt der Spruch doch als unfehlbar." [117] Die Angeklagten oder Verhandlungsgegner wagten meist nicht, ihn zu hintergehen oder Auskünfte zu verweigern, da sie ihm außergewöhnliche Seelenkräfte zuschrieben. [118]

Einige Rechtsnormen lassen sich als Mittel zur Festigung der Position des Oberhäuptlings verstehen. So wurden Ungehorsam gegen seine Befehle oder gar Beleidigungen des Oberhäuptlings als Verbrechen schwer bestraft – nach MORGEN mit dem Tod, mit Verkauf in die Sklaverei oder auch mit Verbannung aus dem Herrschaftsgebiet. [119] Ebenso ist wohl auch die Einführung unterschiedlicher Strafmaße für gleiche Vergehen zu erklären. So wurde bei Ehebruch mit Frauen des Oberhäuptlings die Todesstrafe ausgesprochen, während er sonst bei freien Männern im allgemeinen nicht bestraft wurde. [120] SIEBER hat insbesondere auf die im genannten Sinne wirkende Begünstigung und Willkür der Entscheidungen hingewiesen, die unter anderem in der Rechtsprechung des Oberhäuptlings ihren Ausdruck fand. [121]

9.2.6.2. Die Rolle des Oberhäuptlings im sozialökonomischen Differenzierungsprozeß

Die Angaben über die sozialökonomischen Verhältnisse bei den Süd-Vute zeigen, daß die Funktion des Oberhäuptlings mit Rechten oder Einflußmöglichkeiten verbunden war, die in erheblicher Weise den Prozeß der sozialökonomischen Differenzierung steuerten. Infolge des noch wenig entwickelten Apparates von Funktionsträgern war auch die Anwendung dieser Rechte häufig direkt mit der Person des Oberhäuptlings verbunden.

9.2.6.2.1. Die Distributionsrechte

Als bedeutendster besitzdifferenzierend wirkender Komplex ist die Distribution der wesentlichen akkumulierbaren Werte durch den Oberhäuptling zu nennen. Er verfügte ausschließlich über die wichtigsten Bestandteile der Kriegsbeute. [122]

Das Verfügungsrecht über geraubte Menschen verwirklichte er zum einen durch Verteilung an seine Untergebenen nach feststehenden Regeln und Verdienstkriterien. Zum Beispiel

---

[116] SIEBER, 1925, S. 68.
[117] SIEBER, 1925, S. 69.
[118] SIEBER, 1925, S. 68.
[119] MORGEN, 1893a, S. 252; DOMINIK, 1901, S. 172; SIEBER, 1925, S. 70.
[120] HOFMEISTER, 1926, S. 125; SIEBER, 1925, S. 47; vgl. LEMBEZAT, 1961, S. 231.
[121] SIEBER, 1925, S. 66.
[122] DOMINIK, 1897, S. 418; SIEBER, 1925, S. 41, 64; SIRAN, 1980, S. 44, 52; ZWILLING, 1940, S. 209.

ermittelte SIRAN zur Aufteilung gefangener unbeschnittener Knaben, die später von den Vute zu Kriegern erzogen wurden: „À la différence des hommes adultes, les jeunes garçons trouvés incirconcis lors de leur capture étaient gardés au village et pouvaient être immédiatement attribués au guerrier qui les avait capturés, si celui-ci avait par ailleurs d'autres prises: chaque guerrier venait présenter au chef la totalité de ses prises (hommes, femmes, jeunes garçons); pour trois captifs présentés, le chef pouvait lui laisser un jeune garçon: pour cinq, deux (Toung Niri). Ces garçons grandiraient chez leur maître et seraient circoncis par lui." [123]

Zum anderen verhandelte nur er geraubte Menschen an die Haussa-Händler. [124] Er entschied auch über die jährliche Abgabe geraubter Menschen an den Lamido von Tibati. Der Oberhäuptling verhandelte an die Haussa-Händler in der Regel nur Sklaven und Elfenbein. Die Weitergabe der von den Haussa eingehandelten Gegenstände – meist Prestigegüter – an Untergebene erfolgte ebenfalls nur durch ihn auf der Grundlage der gleichen Kriterien, vorwiegend nach Verdienst und Erfolg im Krieg. SIRAN verweist jedoch auf die wohl recht häufige Weitergabe nach eigenem Wohlgefallen und als Geschenk. [125] Die Quellen enthalten kaum konkrete Angaben über Verteilungen als Geschenk, etwa an Mitglieder der *royal lineage*. Ein Beispiel dafür könnten MORGENs Angaben über den Besitz von Mku, der Tochter Gomtsés (*Ngraŋ* II), an „Dutzenden von Sklaven" und „eigenen großen Farmen" sein. [126] In verschiedenen Quellen wird bemerkt, daß der Oberhäuptling sein Verfügungsrecht in ganz erheblichem Maße für die eigene Wertakkumulation nutzte. Dazu gehören die Hinweise auf die Elfenbeinhäuser und Elfenbeinschätze des Oberhäuptlings. [127] Ferner wird mehrfach die große Zahl der Frauen am Hofe des Herrschers genannt, die die der einfachen freien Vute und selbst die der „Großleute" weit überstieg. [128] Einige Angaben belegen jedoch, daß ein Teil dieser Werte gleichzeitig das reservierte Verteilungspotential darstellte, auf das der Oberhäuptling bei Bedarf zurückgreifen konnte. [129]

Das Vorrecht der Distribution aller Kriegsbeute durch den Oberhäuptling trug wesentlich bei zur Wertakkumulation im eigenen Territorium, zur Sicherung des Haussa-Handels und der Abgaben an den Lamido. Die Basis dieses Distributionssystems, das regelmäßige Einkommen an geraubten Menschen und materiellen Gütern, wurde durch bestimmte Regelungen zusätzlich abgesichert, z.B. solche, die das Interesse an der Kriegführung und am Menschenraub förderten. Die an verdiente Krieger verteilten Knaben wurden nach ihrer Integration und Ausbildung als Krieger eingesetzt und konnten sich durch eine bestimmte

---

[123]   SIRAN, 1980, S. 45.
[124]   SIEBER, 1925, S. 64; SIRAN, 1980, S. 45; 1981a, S. 270; Bundesarchiv R 1001/3292, Bl. 155, V. STETTEN; V. STETTEN, 1895, S. 112.
[125]   SIRAN, 1980, S. 45, 52; 1981a, S. 270.
[126]   MORGEN, 1893a, S. 226.
[127]   GOLDSTEIN, 1908, S. 62; MORGEN, 1893a, S. 84, 231.
[128]   Bundesarchiv R 1001/4357, Bl. 24 („an achtzig"), DOMINIK; DOMINIK, 1897, S. 418 („zweihundert"); SIEBER, 1925, S. 45f. („zehn bis fünfzig"); THORBECKE, M.-P., 1914, S. 110f. („fünfzig bis hundert").
[129]   SIRAN, 1980, S. 45.

Anzahl selbst gefangener Menschen die Freiheit erwerben. [130] Dies stellte zwar nur eine der Möglichkeiten dar, durch die soziale Mobilität von unten nach oben stattfand; es ist aber anzunehmen, daß diese Rechtsregelung bewußt eingeführt wurde. [131] Mit ihr konnten zwei Absichten verfolgt werden, einmal die Absicherung des regelmäßigen Wertgewinns und zum anderen eine psychologisch günstige Beeinflussung des Integrationsprozesses. Der Freigelassene war nicht selten geneigt, sich der Vute-Gesellschaft vollkommen zu integrieren. Nach Aussage Songsarés war durchaus auch Assimilationsbereitschaft unter den integrierten Angehörigen anderer Ethnien vorhanden, die bis zur Veränderung ihres ethnischen Bewußtseins führte. [132] Dies um so mehr, wenn sie, wie viele Unfreie, von Kindheit an in dieser Gesellschaft erzogen und bestimmten sozialen und religiösen Bräuchen – wie der Beschneidung nach Vute-Regeln – unterzogen worden waren.

Weitere rechtliche Regelungen dienten letztlich ebenfalls der Aufrechterhaltung des wesentlich auf der Kriegführung beruhenden Distributionssystems, so die zur Absicherung des Waffenbestandes. DOMINIK beobachtete im Jahre 1895: „Es besteht in Ngoindje ein Gesetz, das den Mann, der seine Armaturstücke ohne Wissen des Königs verkauft, zum Sklaven Ngillas macht." [133] An anderer Stelle erwähnt er: „Sämmtliche Waffen sind Eigenthum des Königs." [134] Mangels weiterer Angaben ist eine Untersuchung dieses möglicherweise anders zu definierenden Rechtsverhältnisses vorläufig nicht möglich. Jedoch ist es zumindest als eine Kontrollmaßnahme in oben genanntem Sinne zu verstehen. SIEBER erwähnte die Verpflichtung von „Unterhäuptlingen mit ihren Untertanen" zur Eisensteinabgabe anläßlich des sogenannten „Mimbru-Gelages", einer volksfestartig begangenen Eisenschmelze. [135] Neben dem allgemeinen Zweck der regelmäßigen Sicherung des Waffenbestandes ist hier anzunehmen, daß der hohe Materialbedarf für die zahlreichen in Nduba lebenden waffentüchtigen Männer, einschließlich des Gefolges des Oberhäuptlings, über diesen Weg abgedeckt wurde. [136] Der Charakter dieser Abgaben an den Oberhäuptling zeigt sich in der Formulierung Siebers: „alle hatten unterschiedlich große Mengen Eisenstein mitzubringen." [137] Waffenproduktion und -bestand befanden sich somit unter der Kontrolle des Oberhäuptlings. Es bietet sich auch hier der Vergleich zu Verhältnissen bei den Djukun an, zu denen die Vute, von ihrem früheren nördlichen Siedlungsgebiet aus, im 18.Jh. Handelsbeziehungen hatten. [138] Es bestanden bei ihnen nicht nur sehr ähnliche Prinzipien bei der Verteilung gefangener Men-

---

[130] SIRAN, 1980, S. 44f. Siehe unten, S. 232.

[131] Vgl. oben, S. 175f.

[132] SONGSARÉ, mündliche Aussage 1987; SIRAN, 1980, S. 46.

[133] DOMINIK, 1895, S. 655. Mit „Ngoindje" ist das Herrschaftszentrum des Oberhäuptlingstums Ngila gemeint, das nach dem Tod Gomtsés (Ngraŋ II) von seinem Nachfolger Neyon (Ngraŋ III) in den Ort Ngoindje, einige Kilometer von Nduba entfernt, verlegt worden war. Neyon hatte vorher schon dort gelebt. Vgl. Bundesarchiv R 1001/4357, Bl.83f., DOMINIK; DOMINIK, 1895, S. 653f.; v. STETTEN, 1895, S. 112.

[134] DOMINIK, 1897, S. 416. Vgl. HOFMEISTER, 1914, S. 44.

[135] SIEBER, 1925, S. 34.

[136] Vgl. oben S. 152f.

[137] SIEBER, 1925, S. 34.

[138] MOHAMADOU, 1978, S. 14; SIRAN, 1981a, S. 267.

schen an verdiente Krieger, sondern auch die Verpflichtung zur Abgabe von Eisenstein an den Herrscher. [139]

9.2.6.2.2. Das Lehnswesen

Die Besitzdifferenzierung in den sich in der zweiten Hälfte des 19. Jhs. herausbildenden Vute-Oberhäuptlingstümern wurde erheblich durch Landverteilungen des Oberhäuptlings gefördert. Die wenigen Quellenangaben über Landbesitz lassen erkennen, daß in den Jahren vor der kolonialen Eroberung (1899) die Nutzflächen der Klangruppen oder anderer ehemals selbständiger politischer Verbände zwar weiterhin innerhalb dieser Einheiten – wohl ohne Einfluß des Oberhäuplings – verteilt wurden (außer in Nduba selbst), [140] daß er jedoch ganze Landgebiete mit ihrer Bevölkerung von ihm als eine Art Lehen vergab. Nach THORBECKE war der „Staatsgedanke" bei den Vute wesentlich deutlicher ausgeprägt als bei den nördlich angrenzenden Tikar und „verdichtete sich in der Person des Oberhäuptlings, der … Land und Menschen seinen Günstlingen und Brüdern zum Lehen gibt und nur danach strebt, seine Macht und damit die seines Staates auszudehnen." [141] Auch DOMINIK bezeichnete die Landvergabe mit Bevölkerung als Lehen: „Die Dörfer gibt er gleichsam an Verwandte zum Lehen, die dort an seiner Stelle ebenso unumschränkte Herren sind. … Er ernennt die Großen und Führer, setzt sie als Unterhäuptlinge über einen Teil der Stadt oder ein Dorf ein und weist ihnen ihre Untertanen zu, für die er sie in jeder Hinsicht verantwortlich macht." [142] Konkrete Angaben über rechtliche, den Lehenscharakter ausweisende Merkmale dieser Landübertragungen werden von den Autoren nicht gemacht. THORBECKE wies an anderer Stelle hinsichtlich der Fulbe und Vute darauf hin, daß die „Besitzverhältnisse … bei den Völkern zur Zeit der Errichtung der deutschen Herrschaft so verworren … waren, daß man nicht … an ihnen die ursprüngliche Form der Agrarverfassung erkennen könnte." [143]

Einige Angaben zur Geschichte zeitweilig bestehender Unterhäuptlingstümer im Oberhäuptlingstum Linte deuten allerdings auf Landübertragungen nach Art von Lehen hin. Nach einer von MOHAMADOU veröffentlichten Überlieferung über das Häuptlingstum Yangba „Koukoumé ou kokom, cousin du chef Gongna de Linté, était originellement installé au village de Méjou. Parce que probablement son voisinage le gênait, Gongna le plaça au lieu dit Fouktsou… " [144] Ferner belegt die Überlieferung die Weitergabe der Unterhäuptlingsfunktion innerhalb der Familie des ersten Unterhäuptlings nach dem Erbfolgerecht der Vute. Sofern es sich dabei tatsächlich um Lehnsverhältnissen gehandelt hat, wäre daraus auf Formen von Erblehen zu schließen. Ähnliche Angaben liegen auch für die in der Vorkolonialzeit ebenfalls zu Linte gehörenden Häuptlingstümer Mangai und Nyem vor. [145] Daß Formen von Erblehen in der zweiten Hälfte des 19. Jhs. im Vute-Siedlungsgebiet nicht nur in

---

[139] Vgl. WESTERMANN, 1968, S. 150.
[140] Vgl. SIEBER, 1925, S. 64f.
[141] THORBECKE, 1916, S. 23.
[142] DOMINIK, 1897, S. 417.
[143] THORBECKE, 1916, S. 23.
[144] Geffrier, 1944–45, zitiert nach MOHAMADOU, 1967, S. 113.
[145] Geffrier, 1944–45, zitiert nach MOHAMADOU, 1967, S. 114.

den Oberhäuptlingstümern auftraten, zeigt die Überlieferung über das Vute-Häuptlingstum Makouri, hier allerdings unter den Bedingungen eines politisch dual strukturierten Systems, das peripher in die Verwaltung des Lamidats Tibati einbezogen war. [146]

Über die Herkunft solcher Formen von Landübertragung, die Lehnsverhältnissen ähnlich sind, ist anhand des vorliegenden Materials vorläufig kaum eine Aussage möglich. Wie bei zahlreichen anderen Aspekten des gesellschaftlichen Lebens der Süd-Vute ist eine Vorbildwirkung der frühstaatlichen Fulbe-Organisation nicht auszuschließen. Ebenso könnte jedoch ein Lehnsverhältnis auch ohne Vorbild durch Einsicht in den gegenseitigen Vorteil einer solchen Beziehung entstanden sein, wenn ein Verwandter des Oberhäuptlings eine relativ selbständige Position mit Territorium, Bevölkerung und Möglichkeiten der Wertakkumulation dafür erhielt, daß er das Eigentumsrecht des Oberhäuptlings anerkannte, sich politisch unterstellte und bestimmte Verpflichtungen übernahm. Der Oberhäuptling erhielt dadurch zusätzlichen materiellen Gewinn, erweiterte sein Herrschaftsgebiet und schuf Stützpunkte für die weitere Expansion.

Allgemein wird man bei einer Einschätzung des Vute-Lehnswesens nicht von einem gefestigten und allseitig angewandten Lehnsrecht, sondern erst von einer am Ende des 19. Jhs. sich mehr und mehr durchsetzenden Gewohnheit ausgehen müssen. So erscheint es im Falle des oben erwähnten Guater fraglich, ob dessen Territorium als Lehen gelten kann. [147] Nach den Überlieferungen wanderte er möglicherweise getrennt von Gomtsé (Ngraŋ II) in das später von ihm verwaltete Territorium ein, könnte es also unabhängig von diesem erobert haben. [148] Er selbst drückte MORGEN gegenüber seine persönliche Unterstellung aus, erwähnte aber nicht, daß sein Land eigentlich dem Oberhäuptling von Nduba gehöre. [149] Die erwähnte Tributpflicht, die politische Unterstellung und der von MORGEN benutzte, aber nicht erläuterte Begriff „Vasall" [150] in einem Reisebuch ohne wissenschaftlichen Anspruch genügen für die Feststellung eines Lehnsverhältnisses nicht.

Die Besitzer mittlerer und größerer „Lehen" bildeten bald eine wohlhabende und einflußreiche Schicht. Zu ihr gehörten Mitglieder der *royal lineage*, aber auch andere, nicht mit dem Oberhäuptling verwandte Personen, die teilweise wichtige gesellschaftliche Funktionen ausübten und für ihre Verdienste belohnt worden waren. Sie alle werden in den kolonialzeitlichen Quellen häufig unter dem Begriff „Großleute" zusammengefaßt. Die Wertakkumulation dieser gesellschaftlichen Schicht vollzog sich im Zusammenhang mit lehensähnlichen Übertragungen hauptsächlich über den Einsatz von Unfreien auf den Anbauflächen des Besitzers [151] und durch die Inanspruchnahme verschiedener Leistungen der auf dem Territori-

---

[146] Geffrier, 1944–45, zitiert nach MOHAMADOU, 1967, S. 97, 99.
[147] Siehe oben, S. 116f., 199f.
[148] Vgl. MOHAMADOU, 1967, S. 122.
[149] MORGEN, 1893a, S. 101.
[150] Ebenda.
[151] Vgl. DOMINIK, 1897, S. 416, 418; MORGEN, 1893a, S. 226; SIEBER, 1925, S. 5, 58; SIRAN, 1980, S. 40ff.; THORBECKE, 1916, S. 35, 64, 67.

um ansässigen Bevölkerungsgruppen. [152] Die kolonialzeitlichen Reisenden stellten deutliche Unterschiede in den Feld- und Speichergrößen der „einfachen Freien", der „Großleute" und der Oberhäuptlinge fest. So erwähnte THORBECKE runde Feldanlagen als Felder des allein Arbeitenden [153] und Rechteckfelder des „Großmanns oder Häuptlings", auf denen mehrere Abhängige in Reihen nebeneinander arbeiteten. [154] Häufig werden in den Quellen die „riesigen Farmen" der Oberhäuptlinge erwähnt. [155] MORGEN erwähnte „große Vorratshäuser für Getreide", die der Oberhäuptlingstochter Mku gehörten. [156] SIEBER beobachtete „besondere Vorratsgebäude für Erntevorräte" in Gehöften des „Häuptlings und einiger Vornehmer", bei anderen Eigentümern sah er nur freie Überdachungen oder Verschläge. [157]

9.2.6.2.3. Die Einkünfte

Die Einkünfte des Oberhäuptlings zeigen, daß mit seiner Funktion nicht nur die Vereinnahmung eines bedeutenden Teils der Kriegsbeute, sondern auch die Nutzung der Arbeitskraft seiner Untergebenen und damit eine hohe Wertakkumulation im produktiven Bereich verbunden war. Im Unterschied zu den übrigen Mitgliedern der privilegierten Schicht beanspruchte der Oberhäuptling auch von den freien Untertanen Arbeitsleistungen und Abgaben. [158] Von diesen Einkünften unterhielt er das Gefolge und die zahlreichen zu seinem Hofe gehörenden Personen.

MORGEN, SIEBER und SIRAN haben über Arbeitsleistungen für den Oberhäuptling berichtet. MORGEN schilderte anschaulich die Arbeit vieler Hunderter von Menschen bei der Bestellung des Häuptlingsfeldes, die zweimal im Jahr organisiert wurde: „Diese waren in fünf Abtheilungen zu 100 Mann über den ganzen Platz verteilt. Jede Abtheilung war in einer langen Linie formiert, hinter welcher einzelne Aufseher und drei oder vier Musikanten standen. Auf ein Zeichen der Musik setzte sich die Linie in vornüber gebückter Haltung in Bewegung, und im Takte der Musik wurde nun mit einer kleinen Hacke der Boden gepflügt, d.h. ganz flüchtig rajolt. Mehrere Schritte hinter den Pflügern folgten die Säeleute, aus einem umgehängten Sacke den Samen streuend. Wenn jede Abtheilung so ihr Stück Feld bestellt hatte, was im ganzen bei dieser flüchtigen Art nur drei Tage in Anspruch nahm, so war diese Arbeit für ein halbes Jahr erledigt." [159] Nach SIEBER wurden die Einsätze auf dem Feld des Oberhäuptlings zum „Bearbeiten und Einernten" durchgeführt, wonach de-

---

[152] Siehe unten, Kapitel 9, Abschnitt 3, S. 222f.

[153] Gemeint ist eine einzelne Familie ohne Abhängige als Hilfskräfte. Vgl. THORBECKE, 1916, S. 64.

[154] THORBECKE, 1916, S. 63. Vgl. MORGEN, 1893a, S. 205; v. PUTTKAMER, 1897, S. 382.

[155] Bundesarchiv R 1001/ 4357, Bl. 18, DOMINIK; DOMINIK, 1901, S. 173, 303; MORGEN, 1891, S. 148; 1893a, S. 98, 226; v. PUTTKAMER, 1897, S. 382; THORBECKE, M.-P., 1914, S. 123.

[156] MORGEN, 1893a, S. 226.

[157] SIEBER, 1925, S. 6.

[158] SIRAN, 1980, S. 43. Über eventuelle Arbeitsleistungen einfacher freier Vute für die Unterhäuptlinge fehlen Angaben.

[159] MORGEN, 1893a, S. 204. Eine ganz ähnliche Beobachtung machte auch V. PUTTKAMER im Jahre 1897 beim Vute-Oberhäuptling Dandugu am linken Ufer des Sanaga. V. PUTTKAMER, 1897, S. 382. Vgl. Bundesarchiv R 1001/4357, Bl.18., DOMINIK.

ren Anzahl sich nicht auf zwei Male beschränkt haben kann.[160] Während MORGEN und
SIEBER äußerten, daß nur „hörige" Männer auf dem Feld des Oberhäuptlings arbeiteten,[161]
ermittelte SIRAN während seiner Feldforschungen 1971 durch Befragen des Häuptlings von
Mangai, daß der einfache freie Vute-Mann mit seinen Unfreien an dieser Arbeitsleistung teil-
zunehmen hatte. Er deutete diese Verpflichtung als Auswirkung der politischen Macht des
Oberhäuptlings.[162] Direkt oder indirekt hatten auch Frauen entsprechend ihrer gesellschaftlichen Stellung einen Beitrag zur Bestellung des Oberhäuptlingsfeldes zu erbringen. Von den
Frauen des Oberhäuptlings leistete die Gruppe der „Arbeitsfrauen" Feldarbeit.[163] Seine von
dieser Arbeit befreiten Frauen hatten ihre Unfreien zur Arbeit auf sein Feld zu schicken.[164]
SIEBER erwähnte, daß die Frauen der „Hörigen" während der Arbeitseinsätze das Essen
für alle Beteiligten kochten oder selbst mitarbeiteten.[165] Hier zeichnet sich möglicherweise
ein Unterschied zu den Forderungen des „Großmanns" (*nojiri*) ab, der nach THORBECKE
nicht die Mitarbeit der Frauen von Abhängigen verlangen konnte.[166] Ein Hinweis bei DO-
MINIK wirft die Frage nach weiterem Feldbesitz neben dem Hauptfeld des Oberhäuptlings
auf. Nach Dominiks Beobachtungen in Nduba hatte der Herrscher „besondere Farmen, die
meist ein alter Haussklave verwaltet, die täglich Essen liefern, neben dem, was seine Frauen in
der Hofburg selber kochten. Auch viele Große haben solche Farmen, die ihnen den täglichen
Unterhalt liefern."[167] In welchem Maße sich der Oberhäuptling durch die Arbeitsleistungen
auf seinem Hauptfeld bereichern konnte, ist nicht mehr festzustellen.

Ein weiterer knapper Hinweis auf Forderung von Arbeitsleistungen findet sich in einer
von Coqueraux aufgenommenen Überlieferung über das Häuptlingstum Nyem, das in der
Vorkolonialzeit zum Oberhäuptlingstum Linte gehörte. Es heißt darin, daß sich Unterworfene dieser Region weigerten für den Oberhäuptling von Linte zu arbeiten.[168]

Eine Überlieferung über das Häuptlingstum Mvougong weist darauf hin, daß die Verpflichtung zur Arbeit auf den Häuptlingsfeldern eine gewisse, mehrere Jahrzehnte umfassende Geschichte hatte. Die Angabe bezieht sich etwa auf die Zeit zwischen etwa 1860 und
1880. Nach der von Bwatcheng Qalihou wiedergegebenen Version über die Gründer der
Oberhäuptlingstümer Linte und Ngila war es zu dieser Zeit im Häuptlingstum Mvougong
üblich, daß zur Hirsesaatzeit „le chef convoque tout le monde pour semer le mil dans son
champ."[169] Diese Verpflichtung bestand demnach bereits vor der Entstehung der Oberhäuptlingstümer Linte und Ngila, zumindest wohl in einigen Vute-Häuptlingstümern.

---

[160] SIEBER, 1925, S. 65.
[161] MORGEN, 1893a, S. 204; SIEBER, 1925, S. 65, vgl. auch ebenda, S. 61.
[162] SIRAN, 1980, S. 43, vgl. ebenda S. 54, Anmerkung 41.
[163] SIEBER, 1925, S. 47.
[164] SIRAN, 1980, S. 54, Anmerkung 41.
[165] SIEBER, 1925, S. 65.
[166] THORBECKE, 1916, S. 64. Nach SIRAN (1980, S. 42) hatten unfreie Frauen Erntearbeiten für ihren „Besitzer" zu erbringen.
[167] DOMINIK, 1897, S. 418.
[168] Coqueraux, 1946, zitiert nach MOHAMADOU, 1967, S. 114.
[169] SIRAN, 1980, S. 49.

Daß darüber hinaus und neben der Vereinnahmung eines beträchtlichen Teils der Kriegsbeute dem Oberhäuptling auch Abgaben zustanden, geht aus den Quellen eindeutig hervor.
Allerdings ist das System der Abgabenleistungen in seiner Gesamtheit nicht mehr rekonstruierbar. Ebenso ist schwer einzuschätzen, welche Wertigkeit dem Wechsel von Geschenken
beizumessen ist. Der Oberhäuptling erhielt Geschenke, die man, da sie gewohnheitsmäßig
gegeben und erwartet wurden, bereits als Abgabe betrachten kann. Andererseits machte er
aber auch den Verantwortlichen und Günstlingen seiner Umgebung zahlreiche Geschenke
bei den verschiedensten Anlässen. [170]

Besonders die Quellenaussagen zur Abgabe von Ernteerträgen bleiben lückenhaft. Den
wohl klarsten Hinweis hat Karl Hörhold, ein Begleiter MORGENs geliefert, als er sich über
bestimmte Abgaben des Unterhäuptlings Guater äußerte: „Der Marsch nach Quartaré führte größtenteils durch Maisfelder. Der Häuptling von Quartaré, der ein jüngerer Bruder von
Ngila ist, läßt diesen Mais bauen, da er seinem Bruder Ngila tributär ist und er demselben
allen Mais für seine Krieger liefern muß." [171] Im Zusammenhang mit den oben erwähnten
Verpflegungsvorbereitungen für den „Ngaundere" -Feldzug wird die Aussendung von Boten zur „Herbeischaffung von Getreide aus den umliegenden Farmen" erwähnt; auch dabei
könnte es sich um Abgabeverpflichtungen gehandelt haben. [172] DOMINIK nannte allgemein
eine Abgabepflicht von Ernteerträgen aus den umliegenden Siedlungen an den Oberhäuptling. [173] Diese Siedlungen konnten Weiler der „Großleute" auf den Feldern außerhalb der
Großsiedlungen Linte und Nduba sein, ferner integrierte Vute-Siedlungen, deren Bewohner abgabepflichtig waren, oder Ortschaften andersethnischer Gruppen. DOMINIK machte keine näheren Angaben dazu. Es ist auch keine Aussage darüber möglich, ob die am
Hauptort der Oberhäuptlingstümer lebenden Familien einfacher freier Männer, die auf dem
Feld des Oberhäuptlings Arbeitsleistungen erbrachten, noch zusätzlich Ernteabgaben erbrin-
gen mußten. Ganz allgemein schrieb LEMBEZAT, daß die Herrschaft des Oberhäuptlings
unter anderem auf bestimmten Gewinnen, wie Abgaben von Agrarprodukten, beruhte. [174]
THORBECKE erwähnte die „Abgabe von Fufu" aus umliegenden Dörfern an Gongna (*Ngrté*
III). [175]

Aus den Einflußbereichen der Vute südlich des Sanaga und rechtsseitig des unteren
Mbam mußten auch geraubte Menschen an den Vute-Oberhäuptling geliefert werden. Teilweise gingen die so bedrohten Bevölkerungsgruppen daraufhin selbst zu Menschenraub über;
in anderen Fällen wurde er von Vute-Vorposten aus organisiert. [176]

---

[170] Vgl. MORGEN, 1893a, S. 100; SIEBER, 1925, S. 61.

[171] RIEBE, 1897, S. 45. RIEBE veröffentlichte Tagebuchnotizen von Karl Hörhold.

[172] MORGEN, 1893a, S. 221. Siehe oben, S. 186.

[173] DOMINIK, 1897, S. 418.

[174] LEMBEZAT, 1961, S. 231.

[175] THORBECKE, 1914a, S. 92.

[176] V. STETTEN nannte für 1895 „Batschinga" (Betsinga)-Gruppen am linken Ufer des Sanaga (Bundesarchiv
R 1001/3345, Bl.26). RAMSAY machte entsprechende Angaben über einen Vorposten des Unterhäuptlings
Guater, DOMINIK und V. STETTEN über den „Barrungo" -Vorposten (RAMSAY, 1892a, S. 392f.; Bundes-
archiv R 1001/4357, Bl. 13, DOMINIK; ebd., 3292, Bl.147, V. STETTEN).

Nach SIEBER erhob der Oberhäuptling während der Kolonialzeit neben der von der Kolonialverwaltung auferlegten Kopfsteuer, von der ihm selbst 10% zugute kamen, eine sogenannte „Häuptlingsabgabe" von den freien Untertanen: „Ungefähr alle Vierteljahre schickt er seine 'Polizisten' einmal in die betreffenden Hütten, um die 'Häuptlingsabgabe' zu erheben. Diese richtet sich ganz nach der Höhe des Vermögens bzw. Einkommens, ist also veränderlich. Bezahlt wird die Steuer in Bargeld, Vieh, Stoffen oder 'Buschmessern'." [177] Diese Abgabe, die sich vermutlich auf die Bewohner von Nduba erstreckte, ist möglicherweise nicht erst während der Kolonialzeit eingeführt worden. Es liegen mehrere Quellenhinweise vor, daß der Oberhäuptling immer wieder Haustiere und Lebensmittel entschädigungslos von den Untergebenen einziehen ließ, oder über deren Besitz verfügte. [178]

Auf die Abgabe von Jagdprodukten verwies SIRAN im Zusammenhang mit Bemerkungen über die Einzel- und Gruppentreibjagd der Vute und den Rückgang der ehemals von ihnen so geschätzten Jagdtätigkeit in den letzten Jahrzehnten. [179] Einige von ihm durch Informantenbefragung ermittelte Angaben über vorkolonialzeitliche Verhältnisse kennzeichnen die sozialökonomischen Beziehungen zwischen Jäger und Häuptling und die Rolle des Häuptlings bei der Verteilung der Jagdprodukte näher. So wurden die großen Kollektivjagden, an denen das ganze Dorf teilnahm, in früherer Zeit tatsächlich vom Häuptling geleitet und organisiert. [180] Die aktive Beteiligung des Oberhäuptlings an der Jagd ließ jedoch mit der Festigung seiner Position und der damit verbundenen elitären Abhebung nach. [181] Die von jedem einzelnen Jäger während der Kollektivjagd gemachte Beute wurde von ihm ins Dorf gebracht und dem Häuptling vorgelegt. Auf bestimmte Teile der Jagdprodukte hatte dieser Anspruch, so auf das Fell des Panthers und auf den Kopf des Büffels, da diese als Teile „königlicher" Tiere angesehen wurden. Daneben konnte sich der Häuptling noch Delikatessen reservieren, die er mit einigen seiner „Großen" gemeinsam verspeiste. Als Gegengabe erhielt die Dorfbevölkerung einen Kuskus aus Mais oder Hirse vom Feld des Oberhäuptlings. [182] Im Bedarfsfall wurden offensichtlich auch Fischfang treibende Flußanwohner zu Abgaben an den Oberhäuptling aufgefordert. [183]

Einzeln jagende Dorfleute brachten ebenfalls erlegte Tiere zum Häuptling und erhielten dafür gelegentlich eine Anerkennung. [184] Aneignungs- und Verfügungsrechte des Oberhäuptlings über die Produkte des Einzeljägers sind somit allgemein belegt. Ob der Oberhäuptling aus der Weiterverteilung der Jagdprodukte oder aus dem Austausch von Fleischbeute gegen andere Güter Gewinn ziehen konnte, ist nicht zu ermitteln. Es fehlen auch Angaben zu Tauschverhältnissen des Jägers mit den Gruppenmitgliedern.

---

[177] SIEBER, 1925, S, 61.
[178] Neben anderen: DOMINIK, 1897, S. 417; SIEBER, 1925, S. 19.
[179] SIRAN, 1980, S. 29f.
[180] SIRAN, 1980, S. 29. Vgl. SIEBER, 1925, S. 16.
[181] Vgl. Aussage von Yebi-Nguila, 28.11. 1969, zitiert nach SIRAN, 1980, S. 29.
[182] SIRAN, 1980, S. 29.
[183] HOFMEISTER, 1926, S. 73.
[184] Zum Beispiel *gandouras* (Sudan-Hemden). SIRAN, 1980, S. 29. Zu Abgaben von Jagdprodukten in den Vute-Häuptlingstümern vor etwa 1860: siehe oben S. 102f.

Da Elfenbein einer der wichtigsten Handelsgegenstände der Vute war, bestand strikte Abgabepflicht für alle erbeuteten oder durch Jagd gewonnenen Elefantenstoßzähne. [185] MORGEN berichtete, daß während seines Aufenthaltes im Jahre 1890 in Nduba sogenannte Elefantenjäger dem Oberhäuptling täglich Elefantenfleisch und Stoßzähne ablieferten. [186] V. STETTEN stellte 1893 in Nduba fest, daß auch Haussa, die Elefanten jagten, von jedem erlegten Elefanten einen Stoßzahn an den Oberhäuptling abgeben mußten. [187]

Schließlich konnte der Oberhäuptling auch Einkünfte aus Verstößen gegen bestehende Rechtsnormen beziehen. So nutzte Gongna (*Ngrté* III) z.B. die Übertretung von Tabuvorschriften in diesem Sinne. Die Frau des Übertreters wurde gefangengenommen und von ihm an Haussa-Händler verkauft. [188] Ebenso zog der Herrscher des Oberhäuptlingstums Ngila Vorteil aus der unerlaubten Veräußerung von Waffen durch seine Untergebenen, indem diese damit zu „Sklaven Ngilas" wurden. [189] Letztlich ist zu den Einkünften des Oberhäuptlings auch die in den Quellen mehrfach erwähnte Aneignung abhängiger Frauen und Mädchen der Untergebenen zu zählen. [190] SIEBER schilderte ein selbst erlebtes Beispiel: Der Oberhäuptling Dukan von Linte (Sohn von Gongna, *Ngrté* III) wollte sogar noch während der Kolonialzeit mehrere abhängige Dorfmädchen requirieren, um durch deren Verkauf den außergewöhnlich hohen Preis für zwei andere Sklaven-Mädchen an die Haussa-Händler zahlen zu können. [191]

9.3. Die „Großleute"

Wenn es auch keine sozialwissenschaftlichen Kriterien genügende Definition oder umfassende Beschreibung der sogenannten „Großleute" gibt, die einen Teil der herrschenden Schicht bildeten, so lassen sich doch bestimmte Aussagen zu ihrer gesellschaftlichen Stellung, Reichtumsbildung und Lebensweise machen. Die kolonialzeitlichen Autoren bezeichneten alle ihnen einflußreich und wohlhabend erscheinenden Personen in der Regel als „Großleute" (Singular „Großmann") und machten nur wenige Angaben über deren soziale Rolle. SIRAN ermittelte vor allem durch Interviews mit Toung-Niri, einem alten Einwohner und Würdenträgersohn in Nguila, [192] Einzelheiten über die *mbââ*, die ranghöchsten Würdenträger („principaux dignitaires de la chefferie"). An anderer Stelle sprach er allgemein von den Großen („les grands"), womit wohl auch die anderen *nojiri* genannten „Großleute" gemeint

---

[185] MORGEN, 1893a, S. 85.
[186] MORGEN, 1893a, S. 92; vgl. JOHNSON, 1978, S. 546f.
[187] V. STETTEN, 1895, S. 112. Vgl. SEYFFERT, 1911, S. 92.
[188] SIEBER, 1925, S. 88.
[189] DOMINIK, 1895, S. 655.
[190] SIEBER, 1925, S. 41, 42, 58; THORBECKE, 1914a, S. 65.
[191] SIEBER, 1928, S. 32f.
[192] Interview mit Toung-Niri vom 22.1. 1970, geboren am Ende der Regierungszeit Gomtsés (*Ngraŋ* II), also vor der kolonialen Eroberung im Jahre 1899. Siehe SIRAN, 1980, S. 40.

waren. [193] Der wesentliche Unterschied lag in der Funktion der *mbåå*, weniger in den Besitzverhältnissen oder der Lebensweise.

Zum Werden eines *nojiri* liegen folgende Angaben vor. Nach DOMINIK wurde ein „Großer" vom Oberhäuptling ernannt und durfte dann diesen Titel führen. [194] So wie die *mbåå*-Würdenträger ihre Titel durch besondere Erfolge im Krieg gewannen, [195] könnte dies auch bei den *nojiri* der Fall gewesen sein. Es ist anzunehmen, daß eine förmliche Ernennung nur bei Personen vorgenommen wurde, die nicht zur *royal lineage* gehörten, da deren Mitglieder ohnehin von Geburt an die höchste gesellschaftliche Ebene repräsentierten. Daß es eine solche förmliche Ernennung gegeben haben muß, geht daraus hervor, daß die „Großleute" von der Arbeit auf dem Feld des Oberhäuptlings befreit wurden. Einer Unterscheidung von Mitgliedern der *royal lineage* und ernannten „Großleuten" entspricht auch die Feststellung von LIPS, daß bei den „Völkern des Graslandes Kameruns (Bali, Tikar, Bamum, Wute)" der 'Adel' sich aus 'Geburtsadel (Mitgliedern der Königsfamilie)' und 'Beamtenadel' (Ministern) zusammensetzte. [196]

Die diffuse Anwendung des Begriffs „Großleute" durch die kolonialzeitlichen Autoren und auch die mangelnde Untersuchung dieser gesellschaftlichen Schicht durch spätere Autoren erschweren eine Einschätzung, welcher Personenkreis ihr wirklich zuzurechnen war. So ergibt sich die Frage, ob die neben den Vute-Unterhäuptlingen in den eroberten Ortschaften lebenden andersethnischen Dorfältesten *nojiri* werden konnten. [197] Diese Frage gilt auch für andersethnische Unterhäuptlinge (wie Woanang) oder einige sich letztlich freiwillig unterstellende Bati-Häuptlinge, die dafür vom Vute-Oberhäuptling honoriert wurden. [198] Einer Klärung bedarf auch, ob „einzelne groß und reich gewordene Sklaven" [199] am Hofe der Oberhäuptlinge *nojiri* werden konnten. Denkbar wäre schließlich auch, daß Schmiede, die ja für die Organisation der Kriegführung von größter Wichtigkeit waren, und die nach THORBECKE hohes Ansehen genossen, bei besonderen Verdiensten den *nojiri*-Titel erhielten. [200]

Die kolonialzeitlichen Quellen enthalten im Zusammenhang mit der Erwähnung der „Großleute" vor allem Angaben über Besitzunterschiede. So wird vielfach darauf hingewiesen, daß das Tragen der im nördlichen zentralsudanischen Kulturraum üblichen Kleidungsstücke (Haussa-Tobe, ärmelloses Hemd, Pluderhose, Litham) auf die „Großleute", begrenzt war. [201] Damit scheint ein von WIRZ betontes allgemeines Merkmal der frühstaatli

---

[193] SIRAN, 1980, S. 40, 43. Das Vute-Wort für „Großleute" gibt SIRAN mit *ki jiri* wieder. SIRAN, 1971, S. 15.

[194] DOMINIK, 1897, S. 418.

[195] SIRAN, 1980, S. 54f.

[196] LIPS, 1930, S. 158.

[197] SONGSARÉ (mündliche Aussage 1987) und V. STETTEN (1895, S. 111) erwähnen z.B. den Dorfältesten in Guataré, dem früheren Bati-Ort Vundu. Der Dorfältsete war als solcher von Unterhäuptling Guater in seiner Position, aber ihm untergeordnet, belassen worden.

[198] Siehe oben, Kapitel 8., Abschnitt 2.2.5., S. 125f.

[199] DOMINIK, 1901, S. 71, 172.

[200] Vgl. THORBECKE, 1914b, S. 43.

[201] DOMINIK, 1897, S. 416; 1901, S. 76, 137, 172; MORGEN, 1893a, S. 84; PASSARGE, 1909, S. 492;

chen Fulbe-Gesellschaft in Adamaua in gewissem Maße auch in der Vute-Gesellschaft auf-
zutreten: die Begrenzung der Zirkulation von Prestigegütern auf die Oberschicht innerhalb
der politischen Hierarchie und häufig sogar auf eine noch enger gefaßte Gruppe von Persönlichkeiten. [202] Als Ursache dafür wurde von den kolonialzeitlichen Autoren das alleinige
Handelsrecht der Vute-Oberhäuptlinge genannt. [203]

Die höhere Wertakkumulation vieler „Großleute" zeigte sich auch in den Bereichen des
Feldbaus und der Tierhaltung in Zusammenhang mit ihrer Stellung als Lehnsherr und „Besitzer" einer größeren Anzahl von Unfreien. [204] MORGEN erwähnte den Anbau von Zucker-
rohr, Mehl- und Obstbananen allein auf den Feldern der „Großen". [205] Nach THORBECKE
tranken „Palmwein … wohl nur Häuptlinge und reiche Großleute", während als tägliches
Getränk sonst nur Hirsebier genossen wurde. [206] THORBECKE hat Verteilung und Menge
der verschiedenen Haustiere in den einzelnen sozialen Schichten beziehungsweise in unterschiedlich großen Dörfern analysiert. Dieser Studie ist zu entnehmen, daß Hühner die am
häufigsten gehaltenen Tiere bei den einfachen freien Vute und bei den Unfreien waren, daß
die Anzahl der gehaltenen Ziegen in den oberen Schichten zunahm, und daß Pferde und
Schafe sich nur im Besitz des „Häuptlings oder Großmanns" befanden. [207]

Insbesondere der Einsatz von abhängigen Arbeitskräften ermöglichte die von produktiver
Arbeit weitgehend befreite Lebensweise der „Großleute". [208] Die von THORBECKE erwähnte
Teilnahme des „Großmanns" an der Arbeit auf dem Felde in den Bestellzeiten muß ange-
zweifelt werden, da in der von ihm zitierten Literaturstelle bei DOMINIK nicht das Wort
„Große", sondern „Freie" verwendet wird. [209] Toung-Niri berichtete über seinen Vater, der
ein *mbåå* war: „son travail n'était que la guerre". [210] Da die „Großleute" die Kriegeraristokra-
tie darstellten, die die Feldarbeit als Tätigkeit der Unfreien ansah, [211] ist nicht wahrscheinlich,
daß sie sich daran beteiligten. MORGEN schilderte seine Eindrücke von ihrer Lebensweise
mit den Worten: „Der Ort [Nduba, Anmerkung der Verfasserin] war sauber gehalten und
vor den einzelnen hohen Häusern sah man die faulen Herren in der Sonne liegen, um sich

---

V. STETTEN, 1895, S. 111; THORBECKE, M.-P., 1914, S. 110; THORBECKE, 1916, S. 46; ZIMMER-
MANN, 1909, S. 40.

[202] WIRZ, 1972, S. 164.

[203] Vgl. V. STETTEN, 1895, S. 112f.

[204] SIRAN, 1971, S. 15, Anmerkung 1, erwähnt eine Redewendung, die als „un attribut des grands" galt: „Sa
soeur avait déjà tant d'esclaves qu'elle ne pouvait plus rien toucher avec les mains."

[205] MORGEN, 1891, S. 148; 1893a, S. 204; vgl. THORBECKE, 1916, S. 55.

[206] THORBECKE, 1916, S. 44.

[207] THORBECKE, 1916, S. 67f. Vgl. SIEBER, 1925, S. 19. Nach MORGEN (1892, S. 12) war der regelmäßige
Genuß von Fleisch ein Privileg der „Vornehmen".

[208] Detaillierte Angaben dazu sind in dem von SIRAN, 1980, S. 40ff., veröffentlichten Interview von Toung-Niri
aus Ngila enthalten.

[209] DOMINIK, 1897, S. 418; THORBECKE, 1916, S. 64. THORBECKE gibt ferner die unrichtige Seitenzahl
417 an.

[210] SIRAN, 1980, S. 40. Der Vater von Toung-Niri hatte dreizehn Unfreie (acht Männer und fünf Frauen).
Ebenda.

[211] SIRAN, 1980, S. 43, vgl. auch S. 49; SIRAN, 1971, S. 6.

von ihren Sklaven und Weibern die Haare frisieren, das Gesicht rasieren oder die Glieder
kneten zu lassen." [212]

So wie die meisten Mitglieder der oberen sozialen Schichten in den Fulbe-Lamidaten am
Sitz des Lamido lebten, hielten sich auch Vute-„Großleute", die nicht als Unterhäuptlinge
oder „Vorpostenanführer" eingesetzt waren, am Sitz des Oberhäuptlings auf. [213] Ihre Felder
lagen außerhalb der Großsiedlung und wurden von den dort in Weilern lebenden Unfreien
bewirtschaftet. [214] Diese Organisation ähnelt sehr dem *Rumde*-System der Fulbe, das den Vute mindestens seit Mitte des 19. Jhs. bekannt war. [215] In den von Unfreien bewohnten Weilern
der „Großleute" wurde zum Teil das geerntete Getreide auch gespeichert; es wurde Nahrung
für die Familie des „Großmanns" zubereitet, und vermutlich wurden auch seine Hühner dort
gehalten. [216] Nach Bedarf brachte man Lebensmittel zum Gehöft des „Großmanns" in den
Ort. [217] THORBECKE unterschied „Ortschaften, in denen Nahrungsmittel gebaut ... und
solche, in denen sie verzehrt werden" und betonte, daß die „kleinen Ackerdörfer ... im weiten Umkreis ... manchmal viele Stunden entfernt" waren. [218] Er erwähnte ferner, daß die
„Edelleute" sich auch zeitweilig in ihren Weilern aufhielten, oder daß diese z.T. auch nur zur
Zeit von Saat und Ernte bewohnt wurden. MORGEN schätzte 1890 in der Umgebung von
Nduba „gegen 50 Farmdörfer mit je 10–20 Häusern, von denen etwa die eine Hälfte zur
Aufbewahrung des geernteten Korns bezw. Mais, die andre als Wohnräume diente." [219]

Besitzverhältnisse und Lebensweise der „Großleute" und der „einfachen" freien Vute unterschieden sich somit erheblich. [220] Hinzu kam, daß unter den „Großleuten" und in der
gesamten herrschenden Schicht die oberflächliche Islamisierung, die gewissermaßen auch
einen hervorgehobenen sozialen Status anzeigte, am deutlichsten ausgeprägt war. Durch die
Rolle der Haussa und Fulbe als vermittelnde Ethnien wurden gleichzeitig einige Elemente
von deren Kultur, möglicherweise auch ihrer Sprache übernommen. [221] Zusammenfassend
läßt sich feststellen, daß die Quellenangaben über die „Großleute" den Eindruck einer deutlich privilegierten und etablierten Schicht vermitteln.

---

[212] MORGEN, 1893a, S. 87.

[213] Vgl. DOMINIK, 1897, S. 416.

[214] DOMINIK, 1897, S. 416; THORBECKE, 1916, S. 67.

[215] So sind auf der Karte von HASSENSTEIN – der hinsichtlich der Vute von BARTH 1851 aufgenommene
Itinerarangaben zugrundeliegen – um Tibati *Rumde*-Siedlungen eingezeichnet (HASSENSTEIN, 1863, Tafel
6).

[216] Vgl. DOMINIK, 1897, S. 418; THORBECKE, 1916, S. 35, 67.

[217] DOMINIK, 1897, S. 418; THORBECKE, 1916, S. 81.

[218] THORBECKE, 1916, S. 35.

[219] MORGEN, 1891, S. 148.

[220] Vgl. V. STETTEN, 1895, S. 112f.: „Niemand außer ihm [dem Oberhäuptling; Anmerkung C.S.] hat das
Recht zu handeln und so kommt es, daß das ganze Volk in größter Einfachheit, ja in Armut lebt."

[221] DOMINIK, 1897, S. 416, 418; 1901, S. 76; MORGEN, 1893a, S. 259f.; PASSARGE, 1909, S. 492; SIRAN,
1980, S. 54, Anmerkung 41; THORBECKE, 1916, S. 46; ZIMMERMANN, 1909, S. 40.

9.4. Freie und Freigelassene

Die gesellschaftliche Schicht der Freien setzte sich aus drei nach ethnischer Zugehörigkeit und gesellschaftlicher Stellung unterscheidbaren Gruppen zusammen. Das waren einmal die „einfachen" freien Vute, ferner die in die Oberhäuptlingstümer integrierten Freien anderer Ethnien (Mwelle, Bati mit Untergruppen, Balom, Njanti u.a.) sowie die häufig ebenfalls zu diesen Ethnien gehörenden Freigelassenen. Menschen, die zunächst durch Raub in Unfreiheit geraten waren, konnten also unter bestimmten Bedingungen die Freiheit wiedererlangen. In der Vorkolonialzeit gehörten zu dieser Schicht einmal unfrei gewesene, die zu Lebzeiten freigelassen worden waren, und andere, deren Eltern unfrei gewesen waren, und die nun in der nächsten Generation als Freie galten.

9.4.1. Die freien Vute

Über die „einfachen" freien Vute wird in den Veröffentlichungen und Archivmaterialien außer den bereits genannten allgemeinen Merkmalen ihrer rechtlichen und sozialökonomischen Stellung verhältnismäßig wenig ausgesagt. Die kolonialzeitlichen Autoren charakterisieren sie in ihren Berichten sehr viel weniger als die Mitglieder der herrschenden Schicht, zu denen sie auf ihren Reisen zunächst häufiger direkten Kontakt hatten. Zahlreiche konkrete Angaben, vor allem von SIEBER, verdeutlichen den Einfluß der zu Beginn des 20. Jhs. noch wirksamen Regeln der Verwandtschaftsorganisation auf das Leben der Vute. So werden Angaben über Regeln vermittelt, die mit Geburt, Initiation, Hochzeit, Tod, Bestattung, Erbe und anderen im Leben des Vute wesentlichen Ereignissen und Faktoren zusammenhingen. [222] Ferner werden auch Angaben zu Solidarverpflichtungen innerhalb des Familienverbandes gemacht, z.B. über die bedeutende Rolle des Mutterbruders (*la*), über die Verpflichtung zur Blutrache oder zur Schuldenbegleichung für Verwandte. [223] Diese Regeln standen jedoch in keinem ursächlichen Zusammenhang mit der gesellschaftlichen Differenzierung und galten im Prinzip auch für die herrschende Schicht. Viel stärker beeinflußten die Prozesse der gesellschaftlichen Differenzierung die überkommenen Prinzipien der Verwandtschaftsorganisation, z.B. hinsichtlich der Erbregeln. [224] Familiäre Ereignisse, z.B. Begräbnisfeiern, wurden in der herrschenden Schicht der *royal lineage* und „Großleute" mit größerem Aufwand begangen als in der Schicht der „einfachen" freien Vute. [225]

Viele Angaben zur Ökonomie der Vute, so über Feldbau- und Fischfangmethoden, über das Sammeln pflanzlicher und tierischer Nahrung oder über hausgewerbliche Tätigkeiten, wie Töpferei, Schnitzerei, Flechten und Rindenstoffherstellung, sind als Aussagen über „einfache" freie Vute anzusehen, da die genannten Tätigkeiten überwiegend von ihnen ausgeübt

---

[222] Siehe SIEBER, 1925, S. 37–55, 65f.

[223] SIEBER, 1925, S. 56, 65, 66f. Zur Schuldenbegleichung vgl. SIRAN, 1981a, S. 266.

[224] Vgl. oben, Kapitel 7, Abschnitt 3, besonders S. 93ff., 97ff.

[225] Vgl. SIEBER, 1925, S. 51ff.

wurden. [226] Die Jagd wurde von den Männern der herrschenden Schicht und den einfachen freien Vute passioniert betrieben. [227] Vielfach wird auch auf die Arbeitsteilung in ihren Familien eingegangen. [228] Der „einfache" freie Vute arbeitete mit seinen Unfreien so lange auf den eigenen Feldern mit, bis er genügend Unfreie als Ersatz für die eigene Arbeitskraft hatte. [229] Nach SIRAN mußte der Hauptteil der freien Männer „seine" Unfreien auf die Felder begleiten und mit ihnen arbeiten, um seine Familie ernähren zu können. [230] Er hatte auch mit seinen Unfreien Arbeitsleistungen auf dem Feld des Oberhäuptlings zu erbringen. [231] Diese Arbeitsteilung unterschied sich von der in den Familien der herrschenden Schicht, da dort die Arbeiten zum Nahrungserwerb sowie viele Haushaltsarbeiten Unfreien übertragen wurden. [232]

Die gesellschaftliche Stellung des freien Vute wurde am Ende des 19. Jhs. zunehmend durch die zentralistische Herrschaft und die sich festigenden territorial-politischen Organisationsprinzipien geprägt. Er unterstand einem vom Oberhäuptling eingesetzten, häufig nicht blutsverwandten Unterhäuptling, entweder in einem Viertel einer Großsiedlung oder in einem kleineren Ort des Herrschaftsgebietes. Dieser Unterhäuptling achtete auf die Erfüllung der auferlegten Pflichten, zu denen vor allem die Verpflichtung zur Kriegsgefolgschaft und die Arbeitsleistungen für den Oberhäuptling gehörten. Die Verpflichtung, ständig als Krieger dem Ruf des Oberhäuptlings zu folgen, prägte das Leben des freien Vute – durch die Häufigkeit dieser Raubzüge – ganz erheblich. Da ihm aber über diese der gesellschaftliche Aufstieg zum „Großmann" (*nojiri*) möglich war, und die Erlangung von Unfreien die Befreiung von „unwürdiger Arbeit" bedeutete, wurde der Ruf zum Raubzug oder Krieg nicht als Last oder schweres Schicksal angesehen, sondern erschien als begehrtes Ziel. Das Kriegerethos spielte auch im Wertesystem des „einfachen" freien Vute eine bedeutende Rolle. [233] Er war „Bauer" und Krieger, der sich – sofern er über eigene Unfreie verfügen konnte – mehr oder weniger aus der „Bauernrolle" löste. Es sei darauf hingewiesen, daß damit allgemeine tendenzielle Erscheinungen beschrieben werden. Andere Wertvorstellungen und Verhaltensweisen mag es gegeben haben. Inwieweit sie jedoch in einer so despotischen und straff organisierten Struktur aufrechterhalten werden konnten, ist ungewiß. Quellenaussagen liegen

---

[226] Zum Feldbau siehe u.a. MORGEN, 1893a, S. 204, 221, 226; SIEBER, 1925, S. 6f., 10, 12, 16–23, 27–34; THORBECKE, 1916, S. 51–63; zu Fischfang: HOFMEISTER, 1926, S. 73, 119; SIEBER, 1925, S. 17; THORBECKE, 1916, S. 68f.; WAIBEL, 1914, S. 45; zu Sammeltätigkeit: HOFMEISTER, 1923a, S. 198; 1926, S. 237; SIEBER, 1925, S. 16; THORBECKE, 1916, S. 69; zu hausgewerblichen Tätigkeiten: DOMINIK, 1901, S. 76; 1908, S. 48f.; HOFMEISTER, 1923a, S. 187; 1923b, S. 104; MORGEN, 1893a, S. 99; SIEBER, 1925, S. 12f., 24ff.; THORBECKE, 1916, S. 45, 48, 70f.

[227] HOFMEISTER, 1913b, S. 51; SIEBER, 1925, S. 16f.; SIRAN, 1980, S. 29f.; THORBECKE, M.-P., 1914, S. 144; THORBECKE, 1916, S. 68; WAIBEL, 1914, S. 44f.

[228] MORGEN, 1890, S. 120; SIEBER, 1925, S. 5, 7f., 10, 15, 17f., 23, 27, 31, 36, 40, 104; THORBECKE, 1916, S. 63f. Vgl. SIRAN, 1980, S. 31f., 42f., 54.

[229] SIRAN, 1980, S. 43.

[230] SIRAN, 1980, S. 43. Vgl. THORBECKE, 1916, S. 64.

[231] SIRAN, 1980, S. 43.

[232] Vgl. SIRAN, 1980, S. 40ff.

[233] Vgl. SIRAN, 1980, S. 43.

nicht vor. Obwohl dem Freien durch die auferlegten Verpflichtungen seine auf der unteren Ebene befindliche Stellung bewußt gemacht wurde, genoß er doch soviel an gesellschaftlicher Achtung, daß er vom Oberhäuptling nicht zu niedrigen Dienstleistungen herangezogen werden konnte. [234] Denn nicht zuletzt stellten die freien Vute die zuverlässige Kerntruppe aller Kampfeinheiten dar. [235]

9.4.2. Die Freien der unterworfenen Gruppen

Nach der durch die Vute-Eroberung ausgelösten Etappe der Zersplitterung und Abwanderung lebten die in den Oberhäuptlingstümern verbliebenen und integrierten Gruppen der Mwelle, Bati, Balom u.a. im allgemeinen in ihrem früheren Siedlungsraum in relativ kleinen Ortschaften. Die Vute konzentrierten sich in und um die Großsiedlung des Herrschers, lebten aber auch in kleineren Siedlungen zerstreut. [236] Ethnisch gemischte Siedlungsweise ergab sich hauptsächlich dort, wo eroberte Ortschaften zu Unterhäuptlingssitzen gemacht wurden. Nach Aussage von SONGSARÉ entstand so aus dem Bati-Ort Vundu der Guataré genannte Herrschaftssitz Guaters. [237] Viel häufiger war die „ethnisch getrennte" Siedlungsweise. Sie förderte die Konzentration der gesellschaftlich differenzierten Bevölkerung (herrschende Schicht – freie Vute – Unfreie) in den Großsiedlungen, während in den Dörfern des restlichen Herrschaftsgebietes hauptsächlich die zwar unterworfenen, aber rechtlich „freien" Angehörigen anderer Ethnien lebten.

Die Freien der unterworfenen und integrierten andersethnischen Gruppen waren zwar persönlich frei, besaßen aber bei weitem nicht dieselbe gesellschaftliche Stellung wie die „einfachen" freien Vute. [238] Ihre Häuptlinge übten – bei freiwilliger Unterstellung, die auch geringfügig mit Geschenken belohnt wurde – häufig ihre Funktion in eingeschränkter Form weiter aus. [239] Der grundlegende Unterschied zwischen einem freien Bati, Mwelle oder Balom und einem freien Vute bestand darin, daß erstere, obwohl sie als politisch integriert galten, vor Freiheitsberaubung nicht sicher waren. Es zeigt sich hier, daß die Machthaber in frühen Staatsbildungen, mit auch bezüglich der territorial-politischen Organisation noch in der Entstehung begriffenem Rechtswesen, nicht nur nach außen gravierend durch Gewalt wirksam werden konnten, sondern auch innerhalb des beherrschten Gebietes. So erwähnte DOMINIK, daß angeblich nicht oder nicht sofort ausgeführte Anordnungen als Vorwand

---

[234] SIEBER, 1925, S. 58.

[235] Vgl. DOMINIK, 1897, S. 416.

[236] DOMINIK, 1897, S. 416; 1908, S. 48; HOFMEISTER, 1923b, S. 100; V. STEIN ZU LAUSNITZ, 1908, S. 525; THORBECKE, 1914a, S. 88; 1916, S. 23. Zu Vute-Siedlungen an der Strecke von Nduba nach Yoko siehe Bundesarchiv R 1001/3347, Bl. 56f., v. KAMPTZ; V. KAMPTZ, 1900, S. 137; MORGEN, 1893a, S. 252ff.

[237] SONGSARÉ, mündliche Aussage 1987. Vgl. HOFMEISTER, 1923b, S. 100.

[238] Es liegt kein Beleg dafür vor, daß die Vute – wie DOMINIK (1901, S. 61f.) andeutete – so wie die Fulbe, alle andersethnischen Untertanen generell als unfrei ansahen.

[239] Zum Beispiel der Mwelle-Häuptling Ngelle (MORGEN, 1893a, S. 77), der Kumbe-Häuptling Evunnah (TAPPENBECK, 1890, S. 110f.), der Bati-Häuptling Tungele (Bundesarchiv R 1001/4287, Bl. 51, DOMINIK).

für Raubzüge in Ortschaften der Bati dienten, „wobei rücksichtslos alle Bati's soweit sie sich nicht durch die Flucht retten konnten, in die Sklaverei fortgeschleppt wurden." [240] Die Bevölkerung der andersethnischen Ortschaften hatte auch hart unter den Willkürhandlungen der Vute-Unterhäuptlinge oder des Oberhäuptlings selbst zu leiden. [241] So verbot Neyon (*Ngraŋ* III) einmal den Bati, Vieh zu halten. [242] Ein anderes Mal befahl er alle ihm unterstehenden Bati-Häuptlinge zu sich und ließ sie zu Hühnern in große geflochtene Körbe sperren, um sie dem Spott der Vute-Frauen auszusetzen. [243]

Die Männer der unterworfenen Gruppen waren wie die „einfachen" freien Vute im Kriegsfall zur Gefolgschaft verpflichtet; ihre Kriegereinheiten unterstanden jedoch Vute-Vormännern. [244] Weitere Verpflichtungen bestanden in der Erbringung von Arbeitsleistungen und Abgaben, wobei die Bati und andere ethnische Gruppen auch hier in hohem Maße willkürlichen Forderungen ausgesetzt waren. [245] Auflehnungen wurden hart, sehr schnell mit dem Tod bestraft. [246] Dennoch äußerten sich im Oberhäuptlingstum Ngila lebende Bati im Jahre 1896, daß sie besser und ruhiger als ihre nach Süden über den Sanaga geflohenen „Stammesbrüder" lebten, da diese mit den dort lebenden Betsinga und Etun (Ntoni) um ihre Existenz kämpfen müßten. [247]

Aus zahlreichen Bemerkungen der kolonialzeitlichen Autoren geht hervor, daß die Lebensweise der als frei geltenden Menschen in den unterworfenen Gruppen in entscheidendem Maße durch den Zwang zu kultureller Assimilation geprägt wurde. [248] Besonders häufig wird auf die Übernahme der bei den Vute üblichen sudanischen Kegeldachhaus hingewiesen, die anstelle des rechteckigen Waldlandhauses gebaut werden mußte. [249] MORGEN und DOMINIK betonten ausdrücklich, daß die Veränderung der Hausform bei den unterworfenen Gruppen durch politischen Druck erfolgte. [250] Im Jahre 1896 beobachtete DOMINIK in Tungele, einem wenige Kilometer nördlich des Sanaga liegenden Bati-Dorf an der Strecke nach Nduba, daß „das Dorf und die Häuser nach Wute-Art angelegt" waren, was ein Jahr zuvor noch nicht der Fall gewesen sei. [251] Obwohl sich in den kolonialzeitlichen Quellen nur wenige Angaben finden, die die zwangsweise Übernahme des Vute-Haustyps in den Dörfern

---

[240] DOMINIK, 1901, S. 71; vgl. 1902, S. 310, und Bundesarchiv R 1001/4287, Bl. 65, DOMINIK.
[241] Vgl. DOMINIK, 1897, S. 416; 1901, S. 71, 172.
[242] DOMINIK, 1908, S. 46f.
[243] Ebenda.
[244] Siehe oben, S. 171.
[245] DOMINIK, 1901, S. 172; MOHAMADOU, 1967, S. 114.
[246] DOMINIK, 1901, S. 172; MORGEN, 1893a, S. 227f.
[247] Bundesarchiv R 1001/4287, Bl.51, DOMINIK.
[248] Zum Beispiel bei DOMINIK, 1895, S. 653; MORGEN, 1893a, S. 77; THORBECKE, 1914a, S. 43; 1916, S. 23.
[249] Bundesarchiv R 1001/4287, Bl. 51, DOMINIK; ebenda, 3353, Bl. 70, DOMINIK; ebenda, 4357, Bl. 16, DOMINIK; DOMINIK, 1897, S. 416; 1901, S. 68, 223; HOFMEISTER, 1923a, S. 126, 183; MORGEN, 1893a, S. 186; THORBECKE, 1914a, S. 64; 1916, S. 29, 33; WINKLER u. VON DER LEYEN, 1911, S. 664. Vgl. SIRAN, 1980, S. 25.
[250] Bundesarchiv R 1001/4287, Bl. 51, DOMINIK; DOMINIK, 1897, S. 416; MORGEN, 1893a, S. 186.
[251] Bundesarchiv R 1001/4287, Bl. 51, DOMINIK.

der unterworfenen Gruppen explizit belegen, so scheint sie doch durch die gegen Ende der deutschen Kolonialzeit einsetzende Rückkehr zur ursprünglichen Hausform bestätigt zu werden. Nach der Entmachtung der Vute-Oberhäuptlinge durch die Kolonialadministration im Jahre 1899 begann allmählich ein Rückstrom vieler vor den Vute geflohener Gruppen in ihre früheren Siedlungsgebiete in der Sanaga-Ebene. [252] Gleichzeitig erfolgte eine Wiederbelebung ihrer eigenen Kultur, wozu auch die Rückkehr zum Bau des Waldland-Rechteckhauses gehörte. Die Prozesse der Assimilation hatten in dem historisch kurzen Zeitraum zwischen etwa 1860 und 1899 noch nicht in so gravierendem Maße zum Verlust der ethnischen Identität der unterworfenen Gruppen geführt. Darauf weisen die nach der politischen Destrukturierung der Vute-Oberhäuptlingstümer einsetzenden gegenläufigen Prozesse der kulturellen Rückbesinnung hin, aber auch Bestrebungen zu politischer Selbständigkeit dieser Gruppen, die häufig mit ethnischer Eigenständigkeit begründet wurden. Im Laufe der nachfolgenden Jahrzehnte gingen umgekehrt die Vute zum Bau von Rechteckhäusern über, so daß SIRAN im Jahre 1970 feststellte, daß sich die Grenze des Vorkommens der sudanischen Kegeldachhütte vom Sanaga nach Norden bis in die Höhe von Yoko verschoben hatte. [253] Er erlebte zu dieser Zeit den Fall der vorletzten Rundhütte in Nguila und schätzte die Zahl der noch zwischen Nguila und Yoko existierenden auf etwa zehn. [254] Die Ursachen dieses extremen Wechsels könnten nur durch Befragen von Vute ermittelt werden. Nach Auffassung der Autorin könnte er als Reaktion auf den in der Vorkolonialzeit ausgeübten Zwang zur Übernahme des Vute-Hauses verstanden werden.

Kulturelle Assimilation, teils als bewußt eingesetztes Mittel der politischen Integration, teils auch als Willkürmaßnahme, wurde in verschiedenen Lebensbereichen vollzogen. Wie erwähnt, mußten die in die Vute-Truppen eingereihten Unterworfenen Vute-Waffen tragen und nach Vute-Art kämpfen, wodurch sie den Eindruck erweckten, selbst Vute zu sein. [255] DOMINIK erlebte beim Herrscher des Oberhäuptlingstums Ngila, daß die Bati „sich alle die Haare scheren mußten, als Ngillas Schwester starb." [256] Kopfrasur galt allgemein als Zeichen der Trauer. [257]

Einige Hinweise liegen auch vor, die den verstärkten Anbau von Mais und Hirse durch die Unterworfenen belegen, [258] was als Folge bestehender Abgabeverpflichtungen angesehen

---

[252] Bundesarchiv R 1001/3354, Bl. 86f., 94, 106, V. STEIN ZU LAUSNITZ. Vgl. V. STEIN ZU LAUSNITZ, 1908, S. 522; 1910, S. 499.

[253] SIRAN, 1980, S. 25.

[254] Ebenda.

[255] THORBECKE, 1914a, S. 64; 1916, S. 16, siehe oben, S. 176f.

[256] DOMINIK, 1908, S. 47.

[257] SIEBER, 1925, S. 54.

[258] Bundesarchiv R 1001/4357, Bl. 16, DOMINIK. Vgl. auch WAIBEL (1914, S. 43) zur Übernahme der „Feldfrüchte der Wute" durch die Babufuk. Während der französischen Mandatszeit wurde der in der Vute-Ökonomie bedeutende Hirseanbau völlig aufgegeben. Vgl. GRANDIDIER, 1934, Carte No. XXIII; SIRAN 1971, S. 9, Anmerkung 2. Die Ursache sieht SIRAN (1980, S. 32) in der Einführung und erheblichen Zunahme des Reisanbaus während der französischen Mandatszeit, mit dem leicht Geld verdient werden konnte. NGOURA (1982, S. 19f.) erwähnt die Hirse nicht mehr unter den Anbauprodukten.

werden kann. Die Übernahme von Elementen der Vute-Kultur wird zum Teil auch auf freiwilliger Basis erfolgt sein, wie dies SONGSARÉ von einer Gruppe der Balom berichtete, die
heute in der Nähe von Ngoro linksseitig des Mbam lebt, in einer Gegend, die ehemals zum
Gebiet Guataré gehörte. [259]

Daß sich auch unter den Vute Assimilationsvorgänge vollzogen, zeigt sich einmal an
der Aufnahme zahlreicher Elemente der Haussa- und Fulbe-Kultur. Zum anderen deuten
einige Bemerkungen, insbesondere über die „Mango-Vute" (Oberhäuptlingstum Mbanjock),
auf den Beginn einer kulturellen und sprachlichen Verschmelzung und wohl auch auf eine
biologische Vermischung mit den unterworfenen Gruppen hin. [260] Diese Tendenz scheint in
den einzelnen Vute-Oberhäuptlingstümern sehr unterschiedlich ausgeprägt gewesen zu sein.
Die Verhältnisse im Oberhäuptlingstum Ngila charakterisierte DOMINIK als von scharfen
Gegensätzen gekennzeichnet, indem z.B. ein Vute selten Bati verstanden hat, während viele
Bati fließend Vute sprachen. [261] Andererseits hatte Gomtsé (Ngraŋ II) von den unterlegenen
Fuk den Oberhäuptlingstitel Ngraŋ übernommen. [262]

9.4.3. Die Freigelassenen

Zur gesellschaftlichen Schicht der Freien wurden in der Vorkolonialzeit mit gewissen Einschränkungen auch die Menschen gezählt, die zu Lebzeiten freigelassen worden waren. Andere, die unfreie Eltern (oder ein unfreies Elternteil) hatten, galten als frei, sobald sie erwachsen
wurden. Diese Feststellung ist erst auf der Grundlage der relativ detaillierten Forschungsergebnisse Sirans zur gesellschaftlichen Stellung der Unfreien und ihrer Nachkommen möglich
geworden. [263]

Kolonialzeitliche Autoren, wie DOMINIK, MORGEN und SIEBER, aber auch TAPPEN-
BECK und THORBECKE, die sich für die Stellung der Unfreien interessierten, berichteten von einigen sichtbaren Merkmalen ihrer Position. [264] Daß diese Position weiblichen und
männlichen Unfreien die Möglichkeit des Freiwerdens einräumte, wurde von den Autoren,
die vorkoloniale Verhältnisse erlebten, nicht erkannt. Angaben über die Stellung der Nachkommen von Unfreien sind – abgesehen von einer Bemerkung Siebers – in kolonialzeitlichen
Archivmaterialien und Veröffentlichungen nicht vorhanden. SIEBER beobachtete im Jahre
1912, daß sich die „Zugehörigkeit zum Sklavenstand" vererbte. [265] Diese Beobachtung entsprach den damaligen Verhältnissen, da seit der Auferlegung des „kolonialen Friedens" ab

---

[259] SONGSARÉ, mündliche Aussage 1987.

[260] DOMINIK, 1897, S. 415. Zum Oberhäuptlingstum Mbanjock: siehe oben S. 89, 135ff., 168ff.

[261] DOMINIK,1897, S. 415.

[262] THORBECKE, M.-P., 1914, S. 152.

[263] Vgl. vor allem SIRAN 1980, S. 40ff. ABUBAKAR (1977, S. 104) betont die Möglichkeit der Freiwerdung
von Sklaven als allgemeines soziales Phänomen in Adamaua (Fombina): " In Fombina, indeed in the whole
of the Sokoto Caliphate, the case had never been 'once a slave always a slave'. Long before the advent of the
Nasâra'en it was possible for slaves to acquire freedom, wealth, prestige and power."

[264] Siehe unten Kapitel 9, Abschnitt 5, S. 234ff.

[265] SIEBER, 1925, S. 58.

1899 der Menschenfang verboten und damit der Nachschub von Unfreien unterbunden war. Damit kam es zu einem Erstarren der gesellschaftlichen Schichtung, so daß Unfreie nur noch selten freigelassen wurden, auch nicht ihre Kinder, wie SIEBER schrieb. [266] SIEBER war jedoch auch das Freiwerden von Unfreien „durch besondere Auszeichnung im Krieg" – das früher üblich war – bekannt. [267] Ferner erwähnte er Freikäufe, meistens mit Hilfe von Verwandten, [268] eine Möglichkeit, die sicher erst seit der Einführung des Geldes genutzt werden konnte.

Die vorkoloniale gesellschaftliche Stellung des Unfreien wurde durch die Feldforschungen Sirans Anfang der siebziger Jahre wesentlich konkreter erfaßt. Sie spezifizieren auch die Möglichkeiten seiner Freiwerdung und die Position seiner Nachkommen, die nicht mehr die eines Unfreien (*mbọ*) war. Sirans Aussagen zu dieser Frage beruhen überwiegend auf Berichten eines Nachkommen von Balom-Unfreien, Tapani von Mangai, und des Vute Toung-Niri, der im Jahre 1970 Ältester von Nguila war. [269]

Nach Aussage des Tapani von Mangai konnten unfreie Männer ihre Freilassung auf zweierlei Wegen erreichen. Der eine war, wie bereits erwähnt, daß sie an Raubzügen teilnahmen, um selbst Menschen zu fangen. Tapani beschreibt die dadurch zustande kommende Freilassung folgendermaßen: „L'esclave, si tu es jeune et brave, on t'amène à la guerre. Si tu es fort tu vas attraper des esclaves. Je vais donner ça à mon maître. Une ou deux fois comme ça, on te laisse tu peux aller construire ta maison et garder des esclaves pour toi par-ce que tu es déjà fort. Tu es un homme qui va sauver le village." [270] Die Bemerkung, daß der Unfreie, nachdem er auf seiten der Vute gekämpft und für sie Menschen geraubt hatte, als ein Mann galt, der in der Lage und vor allem bereit war, das Vute-Dorf, in dem er lebte, im Falle von Gefahr zu retten, zeigt, daß aus der Sicht der herrschenden Vute ein bestimmter Assimilationsgrad Voraussetzung für die Freilassung war. Das Verhalten des Unfreien auf Raubzügen stellte dafür eine Art Test dar, denn mit dem Menschenraub hatte er das getan, was ursprünglich ihm selbst und seiner eigenen ethnischen Gruppe zum furchtbaren Schicksal geworden war. Daß die möglichst komplikationslose Integration der andersethnischen Unfreien für den Oberhäuptling und die herrschende Schicht der Vute im Interesse der eigenen Sicherheit wichtig war, zeigt sich an der Regelung, daß nur unbeschnittene Knaben in den Oberhäuptlingstümern blieben. Bereits beschnittene Knaben und erwachsene Männer hielt man für nicht assimilierbar; sie konnten nicht zum *homme du village* werden. [271] Darum wurden sie nach SIRAN möglichst schnell an die Haussa oder an den Lamido von Tibati abgegeben. [272]

Die zweite Möglichkeit, frei zu werden, war für den Unfreien die Ehe mit einer freien

---

[266] SIEBER, 1925, S. 58. Vgl. SIRAN, 1980, S. 47.

[267] SIEBER, 1925, S. 58. Siehe auch oben S. 214f.

[268] SIEBER, 1925, S. 58.

[269] SIRAN, 1980, S. 40, 44–46.

[270] Tapani von Mangai, zitiert nach SIRAN, 1980, S. 45.

[271] Nach SIRAN (1971, S. 15) war jeder in einer Vute-Siedlung geborene Mann ein *homme du village*, sozusagen ein freier Mann, selbst wenn seine Eltern unfrei waren.

[272] SIRAN, 1980, S. 44.

Frau. Es bestanden in dieser Hinsicht kaum soziale Schranken; eine freie Frau vergab sich nichts, wenn sie einen Unfreien heiratete. [273] Kam eine solche Ehe zustande, so gab sein Besitzer den Mann frei. Jedoch bestand für den Freigelassenen wohl weiterhin eine (moralische) Arbeits- und Hilfeleistungspflicht, indem er seinem ehemaligen Herrn helfen sollte „wie ein Sohn". Tapani von Mangai beschrieb diese Art der Freilassung folgendermaßen: „Si l'homme [der Unfreie; Anmerkung C.S.] se marie avec une femme du village son maître aura honte de le garder comme un esclave: il va le garder comme son fils, il va lui dire: tu vas m'aider comme un fils." [274]

Unfreie Mädchen oder Frauen konnten ihre Freilassung nur durch Heirat erreichen. Interessierte sich ein Besitzer für eine seiner Unfreien „il va la mettre dans la maison comme sa femme. Elle n'est plus esclave." [275] Von SIRAN wird an dieser Stelle keine weitere Erläuterung zur veränderten Stellung einer von ihrem Besitzer geheirateten Unfreien oder Freigelassenen gegeben. Relevant wären weitere Informationen, so z.B., ob die Ehe nach Vute-Recht geschlossen, oder ob die Frau nur „in sein Haus genommen" wurde. Interessant wäre auch, etwas über das Verhältnis zwischen der andersethnischen, ehemals unfreien Frau und den Vute-Frauen des Herrn zu erfahren.

Unfreie Mädchen oder Frauen wurden oft von freien Männern des Dorfes geheiratet. Die in einem solchen Fall angewandten Regeln trugen nur sehr bedingt den Charakter einer „Freilassung", die zudem unbefristet widerrufbar blieb. [276] Der freie Mann zahlte an den Eigentümer der Unfreien den Brautpreis, als ob sie seine Tochter wäre. Sie wurde jedoch nicht verkauft. Hatte der ehemalige Herr später Arbeiten zu erledigen, bei denen er die Hilfe von Verwandten benötigte, so half ihm der freie Ehemann so, als ob er sein Schwiegersohn oder Schwager wäre. Die ehemals Unfreie blieb solange frei, wie sie mit diesem Mann verheiratet blieb. Scheiterte die Ehe, nahm ihr früherer Eigentümer sie wieder zu sich und zahlte dem Mann den Brautpreis zurück. Die Frau übernahm wieder die Stellung einer Unfreien und mußte für den Herrn arbeiten.

Nach den Ermittlungen Sirans war der Übergang in den freien Status für die Nachkommen der Unfreien an keine Bedingungen geknüpft. Ein männlicher Nachkomme unfreier Eltern verließ diese in heiratsfähigem Alter. Er mußte sich deswegen nicht an den Herrn seiner Eltern wenden, denn er war nach Aussage von Tapani bereits ein *homme du village*. Er heiratete eine Frau aus dem Dorf, suchte sich ein Stück Land und erbat vom Besitzer das Nutzungsrecht. [277] Während Tapani die Nachkommen der Unfreien undifferenziert als „freie Dorfangehörige" bezeichnet hat, machte Toung-Niri – als Vute-Notabel – anhand von Bezeichnungsunterschieden Aussagen über deren nicht ganz ebenbürtige Stellung. *Mwĩïŋ kvè* bedeutet „Sohn des Dorfes" und bezeichnet die Gesamtheit der freien Männer gegenüber

---

[273] Tapani von Mangai, zitiert nach SIRAN, 1980, S. 46.

[274] Ebenda.

[275] Ebenda.

[276] Nachfolgende Angaben zu Heiraten zwischen unfreien Frauen und freien Männern von Tapani aus Mangai bei: SIRAN, 1980, S. 46.

[277] SIRAN, 1980, S. 46.

den *mbǫ*. Der Nachkomme unfreier Eltern wurde jedoch *mwīīŋ vutè̩e*, „Sohn des Vute" genannt. Dieser Begriff bezog auch diejenigen ein, bei denen ein Elternteil unfreier Herkunft war.[278]

Indem die Unfreiheit sich nicht von einer Generation zur anderen vererbte und der Übergang in den freien Status im allgemeinen unter der Bedingung sprachlicher und kultureller Anpassung erfolgte, bestand nach SIRAN in der Vorkolonialzeit die Tendenz, daß jeder integrierte Unfreie – oder Nachkomme von Unfreien – eines Tages zum Vute wurde.[279]

9.5. Die Unfreien

Wenn in den kolonialzeitlichen Quellen Unfreie (*mbǫ*) bei den Vute erwähnt werden, dann ist hauptsächlich von ihrer gewaltsamen Beschaffung die Rede. So überwiegen Bemerkungen historischer Art zum „Sklavenfang" in der Sanaga-Ebene durch die Fulbe und Vute im 19. Jh. Autoren, die sich vor der kolonialen Eroberung in dieser Region aufhielten, berichteten vorwiegend über eigene Erlebnisse im Zusammenhang mit Raubzügen der Vute.[280] Relativ zahlreich sind auch die Angaben über den Handel mit geraubten Menschen sowie deren Lieferung als Abgabe an den Lamido von Tibati.[281] Es gibt nur wenige Aussagen zur gesellschaftlichen Stellung der in den Vute-Oberhäuptlingstümern verbliebenen Gefangenen. Einige Bemerkungen werden allerdings über Unfreie in der Umgebung des Oberhäuptlings gemacht, die oft sein Vertrauen genossen und z.T. wichtige Funktionen ausübten. Sie hielten selbst Unfreie und konnten über erheblichen Besitz verfügen.[282]

Wie oben schon festgestellt wurde, fehlen in den kolonialzeitlichen Veröffentlichungen und Archivmaterialien genauere Angaben zur sozialen – insbesondere sozialökonomischen – Stellung der Unfreien. Jüngere Forschungsarbeiten, die Abrisse über die gesellschaftlichen Verhältnisse der Vute enthalten, stützen sich im allgemeinen auf dieses lückenhafte Material, das wohl nicht in jedem Fall die Verhältnisse richtig widerspiegelt.[283] Es ist, wie oben erwähnt, das Verdienst Sirans, durch seine Feldforschungen (1970/71) den Kenntnisstand in dieser Frage verbessert und erweitert zu haben; nur auf dieser Grundlage ist eine Überprüfung vorhandener Einschätzungen zur Position der Unfreien überhaupt möglich. Das trifft vor allem zu für die Frage der Erblichkeit des Unfreienstatus, aber auch für den Versuch,

---

[278] Ebenda.

[279] Ebenda.

[280] Forschungsergebnisse der Batanga-Expedition, 1888, S. 27; DOMINIK, 1898, S. 622; 1901, S. 71, 135, 226; 1908, S. 51; MORGEN, 1893a, S. 185, 282; SIEBER, 1925, S. 3, 45, 58f., 63; STAADT, 1898, S. 297; v. STETTEN, 1895, S. 112; TAPPENBECK, 1889, S. 116; WAIBEL, 1914, S. 40.

[281] DOMINIK, 1897, S. 417; 1908, S. 48f.; Bundesarchiv R 1001/3267, Bl. 9, KUND; MORGEN, 1893a, S. 84, 188; SIEBER, 1925, S.64; v. STETTEN, 1895, S. 112, 135; Bundesarchiv R 1001/3268, Bl. 37, 128f., TAPPENBECK; THORBECKE, 1916, S. 73.

[282] Bundesarchiv R 1001/4357, Bl. 25, DOMINIK; DOMINIK,1897, S. 417; 1901, S. 79, 80, 174; MORGEN, 1893a, S. 83, 224, 282.

[283] Zum Beispiel BORN, 1979, S. 262; BÜTTNER, 1967, S. 153, Anmerkung 135; LIPS, 1930, S. 158; MURDOCK, 1963, S. 125; 1967, S. 58.

unterschiedliche Gruppen von Unfreien entsprechend ihrer gesellschaftlichen Stellung zu charakterisieren.

Die von SIRAN gelieferten Angaben über die soziale Position der Unfreien und ihrer Nachkommen erfordern z.b. die kritische Einschätzung einer oft zitierten Bemerkung Dominiks aus dem Jahre 1897: „Die Sklaven zerfallen in zwei Kategorien, erstens die in der Sklaverei geborenen, die man besser als Hörige bezeichnet und die fast dieselben Rechte genießen als die Wutes, selbst Sklaven besitzen und oft, namentlich wenn sie dem königlichen Hausstand angehören, nicht ohne Einfluß sind; dann die frisch gefangenen Bantus, die meist, damit sie nicht fortlaufen, möglichst schnell verkauft werden. Auch sie gelten zunächst als Eigenthum des Häuptlings." [284] Diese Stelle bei DOMINIK zitierend, klassifizierte BÜTTNER die Unfreien der Vute nach „Sklaven erster und zweiter Instanz". [285] Beide Aussagen implizieren Erblichkeit des Unfreienstatus für die Zeit vor der kolonialen Eroberung, eine Annahme, die durch die Arbeiten Sirans widerlegt worden ist. [286] Einer kritischen Einschätzung bedarf ferner die Kategorienbildung selbst. Da er offensichtlich keine genaueren Kenntnisse über die rechtliche Stellung der Nachkommen von Unfreien besaß, stufte DOMINIK diese, wie die Unfreien selbst, letztendlich als „Sklaven" oder „Hörige" ein. Seine Angaben, daß sie „fast dieselben Rechte genießen als die Wute" und selbst „Sklaven" hielten, stimmen mit Sirans Ermittlungen über die zu Lebzeiten frei gelassenen bzw. die freien Nachkommen von Unfreien überein. [287] DOMINIK erkannte jedoch nicht ihren Status als Freie, als *homme du village*. Es gab somit nicht zweierlei Arten von Unfreien oder „Sklaven" – nach DOMINIK „frisch gefangene Bantu" und „in der Sklaverei geborene" – sondern Unfreie unterschiedlicher gesellschaftlicher Stellung, deren Nachkommen frei wurden. Demzufolge kann diese Unterteilung nicht (wie bei BÜTTNER) einer Differenzierung in „Sklaven erster und zweiter Instanz" zugrunde gelegt werden. MURDOCK, der sich nach eigener Angabe auf SIEBER stützte, [288] ordnete die von den Vute gehaltenen Unfreien in seine Kategorie H (*hereditary slavery*) ein. [289] Nach den Ermittlungen Sirans zur Stellung der Nachkommen dieser Unfreien in vorkolonialer Zeit sind dafür eher die von MURDOCK unter der Kategorie I der *Column 71* (*slavery*) zusammengefaßten Merkmale zutreffend: „Incipient or nonhereditary slavery, i.e., where slave status is temporary and not transmitted to the child of slaves." [290]

Eine andere kritisch zu kommentierende Bemerkung Dominiks, daß die Vute die „frisch gefangenen Bantu" möglichst schnell veräußerten, zeigt, daß dem Autor die zunehmende Tendenz, geraubte Menschen selbst zu behalten, nicht bewußt geworden war. Den wahren Sachverhalt trifft Dominiks Bemerkung nur insofern, als die geraubten erwachsenen Män-

---

[284] DOMINIK, 1897, S. 417f.
[285] BÜTTNER, 1967, S. 153, Anmerkung 135.
[286] Siehe oben, Kapitel 9, Abschnitt 4.3., S. 231ff.
[287] Vgl. SIRAN, 1980, S. 45f.
[288] MURDOCK, 1963, S. 125. Die von MURDOCK ferner angegebene Quelle THORBECKE (1916) enthält keine Angaben zur Erblichkeit des Unfreienstatus.
[289] MURDOCK, 1967, S. 77, Table D, Column 71; zur Definition der Kategorie „H" [ereditary] vgl. ebenda, S. 58, Column 71: „slavery".
[290] MURDOCK, 1967, S. 58.

ner und beschnittenen Knaben möglichst schnell an die Haussa oder an den Lamido von Tibati weggegeben wurden. [291] Das wird indes auch nicht immer der Fall gewesen sein, denn nach V. STAUDINGER nahmen auch die Haussa-Händler nicht gern erwachsene Männer, da diese am meisten zur Flucht neigten. [292] Knaben, Mädchen und Frauen – bzw. der gesamte „Überschuß" an geraubten Menschen – wurden jedoch vom Oberhäuptling nach Möglichkeit für die Verteilung an Untergebene zurückgehalten. [293] In den 90er Jahren des 19. Jhs. war der Einsatz von geraubten Menschen als unfreie Arbeitskräfte oder Krieger zu einem der wichtigsten Motive des Menschenraubs geworden. [294]

Mehrere kolonialzeitliche Autoren berichteten, daß Unfreie zur äußeren Kennzeichnung körperlich verstümmelt wurden. So erwähnte SIEBER das Abschneiden eines Ohres, für die Kolonialzeit das Einbrennen von Zeichen auf Brust und Rücken. [295] Nicht durch weitere Quellenbelege bestätigt ist die Bemerkung Zwillings über das Amputieren eines Fingers oder einer Zehe. [296] In Zusammenhang mit dem Hinweis auf Frisurenvorschriften des Oberhäuptlings Neyon (Ngraŋ III) bemerkte DOMINIK, daß Unfreie den Kopf im allgemeinen zur Hälfte rasiert trugen, an anderem Ort, daß Sklaven in Nduba kahl geschoren wurden, unbewaffnet waren und fast nackt gingen. [297]

Die rechtliche Stellung der Unfreien in den Oberhäuptlingstümern der Vute wies gegen Ende des 19. Jhs. typische Merkmale afrikanischer Sklaverei oder Hörigkeit auf, wie sie in den meisten subsaharischen Staaten in gleicher oder ähnlicher Weise existierten. Die vorhandenen Angaben zeigen, daß sich diese Rechtsstellung nicht ohne weiteres mit einer der europäischen Formen von „Leibeigenschaft" oder „Hörigkeit" gleichsetzen läßt. Auch nach Auffassung Sirans ist weder der Begriff „Sklave" noch „Leibeigener" für den Unfreien in der vorkolonialen Vute-Gesellschaft voll anwendbar. [298] Als ein Merkmal der Sklaverei ist insbesondere das Tötungsrecht des Besitzers hervorzuheben. [299] Da jedoch der arbeitsfähige Unfreie in der Regel wertvoller Besitz war, ist er sicher nur in Ausnahmefällen getötet worden. Sobald er aber durch Alter und Krankheit nutzlos wurde, stand ihm mitunter ein schweres Ende bevor. So fand SIEBER eines Tages das Skelett eines alten, von seinem Herrn weggejagten Unfreien. [300] Insbesondere die Berichte aus der Zeit vor der kolonialen Eroberung lassen erkennen, daß infolge des massenweisen Einbringens geraubter Menschen in die Vute-Orte außerordentlich leichtfertig und ohne Wertschätzung mit ihrem Leben umgegangen wurde, insbesondere wenn es nutzlos erschien und sein Erhalt einigen Aufwand

---

[291] SIRAN, 1980, S. 44.
[292] V. STAUDINGER, 1891b, S. 572.
[293] Vgl. Bundesarchiv R 1001/4357, Bl. 25, DOMINIK; SIEBER, 1925, S. 45, 58, 63f.; SIRAN, 1980, S. 45, 47; 1981a, S. 270.
[294] Vgl. SIRAN, 1980, S. 47.
[295] SIEBER, 1923, S. 22; 1925, S. 15, 59.
[296] ZWILLING, 1940, S. 191.
[297] DOMINIK, 1897, S. 416; 1901, S. 75.
[298] SIRAN, 1980, S. 41.
[299] SIRAN, 1980, S. 44.
[300] SIEBER, 1925, S. 104.

erforderte. So beobachtete DOMINIK: „Sind aber die gefangenen Kinder krank, wenn sie von ihren Häschern eingebracht werden, so kümmert sich kein Mensch um sie und es ist ein klägliches Bild, das diese, in Wind und Wetter auf der Straße liegenden, schmutzigen und mit Aussatz bedeckten Unglücklichen bieten. Sterben sie dann, so dienen sie ... den zahlreichen Hunden zum Fraß." [301] MORGEN beobachtete im Jahre 1890, als er die Vute auf dem Feldzug gegen Ngader (Ngaundere-Feldzug) begleitete, daß, im Gegensatz zu den gefallenen Freien, Unfreie nicht beerdigt wurden, ferner, daß während des Übersetzens über den tiefen und reißenden Ndjim-Fluß für Menschen, die nicht zur gehobenen Schicht gehörten, keine Rettungsversuche unternommen wurden, wenn sie in den Fluß gestürzt waren. [302]

Ein weiteres wesentliches Merkmal der Rechtsstellung des Unfreien war, daß ihn sein Herr in den Besitz eines anderen übereignen konnte; das heißt, er konnte verkauft, vertauscht oder verschenkt werden. [303] Bei Rechtsvergehen von Freien (wie Diebstahl, Ehebruch, Mord oder falscher Anklage) mußte der Täter häufig zur Entschädigung einen Sklaven liefern. [304] Der Unfreie selbst war nicht aktiv rechtsfähig, sondern der Willkür und dem Rechtsempfinden seines Herrn oder des Oberhäuptlings ausgeliefert. [305] Diese Fragen bedürfen im Rahmen einer allgemeinen Analyse der Rechtsverhältnisse in der Vute-Gesellschaft noch einer gesonderten Untersuchung.

Die von weitgehender Rechtlosigkeit geprägte Stellung des Unfreien, deren Bedeutung in der gesellschaftlichen Realität anhand des bisherigen Quellenmaterials jedoch schwer meßbar bleibt, wurde durch zwei Faktoren erheblich gemildert: einmal durch die oben erwähnten Möglichkeiten der Freilassung und des sozialen Aufstiegs, zum anderen durch relative ökonomische Unabhängigkeit. Der „einfache" freie Vute hatte in der Regel nur ein bis zwei Unfreie. Der bereits genannte Vater Toung-Niris, ein Würdenträger (mbåå), hatte in der Zeit vor der kolonialen Eroberung acht männliche und fünf weibliche Unfreie. [306] Die Arbeitsleistung der Unfreien für ihren Eigentümer war entsprechend den Regeln der geschlechtlichen Arbeitsteilung unterschiedlich. [307] Der unfreie Mann rodete, säte und hackte auf den Feldern seines Herrn, [308] die unfreien Frauen brachten die Ernte ein. Die männlichen Unfreien übernahmen ferner das Bauen oder Reparieren von Hütten und ähnliche Hilfsarbeiten. Die weiblichen Unfreien führten alle groben Hausarbeiten aus, z.B.: Brennholz sammeln, Wasser holen und Korn stampfen; auch leisteten sie für die Frauen ihres Eigentümers Zuarbeiten beim Kochen. Das Zubereiten der Mahlzeiten übernahmen die Vute-Frauen selbst. Von die-

---

[301] Bundesarchiv R 1001/4357, Bl. 26, DOMINIK.

[302] MORGEN, 1893a, S. 232, 239.

[303] SIRAN, 1980, S. 41.

[304] SIRAN, 1981a, S. 266.

[305] SIRAN, 1980, S. 44.

[306] SIRAN, 1980, S. 41.

[307] Nachfolgende Angaben zu den Aufgaben und zur sozialökonomischen Position der Unfreien nach: SIRAN, 1980, S. 41ff.

[308] Nach SIRAN, 1980, S. 42: „Le maître lui-même, il n'avait pas de champ. C'était ses femmes qui avaient les champs." Demnach gehörte das Land der Matrilinie der Frau. Ebenda (S. 32) beschreibt der Autor, daß die Vute-Frauen und Männer zur Zeit seiner Feldforschung gemeinsam auf den Feldern säten und hackten.

sem Essen wurden auch die ledigen unfreien Männer mit ernährt. Die ledigen Mädchen oder Frauen erhielten Nahrungsmittel zugeteilt und kochten für sich selbst. Die verheirateten Unfreien waren für ihre Ernährung selbst verantwortlich, da sie in der Regel ein eigenes Stück Feld bestellen konnten, über dessen Ernte sie allein verfügen durften. Der Herr des Unfreien beanspruchte keinen Anteil an dieser Ernte. [309] Verheiratete Unfreie hatten demzufolge auch eigene Kornspeicher. Vielfach verfügten auch ledige Unfreie über ein eigenes Stück Feld. Da auch sie möglichst nur die Arbeiten ausführten, die auf sie nach den Regeln der geschlechtlichen Arbeitsteilung entfielen, schlossen sie sich einer Familie an, deren Frauen auf ihren Feldern ernteten. Sie gaben ihre Ernte in den Speicher dieser Familien und durften dafür in diesen Familien kostenlos essen.

Die vorstehenden Angaben zeigen, daß hauptsächlich die Arbeitskraft der Unfreien ausgebeutet wurde. Der Unfreie konnte dann für sich arbeiten, wenn er vom Besitzer nicht gefordert wurde. Nach Aussage von Toung-Niri „ils avaient partagé les jours. Il y avait des jours, ils devaient aller travailler pour leur maîtres, et il y avait des jours où ils travaillaient pour eux-mêmes." [310] Sieht man die Kriegführung der Vute, bei der Unfreie eingesetzt wurden, als Erwerbstätigkeit an, da sie ja Beute einbrachte, so leistete der Unfreie Abgaben, indem er die Kriegsbeute, zumindest die lebende, abgeben mußte. Allerdings kann man dies auch nur bedingt als Abgabe bezeichnen, da er nach einiger Zeit, wenn er geraubte Menschen gebracht hatte, mit der Freilassung belohnt wurde.

Aus den Quellen geht hervor, daß der Wohnort der Unfreien, die in der Regel in den Gehöften ihrer Besitzer eigene Hütten bewohnten, [311] auch außerhalb und etwas weiter entfernt liegen konnte. Insbesondere „Großleute" ließen ihre Unfreien in Weilern außerhalb der Siedlungen wohnen. [312] MORGEN nennt fünf bis zehn Hütten zählende „Pflanzdörfer" auf „Farmen ungeheurer Ausdehnung", die vom Wächter, dessen Familie und einigen „Arbeitern" bewohnt wurden. [313] Wie aus Beobachtungen Dominiks hervorgeht, übten diese Wächter gleichzeitig die Funktion eines Aufsehers über die „Arbeiter" aus, unter denen Unfreie zu verstehen sind. [314] Andererseits ist auch denkbar, daß Unfreien, die sich viele Jahre lang „eingewöhnt" hatten, keine Fluchtabsichten mehr unterstellt wurden. Dafür sprechen vor allem Hinweise, die den Aufenthalt von Unfreien unter den Vute seit ihrem Kindesalter belegen. [315]

---

[309] Diese Angabe macht auch THORBECKE, 1916, S. 64.

[310] Toung-Niri, zitiert nach SIRAN, 1980, S. 41.

[311] SIRAN, 1980, S. 41.

[312] DOMINIK, 1897, S. 416; MORGEN, 1893a, S. 226; THORBECKE, 1916, S. 35.

[313] MORGEN, 1893a, S. 226.

[314] Bundesarchiv R 1001/4357, Bl. 18, DOMINIK. Vgl. MORGEN, 1893a, S. 204.

[315] Bundesarchiv R 1001/4357, Bl. 20, 25, DOMINIK; SIRAN, 1980, S. 45.

10. Merkmale des politischen Konsolidierungsprozesses in den Vute-Oberhäuptlingstümern (nach 1880 bis 1899)

Die in den Veröffentlichungen und Archivmaterialien enthaltenen Angaben zur territorial-politischen Struktur und Organisation am Ende des 19. Jhs. in den Oberhäuptlingstümern Linte und Ngila ermöglichen, stabile und instabile Merkmale des politischen Konsolidierungsprozesses in diesen Einheiten zu unterscheiden und selbst Merkmale ihrer mangelnden politischen Festigung aufzuzeigen. Die Anfänge staatlicher Prozesse werden auch unter diesem Aspekt näher bestimmbar. Nachfolgend werden häufig die Begriffe „politische Integration" und „Konsolidierung" gebraucht. „Politische Integration" definiere ich im vorliegenden Fall als gewaltsame oder gewaltlose Vereinnahmung bisher selbständiger Gruppen, d.h. zum Beispiel: die Vorgänge von der Eroberung bis zur auferlegten und von der betroffenen Gruppe hingenommenen politischen Unterstellung. Mit „Konsolidierung" meine ich hier die vielfältige Eingliederung dieser Gruppen in die territorial-politische Organisation der Oberhäuptlingstümer und den Prozeß ihres Zusammenwachsens zu einer politischen Einheit.

Die vorhandenen Angaben vermitteln ein Bild, das ebenso von Kontrasten gekennzeichnet ist wie andere gesellschaftliche Bereiche dieser frühstaatlichen Organisation. Das Quellenmaterial erlaubt einige Aussagen zur Ausrichtung der territorial-politischen Organisation auf die Festigung der politischen Herrschaft. Ferner vermittelt es eine Reihe von Angaben, die durch ihre Informationen über die wechselnde politische Zugehörigkeit von Vute- und anderen ethnischen Gruppen den instabilen Charakter des politischen Integrationsprozesses nachweisen. Durch Angaben zur Siedlungsgeschichte im Untersuchungszeitraum, zur Siedlungsgeographie und zur Befestigung der Siedlungen ist es weiterhin möglich, Zusammenhänge zwischen Siedlungsweise und politischer Konsolidierung herzustellen.

Die im vorliegenden Abschnitt getroffenen Einschätzungen zur politischen Konsolidierung in den Vute-Oberhäuptlingstümern beruhen auf der Zusammenstellung zahlreicher verstreuter Einzelangaben. Sie sind sowohl in den kolonialzeitlichen Quellen als auch in den viele Jahrzehnte später aufgenommenen Überlieferungen von Forschern wie MOHAMADOU und SIRAN enthalten. Die vorhandenen Aussagen konzentrieren sich inhaltlich überwiegend auf den Aspekt des Ausbaus der politischen Herrschaft und äußern sich viel weniger direkt zu Schwachpunkten der politischen Konsolidierung.

10.1. Zur Rolle der teritorial-politischen Organisation im politischen Konsolidierungsprozeß

Der politische Konsolidierungsprozeß in den Herrschaftsbereichen der Vute-Oberhäuptlingstümer vollzog sich überwiegend auf der Grundlage der zur Dreiebenengliederung erweiterten territorial-politischen Struktur.[1] Vor allem die Unterhäuptlinge, als Vertreter der mittleren Verwaltungsebene, trugen zur Bildung einer politischen Gemeinschaft im Sinne des Oberhäuptlingstums bei. Sie wirkten im Auftrag und unter Kontrolle des Oberhäuptlings, indem sie die ihnen unterstehenden unterworfenen Gruppen zur Erfüllung der (im Rahmen der beginnenden Verwaltung) auferlegten Verpflichtungen anhielten.[2] Auch die oben beschriebene Durchsetzung kultureller Assimilierung diente diesem Ziel.[3] Die Realisierung dieser frühen Elemente der Eingriffsverwaltung[4] war häufig begleitet von Gewaltandrohung oder -anwendung auf der Grundlage des Besitzes der politischen Macht.

Verschiedene Angaben belegen, daß eine territoriale Kontrolle durch die Zentralmacht sehr wohl möglich war. So liegen zahlreiche Angaben über Boten vor, die als Kuriere zwischen den an der Peripherie befindlichen Orten, den Unterhäuptlingen und dem Herrschaftszentrum unterwegs waren.[5] Mit Ausnahme der niederschlagreichsten Periode der Regenzeit waren die wichtigsten Verbindungswege für Mensch und Pferd ständig begehbar.[6] Die Entfernung von Linte bis an die äußersten Orte des Herrschaftsbereichs betrug nicht mehr als etwa siebzig Kilometer, von Nduba aus etwa vierzig bis fünfzig Kilometer. Trainierte Läufer konnten diese Entfernungen in ein bis zwei Tagen bewältigen. Berittene Boten gab es im allgemeinen nicht, da Pferde ein ausgesprochenes Prestigegut der Oberhäuptlinge, vereinzelt auch der Großleute waren. Bei ihnen gab es sie auch nur in geringer Zahl, und sie wurden im allgemeinen nur von ihnen selbst genutzt.[7]

Die somit relativ guten Möglichkeiten der territorial-politischen Kontrolle ermöglichten dem Oberhäuptling auch ein schnelles Reagieren auf politische Probleme im Herrschaftsbereich und die Überwachung ihrer Lösung. So enthalten die Quellen einige Hinweise auf Zwangsumsiedlung unterworfener Gruppen, beziehungsweise auf die Versetzung unliebsam gewordener Personen.[8] Im Prozeß der territorial-politischen Expansion wurden unterworfene Gruppen (zur Festigung der politischen Herrschaft) mitunter völlig aufgelöst. Zum Bei-

---

[1]   Siehe oben, Kapitel 8, Abschnitt 2.1., S. 114ff.

[2]   Siehe oben, Kapitel 9, Abschnitt 2.6.2.3., S. 218ff.

[3]   Siehe oben, Kapitel 9, Abschnitt 4.2., S. 228ff.

[4]   Unter Eingriffsverwaltung wird hier die hoheitliche Verwaltung als Form des Verwaltungshandelns nach der Definition von RAUBALL (1983, S. 34, 35) verstanden. „Hoheitliche (obrigkeitliche) Verwaltung wird vor allem im Bereich der Ordnungsverwaltung ausgeübt, aber auch im Steuer- und Vollstreckungsrecht. Hier ist der Staat durch seine Macht dem Einwohner ... übergeordnet." RAUBALL, 1983, S. 34.

[5]   Bundesarchiv R 1001/3345, Bl. 47, DOMINIK; ebenda, 4287, Bl. 52, DOMINIK; DOMINIK, 1901, S. 52, 69, 80; LEMBEZAT, 1961, S. 231; MORGEN, 1893a, S. 77f., 216, 221; SIEBER, 1925, S. 59; 1928, S. 34.

[6]   THORBECKE, 1916, S. 78f., 81.

[7]   DOMINIK, 1897, S. 417; 1901, S. 76, 174; SIEBER, 1925, S. 19; THORBECKE, M.-P., 1914, S. 142; THORBECKE, 1916, S. 66, 68.

[8]   Siehe Geffrier, 1944–45, zitiert nach MOHAMADOU, 1967, S. 113, 114.

spiel erwähnt DUGAST hinsichtlich der Ngoro-Gruppe linksseitig des unteren Mbam, daß die Bewohner des gleichnamigen Ortes nach ihrer Unterwerfung durch die Vute teils nach Linte, teils nach Goura (Guataré) oder Tibati deportiert wurden.[9] Der Herrscher Gongna von Linte (*Ngrté* III) nahm auch Umsiedlungen von Vute-Gruppen auf friedlicher Basis vor. Zur Kontrolle der Randgebiete seines Herrschaftsbereiches siedelte er dort Klangruppen an, die ihm besonders treu ergeben waren. Gleichzeitig begann er, das Wegenetz zur Verbindung von Peripherie und Zentrum systematisch auszubauen.[10]

Auf die Bevölkerungsgruppen in den benachbarten Einflußregionen der Oberhäuptlingstümer versuchten die Vute-Herrscher – über Vorposten oder kollaborierende Gruppen – ihre territorial-politischen Maßnahmen auszudehnen. So erfuhr V. CARNAP-QUERNHEIMB im Jahre 1897, daß im Gebiet des Häuptlings Balinga (Betsinga) am unteren Mbam ein Auswanderungsverbot für alle Männer bestand, das durch die (zeitweise mit den Vute verbündeten) Barrungo unter ihrem Anführer Mbolong kontrolliert wurde.[11]

10.2. Zur Instabilität des politischen Integrationsprozesses

10.2.1. Einleitung

Den vorstehend genannten Tendenzen, die die politische Konsolidierung durch territorial-politische Organisation förderten, lassen sich andere Angaben gegenüberzustellen, die zeigen, daß dieser Konsolidierungsprozeß mit einer nicht unerheblichen Fluktuation von Personen oder Gruppen einherging. Sie führte entweder in annähernd sichere Rückzugsregionen innerhalb der Herrschaftsgebiete oder aus den Herrschaftsgebieten heraus oder aus benachbarten Gebieten hinein, und zwar mit der Absicht, die politische Unterstellung zu verändern. Dieser Wechsel der politischen Zugehörigkeit ganzer Gruppen, den man zunächst als dem Konsolidierungsprozeß entgegenwirkend auffassen könnte, hemmte indes kaum die Festigung der Macht der Vute-Oberhäuptlinge über das Herrschaftsgebiet, wie der historische Verlauf der territorial-politischen Expansion zeigt. Die Berücksichtigung der Vielfalt dieser Fluktuationen trägt jedoch bei zur Gewinnung eines differenzierteren Bildes des politischen Konsolidierungsprozesses in den Oberhäuptlingstümern am Ende der Vorkolonialzeit. Es gibt Aussagen über den Wechsel politischer Zugehörigkeit von Vute-Gruppen sowie von andersethnischen Einheiten, die von der Expansion der Vute berührt wurden; es wird berichtet über unabhängig gebliebene „Inseln" innerhalb der Oberhäuptlingstümer und über Sezessionen (bzw. Sezessionsversuche) von Mitgliedern der herrschenden Schicht. Diese Angaben sind zu einem erheblichen Teil in den von MOHAMADOU aufgezeichneten Überlieferungen enthalten, werden aber auch von einigen kolonialzeitlichen Autoren gemacht. Unter diesen ist besonders HOFMEISTER zu erwähnen, der wichtige historische Einzelheiten mitgeteilt

---

[9] DUGAST, 1949, S. 62f. Die Ngoro-Gruppe gehörte nach eigener Aussage ursprünglich zu den Mangissa und wird von DUGAST im Abschnitt Beti-Pahouin behandelt. Ebenda.

[10] SIRAN, 1971, S. 6; 1981, S. 269; THORBECKE, 1916, S. 81f. Vgl. oben Kapitel 8, Abschnitt 2.2.3., S. 120.

[11] Bundesarchiv R 1001/3345, Bl. 78, V. CARNAP-QUERNHEIMB.

hat. In den Berichten über seine Predigtreisen nennt er zudem zahlreiche Orte oder Häuptlingstümer unterschiedlicher ethnischer und politischer Zugehörigkeit.

Wenn in den vorliegenden Ausführungen von der Instabilität politischer Integration
oder Zugehörigkeit gesprochen wird, so bezieht sich diese auf die politische Unterstellung
oder Trennung von Personen oder Gruppen. Die vorhandenen Angaben zeigen, daß der politische Anschluß von Vute-Gruppen und andersethnischen unterworfenen Einheiten mit
der Eroberung oder der (mehr oder weniger gewaltsamen) Einverleibung der von ihnen bewohnten Territorien erfolgte, wodurch das Herrschaftsgebiet der Oberhäuptlinge vergrößert
wurde. Die Trennung vollzog sich in der Regel durch Abwanderung der Gruppen, da der
Oberhäuptling die politische Macht über ihr ehemaliges Territorium behauptete. Daraus
geht hervor, daß die territoriale Herrschaft stabiler war als die an sich beabsichtigte politische Bindung der unterstellten Gruppen. Durch die Fluktuation – vor allem von Gruppen
der Balom, Bati und Mwelle – ergaben sich für die Vute-Oberhäuptlinge bei einer allgemein
geringen Besiedlungsdichte immer wieder Freiräume für oben genannte Umsiedlungen oder
Landvergaben, unter anderem auch an die sich freiwillig anschließenden kleineren Migrati-
onseinheiten aus anderen Regionen der Sanaga-Ebene.

Den in den politischen Integrationsprozeß der Oberhäuptlingstümer einbezogenen
Menschen war bewußt, daß sie die von der entstehenden Zentralgewalt auferlegten politischen und ökonomischen Pflichten zu akzeptieren hatten, sofern sie weiterhin in ihrem
bisherigen Wohngebiet – und damit im Machtbereich des Oberhäuptlingstums – leben wollten. Es gab nur die Alternative, den Herrscher in jeder Beziehung anzuerkennen oder abzuwandern. Hofmeisters Wörterverzeichnis der Vute-Sprache enthält den Begriff *jï* („Reich").
Daneben gibt es das Verb *jï(n)*, das „huldigen" bedeutet. [12] Die Interpretation liegt nahe, daß
abwanderte, wer dem Oberhäuptling nicht mehr huldigen wollte, beziehungsweise, daß zum
„Reich" die Menschen gehörten, die bereit waren, dem Oberhäuptling zu huldigen. Es sei
hier auf den staatsrechtlichen Inhalt des Begriffs „Huldigung" verwiesen, der besonders bei
frühen Staatsbildungen eine große Rolle spielt und den Untertanen verpflichtet, dem Oberhaupt die Treue zu halten. Treueversprechen kamen z.B., wie oben erwähnt, in Reden von
Kriegsanführern an den Oberhäuptling zum Ausdruck. [13]

Bei einer Untersuchung der Fluktuation von Bevölkerungsgruppen in die Vute-
Oberhäuptlingstümer hinein oder aus ihnen heraus stellt sich die Frage nach der Bedeutung
von politischen Grenzen der Vute-Oberhäuptlingstümer. Auf ihre Eigenschaft als fließende –
weil häufig veränderte – Grenzen wurde bereits oben eingegangen. [14] Dies erklärt, warum in
den Quellen über die Vute zwar wiederholt allgemeine, aber keine genauen Beschreibungen
von Grenzverläufen vorliegen. THORBECKE beobachtete die Berücksichtigung geographischer Gegebenheiten bei der Festlegung von Grenzen, so von Flüssen oder Wasserscheiden,
nahm aber keine konkrete Beschreibung der Grenzverläufe vor, da sie auch seiner Aussage

---

[12]   HOFMEISTER, 1919, S. 11, 42. Das Substantiv „Reich" wird auch mit *kï* beziehungsweise *ńgïńgï* angegeben.
      HOFMEISTER, 1919, S. 42.
[13]   Bundesarchiv R 1001/4287, Bl. 65, DOMINIK; MORGEN, 1893a, S. 86. Siehe oben, S. 170, 206.
[14]   Siehe oben, Kapitel 8, Abschnitt 2.2.3., S. 120f.

nach schwer feststellbar waren. Hinsichtlich der östlichen Grenzen des Oberhäuptlingstums Ngila betonte er, daß sie immer strittig gewesen seien. [15] Dennoch bestanden territorial-politische Abgrenzungen, die je nach der politischen Macht des Nachbarn und dem Verhältnis zwischen den benachbarten politischen Einheiten mehr oder weniger die Funktionen von Grenzen erfüllten. Sie dienten somit überwiegend der gegenseitigen Abgrenzung; doch scheint das Wechseln über die Grenzbereiche wohl ohne Schwierigkeiten möglich gewesen zu sein. Hofmeisters Wörterverzeichnis enthält die Begriffe *jo̱* und *nji* für „Grenze" (Abgrenzung, Ende). [16]

Die politischen Beziehungen der Oberhäuptlingstümer zu ihren Nachbarn beeinflußten die Abwanderungsrichtungen wegziehender Gruppen oder Personen. Zwischen benachbarten Vute-Oberhäuptlingstümern wurde in Friedenszeiten wohl recht genau darauf geachtet, daß der eine Oberhäuptling seinen Einfluß nicht über die Grenze auf das Gebiet des anderen ausdehnte. [17] So konnte es auch geschehen, daß ein Oberhäuptling seine abgewanderten ehemaligen Untertanen von ihrem neuen Herrscher zurückforderte, und daß es dadurch sogar zum Ausbruch eines Krieges kam. [18] Beinahe ständig verfeindete Vute-Oberhäuptlinge, wie die vom Oberhäuptlingstum Ngila und Nyô (Wenke, Mfoké) oder Mbanjock (Dandugu), nahmen flüchtende Abwanderer des Nachbarn gern auf. [19] In Richtung des Lamidats Tibati bestand südlich von Yoko eine Art politischer Pufferzone, über die sich abwandernde Gruppen leicht nach Nordosten in das bereits von den Fulbe beherrschte Vute-Oberhäuptlingstum Yoko oder in die östliche Sanaga-Ebene absetzen konnten. Der Herrscher von Linte verfolgte Abwanderer bis in die östliche Sanaga-Ebene. [20] In Richtung Süden und Südwesten stellten die in den Quellen sehr häufig als Grenzen des „Wute-Landes" angegebenen Flüsse Mbam und Sanaga seit Ende der achtziger Jahre des 19. Jhs. eigentlich keine Grenzen dar, da sich der territorial-politische Einfluß der Herrscher der Oberhäuptlingstümer Linte und Ngila seit dieser Zeit bereits über beide Flüsse erstreckte. In dieser Richtung abwandernde Gruppen mußten die Gebiete der Flußanwohner durchziehen, nach Westen bis zu den Banen, nach Süden bis zu Pangwe-Gruppen in Höhe der Station Jaunde, wenn sie sich den Attacken und der Macht der Vute-Oberhäuptlinge entziehen wollten.

Die in den Quellen erwähnten Veränderungen der politischen Zugehörigkeit von Vute- und andersethnischen Gruppen im Expansionsbereich der Oberhäuptlingstümer Linte und Ngila lassen sich unter historischem Aspekt in nachfolgend beschriebene Gruppen einteilen.

---

[15] THORBECKE, 1916, S. 16, 21.

[16] HOFMEISTER, 1919. S. 12, 19, 35.

[17] Vgl. zum Beispiel Bundesarchiv R 1001/4287, Bl. 52. Im ersten Dorf des Oberhäuptlingstums Linte gingen die Führer Neyons (*Ngraŋ* III), die DOMINIK geführt hatten, zurück nach Nduba, und die Führer Gongnas (*Ngrté* III) traten an ihre Stelle.

[18] Siehe oben, S. 138. Kampfhandlung etwa 1891/1892.

[19] Bundesarchiv R 1001/4348, Bl. 120, v. CARNAP-QUERNHEIMB; ebenda, 4287, Bl. 51, DOMINIK; ebenda, 3345, Bl. 22, v. STETTEN.

[20] Vgl. Coqueraux, 1946, zitiert nach MOHAMADOU, 1967, S. 115. Überlieferung über das Häuptlingstum Mankim.

10.2.2. Abgeschlossene Integrationen

Die Überlieferungsversion von Y.M. Pierre und G. Vouba zur Entstehung der Oberhäuptlingstümer Linte und Ngila enthält namentliche Erwähnungen von Tikar- oder Vute-Häuptlingstümern, die gewaltsam integriert wurden, und deren Territorium im engeren Umkreis des entstehenden Herrschaftszentrums Linte lag. Es handelt sich hier um die *régions* Waa, Dii, Ngah, Soami, Gbing und Matim. [21] Dieselbe Überlieferung beschreibt die gewaltsame Integration des ehemals selbständigen Vute-Häuptlingstums Ndja – vermutlich im Zentrum der westlichen Sanaga-Ebene gelegen – zur Zeit der Inthronisation Gomtsés (*Ngraŋ* II) in Nduba. [22] Diese Beispiele stehen für eine Gruppe von Häuptlingstümern, die im Verlauf der territorial-politischen Expansion der Oberhäuptlingstümer Linte und Ngila integriert wurden und bis zur Kolonialeroberung auch deren Bestandteil blieben. Sie stellten territorial-politisch den Grundstock dieser Vute-Oberhäuptlingstümer dar. Es wird damit nichts ausgesagt über das politische Verhältnis zwischen diesen unterstellten Häuptlingstümern und der Zentralmacht, sondern nur die Kontinuität ihrer politischen Zugehörigkeit hervorgehoben. Obwohl die territorial-politische Expansion des Oberhäuptlingstums Ngila nach 1880 anhand zahlreicher geographischer und historischer Quellenhinweise besser rekonstruierbar ist, werden doch weniger Häuptlingstümer namentlich genannt, die während dieses Prozesses integriert wurden. Im Unterschied zur Linté-Region ist im Südwest-Gebiet der Sanaga-Ebene nichts über die Existenz von kleineren politischen Einheiten der Vute bekannt, die bereits vor dem Eindringen der Vute unter Gomtsé (*Ngraŋ* II) hier bestanden hätten. Vielmehr wurden zunächst fast ausschließlich Gruppen der Bati, bzw. Yalongo oder Fuk attackiert, deren Vertreibung oder Integration allgemein und oft genannt wird. [23] Die Uneinigkeit der attackierten Gruppen gegenüber dem Vordringen Gomtsés nach 1880 betonend, erwähnte HOFMEISTER die kleinen Yalongo-Häuptlingstümer Gulesanja, Sambo und Mbimbo, die sich gegenüber Gomtsé neutral verhielten. [24] Sie wurden integriert, „zuweilen hart bedrückt" und blieben Bestandteil des Oberhäuptlingstums Ngila. [25] Ein relativ spätes Beispiel aus der Zeit nach 1890 stellt die Bati-Gruppe unter Häuptling Tungele dar. [26]

10.2.3. Temporäre Integrationen

Einige Quellen belegen, daß besonders an der Peripherie der Oberhäuptlingstümer politische Einheiten nur temporär zum Machtbereich von Linte oder Ngila gehörten, beziehungsweise daß unterworfene Häuptlinge mit ihrer Gruppe abwanderten und das bis dahin bewohnte Territorium aufgaben. Ein gut dokumentiertes Beispiel stellt die Balom-Gruppe unter dem Häuptling Woanang dar, deren Siedlungsgebiet mit dem Hauptort Musche sich linksseitig

---

[21]   Pierre u. Vouba, zitiert nach MOHAMADOU, 1967, S. 106.
[22]   Pierre u. Vouba, zitiert nach MOHAMADOU, 1967, S. 108.
[23]   Vgl. zum Beispiel HOFMEISTER, 1914, S. 22.
[24]   Ebenda.
[25]   Ebenda.
[26]   Vgl. Bundesarchiv R 1001/4287, Bl. 51, DOMINIK.

des Mbam in Höhe der Einmündung des Noun befand. Bereits von Gongnas Unterhäuptling Tina, dem Sohn Ngaders, unterworfen, wurde er nach 1890 von Gongna (*Ngrté* III)
in seinem Häuptlingssitz Musche als Unterhäuptling des Linte-Herrschers eingesetzt. Am
Rande des Oberhäuptlingstums Linte gelegen, baute er seine Häuptlingsorganisation aus
und erklärte nach einiger Zeit Gongna gegenüber seine Unabhängigkeit. Als dieser begann,
gegen ihn Krieg zu führen, wechselte er auf die rechte Seite des Mbam und konnte dort
erfolgreich seine Unabhängigkeit verteidigen. [27]

Aus dem südlichen Grenzbereich des Oberhäuptlingstums Ngila gibt es einige Angaben
über die Abwanderung von Bati- oder Mwelle-Gruppen und ihren Anschluß an andere Vute-
Oberhäuptlinge. Bis 1895 befand sich das Mwelle-Häuptlingstum Kombé (Häuptling Wunafirrah, Wunaberra, Wunabella) etwa drei Wegstunden vom Sanaga entfernt in Richtung
Nduba. Seine Bewohner wurden auf verschiedene Weise zu ethnisch-kultureller Assimilation
durch die Vute gezwungen. Häuptling Wunafirrah floh zu dieser Zeit mit seiner Bevölkerung und schloß sich südlich des Sanaga dem Vute-Unterhäuptling Na (Oberhäuptlingstum
Mbanjock) an. [28] DOMINIK erwähnte allgemein, daß Bati-Gruppen, die Ngila unterstanden,
über den Sanaga gewechselt sind und sich Dandugu (Oberhäuptlingstum Mbanjock) unterstellt hatten. [29] V. CARNAP-QUERNHEIMB berichtete über einen „Yangaffu" -Stamm unter
Häuptling Balinga-Muti, der 1897 eine Fähre am Sanaga südlich des Vute-Oberhäuptlings
Wenke (Oberhäuptlingstum Nyô) kontrollierte. Er hatte sich von Ngila unabhängig gemacht
und Wenke angeschlossen. [30]

Einen weiteren Beleg für eine nur zeitweilige politische Angliederung liefern Angaben
über die vorhergehende, sicher lockere Angliederung der Vute-Herrscher Wenke (Mvoké,
Mvéké, Oberhäuptlingstum Nyô) und Dandugu (Oberhäuptlingstum Mbanjock) im Osten
sowie Südosten des expandierenden Oberhäuptlingstums Ngila. Hier handelte es sich um
politische Einheiten, bei denen die territorial-politischen Veränderungen in gleicher Weise
wie in Linte und Ngila zur Herausbildung von Oberhäuptlingstümern führten. Ihr vor-
übergehender Anschluß während der Herrschaftsperiode Gomtsés (*Ngraŋ* II) zwischen etwa
1885 und 1891 gelang nur durch dessen herausragende Fähigkeiten als „Feldherr" und vermutlich im Rahmen eines Bündnisfeldzuges mit seinem Cousin Gongna (*Ngrté* III) von
Linte. [31]

10.2.4. Sezessionsbestrebungen von Mitgliedern der herrschenden Vute-Schicht

Der politische Konsolidierungsprozeß in den Vute-Oberhäuptlingstümern wurde auch
durch Spannungen innerhalb der herrschenden Vute-Schicht beeinflußt. Sie waren zu einem
bedeutenden Teil mit der Herausbildung der Oberhäuptlingsposition, mit der Abhebung

---

[27] Ausführlicher siehe oben, S. 125f.
[28] Ausführlicher siehe oben, S. 143f.
[29] Bundesarchiv R 1001/3346, Bl. 11, DOMINIK.
[30] Bundesarchiv R 1001/4358, Bl. 116, v. CARNAP-QUERNHEIMB.
[31] MOHAMADOU, 1967, S. 120; SIEBER, 1925, S. 112f. Vgl. Bundesarchiv R 1001/3345, Bl. 18f. v. STET-
TEN; DOMINIK, 1901, S. 135, 338, 341.

der Persönlichkeit des Oberhäuptlings – er war nicht mehr *primus inter pares* – und mit seinen wachsenden Befugnissen verbunden. Durch Spannungen zwischen Oberhäuptling und Würdenträgern, Klangruppen-Oberhäuptern und anderen gesellschaftlichen Funktionsträgern kam es zu deren Abwanderung oder zu ihrer vom Oberhäuptling angeordneten Umsiedlung, meist zusammen mit ihrer Klangruppe. Die vom Herrschaftszentrum abwandernden oder versetzten Vute-Gruppen versuchten mitunter, sich politisch zu verselbständigen. Nach den von MOHAMADOU wiedergegebenen Überlieferungen über die Häuptlingstümer Mankim und Ngwetou waren deren Gründer, ein Notabel (Mankim) und ein *chef de la famille* (Ngwetou), infolge eines Streites mit dem Oberhäuptling aus Linte weggezogen. [32] Ngoura, der Gründer des Häuptlingstums Mankim, zog in die östliche Sanaga-Ebene und entfernte sich damit aus dem Herrschaftsbereich Gongnas (*Ngrté* III). Er wurde von diesem bis östlich der Handelsstraße Nduba-Yoko verfolgt. [33]

Politische Unabhängigkeit strebten jedoch zum Teil auch Mitglieder der *royal lineage* an, und zwar auf ähnliche Weise, wie in früherer Zeit sich Voukto (Nimguea, *Ngraŋ* I) von seinem Bruder in Linte abgesetzt hatte, als er in die südliche Sanaga-Ebene abwanderte. [34] Zu diesen Mitgliedern der *royal lineage* scheint Gomané, ein Bruder Gongnas, gehört zu haben, der nicht infolge eines Streites, sondern durch die Gunst des Herrschers an den östlichen Rand des Linte-Oberhäuptlingstums versetzt worden war. [35] Nach MOHAMADOU schuf er sich ein eigenes Dorf, das bald politischen Einfluß gewann; so gilt er als Gründer des Häuptlingstums Nyem. SIRAN zog auch Informationen über die Häuptlingstümer Mankim, Ngwetou und Nyem ein. Nach seinen Ermittlungen erreichten diese Häuptlingstümer nicht wirklich ihre politische Unabhängigkeit, sondern blieben Vorposten des Häuptlingstums Linte. [36] MOHAMADOU und SIRAN arbeiteten offensichtlich mit Informanten, die in dieser Frage unterschiedlicher Meinung waren. Anzeichen für Versuche politischer Desintegration ganzer Vute-Gruppen sind jedoch aus den Ermittlungen beider Forscher ablesbar.

Einen ähnlichen Sezessionsversuch im Oberhäuptlingstum Ngila erwähnte SIRAN. Hier war es der *kagame*, der Anführer der Kriegervorhut, der etwa um 1891 vergeblich die Nachfolge Gomtsés (*Ngraŋ* II) anzutreten versuchte. In den Auseinandersetzungen scheiternd, wanderte er nach Nordosten ab und gründete im Übergangsgebiet zwischen dem Oberhäuptlingstum Ngila und dem Lamidat Tibati das Häuptlingstum Fouy. [37] Nach Auffassung Sirans wäre dieses jedoch in den folgenden Jahren sicher zerstört worden, wenn es nicht 1899 zur „kolonialen Befriedung" und politischen Destrukturierung der Vute-Oberhäuptlingstümer gekommen wäre. [38]

---

[32]   Coqueraux, 1946 u. Delteil, 1936, zitiert nach MOHAMADOU, 1967, S. 115, 116.
[33]   Coqueraux, 1946, zitiert nach MOHAMADOU, 1967, S. 115.
[34]   Siehe oben, Kapitel 7, Abschnitt 3.2.4., S. 109f.
[35]   Coqueraux, 1946, zitiert nach MOHAMADOU, 1967, S. 114.
[36]   SIRAN, 1981a, S. 269.
[37]   Ebenda.
[38]   Ebenda.

Die hier aufgeführten, mehr oder weniger gelungenen Sezessionen stellen historische Beispiele von Veränderungen politischer Zugehörigkeit dar, indem Vute-Gruppen, die zu den Gründern der Oberhäuptlingstümer gehörten, von Beginn an also politisch zum Kern der Oberhäuptlingstümer zählten, aus verschiedenen Gründen politische Unabhängigkeit gewinnen wollten. Es ist hier auch davon auszugehen, daß sich den Verwandtengruppen nicht verwandte Anhänger anschlossen.

10.2.5. Nicht integrierte politische Einheiten

Eine vierte Gruppe von Informationen bezieht sich auf Häuptlingstümer, deren Bevölkerung durch ihren Rückzug in undurchdringliche Walddickichte oder schwer zugängliche Inselbergregionen – meist am Rande der Oberhäuptlingstümer Linte und Ngila – ihre politische Unabhängigkeit bis zur Kolonialeroberung wahren konnten. Nach Dominiks Bemerkungen gab es im südlichen Raum des Oberhäuptlingstums Ngila einige Bati-Gruppen, die in Urwaldstreifen lebend sich der territorial-politischen Herrschaft entzogen hatten. [39] DOMINIK und V. KAMPTZ erwähnten in diesem Zusammenhang die Bati-Siedlung Ngidde. [40] Da jedoch gleichzeitig auf die außerordentlich schweren Existenzbedingungen dieser Bati hingewiesen wurde, die sich der ständigen Angriffe von Vute-Kriegern erwehren mußten, kann man nur eingeschränkt von politischer Freiheit sprechen. Sie lebten ständig in der Gefahr, endgültig unterworfen zu werden. Jede Familie hatte Angehörige zu beklagen, die von Vute getötet worden waren. Trotzdem widerstanden sie allen Forderungen der herrschenden Vute. [41] Ähnlich beschrieb WAIBEL die Situation der Babufuk, einer Fuk-Gruppe im Nordwesten des Oberhäuptlingstums Linte, die durch ihren Rückzug auf den Inselberg Yassem ihre Unabhängigkeit bewahrte. [42]

Die historischen Angaben vermitteln den Eindruck, daß die territorial-politische Expansion in den westlichen und südwestlichen Gebieten der Oberhäuptlingstümer Linte und Ngila vollständiger gelang als in den übrigen, was sicher auch damit zusammenhing, daß sich die Expansion vor allem in diesen Richtungen vollzog. So wurde das einer kriegerischen Einnahme große Schwierigkeiten bietende Njanti-Inselgebirge am Mbam durch harte Kämpfe gegen die Njanti-Bevölkerung von dem Unterhäuptling Ngader (Linte-Oberhäuptlingstum) nach 1880 erobert und auch später von Vute-Unterhäuptlingen besetzt. [43] Im Gegensatz zu dieser relativ kompletten territorial-politischen Erschließung der zum Mbam und Sanaga hin liegenden Gebiete entstand im Nordosten in der Gebirgsregion südlich von Yoko die bereits mehrfach erwähnte politische Pufferzone, in die die Herrscher von Nduba und Linte – durch die Nähe der Fulbe-Besatzung in Yoko – ihre Eroberungsaktivitäten nicht in dem Maße wie

---

[39] DOMINIK, 1901, S. 71; 1908, S. 43f. Vgl. Bundesarchiv R 1001/3267, Bl. 53, KUND.
[40] DOMINIK, 1901, S. 259; V. KAMPTZ, 1899e, S. 839.
[41] Vgl. DOMINIK, 1901, S. 71.
[42] WAIBEL, 1914, S. 41, 43.
[43] Vgl. MOHAMADOU, 1967, S. 118; THORBECKE, 1914a, S. 63; 1914b, S. 33f.; THORBECKE, M.-P., 1914, S. 152. Siehe oben, S. 122f.

in die südlichen Regionen auszudehnen wagten. Infolgedessen kam es in diesem Gebiet zu einer Konzentration unabhängiger politischer Einheiten, die jedoch nur durch die Besiedlung zahlreicher schwer einnehmbarer Inselberge und Walddickichte unabhängig bleiben konnten. Beinahe alle kolonialzeitlichen Autoren, die dieses Gebiet durchreisten, beschrieben anschaulich ihre Eindrücke von der geschickten Nutzung der Felskegel als Wohnsiedlungen. [44] DOMINIK bemerkte dazu folgendes: „die gewaltigen Felskegel ... stiegen bis zu 200 Metern ganz unvermittelt aus der Ebene auf. Sie waren sämmtlich merkwürdigerweise vom Fuß bis zum Kegel vollständig nackt, aller Humusboden fehlte. Trotz ihrer schweren Zugänglichkeit oder vielleicht gerade deswegen waren viele dieser Felsplateaus bewohnt. Starke befestigte Dörfer schauten von ihnen trotzig in die Ebene. Ihre Bewohner waren freie Vute-Bauern. Sie erklärten sich nach Belieben, bald für Ngilla, bald für Ngutte, zahlten aber an keinen Tribut." [45] Über die Lage von Siedlungen in Walddickichten schrieb MORGEN: „Die Gegend ... war mehr bewohnt als in den letzten Tagen. Trotzdem kamen wir nicht dazu, Dörfer zu passieren, denn diese lagen entweder auf oder in unzugänglichen Bergen und Felskegeln oder im dicksten Dickicht der buschartigen Galeriewälder, welche die Flußläufe begleiteten. Während die ersteren frei und offen, ja sogar stolz wie Burgvesten von der Höhe herab auf die Ebene niederschauten, schienen die anderen ihre Sicherheit größtenteils im Versteck zu suchen. Sie lagen so verborgen, daß man sie am besten da vermutete, wo der Busch am unzugänglichsten, die Gegend am wildesten war. Kein Weg führte in ein solches Dorf, es lag seitwärts der Karawanenstraße und die Eingeborenen selbst zwängten sich durch Sträucher und Schlingpflanzen zu ihrem Heim. Die Farmen lagen oft stundenweit ab, um den Wohnsitz ihrer Inhaber nicht zu verrathen. Selbst bei der Arbeit waren diese Menschen bis an die Zähne bewaffnet, denn hier lag alles miteinander im Krieg." [46] Diese Angaben zeigen, daß es sich hier zwar um ein Gebiet handelte, das kleineren politischen Einheiten die Möglichkeit bot, unabhängig zu bleiben, das aber dennoch von kriegerischen Attacken nicht frei blieb. In dieser Region war Schutz nach drei Seiten nötig: gegen das Oberhäuptlingstum Linte im Westen, gegen das Oberhäuptlingstum Ngila im Süden und gegen die Fulbe-Besatzung von Yoko. Einen einzelnen Hinweis gibt es darauf, daß manche dieser Häuptlingstümer, zum Beispiel Kukuni, bereits dem Lamido von Tibati unterstanden. [47]

10.2.6. Die freiwillige Unterstellung von Vute-Gruppen

Die bisher genannten Abwanderungen von Vute- und andersethnischen Gruppen aus den Oberhäuptlingstümern hatten das Ziel, einer dauerhaften territorial-politischen Integration zu entgehen. Diese Bevölkerungsfluktuation wurde umgekehrt verstärkt durch Zuwanderungen von Vute-Gruppen unterschiedlicher Größe und Zusammensetzung, deren Mitglieder sich Vorteile von einem Leben in den Oberhäuptlingstümern Linte und Ngila verspra-

---

[44]   Siehe zum Beispiel V. KAMPTZ, 1896, S. 56; 1899e, S. 844.
[45]   DOMINIK, 1901, S. 269.
[46]   MORGEN, 1893a, S. 258f.
[47]   MORGEN, 1893a, S. 258. Vgl. V. STETTEN, 1895, S. 136.

chen. Sie kamen überwiegend aus der zentralen und nordöstlichen Sanaga-Ebene. Bereits HOFMEISTER schrieb in seiner „Geschichte der Wute“: „Gomje verstand es, bald einen großen Anhang zu bekommen, auch von Nachkommen des Göre, denn alle Wute sind mehr oder minder kriegslustig, und wo sie sahen, daß ein Häuptling groß wurde und im Kriege Glück hatte, schlossen sie sich ihm gern an.“ [48] Auch V. KAMPTZ bemerkte, daß „die mächtigsten Häuptlinge den größten Zulauf besaßen“, und daß er „Leuten begegnet war, die zum dritten Mal ihren Herrn gewechselt hatten.“ [49] Die eigentliche Ursache für diese Wechsel politischer Zugehörigkeit, die wohl kaum mit „Kriegslust“ beschrieben werden kann, hat SIRAN genannt. Die wachsende wirtschaftliche Prosperität in den südlichen Vute-Oberhäuptlingstümern, die zum großen Teil auf erfolgreichen Raubzügen beruhte, zog Menschen aus den nicht so erfolgreichen Vute-Häuptlingstümern an. [50] Das hatte zur Folge, daß die Bevölkerungszahl dieser Vute-Häuptlingstümer zurückging und sie allgemein an Bedeutung verloren. Als Beispiel wird Matsari genannt, das nach Auffassung Sirans vor der Herausbildung der Oberhäuptlingstümer im Süden und Westen der Sanaga-Ebene das bedeutendste Vute-Häuptlingstum war. [51] Nach SIRAN kam es bis zum Ende des 19. Jhs. zu einer Bevölkerungskonzentration in den Oberhäuptlingstümern Linte und Ngila sowie in den am Sanaga befindlichen Oberhäuptlingstümern Mbanjock, Metep und Mbargue, während im Innern der Sanaga-Ebene die Bevölkerung abnahm. [52]

10.2.7. Die „freiwillige“ Unterstellung von Gruppen der unterworfenen Ethnien in der Sanaga-Ebene

Durch die von mehreren Oberhäuptlingstümern gleichzeitig ausgehende Expansion und die dadurch ausgelösten inneren und äußeren Prozesse kam es dazu, daß einzelne Gruppen der Mwelle, Bati und Balom von dem einen in das andere Oberhäuptlingstum der Vute überwechselten. Objektiv gesehen widersprach das natürlich ihrem „eigentlichen“ Grundinteresse, die Expansion der Vute-Herrscher aufzuhalten. So berichtete HOFMEISTER folgenden Fall einer Balom-Gruppe: Als der von Gomtsé (Ngraŋ II) um 1880 aus Nduba vertriebene Häuptling Ngader im Auftrag des Oberhäuptlings von Linte das Nantji-Gebirge eroberte, ging die aus diesem Gebiet verdrängte Balom-Gruppe zu Gomtsé und unterstellte sich ihm, um ihn wiederum zur Vertreibung Ngaders aus ihrem Heimatgebiet zu bewegen. Diese freiwillige Unterstellung erfolgte natürlich aus einer Notsituation heraus. Ähnlich geschah es, wenn bedrohte Gruppen Kampfhandlungen (mit voraussehbarem Ausgang) vermeiden wollten. Nach Aussage Songsarés unterstellte sich die Bati-Bevölkerung von Vundu dem Unterhäuptling Guater im Südwesten der Sanaga-Ebene aus diesem Grunde freiwillig. [53]

---

[48] HOFMEISTER, 1914, S. 21.
[49] Bundesarchiv R 1001/3347, Bl. 130f., v. KAMPTZ.
[50] SIRAN, 1981a, S. 270f.
[51] Ebenda.
[52] SIRAN, 1981a, S. 271.
[53] SONGSARÉ, mündliche Aussage 1987. Siehe oben, S. 110.

Die dargelegten unterschiedlichen Ursachen und Verlaufsformen des Wechsels der politischen Zugehörigkeit von Vute- und andersethnischen Gruppen lassen die politischen In-
tegrationen als relativ instabil erscheinen. Die Auswirkungen auf den politischen Konsolidierungsprozeß wurden jedoch durch die Macht der Herrscher von Linte und Nduba über
das eroberte Territorium und einen großen Teil der in ihr lebenden Bevölkerung weitgehend
ausgeglichen. Wie die angeführten Beispiele zeigen, kam es in den Randgebieten der Vute-
Oberhäuptlingstümer am häufigsten zu Veränderungen der politischen Zugehörigkeit sowie
zu Abwanderungen und Ausweichbewegungen.

10.3. Die Siedlungsweise in den Oberhäuptlingstümern als Ausdruck begrenzter politischer Konsolidierung

Die Angaben zur Siedlungsweise der Vute und der von ihnen unterworfenen Gruppen verdeutlichen, daß der Prozeß des politischen Zusammenwachsens vor der kolonialen Eroberung über erste Anfänge nicht hinausgekommen war. Dies wird besonders deutlich durch
Aussagen zur überwiegend ethnisch getrennten Siedlungsweise und zu Schutzmaßnahmen
bei der Anlage von Siedlungen. Das Bedürfnis nach Schutz voreinander und nach Absicherung innerhalb der Oberhäuptlingstümer geht aus zahlreichen Angaben hervor. Die ethnisch
getrennte Siedlungsweise wird vor allem von THORBECKE, aber auch von anderen Autoren
betont. [54] THORBECKE beobachtete im Jahre 1912 ein „Völkergemisch von Njanti, Bati,
Fuk, Balom, Jandjom" in der südwestlichen Sanaga-Ebene und die zwischen ihnen – als „ihre früheren Zwingherrn" – in kleinen, aber „streng geschlossenen Kolonien" siedelnden Vute. [55] Wenn sich diese Tendenz auch in der Kolonialzeit durch die wachsende politische Rolle
und Unabhängigkeit der ehemals unterworfenen Bantu-Bevölkerung in der Sanaga-Ebene
verstärkt haben wird, so ist das relativ geschlossene Zusammenleben der Vute-Gruppen für
die Zeit vor der kolonialen Eroberung doch mehrfach belegt. [56]
    Im Zusammenhang mit Bemerkungen zur Konzentration „ethnischer Siedlungen" wird
auf die Berücksichtigung strategischer Gesichtspunkte bei der Wahl des Siedlungsplatzes und
auf Siedlungsbefestigungen hingewiesen. [57] THORBECKE ermittelte ferner die siedlungsgeo-
graphischen Verhältnisse im „Ost-Mbam-Land", zum Beispiel die Lage der Siedlungen zu
den Gewässern oder in Abhängigkeit von den Klimaverhältnissen. [58] Er betonte aber auch
die Vorrangigkeit strategischer Gesichtspunkte bei den Vute aufgrund ihrer Eroberungsabsichten, und aus dem Bedürfnis, die unterworfenen Gruppen aus einer uneinnehmbaren
Position besser kontrollieren zu können. [59] Diese Bemerkung zeigt, daß THORBECKE das

---

[54]   THORBECKE, 1914a, S. 88; 1916, S. 7, 23f. Vgl. DOMINIK, 1908, S. 46f.; v. STEIN ZU LAUSNITZ, 1908.
        S. 525.
[55]   THORBECKE, 1914a, S. 88.
[56]   DOMINIK, 1897, S. 416; HOFMEISTER, 1923b, S. 100.
[57]   Vgl. DOMINIK, 1901, S. 71, 172; THORBECKE, 1916, S. 7.
[58]   THORBECKE, 1916, S. 25f.
[59]   THORBECKE, 1916, S. 25f.

auch unter den Vute vorhandene Schutz- und Absicherungsbedürfnis gegenüber den noch nicht lange politisch Integrierten erkannt hatte. Viele politisch wichtigen Siedlungen, wie die Unterhäuptlingsorte und die Vorposten oder „Zwingburgen" an der Peripherie, die die Funktion hatten, das unterworfene Territorium zu kontrollieren, wurden unter Ausnutzung der natürlichen Verhältnisse auf Berghöhen und Felsplateaus angelegt. [60] Der Vorposten des Zamba am rechten Ufer des Sanaga, nach ZIMMERMANN ein Sperrfort, „war unmittelbar am Ufer des Stromes errichtet, in Form eines Hufeisens, mit Pallisaden umgeben, nach dem Wasser zu offen ... Schießscharten." [61] Nach MORGEN lag der Ort Nduba „wie eine natürliche Festung ... auf einem Plateau ... mit einem Kranz von Höhen umgeben, auf welchen starke Wachen" standen. [62] An anderer Stelle schrieb er über Nduba: „Gegen feindliche Angriffe war das Dorf vorzüglich gesichert; denn ringsherum erhoben sich, gleichsam wie detachierte Forts, Anhöhen, die von Ngilla's Wachen besetzt waren und die nach außen einen weiten Überblick über die Grasebene gewähren." [63] KUND beobachtete während der Expedition im Jahre 1887/88 in der südwestlichen Sanaga-Ebene, in der Region südlich von Nduba: „Jedes Dorf hat nach allen Seiten hin Wachen vorgeschoben in der Art wie unsere Vorposten. Von erhöhten Punkten spähen Tag und Nacht Bewaffnete in das Land, während die Ablösung derselben in kleinen Hütten in der Nähe sich ausruht." [64]

Bei Erwähnung der großen stadtartigen Vute-Siedlungen stellte THORBECKE einen Zusammenhang zwischen Siedlungsgröße und Kriegs- oder Friedenszeit her. Seiner Auffassung nach hätten sich die Menschen in Kriegszeiten in großen Ortschaften konzentriert, während sie in Friedenszeiten ausgeschwärmt seien und häufiger mittelgroße Ortschaften gebildet hätten. [65] Diese Überlegung wird durch das vorliegende Quellenmaterial nicht bestätigt. THORBECKE zitierte eine Stelle von DOMINIK, die sich nicht auf die Vute, sondern auf die unterworfenen Gruppen bezieht. DOMINIK betonte hier das Entstehen blühender Dörfer in der Kolonialzeit anstelle der ängstlich versteckten Siedlungen der Unterworfenen in den Jahren vor der kolonialen Eroberung. [66] Unter den ehemals Unterworfenen entstanden so in Friedenszeiten umgekehrt aus kleinen Siedlungen größere. Die Bevölkerung der großen Vute-Siedlungen – wie Linte und Nduba – dezentralisierten sich nach der politischen Entmachtung der Oberhäuptlinge in der Kolonialzeit allmählich. Jedoch bestanden in den Jahren vor der kolonialen Eroberung, in einer historischen Periode, die chronisch von Gewalt

---

[60] Vgl. DOMINIK, 1897, S. 415; 1908, S. 52–54; MORGEN, 1890, S. 120f.; 1893a, S. 236; v. SCHIMMELPFENNIG, 1901b, S. 146; SIEBER 1925, S. 6.

[61] ZIMMERMANN, 1909, S. 85f. Ähnlich beschrieb RAMSAY (1892a, S. 392) den Vorposten des Unterhäuptlings Guater (Oberhäuptlingstum Ngila) im Gebiet der Betsinga (Häuptling Balinga) rechtsseitig des unteren Mbam: „die Watare-Leute ... auf einem Hügel unmittelbar am Fluß ein befestigtes Lager gebaut ... waren durch einen Busch sehr gut gedeckt und konnten unsere Anmarschlinie von ihrer Höhe aus vorzüglich übersehen."

[62] MORGEN, 1890, S. 115.

[63] MORGEN, 1893a, S. 87.

[64] Bundesarchiv R 1001/3267, Bl. 53, KUND.

[65] THORBECKE, 1916, S. 36.

[66] DOMINIK, 1902, S. 310.

und Kriegführung gekennzeichnet war, neben den großen Vute-Ortschaften auch mittlere und eine Vielzahl kleiner Vute-Siedlungen in und am Rande der Oberhäuptlingstümer. [67]

Mehrere Reiseberichte aus der Zeit vor der kolonialen Eroberung, einige kolonialzeitliche Quellen und Texte, die MOHAMADOU aufgenommen hat, bestätigen die Errichtung von befestigten Siedlungen durch die Vute. [68] Diese aus Wall-Grabenanlagen und Palisaden bestehenden Befestigungen wurden nicht nur zum Schutz vor inneren, sondern auch gegen äußere Feinden errichtet. Die häufige Kriegführung der Vute-Oberhäuptlinge untereinander und wohl auch eine nicht ganz geschwundene Vorsicht gegenüber den Fulbe führten je nach politischer Lage zu einer Erneuerung der Anlagen. Die Felder befanden sich außerhalb der Befestigungen. [69] Die detaillierteste Beschreibung einer Befestigungsanlage hat MORGEN im Jahre 1890 geliefert, der über die Siedlung des Unterhäuptlings Ngader (Oberhäuptlingstum Linte) im Njanti- oder Jangba-Gebirge schrieb: „Der Ort war auf eine außerordentlich geschickte Weise befestigt. Rings um denselben zog sich eine etwa 2 m hohe Brustwehr aus Strauchwerk, von innen und außen mit Lehm verstrichen. Ab und zu sah man in dem Wall kleine Löcher, die als Schießscharten dienten, durchleuchten. Vor dieser Brustwehr war ein 2 m tiefer Graben von etwa 3 m oberer und $1\frac{1}{2}$ m Sohlbreite ausgehoben. Zum Enfilieren desselben hatten die Vertheidiger an geeigneten Stellen zweistöckige Bastions hineingebaut. Auf der inneren Seite des Walles lief noch ein 1 m tiefer Graben zur Communication. Vom inneren zum äußeren Graben waren an einzelnen Stellen schmale, höchstens 1 m im Durchmesser betragende Gänge als Ausfallthore angebracht." [70] Als DOMINIK 1896 das erste Mal Gongna (Ngrté III) in seinem seinerzeit im gleichen Gebirge befindlichen Herrschaftszentrum Sase besuchte, war der zum Teil durch Felsen geschützte Ort von zwei Wällen mit tiefen Gräben umgeben und am Ortseingang mit einer Zugbrücke versehen. [71] Relativ häufig wird in den Quellen erwähnt, daß die Vute-Ortschaften von Palisaden umgeben waren. [72]

Die Überlieferungen der Vute bestätigen, daß ihnen Siedlungsbefestigungen seit langem bekannt waren und von ihnen seit Jahrzehnten gebaut wurden. Bereits die Berichte über die Eroberung der Vute-Häuptlingstümer durch die Fulbe um 1830 – 35 enthalten Hinweise auf den Bau von Siedlungsbefestigungen. So legten die Vute des Häuptlingstums Mati im Gendero-Massiv in der nördlichen Banyo-Region breite Gräben zur Verteidigung gegen die Fulbe unter Haman Gabdo an. Die Vute-Siedlung Tibare, das spätere Tibati, soll ebenfalls

---

[67] DOMINIK, 1898, S. 652; 1901, S. 227f., 254, 266f.; 1902, S. 310; V. KAMPTZ, 1900, S. 136f.; MORGEN, 1893a, S. 231; V. STETTEN, 1895, S. 111.

[68] Bundesarchiv R 1001/4358, Bl. 122, V. CARNAP-QUERNHEIMB; DOMINIK, 1895, S. 653; 1897, S. 416; 1901, S. 71, 172f., 194, 269; 1908, S. 46f.; MOHAMADOU, 1967, S. 79, 89, 90, 94; MORGEN, 1893a, S. 87, 254; PASSARGE, 1909, S. 487; V. PUTTKAMER 1897, S. 383; RAMSAY, 1892a, S. 393.

[69] DOMINIK, 1897, S. 416; 1908, S. 52; MORGEN, 1893a, S. 226; V. PUTTKAMER, 1897, S. 383; THORBECKE, 1916, S. 30, 35.

[70] MORGEN, 1893a, S. 236f.

[71] DOMINIK, 1901, S. 173.

[72] Bundesarchiv R 1001/3346, Bl. 16, DOMINIK; DOMINIK, 1901, S. 136 – 138, 229, 261, 264, 269; Bundesarchiv R 1001/3267, Bl. 53, 67, KUND; Ndong, 1943, zitiert nach MOHAMADOU, 1967, S. 79; PASSARGE, 1909, S. 486f.; RAMSAY, 1892a, S. 393.

stark befestigt gewesen sein. [73] Die Überlieferung zur Geschichte des Vute-Häuptlingstums Nyô [74] in der zentralen Sanaga-Ebene berichtet, daß zur Zeit des ersten Lamido von Tibati (Haman Sambo, ca. 1835–1851) zur Verteidigung gegen die Fulbe Palisaden um den Hauptort Méré gezogen wurden. Die Palisaden waren mit hohen Plattformen überbaut, von denen aus die Fulbe mit Pfeilhageln überschüttet werden konnten. [75] Weitere Beispiele für Siedlungsbefestigungen liegen auch aus der Zeit der ersten Kontakte mit deutschen Expeditionsreisenden vor. So war der Ort Guataré (Wataré), auf den KUND 1888 traf, von Palisaden umgeben. [76] Beim Überfall auf Guataré im Jahre 1898 beobachtete DOMINIK: „Die Stadt ist ringsum von einer ganz neu angelegten Pallisadierung umgeben und hat vier Tore. Über jedem waren mehrere Glocken angebracht, die, sowie nachts das geschlossene Tor aufgestoßen wurde, läuteten. An jedem Tor lag eine Wache mit Schild und Speer". [77] V. STETTEN erwähnte 1895 die Wall-Grabenanlage der verlassenen Siedlung des Vaters des Vute-Herrschers Dandugu (Oberhäuptlingstum Mbanjock). Sie befand sich rechtsseitig des Sanaga südöstlich Ndubas. [78] Dandugu floh, da er die Oberherrschaft Neyons (Ngraŋ III) ablehnte, mit einem großen Teil seiner Untergebenen auf einige Inseln des Sanaga. Er lebte dort 1895 in dem Hauptort Mango, der zu dieser Zeit ebenfalls mit Palisaden befestigt war. [79]

Die Quellenanalyse zeigt eindeutig, daß in den genannten Fällen die Befestigungen nicht wegen der Kontakte mit den Deutschen errichtet worden waren, sondern infolge der jeweiligen regionalpolitischen Situation. Befestigungen als Schutz gegen militärische Aktionen der deutschen Kolonialmacht wurden erst nach der ersten Zerstörung Ndubas im Jahre 1897 ausgebaut. Somit kann der Bemerkung Thorbeckes nicht zugestimmt werden, daß sich die Befestigungen erst in der Zeit, „in der schon Deutsche dort reisen, so überall hin verbreitet" hätten. Es liegt auch kein Beleg für Thorbeckes Einschätzung vor, daß die Vute den Befestigungsbau von den Fulbe übernahmen. [80] Dagegen sprechen nach dem neueren Forschungsstand die genannten Überlieferungsangaben bei MOHAMADOU über die Vute Mati in der Banyo-Region und über die Eroberung von Tibare. Wenn in dieser Hinsicht Einflüsse von den Fulbe ausgegangen sind, so werden sie sich bereits vor ihren Eroberungszügen in Südadamaua durch Kulturkontakt vollzogen haben. Ebenso könnte jedoch auch die Befestigungstechnik von angrenzenden Tikar-Gruppen übernommen worden sein, denen die Vute lange Zeit benachbart waren, und deren Befestigungsbau nach THORBECKE älter sein soll als deren Kontakt mit den Fulbe. Die Tikar haben jedoch im allgemeinen Felder in die Befestigungsringe einbezogen. [81]

---

[73] MOHAMADOU, 1967, S. 89, 92.
[74] MOHAMADOU, 1964, S. 43–47.
[75] MOHAMADOU, 1967, S. 79.
[76] Bundesarchiv R 1001/3267, Bl. 53, KUND.
[77] Bundesarchiv, R 1001/3346, Bl. 15, DOMINIK.
[78] Bundesarchiv R 1001/3345, Bl. 18, V. STETTEN. Vgl. DOMINIK, 1901, S. 135.
[79] DOMINIK, 1901, S. 136.
[80] THORBECKE, 1916, S. 29, 30.
[81] THORBECKE, 1916, S. 30. Vgl. V. STETTEN, 1895, S. 159f.

11. Schlußbemerkungen

Die in der zweiten Hälfte des 19. Jhs. in der Sanaga-Ebene stattgefundenen politischen Entwicklungen führten zur Entstehung von polyethnisch zusammengesetzten Oberhäuptlingstümern unter der Herrschaft von Vute-Gruppen. Die Feststellung von einigen Merkmalen frühstaatlicher Organisationsprinzipien in diesen politischen Einheiten läßt sie als ein Beispiel für die vielfältigen afrikanischen Übergangsformen von nichtstaatlich zu staatlich organisierten Gesellschaften erkennen. Es wurde somit eine weitere Materialgrundlage für die seit Jahrzehnten international laufenden Forschungen und Diskussionen, die zeitweise die afrikanischen Beispiele zu dieser Thematik viel zu wenig suchten, [1] erarbeitet.

Die Verfasserin hat bewußt auf die Anwendung einer speziellen Terminologie, etwa die der theoretischen Ansätze der letzten Jahrzehnte zum *early state, segmentary state* oder über *intermediate-level societies*, verzichtet, obwohl das Stadium der gesellschaftlichen Differenzierung in den Vute-Oberhäuptlingstümern vor ihrer Integration in die deutsche Kolonie Kamerun mit Sicherheit im weiteren Sinne diesem gesellschaftlichen Übergangsbereich zuzuordnen ist. Die verwendeten Begriffe zur gesellschaftlichen Organisation wurden, soweit bestimmbar, entsprechend der konkreten Merkmale der Institutionen definiert. So wurden zum Beispiel die Begriffe „Oberhäuptling", „Häuptling" und „Dorfoberhaupt" ganz wesentlich aufgrund der mit dem Oberhäuptlingstum entstandenen territorial-politischen Dreiebenengliederung gewählt. Ähnlich wurden die Begriffe „Herrschaftsbereich" und „Einflußbereich" gebildet, um die für frühe Übergangsstadien zu staatlichen Verhältnissen sehr charakteristische Situation zu spiegeln, daß sich um ein territorial-politisch bereits relativ durchorganisiertes Kerngebiet (Herrschaftsbereich) ein weiteres Gebiet angliederte, in dem die Macht der Vute nach außen geringer wurde. In diesen Einflußbereichen attackierten isolierte Vute-Einheiten von befestigten Vorposten aus die umwohnende Bevölkerung und wirkten auf eine territorial-politische Integration der noch unabhängigen Gruppen hin. Die Grenzen der Oberhäuptlingstümer waren daher fließend und ermöglichten das Abwandern von Gruppen. [2] Der von SIRAN bevorzugte Begriff *principauté* für Oberhäuptlingstum und *prince* für den Oberhäuptling [3] bedeuten im Deutschen „Fürstentum" und „Fürst", Begriffe, deren auf europäische Verhältnisse bezogene Inhalte nicht mit den bisher bekannten In-

---

[1] MCINTOSH, 1999, S. 1f.

[2] Daß dies ein häufiges Phänomen in afrikanischen Übergangsgesellschaften ist, bestätigt zum Beispiel ABUBAKAR, 1977, S. 115, wo er bezüglich der Lamidate des Emirats Yola formuliert: „In fact, there were no strict frontiers between the sub-emirates, and the dominion of the Fulbe consisted of graduated spheres of influence."

[3] SIRAN, 1980, S. 25ff. Es liegt leider bisher nicht genügend Material über die Expansionsweise der Vute vor, um eine Parallele zu dem von KOPYTOFF erarbeiteten Ausbreitungsmodell " internal African frontier" festzustellen. Vgl. KOPYTOFF, 1987.

halten der Vute-Begriffe des *nji* (Reich) und *mvèɲ* (Oberhäuptling) identisch sind. Dieses Beispiel zeigt, daß die von uns zur Beschreibung der afrikanischen Verhältnisse verwendeten Begriffe alle nur Hilfsmittel im Sinne von *termini technici* sein können. Es hat der Verfasserin daher vielmehr an einer möglichst detaillierten Faktenanalyse gelegen als am Abgleich mit Termini, die nach dem internationalen Diskussionsstand immer noch sehr Meinungsverschiedenheiten und Veränderungen unterworfen sind. Die Entscheidungsmöglichkeit für bestimmte Begriffe wurde ferner dadurch eingeengt, daß zwar insgesamt den Quellen relativ zahlreiche Angaben zu einer Reihe von gesellschaftlichen Bereichen zu entnehmen waren, diese aber doch vielfach als Fremdzeugnisse genutzt werden mußten.

Die Analyse des Materials über die Vute ermöglichte eine annähernde Beurteilung der grundlegenden ursächlichen Zusammenhänge der Entstehung der Oberhäuptlingstümer, der ziemlich zentralisierten Position der Oberhäuptlinge sowie der „Katalysatoren" der gesellschaftlichen Differenzierungsprozesse. Diese Ursachen und Einflußfaktoren, die in den vorstehenden Kapiteln versucht wurde, möglichst detailliert darzulegen, sind bei vielen anderen afrikanischen vorkolonialen Gesellschaften im Übergang zu staatlichen Organisationsformen auch festgestellt worden, natürlich unter varianten Bedingungen und in unterschiedlicher Ausprägung. Auslösende Ursache war im Fall der Vute die Eroberung des Vute-Gebietes zwischen Banyo, Tibati und Ngaundere in den dreißiger Jahren des 19. Jhs. durch die Fulbe mit der Folge der Abwanderung zahlreicher Splittergruppen nach Süden in die Sanaga-Ebene. Dort gewannen bestimmte Vute-Lineages, die zu *royal lineages* wurden, Anhängerschaften und begannen die Bevölkerung im Einwanderungsgebiet zu unterwerfen. Die Einsetzung von Mitgliedern der *royal lineages* über Dorfoberhäupter, kleine politische Einheiten der Tikar, Balom, Bafia, Bati, Fuk etc. bewirkte die Entstehung der Dreiebenengliederung. Zwei gravierende Einflußfaktoren, die Pflicht, gefangene Menschen als Tribut an den Lamido von Tibati abzugeben und das Interesse am Handel mit den Haussa, die ebenfalls Menschen erwarben, führten spätestens ab Anfang der achtziger Jahre des 19. Jhs.[4] zu einer regelmäßigen Organisation von Raubzügen bei benachbarten Gruppen und allgemein zu einer außerordentlich bedeutenden und prägenden Rolle der Kriegführung in der Vute-Gesellschaft. Zentralkamerun gehörte in der zweiten Hälfte des 19. Jhs. zu den bedeutendsten Bezugsgebieten des überregionalen Sklavenhandels. Bald kam ein dritter Faktor für die Vute dazu: das Interesse, gefangene Menschen als unfreie Arbeitskräfte in die eigene Gesellschaft zu integrieren. Die entstandene soziale Schichtung in die herrschende wohlhabende Schicht, die freien Vute und andersethnische Unfreie war vor der kolonialen Unterwerfung der Vute nicht starr, sondern durch verschiedene Möglichkeiten sozialer Mobilität flexibel. Da Unfreie frei werden konnten und die Nachkommen von Unfreien generell frei waren, bestand ein ständiger Bedarf an neuen Unfreien als Arbeitskräfte.

Einige Merkmale der gesellschaftlichen Organisation in den Vute-Oberhäuptlings-

---

[4] Zentralkamerun, das Gebiet zwischen dem Mbam, Sanaga, Djerem und Südadamaua wurde erst durch den „Wute-Adamaua-Feldzug" im Jahre 1899 unter die deutsche Kolonialverwaltung gestellt. Beamte der deutschen Kolonialverwaltung hatten seit 1888 Kontakt mit der Vute-Bevölkerung.

tümern seien hier als zutreffende Beispiele oder Parallelen zu Forschungsergebnissen über politische Prozesse bei anderen afrikanischen Ethnien aufgeführt.

Die in *Law and Economic Organization. A comparative study of preindustrial societies* von K.S. NEWMAN beschriebenen Organisationsmerkmale von *paramount chieftainships*,[5] die mit afrikanischen Beispielfällen belegt werden, treffen, mit den auch von ihr selbst betonten Einschränkungen und Abweichungsmöglichkeiten, überwiegend auf die Gesellschaft der Vute zu. So stand der Vute-Oberhäuptling, wie der von NEWMAN charakterisierte *paramount chief*, an der Spitze der oben genannten territorial-politischen Mehrfachebenenstruktur und stützte sich in seiner Herrschaft auf die Mitglieder der *royal lineage*. Allerdings wurden vom Vute-Oberhäuptling bereits Unfreie und verdiente freie Vute in Stellungen am Hofe berufen. Die Angaben deuten auf einen allmählichen Rückgang des Einflusses der *royal lineage*. Übereinstimmend mit dem *paramount chief* erscheint, daß alle wichtigen Entscheidungen vom Oberhäuptling getroffen wurden, in der Regel nach Rücksprache mit seinem Rat. Die Festlegungen wurden von Funktionsträgern durchgesetzt. Daß *paramount chieftainships* zwar wie ein Königtum wirkten, jedoch dezentralisierter waren, als es erschien,[6] traf für die Vute-Oberhäuptlingstümer bereits weniger, vielleicht noch in den peripheren Einflussbereichen, zu. Dies geht aus der Einbindung der Bewohner auch entfernterer Orte in Pflichten, Vorschriften, Verbote, Kontrollmaßnahmen und in die rechtspolitische Hierarchie hervor, bei andersethnischen Gruppen auch aus dem Zwang zu kultureller Assimilation. Es werden in den Überlieferungen auch zwangsweise Umsiedlungen ganzer Ortschaften belegt. Inwieweit sich *local autonomies* in den Gemeinschaften der von den Vute unterworfenen Gruppen halten konnten, ist nicht bekannt. Mehrere Beispiele ließen sich aus der Geschichte der Vute-Oberhäuptlingstümer für die von NEWMAN[7] dargelegte Problematik des Beherrschens größerer geographischer Gebiete in den *paramount chieftainships* finden. Die Überlieferungen der Vute bestätigen, daß, wie es NEWMAN auch für den *paramount chief* sagt, die Oberhäuptlinge die Mitglieder der *royal lineage* in der Entstehungszeit der wachsenden politischen Einheiten brauchten, um die eroberten Gebiete in Verwaltung zu nehmen. Die Einsetzung engerer Verwandter des Oberhäuptlings als Unterhäuptlinge barg auch das Risiko, daß damit eventuelle Sezessionsabsichten gefördert wurden, wie Beispiele aus dem Oberhäuptlingstum Linte zeigen. Es ist ferner belegbar, daß die Oberhäuptlinge auch auf die Loyalität von Häuptlingen der unterworfenen Bevölkerung angewiesen waren, die als Unterhäuptlinge eingesetzt wurden, wohl wissend, daß diese unloyal werden und eigene Machtzentren aufbauen konnten. In den Vute-Oberhäuptlingstümern wurden in den Jahren zwischen 1888 und 1899, also erst nach etwa zehn bis zwanzig Jahren nach der Unterwerfung der Bevölkerung in der Sanaga-Ebene, gegenüber den andersethnischen Gruppen eher Herrschaftsprinzipien im Sinne des *direct rule* angewendet.[8]

---

[5] NEWMAN, 1983, S. 91ff.

[6] NEWMAN, 1983, S. 91.

[7] NEWMAN, 1983, S. 92, 93f.

[8] Nach NEWMAN (1983, S. 93) versuchten manche *paramount chiefs* im Sinne eines *indirect rule* mit Hilfe der vorher existierenden Autoritätspersonen zu regieren.

Die Untersuchung der sozialökonomischen Verhältnisse in den Vute-Oberhäuptlingstümern hat ergeben, daß der Haussa-Handel, der seit mindestens Anfang der achtziger Jahre des 19. Jhs. an den Höfen der Vute-Herrscher umfangreich stattfand, im wesentlichen die Basis für die entstandene Prestigeökonomie darstellte. Indem die Handelsgeschäfte allein von den Oberhäuptlingen durchgeführt wurden und alle erhandelten Güter, die sie später nach eigenem Ermessen an die Mitglieder der herrschende Schicht verteilten, zunächst ihnen gehörten, wurde ihre Macht und zentrale Position sehr gestärkt. Ähnlich beschreibt ASOMBANG die Auswirkungen der Teilnahme des Häuptlingstums Bafut im Kameruner Grasland am Haussa-Handel, die zur Entstehung einer *superstructure with centralized authority* führte.[9] Beide Beispiele unterstützen die Schlußfolgerung von Garlake, daß in Gemeinschaften, die am Fernhandel teilnahmen, *centralized authority* gefördert wurde.[10]

Als einflußreichster Faktor für die Entstehung der Vute-Oberhäuptlingstümer und für viele charakteristische Merkmale ihrer gesellschaftlichen Organisation wurde bereits die Kriegführung genannt: zwischen etwa 1830 und etwa 1885 defensiv gegen die Fulbe und aggressiv im Einwanderungsgebiet in der Sanaga-Ebene; nach 1885 bis 1899 aggressiv mit den Zielen des Menschenraubes und der territorialen Expansion. Wahrscheinlich traf in diesem Falle die allgemeine Einschätzung von R. SMITH in seinem Werk *Warfare & Diplomacy in Pre-colonial West Africa* zu: " ... it seems that war was itself a force, and probably the greatest force, in the creation of statehood, so that the attainment of statehood – that intangible concept – was fostered as well as characterized by the development of means by which the interest of the state could be forwarded."[11] Die von SMITH betonten Ursachen des Wachstums zentralisierter Herrschaft einmal durch die Organisation von kriegerischen Aggressionen und zum anderen durch die Notwendigkeit einer straffen Herrschaft in Krisenzeiten, treffen ebenso im Falle der Vute zu wie der Begriff *war chieftainship*,[12] definiert vor allem mit dem Vorhandensein einer Funktionsträgerhierarchie bei der Kriegführung und einer Schicht von Kriegern, die einen großen Teil ihres Lebens dieser Tätigkeit widmeten. Zwar kann man die am Ende des 19. Jhs. existierenden Vute-Oberhäuptlingstümer nicht *militarized slave-export states*[13] nennen, aber die grundlegende Rolle der Kriegführung in diesem Sinne und als kontinuierliche Stütze der Ökonomie der Vute war vorhanden. Hier sei nochmals an Sirans Begriffsbildung erinnert, der ähnlich die Vute-Oberhäuptlingstümer als *principautés guerrières* und *terrible machines de guerre* bezeichnet.[14] Diese Herrschaftsgebilde der Vute können daher als Beispiel für politische Einheiten gelten, die auf der Grundlage von Eroberungen entstanden sind. Bemerkenswert ist, daß, nach der Abwanderung aus dem Raum um Tibati, sie ihren Anfang unter den Bedingungen der Verfolgung durch die Fulbe,

---

[9] ASOMBANG, 1999, S. 86.
[10] Garlake, 1978, zitiert nach Connah, 1987, S. 16, zitiert nach ASOMBANG, 1999, S. 86.
[11] SMITH, 1989, S. 142.
[12] SMITH, 1989, S. 30, 142.
[13] SMITH, 1989, S. 31.
[14] SIRAN, 1980, S. 25, 38.

von ständigen Wanderbewegungen und der Auseinandersetzung mit den Bevölkerungsgruppen in der Sanaga-Ebene nahmen.

12. Quellenzitate

SONGSARÉ, A.P.

Doc. 12d/79. [unveröffentlichtes Manuskript der Église Évangélique Luthérienne du Cameroun, Ngaoundére]

Les *Vuté ou Babouté* (connus encore sous des appellations Baburu, Bouté) sont une tribu d'origine soudanaise. 56.000 habitants au temps des allemands aujourd'hui les Vuté ne sont que 25.000 habitants. Avant l'invasion peule, les Vuté avaient un royaume de 80.000 km² qui s'étendait du Sud de Tignéré – Tibati – Yoko jusque dans la haute Sanaga, et avant l'arrivée des Allemands, les Vuté avaient atteint Nkoumetou distante d'environ 20 km de Yaoundé.

Selon l'histoire, les Vuté auraient atteint le Cameroun au 16e siècle et sans doute par l'Ouest: Région Galim-Banyo-Tignéré. Mais dans un temps lointain il semble que les Vuté auraient traversé un désert car le jeu des enfants à la tombée de la nuit, donne l'écho de cette marche pénible: „kukwi mo méné, na kwa tan, nyai damab kwa tan". Traduction: (par qui l'os de mon cou sera dévoré ou rongé sans doute par les charognes). Les damab sont des oiseaux „carnassières" qui dévorent les charognes dans les zones désertiques. Et les tam-tams qui rythmaient la marche avaient ce son: „jir rih mgbontsiri duk ki duk", la route est longue devant, mais le retour est impossible. (retourner me serait impossible). Après un voyage pénible les Vuté auraient atteint une première étape: „Ils ont dit: nous somme fatigués; ou bien quelle fatigue *yoré* (fatigue) d'où le nom du village Yoli déformation de yoré – (à l'Ouest de Banyo).

Après cette étape, les femmes donnèrent naissance à de nombreux jumeaux près de deux collines et les anciens de la tribu dirent: Cette ville est une ville de jumeaux: „Baam-nyoa" d'où le nom *Banyo*. Ayant atteint la Région de Tibati, les Vuté furent impressionnés par le nombre de petits lacs et dirent: Ce pays est: pays de petits lacs. „Tii-bai-ti" (tii = pays, bai = lacs, ti suffixe diminutif). Et plus tard quand Tibati fut pris par les peuls en 1832 – l'emblème de force, le drapeau fus remis à un notable Vuté et il s'écria: „le pays est sauvé". Tii-batti parce que l'emblème de force nous est remis.

Aujourd'hui l'assimilation à la culture peule a été si effective que les traces de Vuté ont été complètement effacées dans Banyo et Tibati.

Mais on trouve les Vuté dans le Mbam, dans la haute Sanaga et dans le Lom et Djerem.

Vie sociale: Organisée autour de la:

1.*Famille*: autrefois basée sur le matriarcat. Sept clans: Guénib, tsoab, dim, yeeb, founib, nyonib, dinib – Pourquoi le matriarcat? Le Vuté croit que le sang vient du père et les entrailles de la mère. Pour déceler si ce clan est „sorcière", on procède à une intervention chirurgicale pour vérifier les entrailles, les intestins, raison pour laquelle le Vuté laissait l'héritage au fils de sa soeur.

2.*Croyance* au Dieu suprême „Méin" qui avale toutes choses – mais pas de traces de prières directes adressées à ce Dieu suprême – Mais plutôt prières et sacrifices adressés à des esprits (maab) qui habitent dans les forêts, dans les rochers, dans les rivières; dans les tombes des ancêtres. Croyance à des sorcelleries telles: ngbeti, twak, tun, diib, mison, mvutu (poison).

4. *Vie après la mort*:

Les Vuté croit que la mort physique ne met pas fin à la survie de l'homme. Son âme continue à vivre dans un lieu „nkoô" ou cette âme vit dans un serpent boa, éléphant, buffle, caïman. Si l'homme fut un grand sorcier pendant sa vie, l'esprit de l'homme sorcier peut continuer à nuire de choses secrètes: Objet cachés, plantes médicinales nouvelles, pouvoir extra-ordinaire pour la guerre, la chance, la chasse.

5. La crainte excessive de la sorcellerie a rendu les Vuté esclave. Mais la pénétration de l'évangile commence à le libérer et à rehausser sa morale, qui était si basse après la fin de guerre tribales.

Geffrier, Rapport 1945, MS. No. II. 884 bis. Archives nationales, Yaoundé.

Zitiert nach MOHAMADOU, 1967, S. 94f.

„La chefferie de Yoko

Bounkir, dont l'ancêtre était Yem, vint s'installer au lieu dit Dénié, montagne située à 15 km à l'est de Yoko et à 13 km au nord de la piste de Yoko à Mégang. Yimka, Frère de Bounkir, quitte Dénié pour s'installer à Gougong, le Mégang actuel; puis à Sang, village situé à 50 km à l'est de Yoko à proximité de la rivière Méké. C'est sous la règne de Yimka que les Foulbé pénétrèrent pour la première fois dans le pays. Le lamido de Tibati s'empara de Sang et depuis lors Yoko devint son vassal. A Yimka succéda alors Yangou, son neveu, auquel succède peu de temps après son propre neveu, Tsenkeuh. Ce chef quitte Sang pour ramener la capitale une seconde fois à Mégang, puis enfin à Médjan qui est l'emplacement actuel de Yoko et où sont restes définitivement fixés ses descendants ... "

Geffrier, op.cit,. S. 2 – 3.

Zitiert nach MOHAMADOU, 1967, S. 95.

„La chefferie de Sengbé

Baka était installé au lieu dit Békini, nom d'un rocher situé actuellement sur le territoire de l'arrondissement de Tibati, à deux jours de marche à l'est de la Méké et à quatre jours de marche à l'ouest du Djérem. Baka quitte cet emplacement pour venir s'installer à 6 km à l'est du Djérem dans l'actuel arrondissement de Bétaré-Oya, près d'un rocher qu'il baptisa Sengbé, nom qui est resté par la suite au village. C'etait avant l'arrivée des Foulbé à Tibati et ce déplacement a été volontaire, pour la recherche d'un meilleur emplacement de culture... "

Geffrier, op. cit., S. 4 – 5.

Zitiert nach MOHAMADOU, 1967, S. 97.

„La chefferie de Makouri

Nzangoa habitait à Tibati, il vint s'installer auprès de son frère Mgbondja, chef de Doumé. Il choisit un emplacement entre les villages de Doumé et de Léna, sur la piste de Yoko à Tibati. Il était chargé par le lamido de Tibati de lui fournir de l'ivoire. Appelé par son cousin Noukong, chef de Guéré, qui le prit ainsi sous sa dépendance, Nzangoa alla ensuite se fixer au lieu dit Lingbi, presqu'île située au confluent de la Méké et du Djérem, pour se soustraire aux exigence toujours croissantes du lamido de Tibati.

Gabara, successeur de Nzangoa, vit l'arrivée des Allemands mais demeura néanmoins caché à Lingbi. Gandong quitta Lingbi pour venir installer le village à l'emplacement actuel de Makouri. Il demeura toujours sous la dépendance de Guéré ainsi que son successeur Bawa … "

Ndong, Notes sur l'histoire des Vouté. MS. No. II. 657, S. 4 – 5, 1943. Archives nationales, Yaoundé. Zitiert nach MOHAMADOU, 1967, S. 68, Anmerkung 25, 73f.

„Les trois frères

Trois frères, tous des chasseurs émérites, quittent les chefferies du nord pour se rendre dans le grand pays du sud. Les deux premiers, Ngouté et Ngrang, fixèrent leur camp de chasse dans le territoire d'un autre chef Vouté nommé Guer, situé à l'est de Yoko. Ils dépendirent du chef de Guer, jusqu'à ce que, jugeant leurs forces suffisantes, ils lui déclarèrent la guerre, le battirent et le détrônèrent pour occuper sa place. C'est Ngouté qui prit le commandement de la chefferie de Guer.

Le troisième frère, le plus jeune, nommé Ndong Méré, s'était avancé plus vers le sud et s'était installé dans la chefferie de Mveimba. Il dépendit de Mveimba dont il épousa bientôt la soeur. Il eut de ce mariage un enfant, son fils premier-né, auquel il donne le nom Mvoto, ce qui veut dire en Vouté 'le premier chef' (mvein – chef, to – premier). Mais apprenant ce qui était arrivé au chef de Guer son voisin, Mveimba résolut d'étouffer dès le départ la force grandissante de son hôte et beau-frère. Il lui intima l'ordre de quitter son territoire. Ndong, arguant des liens qui les unissant, tenta d'apaiser les craintes de Mveimba en lui envoyant sont fils Mvoto intercéder en sa faveur. Mais au lieu de tenir les propos pacifiques et conciliateurs dictés par son père, Mvoto, de son propre chef, décida de lancer un ultimatum à Mveimba. Il lui déclara: „J'ai appris l'affront que tu as fait à mon père. Je suis venu t'avertir que nous n'avons pas l'intention de quitter ton pays. Puisque tu nous chasses sans considération des liens qui nous rattachent à toi, nous sommes résolus à te combattre!" Il revint chez son père et lui apprit que Mveimba refusait la paix et se préparait à venir les déloger par les armes. Mveimba vint en effet attaquer le village de Ndong. Ce dernier avec le concours de son fils Mvoto lui infligea une cuisante défaite malgré l'infériorité en nombre de ses gens. Comme son frère aîné l'avait fait à Guer, il prit le commandement de la chefferie de Mveimba. Et bientôt il étendit son pouvoir sur toutes les tribus de la région: Befeuk, Bamvélé, Yangafouk, Bobil etc. … "

Tradition livrée par MM. Yetti Mamgouani Pierre, prince de Linté et Gayn Vouba, frère consanguin du chef de Linté Doukwan Ngouté. Ce texte a été consigné, dans sa première version, par M. Bello Maygari. Zitiert nach MOHAMADOU, 1967, S. 101ff.

„Les chefferies Vouté du Sud: Linté et Ngila

Première tradition

Les Vouté de Linté et de Ngila appartiennent au clan Moynye, l'un des derniers nés parmi les clans Vouté, mais aussi le plus prestigieux qui soit dans toute l'histoire de ce peuple. Ce patronyme est synonyme de l'ardeur guerrière et de la bravoure dont les membres de ce clan allaient faire preuve. Moyn en Vouté veut dire „enfant", nyé signifie „violent".

L'ancêtre fondateur du clan s'appelait Sômvou et habitait Kpalakti village aujourd'hui disparu qui se situait près de Matsari, à une trentaine de kilomètres au sud de Yoko. Sômvou eut un fils à qui il donna le nom de Mvinye Kpalakti. Celui-ci à son tour devait donner naissance à cinq fils, chronologiquement dans l'ordre suivant: Tankoung, Kpourou, Nimguéa, Gueng et Vouroub. Le droit successoral Vouté voulait que l'héritier au trône soit le fils de la soeur du chef défunt, donc son neveu, ou à défaut, son frère de même mère ou frère utérin. N'ayant aucun autre prétendant pour le concurrencer, Mvinye Kpalakti prit la place de son père à la mort de ce dernier. Son règne fut consacré uniquement à affermir et étendre son autorité sur la territoire de Kpalakti légué par son père.

A sa mort la succession au trône allait faire l'objet d'une rivalité sanglante entre ses fils et les ayants droit. Selon la coutume, il était donc légitime que le trône revienne à l'un de ses neveux et non à l'un de ses cinq fils. Mais ces derniers ne l'entendaient pas de la sorte. Pendant les cérémonies funéraires qui suivent la mort du chef et au cours desquelles on procède à la désignation du successeur, l'un des neveux du défunt dont la tradition n'a pas retenu le nom, fut proclamé chef. Les cinq frères irrités firent tumulte et l'un d'entre eux, Nimguea, porta un coup de lance au nouveau chef qu'il tua net. Mais la coutume était la plus forte, et l'on procéda sans plus tarder à la désignation d'un autre chef en la personne du frère du neveu qui venait d'être tué. Aussitôt en place, le nouveau chef fit chasser ses cinq cousins de Kpalakti. Ils se dirigèrent vers l'est et allèrent s'installer dans la famille maternelle de Nimguéa et de Gueng dans la chefferie de Guéré à une centaine de kilomètres de là. Ils ne tardèrent pas à se faire remarquer sur les champs de bataille par leur courage et leur ardeur guerrière. Aussi n'est-il pas étonnant qu'ils gagnèrent l'estime et l'admiration de tous …

Un jour le notable chargé de l'entretien du village mobilisa tous les habitants pour procéder à la réfection annuelle du village de Guéré. Tout le monde se rendit en brousse pour couper le bois et les palmes nécessaires à ces travaux. L'ordre fut exécuté par tous les villageois y compris quatre princes de Kpalakti, à l'exception de Vouroub le cadet. Alors que ses frères travaillaient encore en brousse, le notable vint trouver Vouroub et le contraignit à participer aux travaux collectifs. A leur retour les quatre autres frères apprenant ce qui s'était passé, entrèrent dans une grande colère. Nimguéa, l'impétueux, porta la main sur le notable. C'était un crime qui devait être sanctionné par l'exclusion. Mais sur l'intervention de la reine Yavouti, Nimguéa fut encore une fois épargné.

Mais la bravoure à la guerre des cinq fils de Kpalakti suffisait à effacer toutes ces discordes. Et bientôt même, sur l'insistance de la reine Yavouti, le chef de Guéré finit par leur confier les fétiches de la guerre, le ndoung. Ce qui signifiait aux yeux de tous qu'ils avaient désormais le pouvoir de conduire la guerre et de commander à toutes les troupes de Guéré. Une pareille marque de confiance, obtenue, il est vrai, grâce à la reine, ne pouvait demeurer sans contrepartie. Aussi Yamtoungbi exigea-t-il des nouveaux chefs des troupes une importante livraison de captifs de guerre. Ceux-ci s'engagèrent à livrer le contingent d'esclaves demande, du moins firent-ils semblant de s'engager à le faire.

Car les fils de Mvinye Kpalakti n'avaient aucunement l'intention de perdre davantage leur temps. Avec la complicité de la reine, ils étaient parvenues à leurs fins: entrer en possession des fétiches de guerre de la chefferie de Guéré, du ndoung qui leur assurerait désormais l'efficacité suprême dans la guerre et leur permettrait de mener à bonne fin leurs ambitieux projets de conquêtes. Ils firent semblant d'aller à la chasse aux esclaves et revinrent au village en pleine nuit chercher leur frère cadet et quitter définitivement le pays de Guéré.

Ils se dirigèrent vers leurs pays natal, Kpalakti. Parvenue à un jour de marche du village, ils dépêchèrent un messager annoncer à leur cousin, le chef de Kpalakti, leur intention de revenir habiter la chefferie. Averti par l'expérience des ambitions que nourrissaient les cinq princes, le chef leur refusa l'accès de son village. Ils furent accueillis par Mvetimbi., chef du territoire voisin de Matsari. A cette époque le village de Matsari était construit sur le sommet du rocher de même nom. Le cinq frères demeurèrent donc à Matsari, mais pas pour longtemps, car leur farouche caractère devait encore une fois entraîner leur départ. En bons chasseurs, les princes de Kpalakti entretenaient chacun une meute de chiens. Un jour l'un des chiens appartenant à Kpourou, le second des cinq, s' accouplait avec une chienne du village lorsque Kpourou survint et abattit la chienne d'un coup de lance, parce qʼelle était coupable à ses yeux d'avoir souillé la pureté d'un animal princier. Le chef de Matsari l'apprit et donna aussitôt l'ordre aux cinq frères d'avoir à quitter les lieux. Mais par mesure de clémence, il leur accorda l'autorisation de s'installer au pied de la montagne. Informé de cette mesure, le chef de Kpalakti envoya dire à son homologue de Matsari de se méfier de ces princes qui finiraient par le déposséder un jour de sa chefferie. C'est pourquoi celui-ci leur enjoignit finalement de sortir hors de ses frontières.

Ils allèrent s'installer à Fouy où commandait l'un des parents maternel de Vouroub. Mais cette chefferie était trop voisine de Kpalakti et de Matsari, dont les chefs, toujours méfiants envers les cinq princes trop entreprenants, s'ingénieront à les calomnier auprès du chef de Fouy et à obtenir leur expulsion.

A partir de ce moment les cinq princes de Kpalakti, sortis du pays de leur parents, décidèrent de mettre leurs plans à exécution à nouer de nombreuses alliances avec les chefs locaux, avec les chefs de famille, se constituer petit à petit une troupe de guerriers endurcis et grâce à cette force se tailler un territoire où ils commanderait à leur tour. En quittant Fouy, ils commencèrent par séjourner chez Mvougong chef de Ndja avec lequel ils nouent les premières alliances. De Ndja ils se dirigent sur Mberngang dont le chef s'appelait Mvo.

Très vite ils devinrent populaires dans cette chefferie. En dehors de la guerre, la chasse était leur passe-temps favori. Excellente chasseurs, ils distribuaient de la viande en abondance au chef et aux habitants de Mberngang. En contrepartie ils obtinrent du chef de la main-d'oeuvre pour cultiver leurs champs. Eux ne se consacraient donc q'à la guerre et à la chasse, s'attirant des alliés en distribuant avec largesse le butin de la guerre et le gibier de la chasse. Un jour deux villages dépendant de Mvo se disputèrent pour une question de femmes. Ils vinrent se plaindre du chef et demander son intervention. Ce dernier refusa d'intervenir. Les plaignants se tournèrent alors vers le cinq princes et leur demandèrent de trancher l'affaire. Sans hésitation ils se levèrent et vinrent aider l'un des villages à écraser l'autre. Irrité par cette conduite, le chef de Mberngang fit appel à ses alliés pour l'aider à expulses ces indésirables. Informés par l'une des femmes du chef de l'intention secrète de celui-ci, les cinq attaquèrent les premiers, tuèrent Mvo et se rendirent maîtres des lieux. Cette victoire inaugure une série d'autres victoires dont le couronnement sera la constitution des deux grands royaumes Vouté de Linté et de Ngila.

Les cinq frères avaient fait de Mberngang le quartier général à partir duquel ils allaient progressivement élargir leurs frontières.

Un jour deux hommes venus de Kinndi, leur apprirent qu'une vaste et riche contrée se trouvait dans la direction de Waa. Comblés de cadeaux, ces deux hommes recourent le surnom Toangouté et Toangrand et s'en retournèrent chez eux. Le moment venu, les cinq princes attaquèrent Waa et soumirent ses habitants. Il en fut de même de la région de Dii, où ils battirent les habitants appelés Noudong; c'est cette localité qui devait donner naissance à Linté. Ce fut ensuite le tour de Ngah, puissante chefferie dont le territoire s'étend au pied de la chaîne du Ndommé qui sépare le pays Vouté du pays Tikar. Ngah leur offrit une forte résistance. Ce n'est qu'à la troisième reprise et moyennant la trahison du frère de Ngah, Gbatane, que la place fut réduite.

Habités par une irrésistible soif de conquêtes les cinq fils de Kpalakti eurent bientôt fait de se trouver à la tête d'un vaste territoire, d'une armée aux effectifs importants et d'une grande richesse. Sagement ils décidèrent de procéder au partage de ces biens et de leurs conquêtes:

- Dii échût à Gueng, le fondateur de Linté;
- Kpourou reçut le commandement de Soani, chefferie aujourd'hui disparue;
- Tankoung s'installa à Gbing, également disparue de nos jours;
- Vouroub, le cadet devint le chef de Matim, près de la montagne de Kpaja, village appelé aujourd'hui Mehoung, situé à 8 km de Linté;
- Nimguéa, l'âme de toutes ces conquêtes, demeura à Mberngang.

Il est le fondateur de Mberngang qui est situé à une soixantaine de kilomètres de Linté, toutes ces chefferies se trouvaient à proximité de ce centre. Mais seuls Linté et Mberngang allaient émerger, rejetant dans l'ombre les trois autres chefferies d'origine.

Nimguéa fur le véritable fondateur de la chefferie de Ngila … Un homme vint de Yoko et convoita l'une des femmes de Nimguéa. D'avant appris, ce dernier tua l'intrus. La soeur de la victime chercha à venger son frère. Elle apporta un jour à Nimguéa une médicine dont l'absorption devait le rendre invincible à la guerre. Or cette herbe était un poison auquel on s'accoutumait et dont on ne pouvait plus se passer, mais qui finissait par tuer celui qui en consommait. Nimguéa en absorba, et bientôt ne put plus s'en passer et ne tarda pas à s'affaiblir de jour en jour.

La femme rentra à Yoko aviser les Foulbé que leur terrible adversaire venait d'être éliminé, et que la route du sud était maintenant ouverte. Ce fut alors le début de la guerre qui devait opposer des années durant les Foulbé au clan Moynye de Linté et de Ndoumba.

Au cours de la longue maladie de son père Nimguéa, Gomtsé, son premier fils de grand-père de l'actuel chef de Ngila, Gomtsé II, habitait alors Yamyaré, devenu depuis lors Foufon, auprès de ses oncles maternels. Il y était venu chercher refuge après avoir été chassé par son père pour avoir courtisé l'une de ses femmes. Apprenant que son père était à l'agonie et que la chefferie était menacé par les Foulbé de Tibati, Gomtsé réunit les gens de sa famille maternelle pour faire front à ce nouvel ennemi. Gueng, son oncle paternel, l'en dissuada car l'armée de Tibati était trop importante en nombre face à leur petite troupe. Mais son neveu l'écouta pas. L'armée Foulbé avança vers le sud et vint camper près de Ndoumba. Sans plus attendre, l'impétueux Gomtsé attaqua l'armée de Tibati. La bataille dura sept jours, à l'issue desquels la troupe Vouté, inférieur en nombre, fut décimée par les Foulbé et les Tikars leurs alliés. Dans sa fuite, Gomtsé fit transporter son père Nimguéa qui n'était pas encore mort. C'est le fils aîné de Gueng qui assura pendant toute la retraite la protection de Nimguéa, ce fils s'appelait Gongna et il est le grand-père de l'actuel chef supérieur des Vouté, Dimani. La troupe Vouté fut poursuivie jusqu'à un lieu dit Soupa. Dans un dernier sursaut de désespoir, la petite troupe Vouté fit volte-face et tint tête à l'ennemi. Le courage aidant, ils parvinrent à repousser les Foulbé qui durent se replier sur Yoko.

Nimguéa, le père de Gomtsé devait mourir à Koukouni, avant que son fils n'ait eu le temps de le ramener à Yamyaré. C'est alors que Gomtsé succéda à Nimguéa à la tête de la chefferie de Ndoumba. A l'issue des funérailles se produisit un double rapt qui devait être la cause de nouvelles discordes entre les chefs Vouté. Alors que chacun allait rentrer chez soi, Mvougong, chef de Ndja, un allié de la première heure, mit la main sur Issa, fils de Nimguéa et frère de Gomtsé, de son côté Mvetimbi, chef de Matsari, ravit Vouba, fils de Gueng. Ce fut la déclaration d'une longue Guerre entre les Moynye et ces deux chefs. les armées coalisées de Gueng de Linté et Gomtsé de Ndoumba allèrent attaquer Ndja. Mais malgré la supériorité des attaquants, Mvougong tint bon et les chefs de Linté et de Ndoumba durent rentrer chez eux sans victoire. Bientôt le chef de Ndja prépara une coalition qui devait unir ses troupes à celles de Gbaktaré, dans une campagne dirigé contre Gueng et Gomtsé. Informé de ces desseins, Gueng devança ses adversaires et attaqua Ndja qui fut rasé et son chef tué. Son territoire devint désormais partie intégrante de la chefferie de Linté.

Ndoumba et Linté menèrent encore bien d'autres campagnes dont ils sortaient presque toujours vainqueurs. Bientôt ils intégrèrent parmi leur sujets une grande variété de tribus autochtones allant des Bafeuk aux Njanti, des Ngoro aux Yangafouk et Bati. Au nombre de ces batailles on peut encore citer celle qui opposa Gueng à Yitsir, adversaire particulièrement rusé et courageux, qu'il vainquit et tua de sa propre main.

Ce fut sa dernière victoire, car quelque temps après il trépassait. Le pouvoir passe alors à son neveu Mbayem, le fils de sa soeur. L'oeuvre du nouveau chef fut d'une part de consolider l'autorité de Linté sur les chefs Vouté déjà soumis et intégrés à la chefferie, d'autre part d'étendre son hégémonie sur des ethnies nouvelles, notamment les Yalongo et les Bafeuk. Mbayem défit la troupe Bafeuk et son chef Mbonguélé fut obligé de chercher refuge auprès de Tibati qui l'installa définitivement à Léna. Mais il dut faire face aux prétentions de son cousin Gongna qui contestait la légitimité de son pouvoir. Gongna était sur le point de se rendre à Tibati pour se procurer le poison capable de mettre fin aux jours de son rival, lorsque Mbayem, atteint de variole, mourut à Kpoundin. Il fut enseveli dans le ruisseau du même nom qui coule près de Linté et sert de sépulture aux souverains de cette chefferie.

N'ayant pas de concurrent, Gongna, lui-même fils de Gueng, monte au trône. Lui aussi poursuivit pour sa part la conquête des tribus voisines. S'en prenant aux Bafeuk, il dut faire appel, devant leur résistance acharnée, à son cousin Gomtsé de Ndoumba, ensemble, ils parvinrent à réduire les Bafeuk. Bayem se tourna ensuite vers les tribus du sud-ouest, les Bafia, les Sanaga et les Balom dont il soumit certains villages. Il marchait sur Somo, en pays Banen, tandis que son cousin Nguila visait Nkometou et la région de Yaoundé (cette ville n'existait pas encore), quand, soudain les Allemands firent leur apparition et mirent un terme à cette expansion jusqu'alors irrésistible ... "

Überlieferung zur Geschichte des Häuptlingstums Matsari, wiedergegeben von Bwatcheng Qalihou am 23.1.1971 in Mangai. Zitiert nach SIRAN, 1980, S. 48.

„Ainsi Odi, neveu du chef de Matsari, avait organisé la défense de son village, lors d'une attaque des Peuls, en installant les villageois au sommet d'une colline peu accessible et en soutenant le siège: c'est là qu'il s'impose comme leader. Une fois les Peuls repartis, il décide d'aller vers le sud. Il dit au chef: 'mon la, je ne peux pas rester ici, je vais descendre par là.' Alors Mvetoumbi a dit: 'Comment mon la[30] tu veux nous laisser! Qu'est-ce que je vais faire en ton absence?' Lui il répond: 'mon la, je vais prendre ma famille (ɓaŋ) avec moi. Où je vais rester, je vais envoyer la nouvelle.' Il a pris son groupe (kùŋ). Derrière c'est la guerre, à côté c'est la guerre. Il descend, jusqu'à la Sanaga. Odi c'est Yeep, pur Yeep.[31] Il a commencé la guerre avec les Yangafouk. Il a gagné une grande place, beaucoup d'esclaves, beaucoup. Il a envoyé la nouvelle à son oncle: 'Moi j'ai une bonne place ici, je ne peux plus venir encore à Matsari.' ...

30. L'usage du terme est réciproque.

31. Nom d'un matriclan."

Überlieferung über die Gründer der Oberhäuptlingstümer Linte und Ngila. Wiedergegeben von Bwatcheng Qalihou am 15.1.1971 in Mangai. Zitiert nach SIRAN, 1980, S. 48f.

„Gueng et Voukto sont nés à Matsari. Leur père s'appelle Mvinyé Kpa. Il restait toujours au champ. En ce temps là, le chef de Matsari s'appelait Mvetoumbi. Mvinyé il est avec

Mvetoumbi comme moi avec Barang Souley.[32] Comme les deux fils étaient malins, ils ont dit: 'Mieux vaut tuer ... ' Je ne connais plus son nom. C'était le fils d'une autre soeur de Mvetoumbi. Parce que Mvetoumbi l'aimait, c'est lui qui devait succéder. 'Comme l'homme sera mort, c'est notre père qui va gagner la place.' Mais l'autre il était malin, il a sorti sa flèche. Ils se sont sauvés, aller trouver leur père. C'est là que l'homme est rentré à Matsari dire à son oncle: 'Pourquoi ces enfants veulent me tuer?' Le chef alors appelle Mvinyé. Il est allé voir son oncle. Il dit: 'Tes deux fils ont voulu tuer ton frère, pourquoi? Qu'est-ce qu'il a fait?' Mvinyé a répondu: 'Mon oncle, ce n'est pas moi, mes deux fils ne m'écoutent pas.' C'est là que le chef a dit: 'Tes fils-là, c'est mauvais.' C'est là qu'est sorti le nom mwīŋɲèɛ̄. 'Je ne veux plus les voir ici.' (...) Là ils ont entendu Guéré c'est un grand village, et c'est ndim.[33] Ils disent: 'Allons jusqu'à Guéré, le chef de Guéré est de notre famille ndim, allons le voir.' Arrivés là-bas, ils s'agenouillent devant le chef: 'Nous sommes aussi ndim comme vous, nous venons vous rendre visite de Matsari.' Ils ont fait là deux ans. Les gens de Guéré disaient: 'Ces deux hommes-là, nos femmes sont trop contentes d'eux. Mieux vaut chercher moyen de les tuer.' Comme Voukto était concubin avec une femme du chef et que le chef était très content de cette femme, cette femme a pris le nduūŋ[34] de son mari. Elle a pris dedans les choses pour la guerre. Elle a tiré, elle a tiré, elle donne à Voukto. L'autre fois qu'il vient dans la nuit, elle dit: 'Il faut partir, sauvez-vous avec ce que je vous ai donné, partez avec ça, sauvez-vous sinon mon mari va vous tuer.' Ils ont fui dans la nuit. (...) Arrivés à Matsari, le chef de Matsari a dit: 'Mois je ne peux pas garder ces enfants mauvais (mwīŋɲèɛ̄) au village, qu'ils aillent chez leur père au champ.' C'est là que vous entendez que mwīŋɲèɛ̄ ce n'est pas un bon nom, c'était un mauvais nom. Comme ils arrivés chez leur père ils ont expliqué leur histoire et ils se sont installés. Ils ont commencé de marier des femmes. Voukto avait trois femmes. Gueng aussi: deux femmes. En ce temps-là, les Vouté, quand ta femme a préparé la nourriture, tu vas manger là-bas, tout seul. Eux ils s'en foutent de la nourriture. C'etaient des chasseurs. Il y avait beaucoup: on sort la nourriture dehors, ils appellent les gens pour venir manger avec eux. Dans ce temps, personne ne peut entrer voir ma femme. Eux, ils ont laissé leurs femmes libres de coucher avec n'importe qui. Alors les autres entendent que Gueng et Voukto sont des bons types. Les jeunes gens disent: 'Si tu restes près d'eux, ils donnent la nourriture, ils ne se fâchent pas si tu cours leurs femmes. Mois je vais rester avec ces types-là.' Dans ce temps, leur père vivait encore. Quand il est mort, les deux enfants ont décidé de partir. Ils disent: 'Il y a quelque chef là, Mvougong c'est notre oncle, c'est ndim. Allons rejoindre notre oncle, ici le chef de Matsari n'est pas content de nous.' Mvougong les a bien accueillis. Il dit: 'Vous êtes venus, c'est bien, restez ici, vous êtes mes la, restez ici.' On a fait là quelque chose de trois mois avec lui. C'était l'habitude au moment de semer le mil que le chef convoque tout le monde pour semer le mil dans son champ. Voukto dit à Gueng: 'Sommes-nous les esclaves du chef pour aller semer le mil?' Gueng a dit: 'Mieux vaut que demain nous tuons ce chef.' Les gens du village ne savaient pas que demain c'est la guerre. Ils ont seulement pris la houe pour aller faire le travail du chef. Le chef ne savait pas que demain c'est la guerre. Il est parti seulement pour semer le mil. Comme on a commencé à semer, ils sont venus avec la guerre. Ils ont tué le chef, ils ont commencé à arrêter les gens: 'Maintenant c'est notre commandement. Personne ne bouge sinon nous le tuons. Vous entendez votre nom? Nous sommes mwīɲɲēē, nous sommes mwīɲ ɓaŋhīɪŋ, faites attention!' Après ils ont commencé à faire la guerre avec les gens de Mokpané: Ils ont tué le chef ...

32. En clair: Mvinyé est le neveu utérin de Mvetoumbi.

33. ndim est le nom du matriclan de Gueng et Voukto

34. Le nduūŋ est un sac en peau de panthère qui contient différentes 'remèdes': en particulier une poudre préparée avec la peau du front des chefs ennemis tués à la guerre. Ces 'remèdes' sont de trois ordres: (1) 'des choses qui ont le pouvoir de vous rendre fort à la guerre', (2) 'des choses qui vous donnent le pouvoir d'épouser beaucoup de femmes', (3) 'des choses qui attirent les gens pour venir s'installer chez vous.' Le nduūŋ est donc le symbôle même du pouvoir politique: qu'il représente dans ses trois composantes essentielles et dont il matérialise l'unité. Il est gardé nuit et jour dans la concession du chef, d'où il ne sort que pour l'accompagner au combat."

Überlieferung über die Gründer der Oberhäuptlingstümer Linte und Ngila, wiedergegeben von Issa Voudjo aus Nguila, am 4.6.1970 in Mangai. Zitiert nach SIRAN, 1980, S. 50.

„Gueng et Voukto sont sortis de Guéré. C'etait des chasseurs. Ils tuaient beaucoup d'animaux. Ils étaient ndim. Ils cherchaient des villages où il y avait des ndim et ils apportaient la viande dans ces villages, et même aux autres, genip ou quoi. Il prenaient la viande et leur donnaient. Alors tous ces gens étaient comme des frères entre eux. Tous ces gens faisaient des peaux de guerre,[35] ils faisaient venir des forgerons et faisaient des lances. Ils gardaient tout ça. Ils prévoyaient quelque chose. Malgré tout ils donnaient encore de la viande à Gbaktaré, mais beaucoup des gens étaient déjà avec eux: les lances et les peaux étaient prêtes. Gbaktaré leur dit: 'Envoyez-moi de la viande.' Comme ils ont vu qu'ils étaient prêts pour la guerre, ils ont refusé. Comme ils ont refusé, Kok-Makaré[36] est allé faire la guerre. 'Ces gens viennent chasser chez moi et me refusent la viande!' Comme Kok-Makaré est arrivé, ils se sont rencontrés. Les chasseurs qui s'étaient bien préparés et avaient beaucoup de gens ont gagné la bataille. Kok-Makaré, c'était le grand chef et le grand guerrier. Les chasseurs l'ont quand même battu, ce sont eux alors qui ont commandé tout le pays de Makaré. Le premier village où ils ont installé leur chefferie, c'était Mbam (à l'est de Matsari). Mais des gens de Kok-Makaré étaient partis demander du secours aux Peuls. Voukto et Gueng ont dit: 'Quittons ici, allons allées à Mberngang, sur l'actuelle route de Linté. C'est là que Voukto est mort. On a pris son corps et on est allé l'enterrer à Mbam, d'ou ils étaient venus. C'est là le commencement du règne des mwīɲɲèē.

35. Grands boucliers en peau de buffle.

36. Autre nom de Gbaktaré."

Überlieferung über die Gründer der Oberhäuptlingstümer Linte und Ngila, wiedergegeben von Toung-Niri und Abdoulaye Mossi am 12.12.1969 in Nguila. Zitiert nach SIRAN, 1980, S. 50.

„Ils (Gueng et Voukto) étaient chasseurs. Ils tuaient beaucoup de buffles. Il y avait toujours des gens qui venaient les visiter. Ils donnaient la viande gratuit là où ils étaient en brousse: les gens venaient rester avec eux pour ne pas avoir à faire un chemin pour aller chercher la viande (...) A ce moment là il n'y avait pas encore de chefs, il y avait seulement l'aîné. Ce n'est que quand ils ont commencé à faire la guerre qu'ils ont choisi l'aîné comme chef."

Zur „Eßgemeinschaft" der Vute. SIEBER, 1925, S. 57.

„... Dagegen spielt die 'Eßgemeinschaft' eine bedeutende Rolle. Wen der Vute würdigt, ihn aus einer Schüssel mit sich essen zu lassen, so besagt dies, daß er ihn zu seinem 'bwajiri' = Freund erwählt hat. Wem diese Ehre zuteil geworden ist, der gilt als Volksgenosse und hat in keinem Falle, unter keinen Verhältnissen irgend etwas von ihnen zu befürchten. Nicht nur das, sondern auch bei etwa von fremder Seite drohenden Gefahren wird jeder Wute-Mann dem zur „Eßgemeinschaft" Gehörenden helfen und im Notfalle mit seinem Leben für ihn einstehen."

Überlieferung zur Gründung des Oberhäuptlingstums Ngila (Ausschnitt). Zitiert nach HOFMEISTER, 1914, S. 22.

„... Schließlich zog er [Gomtsé, Ngraŋ II, Anmerkung C.S.] mit seinem Anhang ganz aus der Nähe der Fullah weg und ließ sich in Ndumba nieder. Hier traf er auf weniger mächtige Stämme. Es wohnten in dieser Gegend nur die Bati oder Sanaga-Leute und die Yalongo. Gomje, oder wie er besser bekannt war, Ngila pflegte aber mit den Einwohnern des Landes keine freundschaftlichen Beziehungen, sondern überzog sie mit Krieg, was ihm bei den Sanaga-Leuten auch nicht schwer wurde, weil sie kein gemeinsames Oberhaupt hatten. So konnte er denn die kleineren Häuptlinge leicht einen nach dem anderen überwältigen. Das stärkte aber seine Macht und Furcht und Schrecken verbreitete sich überall vor ihm. Als er dann die Bati unterworfen hatte, fing er auch Streit mit dem in der Nähe wohnenden größeren Häuptling der Yalongo, Ngader an. Ngader hatte große Macht und viel Einfluß ... Ngila besiegte Ngader und plünderte dessen Stadt aus, wobei er auch viele Gefangenen machte. Ngader selbst aber und die meisten seiner Leute flohen. ... "

Überlieferung zur Gründung des Oberhäuptlingstums Ngila (Ausschnitt). THORBECKE, 1914a, S. 63.

„... Ein jüngerer Bruder – nach einer anderen Quelle ein Vetter – namens Gomtschä aber wollte sich nicht unterordnen, er zog mit seiner Anhängerschaft nach Süden, um sich ein selbständiges Reich zu gründen. In Ndumba war der Hauptsitz und Häuptlingsplatz der die weite Ebene bewohnenden Fuk, deren Häuptling stets den Namen Ngilla trug. Gomtschä besiegte die Fuk, tötete den Häuptling und verjagte alle, die ihn nicht als Herrn anerkennen wollten. Er ließ sich in Ndumba nieder und nahm selbst die bei den Fuk übliche Häuptlingsbezeichnung Ngilla an."

Beschreibung des Kampfspiels *ngane*. MORGEN, 1893, S. 196ff., 199.

„Dem Ständchen am MORGEN folgte gegen Abend ein großes Kriegsspiel der Ngilla-Krieger, welches der Häuptling mir selbst vorführte. Es waren gegen 300 Leute, die sich mit Pfeil und Bogen oder mit Speer und Büffelschild und zum kleinsten Teil mit Feuersteingewehren auf dem Dorfplatz eingefunden hatten. Auf ein Zeichen hin rangirten sich diese Krieger in eine mehrgliederige tiefe Colonne am Rande des Platzes. Das Centrum bildeten die Speerwerfer, hinter deren mannshohen Büffelschilden auch die Bogenschützen Deckung nahmen. Auf beiden Flügeln hatten die Gewehrträger Aufstellung genommen, die zum Theil ein kleines Antilopenfell mit sich führten. Hinter der ganzen Colonne stand eine aus 14 Mann gebildete Kapelle, 2 Hornisten, die mächtige Elfenbeinhörner bliesen, und 12 Tambours, welche Trommeln und Pauken verschiedener Größe mit kleinen gekrümmten Eisenstäben, die am Ende mit einem Lederknopf versehen waren, bearbeiteten. Zu beiden Seiten der Musik stand eine Linie junger Weiber. Ngilla, der neben mir auf der Strohbank saß, gab, nachdem seine Truppen rangirt dastanden, einen Wink. Die Tambours begannen ihre Trommel zu rühren, während die beiden Hornbläser von Zeit zu Zeit markerschütternde Töne, die wie von einem Nebelhorn klangen, erschallen ließen. Unter den Klängen dieser Musik, die trotz ihrer unklaren, wenig harmonischen Melodie dennoch einen exacten Marschtakt erkennen ließ, avancirte nun der Haufe in vollster Gleichmäßigkeit. Im Centrum sah man die Speerträger als eine geschlossene Schildmauer anrücken, über deren Rand nur die Köpfe bis zu den Augen und die Spitzen der ebenfalls wie die Schilde in der linken Hand gehaltenen Speere hervorschauten. Ab und zu sprangen einzelne Bogenschützen hinter den Schilden vor und markirten mit wilden Bewegungen das Abdrücken der Pfeile. Die Gewehrschützen liefen ebenfalls zeitweise vor und schossen, nachdem sie kniend hinter ihren kleinen Schilden Deckung gesucht hatten, ihre Gewehre in der bekannten afrikanischen Manier ab, ohne anzulegen, mit vorwärts gestreckten Armen. Nach dem Schusse ließen sie sich dann von der langsam vorrückenden Colonne wieder aufnehmen. Als die Truppe bis auf 30 Schritt an den supponirten Gegner herangekommen war, nahmen die Schildträger einen ihrer Speere in die rechte Hand und zeigten durch mehrere schnellende Bewegungen des wagerecht gehaltenen Speers den Wurf an, während sie durch kurzes Zurückziehen des Kopfes hinter den Schild das Deckungnehmen markirten. Den Schild selbst bewegten sie, um das Abschütteln der feindlichen Geschosse anzudeuten, kurz hin und her. Dicht vor uns hielt der Haufe, Ngilla schickte ihn noch einmal zurück und stellte sich jetzt selbst unter lautem Beifallsgeschrei in die Mitte desselben. Es spielte sich ziemlich das gleiche Bild wie vorher ab, nur waren alle Bewegungen unter Führung des obersten Kriegsherrn feuriger, lebhafter. Die Weiber, die sich vorher passiv verhalten hatten, sprangen jetzt in laufschrittartigen Sprüngen im Takte der Musik etwa 30 Schritt vor die Front und verschwanden ebenso schnell wieder hinter der Colonne. Dieses Mal ließ Ngilla ganz dicht an mich heran avanciren, die Musik schwieg und nun hielt er eine seiner obligaten Ansprachen. ... Ich konnte meine Bewunderung über den Drill, die Gewandtheit der Leute in der Handhabung ihrer Waffen nicht versagen."

Beschreibung des Kampfspiels *ngane*. Bundesarchiv, R 1001/4357, Bl. 28, DOMINIK.

„Gegen Abend dröhnten die Pauken, die Elfenbeinhörner erschallten und Ngilla versammelte sein Volk zum Siegesfeste. Er selbst holte uns ab, er trug Speer und Schild, vor ihm schritt der Rufer, der laut seine Rufe verkündigte. 'Ngilla fürchtet keinen Elefanten', 'Ngilla bricht die Macht aller Könige', 'Ngilla ist groß' schrie er unter dem Jubel des Volkes. (...) langten wir auf dem Marktplatz an, den ringsum die Zuschauer wie eine schwere Mauer umgaben. Auf der einen Langseite waren ungefähr 400 Schildträger aufmarschiert, nur mit dem Langschwert und den Speeren bewaffnet; hinter ihnen standen viele Glieder tief die Bogenschützen, grell rot bemalt, die Anführer mit Papageienfedern reich verziert. Gegenüber standen in Schlachthaufen geordnet die Unfreien, unbemalt, Feuerstein- und ... -Gewehre aller Art in der Hand. Zwischen beiden Haufen stellte sich Ngilla auf; seine Großen umgaben ihn, eine lebende Mauer hinter hohen Büffelschilden. Im Rücken standen Kopf an Kopf die Weiber seines Harems. Heute waren sie alle frisch geölt und gleichmäßig mit einem Schurz aus Haussatuch bekleidet. (...) Laut dröhnten die Pauken als Ngilla kam, dann winkte er, die Reihen öffneten sich und mehrere Große, die aus den benachbarten Dörfern mit ihren Leuten gekommen waren, eilten hinzu, knieten, die Waffen in der Hand, vor ihm nieder und traten auf seinen Befehl wieder ein. Dann kamen die Haussas, unbewaffnet, auch sie knieten zur Begrüßung nieder und traten dann in die Reihen der Zuschauer. Jetzt sprangen einzelne Gewehrschützen vor, feuerten, sprangen hin und her und zeigten den Beginn des Kampfes an, zahlreicher und zahlreicher wurden sie, laut und lauter knallten die Gewehre, dumpfer ertönte der Schlachtgesang der Speerkämpfer, die jetzt langsam vorrückten, hinter jedem dieser Schildträger schlichen durch ihn gedeckt zwei Bogenschützen. Der Kampf war in vollem Gange, da schrie Ngilla laut auf, schüttelte seine Speere und sprang selbst in langen Sätzen, wie ein Raubtier in die Menge. Das war das Zeichen zu einem markerschütterndem Gebrüll aller Kämpfer. Selbst die Zuschauer wurden wild, tanzten, schrien. ... Alles aber, Kampfgeschrei und Horngetön, Schießen und Waffengeklirr übertönte das schrille 'Jade, jade' der Weiber. Aalglatt schlüpften sie schreiend durch die Krieger, die Beine ruckartig nach hinten streckend, sie retteten jetzt die Verwundeten und bargen die Gefangenen hinter der Front der Kämpfenden. Jetzt ruft Ngilla und er selbst an der Spitze führt das (...) Heer auf uns zu. Dicht vor uns ertönt das Kampfgeschrei und über mich schwingt Ngilla sein Schwert; Stolz leuchtet aus seinen Augen, als er mir die Hand reicht und fragt, wie mir sein Spiel gefallen. Dann bringt man Bier in Mengen und Ngilla läßt sich bei uns nieder, während ringsum die Krieger jubelnd tanzen und trinken ... "

Beobachtung der Rückkehr des Kriegsanführers Gimene von einem „Gefecht" gegen eine Bati-Gruppe im Jahre 1895 nach Ndumba, dem Herrschaftssitz des Oberhäuptlings Neyon (*Ngraŋ* III). Bundesarchiv R 1001/4287, Bl. 65, DOMINIK.

„... ein Sieg, den der Heerführer Gimene erfochten hatte, (...) Das Gefecht hatte in nächster Nähe der Stadt, am Wataré-Wege, stattgefunden (...) Auf den Klang der großen Elfenbeinhörner hin versammelte sich alles Volk in vollem Waffenschmuck auf dem Königs-platz, es waren an 1000 Bewaffnete, ..., als Gimene im feierlichen Zuge Ngilla nahte. Die Pauken dröhnten, dumpf klangen die großen Elfenbeinhörner und schrill die Querpfeifen der Bati-Musiker, als, beim Häuptling angekommen, Gimenes Leute niederknieten, während er selbst den Kopf des gefallenen Bati-Häuptlings zu Ngillas Füßen legte. Auf ein Zeichen Ngillas trat Stille ein und der siegreiche Führer hielt nun eine Rede, die im Lob der Stärke Ngillas, und im Versprechen unwandelbarer Treue gipfelte. Ngilla gab ihm die Hand und nun begannen die Kampfspiele, ... "

Überlieferung zur Unabhängigkeitsschlacht der Vute um 1886 (Ausschnitt). SIEBER, 1925, S. 112.

„Ado schickte ... eine starke Abteilung Krieger gegen Ngila aus.[1] Es kam zum Kampf. Ngila mußte sich vor der Übermacht auf die Höhe des Ndumba-Berges zurückziehen. Da sandte Ado eine Abordnung an Ngila mit der Aufforderung zur bedingungslosen Übergabe. Sie fanden aber die Stadt geräumt. Ngila schien mit seinen Leuten geflohen zu sein. In der Stadt hatten diese aber große Mengen *mberek* (Durra-Bier) zurückgelassen, das sich die Fulla gut schmecken ließen. Ado aber war es darum zu tun, Ngila unter allen Umständen in seine Gewalt zu bekommen. Seine Krieger mußten deshalb in den großen Urwald eindringen, um die Wute zu stellen. Dabei ließen sie es aber an der nötigen Vorsicht fehlen. Auch war das Gelände für die Fulla sehr ungünstig, denn in dem dichten Urwald ohne Weg und Steg konnten sie ihre schnellen Pferde nicht gebrauchen, diese waren ihnen vielmehr recht hinderlich. In dieser mißlichen Situation drangen plötzlich die Wute von allen Seiten auf sie ein und schossen mit ihren Gewehren, Speeren, Pfeilen und Bogen einen Fulla nach dem anderen nieder. Auch die fünf Hauptleute der Fulla: Geso, Saka, Bikidaba, Juki und Ngamba wurden getötet, nur Ado selbst mit wenigen seiner Leute konnten sich retten. Die Wute erbeuteten mehrere hundert Pferde und das ganze Lager Ados. Eine große Menge Elfenbein und andere Kostbarkeiten fielen in die Hände der Sieger. Dieser Sieg befreite die Wute von dem Druck der Fremdherrschaft. Diese wagten es nicht mehr, die Wute anzugreifen, und sind sie seit diesem Zeitpunkt erst ein politisch selbständiges Volk."

---

[1]   Mit Ado ist der Ardo Haman Bouba, Fulbe-Herrscher von Tibati (1871–1888), gemeint.

13. Die Herrscher (mvèɲ) der Oberhäuptlingstümer Linte und Ngila und ihre Nachfolger bis zum Ende der deutschen Kolonialherrschaft[1]

Linte

Gueng (*Ngrté I*)
etwa 1875 bis etwa 1880
Gründer von Linte
Sohn von Mvinye

Mbayem (*Ngrté* II)
Anfang der 80er Jahre des 19. Jhs.
Neffe von Gueng

Gongna (*Ngrté* III)
Anfang der 80er Jahre des 19.Jhs. bis 1906
Cousin von Mbayem

Doukwan (*Ngrté IV*)
ab 1906
Sohn von Gongna

Ngila

Vouktok (*Ngraŋ* I)
um 1880
Bruder von Gongna (*Ngrté* III)

Gomtsé (*Ngraŋ* II)
etwa 1880 bis etwa 1891
Sohn von Vouktok
vermutlich Gründer von Nduba

Neyon (*Ngraŋ* III)
etwa 1891 bis 1899
Bruder von Gomtsé

Ngane (*Ngraŋ* IV)
1899 – 1907
Bruder von Neyon

Mvomane (*Ngraŋ* V)
1907 – 1908
Neffe von Gomtsé

Mvotchiri (*Ngraŋ* VI)
1908 – 1909
Sohn von Gomtsé

Tipane (*Ngraŋ* VII)
1909 – 1917
Bruder von Mvotchiri

Mossi (*Ngraŋ* VIII)
ab 1917
Sohn von Gomtsé

---

[1] Nach Angaben von MOHAMADOU (1967, S. 111f., 121f.). Zu Datierungsabweichungen siehe vorliegende Arbeit, Fußnote 31, S. 116.

14. Daten zur Integration der Vute in die deutsche Kolonie Kamerun

Januar 1888

Die Batanga-Expedition unter der Leitung von KUND, ferner mit den Deutschen TAPPENBECK, Weißenborn und Braun, wird nördlich des Sanaga in der Nähe eines verpalisadierten Ortes von „Sudannegern" angegriffen. Sie erstürmt und verbrennt diesen Ort. Es handelte sich um Guataré (Watare), Sitz des Unterhäuptlings Guater, ein älterer Bruder von Gomtsé (*Ngraŋ* II), Herrscher des Oberhäuptlingstums Ngila in der südwestlichen Sanaga-Ebene. Die Deutschen kommen nicht mit ihm in Kontakt.

April 1889

Gründung der Forschungsstation Jaunde; die Leitung wird dem Botaniker ZENKER übertragen.

Mai – Juni 1889

Erkundungszug unter der Leitung von TAPPENBECK von der Forschungsstation Jaunde aus in Richtung Banyang. TAPPENBECK besucht Gomtsé (*Ngraŋ* II) in Nduba. Er wird freundlich empfangen erhält Gastgeschenke und hält sich eine knappe Woche bei dem Oberhäuptling auf. TAPPENBECK stellt reiche Elfenbeinvorräte am Hofe des Herrschers fest und dass mit den Haussa ein umfangreicher Elfenbeinhandel nach dem Norden stattfindet.

Dezember 1889

Die Expedition unter der Leitung von MORGEN in das Jaunde-Gebiet besucht auf dem Rückweg, den sie über die südwestliche Sanaga-Ebene wählt, vom 15.12.-23.12.1889 den Oberhäuptling Gomtsé (*Ngraŋ* II) in Nduba und vom 23.12.-25.12.1889 dessen Bruder und Unterhäuptling Guater in dessen Ortschaft Guataré (Watare) am Mbam. MORGEN verhandelt mit beiden über eine künftige Lenkung des Elfenbeinhandels zur Kamerunküste. Die Begegnungen verlaufen friedlich.

Juni 1890 – Januar 1891

Die Expedition unter der Leitung von MORGEN hält sich auf ihrem Zug zum Benue mehrere Monate im Oberhäuptlingstum Ngila auf; sie besucht ferner den Vute-Ort Yoko, den Lamido von Tibati im *sanserni* vor Ngambé und den Lamidatssitz Banyo.

Nach dem 26.6.1890 gründet MORGEN bei Nduba die Forschungsstation „Kaiser Wilhelmsburg". Herr Weiler, Vertreter der Firma Wörmann und Jantzen & Thormählen, legt eine Handelsstation an.

Vom 27.9. bis 15.10.1890 nimmt MORGEN an dem Überfall auf den befestigten Ort des Fuk-Häuptlings Ngader (Ngaundere I) aktiv teil und wird verletzt. Während dieses Kriegszuges lernt er in der nordwestlichen Sanaga-Ebene Gongna (*Ngrté* III), den Herrscher des Oberhäuptlingstums Linte kennen , der sich an dem Kriegszug beteiligt.

Ab 17.10.1890 marschiert die Expedition MORGEN ohne einheimischen Führer – da der Oberhäuptling Gomtsé (*Ngraŋ* II) ihn nicht ziehen lassen will – in acht Tagesmärschen nach Yoko, wo sie vier Wochen auf die Einreiseerlaubnis des Lamido von Tibati warten muß.

Vom 23. bis 25.11.1890 besucht MORGEN den Lamido von Tibati im Sanserni vor dem Tikar-Ort Ngambé.

Vom 1.1. bis 5.1.1891 hält sich die Expedition MORGEN in Banyo, dem Hauptort des gleichnamigen Lamidats auf. Danach zieht sie über Gaschaka nach Ibi zum Benue.

März 1892

Eine Expedition unter Leitung von Ramsay hat die Aufgabe, die von MORGEN aufgebauten freundschaftlichen Beziehungen mit den Vute fortzuführen und sich für die Ablenkung des Elfenbeinhandels zur Küste einzusetzen.

Ramsay zieht den Sanaga aufwärts bis in das Gebiet der Betsinga am rechten Ufer des unteren Mbam, wo er eine Station anlegen soll. Da dort ein Vorposten der Vute durch Requirierungen und Überfälle die Bevölkerung beunruhigt, läßt Ramsay am 18.3.1892 den befestigten Vorposten stürmen. In der Nähe des Hauptortes der Betsinga, Balinga, läßt Ramsay eine Station anlegen, besetzt mit den Leutnants Volckamer und Sandrock. Nach der Ermordung von Leutnant Volckamer im darauffolgenden Jahr wird die Station wieder aufgegeben.

Dezember 1892

Erster Start der Expedition unter der Leitung v. Stettens von Balinga nach Yola. Die Expedition wird nach Überquerung des Mbam in Guataré, dessen Oberhaupt Guater nicht anwesend war, feindlich empfangen. V. STETTEN bricht die Expedition ab.

März 1893

Zweiter Start der Expedition v. Stettens von Balinga nach Yola. Die Expedition zieht über Guataré und hält sich mehrere Wochen als Gast des Oberhäuptlings Neyon (*Ngraŋ* III) in Nduba auf. Die Begegnung verläuft friedlich, jedoch wird V. STETTEN mehrfach erheblich unter Druck gesetzt, indem Neyon von ihm verlangt, er solle mit ihm in den Krieg ziehen. Als V. STETTEN dies verweigert, erläßt Neyon mehrfach an die Bevölkerung von Nduba ein Verbot, Nahrung an die Expedition zu verkaufen.

Auf dem Zug nach Yola besucht die Expedition ferner Yoko und den Lamido von Tibati im *sanserni* vor Ngambé und Banyo.

August-September 1894

Expedition unter der Leitung von DOMINIK zu Neyon (*Ngraŋ* III). DOMINIK will ihm klar machen, daß Neyon den Sanaga als Grenze zur Station Jaunde zu respektieren hätte. Die Begegnung verläuft friedlich, und DOMINIK erhält zahlreiche Informationen über das Leben am Hofe Neyons.

Juni 1895

Die Forschungsstation Jaunde wird in eine Militärstation umgewandelt. Die Leitung wird Hans DOMINIK übertragen.

Juni-Juli 1895

Expedition (10.-26.6.1895) und Strafexpedition (12. bis etwa 15.7.1895) unter Leitung v. Stettens nach Mango, dem Hauptort des Vute-Oberhäuptlingstums Mbanjock.

Die Expedition hat das Ziel, die am Sanaga ansässigen Vute-Häuptlinge zu besuchen, sie gegen Neyon (*Ngraŋ* III) zu vereinnahmen und sie möglichst „unter den Schutz der Station Jaunde" zu stellen. Nach einer friedlichen Begegnung mit Dandugu, dem Oberhäuptling von Mango, kommt es durch einen Gewehrdiebstahl zu einer Vergeltungsaktion, wobei der Ort Mango zerstört wird. Da die Dandugu auferlegte Strafzahlung von diesem nicht erfüllt wird, führt V. STETTEN im Juli eine weitere Strafexpedition durch, während der fast alle zum Oberhäuptlingstum gehörigen Orte vernichtet werden. Die Bevölkerung flieht in die Wälder südlich des Sanaga.

Mit diesen Gewaltaktionen demonstriert die militärische Besatzung der Station Jaunde erstmalig ihren Machtanspruch in nördlicher Richtung über die am Sanaga befindlichen Gebiete.

August-September 1895

Rekognoszierungsmarsch unter der Leitung von DOMINIK nach Guataré und Nduba. DOMINIK hält sich vier Tage in Guataré auf und lernt Guater, den Bruder und Unterhäuptling Neyons, kennen. Nach Nduba zieht die Expedition erst, nachdem Neyon entsprechend der Forderung von DOMINIK seine Krieger aus dem Mango-Gebiet abzieht, die dort nach der Strafexpedition v. Stettens versprengte Einwohner fangen. Die Begegnungen verlaufen friedlich. DOMINIK fordert von Neyon, nicht mehr den Sanaga zu überschreiten.

September 1896

Rekognoszierungsmarsch unter der Leitung von DOMINIK zu Neyon (*Ngraŋ* III) in Nduba und erstmalig zu Gongna (*Ngrté* III). Hauptziel ist die Verhandlung mit beiden Vute-Oberhäuptlingen über die Lenkung des Elfenbeinhandels zur Kamerun-küste.

Januar 1897

Strafexpedition unter Leitung von DOMINIK gegen Neyon (*Ngraŋ* III), weil dieser weiterhin seine Krieger auf die linke Seite des Sanaga schickt. Der Ort Nduba wird zerstört und verbrannt. Mit DOMINIK zieht ein größere Anzahl Haussa-Händler, die zur Kamerunküste wollen. Als Neyon später seinen Ort wieder bezieht, läßt er die noch dort lebenden Haussa umbringen.

Rekognoszierungsmarsch des Gouverneurs von Kamerun, Puttkamer, in das Gebiet des Oberhäuptlings Neyon (*Ngraŋ* III). Er läßt am Sanaga zwei Sperrforts von Neyon stürmen.

Mai-Juni 1897

Expedition unter der Leitung v. Carnap-Quernheimbs zu Wenke (Mvoké), Herrscher des Vute-Oberhäuptlingstums Nyô am oberen Sanaga. V. CARNAP-QUERNHEIMB verhandelt mit Wenke über die Lenkung des Elfenbeinhandels nach Jaunde.

Juni 1898

Überfall durch eine Expedition unter Leitung von DOMINIK auf Guataré, als Strafak-tion gegen Neyon (*Ngraŋ* III), der Anfang Juni Mangissa-Dörfer südlich des Sanaga überfallen und abgebrannt hat. DOMINIK lässt Guataré zerstören und abbrennen. Als DOMINIK anschließend zu Gongna (*Ngrté* III), mit dem er noch in friedlicher Verbindung steht, zieht, bittet ihn dieser, nicht seinen Ort zu betreten, da sonst alle Haussa-Händler geschlossen nach Tibati zurückgehen würden. Der Lamido von Tiba-ti hatte ein Verbot erlassen, daß den Haussa bei Todesstrafe verbot, mit den Deutschen zu handeln.

Januar-Oktober 1899

„Wute-Adamaua-Feldzug" unter der Leitung des Hauptmann V. KAMPTZ, durch-geführt zur kolonialen Integration von Zentral-Kamerun sowie zur Erzwingung der Kontrolle über den innerafrikanischen Elfenbeinhandel. Im Verlauf des Feldzuges wer-den die Vute der Sanaga-Ebene und die drei südlichen Lamidate Banyo, Tibati und Ngaundere der deutschen Kolonialverwaltung unterstellt. Die Expedition besteht aus vier Kompanien und setzt ein 3,7 Schnelladegeschütz und ein Maximgewehr bei den Kämpfen ein.

Am 14.1.1899 wird Nduba erobert. Wenige Tage zuvor war Neyon (*Ngraŋ* III) ge-storben, ein rechtmäßiger Nachfolger noch nicht eingesetzt. Die Bevölkerung flieht aus Nduba. V. KAMPTZ läßt in den nachfolgenden Tagen die Sanaga-Ebene von den Kompanien durchkämmen.

Der Oberhäuptling Gongna (*Ngrté* III) flieht mit seiner Bevölkerung in die unein-nehmbaren Felsregionen der Falaise. Im Rahmen des „Wute-Adamaua-Feldzuges" wird Gongna nicht weiter verfolgt. Es gelingt ihm damit, zunächst unabhängig zu bleiben.

September 1899

V. KAMPTZ gründet unter der Leitung des Oberleutnant Nolte die Station Joko. Ihr werden alle Vute-Häuptlingstümer der Sanaga-Ebene unterstellt. Die politischen Ein-heiten südlich des Sanaga werden von der Regierungsstation Jaunde verwaltet.

April 1901

Rekognoszierungsmarsch unter der Leitung des Hauptmann v. Schimmelpfennig durch das Vute-Gebiet und nach Yabassi. v. Schimmelpfennig wird von Gongna (*Ngrté* III) in dessen Rückzugsort in der Falaise empfangen.

Gongna erhielt viel Zulauf von Vute-Männern und Familien, die nicht unter der deut-schen Kolonialverwaltung leben wollten. In seiner Nähe entwickelt sich eine Art Wi-derstandszentrum, auch wenn Gongna sich für diplomatisches Vorgehen entscheidet und Aktivitäten gegen die Deutschen zu vermeiden sucht.

1901 – 1906

Mehrere Versuche der Kolonialbeamten in Yoko und Jaunde, Gongna (*Ngrté* III), zur Anerkennung der deutschen Herrschaft bzw. der Unterstellung unter die deutsche Verwaltung zu bewegen, schlagen fehl.

1905

Gongna (*Ngrté* III) nimmt seinen aus Nduba geflüchteten Verwandten Ngane, von den Deutschen eingesetztes Oberhaupt von Nduba, auf und verweigert die Heraus-gabe an die Deutschen. Die Siedlung, in die sich Gongna zur Verhandlung mit den Deutschen begeben hat, wird nach seiner Flucht von einer Strafexpedition verbrannt.

1906

Gongna (*Ngrté* III) wird von DOMINIK, Leiter der Regierungsstation Jaunde, fest-genommen und nach Jaunde in die Verbannung geschickt. Dies erreicht DOMINIK, indem er sich nicht an das gegebene Versprechen hält, nach der vereinbarten Begeg-nung Gongna freien Abzug zu gewähren.

Mit dieser Festnahme ist das gesamte Vute-Gebiet unter die deutsche Kolonialherr-schaft gestellt.

15. Begehrt von allen Seiten. Nachdruck eines Artikels zum Haussa-Handel

Begehrt von allen Seiten. [1] Die Haussa-Händler in Zentralkamerun zwischen Fulbe-Herrschern, Vute-Oberhäuptlingen und deutschen Kolonialisten (Ende 19. Jh. / Anfang 20. Jh.)

von Christine Seige

Der vorliegende Beitrag widmet sich hauptsächlich dem besonders in den Archivquellen recht detailliert ablesbaren interessanten Phänomen von Einflüssen, politischen Zwängen und Willkürmaßnahmen, denen die Haussahändler in der Zeit vor der kolonialen Eroberung durch das mehr oder weniger ständig gespannte politische Verhältnis zwischen dem Lamido von Tibati in Südadamaua und den tributpflichtigen Vute-Oberhäuptlingen der Sanaga-Ebene ausgesetzt waren. Infolge der Quellensituation beziehen sich die meisten Angaben bezüglich der Vute auf das Oberhäuptlingstum Linte im Nordwesten der Sanaga-Ebene (Oberhäuptling Gongna, Ngrté III, Herrschaftsperiode etwa 1880 – 1906) und das Oberhäuptlingstum Ngila (Oberhäuptlinge Gomtsé, Ngraŋ II, Herrschaftsperiode etwa 1881 – 1891 und Neyon, Ngraŋ III, Herrschaftsperiode 1891 – 1899) im Südwesten dieser Region, in Höhe der Nachtigal-Fälle an den Sanaga grenzend. [2]

Die Situation verschärfte sich zwischen 1890 und 1899 für die Händler erheblich durch das starke Engagement der deutschen Kolonialverwaltung, die sich in diesem Gebiet noch nicht etabliert hatte, für die Ablenkung des Haussa-Handels zur Kamerun-Küste. Von der Station Jaunde aus die fruchtbaren und wildreichen Feuchtsavannen der Sanaga-Ebene bereisende Kolonialdienstangehörige, wie C. MORGEN, H. DOMINIK oder Herr VON CARNAP-QUERNHEIMB, insistierten ständig bei den Vute-Oberhäuptlingen und den Haussa-Händlern, Elfenbein in Richtung der Station Jaunde und der Kamerun-Küste zu handeln. Dies entsprach jedoch nicht den Interessen von Hamman Lamu, Lamido von Tibati (1888 – 1899), von dessen Durchzugsgenehmigung die Händler abhängig waren. Der Interessenkonflikt gipfelte in seinem absoluten Verbot für die Haussas, mit den Deutschen

---

[1] Aus: A. Reichenbach u. C. Seige u. B. Streck [Hg.], Wirtschaften. Festschrift zum 65. Geburtstag von W. Liedtke. Gehren 2002. S. 206 – 230.

[2] Siehe vorliegende Arbeit, Kapitel 8. Über die im Süden der Sanaga-Ebene zu dieser Zeit existenten Vute-Oberhäuptlingstümer Nyô und Mbanjock liegen wesentlich weniger Angaben vor. Diese lassen aber auf ähnliche Verhältnisse wie die in den Linte- und Ngila-Gebieten schließen. Die Vute gehören zu den vor den Fulbe im Zentralkameruner Hochland ansässigen Bodenbauergruppen mit überwiegendem Hirseanbau, waren ehemals matrilinear und sind linguistisch nach KÖHLER (1975, S. 237) in die Gruppe V (Mambila-Tiv-Gruppe) der Zentralnigritischen Sprachen einzuordnen.

zu handeln. Die Vute-Oberhäuptlinge befanden sich in einer schwierigen Lage, da sie einerseits nichts gegen das Handeln der Haussa nach Süden hatten, andererseits nicht gegen den Willen des Lamido von Tibati zu handeln wagten. Die Quellenangaben widerspiegeln auch die Reaktionen der Haussa, ihre Einschätzungen der jeweiligen Situation und ihrer Erfolgsaussichten im Bemühen um die Wahrung ihrer Interessen.

Die Berichte der Kolonialverwaltung und andere Veröffentlichungen aus der Zeit nach dem sogenannten „Wute-Adamaua-Feldzug" im Jahre 1899, dem die kolonialadministrative Integration des Vute-Gebietes und der südlichen Lamidate Adamauas (Banyo, Tibati und Ngaundere) folgte, zeigen, wie sich die Haussa-Händler nach dem Verbot des Sklavenhandels,[3] der fast völligen Vernichtung der Elefantenbestände, also dem Wegfall des Elfenbeins als Handelsartikel, und nach der Einführung von Märkten immer flexibel den veränderten Bedingungen anpassten. Dennoch kann als sicher gelten, daß der Haussa-Handel in der Sanaga-Ebene zwischen dem unteren Mbam, oberen Sanaga und dem Djerem seine Blütezeit an den Herrschaftssitzen der Vute-Oberhäuptlinge in den achtziger und neunziger Jahren des 19. Jhs. hatte.[4] Nach der kolonialen Unterwerfung dieser Region, der rücksichtslosen Ausbeutung ihrer natürlichen Ressourcen und dem Verbot des Sklavenhandels nach der Jahrhundertwende flaute er wieder ab, obwohl die Haussa sich auf andere Handelsprodukte umstellten. Haussa-Händler gibt es wohl auch heute noch dort, aber das ganze 20. Jh. hindurch war und ist bis heute die Sanaga-Ebene ein dünn besiedeltes, wirtschaftlich rückständiges und auch touristisch nicht erschlossenes Gebiet Kameruns, in dem die Haussa, im Gegensatz zu den Jahrzehnten vor der kolonialen Unterwerfung, keine sozialökonomisch bedeutende Rolle spielen.

Der Haussa-Handel in den Oberhäuptlingstümern der Vute vor der deutsch-kolonialen Einflußnahme (etwa 1880 – 1896)

Die Herausbildung der Vute-Oberhäuptlingstümer in der Sanaga-Ebene und die Etablierung des Haussa-Handels in dieser Region als wirtschaftsprägendes Phänomen fanden in der zweiten Hälfte des 19. Jhs. etwa gleichzeitig statt. Die Haussa waren seit den dreißiger Jahren des 19. Jhs. den von Tschamba und Kontscha aus nach Süden vordringenden Fulbe-Gruppen der Wollarbe und Kiri-en gefolgt und hatten sich spätestens nach der Etablierung der Lamidate Banyo, Tibati und Ngaundere mit Hilfe von deren Herrschern immer weiter

---

[3]   Es wird in vorliegendem Beitrag der Begriff „Sklave" für gefangene Menschen beibehalten, die von den Haussa als „Handelsgut" nach Norden gebracht wurden und in der Vute-Gesellschaft in erster Generation als Unfreie im Besitz von Vute lebten. Ihr Status entsprach im allgemeinen den bekannten Prinzipien afrikanischer „Sklaverei", d.h. sie hatten eigene Erwerbsmöglichkeiten, eigenen Besitz und als Unfreie soziale Aufstiegsmöglichkeiten, konnten aber getötet und verhandelt werden. Siehe vorliegende Arbeit, Kapitel 9.5.

[4]   Das aus Kamerun stammende Elfenbein war bereits seit langer Zeit in ganz Westafrika für seine gute Qualität, daß es wenig porös und fehlerhaft sei, bekannt. Vgl. Capt. John Adams, Cape Palmas to the River Congo, London 1823, zitiert nach ROTH, 1903, S. 193, Anm. 2.

nach Süden gewagt.[5] In die Sanaga-Ebene zogen sie erst häufiger und in größerer Zahl, als etwa um 1886 die kriegerischen Auseinandersetzungen und Feindseligkeiten zwischen den Vute und dem Lamido von Tibati zurückgegangen waren.[6] Dort fanden sie scheinbar unbegrenzte Chancen auf billiges Elfenbein und Sklaven. Die ganze Region zwischen dem Mbam und dem Sangha galt bald als Eldorado des Elfenbeinhandels. Ferner wurde der enorme Bedarf an Sklaven in den zentralsudanischen Staaten bis hin zu den Oasen der Sahara durch den Haussa-Handel aus diesen Gebieten gedeckt.[7] In das nördlich an die Sanaga-Ebene angrenzende Adamaua waren mindestens seit dem 18. Jh. schon pastorale Bororo-Gruppen aus dem Norden eingewandert gewesen, bevor die erobernden Stadt-Fulbe kamen. Die Bororo lebten friedlich neben den Tschamba, Kutin, Mambila, Vute, Mbum und anderen Ethnien und tauschten mit ihnen ihre Vieh- gegen Feldbau-Produkte.[8] Ihrer Verbreitung nach Süden war durch das Vorkommen der Tsetse-Fliege noch nördlich der Sanaga-Ebene Grenzen gesetzt. Mit der Etablierung der Fulbe-Lamidate Banyo, Tibati und Ngaundere ab etwa 1850 entstanden in diesen Gebieten von Einheimischen und Haussa besuchte Märkte. MORGEN traf 1891 in Yoko, dem südlichsten von den Fulbe des Lamidats Tibati besetzten Ort, der bereits oberhalb der Steilstufe nach Südadamaua lag, den ersten Markt an, als er von Süden her vom Sanaga kam.[9] Unter den Vute und anderen Ethnien in der Sanaga-Ebene gab es zwar, bevor die Haussa kamen, keine professionellen Händler und kein Marktwesen,[10] aber es wurden durchaus begehrte Gegenstände zum Teil auch aus entfernteren Gegenden eingehandelt. So sollen die Vute Kupfer für Verzierungen an ihren Waffen aus einem im Südosten des Sanaga gelegenen Land bezogen haben.[11] SEYFFERT erwähnt, daß die Vute im Osten der Sanaga-Ebene von den Baya viel „Medizinen", Amulette und ein besonders wirksames Gift für Pfeil- und Speerspitzen erhandelten.[12] In gewissem Umfang wurden einheimische Produkte wie Töpfereien, Flechtereien, und Schmiedprodukte auch unter den Vute selbst gehandelt, immer direkt vom Hersteller zum Konsumenten.

Mit der Festigung der durch zahlreiche zentralisierende politische Machtelemente dominierten Oberhäuptlingsposition in den politischen Einheiten der Vute,[13] etwa um 1880, und dem regelmäßigen Eintreffen von Haussa-Karawanen hatte sich ein Oberhäuptlingsmonopol an der Durchführung der Handelsgeschäfte sowie der Verteilung der eingehandelten Ge-

---

[5] Vgl. WIRZ, 1972, S. 152. WIRZ stützt sich auf BARTH und nimmt an, daß vor 1850 keine Haussa südlich von Banyo, Tibati und Ngaundere verkehrten.
[6] HOFMEISTER, 1914, S. 37.
[7] V. STETTEN, 1895, S. 112; THORBECKE, 1916, S. 73; WIRZ, 1972, S. 154.
[8] Vgl. MORGEN, 1893, S. 296.
[9] MORGEN, 1893, S. 136.
[10] THORBECKE, 1914a, S. 65; 1916, S. 72.
[11] MORGEN, 1893, S. 200.
[12] SEYFFERT, 1911, S. 91.
[13] Die politischen Funktionen der Verwandtschaftsorganisation, ursprünglich matrilineare Klanorganisationen, waren seit der Vertreibung der Vute durch die Fulbe zwischen 1830 und 1840 aus ihrem usprünglichen Siedlungsgebiet in Südadamaua, bis auf die eingeschränkte Rolle der *royal lineage* in den Vute-Oberhäuptlingstümern, weitgehend eliminiert. Siehe oben, Kapitel 9; SIRAN, 1980, S. 48ff., 52ff.

genstände, Menschen und Tiere herausgebildet.[14] Dieses Handelsmonopol entstand sicher gleichzeitig mit oder nach einem bereits existierenden „Verwaltungsmonopol" an geraubten Menschen aus einer existentiellen Notlage gegenüber dem mächtigen Lamidat Tibati heraus. Nur nach schweren Kämpfen und langwierigen Verhandlungen war es den Vute-Herrschern in der Sanaga-Ebene gelungen, ihre politische Unabhängigkeit von den sie zwischen etwa 1840 und 1886 immer wieder kriegerisch hart bedrängenden Fulbe von Tibati zu wahren. Es blieb jedoch seit ca. 1886 eine Tributpflicht bestehen, die sie um diesen Preis auf sich genommen hatten. Jährlich hatten sie dem Lamido von Tibati geraubte Menschen zu liefern, die sie durch Raubüberfälle beischaffen mußten.[15] Als Geschenk erhielten sie dafür vom Lamido einige Pferde.[16] Von den gefangenen Menschen wurde ein Teil als Tribut an den Lamido geliefert, ein Teil an die Haussa verhandelt und der Überschuß „nach innen" in die Vute-Gesellschaft verteilt. Dabei galten bestimmte Verteilungskriterien. Beschnittene Männer gab der Vute-Oberhäuptling an den Lamido und die Haussa weiter, Frauen, Mädchen und unbeschnittene Knaben, die man später nach Vute-Riten initiierte, gehörten ihm und wurden nach seinem Ermessen an verdiente Vute vergeben.[17] Dies stellte eine wesentliche Grundlage für das Aufrechterhalten persönlicher Abhängigkeitsbeziehungen dar. Da im Grunde alle in der herrschenden Schicht zirkulierenden Prestigegüter aus dem Haussahandel stammten, zugleich aber auch Verbrauchsgüter darstellten, waren die Vute sehr an diesem Handel interessiert. Die an den Hof des Lamido von Tibati gekommenen Haussa konnten jedoch nur mit seiner Erlaubnis weiter zu den Vute nach Süden ziehen. Er machte die Erlaubnis von den Tributlieferungen der Vute abhängig.[18] Selbst war der Lamido wiederum jährlich zur Lieferung von Sklaven an den Emir von Yola verpflichtet.[19]

Das Handelsmonopol des Oberhäuptlings wurde dennoch auch gern unterlaufen, wenn man sich Chancen für das Gelingen einer solchen Aktion ausrechnete. So erlebte MORGEN 1890, daß in einer Nacht aus einem Elfenbeinhaus des Oberhäuptlings Gomtsé zwei Elfenbeinzähne gestohlen worden waren. Der Verdacht fiel auf einen bestimmten Sklaven. Dieser bestand die ihm auferlegte Ordalprobe und erschien noch am gleichen Abend bei MORGEN, um ihm die Zähne für die geringe Summe von vier Faden Zeug zu vertauschen.[20] Auch DOMINIK notierte Unterschlagungen: „Sollen nun auch die Krieger alle Leute zu Ngilla bringen, so wird doch viel unterschlagen und dann nachts heimlich an die Haussa verkauft, die bei diesen geheimen Geschäften natürlich gehörig verdienen. Namentlich Elfenbein kaufen diese Händler auf diese Weise noch billig, denn Ngilla kennt jetzt den Wert dieser begehrten Zähne sehr wohl."[21]

---

14 SIRAN, 1980, S. 45.
15 Im Dezember 1890 erlebte MORGEN beim Lamido von Tibati in Sanserni, dem Kriegslager vor Ngambe, daß 500 Männer, Frauen und Kinder als Tribut gezahlt wurden (MORGEN, 1891, S. 150).
16 WIRZ, 1972, S. 159.
17 Vgl. SIRAN, 1980, S. 44f.
18 Vgl. DOMINIK, 1908, S. 48f.
19 BARTH, 1857, S. 601.
20 MORGEN, 1893, S. 190.
21 Bundesarchiv, R 1001/4357, Bl. 26, DOMINIK.

Es scheint auch unter den Vute selbst möglich gewesen zu sein, das Prinzip der vom Oberhäuptling vorgenommenen und an Verdienste gebundenen Distribution von Sklaven im Sinne von Belohnungen durch Tauschaktionen zu lockern. So bildeten nach SIEBER im Schmiedeprozeß gewonnene „Erzkuchen", mit ca. 15 cm Durchmesser und ca. 5 – 8 kg Gewicht, früher einen beliebten Handelsartikel. Für zwanzig solcher „Erzkuchen" kaufte man einen Sklaven. [22] SIEBER erläutert nicht, wer die Käufer waren und wer zwanzig „Erzkuchen", womit sicher Luppenstücke gemeint sind, besitzen konnte. Es ist aber gut vorstellbar, daß es z.B. die Schmiede waren, von denen es immer reichlich an den Herrschaftszentren der Vute-Oberhäuptlinge gab, und die infolge ihrer Bedeutung für die Kriegführung eine hohe gesellschaftliche Stellung einnahmen. Möglicherweise tauschten sie beim Oberhäuptling für „Erzkuchen" Sklaven ein.

Zur Zeit des ersten Aufenthaltes von MORGEN in Ndumba, Ende 1889 bis Anfang 1890, hielten sich dort etwa hundert Haussa-Händler auf, die über 1.000 km von Norden her zurückgelegt hatten, um Sklaven und Elfenbein zu erwerben. [23] Als er das zweite Mal im Sommer 1890 den Oberhäuptling besuchte, schätzte er die Anzahl der Haussa-Händler etwa auf das Doppelte. [24] Viele dieser Haussa waren weitgereist und hatten die Reiche Bornu, Wadai und Bagirmi besucht. [25] Wie überall, wo die Haussa handelten, lebten sie in eigenen kleinen Dörfern nahe der besuchten Orte oder in eigenen Ortsvierteln. [26] Dort verhandelten sie auch die Produkte, die nicht dem Handelsmonopol des Oberhäuptlings unterlagen. Unterschiedlich große Haussa-Siedlungen traf MORGEN überall während seiner Reise durch die Sanaga-Ebene und im Lamidat Tibati an. V. STETTEN sah 1893 in Ndumba, dem Herrschaftszentrum des Oberhäuptlingstums Ngila, zwei Haussa-Siedlungen mit je etwa fünfzig bis sechzig Häusern. [27] Als DOMINIK 1894 das erste Mal nach Ndumba kam, hatte der Ort etwa tausend Häuser und drei Haussa-Siedlungen, in denen um 500 Personen lebten. [28]

Die Haussa brachten in die Vute-Oberhäuptlingstümer Pferde, Esel, Waffen, Lederwaren, Gewänder, Stoffe und Perlen. [29] Nach den Quellenangaben hatten die Oberhäuptlinge immer nur wenige Pferde, etwa zwischen zehn und dreißig. [30] Der Lamido von Tibati genehmigte nur die Lieferung von Hengsten an die Vute. Es gelang den Vute nicht, die Tiere länger zu halten, wozu sicher das Vorkommen der Tsetse beitrug. [31] Die Haussa durften auch keine Rinder in das Vute-Gebiet verhandeln. [32] Die zahlreichen Feuersteingewehre, die die Vute

---

[22] SIEBER, 1925, S. 34.
[23] MORGEN, 1893, S. 84.
[24] MORGEN, 1893, S. 188.
[25] MORGEN, 1893, S. 195.
[26] DOMINIK, 1901, S. 76; MORGEN, 1893, S. 192f.
[27] V. STETTEN, 1895, S. 112.
[28] Bundesarchiv, R 1001/4357, Bl. 20, DOMINIK.
[29] DOMINIK, 1901, S. 76; MORGEN, 1893, S. 84; V. STETTEN, 1895, S. 112; THORBECKE, 1916, S. 73; WIRZ, 1972, S. 159.
[30] Vgl. DOMINIK, 1901, S. 264.
[31] DOMINIK, 1897, S. 416; THORBECKE, 1916, S. 66.
[32] Bundesarchiv, R 1001/4287, Bl. 62, DOMINIK.

von den Haussa erwarben, wurden an andersethnische Unterworfene verteilt, die in die Kriegereinheiten der Vute integriert waren. [33] Freie Vute-Krieger benutzten nur Speere mit Schilden, Pfeil und Bogen und verschiedene Hieb- und Stichwaffen. [34] Ferner verhandelten die Haussa unter anderem niedrige geschnitzte Holzsessel, gut gegerbte Felle, gefärbte Produkte verschiedener Art, Flechtartikel, hölzerne Kämme, fein geschnitzte Löffel, Beutel, Haarnadeln und Pinzetten. [35] Mit europäischen Stoffen, Perlen und minderwertigen Gewehren als Handelsprodukten waren die Haussa bereits zu Zeiten, als noch kein Europäer die Sanaga-Ebene betreten hatte, Zwischenhändler zwischen Europäern und Afrikanern. Diese Artikel waren bis 1899, dem Jahr des Durchbruchs der deutschen Kolonialmacht nach Nordkamerun, fast ausschließlich englischer Herkunft. Die Haussa erwarben sie von den Faktoreien der Royal Niger Company (RNC) am Benue, an die sie auch das Elfenbein zum großen Teil wieder verkauften. [36] Mindestens seit 1893 wurden von der RNC Gewehre und Pulver an die Haussa nicht mehr verkauft und der Lamido von Tibati hatte die Einfuhr von beidem in das Vute-Gebiet untersagt. [37] MORGEN sah 1889 in Ndumba 160 mit Feuersteingewehren Bewaffnete. [38] Die Vute-Oberhäuptlinge verfügten um 1889, als TAPPENBECK und MORGEN zu ihnen kamen, über sehr viel Elfenbein, an dem sie das Obereigentum in ihrem Gebiet besaßen. Der Wildreichtum war zu dieser Zeit in der Sanaga-Ebene bedeutend und es gab reichlich Elefanten. [39] Die Haussa erhielten die Erlaubnis, Elefanten zu jagen, mußten aber einen Zahn pro Elefant dem Oberhäuptling abgeben. [40]

Der Handel mit den Vute war für die Haussa außerordentlich rentabel. Bei MORGEN finden wir folgenden Ausspruch, den ein Karawanenführer, mit dem er sich öfters über Adamaua unterhielt, äußerte: „Zu Ngilla braucht man nur einmal im Leben zu gehen, um ein reicher Mann zu werden, nach Tibati fünfmal, und da oben, wo wir her sind – er meinte das große Haussareich Sokoto – muß man das ganze Leben lang arbeiten, um nur sein Dasein zu fristen." [41] Die Rentabilität des Handels der Haussa, aber auch Gefährlichkeit ihres Aufenthaltes, vor allem am Hofe der despotischen Herrscher des Oberhäuptlingstums Ngila, beschreibt DOMINIK, der sich seit 1894 mehrfach länger dort aufhielt: „Wer einmal in seinem Leben zu Ngilla oder Ngutte geht, hieß es auf dem großen zentralafrikanischen Markt in Kano, wird entweder aufgefressen oder hat, wenn er heimkehrt, für sein Leben genug verdient. Und nach den blühenden Haussasiedlungen zu schließen, die sich … im Anschluß

---

[33] Bundesarchiv R 1001/4357, Bl. 28; MORGEN, 1893, S. 203f.

[34] DOMINIK, 18947 S. 416.

[35] DOMINIK, 1897, S. 417.

[36] DOMINIK, 1901, S. 76; THORBECKE, 1916, S. 84. Als V. STETTEN 1893 Oberhäuptling Neyon (Ngraŋ III) in Ndumba besuchte, ritten vor diesem, bei einem Zug durch den Ort, 15 Männer, vermutlich entweder Elitekrieger seines Gefolges oder hohe Würdenträger, in „englischen roten Uniformröcken". Bundesarchiv, R 1001/3292, Bl. 154, v. STETTEN.

[37] V. STETTEN, 1895, S. 112.

[38] MORGEN, 1890b, S. 121.

[39] MORGEN, 1893, S. 77f.

[40] V. STETTEN, 1895, S. 112.

[41] MORGEN, 1893, S. 84.

an die Hauptstädte gebildet hatten, ermangelte dieser innerafrikanische Börsenwitz nicht der Wahrheit. Die Haussas führten Pferde und Esel zu den Wutes, verkauften ihre gut gewebten Stoffe, ließen sich als Schmiede, Sattler und Ärzte nieder, jagten mit ihren Giftpfeilen für die Wutes Elefanten und zogen dann immer wieder mit großen Sklavenkarawanen, die Elfenbein schleppten, auf die Haussamärkte zurück. Allerdings konnte es sich auch ereignen, daß Ngilla, ergrimmt über einen Mißerfolg, wenn sie ihm, wie er meinte, eine schlechte Medizin gegeben hatten, Hunderten den Kopf abschlagen ließ." [42]

Es gibt einige Preisangaben zum Handel mit gefangenen Menschen in den Quellen, die aber zeitlich nicht immer genau einzuordnen sind. So erwähnt HOFMEISTER allgemein für die Vorkolonialzeit, daß die Vute für einen „Haussasäbel" zwei Sklaven gaben und für ein Gewehr zehn Sklaven. [43] Der erste Deutsche, der sich einige Zeit am Hofe von Gomtsé (*Ngraŋ* II), in Nduba, dem Hauptort des Oberhäuptlingstums Ngila, aufhielt, war im Juli 1889 Leutnant TAPPENBECK. Er schätzte den Ort auf 500–600 Häuser mit ca. 1.500–1.800 Einwohnern, eine unvollständige Erfassung, denn durch eine ziemlich genaue Zählung MORGENs wenig später wurde eine Zahl von etwa 8.000 ermittelt. [44] TAPPENBECK verdanken wir die einzige bildliche Darstellung, die es von Gomtsé und von einem Vute-Oberhäuptling der Vorkolonialzeit vorläufig überhaupt gibt (siehe Fig. 10, S. 205). Über die Haussa sagt er nur relativ wenig in seinen Berichten, [45] aber er erlebte die Vorbereitungen zum Abmarsch einer Karawane mit und interessierte sich für die Preise. Die wurden allerdings nicht dem Leser der *Mittheilungen von Forschungsreisenden und Gelehrten aus den Deutschen Schutzgebieten* zugemutet, wo er nur Angaben zu den gefangenen Menschen macht. Am dritten Tag seines Aufenthaltes wurden von Vute-Kriegern etwa 180 Männer, Frauen und Kinder in den Ort zum Oberhäuptling gebracht. Einhundert Gefangene, meist Frauen, und 30 Elfenbeinzähne standen zum Abmarsch nach Yola bereit. Mehrere Händler warteten auf größere Posten Elfenbein und Sklaven. [46] In diesem Zusammenhang ermittelte TAPPENBECK folgende Preise:

1 Sklave, Mann oder Frau		ca.	10 Faden Zeug
1 Knabe oder Mädchen			5 Faden Zeug
1 Kind			2 Faden Zeug
1 Pferd			2 Gewehre
Elfenbeinzähne	à 25–30 Pf.	etwa	1 Stück Zeug
	à 5–10 Pf.		1 Faden Zeug
	à 50–60 Pf.		12–15 Faden Zeug [47]

---

[42] DOMINIK, 1908, S. 49. Vgl. ZIMMERMANN, 1909, S. 84.
[43] HOFMEISTER, 1914, S. 37.
[44] MORGEN, 1890b, S. 121; TAPPENBECK, 1889, S. 115. Der Ort, jetzt Nguila genannt, liegt heute etwa an der gleichen Stelle wie damals, einige Kilometer nördlich des Sanaga an der Straße Yaoundé-Yoko.
[45] Nach TAPPENBECK (1890, S. 111) waren die Haussa in Ndumba „meist Sklaven, welche für ihren Herren meist Sklaven und Elfenbein kaufen ... ".
[46] Bundesarchiv, R 1001/3268, Bl. 128, TAPPENBECK; TAPPENBECK, 1889, S. 116.
[47] Bundesarchiv, R 1001/3268, Bl. 129, TAPPENBECK.

TAPPENBECK merkt dazu aber an, daß Sklaven und Elfenbein eher geschenkt als gekauft wurden. Das bezog sich auf den Oberhäuptling, der den Tauschwert nach eigenem Ermessen bestimmte und diese Werte unberücksichtigt ließ. An anderer Stelle gibt TAPPENBECK den Preis für Sklaven mit 40 bis 200 Mark, je nach Alter, an. [48] DOMINIK beschreibt einen im Jahre 1894 beobachteten Menschenhandel in Ndumba: „Ngilla kaufte von neu angekommenen Haussas zwei Pferde; nachdem man sich über den Preis, zehn Sklaven für das eine, 12 für das andere geeinigt hatte, wurden diese unglücklichen Menschen vorgeführt und nun fanden die kaufenden Haussa an jedem etwas auszusetzen und tauschten dann auch einige gegen Elfenbein ein, wobei 1 Zahn von 50–60 Pfund = 2 erwachsenen Männern gerechnet wurde." [49] Im gleichen Jahr kaufte MORGEN in Ndumba von einem Haussa einen Elfenbeinzahn von 50 Pfund für 3 Faden Zeug (= 70 Pfennig). Sein Wert betrug an der Küste 450 Mark. [50] Daraus wird deutlich, daß der Oberhäuptling das Elfenbein vergleichsweise extrem billig abgab. [51] Für sonstige Tauschartikel galten Perlen, seit der zweiten Hälfte des 19. Jhs. Kauris, Baumwollstreifen und hauptsächlich Salz als Wertäquivalente. [52]

Die Gewinne der Haussa waren auch deshalb besonders hoch, weil der gefangene Mensch, der zuletzt selbst verkauft wurde, als überwiegendes Transportmittel vor allem des Elfenbeins diente. Die Karawanen zogen in der Trockenzeit und der ersten Hälfte der Regenzeit wieder nach Adamaua zurück. [53] Die Gefangenen wurden weit nach Norden in die islamische Welt verkauft, das Elfenbein überwiegend an die Royal Niger Company. [54] Beides soll auch über Sokoto weiter bis Salaga verhandelt worden sein, von wo Kupfer bezogen wurde, nach Bornu, Bagirmi und sogar bis nach Ostafrika. [55] Der Wert des Elfenbeins und der Sklaven stieg nach Norden zu beständig. [56] Während das Elfenbein in den Vute-Oberhäuptlingstümern an den Herrscherhöfen noch verwendet wurde, z.B. für große Blashörner in den Musikkapellen der Oberhäuptlinge, wurde es bereits beim Lamido von Tibati rein als Wertgegenstand und Handelsartikel behandelt. [57] Beim Häuptling Balinga, rechtsseitig des unteren Mbam war der Wert des Elfenbeins ebenfalls bereits höher als im benachbarten Oberhäuptlingstum Ngila. [58] Besonders rentabel war für die Haussa der Amuletthandel mit den Vute. Die herrschende Schicht der Vute blieb zwar der eigenen Religion treu, liebäugelte aber mit dem Islam, gewissermaßen als Statussymbol und war daher empfänglich für alle möglichen von den Haussa empfohlenen Amulette. [59] Über die erfolgreiche Ausnutzung

---

[48] Bundesarchiv, R 1001/3268, Bl. 37, TAPPENBECK.
[49] Bundesarchiv, R 1001/4357, Bl. 25, DOMINIK.
[50] MORGEN, 1893, S. 85. Nach MORGEN galt 1, 50 m Stoff als 1 Faden, 4 Faden als ein Stück Stoff (Zeug).
[51] Vgl. auch V. STETTEN, 1895, S. 112.
[52] V. STETTEN, 1895, S. 136; WIRZ, 1972, S. 159.
[53] V. STETTEN, 1895, S. 112; THORBECKE, 1916, S. 81.
[54] THORBECKE, 1916, S. 73.
[55] TAPPENBECK, 1889, S. 117.
[56] MORGEN, 1893, S. 214; V. STAUDINGER, 1891, S. 572, 612, 692.
[57] THORBECKE, 1916, S. 74.
[58] MORGEN, 1893, S. 108.
[59] DOMINIK, 1897, S. 418.

der Vute notierte MORGEN 1890: „Besonders weit herumgekommen war Mahomet, der aus Jebu, östlich von Lagos, gebürtige Oberpriester der Haussakarawane. Er war der einzige, der nicht mit Zeugen und Perlen handelte, dabei aber trotzdem die größten Elfenbeinzähne für sich erwarb. Er schrieb, des Arabischen mächtig, kurze Koransprüche auf ein kleines Stück Papier und nähte es in Ledertäschchen. Diese Amulette verkaufte er dann für teures Geld, das heißt, Elfenbein, an Ngilla und dessen Umgebung und wurde stets prompt bezahlt. Als einmal Ngilla für einen solchen Talisman nicht den geforderten hohen Preis bezahlen wollte und auf den alten Mahomet einredete, rief dieser: ‘ . . . Herr, mir ist es gleich, ob Du mir einen größeren oder kleineren Zahn gibst, aber nicht so Allah; wenn Du seine heiligen Worte nicht so hoch anschlägst, wird er Dich weniger gut beschützen.’ Das wirkte. Während wohl manche Haussa schlecht oder gar nicht bezahlt wurden – bei Mahomet wurde stets ‘Aug um Aug, Zahn um Zahn’ gehandelt. Sobald er den Talisman gab, erhielt er die Bezahlung dafür, denn erst nach dieser übte das Amulett seine Wirkung." [60]

Die Abwicklung der Handelsgeschäfte zwischen dem Vute-Oberhäuptling und den Haussahändlern konnte sich ansonsten sehr lang hinziehen. Die eintreffenden Händler übergaben bei ihrer Ankunft all ihre Waren dem Oberhäuptling. DOMINIK erlebte 1894, in der Blütezeit des Haussahandels in Ndumba, die Ankunft einer solchen Handelskarawane mit: „In langem Zuge, angetan mit den besten Gewändern, kamen die bereits angesiedelten Haussas auf den König zu, ließen sich im Kreis vor ihm nieder, während ihr Ältester stehend eine lange Rede an Ngilla hielt, die augenscheinlich aus Schmeicheleien bestand. Dann ging er fort und kehrte an der Spitze der neu einzuführenden zurück. Es waren ungefähr 50 Mann, die sich nun, einer nach dem anderen einen Gruß stammelnd, vor dem König verneigten. Als der letzte vorgestellt war, erschien die Spitze der Karawane paukend und singend, dann kam der Führer zu Pferde und der ganze Zug, Männer und Weiber mit Lasten auf dem Kopf, sowie vier weitere Pferde. Alle defilierten vor Ngilla und zogen dann in die ihnen angewiesenen Quartiere". [61] Die ankommenden Haussa erhielten als Erstverpflegung vom Oberhäuptling fertig gekochtes Essen.

Da sich dieser nach seinem Belieben Zeit ließ, die Verhandlungen über die Geschäfte zu führen, waren die Händler in der Regel gezwungen, sich durch wirtschaftliche Tätigkeiten vor Ort Verdienste für ihren Unterhalt zu erwerben. Sie wurden oft über Monate vom Oberhäuptling hingehalten, bis die Geschäfte zustande kamen. [62] Die Haussafamilien legten deshalb bald nach ihrer Ankunft Felder an mit schnell reifenden Anbaufrüchten. Nach einer gewissen Zeit erhielten die Händler dann eine im Ermessen des Oberhäuptlings stehende Anzahl von Elfenbeinzähnen und Sklaven. [63]

Die wirtschaftlichen Tätigkeiten der Haussa während ihres Wartens auf die Bezahlung ihrer Handelsgüter waren sehr vielfältig. Sie stellten Lederwaren her, betätigten sich auch als Schmiede, Jäger, Weber, Schlachter, Matten- und Korbflechter. Sie waren auch Heiler

---

[60] MORGEN, 1893, S. 195.
[61] Bundesarchiv, R 1001/4357, Bl. 29f., DOMINIK.
[62] V. STETTEN, 1895, S. 112.
[63] V. STETTEN, 1895, S. 112.

und Barbiere. [64] Die Frauen verkauften wohlschmeckende Kuchen aus Fufu-Mehl, Bier und Palmwein, züchteten Hühner und mästeten Kapaunen; ferner nähten sie für die Vute-Frauen und frisierten sie. [65] Sie stellten auch Seife aus Bananenblättern, Palmöl und Asche her. [66] Mit diesen Tätigkeiten verdienten die Haussa-Familien um 1896 so gut, daß sich nach DOMINIK in den großen Haussa-Siedlungen in Ndumba und Linte, in denen 500 – 600 Menschen lebten, ein Teil von ihnen fest angesiedelt hatte. [67]

Alle als Prestigegüter geltenden Handelsprodukte der Haussa wurden nur vom Oberhäuptling unter den Vute vergeben und zwar fast ausschließlich an Angehörige der *royal lineage*, Würdenträger, „Große" und an Vute, die sich Verdienste erworben hatten. Diese Handelsprodukte wurden somit zu Statussymbolen der herrschenden Schicht, bald sehr begehrt und scheinbar unverzichtbar. Damit erfüllten die Haussa im Rahmen der gesellschaftlichen Differenzierung in den Vute-Oberhäuptlingstümern eine wichtige sozialökonomische Funktion. Die „Vute-Großen" trugen schön bestickte Haussa-Gewänder, häufig darunter dicke, mit Koransprüchen benähte Westen und Haussa-Schwerter über die Schulter gehängt. Sie hoben sich so sehr von der Schicht der einfachen Vute ab, die allgemein noch Rindenstoffkleidung trug. [68] Während eine oberflächliche Islamisierung sich überwiegend nur unter den Mitgliedern der herrschenden Schicht ausbreitete, wurde wohl vieles aus dem Bereich der Zauberei, Magie und vom Amulettwesen der Haussa von der Vute-Bevölkerung allgemein akzeptiert. Sie ließ sich gern von den Haussa helfen und beraten. [69] Allgemein waren sowohl in religiösen wie in vielen wirtschaftlich-kulturellen Bereichen durch die Haussa viele Einflüsse aus den nördlichen zentralsudanischen Kulturen unter den Vute wirksam.

An den Orten, wo sich die Haussa aufhielten, übernahmen sie auch häufig die Rolle von Vermittlern zwischen neu ankommenden Fremden und den Ortsansässigen. [70] Gern nutzte man ihr Verhandlungsgeschick und ihre weltoffene Sicherheit als weitgereiste Leute. Bei Besuchen von TAPPENBECK, MORGEN, DOMINIK und anderen Vertretern der deutschen Kolonialregierung, für die Vute „Weiße", sah man die Anführer der Haussa-Karawanen immer in der Nähe des Oberhäuptlings sitzen. [71] Die Haussa nahmen am gesellschaftlichen Leben teil, insbesondere natürlich an den Ereignissen, die mit ihrem Handelsinteresse zu tun hatten. Kamen Kriegertrupps von Raubzügen mit gefangenen Menschen zurück, so liefen sie Lobpreisungen und Siegeslieder singend vor ihnen her. Die Lobpreisungen galten vor allem dem Oberhäuptling, von dem sie später die Gefangenen erhandeln wollten. [72]

---

[64]   DOMINIK, 1897, S. 417; 1901, S. 76, 148.
[65]   DOMINIK, 1901, S. 76; MORGEN, 1893, S. 85.
[66]   MORGEN, 1893, S. 214.
[67]   DOMINIK, 1897, S. 417.
[68]   Vgl. DOMINIK, 1897, S. 416; 1901, S. 76, 77, 174; 1908, S. 52; MORGEN, 1890b. S. 121.
[69]   So ging nach HOFMEISTER, 1926, S. 49 der Brauch, die Barthaare von getöteten Leoparden zu vergraben, weil man ihre negative Wirkungskraft fürchtete, auf Haussa- bzw. Fulbe-Einfluß zurück.
[70]   Vgl. MORGEN, 1893, S. 257.
[71]   Bundesarchiv, R 1001/4357, Bl. 21; vgl. DOMINIK, 1895, S. 654.
[72]   Vgl. MORGEN, 1893, S. 228.

Eine der wesentlichsten Auswirkungen politischer Faktoren auf den Haussa-Handel in Südadamaua und in der Sanaga-Ebene war die Einschränkung und Lenkung ihrer Wandermöglichkeiten. In den Lamidaten waren sie gezwungen, Banyo, Tibati und Ngaundere aufzusuchen. Während der fast elfjährigen Belagerung (1888 – 1899) des Tikar-Ortes Ngambé durch den Lamido von Tibati, hatte die Händler die strikte Anweisung, von Tibati aus über den entfernt südwestlich liegenden Belagerungs- und Aufenthaltsort des Lamido, Sanserni, zu ziehen. [73] Da sie auch nach Yoko wollten, bedeutete dies einen weiten Umweg für sie.

Die Haussa-Handelsrouten aus dem Norden nach Zentralkamerun verliefen einmal von Yola am Benue aus über Ngaundere, Tibati nach Yoko, zum anderen von Ibi am Benue über Banyo entweder nach Tibati und Yoko oder über Pataku und Bamkin nach Ngambe. [74] Der Ort Yoko war ein Knotenpunkt der nach Süd- und Ostkamerun verlaufenden Handelsrouten. Deswegen waren sowohl der Lamido von Tibati als auch später die deutsche Kolonialverwaltung sehr am Besitz dieses Ortes interessiert. Von Yoko aus führten die Handelswege in die Vute-Oberhäuptlingstümer Linte, Ngila, Nyô und Mbanjock und zum Beispiel auch zu dem Yekaba-Oberhäuptling Nanga linksseitig des Sanaga, in südöstlicher Richtung nach Wutschaba und über den Djerem hinweg bis Dengdeng, Betare Oya, Bertua und Kunde. Zeitweise gab es auch eine direkte Handelsroute von Ngaundere nach Dengdeng, die jedoch als unsicher galt. [75]

Daß die Haussahändler, die in die Sanaga-Ebene wollten, von Tibati aus hauptsächlich den Weg über Yoko nahmen, hatte sicher natürliche Ursachen. Von Yoko aus, das am Rande der Absenkung des Adamaua-Hochplateaus zum Tal des Djerem liegt, führte ein sich allmählich absenkender Weg in die Sanaga-Ebene, so daß sie den Ab- oder Aufstieg über die westlich angrenzende über hundert Meter hohe und bis zum Mbam-Tal reichende Felsensteilstufe zur Sanaga-Ebene vermeiden konnten.

Natürlich gab es auch zahllose kleinere Handelswege, die aber von den Haussakarawanen weniger begangen wurden. Überfälle auf den großen Handelswegen wurden von den Fulbe-Herrschern und Vute-Oberhäuptlingen, wenn sie der Täter habhaft werden konnten, schwer bestraft. Die Hausa-Karawanen übernachteten an den Handelsrouten nicht in den Ortschaften, sondern in den sogenannten Zangos, den durch ein Gewässer geschützten Lagern. [76] Nach einer Bemerkung von PAVEL sollen vorübergehend auch zwischen den Vute-Oberhäuptlingen im Westen der Sanaga-Ebene (Linte und Ngila) und Bali Kumbat im Kameruner Grasland Handelsbeziehungen bestanden haben. [77] Der Kameruner Küstenhandel reichte von Batanga bzw. Malimba aus über die Bakoko, als wichtigsten Zwischenhänd-

---

[73]   THORBECKE, 1916, S. 82. In früherer Zeit handelte der Oberhäuptling von Linte auch mit direkt nach Banyo ziehenden Haussa, bis der Lamido es verbot. SIRAN, 1980, S. 38, Anm. 22.

[74]   THORBECKE, 1916, S. 82. MORGEN beschreibt, dass er im Januar 1891 „[...] innerhalb einiger Stunden auf der breiten Karawanenstraße zwischen Banjo und Tibati, welche zeitweise 12 Fußpfade nebeneinander aufwies, über 200 belasteten Haussa-Männern bzw. Weibern begegnete." MORGEN, 1891, S. 151.

[75]   THORBECKE, 1916, S. 83.

[76]   V. STETTEN, 1895, S. 135.

[77]   PAVEL, 1902, S. 239, zitiert nach THORBECKE, 1916, S. 83; vgl. auch Bundesarchiv R 1001/3301, Bl. 210, V. PUTTKAMER.

lern zwischen dem Sanaga und dem Njong, bis in das Gebiet der Betsinga (Tsinga, Balinga) linksseitig des unteren Mbam. Nach ZENKER verlief der Handelsweg über Idia (Edea) zunächst linksseitig des Sanaga durch das Mwelle-Gebiet, wo der kleinere Teil der Waren weiter ins Jaunde-Gebiet, der größere über den Sanaga in die Gebiete rechtsseitig von ihm bis zu den Betsinga an der Mbam-Mündung gelangten; ab 1893 wurde auch ein Weg nur auf dem rechten Sanaga-Ufer über Idia, Mangambe, Dogodje zu den Betsinga begangen.[78] Vor allem über diese Handelswege, aber auch durch das Gebiet der Bafia wurden Gewehre, Salz und Pulver nach Zentralkamerun verhandelt.[79] Die Betsinga rechtsseitig des unteren Mbam handelten sowohl nach Süden mit den Bakoko auf der linken Seite des mittleren Sanaga als auch nach Nordosten über Haussahändler mit dem Vute-Oberhäuptling von Linte; zeitweise sicher auch mit den Herrschern des Oberhäuptlingstums Ngila.[80] Der mittlere Sanaga stellte somit in den achtziger Jahren des 19. Jhs. die Grenze bzw. Begegnungszone zwischen dem Haussa-Handel vom Benue und dem Kameruner Küstenhandel dar.[81] Die Sanaga-Ebene war kein Zentrum des Kolahandels.[82] Die Haupthandelsroute für Kolanüsse verlief über Nordwestkamerun und Banyo nach Norden. In geringem Umfang wurde im Keperre-Gebiet, vor allem von dem Hauptort Wutschaba im Sanaga-Djerem-Bogen aus, mit Kola gehandelt.

Die Herrscher des Oberhäuptlingstums Ngila ließen, nach Bemerkungen verschiedener Reisender, die Haussa-Händler nicht nach Süden an und über den Sanaga ziehen, wohl um selbst alle Waren der Haussa zu erhalten.[83] Nach 1897 war der Grund wohl auch das vom Lamido von Tibati ausgesprochene Verbot infolge des undiplomatischen Vorgehens der Deutschen.[84] Es gab jedoch auch Zeiten, wo zu ihnen selbst kaum Haussahändler kommen konnten, z.B. als der Emir von Yola um 1893 den Haussahandel nach Tibati sperrte. Bis dahin hatten die Lamibe von Tibati, in ihrem Wunsch nach politischer Unabhängigkeit, sich weder vom Emir weihen lassen noch die Fahne als Zeichen ihrer Zugehörigkeit zum Emirat Yola in Empfang genommen. Verärgert über diese Ablehnung hatte der Emir „verfügt, daß sämtliche von Norden in das Tibati-Reich führende Handelsstraßen gesperrt [wurden] und kein Kaufmann Waren dorthin bringen dürfe.``[85] Damit war auch der Handel von Tibati aus in die Sanaga-Ebene gesperrt. Die Reaktion des Lamido von Tibati war, daß er nach Mitteln suchte, den Emir zu besänftigen. So sprach er erhöhte Forderungen nach Sklaven an die Vute

---

[78] ZENKER, 1893, S. 175–177.
[79] Bundesarchiv, R 1001/3267, Bl. 52, KUND; 3292, Bl. 153, V. STETTEN; MORGEN, 1890b, S. 123, 125; TAPPENBECK, 1890, S. 112.
[80] MORGEN, 1890a, S. 116; 1893, S. 109; THORBECKE, 1916, S. 74. Eine besonders gute Zusammenfassung zum Küstenhandel in Richtung des unteren Mbam ist bei RAMSAY, 1892, S. 397 zu finden.
[81] Die Batanga-Expedition von Hauptmann KUND, 1889, S. 110f.
[82] THORBECKE, 1916, S. 74.
[83] Der Haussahandel erstreckte sich, wo die Händler frei ziehen konnten, über den Sanaga hinweg in die dortigen politischen Einheiten vor allem der Mwelle- und einiger Vute-Gruppen. Vgl. SKOLASTER, 1924, S. 304.
[84] DOMINIK, 1897, S. 417; 1901, S. 175, 177f.; V. STETTEN, 1895, S. 112; TAPPENBECK, 1889, S. 115f.
[85] Bundesarchiv, R 1001/3292, Bl. 167, V. STETTEN. Nach V. KAMPTZ, 1899, S. 846 galt auch 1899 eine Handelssperre für das Lamidat Tibati, die der Emir verhängt hatte.

im Süden aus. V. STETTEN berichtet 1893 dazu: „Da es nun fast nicht mehr möglich ist, aus den entvölkerten Gegenden des mittleren Mbam und des südlichen Adamaua die nötige Anzahl zu erlangen, werden die Vute-Häuptlinge zu verstärkten Lieferungen aufgefordert, und deshalb ist es erklärlich, daß diese gezwungen sind, ihre Raubzüge stets weiter auszudehnen und blühende und von arbeitsamen Leuten bewohnte Landstriche in Wüsteneien zu verwandeln." [86] Auch die territorialpolitische Entwicklung der Vute-Oberhäuptlingstümer, die ja mit einer frühstaatlichen administrativen Erschließung der vereinnahmten Gebiete einherging, brachte es mit sich, daß man in weiter entfernten Gebieten Menschen rauben mußte. Insbesondere um die Gebiete rechtsseitig des unteren Mbam stritten sich Neyon (Oberhäuptlingstum Ngila) und sein Vaterbruder Gongna (Oberhäuptlingstum Linte) und waren deshalb immer wieder verfeindet. Für Neyon waren die Gebiete südlich des Sanaga Anfang der neunziger Jahre die ungestörteste Expansionsrichtung. Dies war vorbei, als die Forschungsstation Jaunde 1895 als Militärstation eingerichtet wurde und DOMINIK den Sanaga als Verwaltungsgrenze der Station betrachtete. So wurde der Menschenraub immer schwieriger und war nach Aussage der Haussa bereits 1896 zurückgegangen. [87]

Strategie und Maßnahmen der deutsch-kolonialen „Eröffnung des Handelsweges nach Adamaua" und ihre Auswirkungen auf die Situation der Haussa-Händler in der Sanaga-Ebene (1897–1899)

Bereits die Batanga-Expedition in den Jahren 1887/88, unter der Leitung von Premierlieutnant KUND, hatte die Aufgabe zu erkunden, auf welchem Wege der Handel mit europäischen Produkten von der Kamerunküste her in Richtung Adamaua ausgedehnt werden könnte. Sie stellte die Ausdehnung des „Benue-Handels" bis zum Sanaga fest. [88] Wenig später waren TAPPENBECK und MORGEN während ihrer Besuche im Oberhäuptlingstum Ngila auf die bedeutenden Elfenbeinvorräte des Herrschers und den Wildreichtum an Elefanten in der Sanaga-Ebene aufmerksam geworden. Ihre Berichte an das Gouvernement führten zur Idee der Ablenkung des Haussa-Handels an die Kamerunküste bzw. der Abschöpfung der offensichtlich preiswerten Elfenbeinvorräte aus dieser Region. In einem Bericht bezeichnet MORGEN „die Ableitung des Elfenbeinhandels vom Niger zu unserer Küste ... und ... die Aufschließung des Hinterlandes in kommerzieller Hinsicht" als wirtschaftspolitische Hauptaufgabe der Kolonialregierung. [89] Bereits auf seiner ersten Expedition 1889/90 bewegte MORGEN den Oberhäuptling Gomtsé, dessen Bruder Guater und den Häuptling Balinga zu Zusagen, auch nach Jaunde zu den Deutschen zu handeln. [90] Er nahm Abgesandte der drei Orte mit an die Küste und stellte die Einrichtung einer Faktorei in Jaunde in Aussicht,

---

[86] Bundesarchiv, R 1001/,3292, Bl. 167, V. STETTEN; vgl. 3345, Bl. 26 V. STETTEN; DOMINIK, 1901, S. 134.
[87] Bundesarchiv, R 1001/4287, Bl. 63, DOMINIK.
[88] Bundesarchiv, R 1001/3267, Bl.6, 53, KUND.
[89] Bundesarchiv, R 1001/ 3268, Bl. 94, MORGEN.
[90] MORGEN, 1890a, S. 116.

wo sie künftig das Elfenbein verkaufen sollten. [91] An der zweiten Expedition von MORGEN im Sommer 1890 nahmen bereits Vertreter der Firmen Wörmann und Jantzen & Thormählen teil, die mit 1.000 Pfund Elfenbein zur Küste zurückkehrten. [92] Die Verhandlungen MORGENs mit dem Oberhäuptling Gomtsé brachten diesen zu dem Versprechen, in Zukunft alles Elfenbein an die Deutschen zu verhandeln. [93] Durch die spätere Verschlechterung der Beziehungen zwischen den Vertretern der deutschen Kolonialregierung und dem Oberhäuptling kam dieses mündliche Handelsabkommen nicht zur Verwirklichung. Auch die während dieser Expedition in Nduba angelegte Handelsstation blieb aus diesem Grunde nicht bestehen. MORGEN hatte noch von weiteren bedeutenden Elfenbeinhandelsorten wie „Mango", dem Hauptort des Oberhäuptlingstum Mbanjock am Sanaga, „Ngutte-Dorf", Herrschaftszentrum des Oberhäuptlingstums Linte im Nordwesten der Sanaga-Ebene, und „Ngaundere I", Sitz des Fuk-Häuptlings Ngader am Mbam, erfahren. [94] Nicht erzählt hatte man ihm offensichtlich von dem auch sehr bedeutenden Handelszentrum bei dem Vute-Oberhäuptling Mfoké (Wenke, Oberhäuptlingstum Nyô), etwa zwei Tagereisen östlich von Nduba in der südlichen Sanaga-Ebene gelegen. [95] Feindschaft und Mißgunst der Teilnahme am Handel mit den „Weißen" mögen Gründe dafür gewesen sein. Da die deutschen Kolonialbeamten aufgrund dieser Informationen an überaus reichliche Elfenbeinvorräte in den Feuchtsavannen am Sanaga glaubte, wurde der Wunsch immer stärker, diese Regionen, wenn nötig auch mit Gewalt, administrativ und wirtschaftlich in die Kolonie Kamerun zu integrieren. [96] Zunächst versuchte man weiterhin, die Vute-Oberhäuptlinge zur Öffnung des Handels nach Süden zu bewegen. Zu Tauschzwecken ließ Gouverneur Seitz 1896 auf die Bitte von DOMINIK sogar Haussa-Gegenstände wie Stoffe, Schwerter, rote Feze und Spiegel aus Lagos kommen. [97] Die Berichte über die Begegnungen zwischen den Deutschen und den Vute-Oberhäuptlingen in den Jahren nach 1893 offenbaren ein starkes Interesse seitens der Vute am Erhalt von Gewehren. [98] Seit deren ganz weggefallener oder sehr reduzierter Einführung durch die über Tibati kommenden Haussa war ihr Bestand sehr zurückgegangen. Es ist jedoch anzunehmen, daß sie einige über die Handelswege aus dem Kameruner Grasland und über den Küstenhandel aus der Tsinga-Region rechtsseitig des unteren Mbam erhielten.

Seit 1895 handelten bereits „Zonu, Jaunde und Jetude" südlich des Sanaga, die in der Umgebung der Station Jaunde wohnten, mit Kautschuk und Elfenbein zur Kamerunküste. Sie schlossen sich dazu den zwischen der Station und der Küste hin- und herziehenden Militärkarawanen an. [99] DOMINIK, der ab 1895 die Station leitete, erreichte im September 1896

---

[91]   Bundesarchiv, R 1001/3268, Bl. 96, MORGEN.
[92]   Bundesarchiv, R 1001/3269, Bl. 12, V. ZIMMERER; MORGEN, 1891, S. 144.
[93]   MORGEN, 1893, S. 188.
[94]   MORGEN, 1891, S. 148.
[95]   Die dorthin gezogenen Haussa handelten sicher viel Elfenbein aus den südlich des Sanaga gelegenen Gebieten ein, zum Beispiel von den Mwelle. Vgl. Bundesarchiv, R 1001/4356, Bl. 127, ZENKER.
[96]   Vgl. Bundesarchiv R 1001/3268, Bl. 96, MORGEN; 3269, Bl. 13, V. ZIMMERER.
[97]   Bundesarchiv, R 1001/4358, Bl. 10f., SEITZ.
[98]   Vgl. DOMINIK, 1895, S. 654; Bundesarchiv, R 1001/4358, Bl.183f., DOMINIK.
[99]   Bundesarchiv, R 1001/4357, Bl. 162f., BARTSCH. Vgl. Bundesarchiv, R 1001/4358, Bl. 183, DOMINIK.

bei dem Vute-Oberhäuptling Gongna in Linte, daß erstmalig von dort eine kleine Gruppe von Haussa-Händlern mit nach der Station Jaunde kam. Weiter an die Kamerunküste
zu ziehen, machten sie von der Erlaubnis des Lamido von Tibati abhängig. [100] Neyon ließ
zwar Haussahändler bis zur Station Jaunde handeln, begründete aber seine Weigerung, sie
an die Kamerunküste ziehen zu lassen, auch mit dem Verbot des Lamido. Das Verhältnis
zwischen DOMINIK und Neyon war 1896 noch freundschaftlich. [101] DOMINIK beobachtete während dieser Reise, daß überall in den Dörfern des Oberhäuptlingstums Ngila auffällig
viel Haussa-Jäger waren, die Elefanten jagten. [102] Möglicherweise ließ Neyon mehr als sonst
Elfenbein beschaffen, um es sowohl an die Haussa als auch an die Deutschen verkaufen zu
können.

Zu dieser Zeit war der Lamido von Tibati den „Weißen" im Süden an sich wohlgesinnt
und an Kontakten mit ihnen interessiert. In Linte war DOMINIK mit einer Gesandtschaft
des Lamido zusammengekommen: „Die Tibati-Gesandtschaft leitete einer der vielen Brüder des Sultans, ein fast weißer Fullah, der von seinem Herrscher den Auftrag hatte, das
Wute-Gebiet zu bereisen und sich namentlich mit den Weißen in Verbindung zu setzen,
die der Sultan, wie mir der Gesandte wieder und wieder versicherte, über alles liebte, die
im Norden und Süden seines Gebietes säßen, ihn selbst aber nicht besuchten, trotzdem er
doch so reich sei, so gern handeln würde usw." [103] Diese Quellenangabe zeigt, daß, entgegen
späteren Behauptungen in der Kolonialberichterstattung, der Lamido von Tibati zunächst
durchaus an Kontakten mit den Deutschen interessiert war und nicht allein mit der Royal
Niger Company handeln wollte. Auf Station Jaunde waren einige Haussa auch schon 1894
gewesen. [104]

Nachdem sich nach einiger Zeit abzeichnete, daß Neyon doch nicht bereit war, die Han-
delsinteressen der Deutschen so zu unterstützen, daß der Haussa-Handel bis zur Kamerun-
küste erweitert wurde, er nicht den Sanaga als Grenze betrachtete, wie die Stationsverwaltung
von Jaunde sich das anmaßte, und linksseitig des Flusses Raubzüge organisierte, führte DO-
MINIK im Januar 1897 die erste Strafexpedition gegen das Oberhäuptlingstum Ngila durch.
Sie hatte die Zerstörung des Hauptortes Nduba zur Folge. Ob die Haussa in Nduba anschließend wirklich gebeten haben, mit den Deutschen zur Küste mitgehen zu können, wie
es in dem Bericht von DOMINIK heißt, läßt sich in Anbetracht der subjektiven Berichterstattungen schwer beurteilen. Jedenfalls ging eine große Haussa-Gruppe von 250 Personen,
einschließlich Frauen und Kindern, mit nach Jaunde. Sie wurde von dort durch V. PUTTKA-
MER an die Küste gebracht, wo sie sich in einem eigenen Dorf niederlassen sollte. [105] Dieses
Ereignis verursachte einen radikalen Wechsel der Haltung des Lamidos Hamman Lamu den

---

[100] Bundesarchiv, R 1001/4287, Bl. 53f., DOMINIK.
[101] Siehe Bundesarchiv, R 1001/4287, Bl. 51f., 54, DOMINIK; DOMINIK, 1901, S. 177f.
[102] Bundesarchiv, R 1001/4287, Bl. 51, DOMINIK.
[103] Bundesarchiv, R 1001/4287, Bl. 54, DOMINIK.
[104] DOMINIK, 1901, S. 60.
[105] Bundesarchiv, R 1001/3345, Bl. 48, DOMINIK; 4287, Bl. 49, V. PUTTKAMER; V. PUTTKAMER, 1897, S.
       382.

Deutschen gegenüber, der es als groben Übergriff auf ihm zugehörige Untertanen beziehungsweise als Eingriff in seinen Machtbereich wertete. Dazu kam noch, daß die Deutschen bisher nur mit den ihm tributpflichtigen Vute-Oberhäuptlingen und nicht mit ihm selbst Beziehungen gepflegt hatten und nun die aus seiner Sicht ihm unterstellten Haussa „abzogen". Ab nun galt ein striktes Verbot für die Haussa, mit den Deutschen zu handeln. Wer es dennoch tat, dem drohte, wenn er sich in das Gebiet des Lamido von Tibati begab, die Todesstrafe. Noch im gleichen Jahr brachte eine große Haussa-Karawane dem Oberhäuptling Neyon wohl ausschließlich Waffen und Munition nach Nduba. [106] Als Neyon nach Abzug der Expeditionstruppe wieder in seinen Ort zurückkehrte, soll er nach Angaben V. CARNAP-QUERNHEIMBs und V. PUTTKAMERs die noch dort gebliebenen Haussa umgebracht und von seinem Bruder Gongna in Linte das gleiche verlangt haben. Dieser als gemäßigt geltende Oberhäuptling tat das jedoch nicht, schickte aber alle Haussa weg und brannte ihre Siedlung nieder. Etwa tausend Haussahändler sollen darauf von Linte ins *sanserni* zum Lamido gegangen sein. [107] Im April 1897 erließ Gouverneur V. PUTTKAMER eine spezielle Verordnung, die ein generelles Verbot des Waffenhandels in das Vute-Gebiet beinhaltete unter dem Deckmantel der Begründung, den Sklavenhandel unterbinden zu wollen. [108] Diese Verordnung blieb freilich ziemlich wirkungslos, da sowohl über die Handelsrouten den Sanaga aufwärts als auch den Wuri aufwärts über die Tikar und Bapea Gewehre in das Vute-Gebiet gelangten. [109] Während ab der Strafexpedition gegen Nduba keine friedlichen Kontakte mehr zwischen dem Oberhäuptling Neyon und der Station Jaunde beziehungsweise DOMINIK bestanden, brach Gongna nicht die Beziehungen zu den Deutschen ab, empfing sie weiter und handelte mit ihnen. Im April 1898 schickte er zwanzig Haussa mit einer Expedition unter der Leitung von DOMINIK mit, der in Jaunde eine Haussa-Niederlassung gründen wollte. [110] So entstand 1898 in Jaunde die erste Haussa-Siedlung. Um diese Zeit entwickelte DOMINIK auch die Vorstellung, da er noch nicht nach Norden handeln konnte, vorläufig mit den Haussa von Jaunde aus nach Osten zu handeln. Dazu bat er den Gouverneur, die nach dem Überfall auf Nduba im Januar 1897 an die Kamerunküste gebrachten Haussafamilien wieder zurückzuführen. [111] Da Neyon weiterhin den Sanaga überschritt und versuchte, in den Dörfern linksseitig des Sanaga Menschen zu fangen, beschloß DOMINIK im Juni 1898, einen nächsten militärischen Schlag gegen das Oberhäuptlingstum auszuführen, aber nicht gegen Nduba, sondern gegen Guataré, den am Mbam gelegenen Sitz des älteren Bruders und mächtigsten Unterhäuptlings von Neyon, Guater. Auch dieser Ort wurde zerstört. Unmittelbar danach wollte DOMINIK Oberhäuptling Gongna in Linte besuchen. Dieser besorgte und zwischen allen Stühlen sitzende Herrscher bat ihn, nicht seinen Ort zu betreten, da sonst die ganze große Haussa-Siedlung, die seit letztem Jahr wieder entstanden war, infolge

---

[106] Bundesarchiv, R 1001/4358, Bl. 110, v. CARNAP-QUERNHEIMB.
[107] Bundesarchiv, R 1001/3345, Bl. 80, v. CARNAP-QUERNHEIMB; 3345, Bl. 70f., v. PUTTKAMER.
[108] Bundesarchiv R 1001/3345, Bl. 85, v. PUTTKAMER.
[109] Bundesarchiv, R 1001/4358, Bl. 182, DOMINIK.
[110] Bundesarchiv, R 1001/4358, Bl. 185, DOMINIK.
[111] Bundesarchiv, R 1001/4358, Bl. 186, DOMINIK.

des Verbots vom Lamido das Vute-Gebiet verlassen würde. [112] Dem Lamido war nicht entgangen, daß Gongna trotz des Verbotes weiterhin Haussa nach Jaunde ziehen ließ. So ließ er seit Juli 1898 keine Haussa mehr nach Linte, wodurch Gongna erhebliche Handelseinbußen zu verzeichnen hatte. [113]

Nach DOMINIK handelten außer Neyon im Sommer 1898 alle Vute-Häuptlinge bereits nach der Station Jaunde. In dem Bericht an den stellvertretenden Gouverneur Seitz vom 20.7.1898 legte er dar, daß der Zeitpunkt gekommen sei, eine groß angelegte militärische Aktion der Schutztruppe zur Erschließung des Handelsweges nach Nordkamerun vorzubereiten. Dabei korrigierte er die offensichtlich im Gouvernement vorhandene Vorstellung, diese nur gegen den Vute-Oberhäuptling Neyon zu richten und begründete, daß die Entmachtung des Lamidos von Tibati das wichtigste Vorhaben sein müsse, um das Tor nach Adamaua zu öffnen. [114] Im August 1898 bat Neyon, bewogen durch die Strafexpedition gegen Guataré, bei DOMINIK um Frieden. Zusammen mit einem Geschenk von Elfenbeinzähnen ließ er von Gesandten übermitteln, daß er sich jeder Bedingung fügen würde. Diese erzählten aber auch, daß der Lamido von Tibati Neyon Unterstützung zugesagt habe, falls die Deutschen gegen die Vute vorgehen würden. Als DOMINIK verlangte, Neyon solle persönlich auf Station Jaunde erscheinen und dieser das nicht tat, ließ DOMINIK ihm den Fortbestand des Kriegszustandes zwischen ihnen mitteilen. Zum Zeichen dafür brannte er den Vute-Ort Menage am Sanaga nieder. [115] Die deutsche Kolonialregierung bereitete in den darauffolgenden Monaten den sogenannten „Wute-Adamaua-Feldzug" vor. Anfang Januar 1899 drang die deutsche Schutztruppe mit vier Kompanien, einem Schnelladegeschütz und einem Maximgewehr unter der Leitung des Kommandeurs V. KAMPTZ in die Sanaga-Ebene ein. [116] Am 14. Januar wurde Nduba gestürmt. Neyon war einige Tage zuvor gestorben. Danach unternahmen die einzelnen Kompanien weiträumige Verfolgungen fliehender Vute in der ganzen westlichen und zentralen Sanaga-Ebene. Gongna, mit dem man schonend umzugehen gedachte, hatte sich in eine uneinnehmbare Felsenregion der *Falaise du Yoko* zurückgezogen. Er nahm viele geflohene Vute auf und blieb bis 1906 dort „frei". Nur durch einen Vertrauensbruch von DOMINIK, der ihn mit dem Versprechen, daß er frei bliebe, zu einem Treffen in die Ebene lockte, konnte er gefangen genommen werden. Seine letzten Jahre mußte er im Exil in Jaunde und zuletzt in einem kleinen Dorf bei Nduba verbringen.

Am 11. März 1899 wurde Tibati in Abwesenheit des Lamido eingenommen, am 25. August das zweite Mal besetzt und der Lamido Hamman Lamu abgesetzt. [117] Nach Banyo und Ngaundere wurden Botschaften geschickt, die das Vorgehen der Deutschen begründen

---

[112] Bundesarchiv, R 1001/3346, Bl. 32, DOMINIK.
[113] Bundesarchiv, R 1001/3346, Bl. 19, DOMINIK.
[114] Bundesarchiv, R 1001/3346, Bl. 17a-20, DOMINIK.
[115] Bundesarchiv, R 1001/3346, Bl. 33, 85, DOMINIK.
[116] Bundesarchiv R 1001/3346, Bl. 149, Kölnische Zeitung vom 30.3.1899.
[117] Bundesarchiv, R 1001/3347, Bl. 25, V. KAMPTZ.

sollten und die künftige Unterstellung der Lamibe unter die deutsche Kolonialregierung mitteilten.

Der Haussahandel in der Sanaga-Ebene nach der administrativen Integration in die Kolonie Kamerun ab 1899

Durch den „Wute-Adamaua-Feldzug" war politisch der Weg zur Integration Adamauas frei und die Auseinandersetzung mit den Engländern und Franzosen um die nördlichen Gebiete am Tschadsee aussichtsreicher geworden. Die „Friedensverhandlungen" mit den Vute-Oberhäuptlingen und Lamibe von Banyo, Tibati und Ngaundere beinhalteten vor allem die Auflage, die Haussa nach Süden handeln zu lassen und die Handelswege frei zu halten. [118] Ein entsprechendes Schreiben ging auch an den Emir Zubeiru in Yola, das dieser auch zusagend beantwortete. [119] In dieser Zeit dienten die Haussa den Deutschen vielfach als Dolmetscher und Führer. [120] Noch im Jahre 1899 wurde in Yoko eine Polizeistation eingerichtet. Yoko war bereits vor der Fulbe-Eroberung ein bedeutendes Vute-Häuptlingstum, wurde dann vor 1840 von den Fulbe von Tibati erobert und zum südlichsten Grenzposten des Lamidats mit einer ständigen Fulbe-Besatzung gemacht. [121] Die dortige Haussa-Siedlung verdiente ab 1899 besonders durch Nahrungsmittelbereitstellung für die Polizeistation. Es entwickelte sich auch bald ein umfangreicher Handel mit Rindern, die aus der Region um Tibati gebracht wurden und überwiegend als Schlachtvieh über Yoko nach Dengdeng oder Jaunde gehandelt wurden. Der erste Stationsleiter NOLTE unternahm Reisen in die größeren Orte, wo Haussa handelten, um die Häuptlinge anzuweisen, die Haussa-Karawanen nach Station Yoko zu lenken. So besuchte er auch den Sitz des Tikar-Oberhäuptlings Ngambe. Dort wurden ihm von Verkäufer und Käufer (Tikar und Haussa) folgende seinerzeit gültige Tauschwerte genannt: 1 Elfenbeinzahn von 80 Pfund = 15 Sklaven; 1 Sklave = etwa 1 Haussa-Gewand und 1 Faden blaues Zeug. [122] Im Jahre 1912 haben M.-P. und F. THORBECKE Yoko länger besucht und es später anschaulich beschrieben. Dabei erwähnen sie auch die große, gepflegte Haussa-Siedlung bei Yoko und den blühenden Handelsverkehr. [123]

Von Nduba und Linte aus handelten die Haussa nun bald auch nach Jaunde bzw. zur Kamerun-Küste, vor allem mit Rindern, die man auf Station Jaunde durch intensive Stallpflege durchzubringen versuchte. [124] DOMINIK berichtet 1902: „Dieselben Haussa-Händler,

---

[118] Vgl. Bundesarchiv, R 1001/3346, Bl. 174, Bl. 184, Anlage 5, Bl. 185, Anlage 6, Bl. 186, Anlage 7, v. KAMPTZ; 3347, Bl. 154, Anlage 6, Bl. 156, Anlage 8, Bl. 160, Anlage 10, Bl. 163, Anlage 13, Bl. 167, Anlage 17, Bl. 169, Bl. 19, v. KAMPTZ.

[119] Bundesarchiv R 1001/3346, Bl. 182, Anlage 4, v. KAMPTZ.

[120] Bundesarchiv R 1001/3347, Bl. 58, v. KAMPTZ; 3349, Bl. 83ff., v. SCHIMMELPFENNIG; 3349, Bl. 63f., CRAMER V. CLAUSBRUCH.

[121] Vgl. auch V. STETTEN (1895, S. 136) zur Fulanisierung und Islamisierung der Bevölkerung von Yoko um 1893.

[122] Bundesarchiv, R 1001/4382, Bl. 17f.

[123] THORBECKE, 1914a, S. 80f.; THORBECKE, M.-P., 1914, S. 114, 161f.

[124] THORBECKE, 1916, S. 84.

die früher bei Ngilla und Ngutte saßen, fand ich auch jetzt wieder, aber die Produkte, die sie einkaufen, gehen nicht mehr nach Norden an den Benue, sondern südlich über Jaunde zur Küste." [125] Der Handelsweg aus dem Vute-Gebiet über den unteren Mbam, der durch das Betsinga-Gebiet am Sanaga entlang verlief, scheint mehr als vor der Eroberung genutzt worden zu sein, denn DOMINIK stellte 1905 die Entstehung einer großen Haussa-Siedlung an der Mbam-Fähre fest. Aus Banyo kamen Haussahändler über Ngambe bis zum nördlich der Fähre liegenden Ort Kudue. [126] Von Yoko und Ngaundere aus wanderten vorübergehend auch sehr viele Haussa wegen des Kautschuk-Zwischenhandels nach Südostkamerun, vor allem nach Dengdeng. [127] Sie verhandelten ihre Waren an die den Rohkautschuk sammelnden Baya, Vute und Keperre, verkauften diesen an die europäischen Faktoreien und zogen mit den europäischen Waren wieder nach Norden. [128] Die deutschen Kolonialbeamten stellten auch bald das reichliche Vorhandensein von Kautschuklianen in der Sanaga-Ebene fest. [129] Es kam aber nicht zu so einem umfangreichen Kautschukhandel wie von Ost- und Südkamerun her zur Küste, da die Vute nicht die Ernte- bzw. Sammeltätigkeit ausführten. Die Haussa- und die um 1901 von Jaunde nach Norden gehenden Gabun-Händler beklagten sich bei DOMINIK, daß „die Wutes aber nirgends mit Eifer an die Gewinnung gingen, … " [130]

Einen großen Teil ihrer Reserven an Elfenbein hatten die Vute-Oberhäuptlinge und der Lamido von Tibati durch die hohen auferlegten „Kriegsentschädigungen." verloren. [131] Der allmähliche Rückgang des Elfenbeins als wertvollster und gewinnträchtigster Handelsartikel wurde zwar nach der Jahrhundertwende durch den florierenden Kautschukhandel aus Ost- und Südkamerun zur Küste in gewissem Umfang ausgeglichen, dieser ging dann aber auch wieder zurück. [132] Die Aufforderungen in den Jahren nach der kolonialen Eroberung sowohl der Kunden in Nordnigeria und Nordkamerun als auch der Deutschen an die Haussa, Elfenbein zu beschaffen sowie die hohen Verdienstmöglichkeiten damit an der Kamerunküste, brachten die Haussa wohl dazu, die Schonung der Elefantenherden außer Acht zu lassen, indem sie diese rücksichtslos, auch Jungtiere einbeziehend, dezimierten. [133] Während die Royal Niger Company im Jahre 1903 12 Tonnen Elfenbein exportierte, belief sich der deutsche

---

[125] DOMINIK, 1902, S. 310.
[126] Bundesarchiv R 1001/3353, Bl. 69, DOMINIK. Um diese Zeit enstand westlich des unteren Mbam in der Nähe der Nun-Mündung eine große Haussa-Siedlung bei Kargaschi, die für diese Region zur Zentrale des Haussa-Handels aus dem Norden bis nach Südkamerun wurde. Bundesarchiv, R 1001/3354, Bl.71, 81, V. STEIN ZU LAUSNITZ.
[127] THORBECKE, 1916, S. 84.
[128] Siehe Bundesarchiv R 1001/4382, Bl. 179ff., FRANK; 4382, Bl. 490, DOMINIK.
[129] Bundesarchiv R 1001/3347, Bl. 144, v. KAMPTZ.
[130] Bundesarchiv, R 1001/3306, Bl. 92f., DOMINIK.
[131] So hatte der Lamido von Tibati etwa 7.000 Pfund Elfenbein zu zahlen und Ngane, der Nachfolger von Neyon in Nduba 48 Elefantenzähne. Bundesarchiv R 1001/3347, Bl. 96, v. PUTTKAMER; 3347, Bl. 143, v. KAMPTZ.
[132] Bundesarchiv R 1001/4328, Bl. 26, DOMINIK.
[133] Bundesarchiv, R 1001/3353, Bl. 70, 75, DOMINIK.

Export auf 66 Tonnen und 1904 sogar auf 82. [134] Die Elefanten galten spätestens ab 1908 in der Sanaga-Ebene als ausgerottet. [135]

Durch das offizielle Verbot des Sklavenhandels seit 1902 und den Wegfall des Elfenbeins waren die Handelsobjekte, an denen die Haussa am meisten interessiert waren, nicht mehr vorhanden. Dies stellt sicher die Hauptursache des Rückgangs des Haussahandels in der Sanaga-Ebene dar. [136] Die noch in diese Gegend ziehenden Händler mußten sich neue Schwerpunkte des sich rentierenden Handels setzen. Dies war einmal der ausgedehnte Amuletthandel, der hohen Gewinn versprach, der Rinderhandel und der Zwischenhandel mit Lebensmitteln, die die Haussa mit hohem Aufschlag in anderen Gegenden wieder absetzten. [137] Ferner verkauften sie weiterhin Schmuck (Glasperlen und Ringe), Ledersachen, Stoffe und anderer Gebrauchsgegenstände wie zahlreiche unterschiedliche Flechtwaren. [138] Vermutlich hielten sich die Haussa auch nicht mehr über längere Zeit in den Dörfern der Sanaga-Ebene auf. [139] Mit dem Wegfall der Monopolrechte der Vute-Oberhäuptlinge, die dadurch auch keine Reichtümer mehr anhäufen konnten, verlief die Abwicklung der Handelsgeschäfte nicht mehr so wie früher und überwiegend dezentralisiert. HOFMEISTER erwähnt, daß um 1912 der „Häuptling in Ngila" nur einen Haussa-Sattel besaß. [140]

Mit der Einführung von regelmäßig stattfindenden Märkten durch die deutsche Kolonialverwaltung gingen auch die Vute mehr zum Verkauf von Produkten wie Töpfen, Körben, Pfeilspitzen, Hacken oder Rotholzkugeln über. [141] Handelsartikel waren auch Bier, Öl, Hühner, Enten, Ziegen, sowie Lendentücher und Wirtschaftsgegenstände, die sie von den Haussa erworben hatten. [142] Als Wertäquivalente dienten inzwischen Geld (Nickel- und Silbermünzen), aber auch noch Stoffe, Salz, und weiterhin Kauris. [143] Knollenfrüchte wie Yams, Makabo (Taro) und Süßkartoffel wurden von den Vute während der Kolonialzeit zwar gegessen, aber kaum angebaut, sondern von den umwohnenden ethnischen Gruppen wie Bati und Bafia bezogen. [144] Früher erhielten sie diese und wohl auch Tabak als Tribut.

Die Bemühungen der deutschen Kolonialregierung um die Ablenkung des Haussahandels zur Kamerunküste waren nicht von dauerhaftem Erfolg. Nach DOMINIK funktionierte der Adamauahandel zur Kamerunküste hin in den Jahren nach dem „Wute-Adamaua-Feldzug" weniger denn je. [145] Als die wesentlichste Ursache bezeichnete er die Nichtbeach-

---

[134] JOHNSON, 1978, S. 547.

[135] Bundesarchiv R 1001/4382, Bl. 190, DOMINIK.

[136] Vgl. Bundesarchiv, R 1001/4382, Bl. 199, 201, 205f, SCHÜRMANN; THORBECKE, M.-P., 1914, S. 126.

[137] SIEBER, 1925, S. 33, 37.

[138] SIEBER, 1925, S. 36; THORBECKE, M.-P., 1914, S. 110.

[139] SIEBER, 1925, S. 37.

[140] HOFMEISTER, 1926, S. 65.

[141] SIEBER, 1925, S. 13, 36. Zu kolonialzeitlichen Märkten siehe THORBECKE, 1914a, S. 79.

[142] SIEBER, 1925, S. 36; THORBECKE, 1916. S. 73.

[143] SIEBER, 1925, S. 23, 37; THORBECKE, 1916, S. 72f.

[144] SIEBER, 1925, S. 21, THORBECKE, 1916, S. 55.

[145] Bundesarchiv, R 1001/3306, Bl. 16, DOMINIK. Vgl. auch 3350, Bl. 196, PAVEL, der das „heruntergekommene" Tibati schildert.

tung des Emirs von Yola bei der Absetzung des Lamidos von Tibati 1899, der Einrichtung der Polizeistation in Yoko und bei den weiteren wirtschaftlichen und politischen Aktivitäten der Deutschen in Adamaua überhaupt. Der ohne die Mitwirkung des Emirs eingesetzte Chiroma als Lamido von Tibati genoß keine Anerkennung, viele Fulbe zogen auf Weisung des Emirs aus Tibati weg. [146] Der Handel florierte bei weitem nicht so wie vor dem Eindringen der Deutschen. DOMINIK sah ein, daß unbedingt alle Regelungen unter Einbeziehung des Emirs hätten getroffen werden sollen.

Eine weitere gravierende Ursache war, daß die Royal Niger Company ihre Waren wesentlich billiger anbot als die deutschen Faktoreien. So kostete europäisches Salz im Jahre 1904 bei der RNC „10 Schilling pro Sack, in Jaunde 15 Mark bar und 20 Mark nach Buschpreis; in Joko wurde von der Firma Randad & Stein 25 Mark bar genommen; in Tibati 30–35 Mark; 1 'Tasse' Salz (Eingeborenenmaß) kostete in Tibati 3.000 Kauri, in Ngaundere 1.500 Kauri". [147]

In den Jahren nach dem Wute-Adamaua-Feldzug bekamen die Haussa in den Orten der Sanaga-Ebene ein weiteres Mal zu spüren, daß Handeln mit mehreren politischen Machthabern bzw. in Krisengebieten politischer Machtausübung nicht unpolitisch bleiben kann. Mit dem Bewußtsein der seinerzeitigen Unabänderlichkeit der deutschen Kolonialherrschaft über die Vute, den Dirigismen und wachsenden Forderungen an die Vute regte sich der Widerstand, wenn er auch überwiegend passiv blieb, und auch in beträchtlichem Maße Verärgerung über die Haussa, die mit den Bedrückern reichlich handelten. Während der kurzzeitigen Aufhebung der Station Yoko im Jahre 1904 wurde das Haussa-Dorf geplündert und verbrannt; in Orten einflußreicherer Häuptlinge am Sanaga ließen diese den Handel der Deutschen nur bei kostenloser Abgabe von Waren zu, lehnten Trägerdienste ab, etc. [148] Oberhäuptling Ngane in Nduba erfüllte „Befehle und Aufträge der Station Jaunde" nicht und wurde deshalb 1905 von DOMINIK abgesetzt. Zum Schutze seines Nachfolgers Wimane (Mvomane) und der Haussa-Siedlung in Nduba, der Ngane bei seiner Flucht ihre Vernichtung geschworen hatte, ließ er eine Besatzung von 11 Soldaten in Nduba. [149] Letztlich wurde die Situation in Zentralkamerun immer unattraktiver. Nach der Einführung einer Reihe von Verordnungen unterlagen die Haussahändler der Wandergewerbesteuer und den Jagd- bzw. Bargeldverordnungen. [150] Und dennoch handelte der Haussa weiter und auch heute noch „weiß er sich jeder Lage anzupassen, jede Gelegenheit auszunutzen ... verschmäht er nicht den kleinsten Vorteil beim Hausieren, breitet täglich vor seiner Hütte alle seine Wa-

---

[146] Zu weiteren Thronfolgewirren in den Jahren 1899/1900, die zur endgültigen Einsetzung von Bello, einem Sohn des früheren Lamido Hamadou Arnga, als Lamido von Tibati führten, siehe MOHAMADOU, 1964, S. 75.

[147] THIERRY, 1904, S. 289f.; WIRZ, 1972, S. 174.

[148] Bundesarchiv R 1001/4359, Bl.143, Brief der Firmen King, Powell, Lübecke, Krause, Randad-Stein, Hamburger Afrika-Gesellschaft, Woermann & Co.

[149] Bundesarchiv R 1001/4328, Bl. 7f., v. KROSIGK.

[150] Bundesarchiv R 1001/4328, Bl., 29, DOMINIK.

ren aus ... und wartet geduldig auf Käufer; unermüdlich preist er seine Schätze an, ein zäher Händler, der auch Gefahren nicht scheut ... ". [151]

---

[151] THORBECKE, 1916, S. 73.

16. Quellen- und Literaturverzeichnis

A. Quellen des Bundesarchivs Berlin (Akten des Reichskolonialamtes, bis 1990 im Zentralen Staatsarchiv der DDR).

Bericht des Leutnants Achenbach über die Galim-Expedition, vom 3.11.1904. Bundessarchiv R 1001/3352, Bl. 190–192.

Bericht des Premierlieutnant Bartsch der Kaiserlichen Schutztruppe und Stationsleiter von Jaunde an den Reichskanzler, vom 21.1.1896. Bundesarchiv R 1001/4357, Bl. 162f.

Übersichtsskizze über das Wute-Gebiet von Leutnant Buddeberg, vom 27.1.1899. Bundesarchiv R 1001/3347, Bl. 69.

Skizze des Siedlungsgrundrisses von Ngilla-Stadt, von Leutnant Buddeberg. Bundesarchiv R 1001/ 3347, Bl. 70.

Grundriß der Wallanlagen der Tikar-Stadt Ngambe mit Schnitten, von Leutnant Buddeberg. Bundesarchiv R 1001/ 3347, Bl. 71, 72.

Skizze von Tibati, von Leutnant Buddeberg. Bundesarchiv R 1001/3347, Bl. 73.

Skizze des Kraals des Sultans von Tibati, von Leutnant Buddeberg. Bundesarchiv R 1001/3347, Bl. 75.

Bericht des Herrn v. Carnap-Quernheimb über seine Reise nach Ngute und Mango vom 23.2.-14. 3.1897. Bundesarchiv R 1001/3345, Bl. 78–83, 88 (Skizze).

Auszug aus einem Bericht des Herrn v. Carnap-Quernheimb vom 12.Juli 1897 über einen Besuch bei dem Mwelle-Stamm. Bundesarchiv R 1001/4358, Bl. 110–112.

Bericht des Herrn v. Carnap-Quernheimb über seine Reise zu den Wute und Mwelle vom 7.5.-2. 6.1897. Bundesarchiv R 1001/4358, Bl. 116–122.

Meldung des Stationsleiters v. Carnap-Quernheimb an den Gouverneur von Kamerun, vom 15.8. 1897. Bundesarchiv R 1001/4358, Bl. 134.

Bericht des Herrn Cramer v. Clausbruch über die politischen Verhältnisse der Station Yoko, vom 12.4.1901. Bundesarchiv R 1001/4382, Bl. 50.

Bericht des Hauptmanns Cramer v. Clausbruch an den Kaiserlichen Gouverneur von Kamerun, vom 26.4.1901. Bundesarchiv R 1001/3349, Bl. 60–66.

Denkschrift der Deutschen Kolonialgesellschaft – Abtheilung Cöln, betreffend das Hinterland von Kamerun. Bundesarchiv R 1001/4284, Bl. 15–29.

Bericht des Lieutnants Dominik an den Kaiserlichen Gouverneur, Herrn v. Zimmerer, Kamerun, vom 15.9.1894. Bundesarchiv R 1001/4357, Bl. 13–30.

Bericht des Lieutnants Dominik an den stellv. Gouverneur von Kamerun, Herrn v. Puttkamer, über die Verhältnisse auf der Station Jaunde, vom 25.9.1895. Bundesarchiv R 1001/ 4357, Bl. 76 – 80.

Bericht des Lieutnants Dominik über den Rekognoszierungsmarsch in das Sanaga-Gebiet, vom 1. 10.1895. Bundesarchiv R 1001/4357, Bl. 81 – 86.

Bericht des Lieutnants Dominik an den stellv. Gouverneur Dr. Seitz, vom 1.10.1896. Bundesarchiv R 1001/4287, Bl. 51 – 54.

Bericht des Lieutnants Dominik an den stellv. Gouverneur Dr. Seitz über das Wute-Gebiet, vom 15.10.1896. Bundesarchiv R 1001/4287, Bl. 59 – 68.

Bericht des Lieutnants Dominik an den Kaiserlichen Gouverneur v. Puttkamer, vom 27.1.1897. Bundesarchiv R 1001/ 3345, Bl. 46 – 49.

Bericht des Lieutnants Dominik an den Gouverneur von Kamerun, vom 16.4.1898. Bundesarchiv R 1001/4358, Bl. 179 – 187.

Bericht des Premierlieutnants Dominik an den Kaiserlichen Gouverneur von Kamerun, vom 10.7. 1898. Bundesarchiv R 1001/3346, Bl. 10 – 32.

Bericht des Premierlieutnants und Stationschefs Dominik an den stellv. Kaiserlichen Gouverneur Dr. Seitz, vom 20.7. 1898. Bundesarchiv R 1001/3346, Bl. 17 – 20.

Meldung des Premierlieutnants Dominik an den stellv. Gouverneur Dr. Seitz, vom 8.8.1898. Bundesarchiv R 1001/ 3346, Bl. 33.

Meldung des Premierlieutnants Dominik und Stationschefs an den stellv. Gouverneur Dr. Seitz, vom 3.9.1898. Bundesarchiv R 1001/3346, Bl.85.

Bericht des Oberleutnants Dominik an den Kaiserlichen Gouverneur v. Puttkamer, vom 26.7.1901. Bundesarchiv R 1001/3306, Bl. 16.

Bericht des Oberleutnants Dominik über seinen Marsch von Jaunde nach Garua, vom 27.1.1902. Bundesarchiv R 1001 /3306, Bl. 92 – 100.

Bericht des Hauptmanns Dominik, Stationsleiter von Jaunde, über seine Bapea-Expedition, vom 5. 3.1905. Bundesarchiv R 1001/3353, Bl. 65 – 82.

Bericht des Hauptmanns und Bezirksamtmanns Dominik an das Gouvernement von Kamerun, vom 20.1.1907. Bundesarchiv R 1001/3353, Bl. 175 – 190.

Bericht des Hauptmanns Dominik an das Kaiserliche Gouvernement in Buea, vom 30.9.1908. Bundesarchiv R 1001/4328, Bl. 25 – 29.

Bericht des Hauptmanns Dominik an den Gouverneur von Kamerun, Dr. Seitz, über seine Reise nach Dengdeng und Joko, vom 22.10.1908. Bundesarchiv R 1001/4382, Bl. 186 – 193.

Bericht des R. Flegel über seine Reise nach Adamaua. Bundesarchiv R 1001/3309, Bl. 26 (SD aus Verhandlungen der Gesellschaft für Erdkunde zu Berlin, Bd. XI, No. 8, S. 355 – 357).

Meldung des Hauptmanns und Kommandeurs der Kaiserlichen Schutztruppe v. Kamptz an das Kaiserliche Gouvernement, vom 17.1.1899. Bundesarchiv R 1001/3346, Bl. 120.

Meldung des Hauptmanns und Kommandeurs der Kaiserlichen Schutztruppe v. Kamptz an den Kaiserlichen Gouverneur, vom 18.2.1899. Bundesarchiv R 1001/3346, Bl. 133 – 134.

Bericht des Hauptmanns v. Kamptz im Auftrag des Kaiserlichen Gouverneurs von Kamerun an den Reichskanzler, vom 26.2.1897. Bundesarchiv R 1001/3345, Bl. 36.

Meldung des Hauptmanns v. Kamptz an das Kaiserliche Gouvernement, vom 16.4.1899. Bundesarchiv R 1001/3346. Bl. 157–158.

Bericht des Hauptmanns v. Kamptz über den Wute-Adamaua-Feldzug, vom 20.4.1899. Bundesarchiv R 1001/3347, Bl. 50–77.

Meldung des Hauptmanns v. Kamptz an das Kaiserliche Gouvernement, vom 9.6.1899. Bundesarchiv R 1001/3346, Bl. 174–186.

Meldung des Hauptmanns v. Kamptz an das Kaiserliche Gouvernement, vom 27.8.1899. Bundesarchiv R 1001/3347, Bl. 25.

Protokoll der Amtseinsetzung des Lamido Chiroma in Tibati durch v. Kamptz, vom 11.9.1899. Bundesarchiv R 1001/3347, Bl. 113.

Meldung des Hauptmanns v. Kamptz an das Kaiserliche Gouvernement, vom 21.8.1899. Bundesarchiv R 1001/3347, Bl. 27–28.

Direktiven für die Station Joko, erl. durch Hauptmann v. Kamptz, vom 29.9.1899. Bundesarchiv R 1001/3347, Bl. 111–112.

Abschlußbericht des Hauptmanns v. Kamptz über den Wute-Adamaua-Feldzug, vom 25.11.1899. Bundesarchiv R 1001/3347, Bl. 130–169.

Brief der Firmen King, Powell, Lübecke, Krause, Randad-Stein, Hamburger Afrika-Gesellschaft, Woermann & Co. an den Gouverneur Puttkamer. Bundesarchiv R 1001/4359, Bl. 143.

Bericht des stellv. Stationsleiters v. Krosigk an das Kaiserliche Gouvernement in Buea, vom 25.3. 1905. Bundesarchiv R 1001/4359, Bl. 159.

Monatsbericht für April und Mai 1905 vom stellv. Bezirksamtmann v. Krosigk an das Gouvernement Buea, vom 1.6. 1905. Bundesarchiv R 1001/4328, Bl. 7–10.

Bericht des Premierlieutnants Kund über die Forschungsergebnisse der Batanga-Expedition vom Oktober 1887 bis März 1888, 1. Teil, vom 15.3.1888. Bundesarchiv R 1001/3267, Bl. 6–67.

Bericht des Premierlieutnants Kund an den Kaiserlichen Gouverneur von Kamerun, vom 5.7.1888. Bundesarchiv R 1001/3267, Bl. 94.

Bericht des Premierlieutnants Morgen an den Reichskanzler, Fürst von Bismarck, vom 11.2.1890. Bundesarchiv R 1001/3268, Bl. 86–96.

Bericht des Premierlieutnants Morgen an die Kolonial-Abtheilung des Auswärtigen Amtes, vom 15.3.1891. Bundesarchiv R 1001/3269, Bl. 19–32.

Bericht des Stationsleiters Nolte an den Gouverneur von Kamerun über seine Reise nach Tibati, vom 19.6.1900. Bundesarchiv R 1001/4382, Bl. 22–25.

Übersichtsskizze der alten und neuen Dengdeng-Straße nach den Aufnahmen des Leutnants v. Oertzen. Bundesarchiv R 1001/3353, Bl. 190.

Bericht über die Patrouille des Leutnants v. Oertzen zur Eröffnung des Weges Nanga-Eboko – Dengdeng. Bundesarchiv R 1001/4382, Bl. 146–164.

Bericht des Oberleutnant Pavel über seinen Zug nach dem Tschadsee vom 20.8.1902. Bundesarchiv R 1001/3350, Blatt 194ff.

Bericht des Stationschefs Peter an das Gouvernement Buea, vom 1.10.1912. Bundesarchiv R 1001/4388, Bl. 4 – 6.

Bericht des Kaiserlichen Gouverneurs v. Puttkamer an den Reichskanzler, vom 9.8.1895. Bundesarchiv R 1001/3345, Bl. 13 – 15.

Bericht des Kaiserlichen Gouverneurs v. Puttkamer an den Reichskanzler, vom 29.1.1897. Bundesarchiv R 1001/3345, Bl. 43.

Bericht des Kaiserlichen Gouverneurs v. Puttkamer an den Reichskanzler aus Nna-Tinati, vom 29.1.1897. Bundesarchiv R 1001/4287, Bl. 28 – 29.

Bericht des Kaiserlichen Gouverneurs v. Puttkamer an den Reichskanzler vom 1.4.1897. Bundesarchiv R 1001/4287, Bl. 49 – 50.

Bericht des Kaiserlichen Gouverneurs v. Puttkamer an den Reichskanzler, vom 20.4.1897. Bundesarchiv R 1001/3345, Bl. 70 – 77.

Brief des Kaiserlichen Gouverneurs v. Puttkamer an den Reichskanzler, vom 12.9.1897. Bundesarchiv R 1001/4358, Bl. 134.

Erlaß des Gouverneurs v. Puttkamer an den Oberleutnant Dominik, vom 30.3.1899. Bundesarchiv R 1001/4287, Bl. 89.

Bericht des Kaiserlichen Gouverneurs v. Puttkamer an das Auswärtige Amt, Kolonial-Abtheilung, vom 18.11.1899. Bundesarchiv R 1001/3347, Bl. 93 – 98.

Instruktion des Gouverneurs v. Puttkamer an den Hauptmann v. Schimmelpfennig, stellv. Kommandeur der Kaiserlichen Schutztruppe, vom 28.12.1900. Bundesarchiv, R 1001/3301, Bl. 210.

Bericht des Oberleutnants Radtke über den Marsch zu Häuptling Doa und ins Byrre-Land, vom 24.3.1901. Bundesarchiv R 1001/3349, Bl. 36 – 39.

Bericht des Leutnants Sandrock an den Gouverneur von Kamerun aus Ngaundere, vom 1.12. 1901. Bundesarchiv R 1001/3350, Bl. 75 – 91.

Bericht des Hauptmanns v. Schimmelpfennig an das Kaiserliche Gouvernement, vom 16.2.1901. Bundesarchiv R 1001/3348, Bl. 176 – 178.

Bericht des Hauptmanns v. Schimmelpfennig an den Kaiserlichen Gouverneur über seinen Zug durch das Wuteland, vom 2.4.1901. Bundesarchiv R 1001/3349, Bl. 30 – 32.

Bericht des Hauptmanns v. Schimmelpfennig an den Kaiserlichen Gouverneur über seinen Zug durch das Wuteland, vom 10.4.1901. Bundesarchiv R 1001/3349, Bl. 26 – 27.

Schlußbericht des Hauptmanns v. Schimmelpfennig über seine Expedition von Ngutte nach Yabassi. Bundesarchiv R 1001/3349, Bl. 79 – 126.

Bericht des Dr. Schürmann an den Gouverneur von Kamerun über seine Reise Jaunde-Dengdeng-Joko, vom 31.1.1909. Bundesarchiv R 1001/4382, Bl. 197 – 206.

Brief des Gouverneurs von Kamerun Seitz an den Reichskanzler, vom 11.5.1896. Bundesarchiv R 1001/4358, Bl. 10 – 11.

Bericht des Unteroffiziers Staadt an das Gouvernement über die vom 10.12.1897 – 27.1.1898 ausgeführte Expedition vom Congo français bis Jaunde, vom 29.1.1898. Bundesarchiv R 1001/3299, Bl. 56 – 66.

Bericht des Frh. v. Stein an das Kaiserliche Gouvernement über die Jabassi-Expedition 1908/09, vom 20.6.1909. Bundesarchiv R 1001/3354, Bl. 70–115.

Bericht des Frh. v. Stein, Hauptmanns der Kaiserlichen Schutztruppe für Kamerun, an den Kaiserlichen Gouverneur, vom 20.5.1909. Bundesarchiv R 1001/3354, Bl. 81–106.

Ausführlicher Reisebericht des Rittmeisters v. Stetten über seinen Marsch von Balinga nach Yola. Bundesarchiv R 1001/3292, Bl. 147–188.

Meldung des Kommandeurs der Schutztruppe v. Stetten an den Reichskanzler, vom 5.6.1895. Bundesarchiv R 1001/3345, Bl. 5.

Bericht des Kommandeurs der Kaiserlichen Schutztruppe v. Stetten an den Reichskanzler, vom 5.7.1895. Bundesarchiv R 1001/3345, Bl. 18–30.

Skizze zu den beiden Zügen nach Mango, Juni und Juli 1895, Expedition v. Stetten. Bundesarchiv R 1001/3345, Bl. 12.

Bericht des Kommandeurs der Schutztruppe v. Stetten an den Reichskanzler, vom 28.7.1895. Bundesarchiv R 1001/3345, Bl. 7–10.

Brief des Lieutnants Tappenbeck an Hauptmann Kund, vom 8. Juli 1889. Bundesarchiv R 1001/3268, Bl. 128–129.

Bericht des Lieutnants Tappenbeck an den Kaiserlichen Gouverneur von Kamerun, vom 12.Juli 1889. Bundesarchiv R 1001/3268, Bl. 33–37.

I. Bericht des Dr. F. Thorbecke an den Kaiserlichen Gouverneur von Kamerun, vom 3.8.1912 aus Joko. Bundesarchiv R 1001/3344, Bl. 48–50.

II. Bericht des Dr. F. Thorbecke an den Kaiserlichen Gouverneur von Kamerun, vom 18.8.1912. Bundesarchiv R 1001/3344, Bl. 57–63.

III. Bericht des Dr. F. Thorbecke an den Kaiserlichen Gouverneur von Kamerun, vom 28.3.1913. Bundesarchiv R 1001/3344, Bl. 69–71.

Verordnung Nr. 87. Zur Bekämpfung und Verhütung der Sklavenjagden des Häuptlings Ngila. Bundesarchiv R 1001/3345, Bl. 85.

Bericht des Dr. Weißenborn über die geologischen Ergebnisse der Expedition Kund, Tappenbeck, Dr. Weißenborn vom 7.11.1887–29.2.1888. Bundesarchiv R 1001/3270, Bl. 11–13.

Bericht des Dr. Weißenborn über die während der Expedition Kund, Tappenbeck, Dr. Weißenborn vom 7.11.1887–29.2.1888 beobachteten Krankheitsfälle. Bundesarchiv R 1001/3270, Bl. 23–24.

Bericht des Dr. Weißenborn über die zoologischen Ergebnisse der Expedition Kund, Tappenbeck, Dr. Weißenborn vom 7.11.1887–29.2.1888. Bundesarchiv R 1001/3270, Bl. 105–113.

Bericht des Leiters der Station Jaunde Zenker an den Kaiserlichen Gouverneur von Kamerun, vom 26.11.1893. Bundesarchiv R 1001/4356, Bl. 127.

Bericht des Gouverneurs von Kamerun v. Zimmerer an seine Excellenz den Reichskanzler, Herrn v. Caprivi, vom 26.12.1890. Bundesarchiv R 1001/3269, Bl. 12–13.

Die Wute-Adamaua-Expedition, Kamerun; Ngillastadt, 17. Januar 1899. [= Ausschnitt aus der Kölnischen Zeitung, 30.3. 1899]. Bundesarchiv R 1001/3346, Bl. 149.

B. Quellen aus Archiven in Kamerun (zitiert nach MOHAMADOU, 1967).

Bru, 1923: Les Mboum. Rapport de 11 p. Archives départementales. Ngaoundéré.

Chauleur, P., 1932: La région de la subdivision de Nanga-Eboko située au nord de la Sanaga. Rapport. No. II. 823. Archives nationales. Yaoundé.

Coqueraux, 1946: Rapport sur la subdivision de Yoko. No. II. 884 bis. Archives nationales. Yaoundé.

Delteil, 1936: La chefferie de Linté. Rapport No. II. 884 bis. Archives nationales. Yaoundé.

Fourneau, 1932: Résumé historique sur le groupement Babouté de Ngila. Rapport No. II. 878 bis. Archives nationales. Yaoundé.

Geffrier, 1944–1945: Rapport sur la subdivision de Yoko, No. II. 884 bis. Archives nationales. Yaoundé.

Genin, E., 1929: Rapport sur le lamidat de Banyo. Archives de la sous-préfecture de Banyo.

-, 1943: Rapport de tournée dans la subdivision de Tibati. Archives départementales. Ngaoundéré.

HURAULT, J., 1955: Le lamidat de Banyo. 175 p. Archives de l' I. R. CAM. Yaoundé.

Ndong, B., 1943: Notes sur l'histoire des Vouté. MS. No. II. 657. Archives nationales. Yaoundé.

C. Literaturverzeichnis

ABUBAKAR, SA'AD, The Lāmīɓe of Fombina. A Political History of Adamawa 1809–1901. Oxford 1977.

ACHENBACH, Bericht des Leutnants und Stationschefs von Banjo, Achenbach, über seine Expedition gegen die Ngalim-Leute. In: Deutsches Kolonialblatt, 16 (1905). S. 161–162.

AGHTE, J., Waffen aus Zentral-Afrika. Frankfurt/M. 1985.

AHMED, K., Die Entwicklung der sozialökonomischen und ethnisch-kulturellen Verhältnisse der Bevölkerung Westkameruns von der deutschen Kolonialzeit bis zur Erlangung der staatlichen Unabhängigkeit. Leipzig 1980 (unveröffentlichte Dissertation zur Promotion A).

ALEXANDRE, P., Proto-histoire du groupe beti-bulu-fang: essai de synthèse provisoire. In: Cahiers d'Études Africaines, 5 (1965). S. 503–560.

ANDRIANOV, B.V., Etničeskij sostav sovremennogo Kameruna. In: Sovetskaja Ètnografija, 5/1959. S. 56–62.

ANKERMANN, B., Bericht über eine ethnographische Forschungsreise ins Grasland von Kamerun. In: Zeitschrift für Ethnologie, 42 (1910). S. 288–310.

ASOMBANG, R.N., Sacred centers and urbanization in West Central Africa. In: McIntosh, S.K. [Ed.], Beyond Chiefdoms. Pathways to Complexity in Africa. Cambridge 1999. S. 80–87.

Aus dem Briefe einer Missionsschwester in Jaunde. In: Der Stern von Afrika, 11/1904. S. 108–109.

BAH, TH.M., Le facteur peul et les relations interethniques dans l'Adamaoua au XIXe siècle. In: Jean Boutrais [Éd.]. Peuples et Cultures de l'Adamaoua (Cameroun). S. 61 – 86. Paris 1993.

BARTH, H., Reisen und Entdeckungen in Nord- und Centralafrika. Bd. II und III. Gotha 1857.

BAUMANN, H. [Hg.], Die Völker Afrikas und ihre traditionellen Kulturen. Teil II. Wiesbaden 1979.

BAUMANN, H. u. THURNWALD, R. u. WESTERMANN, D., Völkerkunde von Afrika. Essen 1940.

BAUMANN, H. u. VAJDA, L., Bernhard Ankermanns völkerkundliche Aufzeichnungen im Grasland von Kamerun 1907–1909. In: Baessler-Archiv, Neue Folge, Bd. VII, S. 217–317. Berlin 1959.

Bemerkungen zur Karte des deutschen Schutzgebietes von Kamerun. In: Mittheilungen von Forschungsreisenden und Gelehrten aus den Deutschen Schutzgebieten, 1888, 1, S. 81–86, Tafel III.

BENDER, C.J., Der Weltkrieg und die christlichen Missionen in Kamerun. Cassel. 1921.

BILLARD, P., Le Cameroun fédéral. Lyon 1968.

BITOTO-ABENG, N., Von der Freiheit zur Befreiung – aus der Kirchengeschichte eines kolonisierten Landes. Münster 1983.

BORN, K., Nordkongo und Gabun. In: Hermann Baumann [Hg.], Die Völker Afrikas und ihre traditionellen Kulturen, 1, S. 685–721. Wiesbaden 1975.

–, Die zentralafrikanische Provinz. In: Hermann Baumann [Hg.], Die Völker Afrikas und ihre traditionellen Kulturen, 2. S. 229–305, Wiesbaden 1979.

BOUCHEAUD, P.P., Histoire et géographie du Cameroun sous mandat français, Douala 1944.

BRAUKÄMPER, U., Der Einfluß des Islam auf die Geschichte und Kulturentwicklung Adamauas. Wiesbaden 1970.

–, Zur kulturhistorischen Bedeutung der Hirten-Ful für die Staatswesen des Zentralsudan. In: Paideuma, 17 (1971). S. 55–120.

BOUTRAIS, J., Peuplement et milieu naturel en zone soudanienne. Le cas de la plaine Koutine (Cameroun). In: Cahier ORSTOM, Série Sciences Humaines, vol. XV (1978), 2, S. 103–143.

– [Éd.], Peuples et Cultures de l'Adamaoua (Cameroun). Paris 1993.

–, Adamawa et Adamaoua. In: Jean Boutrais [Éd.], Peuples et Cultures de l'Adamaoua (Cameroun), S. 6–12. Paris 1993.

BROMLEJ, J.V., Ethnos und Ethnographie. Veröffentlichungen des Museums für Völkerkunde zu Leipzig, Heft 28. Berlin 1977.

V. BRIESEN, Beiträge zur Geschichte des Lamidats Ngaundere. In: Mittheilungen von Forschungsreisenden und Gelehrten aus den Deutschen Schutzgebieten, 27 (1914). S. 349–359.

BÜTTNER, T., Zu Problemen der Staatenbildung der Fulbe in Adamaua. In: Wissenschaftliche Zeitschrift der Karl-Marx-Universität Leipzig, Gesellschafts- und Sprachwissenschaftliche Reihe, 13 (1964). S. 223–237.

–, Die sozialökonomische Struktur Adamauas im 19. Jh. (unveröff. Dissertation zur Promotion B). Leipzig 1965.

–, Die autochthone Bevölkerung Adamauas im 19. Jh. Formen ihrer Unterdrückung durch die Fulbe-

Aristokratie. In: Jahrbuch des Museums für Völkerkunde zu Leipzig, Bd. XXIV (1967). S. 132–157.

-, Zur Staatengründung von Viehzüchtern im präkolonialen Afrika südlich der Sahara. In: Das Verhältnis von Bodenbauern und Viehzüchtern in historischer Sicht. Veröffentlichung des Instituts für Orientforschung der Deutschen Akademie der Wissenschaften zu Berlin, 69. S. 41–51. Berlin 1968.

V. CARNAP-QUERNHEIMB, Expedition v. Carnap. In: Deutsches Kolonialblatt, 9 (1898). S. 272–274.

-, Bericht des Premierlieutnants v. Carnap-Quernheimb über seine Tätigkeit vor seinem Zug nach dem Kongo. In: Deutsches Kolonialblatt, 9 (1898): S. 354–355.

CHILVER, E.M., The Bali-Chamba of Bamenda. Settlement and Composition. Report No. 2 to the Bali History Committe. [Typoskript 1964].

DAMMANN, E., Die Religionen Afrikas. Stuttgart 1963.

Das Gebiet zwischen Sanaga und Mbam. In: Globus, 88 (1905). S. 210.

Das Neueste aus der Arbeit. In: Unsere Heidenmission, 3–4/1920. S. 14–17.

DELAFOSSE, M., Essai sur la peuple et la langue Sara. Paris 1898.

-, Esquisse générale des langues de l'Afrique. Paris 1914.

Der Bita-Krieg. In: Der Stern von Afrika, 22 (1914/15). S. 12–16.

DE WOLF, P.P., Das Niger-Kongo (ohne Bantu). In: B. Heine u. T.C. Schadeberg u. E. Wolff [Hg.], Die Sprachen Afrikas. Hamburg 1981. S. 45–76.

Die Fans oder Pahuins. In: Globus, 11 (1867). S. 160.

DIESING, E., Von Yoko nach Ngaundere. In: Globus, 95 (1909). S. 133–138.

DIPPOLD, M.F., Une Bibliographie du Cameroun. Les écrits en langue allemande. Burgau 1971.

DOMINIK, H., Bericht des Lieutnants Dominik über die Zustände auf der Station Jaunde und im Gebiet des oberen Sannaga. In: Deutsches Kolonialblatt, 6 (1895). S. 651–655.

-, Bericht des Lieutnants Dominik über das Wute-Gebiet. In: Deutsches Kolonialblatt, 8 (1897). S. 415–417.

-, Bericht des Premierlieutnants Dominik über seinen Zug gegen den Häuptling Ngila. In: Deutsches Kolonialblatt, 9 (1898). S. 622–623.

-, Bericht des Premierlieutnants Dominik von der Station Jaunde. In: Deutsches Kolonialblatt, 9 (1898). S. 651–652

-, Bericht des Premierlieutnants Dominik über eine Strafexpedition gegen den Batschenga-Stamm. In: Deutsches Kolonialblatt, 10 (1899). S. 14–15.

-, Kamerun. Berlin 1901.

-, Expedition des Oberleutnants Dominik. In: Deutsches Kolonialblatt, 13 (1902). S. 309–313.

-, Bericht des Hauptmanns Dominik. In: Deutsches Kolonialblatt, 18 (1907). S. 619–624.

-, Vom Atlantik zum Tschadsee, Berlin 1908.

-, Aus dem Maka-Gebiet. In: Deutsches Kolonialblatt, 20 (1909). S. 729–730.

DOMINIK, H. u. RAMSAY, H. v., Kamerun. In: Schwabe, K. u. Leutwein, P. [Hg.], Die deutschen Kolonien. Bd. 1. Berlin 1926.

DUGAST, I., Inventaire ethnique du Sud-Cameroun. Mémoires de l' I.F.A.N. (Centre du Cameroun). Série populaire No. 1. Douala 1949.

-, Banen, Bafia and Balom. In: Forde, D. [Ed.], Peoples of the Central Cameroons. Ethnographic Survey of Africa. Western Africa. Part IX. London 1954. S. 132–169.

DÜHRING, Ethnologisches aus Adamaua. In: Zeitschrift für Ethnologie, 49 (1917). S. 131–135.

EAST, R.M., Stories of Old Adamawa. Lagos/London/Zaria 1934.

Eingeborenenbilder aus Kamerun: Die Wute. In: Kolonie und Heimat, Vol. 4 (1900), Nr. 25. S. 6–7.

ENGELHARDT, Bericht des Hauptmann Engelhardt über seine Reise von Bertua nach Jaunde. In: Deutsches Kolonialblatt, 14 (1903). S. 389–391, 419–421.

Erläuterungen zu dem Bild: Im Hinterland von Kamerun. In: Evangelisches Missionsmagazin, 1894. S. 36–38.

Esquisse ethnologique pour servir à l'étude des principales tribus des Territoires du Cameroun sous Mandat français. In: Bulletin de la Société d'Études Camerounaises, 3 (1943). S. 11–59.

EYONGETAH, T. and BRAIN, R., A History of the Cameroon. London 1974.

FARDON, R., Raiders & Refugees. Trends in Chamba Political Development 1750 to 1950. Washington D.C., London 1988.

FORKL, H., Die Beziehungen der zentralsudanischen Reiche Bornu, Mandara und Bagirmi sowie der Kotoko-Staaten zu ihren südlichen Nachbarn unter besonderer Berücksichtigung des Sao-Problems. Münchner Ethnologische Abhandlungen, 3. München 1983.

-, Der Einfluß Bornus, Bagirmis, der Kotoko-Staaten und der Jukun-Föderation auf die Kulturentwicklung ihrer Nachbarn südlich des Tschad-Sees. Münchner Ethnologische Abhandlungen, 5. München 1985.

Forschungsergebnisse der Batanga-Expedition in der Zeit vom Oktober 1887 bis Ende Februar 1888. In: Mittheilungen von Forschungsreisenden und Gelehrten aus den Deutschen Schutzgebieten, 1 (1888). S. 22–30.

FORTES, M. and EVANS-PRITCHARD, E.E., African Political Systems. London / New York / Toronto 1955.

FRIEDLÄNDER, M., Die deutsche Kolonialpolitik in Kamerun von ihren Anfängen bis 1914. In: Wissenschaftliche Zeitschrift der Humboldt-Universität zu Berlin. Gesellschafts- und Sprachwissenschaftliche Reihe, 5 (1955/56), Heft 4. S. 309–328.

FRIEDRICH, A., Afrikanische Priestertümer. Stuttgart 1939.

FROBENIUS, L., Morphologie des afrikanischen Bogengerätes. In: L. Frobenius und Ritter v. Wilm [Hg.], Atlas Africanus. Berlin/Leipzig 1929.

FROELICH, J.C., Notes sur les Mboum du Nord-Cameroun. In: Journal de la Société des Africanistes, 29 (1959). S. 91–117.

Garnisonsverteilung von Kamerun. In: Deutsches Kolonialblatt, 16 (1905). S. 659–660.

GAUSSET, Q., Islam or Christianity? The choices of the Wawa and the Kwanja of Cameroon. In: Africa, Vol. 69, No. 2. Edinburgh 1999, S. 257–278.

Gefangennahme des Lamido von Tibati. In: Deutsches Kolonialblatt, 10 (1899). S. 693.

GÉNIEUX, M., Climatologie. In: Atlas du Cameroun, Pl. III. Yaoundé 1960.

GIBB, H.A.R. and KRAMERS, J.H. and LÉVI-PROVENÇAL, E. and SCHACHT, E. [Ed.], The Encyclopaedia of Islam. Leiden 1986.

GOLDSTEIN, F., Die Frauen in Haussafulbien und in Adamaua. In: Globus, 94 (1908). S. 61–65.

GRANDIDIER, G. [Éd.], Atlas des Colonies Françaises. Paris 1934.

GREENBERG, J.H., The Languages of Africa. Part II of the International Journal of American Linguistics and Publication Twenty-five of the Indiana University Research Center in Anthropology, Folklore and Linguistics. Bloomington 1963.

GRIMES, B.F., [Ed.], Ethnologue. Languages of the World. Dallas 1996.

GUARISMA, G., Études Vouté (langue bantoïde du Cameroun). [Bibliothèque de la SELAF, 66–67]. Paris 1978.

GUILLEMAIN, C., Beiträge zur Geologie von Kamerun. Abhandlungen der Königlichen Preußischen Geologischen Landesanstalt, N.F., 62. Berlin 1909.

GUTHRIE, M., Bantu Origins: a Tentative New Hypothesis. In: Journal of African Languages, 1 (1962a). S. 9–21.

-, Some Developments in the Prehistory of the Bantu Languages. In: The Journal of African History, Vol. 3 (1962b), No. 2. S. 273–282.

HAGÈGE, C., Notes sur la Situation Linguistique dans le Cameroun Central. In: Claude Tardits [Éd.], Contribution de la Recherche Ethnologique à l'Histoire des Civilisations du Cameroun, 1. S. 13–15. Série: Colloques Internationaux du Centre National de la Recherche Scientifique, No. 551. Paris 1981.

v. HAGEN, G.T., Lehrbuch der Bulu-Sprache. Berlin 1914.

HASSENSTEIN, B., Die Flußgebiete des Binue, Alt-Calabar und Camerun in Westafrika. In: Mittheilungen aus Justus Perthes' Geographischer Anstalt von A. Petermann, 9 (1863). S. 173–179. Karte Tafel 6.

HASSERT, K., Beiträge zur Landeskunde der Grashochländer Nordwestkameruns. 1. Teil: Physische Geographie. In: Mitteilungen von Forschungsreisenden und Gelehrten aus den Deutschen Schutzgebieten. Ergänzungsheft 13. Berlin 1917.

HAUSEN, K., Deutsche Kolonialherrschaft in Afrika. Wirtschaftsinteressen und Kolonialverwaltung in Kamerun vor 1914. Beiträge zur Kolonial- und Überseegeschichte, 6. Zürich / Freiburg/ Br. 1970.

HEINITZ, W., Musikinstrumente und Phonogramme des Ost-Mbam-Landes. In: Franz Thorbecke, Im Hochland von Kamerun, Bd. 3. S. 119–177. Hamburg 1919.

HERBST, L., Tasana. Berlin 1922.

HOESEMANN, Ethnographische Tagebuchnotizen von der Expedition gegen die Esum und vom Marsch Jaunde-Watare-Ngilla-Ngutte zum Mbam (19.Februar bis 28. April 1901). In: Ethnologisches Notizblatt, Bd. III, Heft 2. S. 103–112. Berlin 1902.

-, Ethnologisches aus Kamerun. In: Mittheilungen von Forschungsreisenden und Gelehrten aus den Deutschen Schutzgebieten, 16 (1903). S. 150 – 182.

HOFMEISTER, J., Ein interessanter Berg im Wuteland. In: Unsere Heidenmission, Nr. 5/1913a. S. 33 – 35.

-, Eine Reise nach Neukamerun. In: Unsere Heidenmission, Nr. 7/1913b. S. 49 – 52; Nr. 8/1913b, S. 58 – 61.

-, Ndumba. In: Unsere Heidenmission, Nr. 9/1913c, S. 67 – 68; Nr. 10/1913c, S. 74.

-, Zur Geschichte der Wute. In: Unsere Heidenmission, Nr. 3/1914, S. 19 – 23; Nr. 5/1914, S. 35 – 38; Nr.6/1914, S. 43 – 46; Nr. 7/1914, S. 53 – 55.

-, Kurzgefasste Wute-Grammatik. In: Zeitschrift für Kolonialsprachen, 9 (1918/1919). S. 1 – 19.

-, Wörterverzeichnis der Wute-Sprache. In: Mitteilungen des Seminars für Kolonialsprachen, Beiheft zum Jahrbuch der Hamburger Wissenschaftlichen Anstalten, 36 (1919). S. 1 – 49.

-, Christentum und Zauberei. In: Unsere Heidenmission, Nr. 3 – 4/1920. S. 17 – 18.

-, Erlebnisse im Missionsdienst in Kamerun. Bde. 2, 3. Dill-Weißenstein bei Pforzheim / Cassel 1923a, 1926.

-, Wuteland und Wutevolk im Innern Kameruns. In: Koloniale Rundschau, Nr. 3 – 4/1923b. S. 95 – 107.

HURAULT, J., Antagonisme de l'agriculture et de l'élevage sur les hauts plateaux de l'Adamawa (Cameroun). In: Études Rurales, 15 (1964). S. 22 – 71.

-, Histoire du Lamidat Peul de Banyo (Cameroun). Extraits des Comptes Rendus des Séances de l'Académie des Sciences d'Outre-Mer. Auxerre 1975.

-, Les anciennes populations de cultivateurs de l'Adamaoua occidental. In: Jean Boutrais [Éd.], Peuples et cultures de l'Adamaoua (Cameroun). Actes du Colloque de Ngaoundéré du 14 au 16 janvier 1992. S. 53 – 60. Paris 1993.

-, Clan et lignage dans les populations de l'Adamaoua occidental. In: Jean Boutrais [Éd.], Peuples et cultures de l'Adamaoua (Cameroun). Actes du Colloque de Ngaoundéré du 14 au 16 janvier 1992. S. 171 – 176. Paris 1993.

HUTTER, F., Wanderungen und Forschungen im Nord-Hinterland von Kamerun. Braunschweig 1902.

-, Völkergruppierung in Adamaua. In: Globus, 86 (1904). S. 1 – 5.

-, Völkerbilder aus Kamerun (Fortsetzung). In: Globus, 87 (1905). S. 301 – 304.

JACQUOT, A., Les Langues Bantu du Nord-Ouest. In: Recherches et Études Camerounaises, 2 (1960). S. 5 – 34.

JEFFREYS, M.D.W., Banyo. A Local Historical Note. In: Nigerian Field, 18 (1953), No. 2. S. 87 – 91.

JOHNSON, M., By Ship or by Camel: The Struggle for the Cameroons Ivory Trade in the Nineteenth Century. In: Journal of African History, Vol. XIX, 4. Cambridge, London, New York 1978. S. 539 – 549.

JOHNSTON, H.H., A Comparative Study of the Bantu and Semi-Bantu Languages. Vol. I-II. Oxford 1919 – 1922.

v. KAMPTZ, Bericht des Hauptmann v. Kamptz über seine Expedition nach Jaunde. In: Deutsches Kolonialblatt, 7 (1896). S. 556–559.

-, Expedition gegen Ngilla. In: Deutsches Kolonialblatt, 10 (1899a). S. 196.

-, Über die derzeitige politische Lage in Ngilla und über die Fortschritte der Wute-Adamaua-Expedition. In: Deutsches Kolonialblatt, 10 (1899b). S. 339–340.

-, Bericht über die Expedition nach Tibati. In: Deutsches Kolonialblatt, 10 (1899c). S. 476–477.

-, Wute-Adamaua-Feldzug. In: Deutsches Kolonialblatt, 10 (1899d). S. 734–735.

-, Amtlicher Bericht über den Wute-Adamaua-Feldzug. In: Deutsches Kolonialblatt, 10 (1899e). S. 838–849.

-, Über die erfolgreiche Beendigung des Wute-Adamaua-Feldzuges. In: Deutsches Kolonialblatt, 11 (1900). S. 135–139.

KAYSER, H.P., Eindrücke auf einer Missionsreise im nordwestlichen Tikarlande. In: Unsere Heidenmission, 2/1914. S. 11–12.

KIRK-GREENE, A.H.M., Adamawa, Past and Present. London / New York / Toronto 1958.

KLEIN, H., Der Zentralsudan. In: Hermann Baumann [Hg.], Die Völker Afrikas und ihre traditionellen Kulturen, Bd. 2. S. 306–353. Wiesbaden 1979.

KLUTE, F., Allgemeine Länderkunde von Afrika. Hannover 1935.

KOELLE, S.W., Polyglotta Africana. Unveränderter Nachdruck der Ausgabe London und Salisbury 1854, vermehrt durch eine historische Einführung von P.E. Hair und einen Wortindex von David Dalby. Graz 1963.

KÖHLER, O., Geschichte und Probleme der Gliederung der Sprachen Afrikas. In: Hermann Baumann [Hg.], Die Völker Afrikas und ihre traditionellen Kulturen, Bd. 1. S. 141–373. Wiesbaden 1975.

KOPYTOFF, I., The internal African frontier. In: Kopytoff, I. [Ed.], The internal African frontier. Bloomington 1987. S. 3–84.

KRÖTZSCH, C., Zur präkolonialen Ethnohistorie der Vute (Zentralkamerun). In: Jahrbuch des Museums für Völkerkunde zu Leipzig, Bd. XXXIV (1982). S. 212–236.

KUBIK, G., Die Timbili der Wute in Kamerun. In: Mitteilungen der Anthropologischen Gesellschaft in Wien, 96/97 (1967). S. 310–312.

-, Kognitive Grundlagen afrikanischer Musik. In: Artur Simon [Hg.], Musik in Afrika. Berlin 1983. S. 327–400.

-, Zum Verstehen afrikanischer Musik. Leipzig 1988.

-, Westafrika. In: Werner Bachmann [Hg.], Musikgeschichte in Bildern. Bd. I Musikethnologie, Lieferung 11. Leipzig 1989.

KUND, Die Batanga-Expedition von Hauptmann Kund. In: Mittheilungen von Forschungsreisenden und Gelehrten aus den Deutschen Schutzgebieten, 2 (1889). S. 104–114.

KÜRCHHOFF, D., Maasse und Gewichte in Afrika. In: Zeitschrift für Ethnologie, 40 (1908). S. 289–342.

LABURTHE-TOLRA, P., Minlaaba. Histoire et Société traditionnelle chez les Beti du Sud-Cameroun. Paris 1977.

LACLAVÈRE, G. [Ed.], Atlas of the United Republic of Cameroon. Paris 1980.

LACROIX, P.F., Matériaux pour servir à l'histoire des Peul de l'Adamawa. In: Études Camerounaises, 37/38 (1952). S. 3 – 62; 39/40 (1953). S. 5 – 40.

Länderbericht. Kamerun. 1992. Hg. vom Statistischen Bundesamt. Wiesbaden 1993.

LE VINE, V.T., The Cameroons from Mandate to Independence. Berkeley, Los Angeles 1964.

LEDERMANN, C., Eine botanische Wanderung nach Deutsch-Adamaua. In: Mittheilungen von Forschungsreisenden und Gelehrten aus den Deutschen Schutzgebieten, 25 (1912). S. 20 – 55.

LEMBEZAT, B., Les populations païennes du Nord-Cameroun et de l'Adamaua. Paris 1961.

LETOUZY, R., Phytographie. In: Atlas du Cameroun, Pl. VII. Yaoundé 1960.

LEWIN, L., Die Pfeilgifte. Leipzig 1923.

LIPS, J., Kamerun. In: Erich Schultz-Ewerth u. Leonhard Adam [Hg.], Das Eingeborenenrecht, 2. S. 121 – 209. Stuttgart 1930.

V. LUSCHAN, F., Bogenspannen. In: Verhandlungen der Berliner Gesellschaft für Anthropologie, Ethnologie und Urgeschichte. Berlin 1891. S. 670 – 678.

MANDENG, P., Auswirkungen der deutschen Kolonialherrschaft in Kamerun. Hamburg 1973.

MANN, O., Der Ackerboden in den Bezirken Banjo und Bamenda. In: Deutsches Kolonialblatt, 24 (1913). S. 41 – 45.

MASCHER, K., Jahresbericht für 1912, erstattet der Generalversammlung der Missionsgesellschaft der deutschen Baptisten am 12. März 1913. In: Unsere Heidenmission, 4/1913. S. 25 – 29.

MCINTOSH, S.K. [Ed.], Beyond Chiefdoms. Pathways to Complexity in Africa. Cambridge 1999.

MEEK, C.K., Tribal Studies in Northern Nigeria. Vol 1. London 1931.

MEINHOF, C., Die Sprachverhältnisse in Kamerun. In: Zeitschrift für afrikanische und oceanische Sprachen, 1 (1895). S. 138 – 163.

MESSERLI, B. u. BAUMGARTNER, R. [Hg.], Kamerun. Grundlagen zu Natur- und Kulturraum. Probleme der Entwicklungszusammenarbeit. Geographica Bernensia G 9. Geographisches Institut der Universität Bern 1978.

MEYER, E., Mambila-Studie. In: Zeitschrift für Eingeborenensprachen, 30 (1939), Heft 1. S. 1 – 52. Heft 2. S. 117 – 148. Heft 3. S. 210 – 232.

-, Stand und Aufgaben der Sprachforschung in Kamerun. In: Zeitschrift für Eingeborenensprachen, 32 (1941/1942). S. 241 – 285.

-, Das Problem der Verkehrssprachen von Tropisch-Afrika, insbesondere von Kamerun. In: Mitteilungen der Geographischen Gesellschaft in Hamburg, 48 (1944). S. 255 – 288.

-, Kamerun. In: Hugo Adolf Bernatzik [Hg.], Afrika, Handbuch der angewandten Völkerkunde. S. 623 – 703. Innsbruck 1947.

MIRACLE, M.P., Maize in Tropical Africa. Madison/Milwaukee/London 1966.

MOHAMADOU, E., L'histoire des Lamidats Foulbé de Tchamba et Tibati. In: Abbia, 6 (1964). S. 15 – 158.

-, L'histoire de Tibati. Yaoundé 1965.

-, Les traditions historiques des Vouté ou „Babouté". In: Abbia, 16 (1967). S. 59 – 127.

-, Catalogue des Archives Coloniales Allemandes du Cameroun, Katalog des deutschen Kolonialarchivs in Kamerun. Yaoundé 1972.

-, Les Royaumes Foulbé du Plateau de l'Adamaoua au XIX. siècle. Tokyo 1978.

-, L'Implantation des Peuls dans l'Adamawa (Approche chronologique). In: Claude Tardits [Éd.], Contribution de la Recherche Ethnologique à l'Histoire des Civilisations du Cameroun, Vol. 1. S. 229 – 247. Série: Colloques Internationaux du Centre National de la Recherche Scientifique, 551. Paris 1981.

MOISEL, M., Kamerun in sechs Blättern. In: Großer Deutscher Kolonialatlas, Bl. 3 – 8. Berlin 1901.

-, Begleitworte zu der Karte „Der mittlere Teil von Kamerun zwischen Sanaga und dem 8. Grad nördlicher Breite". In: Mittheilungen von Forschungsreisenden und Gelehrten aus den Deutschen Schutzgebieten, 16. S. 1 – 8. Berlin 1903.

-, Karte von Kamerun, Bl. E 2, F 2 – 3, G 2 – 3. Berlin 1910 – 1913.

MOLLISON, T., Zur Anthropologie des Ost-Mbamlandes. In: Franz Thorbecke, Im Hochland von Kamerun, Bd. 3. S. 1 – 12. Hamburg 1919.

MORGEN, C., Vorläufiger Bericht des Premier-Lieutnants Morgen über seine Reise im südlichen Theil des Kamerun-Gebietes, während der Zeit vom 5. November 1889 bis 12. Januar 1890. In: Mittheilungen von Forschungsreisenden und Gelehrten aus den Deutschen Schutzgebieten, 3 (1890a). S. 113 – 116.

-, Die Feststellung des Unterlaufes des Mbam, weiterer Bericht des Premier-Lieutnants Morgen über seine erste Reise im südlichen Kamerungebiete. In: Mittheilungen von Forschungsreisenden und Gelehrten aus den Deutschen Schutzgebieten, 3 (1890b). S. 117 – 125.

-, Vorläufiger Bericht von Premier-Lieutnant Morgen über seine Reise von Kamerun nach dem Benue. In: Mittheilungen von Forschungsreisenden und Gelehrten aus den Deutschen Schutzgebieten, 4 (1891). S. 144 – 151.

-, Ethnologisches aus dem Kamerungebiet unter besonderer Berücksichtigung der Waffen und Waffenführung. In: Verhandlungen der Berliner Gesellschaft für Anthropologie, Ethnologie und Urgeschichte, 24. Berlin 1892. S. 512 – 514.

-, Durch Kamerun von Süd nach Nord, Reisen und Forschungen im Hinterlande 1889 – 1891. Leipzig 1893a.

-, Kriegs- und Expeditionsführung in Afrika. Göttingen 1893b.

MVOUTSI, N., L'histoire des Vouté du Cameroun Central. Yoko 1985.

MÜHLMANN, W.E., Rassen, Ethnien, Kulturen – Moderne Ethnologie. Neuwied/Berlin 1964.

MURDOCK, G.P., Africa, its People and their Culture History. New York/Toronto/London 1959.

-, Ethnographic Atlas. In: Ethnology, 2 (1963). S. 109 – 133; 5 (1966). S. 317 – 345.

-, Ethnographic Atlas. Pittsburgh 1967.

MVENG, E.R.P., Histoire du Cameroun. Paris 1963.

NEBA, A.S., Modern Geography of the Republic of Cameroon. 2nd Edition. Camden, N.J. 1987.

NEUWINGER, H.-D., Afrikanische Arzneipflanzen und Jagdgifte. Stuttgart 1998.

NEWMAN, K.S., Law and economic organization. A comparative study of preindustrial societies. Cambridge 1983.

NGOH, V.J., Cameroon 1884–1985. A Hundred Years of History. Yaoundé 1988.

NGWA, J.A., A New Geography of Cameroon. 2nd Ed. London 1979.

NJEUMA, M.Z., Fulani Hegemony in Yola (Old Adamawa) 1809–1902. Yaoundé 1978.

NJOYA, I.M., Le Sultanat du Pays Bamum et son Origine. In: Bulletin de la Société d'Études Camerounaises, 1. Yaoundé 1935.

NGOURA, C., Aperçu sur les Vouté du Cameroun Central. Note de recherche. Paris 1974.

-, L'éducation traditionnelle chez les Vouté (Cameroun Central). Paris 1974/1975.

-, Introduction à l'étude de la littérature orale des Vouté, Cameroun Central. Approche ethnolinguistique. Paris 1982.

-, La devinette chez les gens du „fleuve infini". In: M. Chiche et V. Görög-Karady et S. Platiel et C. Seydou [Éd.], Graines de Parole. Puissance du Verbe et Traditions Orales. Paris 1989. S. 267–280.

NOLTE, Bericht über einen Besuch beim Sultan von Tibati. In: Deutsches Kolonialblatt, 11 (1900). S. 284–286.

OBERBECK, G., Die siedlungs-, verkehrs- und wirtschaftsgeographische Struktur Kameruns – ein Beitrag zur regionalen Analyse. Arbeiten aus dem Deutschen Institut für Afrika-Forschung, 2. Hamburg 1975.

OBERG, K., The Kingdom of Ankole in Uganda. In: M. Fortes and E.E. Evans-Pritchard [Ed.], African Political Systems. S. 121–162. London / New York / Toronto 1955.

OCH, H., Die wirtschaftsgeographische Entwicklung der früheren deutschen Schutzgebiete Togo und Kamerun. Königsberg 1931.

ODURO, G.A., Probleme des Fremdeinflusses auf die traditionelle Kultur der Twi- und Fante-Bevölkerung Süd-Ghanas. Marburg/Lahn 1972.

V. OERTZEN, Die Eröffnung des direkten Weges Nanga-Eboko-Dengdeng. In: Deutsches Kolonialblatt, 18 (1907). S. 625–627.

OLIVIER, G. (et al), Documents anthropométriques pour servir à l'étude des principales populations du Sud-Cameroun. In: Bulletin de la Société d'Études Camerounaises, 15/16. Yaoundé 1946. S. 17–86.

ORLOVA, A.S., Uroven' obščestvennogo razvitija narodov Kameruna k načalu evropejskoj kolonizacii Afriki. In: Sovetskaja Ėtnografija, 5/1959. S. 47–56.

PASSARGE, S., Adamaua. Berlin 1895.

-, Kamerun, In: Hans Meyer [Hg.], Das deutsche Kolonialreich, 1. Leipzig/Wien 1909. S. 419–650.

PAVEL, Expedition des Oberstleutnants Pavel. In: Deutsches Kolonialblatt, 13 (1902). S. 238–239.

PEDRALS, H. DE, Contribution à l'établissement d'un inventaire ethnique du Cameroun. In: Bulletin de la Société d'Études Camerounaises, 15/16 (1946). S. 7–15.

PERŠIC, A.I., Einige Fragen der Erforschung von Frühformen der Ausbeutung. In: Jahrbuch des Museums für Völkerkunde zu Leipzig, Bd. XXXVI (1985). S. 12–20.

PETERMANN, A., Karte von den Strömen Kowara und Binue (oder Tschadda) nach den Aufnahmen von W.B. Baikie und D.J. May, mit Benutzung anderer Quellen. In: Mittheilungen aus J. Perthes' Geographischer Anstalt von A. Petermann, 1 (1855): Taf. 18.

POUTRIN, Esquisse ethnologique des principales populations de l'Afrique Équatoriale Française – Cameroun. Paris 1914.

V. PUTTKAMER, J., Die Stationen des Schutzgebietes Kamerun. In: Deutsches Kolonialblatt, 6 (1895). S. 619–620.

-, Bericht des Kaiserlichen Gouverneurs v. Puttkamer über seine Inspektionsreise nach Jaunde. In: Deutsches Kolonialblatt, 8 (1897). S. 379–384.

RADTKE, Bericht des Oberleutnants Radtke vom 24. März 1901 über seine Bereisung des Gebiets südlich und südöstlich von Joko (mit 1 Skizze). In: Deutsches Kolonialblatt, 12 (1901). S. 595–597.

RAIBLE, P., Buschreise ins Wute-Gebiet. In: Der Stern von Afrika, 21 (1913/1914). S. 84–86.

RAMSAY, H., Von der Südexpedition in Kamerun. In: Deutsches Kolonialblatt, 3 (1892a). S. 391–400.

-, Ramsays Reisen in Kamerun. In: Globus, 62 (1892b). S. 176.

RAUBALL, J., Allgemeines Verwaltungsrecht. Essen 1983.

REIMER, H., Durch Nordtikar und angrenzende Gebiete. In: Unsere Heidenmission, 7–9/1915. S. 39–46.

RICHARDSON, I., Linguistic Survey of the Northern Bantu Borderland, vol. 2. London / New York / Toronto 1957.

RIEBE, O., Drei Jahre unter deutscher Flagge im Hinterland von Kamerun. Geschildert nach den Tagebuchblättern des Karl Hörhold. Berlin 1897.

ROTH, H.L., Great Benin. Its Customs, Art and Horrors. Halifax 1903.

ROULON-DOKO, P., Chasse, Cueillette et Culture chez les Gbaya de Centrafrique. Paris 1998.

RUSCH, W., Zu einigen Aspekten der Staatsgenese im subsaharischen Afrika. In: Jahrbuch des Museums für Völkerkunde zu Leipzig, Bd. XXXII (1980). S. 269–277.

SCHEBESTA, P.P. u. HÖLTKER, G., Der afrikanische Schild. I, II. In: Anthropos XVIII/XIX (1923/1924), S. 1012–1057 u. XX (1925), S. 817–859. St. Gabriel-Mödling bei Wien.

SCHEVE, A., Die Mission der deutschen Baptisten in Kamerun. Neuruppin 1917.

SCHILDE, W., Ost-westliche Kulturbeziehungen im Sudan. In: Otto Reche [Hg.], In memoriam Karl Weule. Beiträge zur Völkerkunde und Vorgeschichte. Leipzig 1929. S. 149–179.

V. SCHIMMELPFENNIG, Expedition des Hauptmann v. Schimmelpfennig. In: Deutsches Kolonialblatt, 12 (1901a). S. 358–550.

-, Bericht über die Expedition des Hauptmann v. Schimmelpfennig von Ngutte II nach Yabassi. In:

Mittheilungen von Forschungsreisenden und Gelehrten aus den Deutschen Schutzgebieten, 14 (1901b). S. 144–166.

SCHMITZ, K., Die agrarischen Wirtschaftsformen und Ackerbaumethoden im französischen Mandatsgebiet Kamerun. Erlangen 1938.

SCHNELLE, H., Die traditionelle Jagd Westafrikas. Analyse ihrer wirtschaftlichen Bedeutung für anbautreibende Gruppen. München 1971.

SEIGE, C., Angriff und Verteidigung bei Savannenvölkern Zentralkameruns. In: Mitteilungen aus dem Museum für Völkerkunde zu Leipzig, 50 (1985). S. 47–55.

-, Die Vute-Häuptlingstümer Linte und Ngila – eine historische Überlieferung aus Kamerun. In: Mitteilungen aus dem Museum für Völkerkunde zu Leipzig, 52 (1988a). S. 14–19.

-, Triebkräfte der gesellschaftlichen Entwicklung bei den Vute (Zentralkamerun) im 19. Jh. In: Joachim Herrmann u. Jens Köhn [Hg.], Familie, Staat und Gesellschaftsformation. Berlin 1988b. S. 294–299.

-, Zur vorkolonialen gesellschaftlichen Stellung des Vute-Oberhäuptlings (Zentralkamerun). In: Paideuma, 37 (1991). S. 161–188.

-, Zur Rolle des Krieges in staatsgenetischen Prozessen am Beispiel der Süd-Vute Zentralkameruns im 19. Jahrhundert. In: Jahrbuch des Museums für Völkerkunde zu Leipzig, XXXIX (1992). S. 174–191.

SEYFFERT, C., Die Ausrüstung eines Elefantenjägers der Baia nebst einigen Bemerkungen über die Elefantenjagd in Kamerun. In: Zeitschrift für Ethnologie, 43 (1911). S. 91–110.

SIEBER, J., Ndumba. In: Unsere Heidenmission, 9/1913a. S. 68–69; 10/1913a. S. 73–74.

-, Geschautes. In: Unsere Heidenmission, 11/1913b. S. 84–86.

-, Allerlei aus Ndumba. In: Unsere Heidenmission, 12/1913c. S. 92.

-, Das Verhalten des Wute-Stammes während des Krieges. In: Unsere Heidenmission, 1–3/1917. S. 5–7.

-, Märchen und Fabeln der Wute. In: Zeitschrift für Eingeborenensprachen, 12 (1921/1922). S. 53–72, 162–239.

-, Gwife, ein tapferer Kameruner. Kassel 1923.

-, Die Wute. Lebenshaltung, Kultur und religiöse Weltanschauung eines afrikanischen Volksstammes. Berlin 1925.

-, Streiflichter in afrikanischer Finsternis. Kassel 1928.

SIRAN, J.-L., 1971: Introduction à l'Étude de la Littérature Orale Vouté. In: Annales de la Faculté des Lettres et Sciences Humaines de Yaoundé, 3 (1971), Numéro 3. S. 5–23.

-, Émergence et Dissolution des Principautés Guerrières Vouté (Cameroun Central). In: Journal des Africanistes, 50 (1980), fasc. 1. S. 25–57.

-, Éléments d'Ethnographie Vouté pour servir à l'Histoire du Cameroun Central. In: Claude Tardits [Éd.], Contribution de la Recherche Ethnologique à l'Histoire des Civilisations du Cameroun, 1. S. 265–272. Série: Colloques Internationaux du Centre National de la Recherche Scientifique, 551. Paris 1981a.

-, Appellations et Attitudes: le Système de Parenté Vouté. In: L'Homme, 21 (1981b), No 3. S. 39–70.

-, Names and Proverbs among the Vute (Cameroon): Signification, Meaning and Value. In: Journal of Folklore Research, Vol. 26 (1989), No. 3. S. 207–227.

Sklavenjagden im Hinterlande von Kamerun. In: Der Stern von Afrika, 9 (1902). S. 166–167.

SKOLASTER, H., Krieg im Busch. Selbsterlebtes aus dem Kamerunkrieg. Limburg 1918.

-, Die Pallotiner in Kamerun. Limburg 1924.

SMALDONE, J.P., Warfare in the Sokoto Caliphate. Historical and sociological perspectives. Cambridge 1977.

SMITH, R.S., Warfare & Diplomacy in Pre-colonial West Africa. London 1989.

SONGSARÉ, A.P., Les Vouté. Document 12d/79 du Église Évangélique Luthérienne du Cameroun (É.É.L.C.). Ngaoundéré 1979.

SPANNAUS, G., Züge aus der politischen Organisation afrikanischer Völker und Staaten. Studien zur Völkerkunde, 2. Leipzig 1929.

STAADT, Bericht des Unteroffiziers Staadt über die Expedition von Carnotville nach Jaunde. In: Deutsches Kolonialblatt, 9 (1898). S. 297–298.

V. STAUDINGER, P., Die Bevölkerung der Haussa-Länder. In: Verhandlungen der Berliner Gesellschaft für Anthropologie, Ethnologie und Urgeschichte, 23 (1891a). S. 228–237.

-, Im Herzen der Haussa-Länder. Oldenburg 1891b.

V. STEIN ZU LAUSNITZ, Eine Erkundungsexpedition zwischen Wuri und Sanaga. In: Deutsches Kolonialblatt, 19 (1908). S. 521.

-, Die Jabassi-Expedition 1908/09. In: Deutsches Kolonialblatt, 21 (1910). S. 498–499.

STENNING, D.J., Savannah Nomads. London/Ibadan/Accra 1959.

V. STETTEN, M., Von der Station Balinga (südliches Kamerungebiet). In: Deutsches Kolonialblatt, 4 (1893a). S. 309–310.

-, Aus den Berichten des Premier-Lieutnants v. Stetten (Kamerun-Hinterlandexpedition). In: Deutsches Kolonialblatt, 4 (1893b). S. 496–501.

-, Bericht des Rittmeisters v. Stetten über seinen Marsch von Balinga nach Yola. In: Deutsches Kolonialblatt, 6 (1895). S. 110–114, 135–142, 159–163, 180–187.

STOECKER, H. u. MEHLS, H. u. MEHLS, E., Die Eroberung des Nordostens. In: Helmuth Stoecker, Kamerun unter deutscher Kolonialherrschaft, Bd. 2. Berlin 1968. S. 55–98.

Streifzüge um Jabassi. In: Deutsches Kolonialblatt, 18 (1907). S. 455–458.

STRÜMPELL, K., Vergleichendes Wörterverzeichnis der Heidensprachen Adamauas, mit Vorbemerkungen von B. Struck. In: Zeitschrift für Ethnologie, 42 (1910). S. 444–480.

-, Die Geschichte Adamauas nach mündlichen Überlieferungen. In: Mitteilungen der Geographischen Gesellschaft in Hamburg, 26 (1912), Heft 1. S. 46–107.

-, Blätter aus der Geschichte der Schutztruppe für Kamerun. Heidelberg 1926.

Tableau de la population du Cameroun. I. R. CAM. Yaoundé 1965.

TAPPENBECK, Letzter Bericht von Lieutnant Tappenbeck. In: Mittheilungen von Forschungsreisenden und Gelehrten aus den Deutschen Schutzgebieten, 2 (1889). S. 114–119.

-, Reise von Lieutnant Tappenbeck von der Jaunde-Station über den Sannaga nach Ngila's Residenz. In: Mittheilungen von Forschungsreisenden und Gelehrten aus den Deutschen Schutzgebieten, 3 (1890). S. 109–113.

TESSMANN, G., Die Urkulturen der Menschheit und ihre Entwicklung. In: Zeitschrift für Ethnologie, 51 (1919). S. 132–162.

-, Die Formen der Siedelung und des Hauses bei den Baja im mittleren Sudan. In: Zeitschrift für Ethnologie, 61 (1929). S. 237–262.

-, Die Völker und Sprachen Kameruns. In: Dr. A. Petermanns Mitteilungen aus Justus Perthes' Geographischer Anstalt, 78 (1932). Heft 5/6. S. 113–119. Heft 7/8. S. 184–189. Taf. 4.

-, Die Bafia und die Kultur der Mittelkamerun-Bantu. Stuttgart 1934a.

-, Die Baja, ein Negerstamm im mittleren Sudan, Teil 1. Stuttgart 1934b.

THEVOZ, E.V., Kamerun-Eisenbahn-Erkundungsexpedition. In: Mitteilungen aus den Deutschen Schutzgebieten, 32 (1919). Karte 3.

THIEL, J.F., Politische Macht und religiöses Heil. In: Josef Franz Thiel u. Albert Doutreloux [Hg.], Heil und Macht, Approches du sacré. Studia Instituti Anthropos 22. S. 17–29. St. Augustin 1975.

THIERRY, Dienstreise des Hauptmanns Thierry nach Esum-Sannaga. In: Deutsches Kolonialblatt, 14 (1903). S. 521–523.

-, Bericht des Residenten Hauptmann Thierry über Adamaua. In: Deutsches Kolonialblatt, 15 (1904). S. 288–290.

THORBECKE, F., Haussa-Händler. In: Deutsche Kolonialzeitung, 29 (1912), Nr. 52. S. 881–883.

-, Bilder von der Forschungsreise der Deutschen Kolonialgesellschaft nach Kamerun. In: Deutsche Kolonialzeitung, 30 (1913), Nr. 51. S. 846–848.

-, Im Hochland von Mittel-Kamerun, 1. Teil. Hamburg 1914a.

-, Geographische Arbeiten in Tikar und Wute auf einer Forschungsreise durch Mittelkamerun (1911–1913). In: Verhandlungen des Deutschen Geographentages, 19 (1914b). S. 30–44.

-, Im Hochland von Mittel-Kamerun, 2. Teil. Hamburg 1916.

-, Im Hochland von Mittel-Kamerun, 3. Teil. Hamburg 1919.

-, Die Inselberglandschaft von Nord-Tikar. In: Franz Thorbecke [Hg.], Zwölf länderkundliche Studien. S. 215–242. Breslau 1921.

-, Im Hochland von Mittel-Kamerun, 4. Teil, 1. Hälfte. Die Karte des Ost-Mbamlandes. Hamburg 1924.

-, Das tropische Afrika. Berlin 1928.

-, Physische Geographie des Ost-Mbamlandes. In: Marie-Pauline Thorbecke [Hg.], Im Hochland von Mittel-Kamerun, 4. Teil, 2. Hälfte. Hamburg 1951.

THORBECKE, M.-P., Auf der Savanne. Tagebuch einer Kamerunreise. Berlin 1914.

Tod des Häuptlings Ngila. In: Deutsches Kolonialblatt, 16 (1905). S. 739.

Verfügung des Gouverneurs von Kamerun, betreffend Waffenkontrolle. In: Deutsches Kolonialblatt, 17 (1906). S. 420.

Verordnung des Gouverneurs von Kamerun, betreffend die Haussklaverei in Kamerun. In: Deutsches Kolonialblatt, 13 (1902). S. 107–108.

Verordnung des Gouverneurs von Kamerun, betreffend das Verbot der Einfuhr von Kaurimuscheln. In: Deutsches Kolonialblatt, 23 (1912). S. 42.

VIRCHOW, R., Dualla-Knaben aus dem Oberlande von Kamerun. In: Zeitschrift für Ethnologie, 23 (1891). S. 280–282.

WAIBEL, L., Von Yoko nach Jaunde. In: Deutsche Kolonialzeitung, 29. Jg., Nr. 39 (1912). S. 663–664.

-, Von Ngambe nach Linte. In: Franz Thorbecke, Im Hochland von Mittel-Kamerun, 1. Hamburg 1914. S. 37–45.

WENTE-LUKAS, R., Die materielle Kultur der nicht-islamischen Ethnien von Nordkamerun und Nordostnigeria. Studien zur Kulturkunde, 43. Wiesbaden 1977.

WESTERMANN, D., Die westlichen Sudansprachen und ihre Beziehungen zum Bantu. Beiheft zu den Mitteilungen des Seminars für Orientalische Sprachen, 30. Berlin 1927.

-, Sprache und Erziehung. In: Hermann Baumann u. Richard Thurnwald u. Diedrich Westermann, Völkerkunde von Afrika. S. 375–450. Essen 1940.

-, Geschichte Afrikas. Staatenbildungen südlich der Sahara. Köln 1968.

WESTERMANN, D. and BRYAN, M.A., Languages of West Africa. In: Handbook of African Languages, Part II. Oxford 1952.

WEULE, K., Der afrikanische Pfeil. Leipzig 1899.

WILHELM, M., Le Mbam central. In: Claude Tardits [Éd.], Contribution de la Recherche Ethnologique à l'Histoire des Civilisations du Cameroun, 2. S. 437–452. Série: Colloques Internationaux du Centre National de la Recherche Scientifique, 551. Paris 1981.

-, Le commerce précolonial de l'ouest. In: Claude Tardits [Éd.], Contribution de la Recherche Ethnologique à l'Histoire des Civilisations du Cameroun, 2. S. 484–500. Série: Colloques Internationaux du Centre National de la Recherche Scientifique, 551. Paris 1981.

WILLIAMSON, K., The Benue-Congo Languages and Ijo. In: Thomas A. Sebeok [Ed.], Current Trends in Linguistics. Vol. 7. S. 245–306. The Haag 1971.

WINKLER u. V. DER LEYEN, Berichte 1. des Oberleutnants Winkler über seine Erkundung des Mbam und 2. des Oberleutnants von der Leyen über seine Erkundung des Nun. In: Deutsches Kolonialblatt, 22 (1911). S. 660–665.

WIRZ, A., Vom Sklavenhandel zum kolonialen Handel. Wirtschaftsräume und Wirtschaftsformen in Kamerun vor 1914. Beiträge zur Kolonial- und Überseegeschichte, 10. Freiburg/Br. 1972.

WOLFF, K., Die Seßhaftwerdung der Fulbe. Braunschweig 1939.

ZEITLYN, D., Un fragment de l'histoire des Mambila: un texte de Duabang. In: Journal des Africanistes, 62.1 (1992). S. 135–150.

ZENKER, G., Über die Handelswege des südlichen Kamerungebietes. In: Deutsches Kolonialblatt, 4 (1893). S. 175–177.

ZIMMERMANN, O., Durch Busch und Steppe. Berlin 1909.

ZINTGRAFF, E., Nord-Kamerun. Schilderung der im Auftrage des Auswärtigen Amtes zur Erschließung des nördlichen Hinterlandes von Kamerun während der Jahre 1886–1892 unternommenen Reisen. Berlin 1895.

Zur Lage in Kamerun. In: Deutsches Kolonialblatt, 17 (1906). S. 464–465.

ZWILLING, E.A., Unvergessenes Kamerun. Zehn Jahre Wanderungen und Jagden 1928–1938. Berlin 1940.

17. Liste der Karten und Figuren im Text

18. Index

Die afrikanischen Personennamen und Bezeichnungen der politischen Einheiten sind aus der Literatur entnommen. In den kolonialzeitlichen Quellen sind besonders für die kleinen und mittleren Ortschaften und ihre Oberhäupter Bezeichnungen verwendet worden, deren Kategorie (zum Beispiel Ortsname, Titel des Oberhauptes, persönlicher Name des Oberhauptes) nicht identifiziert wurde. Die Bezeichnungn sind so in den Index aufgenommen, wie sie verwendet wurden, als Personenname oder Bezeichnung einer politischen Einheit. Wo die gleiche Bezeichnung in beiden Katagorien auftritt, wie es zu Beispiel bei dem Namen Mango der Fall ist, wurde sie mit den entsprechenden Seitenzahlen in beide Verzeichnisse aufgenommen. Die Klanbezeichnungn *gènìp*, *ndìm*, *ŋɔnìp* und *yèèp* sind in den Index politischer Einheiten aufgenommen, da sie in den unterschiedlichen Versionen über die Geschichte von Tibare auch als Dörfer erwähnt werden.

18.1. Index der afrikanischen Personennamen oder -bezeichnungen

18.2. Index der politischen Einheiten (Orte, Häuptlingstümer, Oberhäuptlings- tümer, Lamidate des Emirats Yola und weitere politische Einheiten)

Tafelteil

Abb. 1. Die Vute-Oberhäuptlinge Tipane von Nduba (Nguila), *Ngraŋ* VI, Regierungszeit
1909 – 1917, und Dukan von Linte (Linté), *Ngrté* IV, Regierungszeit 1906 – 1943.
Nach: SIEBER, 1925, Taf. 10, Abb. 1.

Abb. 2. Vute-Oberhäuptling Tipane von Nduba (Nguila), *Ngraŋ*VI,
Regierungszeit 1909 – 1917. Nach: SIEBER, 1925, Taf. 8, Abb. 1, gegenüber S. 64.

Abb. 3. Nduba, Hauptort des Oberhäuptlingstums Ngila. Fotografie vermutlich aus der Zeit vor der kolonialen Eroberung (1899). Nach: DOMINIK, 1901, Tafel 24.

Abb. 4. Oberhäuptling Mvotchiri von Nduba (Nguila), *Ngraŋ* V,
Regierungszeit 1908 – 1909. Ph MAf 1392, Museum für Völkerkunde
zu Leipzig.

Abb. 5. Vute-Oberhäuptling Mvotchiri von Nduba (Nguila), *Ngraŋ* V,
Regierungszeit 1908 – 1909. Nach: DOMINIK und RAMSAY, 1926, S. 73.

Abb. 6. Musikgruppe der Vute. Nach: Dominik und Ramsay, 1926, S. 76.

Abb. 7. Häuptling Tina mit Gefolge, Sohn von Ngader (Oberhaupt von Nduba vor der Eroberung durch die Vute). Ph MAf 1660, Museum für Völkerkunde zu Leipzig.

Abb. 8. Nduba (Nguila) zwischen 1911 und 1916. Nach: HOFMEISTER 1923a, Tafelteil.

Abb. 9. Vute-Häuser bei Nduba (Nguila). Ph MAf 5571,
Museum für Völkerkunde zu Leipzig.

Abb. 10. Wall und Graben von Nduba (Nguila) im Jahre 1899. Nach:
DOMINIK, 1901, S. 261.

Abb. 11. Die Siedlung Wongelle im Jahre 1936 (das heutige Ongélé),
ca. fünf Kilometer südlich von Nguila (Nduba) gelegen. Das Leben in
sudanischen Kegeldachhäusern statt in den rechteckigen
Waldlandhäusern weist darauf hin, daß die bantusprachige und
ursprünglich aus dem Waldland stammende Bevölkerung zu dieser Zeit
sehr an die Kultur der Vute assimiliert war. Foto Leschner, A 33832,
Sächsische Landes- und Universitätsbibliothek Dresden,
Abt. Deutsche Fotothek.

Abb. 12. Das Oberhaupt von Nguila (Nduba) im Jahre 1936 vor seinem Haus. Foto Leschner, A 33778, Sächsische Landes- und Universitätsbibliothek, Abt. Deutsche Fotothek, Dresden.

Abb. 13. Männer und Frauen der Vute beim Häufeln getrockneter Erdnüsse in Nduba (Nguila) im Jahre 1936. Foto Leschner, A 33779, Sächsische Landes- und Universitätsbibliothek Dresden, Abt. Deutsche Fotothek.

Abb. 14. Vute-Oberhäuptling Gongna (*Ngrté* III) von Linte, Regierungszeit etwa 1880 – 1906. Die Aufnahme wurde vermutlich zwischen 1912 und 1916 in Miwou, einem Dorf bei Nduba, gemacht, wo Gongna seit seiner Gefangennahme im Jahre 1906 lebte. Nach: HOFMEISTER, 1914, S. 20.

Abb. 15. Dukan (*Ngrté* IV), Sohn und Nachfolger von Gongna und Oberhäuptling von Linte. Aufnahme aus dem Jahr 1912. Foto Thorbecke, Nr. 11/35, Rautenstrauch-Joest-Museum, Köln.

Abb. 16. Bogenschützen der Vute. Foto Thorbecke, Nr. 11/26,
Rautenstrauch-Joest-Museum, Köln.

Abb. 17. Speerkämpfer der Vute. Foto Thorbecke, Nr. 11/34,
Rautenstrauch-Joest-Museum, Köln.

Abb. 18. Auf dem Versammlungsplatz in Linte, 1912: Vorbereitung zur Aufführung des Vute-Kriegsspieles *ngane*; rechts im Hintergrund ein Anführer mit Federhaube. Foto Thorbecke, Nr. 11/24, Rautenstrauch-Joest-Museum, Köln.

Abb. 19. Auf dem Versammlungsplatz in Linte: Aufstellung zum Vute-Kriegsspiel *ngane*, begleitet von einer Musikkapelle. Foto Thorbecke, Nr. 11/25, Rautenstrauch-Joest-Museum, Köln.

Abb. 20. Auf dem Versammlungsplatz in Linte: Frauentanzszene, vermutlich
zum Kriegsspiel *ngane* gehörig. Foto Thorbecke, Nr. 11/32,
Rautenstrauch-Joest-Museum, Köln.

Abb. 21. Vute-Krieger. Ph MAf 1659, Museum für Völkerkunde zu Leipzig.

Abb. 22. Vute-Krieger in Kampfstellung. Ph MAf 1391, Museum für Völkerkunde zu Leipzig.

Abb. 23. Ankunft des Vute-Oberhäuptlings Mvotchiri von Nduba (Nguila), *Ngraŋ* V, Regierungszeit 1908 – 1909, mit Gefolge und Frauen in der Regierungsstation Jaunde.
Ph MAf 1385, Museum für Völkerkunde zu Leipzig.

Abb. 24. Haussa-Niederlassung bei der Militärstation Jaunde. Ph MAf 5122,
Museum für Völkerkunde zu Leipzig.

Abb. 25. Vute-Oberhäuptling Mvotchiri von Nduba (Nguila), *Ngraŋ* V,
Regierungszeit 1908 – 1909, mit Gefolge, Würdenträgern und Bewaffneten in der
Militärstation Jaunde. Ph MAf 1615, Museum für Völkerkunde zu Leipzig.

Abb. 26. Der Vute-Oberhäuptling Mvoké (Mveké, Wenke) von Emtsé während der deutschen Kolonialzeit. Nach: SIEBER, 1925, Taf. 10, Abb. 2.

Abb. 27. Empfangs- und Beratungshalle in Emtsé, Wohnsitz des Oberhäuptlings Mvoké (Mveké, Wenke). Bundesarchiv, R 1001/4358, Bl. 122, 4. v. Carnap-Quernheimb.

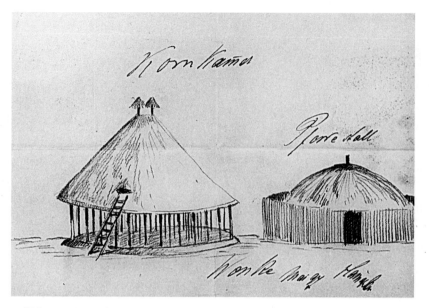

Abb. 28. Getreidespeicher und Pferdestall in Emtsé, Wohnsitz des Vute-Oberhäuptlings Mvoké (Mveké, Wenke). Bundesarchiv, R 1001/4358, Bl. 122, 1, v. Carnap-Quernheimb.

Abb. 29. Wirtschaftsgebäude in Emtsé, dem Wohnsitz des Vute-Oberhäuptlings Mvoké (Mveké, Wenke); vermutlich wurde es als Ziegenstall im unteren und als Getreidespeicher im oberen Bereich genutzt. Bundesarchiv R 1001/4358, Bl. 122,2, v. Carnap-Quernheimb.

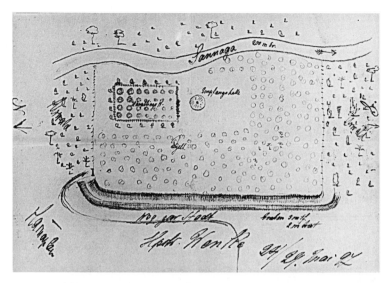

Abb. 30. Siedlungsgrundriß vom Hauptort des Vute-Oberhäuptlingstums Nyô, nach seinem Herrscher Mvoké (Mveké, Wenke) genannt. Bundesarchiv, R 1001/4358, Bl. 122, 3, v. Carnap-Quernheimb.

Abb. 31. Yoko, Hauptort des Vute-Oberhäuptlingstums Yoko. Der Ort hatte seit etwa 1870 eine ständige Fulbe-Besatzung und gehörte als Grenzort zum Lamidat Tibati. Der auf der Fotografie zu sehende Turm gehört zur 1899 von der deutschen Kolonialverwaltung in Yoko eingerichteten Station. Nach: THORBECKE, 1916, Taf. 7.

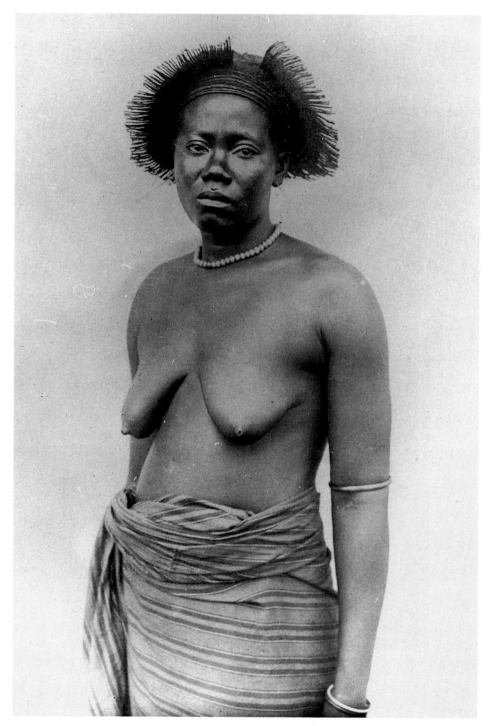

Abb. 32. Vute-Frau mit typischer Frisur. Ph MAf 1668, Museum für Völkerkunde zu
Leipzig.

Abb. 33. Vute-Mädchen (?) mit typischer Frisur. Ph MAf 1585, Museum für
Völkerkunde zu Leipzig.

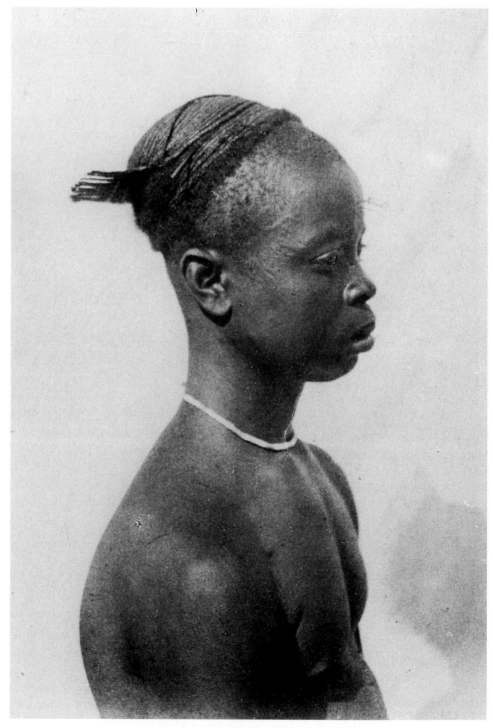

Abb. 34. Vute-Knabe. Ph MAf 1580, Museum für Völkerkunde zu Leipzig.

Abb. 35. Vute-Frau. Foto Thorbecke, Nr. 11/21,
Rautenstrauch-Joest-Museum, Köln.

Abb. 36. Vute-Frau. Ph MAf 2794, Museum für Völkerkunde zu Leipzig.

Abb. 37. Gehöft eines wohlhabenden Fulbe in Tibati mit Eingangshaus und Umfassungsmauer aus Lehm. 1936. Foto Leschner, A 33785, Sächsische Landes- und Universitätsbibliothek, Dresden, Abt. Deutsche Fotothek.

Abb. 38. Bobbo Adamou, Lamido von Banyo, mit Leibwache im Jahr 1936 in seinem Palast. Foto Leschner, A 33792, Sächsische Landes- und Universitätsbibliothek Dresden, Abt. Deutsche Fotothek.

Abb. 39. Häuptlingsmütze (unvollständig ?) der Vute aus Baumwollstoff
(zum Teil europäischer Herkunft) und mit Zierquasten. Sammlung
Deutsches Institut für Länderkunde im Museum für Völkerkunde zu
Leipzig, MAf 30435, Foto I. Hänse.

Abb. 40. Federhut und darunter zu tragende Baumwollmütze eines „Kriegsansagers"
der Vute. Sammlung Thorbecke, Nr. IV Af 8731, Völkerkundliche Sammlungen,
Reiss-Engelhorn-Museen, Mannheim.

Abb. 41. Axt, Würdezeichen (?), geglätteter Holzstiel mit Kupfer- und Messingdrahtwicklungen sowie kreisförmigen Lochmustern an den Enden. Die eingedornte Eisenklinge ist mit feinen geometrischen Gravuren verziert. Sammlung Weiß, MAf 32219, Museum für Völkerkunde zu Leipzig. Foto I. Hänse.

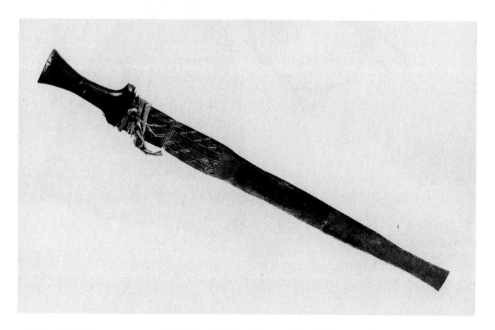

Abb. 42. Schwertmesser mit Holzgriff, ziselierter Eisenklinge und Raphiafaserband. Vute, 19. Jh. Sammlung Morgen, MAf 4075, Museum für Völkerkunde zu Leipzig. Foto I. Hänse.

Abb. 43. Elfenbeinblashorn, mit geritzten geometrischen Ornamenten. Es gehörte zu den Instrumenten der Musikgruppe des Vute-Oberhäuptlings, diente aber auch als Signalhorn in Kriegs- und Friedenszeiten. Vute, 19. Jh. Sammlung Reinhard, MAf 2829, Museum für Völkerkunde zu Leipzig. Foto I. Hänse.

Abb. 44. Kriegstrommel. Zweifellige Zylindertrommel (*ganga*-Typ, Haussa-Einfluß)
mit Schnurspannung, je zwei Schnarrsaiten auf den Membranen, einzelnen Ligaturen
und Tragestrick; ursprünglich gekrümmter Schläger dazugehörig. Vute, 19. Jh.
Sammlung Reinhard, MAf 2822a, Museum für Völkerkunde zu Leipzig. Foto I. Hänse.

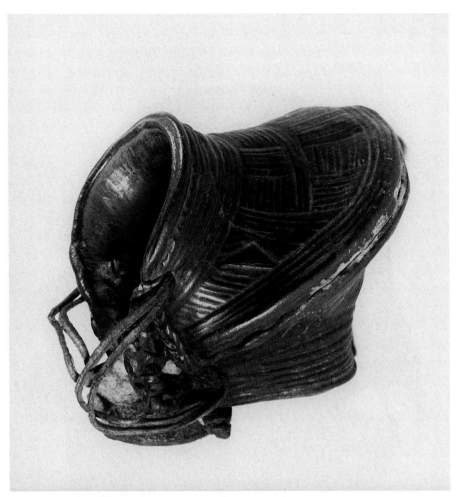

Abb. 45. Handgelenkschutz für Bogenschützen. Die einseitig starke Verdickung des Lederpolsters lenkt die zurückschnellende Sehne von der den Bogen haltenden Hand ab. Sammlung Struck, MAf 33141, Museum für Völkerkunde zu Leipzig. Foto I. Hänse.

Abb. 46. Rückseite des Vute-Schildes, *e b e m m*, (siehe Frontispiz). MAf 31934,
Museum für Völkerkunde zu Leipzig. Foto I. Hänse.